Willi Pecher (Hrsg.)

Justizvollzugspsychologie in Schlüsselbegriffen

Verlag W. Kohlhammer

1. Auflage 2004
Alle Rechte vorbehalten
© 2004 W. Kohlhammer GmbH Stuttgart
Umschlag: Gestaltungskonzept Peter Horlacher
Umschlagbild: Claus Kiefer
Gesamtherstellung:
W. Kohlhammer Druckerei GmbH + Co. Stuttgart
Printed in Germany

3-17-017652-8

Inhalt

Verzeichnis der Autorinnen und Autoren

Andreas Norbert, Diplom-Psychologe, Psychologischer Psychotherapeut, Sozial-therapeutische Abteilung der Justizvollzugsanstalt Würzburg
Kontaktadresse: Friedrich-Bergius-Ring 27, 97076 Würzburg

Bammann Kai, Dr. jur., Diplom-Kriminologe, Jurist, Lehrbeauftragter an der Universität Bremen
Kontaktadresse: Fachbereich 06, Postfach 330 440, 28334 Bremen

Barth Astrid, Diplom-Psychologin, Psychologische Psychotherapeutin, Leiterin der Sozialtherapeutischen Anstalt Hamburg-Bergedorf
Kontaktadresse: Ernst-Mantius-Straße 8, 21029 Hamburg

Behnke Michael, Diplom-Psychologe, Leiter der Sozialtherapeutischen Abteilung für Sexualstraftäter der Justivollzugsanstalt St. Georgen-Bayreuth
Kontaktadresse: Markgrafenallee 49, 95448 Bayreuth

Endres Johann, Dr. phil., Diplom-Psychologe, Fachpsychologe für Rechtspsychologie (BDP/DGPs), Justizvollzugsanstalt Straubing
Kontaktadresse: Äußere Passauer Str. 90, 94315 Straubing

Federl Gerhard, Diplom-Psychologe, stellvertretender Leiter der Bayerischen Justizvollzugsschule
Kontaktadresse: Grasiger Weg 44, 94315 Straubing

Gratz Wolfgang, Prof. Dr., Leiter des Fortbildungszentrums Strafvollzug in Wien
Kontaktadresse: Wickenburggasse 18–22/5B, A-1082 Wien

Hochweber Harald, Diplom-Psychologe, Abteilungsleiter in der Justizvollzugsanstalt Ebrach
Kontaktadresse: Marktplatz 1, 96157 Ebrach

Konrad Norbert, Prof. Dr. med., Chefarzt der Abteilung für Psychiatrie und Psychotherapie des Krankenhauses der Berliner Vollzugsanstalten, Professor für forensische Psychiatrie an der Freien Universität Berlin
Kontaktadresse: Friedrich-Olbrich-Damm 17, 13627 Berlin

Kury Helmut, Prof. Dr., Diplom-Psychologe, Kriminologische Forschungsgruppe des Max-Planck-Instituts für ausländisches und internationales Strafrecht in Freiburg
Kontaktadresse: Günterstalstr. 73, 79100 Freiburg i.Br.

Möltgen-Sergl Petra, Diplom-Psychologin, Justizvollzugsanstalt München
Kontaktadresse: Stadelheimer Str. 12, 81549 München

Müller-Marsell Stephan, Lehrer an der JVA Neuburg-Herrenwörth, Supervisor DGSv
Kontaktadresse: Sudetenlandstraße 200, 86633 Neuburg a. d. Donau

Obrist Corinna, Diplom-Psychologin, Leiterin der Frauen-Abteilung der Justizanstalt Wien-Favoriten
Kontaktadresse: Hardtmuthgasse 42, A-1100 Wien

Oschwald Alberta, Diplom-Sozialpädagogin (FH), Justizvollzugsanstalt Neuburg-Herrenwörth
Kontaktadresse: Sudetenlandstr. 200, 86633 Neuburg a.d.Donau

Pecher Willi, Dr. phil., Diplom-Psychologe, Psychologischer Psychotherapeut, Justizvollzugsanstalt München, Lehrbeauftragter für forensische Psychologie an der Ludwig-Maximilians-Universität München
Kontaktadresse: Stadelheimer Str. 12, 81549 München

Postpischil Stefan, Diplom-Psychologe, Psychologischer Psychotherapeut, Psychoanalytiker, Sozialtherapeutische Abteilung für Sexualstraftäter der Justizvollzugsanstalt München
Kontaktadresse: Stadelheimer Str. 12, 81549 München

Rehder Ulrich, Dr., Diplom-Psychologe, Psychologischer Psychotherapeut, Leiter der Sozialtherapeutischen Anstalt Bad Gandersheim
Kontaktadresse: Am Plan 3 c, 37575 Bad Gandersheim

Reindl Richard, Prof. Dr., Diplom-Pädagoge, Diplom-Theologe, Fachbereich Sozialwesen der Georg-Simon-Ohm-Fachhochschule Nürnberg
Kontaktadresse: Bahnhofstr. 87, 90402 Nürnberg

Schöner Elsava, Diplom-Psychologin, Psychologische Psychotherapeutin, Leiterin der Sozialtherapeutischen Anstalt Erlangen
Kontaktadresse: Schuhstr. 41, 91052 Erlangen

Sohn Werner, Sozialwissenschaftler, Wissenschaftlicher Mitarbeiter an der Kriminologischen Zentralstelle e.V.
Kontaktadresse: Viktoriastr. 35, 65189 Wiesbaden

Specht Friedrich, Prof. Dr. med., Klinik für Kinder- und Jugendpsychiatrie/Psychotherapie Göttingen
Kontaktadresse: Keplerstr. 3, 37085 Göttingen

Wegner Thomas, Dr., Diplom-Psychologe, Psychologischer Psychotherapeut und Lehrer, Leiter der Sozialtherapeutischen Anstalt Hamburg-Altengamme
Kontaktadresse: Horster Damm 80, 21039 Hamburg

Werdenich Wolfgang, Dr. phil, Diplom-Psychologe, Leiter der Justizanstalt Wien-Favoriten
Kontaktadresse: Hardtmuthgasse 42, A-1100 Wien

Wischka Bernd, Diplom-Psychologe, Psychologischer Psychotherapeut, Leiter der Sozialtherapeutischen Abteilung der Justizvollzugsanstalt Lingen
Kontaktadresse: Kaiserstraße 5, 49809 Lingen

Wohlgemuth Rüdiger, Diplom-Psychologe, Leiter der Führungsakademie für den Justizvollzug in Niedersachsen
Kontaktadresse: Schlossplatz 1, 29221 Celle

Wydra Bernhard, Jurist, Diplom-Psychologe, Leiter der Bayerischen Justizvollzugsschule Straubing
Kontaktadresse: Grasiger Weg 44, 94315 Straubing

Vorwort

Anwendungen psychologischer Erkenntnisse und Methoden im Bereich des Justizvollzugs sind vielfältig. In der sich ausdifferenzierenden Disziplin der Rechtspsychologie kann inzwischen von einem eigenen Teilgebiet »Justizvollzugspsycholo-
gie« gesprochen werden.

Der vorliegende Band gibt in 28 Schlüsselbegriffen einen umfassenden Überblick
über die verschiedenen Felder, in denen psychologisches Wissen im Justizvollzug
zur Anwendung kommt.

Bei der *Behandlung von Straftätern* werden Grundlagenwissen und Methoden
der klinischen Psychologie und Psychotherapie an die Besonderheiten des Settings
und der Patienten adaptiert (Behandlung und Behandlungsplanung, Gruppenpsychotherapie, Persönlichkeitsstörungen, Resozialisierung, Sexualstraftäter – Behandlungsansätze). Wichtige Impulse entstehen aus dem interdisziplinären Dialog
mit der Sozialpädagogik (Ambulante Straffälligenhilfe, Soziales Kompetenztraining) und der Psychiatrie (Vollzugspsychiatrie).

Zusätzlich zum Behandlungsaspekt geht es bei der Auseinandersetzung mit verschiedenen *Tätergruppen* und *Vollzugsformen* um eine an psychologischem Wissen
orientierte Ausdifferenzierung des Justizvollzugs (Ausländer im Vollzug, Drogentä-
ter, Frauenkriminalität und Frauenvollzug, Gewalttäter, Jugendvollzug, Sexualstraftäter – Klassifizierung, Sozialtherapeutische Anstalten und Abteilungen,
Wohngruppenvollzug).

Mit *diagnostischen und prognostischen Fragestellungen* sowie der *Forschungs-
perspektive* beschäftigen sich die Schlüsselbegriffe Prognosebegutachtung und Kriminologische Forschung und Evaluation.

Aus organisations- und sozialpsychologischer Perspektive befasst sich die Justiz-
vollzugspsychologie mit den Besonderheiten der *Institution Justizvollzug* und deren Entwicklungsmöglichkeiten (Geiselnahme, Organisationsentwicklung, Sicherheit, Subkultur, Totale Institution).

Um Fragen des *Personals* geht es schließlich bei den Schlüsselbegriffen Führung
und Umgang mit Mitarbeitern, Personalauswahl und Personalentwicklung, Psychologen als Leiter, Psychotraumatologie, Supervision.

Das Buch bietet einen breit angelegten Überblick bei gleichzeitigem Eingehen auf
wesentliche Detailfragen und ist deshalb offen für verschiedene Zielgruppen: Den
Bediensteten in Justizvollzugsanstalten dient es als Kompendium aktuellen psychologischen Wissens in ihrem Arbeitsbereich. Andere mit Straffälligen befasste Fach-
gruppen (z. B. Richter und Staatsanwälte, freie Straffälligenhilfe, Bewährungshilfe,
Jugendgerichtshilfe, Maßregelvollzug, Therapieeinrichtungen) finden relevante Informationen über ihre Klientel und werden Parallelen zu »ihren« Institutionen fest-

stellen. Dem »interessierten Laien« schließlich bietet es einen Einblick in die der Öffentlichkeit weitgehend unbekannte »Sonderwelt Gefängnis«.

Die Autorinnen und Autoren sind Praktiker aus dem Justizvollzug und/oder Wissenschaftler mit einschlägigen Forschungsschwerpunkten. Neben der fachlich kompetenten Darstellung der einzelnen Themenbereiche beziehen die Autorinnen und Autoren auch immer wieder engagiert Stellung zu den aufgeworfenen Fragen. Die Beschäftigung mit dem Justizvollzug lässt sich nicht loslösen von gesellschaftlichen und politischen Entwicklungen und fordert deshalb zu Wertungen heraus. Dass die einzelnen Autorinnen und Autoren dabei unterschiedliche Standpunkte vertreten, ist Ausdruck eines offenen Diskurses und in Bezug auf eine Institution, die zu starrer Reglementierung neigt, eine Bereicherung.

Die überwiegende Verwendung männlicher Formen in den Beiträgen mag als Ausdruck für die männliche Dominanz (bei Insassen und Personal) im Justizvollzug gesehen werden (vgl. den Beitrag von A. Barth). Dennoch sind Frauen immer mit gemeint.

Das Buch ist zwei Kollegen gewidmet, die sich ihr ganzes Berufsleben lang mit hohem persönlichen Engagement der Weiterentwicklung des Justizvollzugs zum Wohl der Inhaftierten und des Personals gewidmet haben: Bernhard Wydra und Gerhard Federl, die über lange Jahre die Bayerische Justizvollzugsschule in Straubing geleitet haben und Ende 2003 in den Ruhestand getreten sind.

München, im Frühjahr 2004   Dr. Willi Pecher

Ambulante Straffälligenhilfe

von Richard Reindl

Einleitung

Betrachtet man gesetzwidriges Verhalten nicht allein als Resultat individueller Entscheidungen, sondern auch als Konsequenz gesellschaftlicher Struktursetzungen, durch die die Möglichkeiten zu gesetzeskonformer Lebensführung ebenso wie die Wahrscheinlichkeit der Aufdeckung sozial abweichenden Verhaltens ungleich verteilt sind, lässt sich auch die → Resozialisierung bzw. Wiedereingliederung von straffällig gewordenen Menschen weder allein als subjektiv erbrachte Leistung noch als individuelle Einzelfallhilfe sondern ebenso als sozialpolitische Daseinsvorsorge begreifen. Stellt aus gesellschaftlicher Sicht straffälliges Verhalten einen nicht tolerierbaren Verstoß gegen die Regeln des gesellschaftlichen Zusammenlebens dar, wie sie im Strafrecht kodifiziert sind, kann aus der Sicht des handelnden Subjekts dasselbe Verhalten als Versuch der Bewältigung defizitärer Lebenslagen und schwieriger Lebenssituationen verstanden werden. Um diesen beiden Aspekten gerecht zu werden, sieht die Rechtsordnung bei der schärfsten und einschneidendsten Sanktionsform – der Freiheitsstrafe (einschließlich ihrer Aussetzung zur Bewährung als Modifikation der Strafvollstreckung) – eine Ausgestaltung der strafrechtlichen Sanktionen vor, die sozialstaatlichen Grundprinzipien entspricht und sozialintegrativ wirken soll. Diese Funktion nimmt die Straffälligenhilfe als Zusammenfassung aller sozialen Hilfen zur Resozialisierung von Straftätern wahr (vgl. Maelicke 2003, 135). Organisatorisch gehören zur Straffälligenhilfe insbesondere die sozialen Dienste der Justiz (Gerichtshilfe, Bewährungshilfe, Führungsaufsicht, Sozialarbeit im Vollzug) sowie die Dienste und Einrichtungen der freien Straffälligenhilfe. Ambulante Straffälligenhilfe nach der Haft meint insofern insbesondere den sozialen Dienst der Bewährungshilfe sowie die Angebote der freien Straffälligenhilfe. Während soziale Dienste der Justiz im Auftrag der Justiz handeln, soziale Hilfen anbieten und soziale Kontrolle im Auftrag der Justiz ausüben (sog. Doppelmandat), können sich die Dienste und Einrichtungen der freien Straffälligenhilfe auf den Arbeitsauftrag, den sie von den Klientinnen und Klienten erhalten, beschränken. Dienste und Einrichtungen der freien Straffälligenhilfe sind in der Regel Teil eines umfassenderen sozialen Hilfeangebots eines Verbandes der freien Wohlfahrtspflege.

Der Schwerpunkt der folgenden Ausführungen wird auf der ambulanten Straffälligenhilfe liegen, wobei insbesondere auf die freie Straffälligenhilfe ausführlicher eingegangen wird.

1. Gesetzliche Grundlagen

1.1. Soziale Dienste der Justiz

Für die drei ambulanten sozialen Dienste der Justiz, Gerichtshilfe, Bewährungshilfe und Führungsaufsicht, sind unterschiedliche Rechtsgrundlagen geschaffen worden. Bestimmen die §§ 160 bzw. 463 der Strafprozessordnung (StPO) die Gerichtshilfe als soziale Ermittlungshilfe im Ermittlungs- bzw. Vollstreckungsverfahren, sind in einer Reihe von Bundesländern per Verordnung, Erlass oder Rundverfügung der Gerichtshilfe weitere Aufgaben zugewiesen worden: die Haftentscheidungshilfe, die Abwendung der Ersatzfreiheitsstrafe durch die Vermittlung der Geldstrafenschuldner in gemeinnützige Arbeit sowie der Täter-Opfer-Ausgleich.

Für die Bewährungshilfe findet sich die gesetzliche Grundlage im § 56 des Strafgesetzbuches (StGB). Dort heißt es:

»Das Gericht unterstellt den Verurteilten für die Dauer oder einen Teil der Bewährungszeit der Aufsicht und Leitung eines Bewährungshelfers, wenn dies angezeigt ist, um ihn von Straftaten abzuhalten ... Der Bewährungshelfer steht dem Verurteilten helfend und betreuend zur Seite. Er überwacht im Einvernehmen mit dem Gericht die Erfüllung der Auflagen und Weisungen sowie der Anerbieten und Zusagen. Er berichtet über die Lebensführung des Verurteilten in Zeitabständen, die das Gericht bestimmt. Gröbliche oder beharrliche Verstöße gegen Auflagen, Weisungen, Anerbieten oder Zusagen teilt er dem Gericht mit« (§ 56 d Abs. 1,3 StGB).

Neben dieser grundlegenden Bestimmung der Aufgaben von Bewährungshelferinnen und -helfern durch den Bundesgesetzgeber, existieren in verschiedenen Bundesländern spezielle Bewährungshelfergesetze, die Regelungen zu Organisation, Aufgaben und Fragen des Geschäftsganges der Bewährungshilfe beinhalten (vgl. Block 1993, 109 f.).

Grundsätzlich sind zwei Formen der Strafaussetzung zur Bewährung möglich: Zum einen die Aussetzung der gesamten Freiheitsstrafe nach den Bedingungen des § 56 StGB, sofern die Freiheitsstrafe zwei Jahre nicht übersteigt, und zum anderen die Aussetzung eines Rests der Freiheitsstrafe nach den Bedingungen der §§ 57, 57 a StGB. Die Bewährungszeit darf zwei Jahre nicht unterschreiten und nicht länger als maximal fünf Jahre dauern (§ 56 a StGB). Den konkreten Zeitrahmen setzt das Gericht fest.

Ein im Vergleich zur Bewährungshilfe, die seit 1953 gesetzlich geregelt ist, relativ junger sozialer Dienst der Justiz, die Führungsaufsicht, wurde am 1. Januar 1975 mit den §§ 68–68 g StGB in das Strafgesetzbuch eingefügt. Als Maßregel der Besserung und Sicherung konzipiert, kann die Führungsaufsicht zusätzlich zur Strafe angeordnet werden. Es sollen vor allem Verurteilte mit schlechter Sozialprognose der Aufsicht und Kontrolle der Führungsaufsichtsstelle und eines Bewährungshelfers unterstellt werden, um weitere Straftaten dieser Person möglichst zu verhindern. In der zentralen Bezugsnorm des § 68 a StGB heißt es u. a.:

»(1) Der Verurteilte untersteht einer Aufsichtsstelle; das Gericht bestellt ihm für die Dauer der Führungsaufsicht einen Bewährungshelfer.

(2) Bewährungshelfer und Aufsichtsstelle stehen im Einvernehmen miteinander dem Verurteilten helfend und betreuend zur Seite.

(3) Die Aufsichtsstelle überwacht im Einvernehmen mit dem Gericht und mit Unterstützung des Bewährungshelfers das Verhalten des Verurteilten und die Erfüllung der Weisungen.«

Führungsaufsicht kommt insbesondere für Verurteilungen zu mindestens sechs Monate Freiheitsstrafe in Betracht, wenn die Verurteilten Straftaten begangen haben, bei denen das Strafgesetz Führungsaufsicht besonders vorsieht, und wenn bei ihnen die Gefahr weiterer Straftaten besteht (vgl. § 68 Abs. 1 StGB). Darüber hinaus wird Führungsaufsicht angeordnet bei vollständig verbüßten Freiheitsstrafen von mindestens zwei Jahren und bei Sexualstraftaten von mindestens einem Jahr. Dies betrifft in der Regel Verurteilte, deren Strafrestaussetzung zur Bewährung wegen schlechter Sozialprognose abgelehnt wurde. Zudem sind von Führungsaufsicht Verurteilte betroffen, bei denen eine freiheitsentziehende Maßregel zur Bewährung ausgesetzt wird, sowie Sicherungsverwahrte, wenn die weitere Vollstreckung der Sicherungsverwahrung zur Bewährung ausgesetzt oder wegen der Höchstfrist beendet wird (vgl. § 67 d Abs. 2 und 3 StGB).

1.2. Freie Straffälligenhilfe

Für die freie Straffälligenhilfe bildet der § 72 Bundessozialhilfegesetz (BSHG) die Rechtsgrundlage. Dieser regelt für erwachsene straffällige Personen den Rechtsanspruch auf Hilfe. Er bestimmt, dass »Personen, bei denen besondere Lebensverhältnisse mit sozialen Schwierigkeiten verbunden sind, Hilfe zur Überwindung dieser Schwierigkeiten zu gewähren (ist), wenn sie aus eigener Kraft hierzu nicht fähig sind« (§ 72 Abs. 1 Satz 1 BSHG).

Diese wichtige Gesetzesvorschrift zur Resozialisierung und Wiedereingliederung straffällig gewordener Menschen knüpft an die Lebenslagen der betroffenen Personen an mit dem Vorteil, dass sie eine Einheit von materieller und persönlicher Hilfe verdeutlicht. Unabhängig vom strafjustiziellen Kontext sind Resozialisierung und Wiedereingliederung Ziele der Sozialgesetzgebung, die sich auf das Sozialstaatsgebot des Grundgesetzes stützt. Im Allgemeinen Teil des Sozialgesetzbuches ist die Teilnahme am Leben in der Gemeinschaft als Ziel der Sozialhilfe verankert (§ 9 SGB I). Zwar finden sich in einzelnen Regelungen zum Strafprozess bzw. im Strafgesetzbuch oder im Strafvollzugsgesetz eine Reihe von Vorschriften, die der Resozialisierung von Straffälligen dienen. Sie sind allerdings alle gebunden an strafrechtliche Verfahrensabschnitte. Darüber hinaus sind alle Regelungen in diesen Gesetzen, sofern sie mit der sozialen Hilfe für die Straffälligen zu tun haben, immer auch gekoppelt an ein ordnungsgemäßes Strafverfahren und damit oft hilfefremden Regeln unterworfen (vgl. Reindl 1998, 86 f.). Hilfen nach diesen Vorschriften sind zeitlich durch den Verfahrensabschnitt befristet (Haftzeit im Strafvollzug, Bewährungszeit bei der Bewährungshilfe etc.) und z. T. verfahrenstechnisch örtlich gebunden (z. B. Gefängnis). Hilfen nach dem BSHG sind in aller Regel weder zeitlich noch örtlich gebunden. Einziger Anknüpfungspunkt ist der Hilfebedarf des Hilfesuchenden. Insofern ist die Hilfe nach dem BSHG und insbesondere nach § 72 BSHG ausschließlich orientiert am Bedarf des Klienten.

In der neu gefassten, am 1. August 2001 in Kraft getretenen Durchführungsverordnung (DVO) zu § 72 BSHG, werden die persönlichen Voraussetzungen für die Hilfe weiter konkretisiert: So bestehen besondere Lebensverhältnisse »bei fehlender oder nicht ausreichender Wohnung, bei ungesicherter wirtschaftlicher Lebensgrundlage, bei gewaltgeprägten Lebensumständen, bei Entlassung aus einer geschlossenen Einrichtung oder bei vergleichbaren nachteiligen Umständen. Besondere Lebensverhältnisse können ihre Ursachen in äußeren Umständen oder in der Person der Hilfesuchenden haben« (§ 1 Abs. 2 DVO zu § 72 BSHG). Im folgenden Absatz 3 der Durchführungsverordnung zu § 72 BSHG wird der Begriff der sozialen Schwierigkeiten näher gefasst, mit denen besondere Lebensverhältnisse verbunden sein müssen, um Hilfe nach § 72 BSHG zu erhalten:

»Soziale Schwierigkeiten liegen vor, wenn ein Leben in der Gemeinschaft durch ausgrenzendes Verhalten des Hilfesuchenden oder eines Dritten wesentlich eingeschränkt ist, insbesondere im Zusammenhang mit der Erhaltung und Beschaffung einer Wohnung, mit der Erlangung und Sicherung eines Arbeitsplatzes, mit familiären oder anderen sozialen Beziehungen oder mit Straffälligkeit« (§ 1 Abs. 3 DVO zu § 72 BSHG).

Liegen die Anspruchsvoraussetzungen für die Hilfe nach § 72 BSHG vor, so umfasst die Hilfe »alle Maßnahmen, die notwendig sind, um die Schwierigkeiten abzuwenden, zu beseitigen, zu mildern oder ihre Verschlimmerung zu verhüten, vor allem Beratung und persönliche Betreuung für den Hilfesuchenden und seine Angehörigen, Hilfen zur Ausbildung, Erlangung und Sicherung eines Arbeitsplatzes sowie Maßnahmen bei der Erhaltung und Beschaffung einer Wohnung ...« (§ 72 Abs. 2 Satz 1 BSHG).

Damit nun aber der individuelle Rechtsanspruch auf Hilfe nach § 72 BSHG auch eingelöst werden kann, verpflichtet der Gesetzgeber die öffentlichen Sozialhilfeträger, »die zur Ausführung von Sozialleistungen erforderlichen sozialen Dienste und Einrichtungen rechtzeitig und ausreichend zur Verfügung (zu stellen)« (§ 17 Abs. 1 Nr. 2 SGB I). Dass diese Rechtsnorm ihrer Rechtswirklichkeit weit voraus ist, liegt nicht nur an der bekannten Finanzknappheit der örtlichen und überörtlichen Sozialhilfeträger, sondern spiegelt zumindest für den Personenkreis der Straffälligen einen Teil der gesellschaftlichen Vorurteile, die denen entgegengebracht werden, die augenscheinlich an ihrer Notsituation selbst Schuld haben.

2. Lebenslagen Straffälliger

Empirische Untersuchungen zur sozialen Situation Straffälliger weisen auf einen Wechselwirkungsprozess zwischen Kriminalisierungsprozessen und Verarmung hin. Armut wird dabei nicht nur als materielle Armut verstanden, obgleich diese den »harten Kern« sozialer Notlagen bildet. Armut im weiter gefassten Sinne zeichnet sich durch eine Vielzahl und Kumulation von Unterversorgungslagen im sozialen und materiellen Bereich aus. Der konventionellen, einkommensorientierten Armutsschwelle stellt die neuere Armutsforschung (vgl. Hanesch 1994) einen lebenslagenorientierten Ansatz gegenüber, der in Abgrenzung zu dem reinen Einkommenskonzept die Versorgungslage im Hinblick auf relevante Lebensbereiche wie Arbeit, Bildung, Wohnen, Versorgung mit gesundheitlichen Diensten und soziale Eingebundenheit sowie gesellschaftliche Anerkennung in den Blick nimmt (vgl. Nationale Armutskonferenz 1993, 5). Damit erhalten die Zugangsmöglichkeiten zur sozialen Infrastruktur und die soziokulturellen Teilhabemöglichkeiten an der Gesellschaft eine wesentliche Bedeutung und weisen letztlich auch auf die Notwendigkeit für das Hilfesystem hin, diese Teilhabe zu sichern.

Unterversorgungslagen in verschiedenen Lebensbereichen schaffen zwar individuelle Problemkumulationen, führen jedoch nicht zwangsläufig zu monokausal abzuleitenden Bewältigungsstrategien, wie z. B. Straffälligkeit. Welche Bewältigungsstrategien Menschen angesichts persönlicher Konfliktlagen ergreifen, ist neben sozialen Merkmalen wie Alter, Geschlecht, Familienstand, Bildungsstatus und (frühere) berufliche Tätigkeit durch weitere Faktoren determiniert, z. B. durch die Verfügbarkeit von individuellen Ressourcen, sozialen Netzen und institutionellen Hilfen (vgl. Hanesch 1994, 369).

Es verbinden sich also objektive Lebensbedingungen mit subjektiven Verarbeitungsmustern und prägen die individuellen Strategien für den Umgang mit Armut und Unterversorgung. In diesem Kontext spielt auch der Umgang staatlicher Instanzen mit kriminalisierbarem Verhalten eine besondere Rolle. Er verschärft – je nach Intensität – nicht nur Armuts- und Unterversorgungslagen, sondern ergänzt diese noch durch gesellschaftliche und individuelle Schuldzuweisungen, Stigmatisierungen und Ausgrenzungsprozesse. Die Handlungsspielräume für subjektive Möglichkeiten von Straffälligen, eine Veränderung ihrer Situation herbeizuführen, werden mit der Dauer und der Intensität strafrechtlicher Eingriffe immer geringer. Aus dem Zusammenwirken all dieser Faktoren ergeben sich die Lebenslagen bzw. Notlagen Straffälliger. Individualisierende Konzepte einer Fehl-Anpassung sind deshalb durch das Konzept einer Fehl-Ausstattung zu ergänzen bzw. zu ersetzen. Letzteres legt nahe, »dass hinter festgestellter Fehl-Anpassung eine ganz elementare ›Armut‹ stecken kann, Fehl-Ausstattung im Bereich elementarster persönlicher Lebensmöglichkeiten« (Sidler 1989, 97).

2.1. Objektive Lebensbedingungen – Fehlausstattungen

Fasst man vorliegende Untersuchungen zur objektiven Lebenssituation straffällig gewordener Menschen hinsichtlich Einkommen, Arbeit, Wohnung, Bildung, Gesundheit und soziale Kontakte zusammen (vgl. Maelicke und Reindl 1995, 32 ff.; Bundesarbeitsgemeinschaft für Straffälligenhilfe 1995), lässt sich konstatieren, dass der ganz überwiegende Teil der Straffälligen bzw. der aus der Haft Entlassenen von der Unterstützung durch öffentliche Leistungen abhängig ist.

Einkommen

Insbesondere den Haftentlassenen gelingt es nicht – aufgrund der trotz des Bundesverfassungsgerichtsurteils von 1998 immer noch niedrigen Arbeitsentlohnung während der Haft –, einen Betrag anzusparen, der ausreicht, um ohne staatliche Transferleistungen leben zu können, eine Wohnung anzumieten, geschweige denn Schulden abzutragen oder bestehenden Unterhaltsverpflichtungen nachzukommen. Mehr als vier Fünftel der Inhaftierten sind verschuldet. Die durchschnittliche Verschuldung liegt dabei bei etwa 10 000 € (vgl. Zimmermann 2003, 409).

Wohnung

Mehr als 20 % der Haftentlassenen sind unmittelbar nach der Entlassung ohne Wohnung. Viele leben in prekären Wohnverhältnissen, sodass sie unter die vom Deutschen Städtetag 1987 festgelegte Definition von Wohnungsnotfällen subsumiert werden können: Personen, die entweder akut wohnungslos, von Wohnungslosigkeit bedroht sind oder in unzumutbaren Wohnverhältnissen leben. Wohnungs-losigkeit stellt daher eines der zentralen Probleme der Wiedereingliederung dar.

Arbeit

Ein Großteil der Inhaftierten war bereits zum Zeitpunkt der Inhaftierung arbeitslos und wird nach der Haft wieder in die Arbeitslosigkeit entlassen. Der Anteil der Langzeitarbeitslosen unter den Inhaftierten steigt. Der geringe Ausbildungsstan-dard der Haftentlassenen und die hohe strukturelle Arbeitslosigkeit erschweren den Zugang zum Arbeitsmarkt wesentlich. Die vorliegenden kriminologischen Un-tersuchungen können zwar keinen allgemein gültigen, monokausalen Zusammen-hang zwischen Arbeitslosigkeit und Straffälligkeit nachweisen, es zeigt sich jedoch, dass mangelnde Beschäftigungsperspektiven auf das individuelle Rückfallrisiko von Straffälligen, insbesondere von Haftentlassenen, negative Auswirkungen ha-ben (vgl. Wirth 1995).

Gesundheit

Neben den gesundheitlichen Beschwerden, die Gefangene in der Haft entwickeln, bringen sie eine Reihe von gesundheitlichen Problemen bei ihrer Inhaftierung be-reits mit: z. B. Leberschäden durch Alkoholmissbrauch oder durch andere Rausch-mittel bzw. Medikamente, entsprechende Suchtmittelabhängigkeiten sowie nicht selten Zahnerkrankungen (vgl. Walter 1991, 169). Vor allem in den letzten Jahren werden Gefahren, die von Drogengebrauch vor und während der Haft ausgehen, v. a. Hepatitis und HIV-Infektionen thematisiert.

Bildung

Einzelstudien zur Bildungssituation Inhaftierter – Gesamtstudien fehlen leider – zei-gen, dass bis zu einem Drittel der Inhaftierten über keinerlei schulischen Abschluss verfügt und mehr als die Hälfte keine Berufsausbildung hat (vgl. Cornel 1992). Bei den wenigen Inhaftierten, die vor der Haft eine Arbeitsstelle hatten, handelt es sich überwiegend um angelernte oder ungelernte Arbeiter (vgl. Dünkel 1993, 11). Diese im Gegensatz zur Normalbevölkerung deutlich unterdurchschnittliche schulische wie berufliche Bildung weist auf erhebliche Unterversorgungslagen, insbesondere hinsichtlich einer beruflichen Qualifizierung hin und erschwert den Zugang zum Ar-beitsmarkt – und damit zu eigenem Einkommen – erheblich.

Sozialkontakte

Das Ausmaß sozialer Kontakte Inhaftierter lässt sich anhand des Familienstatus, aber auch anhand der Häufigkeit von Besuchen durch Angehörige während der Haft ablesen: Inhaftierte leben »ungebundener« als dies im Vergleich bei der Ge-samtbevölkerung der Fall ist. In einer Aktenauswertung von Dünkel zeigt sich, dass etwa 55,7 % der Gefangenen im Männervollzug ledig und 22,1 % getrennt lebend bzw. geschieden waren. Keinen privaten Besuch während ihrer Haftzeit erhielten nach dieser Untersuchung etwa 43 % der erwachsenen Inhaftierten (vgl. Dünkel 1992, 82 ff.).

Dass während der Inhaftierungszeit soziale Kontakte weiter abbröckeln, ist u. a. auch auf die mangelnden Besuchsmöglichkeiten zurückzuführen. Je länger die Haft dauert, desto größer und desto wahrscheinlicher ist die Gefahr, dass noch bestehende extramurale soziale Kontakte abreißen (vgl. Preusker 1993, 20).

2.2. Subjektive Verarbeitungsmuster – Fehlanpassungen

Neben den materiellen Bedingungen, die eine Integration nach der Haftentlassung ganz wesentlich erschweren, sind individuelle Handlungskompetenzen nicht nur eine weitere Bedingung für eine Integration, nachdem ein Justizkontakt stattgefunden hat, sondern sie tragen durch ihren Mangel bereits im Vorfeld auch zur Verhängung von Untersuchungshaft, zum Ausgang eines Strafverfahrens und zur Höhe und Form der Sanktionierung bei. Personen mit sozialen Schwierigkeiten sind häufig nicht in der Lage, strafrechtlich relevante Konflikte informell zu regeln und geraten somit eher in einen Konflikt mit dem Strafrecht. Beispielsweise gelingt es ihnen oft nicht, »langfristig vereinbarte Ratenzahlungen einzuhalten, und sie verfügen häufig nicht über die soziale Kompetenz, adäquat mit dem formellen justiziellen Eintreibungsverfahren oder auch mit formalisierten Angeboten des ersatzweisen Verrichtens gemeinnütziger Arbeit umzugehen« (Kawamura 1995, 31).

Auch sind Personen mit sozialen Schwierigkeiten stärker von Untersuchungshaft bedroht, da als wesentlicher Haftgrund (in 96 % aller Fälle) die Fluchtgefahr zum Tragen kommt. So kann auch bei geringfügigeren Delikten das Nichtvorhandensein einer Unterkunft bzw. einer ladungsfähigen Adresse zur Verhängung von Untersuchungshaft führen.

Neben der schwierigen materiellen Situation Straffälliger ist insbesondere für den Personenkreis der Haftentlassenen ein Mangel an sozialen Kompetenzen zu konstatieren, der eine gesellschaftliche Teilhabe und Integration wesentlich erschwert. Insbesondere soziale Kompetenzen zum Erhalt eines Arbeitsplatzes sind kaum vorhanden bzw. werden während der Haftzeit – auch bedingt durch die hohe Arbeitslosigkeit in den Justizvollzugsanstalten – verlernt.

Darüber hinaus erschweren Prozesse der (Selbst-)Stigmatisierung den Erwerb subjektiver Handlungskompetenzen, die für eine Integration in die Gesellschaft notwendig sind. Der realitätskonstruierende Charakter von Definitionen, z. B. die Zuschreibung bestimmter Störungen, die jeweils selektive Auswahl relevanter biografischer Daten, typischer Symptome und katamnestischer Fakten dient prognostischen Zwecken, führt aber nicht selten dazu, dass Straffällige dem Bild des unverbesserlichen »Drehtür-Rückfälligen« entsprechen (Quensel 1981, 170 ff.). Der Stigmatisierte sieht sich selbst als »Krimineller«, übernimmt die Rolle des »Kriminellen«, was später die Zuschreibung eines neuen devianten Status bildet bzw. die negative Prognose der Interaktionspartner bestätigt (vgl. Dolde 1978, 70). Straffällige orientieren sich selbst an den ihnen angetragenen Stigmata und schließen sich der in der Gesellschaft und insbesondere in Institutionen sozialer Kontrolle weit verbreiteten Tendenz an, Ursachen sozialer Probleme zu individualisieren. Die objektiven Lebensbedingungen werden dann letztlich als das Ergebnis eigener spezifischer Defizite und Fehlhandlungen angesehen.

Diese Form der Übernahme des Stigmas in das eigene Selbstbild erschwert enorm die Versuche zur Wiedereingliederung. Es bedarf einer erheblichen Motivationsarbeit professioneller Straffälligenhelfer, um Perspektiven für ein straffreies Leben aufzuzeigen und die Mitarbeit des Klienten wieder zu gewinnen.

3. Auswirkungen der Inhaftierung

Menschen in Haft unterliegen den sehr prägenden Auswirkungen der geschlossenen, → totalen Institution (vgl. Goffman 1981) Strafvollzug. Für die schädigenden Auswirkungen von – insbesondere langem – Freiheitsentzug gibt es eine ganze Reihe von Anhaltspunkten und Belegen. Nicht umsonst wird auch in § 3 des Strafvollzugsgesetzes (StVollzG) gefordert, den schädlichen Folgen des Freiheitsentzuges entgegenzuwirken. Im vorliegenden Schrifttum wird vor allem auf drei Phänomene hingewiesen, die sozial schädigende Auswirkungen auf die Persönlichkeit der Inhaftierten haben: Diskulturationsprozesse, Verlust sozialer Beziehungen und Prisonisierungseffekte.

Diskulturationsprozesse

Unter Diskulturationsprozessen (vgl. Goffman 1981, 24) werden »Verlernprozesse« von Lebensbewältigungstechniken verstanden, die es Haftentlassenen erschweren, mit den Gegebenheiten der Außenwelt zurecht zu kommen. Sie entstehen durch die weit gehenden Beschränkungen der Haft, die eigene Anpassungsprozesse und »Bewältigungstechniken« erfordern und Alltagswissen bzw. allgemeine Fähigkeiten und Fertigkeiten (vom Einkaufen bis zum Umgang mit Behörden) in den Hintergrund drängen. Je länger dieser Prozess dauert, je weniger Kontakt mit der Außenwelt die Insassen haben und je geringer ihre Lernmöglichkeiten in der Anstalt sind, desto stärker entfernen sich Inhaftierte von der Realität draußen.

Verlust sozialer Kontakte

Mit der Zunahme der Haftdauer und der Anzahl wiederholter Inhaftierungen erhöht sich die Gefahr, dass bestehende soziale Kontakte abreißen und Partnerschaften zerbrechen. Befragt nach der Entwicklung und dem Zustand der internen und externen Bezüge im Strafvollzug glaubten 65 % der Langzeithäftlinge in der JVA Bruchsal zu Beginn ihrer Haft, »dass ihre externen Kontakte die Haft überdauern würden, aber 87 % mussten bestätigen, dass ihre sozialen Kontakte schon nach wenigen Jahren zerbrochen sind« (Preusker 1993, 20).

Prisonisierungseffekte und Anpassung an die Subkultur

In geschlossenen Anstalten gelten eigene Regeln und Normen, deren Funktion darin besteht, die Bedingungen des Eingesperrtseins psychisch erträglich zu gestalten. Die Anpassungsprozesse an die internen, subkulturellen Normen und Werte, auch als Prisonisierungseffekte bezeichnet (vgl. Reindl 1991, 108), sind u. a. von deutlicher Angst vor Mithäftlingen gekennzeichnet. So gab einer Befragung zufolge ein Großteil der Inhaftierten (64 % in der JVA Berlin Tegel bzw. 55 % der Gefangenen im Regelvollzug NRW) an, dass man vor Mithäftlingen »ständig auf der Hut« sein müsse, 65 % der Gefangenen in Berlin Tegel (52 % in NRW) schätzten »viele der Insassen« als »gewalttätig« ein (Ortmann 2000 und 2001, 28). Ein Großteil dieser z. T. auch gewalttätig in den Haftanstalten innerhalb der Inhaftierten durchgesetzten subkulturellen Normen konfligiert mit dem Wertesystem, das für die Resozialisierung und Wiedereingliederung von straffällig gewordenen Menschen entscheidend ist.

Die Schwierigkeiten für eine Entlassungssituation liegen damit auf der Hand: Ausgestattet mit einem Mangel an normalen Lebensbedingungen und angepasst an ein fremdbestimmtes Gefängnisleben übersteigen die Anforderungen zur Bewältigung der vielschichtigen sozialen und materiellen Probleme, mit denen sich Haftentlassene plötzlich konfrontiert sehen, bei weitem die Bewältigungsmöglichkeiten und stellen ausgesprochen hohe Anforderungen an deren soziale Handlungskompetenz. So müssen sie u. a. »die Zuständigkeit von Institutionen und Behörden kennen, in der Lage sein, Anliegen zu formulieren, entsprechende Formulare auszufüllen, sich ihnen rechtlich zustehende Hilfsmöglichkeiten verfügbar zu machen, mit gesellschaftlichen Vorurteilen und Ablehnung umzugehen, familiäre Probleme und materielle Schwierigkeiten zu bewältigen. Sie müssen sich eine materielle Existenzgrundlage und eine Unterkunft beschaffen, Schuldenregulierung betreiben u. a. m.« (Kawamura-Reindl 2001, 12). Der Handlungskompetenz, die gefordert ist, um all diese Probleme angemessen zu bewältigen, steht in einer überwiegenden Zahl der Fälle ein Mangel an sozialen Fähigkeiten gegenüber. Hinzu kommen in vielen Fällen Suchtprobleme, die ein zielgerichtetes Angehen dieser Schwierigkeiten weiterhin erschweren (vgl. Maelicke und Reindl 1995, 63).

4. Hilfsangebote

In Korrespondenz zu den besonderen Lebenslagen und sozialen Schwierigkeiten straffälliger Menschen ergeben sich die Aufgaben der justiziellen und freien Straffälligenhilfe. Ihre Angebote zielen zum einen auf die Verbesserung der sozialen Lage Straffälliger und zum anderen auf den Erwerb von neuen, alternativen Kompetenzen zur Lebensbewältigung. Die justizielle Straffälligenhilfe (Bewährungshilfe und Führungsaufsicht) ist allerdings befristet und zusätzlich mit Kontrollaufgaben befasst: mit der Kontrolle der Lebensführung und der Überwachung der Auflagen. In Ergänzung zu den auf Strafverfahrensabschnitte bezogenen sozialen Diensten der Justiz ermöglicht die freie Straffälligenhilfe eine durchgehende und ganzheitliche Hilfe, die den straffällig gewordenen Menschen und seine Angehörigen in den Blick nimmt. Die Notwendigkeit solcher durchgehenden Hilfen leitet sich vor allem daraus ab, dass die Annahme von Hilfsangeboten während, aber auch nach der Haft, den Aufbau tragfähiger Beziehungen voraussetzt, d. h. ein Bezugspersonenwechsel, wie er für die Zuständigkeit der sozialen Dienste der Justiz entlang der Strafverfahrensabschnitte vorgesehen ist, soweit wie möglich vermieden wird. Daneben spielt auch die relative Unabhängigkeit von der Justiz für die Akzeptanz der Angebote freier Straffälligenhilfe eine Rolle: »Gerade weil freie Träger dank ihrer mangelnden Einbindung in die Justiz und damit in die strafrechtlichen Zwecksetzungen der Repression und der Prävention nicht selten wirkungsvoller arbeiten können, repräsentieren sie jenen Teil der Straffälligenhilfe, der ebenso bedeutsam wie anderweitig nicht substituierbar ist« (Müller-Dietz 1997, 40).

Die besondere Bedeutung der unmittelbaren Zeit vor und nach der Haftentlassung erschließt sich dadurch, dass nach kriminologischen Untersuchungen die ersten Monate nach einer Haftentlassung entscheidend sind für einen straffreien Lebensweg. Die Gefahr des Rückfalls ist in dieser Zeit am höchsten. Etwa 40 % der Strafgefangenen, die erneut straffällig werden, scheitern in den ersten sechs Monaten nach der Entlassung (Walter 1991, 285).

4.1. Hilfen zur Vorbereitung der Entlassung

Während der Zeit der Inhaftierung gelten andere Orientierungen als draußen, die Distanz zur Welt draußen nimmt mit der Länge der Inhaftierungszeit zu. Es schwinden der Realitätsbezug und die wirklichkeitsnahe Einschätzung der eigenen Fähigkeiten und Chancen. Das kann sich z. B. äußern in Selbstunterschätzung, aber auch in einer völligen Überschätzung der eigenen Kräfte und Möglichkeiten, z. B. in Bezug auf das eigene Arbeitsvermögen, den Umgang mit Beziehungen oder mit Suchtproblemen, und den gesellschaftlichen Bedingungen, etwa Arbeits- und Verdienstmöglichkeiten (vgl. Kawamura-Reindl 2001).

Für die planvolle Vorbereitung der Entlassung bedeutet dies, die Inhaftierten in beiden Bereichen zu unterstützen, in der materiellen Existenzsicherung und im Erwerb sozialer Kompetenzen. Denn die psychosozialen Schwierigkeiten überlagern und überschneiden sich mit den materiellen Problemen und können, werden sie nicht geduldig und kompetent bearbeitet, zur Quelle ständiger Rückschläge werden. Die Straffälligenhilfe muss sich deshalb auf bestimmte Persönlichkeits- und Beziehungsstrukturen einstellen (vgl. Hompesch 1990, 201), um ein tragfähiges Arbeitsbündnis für eine wirksame Hilfe zu erreichen. Zur Gestaltung des krisenhaften Übergangs von der Haft in die Freiheit suchen Mitarbeiterinnen und Mitarbeiter der freien Straffälligenhilfe Inhaftierte in der Haftanstalt auf und »beraten sie in sozialen und materiellen Fragen. Sie bereiten mit Inhaftierten die Haftentlassung und Wiedereingliederung vor, indem sie sie bei Tagesausgängen begleiten, Kontaktgruppen fördern, Kontakte zu Angehörigen aufnehmen, manchmal auch Ehe- und Familienseminare für Inhaftierte und deren Angehörige anbieten, Gruppengespräche in der Haftanstalt durchführen und Hilfen für Randgruppen im Vollzug (z. B. für ausländische Inhaftierte) bereitstellen. Sie begleiten Inhaftierte bei Behördengängen, falls dies notwendig ist, unterstützen sie bei der Beschaffung von Papieren und helfen ihnen bei der Suche nach einer Unterkunft« (Kawamura-Reindl 2003, 183).

Eine gezielte Vorbereitung der Entlassung ist eine wesentliche Voraussetzung für die Wiedereingliederung straffälliger Personen. Neben der strukturellen Vernetzung und Kooperation der unterschiedlichen Hilfeanbieter (soziale Dienste im Vollzug, freie Straffälligenhilfe und Bewährungshilfe) ist die Erstellung eines individuellen Hilfeplans für eine ziel- und bedarfsgerechte Hilfe unabdingbar. Hierbei ist Initiative und Flexibilität von allen Hilfeträgern gefragt, vom Vollzug ebenso wie von der freien Straffälligenhilfe, um – vielleicht auch mithilfe ehrenamtlicher Mitarbeit – eine gute Koordination der Hilfen und ein funktionierendes Verbundsystem zu schaffen.

4.2. Hilfen nach der Haft

In der Regel endet die Hilfe des Vollzugs für die Strafgefangenen mit der Entlassung am Anstaltstor. Für die Entlassenen beginnen die Probleme aber erst jetzt. Zentrale Bereiche einer Wiedereingliederung in die Gesellschaft sind Wohnen, Arbeit und soziale Kontakte. In diesen Lebensbereichen wirken sich Stigmatisierung und Ausgrenzungstendenzen besonders ungünstig aus. Straffällige werden vor allem nach der Entlassung, dem empirisch nachgewiesenen Zeitpunkt der höchsten Rückfallgefährdung, vermehrt in extrem unsichere Lebensverhältnisse gedrängt. Den drohenden Teufelskreis von »Straffälligkeit – Arbeitslosigkeit – Wohnungslosigkeit – Perspektivlosigkeit – (neue) Straffälligkeit« zu durchbrechen und ein Fundament für eine straffreie Zukunft zu schaffen, ist Aufgabe der helfenden Beziehung zwischen Entlassenen und Mitarbeiterinnen bzw. Mitarbeitern der Straffälligenhilfe. Dazu sind entsprechend den Lebenslagen der Haftentlassenen persönliche und materielle Hilfen miteinander zu kombinieren.

In der Durchführungsverordnung zu § 72 BSHG werden die häufigsten Hilfsformen aufgeführt, die in der Regel geeignet sind, die besonderen sozialen Schwierigkeiten einer Haftentlassung überwinden zu helfen. Es sind dies vor allem Beratung und persönliche Unterstützung, Hilfen zur Ausbildung, Erlangung und Sicherung eines Arbeitsplatzes, Maßnahmen bei der Erhaltung und Beschaffung einer Wohnung sowie Hilfen zum Aufbau und zur Aufrechterhaltung sozialer Beziehungen und zur Gestaltung des Alltags.

Beratung und persönliche Unterstützung beinhalten neben der Beratung in Fragen der Sozialhilfe auch die Erschließung verschiedener Hilfsmöglichkeiten sowie die Beratung zu Rechtsansprüchen auf Hilfe und zu sonstigen sozialen Angelegenheiten, z. B. bei persönlichen Problemen und Krisen. Darüber hinaus umfassen sie auch entsprechende Hilfestellungen bei der Inanspruchnahme von Sozialleistungen und Schuldnerberatung sowie Hilfestellungen bei der Erledigung von Angelegenheiten mit Behörden und Gerichten (vgl. § 3 der DVO zu § 72 BSHG).

Neben der Sicherung des Lebensunterhalts besteht ein zentraler Aufgabenbereich der Straffälligenhilfe darin, Entlassenen bei der Suche nach einer Unterkunft zu helfen und – sofern aufgrund der angespannten Wohnungssituation in den Großstädten möglich – ihnen eine Perspektive für eine eigene Wohnung zu eröffnen. Zu den Wohnhilfen zählen neben der Anleitung, Beratung und Unterstützung bei der Wohnraumsuche auch die materiellen Hilfen zur Beschaffung und zum Erhalt einer Wohnung (Kaution- und ggf. Mietübernahme), Hilfen bei der Einrichtung der Wohnung bzw. beim Umzug. Oft versuchen Beratungsstellen Wohnraum anzumieten und an Haftentlassene weiter zu vermieten, um die Chancen auf eine Wohnung zu erhöhen bzw. einer Stigmatisierung vorzubeugen. Darüber hinaus haben eine Reihe von Straffälligenhilfevereinen ihre Möglichkeiten durch eigene Wohnangebote erweitert, in denen übergangsweise normale Wohnsituationen trainiert werden können.

Hilfen zur Ausbildung, Erlangung und Sicherung eines Arbeitsplatzes beziehen sich nicht nur auf arbeits- und beschäftigungswirksame Maßnahmen bzw. die Vermittlung zu den Arbeitsberaterinnen und Arbeitsberatern der Arbeitsämter bzw. zu deren Arbeitsvermittlern, sondern auch auf Maßnahmen, die darauf zielen, die Fähigkeiten und Fertigkeiten sowie die Bereitschaft zu erhalten und zu entwickeln, einer regelmäßigen Erwerbstätigkeit nachzugehen, z. B. im Rahmen einer Arbeits-

oder Beschäftigungstherapie. Dies ist vor allem deshalb von Bedeutung, da rund die Hälfte der Strafgefangenen bereits vor der Inhaftierung arbeitslos war und etwa ein Viertel der Haftentlassenen, die unter Bewährung stehen, länger als 12 Monate arbeitslos ist (Arbeitsgemeinschaft Deutscher Bewährungshelferinnen und Bewährungshelfer e.V. 2000). Vor dem Hintergrund der hohen Arbeitslosigkeit und eines strukturellen Arbeitsmarktwandels stellt sich die Eingliederung von Straffälligen, die oftmals keine Berufsausbildung besitzen bzw. nur eine niedrige berufliche Qualifikation, in den ersten Monaten nach der Entlassung als immer schwieriger dar. Deshalb sind einige Träger dazu übergegangen, eigenständige Arbeitsprojekte mit Straffälligen und anderen sozial Benachteiligten aufzubauen. Sie bieten berufliche Qualifizierungsmaßnahmen mit sozialpädagogischer Begleitung an.

Hilfen zum Aufbau und zur Aufrechterhaltung sozialer Beziehungen und zur Gestaltung des Alltags treffen auf eine psychosoziale Lage vieler Inhaftierter, die sich charakterisieren lässt durch Störungen der Beziehungsfähigkeit, Fehlen einer gesicherten Identität, stoff- oder nicht-stoffgebundene Sucht, offene Rechnungen mit der Herkunftsfamilie (Hompesch 1990, 204 f.), mangelnde Konfliktfähigkeit, erlernte Hilflosigkeit etc. (Wieder) zu erlernen sind v. a. individuelle Lebensgestaltung und Selbstorganisation. Fähigkeiten, die entweder ohnehin nur schwach ausgeprägt waren oder auch während der Inhaftierung verlernt wurden, weil gerade sie nicht gefordert waren.

Dass dieser Lernprozess oft mit vielen Rückschlägen verbunden ist, liegt u. a. auch an den typischen Persönlichkeitsstörungen Haftentlassener, alles Erreichte wieder aufs Spiel zu setzen (destruktive und autodestruktive Dynamik). Das Zurückfallen in alte (dissoziale) Verhaltensmuster wird verständlich vor dem Hintergrund haftbedingter Entbehrungen. »Wem lustvolle Erfahrungen unter Zwang vorenthalten werden, wird nach dessen Wegfall in der Regel mit Heißhunger und blinder Gier danach greifen. So heißt denn die Devise bei der Entlassung oft »Progression« ins Entbehrte und nicht »Regression« ins Bekömmliche. Diese Dynamik erklärt, weshalb sich geschlossener Strafvollzug und Resozialisierung kaum auf einen Nenner bringen lassen« (Fankhauser 1993, 37).

In der Praxis stehen materielle Hilfen meist im Vordergrund. Straffällige äußern eher ein Bedürfnis nach materieller Unterstützung als nach dem Erwerb gesellschaftlich akzeptierter psychosozialer Kompetenzen. Dies hat seinen Grund auch in der Motivationslage, an den psychosozialen Schwierigkeiten zu arbeiten. »Stärker als der Wunsch des Straffälligen nach Hilfe ist sein Wunsch in Ruhe gelassen zu werden. Auftretende Hilfewünsche bleiben diffus und entsprechen kaum vorhandenen Hilfeangeboten und deren Selbstverständnis« (Hompesch 1990, 200).

Ein Organisationsmodell der freien Straffälligenhilfe, das eine Reihe von Hilfen an einem Ort bündelt und als Knoten in einem sozialen Netzwerk fungiert, ist das der zentralen Anlauf- und Beratungsstellen, wie sie in Bayern und Nordrhein-Westfalen, sowie flächendeckend in Niedersachsen, Schleswig-Holstein und Baden-Württemberg eingerichtet wurden. Dabei werden – oft in Form einer trägerübergreifenden Arbeitsgemeinschaft – Hilfsangebote gebündelt, um sowohl einer Zersplitterung von vielerlei Angeboten vorzubeugen als auch für Haftentlassene die Möglichkeit zu schaffen, Hilfen aus einer Hand bzw. an einem Ort zu erhalten, ohne von Dienststelle zu Dienststelle »pilgern« zu müssen. Die Akzeptanz und Effektivität der Hilfe wird dadurch gesteigert. Allerdings ist eine gemeinsame Hilfeplanung sowie die Koordination der Hilfsangebote auf regionaler Ebene noch nicht Standard in der Straffälligenhilfe. Dies wird eine anzustrebende Entwicklungsaufgabe der Straffälligenhilfe sein, die Kooperation und Koordination zwischen Justiz, sozialen Diensten der Justiz, freier Straffälligenhilfe, allgemeinen kommunalen Angeboten und anderen beteiligten Diensten und Einrichtungen langfristig zu optimieren.

Literatur

Arbeitsgemeinschaft Deutscher Bewährungshelferinnen und Bewährungshelfer (ADB) (2000), *Bundesweite Befragung zur Erhebung der Lebenslage der Klientinnen und Klienten der Bewährungshilfe*. Aurich: Arbeitsgemeinschaft Deutscher Bewährungshelferinnen und Bewährungshelfer.

Block, P. (1993), *Rechtliche Strukturen der Sozialen Dienste in der Justiz*. Wiesbaden: Kriminologische Zentralstelle Eigenverlag.

Bundesarbeitsgemeinschaft für Straffälligenhilfe e. V. (1995), *Straffälligenhilfebericht 1994/95*. Bonn: Bundesarbeitsgemeinschaft für Straffälligenhilfe.

Cornel, H. (1992), *Die soziale Situation Haftentlassener*. Berlin: Fachhochschule für Sozialarbeit und Sozialpädagogik Eigenverlag.

Dolde, G. (1978), *Sozialisation und kriminelle Karriere. Eine empirische Analyse der sozioökonomischen und familialen Sozialisationsbedingungen männlicher Strafgefangener im Vergleich zur »Normal«-Bevölkerung*. München: Minerva.

Dünkel, F. (1992), *Empirische Beiträge und Materialien zum Strafvollzug: Bestandsaufnahme des Strafvollzugs in Schleswig-Holstein und des Frauenvollzugs Berlin*. Freiburg: Max-Planck-Institut für Ausländisches und Internationales Strafrecht Eigenverlag.

Dünkel, F. (1993), Empirische Daten zur sozialen Lage von Strafgefangenen. Ergebnisse zweier Untersuchungen in Schleswig-Holstein und Berlin. *Kriminalpädagogische Praxis 21, Heft 33*: 6–17.

Fankhauser, H. A. (1993), Erkenntnisse über die psychischen Auswirkungen langer Inhaftierungen. In: Nickolai, W. und Reindl, R. (Hrsg.), *Lebenslänglich – Zur Diskussion um die Abschaffung der lebenslangen Freiheitsstrafe*. Freiburg: Lambertus, 26–38.

Goffman, E. (1981), *Asyle: Über die soziale Situation psychiatrischer Patienten und anderer Insassen*. 4. Aufl. Frankfurt: Suhrkamp.

Hanesch, W. et al. (1994), *Armut in Deutschland*. Reinbek: Rowohlt.

Hompesch, R. (1990), Kooperation und Arbeitsteilung zwischen Freier Wohlfahrtspflege und staatlichen Diensten in der Sozialen Arbeit. In: DBH (Hrsg.), *Die 13. Bundestagung*. Bonn: Forum, 195–213.

Kawamura, G. (1995), Die Geldstrafe – soziale Benachteiligung durch ein strafrechtliches Sanktionsinstrument? *Theorie und Praxis der sozialen Arbeit 46*, 5: 27–32.

Kawamura-Reindl, G. (2001), Entlassung nach langem Freiheitsentzug – Chancen und Erfordernisse für eine Rückkehr in die Gesellschaft. *Vortrag anlässlich des Symposiums der Diakonie am 18.09.2001 in Rosenheim*, unveröffentl. Manuskript.

Kawamura-Reindl, G. (2003), Freie und kommunale Hilfen für Straffällige und deren Angehörige. In: Cornel, H.; Kawamura-Reindl, G.; Maelicke, B. und Sonnen, B.-R. (Hrsg.), *Handbuch der Resozialisierung*. 2. Auflage, Baden-Baden: Nomos, 171–199.

Maelicke, B. (2003), Straffälligenhilfe für Erwachsene durch Gerichtshilfe, Bewährungshilfe, Führungsaufsicht und Soziale Hilfe im Strafvollzug. In: Cornel, H.; Kawamura-Reindl, G.; Maelicke, B. und Sonnen, B.-R. (Hrsg.), *Handbuch der Resozialisierung*. 2. Auflage, Baden-Baden: Nomos, 133–169.

Maelicke, B. und Reindl, R. (1995), *Kurzstudien und Expertisen zur Fortentwicklung der Straffälligenhilfe. Gutachten im Auftrag der Regierungskommission »Obdachlosigkeit, Suchtfolgen etc.«* (Notlagenkommission). Kiel, Wuppertal: unveröffentlicht.

Müller-Dietz, H. (1997), Zusammenarbeit zwischen Justizvollzug und freien Trägern der Straffälligenhilfe. Rechtliche Grundlagen und rechtliche Konsequenzen. *Zeitschrift für Strafvollzug und Straffälligenhilfe 46*, 1: 35–41.

Nationale Armutskonferenz in Deutschland (1993), *Für eine Nationale Armutsberichterstattung. Positionspapier der Nationalen Armutskonferenz in der Bundesrepublik Deutschland.* Frankfurt: Nationale Armutskonferenz in Deutschland.

Ortmann, R. (2000, 2001), zit. nach Kury, H. und Brandenstein, M. (2002), Zur Viktimisierung (jugendlicher) Strafgefangener. *Zeitschrift für Strafvollzug und Straffälligenhilfe 51,* 1: 22–33.

Preusker, H. (1993), Stationen im Vollzug der lebenslangen Freiheitsstrafe. In: Nickolai, W. und Reindl, R. (Hrsg.), *Lebenslänglich – Zur Diskussion um die Abschaffung der lebenslangen Freiheitsstrafe.* Freiburg: Lambertus, 15–25.

Quensel, S. (1981), Stigmatisierung durch Resozialisierung? Probleme einer Behandlungsideologie. In: Haeseler, W. T. (Hrsg.), *Stigmatisierung durch Strafverfahren und Strafvollzug.* Diessenhofen: Ruegger, 170 ff.

Reindl, R. (1991), *Offener Jugendstrafvollzug als Sozialisationsorganisation. Ein erziehungssoziologischer Beitrag zu den Bedingungen pädagogischen Handelns in offenen Einrichtungen des Jugendstrafvollzugs.* Pfaffenweiler: Centaurus.

Reindl, R. (1998), Resozialisierung als tertiäre Prävention. Das Hilfekonzept des § 72 BSHG. In: Kawamura G. und Helms U. (Hrsg.), *Straffälligenhilfe als Prävention?* Freiburg: Lambertus, 85–110.

Sidler, N. (1989), *Am Rande leben, abweichen, arm sein. Konzepte und Theorien zu sozialen Problemen.* Freiburg: Lambertus.

Walter, M. (1991), *Strafvollzug – Lehrbuch.* Stuttgart: Boorberg.

Wirth, W. (1996), Notwendigkeit und Schwerpunkte von Arbeitsprojekten in der Freien Straffälligenhilfe. In: Hompesch, R.; Kawamura, G. und Reindl, R. (Hrsg.), *Verarmung, Abweichung, Kriminalität. Freie Straffälligenhilfe auf dem Hintergrund gesellschaftlicher Polarisierung.* Bonn: Forum, 72–95.

Zimmermann, D. (2003), Resozialisierung und Verschuldung. In: Cornel, H.; Kawamura-Reindl, G.; Maelicke, B. und Sonnen, B.-R. (Hrsg.), *Handbuch der Resozialisierung.* 2. Auflage, Baden-Baden: Nomos, 403–441.

Ausländer im Vollzug

von Kai Bammann

Im folgenden Text sollen einige zentrale Probleme im Zusammenhang mit ausländischen Inhaftierten im Strafvollzug erörtert werden.

Nach einer eher allgemeinen Einführung im ersten Teil, geht es im zweiten Teil um das Problem des Zusammenspiels von Ausländerrecht und Strafvollzugs- bzw. Strafvollstreckungsrecht sowie um Fragen der Beendigung der Haft. Im dritten Teil werden einige ausgewählte vollzugsrechtliche Probleme angesprochen. Ein kurzes Fazit schließt die Betrachtungen ab.

1. Ausländer im Strafvollzug – Zahlen und Fakten

1.1. Ausländeranteil im Strafvollzug

Ausländer sind im Strafvollzug im Vergleich zu ihrem Anteil an der Gesamtbevölkerung deutlich überrepräsentiert. Dies ist jedoch weder eine neue Entwicklung, noch handelt es sich dabei um ein Phänomen, das allein in Deutschland auftritt. Auch in anderen westlichen Ländern finden sich vergleichbare Entwicklungen (Bammann 2001 b, 134).

Die folgende Tabelle 1 zeigt die absoluten Zahlen ausländischer Inhaftierter im deutschen Strafvollzug. Dabei wurde aus Gründen der Vereinfachung auf die Anzahl der Inhaftierten im Freiheitsentzug zurückgegriffen. Sicherungsverwahrung, Jugendstrafe[1] und Untersuchungshaft sind in den Zahlen nicht enthalten[2].

Wenn man die Zahlen der deutschen und ausländischen Inhaftierten wie in der folgenden Abbildung 1 einander gegenüberstellt, fällt auf, dass es bei ersteren deutliche Schwankungen gibt, während die Zahl ausländischer Inhaftierter einen – von den letzten beiden Jahren abgesehen – nahezu kontinuierlichen Anstieg aufweist.

---

1 Über ausländische Inhaftierte im Jugendstrafvollzug (insbesondere zu deren Lebenssituation) liegen eine Reihe auch neuere Studien vor, auf die an dieser Stelle verwiesen werden soll (so Klose 2002; Walter und Grübl 1999; Pfeiffer und Dworschak 1999; alle mit weiteren Nachweisen).

2 Sowohl in der Untersuchungshaft, als auch im Jugendstrafvollzug sind die Zahlen Inhaftierter ohne deutschen Pass noch deutlich höher, vgl. z. B. für NRW Schlebusch 2002, 119; am höchsten sind die Anteile in der Untersuchungshaft bei Jugendlichen und Heranwachsenden, ebd.

Tab. 1: Entwicklung des Ausländeranteils im Vollzug der Freiheitsstrafe, 1982 bis 2001; absolute Zahlen

Jahr	Inhaftierte insgesamt	davon Deutsche	davon Nichtdeutsche	Nichtdeutsche in %
1982	38 620	34 897	3 723	9,6
1983	40 819	36 845	3 974	9,7
1984	42 140	37 997	4 143	9,8
1985	41 852	37 785	4 067	9,7
1986	39 407	35 667	3 740	9,5
1987	36 978	33 325	3 662	9,9
1988	36 076	32 344	3 732	10,3
1989	36 101	32 000	4 101	11,4
1990	34 799	30 432	4 367	12,5
1991	33 392	28 757	4 367	13,9
1992	35 401	30 076	5 325	15,0
1993	37 128	30 739	6 389	17,2
1994	39 327	31 447	7 880	20,0
1995	41 353	32 428	8 925	21,6
1996	43 475	33 686	9 789	22,5
1997	45 718	34 720	10 998	24,0
1998	50 021	37 788	12 233	24,5
1999	52 351	39 597	12 754	24,4
2000	53 183	40 555	12 626	23,7
2001	52 939	40 810	12 129	22,9

(Quelle: Statistisches Bundesamt, Rechtspflegestatistik, Reihe Strafverfolgung, 4.2.; Prozentzahlen teilweise eigene Berechnung; siehe auch Laubenthal 1999, S. 309; ältere Zahlen siehe Bammann 2002, 112 f.)

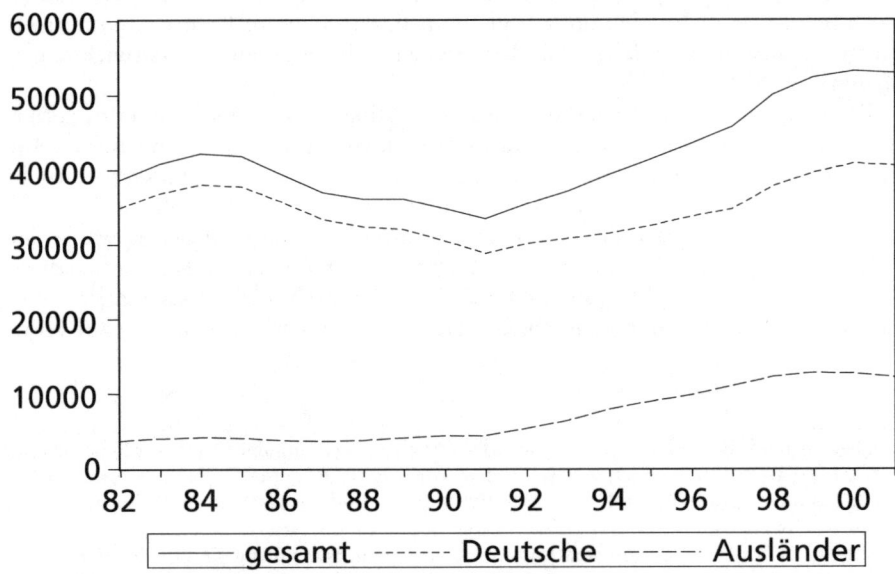

Abb. 1: Gegenüberstellung der Zahlen ausländischer und deutscher Inhaftierter im Vollzug der Freiheitsstrafe, 1982 bis 2001.

Die Erklärungen für dieses Phänomen sind vielfältiger Natur. Grundsätzlich lässt sich auf der Grundlage kriminologischer Studien (vgl. statt vieler Kubink 1993 und Rebmann 1998) festhalten, dass Ausländer keineswegs häufiger straffällig werden als Deutsche, beziehungsweise – und dies ist wohl entscheidend – dass sich beide Gruppen nicht so ohne weiteres vergleichen lassen. Ohne Anspruch auf Vollständigkeit seien hier einige mögliche Erklärungen für den vergleichsweise hohen Anteil ausländischer Beteiligter bei Straftaten genannt:

- Es gibt eine Reihe von Straftaten (aus dem Ausländer- und Asylverfahrensrecht), die (nahezu) ausschließlich von Ausländern begangen werden können.
- Die kriminologische Forschung hat nachgewiesen, dass kriminelles Verhalten in einem bestimmten Lebensabschnitt (schwankend bis ca. zum 25. Lebensjahr) und bei Männern besonders häufig auftritt. Gerade diese Gruppe ist unter den ausländischen Mitbürgern besonders stark vertreten.
- Nicht alle Ausländer, die strafrechtlich auffallen, sind auch in der Bevölkerungsstatistik erfasst. Touristen, einreisende Drogenkuriere, Militärangehörige tauchen nicht in den offiziellen Bevölkerungszahlen auf, wohl aber unter Umständen in den Kriminalstatistiken unter der Rubrik Ausländer.
- Ausländer werden häufig wegen Drogendelikten (namentlich wegen Drogenhandels) verurteilt – verbunden mit einer Verurteilung zu einer hohen Freiheitsstrafe. Durch den ungeklärten ausländerrechtlichen Status (siehe dazu unter 2.) werden die Betroffenen nicht, oder deutlich später als deutsche Gefangene, vorzeitig entlassen, verbleiben also länger in Haft.

Für den Vollzug ist indes weniger entscheidend warum die Zahlen ansteigen, als der Umstand, dass sie es tun.

1.2. Deutsche, Ausländer, Nichtdeutsche – unterschiedliche Kategorien

Bislang wurde der Eindruck erweckt, es gebe so etwas wie eine homogene Gruppe der »Ausländer«. Dies ist jedoch in dieser Form unzutreffend. Vielmehr ist das Gegenteil der Fall: Preusker stellt fest, dass Gefangene aus mehr als 100 Nationen im deutschen Strafvollzug untergebracht sind (Preusker 1998, 35), in manch einer Anstalt sind es allein über 50 (Koepsel 1994, 85). Diese Zahlen dürften zwischenzeitlich – nicht zuletzt durch das Entstehen neuer Staaten – noch weiter angestiegen sein. Hoffmann-Riem (2000, 167) hat dieses Phänomen in die treffenden Worte gefasst: »Strafanstalten sind multikulturelle Einrichtungen, fast so heterogen wie die UNO.« Nicht berücksichtigt sind hierbei im Übrigen sprachliche Unterschiede, insbesondere die verschiedenen Dialekte, die zu weiteren Problemen aufgrund fehlender Verständigungs- (und Übersetzungs-)möglichkeiten führen[3].

In Anlehnung an Walter und Grübl (1999) können vier Kategorien aufgestellt werden:

---

3 Zur Frage eines Dolmetschers im Strafprozess bzw. auch später vgl. Rüther 1999; Schmidt 2002; beides aus Sicht des Strafverteidigers.

a) Deutsche geboren in Deutschland
b) Deutsche geboren im Ausland
c) Ausländer geboren in Deutschland
d) Ausländer geboren im Ausland

Jede dieser Gruppen stellt an den Vollzug grundsätzlich andere Anforderungen. Auf die erste Gruppe der Deutschen, geboren in Deutschland, muss an dieser Stelle nicht weiter eingegangen werden. Schon für die zweite Gruppe, Deutsche geboren im Ausland, sieht dies anders aus. Gemeint sind hiermit in erster Linie Aussiedler, die aus den früheren Sowjetrepubliken nach Deutschland einreisen und aufgrund ihres Status als Aussiedler nach Art. 116 Abs. 1 GG Deutsche sind und daher einen deutschen Pass besitzen. Zwar stellt sich in diesen Fällen nicht das Problem einer drohenden Ausweisung. Weit größere Probleme ergeben sich jedoch daraus, dass gerade Aussiedlerjugendliche (wie auch Erwachsene) die deutsche Sprache nicht oder nur schlecht beherrschen, keinen Schulabschluss und/oder keine Ausbildung haben und sich in Deutschland nicht zurechtfinden. Umso schwerer ist es für den Vollzug, die Betroffenen gemäß dem Vollzugsziel der Resozialisierung (§ 2 Abs. 1 StVollzG) auf ein straffreies Leben in Freiheit vorzubereiten, wenn es schon an so wesentlichen Grundlagen fehlt.

Die dritte Gruppe stellt den Vollzug vor das umgekehrte Problem. Hierbei handelt es sich oftmals schon um die dritte Generation von Ausländern, die in Deutschland lebt. Vielfach haben die Betroffenen keinen Bezug mehr zum Heimatland ihrer Eltern oder Großeltern. Dennoch droht ihnen, die in Deutschland geboren, aufgewachsen und zur Schule gegangen sind, eine Ausweisung in das Land, das laut Pass ihr Heimatland ist, während sie sich doch in Deutschland verwurzelt fühlen.

Bei der vierten und letzten Gruppe stellen sich ganz unterschiedliche Probleme: Hierunter fallen sowohl Ausländer, die (dauerhaft) nach Deutschland übergesiedelt sind, vorübergehende Gäste (Studierende, Militärangehörige) als auch Durchreisende und Touristen, denen jeglicher Bezug zur Bundesrepublik Deutschland fehlt, und bei denen »übliche« Resozialisierungsmaßnahmen verfehlt wären (vgl. zur Problematik der Drogenkurierinnen Cobos 1996).

2. Ausländerrecht und Strafrecht/ Strafvollstreckungsrecht

Eines der größten Probleme – und auch für den in der Praxis damit befassten Juristen eine Herausforderung – stellt sich durch den Zusammenhang von Strafrecht/ Strafvollzugsrecht auf der einen und dem Ausländerrecht auf der anderen Seite (vgl. dazu auch Bammann 2002).

2.1. Relevante Vorschriften des Ausländergesetzes

Das Ausländergesetz sieht in den §§ 45 ff. AuslG Regelungen zur Ausweisung bei Straffälligkeit vor[4]. Gründe für eine Ausweisung sind z. B. eine Verurteilung zu einer bestimmten Strafdauer, die wiederholte Verurteilung zu mehreren Freiheitsstrafen sowie die Verurteilung wegen bestimmter Taten, namentlich wegen Verstoßes gegen das BtMG.

Unterschieden werden muss dabei auch zwischen verschiedenen Ausweisungsformen: der Ist-, der Regel- und der Kann-Ausweisung. Erstere lässt der Ausländerbehörde keine andere Wahl, als die Ausweisung anzuordnen. Im Fall der Kann-Ausweisung (ebenso, wenn auch abgeschwächt, bei der Regel-Ausweisung) hat die Behörde einen Ermessensspielraum, muss also abwägen, ob es besondere Umstände dafür gibt, dass ein bestimmter Ausländer nicht ausgewiesen werden muss.

Wichtig ist in diesem Zusammenhang, dass ein Ausländer unter besonderen Umständen einen besonderen Ausweisungsschutz genießt (§ 48 AuslG). Dies ist namentlich dann der Fall, wenn er eine Familie in Deutschland hat und diese einen festen Aufenthaltsstatus (oder gar den deutschen Pass) besitzt[5].

Daneben kann – wiederum unter sehr engen Voraussetzungen – auch die Dauer der Ausweisung auf Antrag befristet werden (§ 8 Abs. 2 AuslG). Der entsprechende Antrag kann schon in Deutschland gestellt werden, sobald die Ausweisungsverfügung rechtskräftig ist. Dies wird von vielen Betroffenen – aber oft auch von Anwälten – zunächst einmal übersehen. Die Befristung wirkt jedoch nicht rückwirkend, sondern ab dem Zeitpunkt, ab dem sie beantragt wurde.

2.2. Unterbrechung der Strafvollstreckung nach § 456 a StPO

In der Praxis besonders bedeutsam ist eine Vorschrift, die in der wissenschaftlichen Literatur lange Zeit eine Randexistenz geführt hat und erst seit jüngster Zeit mehr Aufmerksamkeit findet: § 456 a StPO (vgl. Groß 1987; Bammann 2001 a; Tzascheschel 2002). Diese regelt die Unterbrechung der Strafe bei Auslieferung oder Landesverweisung.

Fallbeispiel 1: Ein Drogenkurier reist in die Bundesrepublik Deutschland ein, um Drogen, die er in seinem Körper geschmuggelt hat, abzuliefern. Seine Auftraggeber haben ihm hierfür ein geringes Entgelt versprochen. Es ist geplant, dass er nach Ablieferung der Drogen das nächste Flugzeug zurück in seine Heimat nehmen soll. Am Flughafen fällt er auf und wird verhaftet, später folgt die Verurteilung zu einer hohen Freiheitsstrafe wegen Einfuhr von BtM. Der betroffene Ausländer spricht kein Deutsch und findet in der Haftanstalt, in der er inhaftiert ist, keinen Kontakt, zumal auch keine Landsleute von ihm dort einsitzen.

Zunächst einmal erscheint dies wie ein musterhafter Anwendungsfall des § 456 a StPO. Da der Betroffene keine sozialen Kontakte nach Deutschland unterhält, ist eine Rückkehr und damit auch eine Wiederholungsgefahr nahezu ausgeschlossen.

---

4 Auch im (kommenden) Zuwanderungsgesetz sind entsprechende Vorschriften enthalten; nur die Nummern der Paragraphen werden voraussichtlich andere sein.

5 Korrespondierend mit dem grundrechtlichen Schutz der Familie, Art 6 GG.

Aus generalpräventiven Gründen[6] wird jedoch häufig bei Drogendelikten von der Anwendung des § 456 a StPO abgesehen, oder erst zu einem vergleichsweise späten Zeitpunkt hiervon Gebrauch gemacht. Die Verordnungen einzelner Bundesländer (s. dazu Schmidt 2002, beigelegte CD-ROM) regeln dies sogar ausdrücklich (auch Bammann 2001 a, 97).

Eine Alternative zu der Unterbrechung der Vollstreckung bildet die Überstellung zur (weiteren) Vollstreckung in das Heimatland. Geregelt ist dies zwischenzeitlich mit einer Vielzahl von Ländern durch entsprechende Übereinkommen (Schmidt 2002, beigelegte CD-ROM).

Der Unterschied: Bei einer Überstellung in das Heimatland wird dort die Strafe weiter vollstreckt, während bei einer Unterbrechung und Ausweisung nach § 456 a StPO keine Haft im Heimatland aufgrund der deutschen Verurteilung erfolgt.

Eine Entscheidung nach § 456 a StPO beendet übrigens nicht die Vollstreckung, sie unterbricht sie nur. Reist der Ausländer wieder ein, wird die Strafe weiter vollstreckt. In der Regel werden zu diesem Zweck Haftbefehle erlassen, die eine Festnahme für den Fall der Wiedereinreise vorsehen. Ein für viele ausländische Inhaftierte kaum zu verstehender Widerspruch ergibt sich dadurch, dass die Entscheidung über die weitere Strafvollstreckung von einer Entscheidung der Ausländerbehörde unabhängig ist. Es kann also geschehen, dass ein Ausländer nach Ablauf der Befristung seiner Ausweisung ausländerrechtlich legal wieder einreist, gleichwohl aber zum Zweck der weiteren Vollstreckung verhaftet wird[7]. Dies ist ein Punkt, auf den in der Beratung eines ausländischen Inhaftierten hingewiesen werden sollte.

2.3. Vorzeitige Haftentlassung nach §§ 57 ff. StGB

Auch ausländische Inhaftierte können gemäß den Vorschriften über die Strafrestaussetzung zur Bewährung vorzeitig aus der Haft entlassen werden, wenn sie die entsprechenden Voraussetzungen erfüllen. Es gibt dabei keinen eindeutigen (rechtlichen) Vorrang der verschiedenen Formen der Haftunterbrechung/Entlassung, sondern diese stehen grundsätzlich gleichrangig nebeneinander (zum Verhältnis näher Bammann 2002, 108 ff.).

2.4. Gnadenrecht

Bei der Arbeit mit Strafgefangenen – insbesondere auch im Zusammenhang mit ausländischen Inhaftierten – begegnet man immer wieder der Frage, wie es um einen Gnadenantrag bestellt ist. Hierzu ist Folgendes zu sagen: Grundsätzlich kann

---

6 Gemeint ist damit, dass eine Verurteilung eines Einzelnen (die Durchsetzung der Norm) eine abschreckende Wirkung auf die übrige Bevölkerung haben soll.
7 Dies hängt auch mit den unterschiedlichen Fristen zusammen: Die Ausländerbehörde befristet die Ausweisung häufig auf einen Zeitraum von zwei oder drei Jahren (ggf. auch länger oder kürzer; abhängig auch von der Straftat), während die Vollstreckung erst zu einem sehr viel späteren Zeitraum verjährt. Erst nach Vollstreckungsverjährung (§ 79 StGB) ist indes keine Gefahr mehr gegeben, dass der Betreffende wegen dieser Verurteilung erneut inhaftiert wird (vgl. dazu Bammann 2001 b, 142 f.).

ein Gnadenantrag jederzeit und ohne bestimmte formale Anforderungen gestellt werden. Die Bundesländer haben entsprechende Gnadenordnungen erlassen (abgedruckt im Anhang von Schätzler 1992), in denen die verschiedenen Voraussetzungen, insbesondere aber auch die Zuständigkeit für Gnadenanträge geregelt ist. Dies ist in der Regel (aber nicht immer) die Strafvollstreckungsbehörde.

Wichtig in der Beratungsarbeit ist auch, dass ein Gnadenantrag nicht nur auf Entlassung aus dem Vollzug gerichtet werden muss. Gerade bei Ausländern, die nach § 456 a StPO ausgewiesen werden, kann es sich als sinnvoll erweisen, im Rahmen eines Gnadenantrags (der auch aus dem Ausland gestellt werden kann) den Erlass der weiteren Vollstreckung der Freiheitsstrafe zu begehren. Dann könnte der Ausländer nach dem Ende der befristeten Ausweisung legal und ohne Furcht vor weiterer Strafvollstreckung wieder einreisen (siehe auch 2.2.).

3. Ausländer im Strafvollzug – Einzelprobleme

Die bislang erörterten Probleme behandeln Fragen der Strafvollstreckung. Sie wirken sich jedoch unmittelbar auch auf den Strafvollzug aus. Im letzten Teil sollen dementsprechend einige, der besonders für Ausländer wichtigen Fragen des Vollzugs angesprochen werden.

3.1. Ausländer und Strafvollzugsgesetz

Grundsätzlich gilt das Strafvollzugsgesetz uneingeschränkt und ohne Unterschiede für alle Strafgefangenen. Der Begriff »Ausländer« kommt im StVollzG an keiner Stelle vor. Dies hängt unter anderem damit zusammen, dass das Problem ausländischer Inhaftierter zum Zeitpunkt des Erlasses des Strafvollzugsgesetzes (in Kraft getreten am 1.1.1977) noch nicht vorhanden war. Nur am Rande, insbesondere in den Vorschriften im Zusammenhang mit der Religionsausübung (dazu 3.5.), geht das Gesetz von kulturellen Unterschieden der Gefangenen aus.

Im Strafvollzug (insbesondere im StVollzG) gibt es wie in kaum einem anderen Bereich so viele Regelungen und zugleich so viele Regelungslücken, die auf andere Weise auszufüllen sind.

Das StVollzG ist die einzige *gesetzliche* Regelung, die den Ablauf und das Leben im Strafvollzug normiert. Daneben gibt es jedoch eine Reihe zusätzlicher (untergesetzlicher) Regelungen, angefangen mit den bundeseinheitlichen Verwaltungsvorschriften zum Strafvollzug[8], über Verordnungen und Richtlinien der Bundesländer zu einzelnen Bereichen, entsprechende Regelungen der Anstalten bis hin zu deren Hausordnung.

---

8 Die Verwaltungsvorschriften sind in den Kommentaren zum StVollzG (Calliess und Müller-Dietz 2002; Feest, Hrsg., 2000; Schwind und Böhm, Hrsg., 1999) abgedruckt; sie wurden 2002 überarbeitet – die zurzeit auf dem Markt befindlichen Kommentare sind älter, enthalten daher nicht die aktuelle Fassung; Neuauflagen sind in Vorbereitung.

3.2. »Sonderregelungen« für ausländische Inhaftierte in den Verwaltungsvorschriften

Mit Blick auf ausländische Inhaftierte sind besonders die Verwaltungsvorschriften bedeutsam. Zu beachten ist, dass es sich dabei nicht um Normierungen mit Gesetzescharakter handelt. Die Verwaltungsvorschriften sind lediglich Ergänzungen zu den Vorschriften des StVollzG. Sie bieten der Vollzugsverwaltung eine Hilfe bei der Auslegung der einzelnen Normen. Für den Gefangenen schaffen die VVen keine eigene Rechtsgrundlage.

Das Problem der Vollzugslockerungen

Namentlich im Bereich der Vollzugslockerungen sehen die Verwaltungsvorschriften Sonderregelungen für ausländische Inhaftierte vor (vgl. z. B. die VVen zu §§ 11 und 13 StVollzG). Oftmals geschieht es, dass eine Anstalt allein unter Berufung auf den Wortlaut der Verwaltungsvorschriften einem Ausländer (»pauschal«) Lockerungen versagt. Dies ist – das wurde von Gerichten immer wieder überprüft und bestätigt – nicht rechtmäßig, wie das folgende Beispiel zeigen soll.

Fallbeispiel 2: Eine JVA hat den Antrag eines ausländischen Gefangenen auf Gewährung von Lockerungen ausschließlich unter Bezugnahme auf die entsprechende Verwaltungsvorschrift abgelehnt. Der Gefangene hat hiergegen die zulässigen Rechtsmittel bis hin zur Klage beim OLG eingelegt.

Das OLG Celle, das sich mit einem solchen Fall auseinander zu setzen hatte, hat in seiner Entscheidung klare Worte gefunden:

»Eine Verwaltungsvorschrift kann … die Bestimmungen des Strafvollzugsgesetzes nicht einschränken oder abändern. Die in den Verwaltungsvorschriften genannten Umstände können zwar als Hinweise auf eine mögliche Flucht- oder Missbrauchsgefahr angesehen werden, sind jedoch im Rahmen einer eingehenden Prüfung des Einzelfalls gegen andere Gesichtspunkte abzuwägen. Auch eine Flucht- oder Missbrauchsgefahr, die sich auf eine bestehende Ausweisungsverfügung stützt, muss sich mit den konkreten Lebensumständen des Gefangenen und seiner Angehörigen auseinander setzen.« (OLG Celle, Strafverteidiger 2000, 573)

Mit anderen Worten: Auch ein ausländischer Gefangener hat einen Anspruch auf Lockerungen, sofern er die entsprechenden Voraussetzungen erfüllt. Allein der Umstand, dass er kein Deutscher ist und sein Aufenthaltsstatus derzeit ungeklärt ist, bedeutet nicht, dass ihm Lockerungen versagt werden können. Für die Praxis heißt dies: Der Betroffene Ausländer sollte seinen Lockerungsantrag genau begründen und angeben, warum bei ihm keine Flucht- oder Rückfallgefahr besteht. Die Anstalt ist dann in die Pflicht genommen, sorgfältig abzuwägen und sich mit den Argumenten des Gefangenen auseinander zu setzen.

Ausländische Strafgefangene im Spannungsfeld zwischen Resozialisierung und Ausweisung

Auch für ausländische Gefangene gilt das in § 2 Abs. 1 StVollzG formulierte Vollzugsziel der Resozialisierung. Es greift zu kurz, wolle man argumentieren, dass eine Wiedereingliederung nur in die deutsche Gesellschaft möglich bzw. sinnvoll ist, viele ausländische Inhaftierte jedoch in ihr Heimatland ausgewiesen würden. Dieses vielfach anzutreffende Argument würde ausländische Inhaftierte von vielen zentralen Angeboten des Vollzugs ausschließen. Richtig ist vielmehr, dass Resozialisierung unabhängig vom Aufenthaltsstatus des Betroffenen zu erfolgen hat. Wichtiges Beispiel ist hierfür mit die Arbeit im Strafvollzug, namentlich eine Schul- oder Berufsausbildung. In vielen Fällen ermöglicht eine Ausbildung – auch eine im deutschen Strafvollzug – dem betroffenen Ausländer einen deutlich besseren Start in seinem Heimatland. Bei Ausländern, die nach einer befristeten Ausweisung wieder nach Deutschland zurückkehren, darf sich diese Frage ohnehin nicht stellen.

3.3. Freizeitangebote und soziale Kontakte

Immer wieder wird auch auf die besondere Bedeutung hingewiesen, die soziale Kontakte für den Resozialisierungserfolg haben. In einer unveröffentlichten Diplomarbeit stellt Groh (2000) fest, dass es für die von ihr befragten ausländischen Gefangenen besonders wichtig ist, regelmäßige Kontakte zu ihrer Familie aufrecht zu erhalten, bzw. dass es sich für den Gefangenen als besonders problematisch erweist, wenn er entsprechende Kontakte nicht (mehr) hat. Gewiss: Dies gilt gleichermaßen auch für deutsche Gefangene. Bei ausländischen Gefangenen kommt jedoch noch hinzu, dass Kontakte in der Anstalt oft nur eingeschränkt möglich sind. Zu deutschen Gefangenen bestehen kulturelle und Sprachbarrieren. Das Gleiche gilt im Umgang mit dem Personal der Anstalt. Bücher und Zeitschriften sind in der Regel nur in den häufiger vorkommenden Sprachen vorhanden. Gefangene, die über die JVA nicht an Bücher und Zeitschriften in ihrer Landessprache gelangen können, sind (bedauerlicherweise) auf ihre eigenen finanziellen Möglichkeiten angewiesen. Dass diese im Vollzug begrenzt sind, muss nicht extra betont werden.

3.4. Gesundheitliche Probleme aufgrund der Haftsituation

(Straf-)Haft ist der Regel mit erheblichen gesundheitlichen Problemen verbunden. Diese entstehen zum einen durch mangelhafte Ernährung, aber auch fehlende Bewegungsmöglichkeiten. Daneben spielen immer wieder auch andere gesundheitliche Risiken – namentlich durch Drogenkonsum in der Haft – eine beträchtliche Rolle.

Hinzu kommt die Haftsituation als solche, die eine erhebliche psychische Belastung darstellt. Insbesondere strenggläubige Menschen oder Gefangene mit einer strenggläubigen Familie tun sich mit der Haftsituation schwer, haben sie doch nicht nur gegen ein Strafgesetz, sondern oft auch gegen religiöse Normen verstoßen. Zu der Strafe kommt dann nicht zuletzt auch das Gefühl, sich der Tat schämen zu müssen. Häufig – aber nicht nur – ist dies bei Straftaten im Zusammenhang mit einer Drogenabhängigkeit zu beobachten.

Psychologische und/oder psychotherapeutische Betreuung ist daher gerade für ausländische Inhaftierte besonders wichtig, aber auch besonders schwierig. Die Anstalten sind auf derlei Probleme oftmals nur unzureichend eingestellt.

3.5. Religionsausübung

Die Religionsfreiheit, Art. 4 GG, gehört zu den wichtigsten Grundrechten und steht nicht zufällig im Grundgesetz sehr weit vorne. Damit korrespondierend sind auch im Strafvollzugsgesetz in den §§ 53 ff. Vorschriften zur Ausübung der Religion aufgenommen. Ausdrücklich geregelt ist das Recht, Gegenstände des religiösen Gebrauchs sowie religiöse Schriften zu besitzen. Auf religiöse Ernährungsgebote wird heute in allen Anstalten Rücksicht genommen. Dies betrifft insbesondere die vielfach sog. »Austauschkost« für Muslime, bei denen Schweinefleischprodukte durch anderes Fleisch ersetzt werden; es werden aber standardmäßig auch vegetarische Gerichte angeboten.

Fazit

Die Zahl ausländischer Inhaftierter im Vollzug hat in den letzten Jahren deutlich zugenommen. Hierdurch, aber auch durch die besonderen rechtlichen Probleme, die durch einen oftmals ungesicherten Aufenthaltsstatus entstehen, stellen sie die Mitarbeiter des Vollzugs vor besondere Herausforderungen. Hinzu kommen sprachliche und kulturelle Unterschiede, die die Arbeit erschweren. Grundsätzlich gilt jedoch, dass es im Vollzug keine Unterschiede zwischen deutschen und ausländischen Inhaftierten geben darf. Dies beruht nicht zuletzt auch darauf, dass das Strafvollzugsgesetz ausländerspezifische Normen nicht kennt. Kulturellen Unterschieden – namentlich im Bereich der Religionsausübung – wird dabei jedoch sehr wohl Rechnung getragen.

Literatur

Bammann, K. (2001 a), Unterbrechung der Strafvollstreckung bei Auslieferung oder Ausweisung. Eine empirische Untersuchung zu den rechtlichen Grundlagen der Anwendung des § 456 a StPO im Bundesvergleich. *Monatsschrift für Kriminologie und Strafrechtsreform* 84, 2: 91–106.

Bammann, K. (2001 b), Die Situation ausländischer Inhaftierter im deutschen Strafvollzug unter dem Gesichtspunkt der sozialen Ausschließung. In: Nickolai, W. und Reindl, R. (Hrsg.), *Sozialer Ausschluss durch Einschluss.* Freiburg i. Br.: Lambertus, 127–147.

Bammann, K. (2002), Die rechtliche Situation ausländischer Inhaftierter im Spannungsfeld von Strafvollzugsrecht und Ausländerrecht. In: Kawamura-Reindl, G.; Keicher, R. und Krell, W. (Hrsg.*)*, *Migration, Kriminalität und Kriminalisierung.* Freiburg i. Br.: Lambertus, 95–115.

Calliess, R.-P. und Müller-Dietz, H. (2002), *Strafvollzugsgesetz. 9. Auflage,* München: Beck.

Cobos, N. (1996), Drogenkurierinnen aus Lateinamerika in einem deutschen Gefängnis. In: Labrousse, A. und Wallon, A. (Hrsg.), *Der Planet der Drogen.* Frankfurt a.M.: Fischer, 221–234.

Feest, J. (Hrsg.), (2000), Kommentar zum Strafvollzugsgesetz. Alternativkommentar. Neuwied und Kriftel: Luchterhand.

Groh, S. (2000), *Doppelt bestraft? Eine empirische Studie zur Situation ausländischer Strafgefangener im deutschen Justizvollzug.* Bremen: unveröffentlichte Diplomarbeit am Fachbereich Sozialpädagogik.

Groß, K.-H. (1987), Zum Absehen von der Strafvollstreckung gegenüber Ausländern nach § 456 a StPO. *Der Strafverteidiger* 7, 1: 36–40.

Hoffmann-Riem, W. (2000), *Kriminalpolitik ist Gesellschaftspolitik.* Frankfurt a.M.: Suhrkamp.

Klose, R. (2002), *Deskriptive Darstellung der subjektiv empfundenen Haftsituation männlicher türkischer Inhaftierter im geschlossenen Jugendstrafvollzug in Nordrhein-Westfalen.* Frankfurt a.M.: Lang.

Köpcke-Duttler, A. (1993), Ausländergesetz und Resozialisierung. *Kriminalpädagogische Praxis* 21, Heft 34, 27–32.

Koepsel, K. (1994), Behandlung im Strafvollzug bei veränderter Klientel. In: de Boor, W. et al. (Hrsg.), *Resozialisierung – Utopie oder Chance?* Köln: Eigenverlag, 78–92.

Kubink, M. (1993), *Verständnis und Bedeutung von Ausländerkriminalität. Eine Analyse der Konstitution sozialer Probleme.* Pfaffenweiler: Centaurus.

Laubenthal, K. (1999), Vollzugliche Ausländerproblematik und Internationalisierung der Strafverbüßung. In: Feuerhelm, W. et al. (Hrsg.), *Festschrift für Alexander Böhm zum 70. Geburtstag.* Berlin und New York: deGruyter, 307–322.

Pfeiffer, C. und Dworschak, B. (1999), Die ethnische Vielfalt in den Jugendvollzugsanstalten. Ergebnisse einer Umfrage aus dem Sommer 1998. *DVJJ-Journal,* 184–188.

Preusker, H. (1998), Neue Klienten des Strafvollzugs – Resozialisierung in der Legitimationskrise?. In: Kawamura, G. und Reindl, R. (Hrsg), *Wiedereingliederung Straffälliger. Eine Bilanz nach 20 Jahren Strafvollzugsgesetz.* Freiburg i.Br.: Lambertus, 30–41.

Rebmann, M. (1998), *Ausländerkriminalität in der Bundesrepublik Deutschland. Eine Analyse der polizeilich registrierten Kriminalität von 1986 bis 1995.* Freiburg i. Br.: Eigenverlag des Max-Planck-Instituts.

Rüther, K. (1999), *Strafverteidigung von Ausländern. Praxishandbuch zu den Besonderheiten von Strafprozess und Strafvollzug.* Neuwied und Kriftel: Luchterhand.

Schätzler, J.-G. (1992), *Handbuch des Gnadenrechts. Gnade – Amnestie – Bewährung, eine systematische Darstellung mit den Vorschriften des Bundes und der Länder. 2. Auflage,* München: Beck.

Schlebusch, S. (2002), Ausländer im Erwachsenenvollzug – zur Situation und Möglichkeiten der Hilfe. In: Kawamura-Reindl, G., Keicher, R. und Krell, W. (Hrsg.*), Migration, Kriminalität und Kriminalisierung.* Freiburg i. Br.: Lambertus, 117–128.

Schmidt, J. (2002), *Verteidigung von Ausländern.* Heidelberg: C.F.Müller (inkl. CD-ROM mit Gesetzestexten).

Schwind, H.-D. und Böhm, A. (Hrsg.), (1999), *Strafvollzugsgesetz. Kommentar. 3. Auflage,* Berlin und New York: deGruyter.

Statistisches Bundesamt, *Rechtspflegestatistik, Reihe Strafverfolgung, 4.2.* Wiesbaden, verschiedene Jahrgänge.

Tzschaschel, N. (2002), *Ausländische Gefangene im Strafvollzug.* Herbolzheim: Centaurus.

Walter, J. und Grübl, G. (1999), Junge Aussiedler im Jugendstrafvollzug Baden-Württemberg. In: Landesgruppe Baden-Württemberg in der DVJJ (Hrsg.), *Integrieren statt Ausgrenzen:* 47–68.

Behandlung und Behandlungsplanung

von Michael Behnke

1. Rechtlicher Rahmen

§ 2 StVollzG enthält den Auftrag, den Inhaftierten zu befähigen, künftig ein Leben ohne Straftaten zu führen. Der Behandlungsauftrag zielt auf die Vermeidung von Rückfällen, demnach auch auf den Schutz potenzieller neuer Opfer. Der Behandlungsbegriff wird dabei nicht weiter gehend ausgeführt. Den mit der Behandlung Befassten ist so ein Spielraum gegeben, delinquenzspezifische rückfallpräventive Methoden zu entwickeln und zu erproben.

§ 3 StVollzG zielt mit dem Gegenwirkungsauftrag sowohl auf Aspekte der Rückfallvermeidung, als auch der allgemeinen Gesundheitsfürsorge. Das Gesetz betont in § 4 zudem die Verpflichtung des Strafvollzugs, die Bereitschaft des Gefangenen zur Mitwirkung an der Behandlung zu wecken, also Motivationsarbeit zu betreiben. In § 9 wird als spezifische Behandlungsform die Sozialtherapie thematisiert. Für Sexualstraftäter wird dabei ausgeführt, wann die Institution verpflichtet ist, Behandlung in einer Sozialtherapeutischen Einrichtung herbeizuführen.

Bisher Landesgesetze einzelner Bundesländer (z. B. für Bayern das BayStrUbG), bald wohl ein Bundesgesetz ermöglichen für diese Deliktgruppe die nachträgliche Anordnung der Unterbringung nach Endverbüßung im Falle fortbestehender Gefährlichkeit. Damit ist zumindest bei Sexualstraftätern die Verpflichtung des Strafvollzugs zur Vermittlung von Sozialtherapie eingetreten, bzw. das Unterbleiben zu begründen. In dem Maße, in dem eine fehlende oder unzureichende Behandlungsmotivation des Gefangenen zu weitreichenden juristischen Überprüfungen und Konsequenzen führen kann, wächst der Druck auch auf die Institution, dem Auftrag zur Motivationsarbeit größere Aufmerksamkeit zu widmen.

Das Gesetz zur Bekämpfung von Sexualdelikten und anderen gefährlichen Straftaten sieht zudem die Beiziehung von Sachverständigen für die Gewährung von Lockerungen des Vollzugs und der bedingten Entlassung vor. Das vollzugliche Handeln im Zusammenhang mit der Vollzugs- und Behandlungsplanung unterliegt damit nicht nur in steigendem Maße einer rechtlichen, sondern auch einer fachlichen Überprüfung.

Insgesamt ist so eine Situation eingetreten, in welcher der Auftrag zur Vollzugsplanung (§ 7 StVollzG) im Sinne von Behandlungsplanung und zur Gewährleistung von Behandlung (auch durch geeignete Motivationsarbeit) weit größere Bedeutung erlangt hat als zuvor.

2. Institutioneller Rahmen

Der institutionelle Rahmen birgt zunächst Widrigkeiten, die eine Behandlung erschweren: Die Institution Strafvollzug hat keine gewachsene Geschichte eines therapeutischen Selbstverständnisses. Sie ringt in der Balance von Behandlung, Sicherheit und Sühnegedanken durchaus mit sich selbst und Behandlungsaspekte kollidieren nicht selten mit den beiden anderen Gesichtspunkten. Dies deckt sich mit vergleichbaren Ambivalenzen von Politik und Gesellschaft, und diese Einflüsse haben eine personelle und materielle Minderversorgung des Strafvollzugs im Allgemeinen und der Behandlungsressourcen im Besonderen geschaffen. Bemühungen, dies zu ändern, sind jung, und Behandlungsbestrebungen sind insofern mit institutionellem Widerstand und mangelhafter personeller Ausstattung konfrontiert.

Widerstände bestehen nicht zuletzt auch im Selbstverständnis der Insassen, die keineswegs immer »Behandlung« im hier gemeinten Sinne anstreben, sowie den subkulturellen Haltekräften (vgl. Otto 2001), die der gesellschaftlich erwünschten Veränderung entgegenwirken.

Selbst die mit der Behandlung befassten Fachdienste zeigten die Tendenz, sich selbst zu lähmen, indem u. a. Straftäterbehandlung längere Zeit mit Psychotherapie gleichgesetzt, auf diesem Hintergrund die Möglichkeit von Therapie unter der Bedingung von Unfreiheit und Zwang bezweifelt, und die rein intrinsische Motivation als Behandlungsvoraussetzung postuliert wurde.

Dem steht die Erkenntnis gegenüber, dass das schwierige Unterfangen der Straftäterbehandlung am ehesten dann gelingen kann, wenn alle Ebenen der Institution (einschließlich vorgesetzter Dienstbehörde) Behandlung tatsächlich wollen, als gemeinsamen Auftrag begreifen und gemeinsam im Sinne eines stimmigen Behandlungskonzeptes und im Rahmen eines behandlungsunterstützenden Institutionsklimas handeln.

3. Schwerpunkte der Behandlung

Der rechtliche Rahmen definiert den Behandlungsbegriff unscharf. Daraus entsteht die Gefahr, zuletzt jedes den Gefangenen betreffende Handeln als Behandlung zu bezeichnen und so den Begriff in seiner klinischen und forensischen Bedeutung zu entwerten. Hält man sich an die beiden zuvor genannten Zielrichtungen der Vermeidung negativer Folgen der Haft und der Rückfallprävention, so ergeben sich damit zugleich in einem engeren professionellen Sinn Schwerpunkte für die behandlerisch Tätigen. Die beiden Aspekte überlappen sich in der Praxis, sollen hier aber auseinander gehalten werden.

Der Gegenwirkungsauftrag zielt zunächst auf die Minimierung von Hospitalisierung und subkulturellen Einflüssen. Er umfasst zudem Komponenten einer allgemeinen Gesundheitsversorgung. (In der Situation eingeschränkten Zugangs zur allgemeinen psychosozialen Versorgung hat der Strafvollzug einen Teil des diesbezüglichen Bedarfs abzudecken.) Dieser Aspekt kann nicht allein durch die individuelle Aktivität von Fachdiensten bewältigt werden, und erfordert besonders auch organisatorische Maßnahmen der Institution wie die Einrichtung von Wohngruppen, Schulung und Supervision des allgemeinen Vollzugsdienstes etc.

Der Einsatz von Ressourcen im Sinne allgemeiner Gesundheitsversorgung konkurriert bei personeller Unterversorgung mit dem Einsatz für kriminalpräventive Maßnahmen, da auch jede Psychologenstunde nur einmal investiert werden kann. Daraus entsteht die Notwendigkeit der Abwägung von Prioritäten. Behandlung in diesem Sinne wirkt nicht zwangsläufig rückfallpräventiv, bzw. lässt allenfalls einen indirekten rückfallprotektiven Effekt annehmen.

Unstrittig ist der Einsatz von Ressourcen bei Selbst- oder Fremdgefährdung. In allen anderen Zusammenhängen wäre abzuwägen, ob der jeweilige Aufwand die Zurückstellung kriminalpräventiver Maßnahmen rechtfertigt. Besonders gründlich wäre in diesem Zusammenhang zu prüfen, ob im Sinne des Modells der doppelten Handlungsregulation (Sachse 2001) tatsächlich ein authentisches Anliegen des Klienten besteht, oder ob der Behandler in eine intransparent-manipulative Interaktion verwickelt, bzw. instrumentalisiert wird. Besondere Bedeutung hat die Frage nach der Klarheit und Integrität des Behandlungsauftrages.

Wenn im Folgenden von Behandlung und Behandlungsplanung die Rede ist, so bezieht sich dies primär auf Aspekte der Rückfallvermeidung. Derartige Maßnahmen bedürfen ebenfalls eines Rahmens, der ein veränderungsunterstützendes Milieu und die Neutralisierung subkultureller kriminogener Netzwerke gewährleistet. Für Gestaltung und Erhalt dieses Rahmens können auch Angebote erforderlich sein, die für sich allein nicht rückfallpräventiv wirken.

4. Wirksamkeit der Behandlung

Ein kleiner, aber robuster mittlerer Behandlungseffekt von ca. 10 % weniger Rückfälligkeit von behandelten Straftätern im Vergleich mit unbehandelten scheint mittlerweile gesichert (Egg et al. 1998). Zwei Aspekte sind dabei beachtenswert. Zum einen ergeben sich Hinweise darauf, dass ungeeignete Behandlung das Rückfallrisiko eventuell sogar erhöhen kann (Lösel 2001). Zum anderen zeigen sich je nach therapeutischer Methode, Setting und behandelter Subgruppe unterschiedliche Effektstärken bis zu ca. 30 % (Eucker und Müller-Isberner 2001).

Es scheint sich abzuzeichnen, dass der Behandlungseffekt im Bereich mittlerer bis hoher Rückfallwahrscheinlichkeit (bzw. Störungsintensität) am höchsten, und bei sehr niedriger und sehr hoher Rückfallwahrscheinlichkeit gering sein wird. Dies weist für die Behandlungsplanung darauf hin, wo ein Schwerpunkt des Einsatzes von Ressourcen liegen könnte.

Die aktuelle Fragestellung der Forschung und zugleich jeder Einzelfallentscheidung lautet: »Welche Methode wirkt bei wem unter welchen Bedingungen optimal?«, aber auch »Welche Behandlung verschlechtert bei welchem Täter u. U. die Prognose?«

5. Diagnostik

5.1. Aktenkenntnis

Eine gründliche Aktenkenntnis (Gefangenenpersonalakten) ist unabdingbarer Bestandteil des diagnostischen Prozesses. In besonders brisanten Fällen ist es zudem von Bedeutung, die Ermittlungsakten zu kennen. In ihnen verbirgt sich oft authentische Information, die im weiteren Verfahren herausgefiltert wurde. Besondere Unmittelbarkeit haben Fotos (vom Tatort, dem Opfer oder auch vom Täter gefertigte, z. B. pornografische Aufnahmen). Hieraus ergeben sich Einblicke in die (ggf. devianten) Fantasien, die das Tatgeschehen mit bestimmt haben (vgl. Urbaniok 2000), und die anders oft kaum zu erlangen sind.

5.2. Prognoseerwägungen in der Behandlungsplanung

In der Regel sollte die Aufnahme in Behandlung im Kontext des Strafvollzugs dem Risikoprinzip folgen, d. h. Behandlung sollte erst dann vorgesehen werden, wenn eine relevante Rückfallwahrscheinlichkeit anzunehmen ist. Komplexe psychische Störungen erfordern andererseits intensive Behandlungsangebote.

Zusammen mit der klinischen Diagnostik erfolgt also zunächst eine prognostische Einschätzung. Diese ist auch für die konkrete Behandlungsplanung in mehrfacher Hinsicht von Belang.

Die Beachtung der statischen Prognosekriterien (s. 6. Behandlungsziele) könnte im Behandlungsverlauf zunächst vor prognostischer Blauäugigkeit bewahren. (Eucker 1998 und Dittmann 1998 haben auf die Gefahr des »Vergessens« wesentlicher Kriterien im Behandlungsverlauf hingewiesen.)

Weiterhin entstammen wesentliche Hinweise für die Behandlungsplanung den Überlegungen, welche Variablen die Delinquenz bedingt haben und am ehesten zu erneuter Delinquenz führen werden. Diese Beachtung delinquenzrelevanter Faktoren in der Behandlungsplanung korrespondiert mit einem weiteren Grundsatz kriminaltherapeutischer Planung, dem sog. Bedürfnisprinzip. Gemeint ist die Konzentration auf Faktoren (criminogenic needs), deren Bedeutung für die Entstehung kriminellen Verhaltens nachgewiesen (oder zumindest für den Einzelfall plausibel) ist. Die Verwendung von Risiko-Checklisten hat hier den Vorteil, systematisch solche Kriterien zu prüfen, deren Bedeutung für Delinquenz, bzw. Rückfall anerkannt sind.

5.3. Klinische Diagnostik

Sofern für die eigentliche klinische Diagnostik Testverfahren Verwendung finden, kommt zunächst der gesamte Bestand der üblichen Verfahren in Betracht. Dieser soll hier nicht eingehender diskutiert werden. Hervorzuheben ist das MMPI-2 (Hathaway und Mc Kinnley 2000), da dessen Validitätsskalen noch am ehesten Hinweise auf Verfälschungstendenzen zu liefern scheinen. Einen ersten Eindruck bezüglich möglicher Achse-I-Symptome gibt die SCL-90-R (Franke 1995). Für die genauere Abklärung einzelner Diagnosen steht eine Fülle spezifischer Tests zur Verfügung.

Da das Aufmerksamkeitsdefizitsyndrom in Verbindung mit Hyperaktivität (ADHS/ADHD) als Störung in den Blick gerückt ist, die nicht unerheblich mit Straffälligkeit korreliert (Rösler 2001, Blocher 2001), scheint auch die Abklärung dieses Aspektes mittels WURS (Retz-Junginger et al. 2002) sinnvoll. Liß (2002) weist zudem darauf hin, dass dissoziative Phänomene im forensischen Kontext häufig übersehen werden.

Die meisten Tests liefern nur dann brauchbare Information, wenn der Klient ehrliche Antworten gibt. Insofern sind Hinweise auf Verfälschungstendenzen und Widersprüche zur Biografie besonders zu beachten.

Der Diagnostik von Persönlichkeitsstörungen kommt insofern eine besondere Bedeutung zu, als dies die überwiegende Störungsform im Strafvollzug zu sein scheint und Besonderheiten der Behandlung impliziert. Ergänzend zur traditionellen kategorialen wird die Anwendung einer dimensionalen Diagnostik angeregt (Fydrich 2001, Fiedler 2000), die prägnante Persönlichkeits- und Interaktionsmerkmale auf einem Kontinuum angeordnet sieht. Hierzu liegt das PSSI (Kuhl und Kazen 1997) vor. Bei der Diagnostik von Persönlichkeitsstil oder -störung ist im forensischen Kontext immer besonderes Augenmerk auf dissoziale Züge zu legen. Die diesbezügliche kriminologische Forschung wird stark von der Untersuchung des Psychopathy-Konzeptes (Hare 1999) dominiert. Eine treffsichere Diagnose der zugehörigen Züge ist wesentlich für prognostische Erwägungen, aber auch für die Behandlungsplanung. Besonders bei diesen Personen scheint eine ungeeignete Behandlungsform das Rückfallrisiko zu erhöhen (Lösel 2001), und es wäre gerade hier unangebracht, nach dem Motto zu verfahren »es kann ja nicht schaden«. Personen mit diesen Zügen werden zudem eine mitunter schlecht durchschaubare Belastung für die Gruppen, denen sie zugeteilt sind. Sie können nicht zuletzt die Behandlungsplanung zu einer Irrfahrt machen, indem sie die Behandler mit einer Fülle inkongruenter Symptome und vielfältiger verdeckter Arbeitsaufträge beschäftigen. Eine Einschätzung dieser Züge z. B. mit der Psychopathy-Check-List (PCL-R; Hare 1991) sollte Standard sein.

5.4. Exploration und Anamnese

Für Exploration und Anamneseerhebung gilt in der Situation des Strafvollzugs eine Besonderheit. Die Exploranden kommen i. d. R. nicht aufgrund eines umschriebenen Problems (Leidensdrucks) zum Psychologen, sondern werden (bzw. fühlen sich) in die Behandlungsuntersuchung von der Institution geschickt, um zunächst ihre »Gefährlichkeit« abzuklären und sie sodann ggf. behandeln zu lassen. Gerade eine so ungewöhnliche Behandlungsuntersuchung sollte in einer Art erfolgen, die eine nachfolgende Therapieaufnahme begünstigt und nicht verhindert. Die Exploration ist in mancher Hinsicht eine Grenzsituation. Wir verletzen Grenzen normaler Gesprächsführung und dringen – bei Menschen, die diesen Dialog allenfalls bedingt freiwillig eingehen – in Bereiche ein, die üblicherweise durch Diskretion geschützt sind, und deren Preisgabe im Hinblick auf die Konsequenzen vordergründig nachteilig sein kann.

Es ist trivial, dass dies wahrscheinlich am ehesten dann gelingt, wenn die Befragung von Empathie und Respekt getragen ist, und der Eindruck vermittelt werden kann, dass Fragen einer fachlichen Begründung und nicht persönlicher oder institutioneller Neugier entspringen. Ferner sollte auf bereits erkennbare interaktionelle Bedürfnisse eingegangen werden. Je höher z. B. die paranoiden Anteile des Exploranden, umso mehr Aufwand ist ggf. zu investieren, Art und Inhalt der Befragung transparent und nachvollziehbar zu machen.

Schon Argelander (1970) und Schorsch (1991) weisen in anderen Zusammenhängen auf einen weiteren Grenzaspekt hin. Zwischen Datenerhebung und Noch-nicht-Therapie kann das Herausarbeiten konflikthafter Zusammenhänge, ungelöster Probleme und unerfüllter Bedürfnisse im guten Falle den Eindruck vermitteln, verstanden zu werden und die Hoffnung wecken, dort Lösungen zu finden, wo das bisherige Leben von ungelösten Problemen überschattet war. Damit entstehen in der Exploration im günstigen Fall eine erste Beziehung und ein eigenes Interesse an dem, was Behandlung bringen könnte – eben Behandlungsmotivation.

Ob in der Exploration lieber anhand von Interviewleitfäden oder in Form des freien Gespräches gearbeitet wird – folgende Punkte sollten in jedem Fall erfasst werden:

- Die familiäre Vorgeschichte, in der besonders die Beziehungen im Herkunftsmilieu transparent werden sollten.
- Die schulische und berufliche Vorgeschichte, die Hinweise auf Diskontinuitäten, Bindungsfähigkeit, Verantwortungsübernahme, Autoritätskonflikte etc. enthält.
- Die Vorgeschichte von Beziehungen, Partnerschaft und Sexualität mit den Aspekten Bindungsfähigkeit, Beziehungsprobleme, altruistische vs. egozentrische Interessensgewichtung, Umgang mit Trennung, sexuelle Eigenarten und Stilbildungen etc.
- Die Delinquenzvorgeschichte, die für das Kindes- und Jugendalter auch nichtdelinquente Verhaltensauffälligkeiten (Weglaufen, Schuleschwänzen, Tierquälerei etc.) erfassen sollte.
- Die Vorgeschichte psychischer Probleme und Auffälligkeiten mit Suchtmittelanamnese und Beachtung von Hinweisen auf ADHD.
- Die Vorgeschichte körperlicher Beschwerden, Unfälle, etc.

5.5. Leitformulierung und individuelle Delikthypothese

Nach Auswertung der Tests bzw. Fragebögen und der Exploration sollte, vergleichbar dem Begriff der Leitformulierung bei Turkat (1996), ein erstes Bild davon entstehen, welches der prägnante Persönlichkeitsstil ist, welche Interaktionsmuster vorherrschen und zu erwarten sind, welche Themen, Konflikte und Ambivalenzen die Person in ihrem Leben besonders bewegen und welche Stärken und Schwächen dabei das Bild prägen. Es sollten erste Hypothesen entstehen, welche Faktoren die Entwicklung der vorgefundenen Eigenarten bedingt haben könnten.

Im Sinne einer individuellen Delikthypothese sollten die Entstehungs- und Auslösebedingungen, sowie die innere und interaktionelle Dynamik des delinquenten Verhaltens sichtbar werden und (sofern vorhanden) eine erste tätertypologische Zuordnung ermöglichen.

Es sollte zudem deutlich werden, ob und mit welchem Anliegen und Arbeitsauftrag der Inhaftierte Behandlung anstrebt, bzw. welche motivationalen Faktoren (vgl. Dahle 1995 und 1998) vorliegen.

In diesem Zusammenhang sei ausdrücklich auf die Anwendungsmöglichkeiten der Operationalisierten Psychodynamischen Diagnostik (Arbeitskreis OPD 2001) hingewiesen. Sie erleichtert die systematische Einschätzung interaktioneller Besonderheiten und lebensbestimmender Konflikte. Beides wird i. d. R. das Delikt mit bedingt haben und auch den Verlauf der Haft und der Behandlung beeinflussen. Die differenzierte Analyse des Strukturniveaus – insbesondere des Aspekts der Impulssteuerung – liefert wertvolle Hinweise für die Therapieplanung und die Prognosebeurteilung (vgl. Schmidt und Scholz 2001).

Letztlich sollte geprüft werden, ob eine Diagnose nach den Kriterien der ICD-10, ggf. des DSM-IV zu vergeben ist. Dabei soll nicht eine Etikettierung die Betrachtung der individuell problemrelevanten Faktoren ersetzen. Mittlerweile besteht jedoch ein – oft schulenübergreifendes – störungsspezifisches Wissen, das hilfreiche Hinweise auf (teils bereits manualisierte) therapeutische Vorgehensweisen enthält.

Diagnostik ist dabei als fortlaufender Prozess zu verstehen, in dem regelmäßig der jeweils aktuelle Stand im Hinblick auf weiterhin erforderliche Behandlungsangebote und deren Schwerpunkte, sowie auf vollzugliche Entscheidungen (Arbeit, Lockerungen, Entlassung etc.) erfasst und umgesetzt wird.

6. Behandlungsziele

Das übergeordnete Behandlungsziel besteht zunächst in der Vermeidung erneuter Straffälligkeit, statistisch gesehen in einer Reduzierung der Rückfallwahrscheinlichkeit. Man mag erwägen, ob im Einzelfall auch andere Ziele, z. B. eine Verlängerung deliktfreier Intervalle oder harm-reduction i. S. weniger gravierender Rückfalltaten akzeptabel sein müssen.

Eine Liste allgemeiner kriminaltherapeutischer Behandlungsziele liegt, dem zuvor genannten Bedürfnisprinzip folgend, in Form der Risikovariablen vor. Legt man die Einteilung in statische, stabil dynamische und akut dynamische Faktoren zugrunde (Hanson und Harris 2000), so wird besonders die Bedeutung der stabil dynamischen als Behandlungsziele betont. Müller-Isberner fasst folgende Variablen zusammen:

»Antisoziale Ansichten, Einstellungen und Gefühle, antisoziale Peerkontakte, Identifikation mit kriminellen, antisozialen Rollen-Modellen und Werten, Impulsivität, Mangel an sozialen und zwischenmenschlichen Fähigkeiten, selbstschädigende Copingstrategien, Unfähigkeit zu planen und konzeptionell zu denken, Unfähigkeit, Schwierigkeiten vorherzusehen und zu umgehen, Egozentrik, Externalisation von Verantwortung, konkretistisches, starres und zuweilen irrationales Denken, Störungen von Selbstkontrolle, Selbstmanagement und Problemlösefähigkeiten sowie substanzgebundene Abhängigkeiten ...« (Müller-Isberner 1998, 202).

Ergänzend zu diesen allgemein delinquenzrelevanten Behandlungszielen ergeben sich für die Behandlung einzelner Deliktgruppen zusätzliche deliktspezifische Ziele.

Geht man weiter an den konkreten Einzelfall heran, so erfolgt nochmals eine individuelle Zielsetzung und zugleich eine Reduktion aller denkbaren Behandlungsziele.

Hat man sich dem Einzelfall bis hierher eher unter Kriterien genähert, die der forensischen Forschung entstammen, so erfolgt zuletzt wieder die Verschränkung mit klinischen Aspekten der Behandlungsplanung. Es geht quasi darum, die individuell relevanten Risikovariablen aus einer Aufzählung von »Reparaturaufträgen diverser Defekte« in eine klinische Terminologie rückzuübersetzen und so wieder in den Gesamtzusammenhang der Person einerseits und eines klinischen Veränderungswissens andererseits zu stellen. Um als Behandler nicht bevorzugt das zu behandeln, was man gut kann oder aus anderen Gründen favorisiert, ist dabei stets im Auge zu behalten, ob tatsächlich ein ursächlicher Zusammenhang mit der individuellen Straffälligkeit besteht.

Vergleicht man Zusammenstellungen delinquenztypischer Defizite (z. B. Pfaff 2001) und daraus abgeleitete Behandlungsziele (Pfaff 2002) mit solchen für strukturell gestörte Patienten (z. B. Rudolf 1996), so fällt schulenübergreifend eine große Übereinstimmung auf. Möglicherweise sind es gerade die strukturellen Defizite, die in anderem Forschungskontext als typische Eigenschaften von Straftätern imponieren. Über die Therapierichtungen hinweg werden z. B. die Entwicklung von Ich-Stärke (Verhaltenskontrolle, Ambivalenz- und Frustrationstoleranz etc.), Selbstwert und moralischer Urteilsbildung als übereinstimmende Ziele genannt.

Für die Behandlung von Persönlichkeitsstörungen werden z. B. bei Fiedler (2000) und bei Beck und Freeman (1999) je individuelle Entwicklungsziele diskutiert, die durchaus geeignet erscheinen, in verwickelten Fällen die Grobrichtung im Auge zu behalten.

Da sich die Störung dieser Klienten gerade im Bereich der Beziehungsgestaltung abbildet, muss hier zu einem Störungs- und Änderungswissen ein Interaktionswissen hinzukommen (vgl. Fydrich 2000 und 2001). Man hat sich quasi regelhaft auf eine dysfunktionale Beziehungsgestaltung einzustellen, wenn die Behandlung nicht an eben dieser Beziehung scheitern soll (vgl. Sachse 2001).

7. Behandlungsansätze

Im Bereich der Straftäterbehandlung überlappen sich Herangehensweisen aus verschiedenen therapeutischen Feldern.

Ein wesentlicher Bestand des therapeutischen Repertoires entstammt dem Bereich der traditionellen psychotherapeutischen, besonders der gruppentherapeutischen Ansätze. Während im deutschsprachigen Raum bis vor kurzem noch psychodynamische Herangehensweisen vorgeherrscht haben, wird heute die kognitiv-verhaltenstherapeutische Ausrichtung betont. Die Herangehensweisen in der Behandlung von Persönlichkeitsstörungen und Dissozialität wurden allerdings in beiden »Lagern« so modifiziert, dass ein Teil der Begrifflichkeiten übersetzbar wäre.

»Der größte Teil der Energie, die vom Streit der Therapierichtungen untereinander absorbiert wird, ist vergeudet ... Es gibt keine Methode, mit der allein alle (forensisch-)psychotherapeutischen Aufgaben zu lösen wären. Auf dem Feld der Straftäterbehandlung ist so viel zu beackern, dass alle von Zusammenarbeit nur profitieren können ...« (Pfäfflin und Mergenthaler 1998, 26).

Ernstzunehmen ist freilich der Hinweis, dass – speziell bei Tätern mit einem hohen Psychopathy-Score – nicht an delinquenzrelevanten Eigenschaften orientierte unstrukturierte Psychotherapie, wie auch permissive Wohngruppen das Rückfallrisiko erhöhen können.

Eucker und Müller-Isberner (2001) berichten, dass mit einem eher psychodynamischen Ansatz zunächst ein Teil der Straftäter erfolgreich behandelt werden konnte (vgl. auch Berner und Bolterauer 1995), dieser Ansatz jedoch beim verbleibenden Rest ergebnislos blieb. Dahle (1995) weist auf die besonderen (v. a. auch schichtspezifischen) Ausgangsbedingungen für die Therapie bei Straftätern hin. Die wesentliche Frage scheint zu sein, wer mit welcher Methode, in welchem Setting und auch mit welcher Didaktik am besten erreichbar ist.

Zunehmend besteht Konsens darüber, dass Behandlungsansätze dem Ansprechbarkeitsprinzip zu folgen haben. Danach sind die Behandlungsangebote der Zielgruppe anzupassen, anstatt die Passung der Klientel zur Therapierichtung vorauszusetzen.

Es zeichnet sich ab, dass mit höherer Störungsintensität mehr Struktur in therapeutischem Setting, Tagesablauf und Organisation gegeben sein muss. Allgemein scheinen stärker strukturierte Angebote einem größeren Kreis von Insassen den Einstieg in ein Therapiegeschehen und die aktive Beteiligung zu erleichtern. Einigkeit entsteht dem Eindruck nach dahingehend, dass es nicht allein dem Klienten überlassen bleiben kann, ob und wann delinquenzrelevante Inhalte bearbeitet werden. Alle aufwändigeren Behandlungsangebote berichten vom Einsatz eines Methodenspektrums, das i. d. R. psychotherapeutische, kriminaltherapeutische, soziotherapeutische und psychoedukative Komponenten, sowie im Einzelfall kreativtherapeutische, familientherapeutische etc. Ergänzungen umfasst. Es erscheint also schwer, hier eindeutige therapeutische Labels zu verteilen. Bestimmend ist im Grunde die auf die Belange der Klientel zugeschnittene und planvoll angewandte Methodenvielfalt. Damit befindet man sich im Grunde im Bereich integrativer Behandlungsansätze.

Da »die Straftäter« eine heterogene Gruppe sind, werden je Deliktgruppe zusätzliche spezifische Behandlungsansätze erforderlich. Die Therapie von Sexualtätern ist beispielsweise auch beeinflusst von Forschung und Behandlungsansätzen der Sexualwissenschaft.

Darüber hinaus wurden im forensischen Kontext Straftäterbehandlungsprogramme entwickelt, die teilweise deliktunspezifisch sind und quasi auf einen kriminogenen »Generalfaktor« zielen, teils deliktspezifisch ausgearbeitet wurden.

Schulte stellt im Bereich der Psychotherapie eine Zunahme der »Domain-Erforschung« fest.

»Als Domain oder Gegenstandsbereich werden dabei jeweils einzelne psychische Störungen gewählt. Sie werden aus unterschiedlicher theoretischer Sicht ... auf ihre Bedingungen ... und auf ihre Veränderbarkeit untersucht. Inzwischen hat diese Forschung für viele klinische Diagnosen spezifische psychologische Störungsmodelle erarbeitet und empirisch überprüft ... Vielfach gibt es auch bereits effektive Therapiemethoden speziell für die jeweilige Störung ... Anders als beim schulenspezifischen Bedingungswissen ist die Gültigkeit dieser Theorien begrenzt auf Patienten mit der jeweiligen Diagnose« (Schulte 1998, 87 f.).

Manches spricht dafür, diese Perspektive auf die Behandlung Straffälliger zu übertragen. Begriffe wie »Kriminaltherapie« oder »forensische Psychotherapie« bezeichnen ein neues Feld von Behandlung und Forschung im Straf- und Maßregelvollzug, das zunächst durch die Problemstellung und nicht durch eine Therapierichtung bestimmt ist. Die Ergebnisse verschiedener Therapierichtungen und wissenschaftlicher Disziplinen werden – zumindest in Ansätzen – in ihrer Relevanz für das Anwendungsgebiet wahrgenommen, adaptiert und untersucht. Es bildet sich ein Methodeninventar heraus, das für das Anwendungsgebiet spezifisch ist. Im Folgenden soll ein Blick auf die eigenständigen Ansätze forensischer Psychotherapie geworfen werden.

Motivationsarbeit spielt im forensischen Bereich eine besondere Rolle. Es wächst das Verständnis, Veränderungsmotivation nicht mehr als Behandlungsgrundlage vorauszusetzen, sondern als spezifisches Teilbehandlungsziel zu verstehen. Die verschiedenen Aspekte von Motivation im Rahmen eines Zwangskontextes werden differenzierter wahrgenommen (Dahle, 1995) und es zeigen sich erste Überlegungen, mit welchen Mitteln Behandlungsmotivation und im Weiteren Veränderungsmotivation aufgebaut werden können.

Aus dem Pool spezifischer Straftäter-Behandlungsprogramme haben sich zunächst jene als effizienter erwiesen, die sich auf kriminogene Variablen konzentrieren, die Klientel in ihren kognitiven und persönlichkeitsspezifischen Eigenarten und Lernstilen erreichen und der Störungsintensität angemessen sind. Als wirksamer gelten multimodale Verfahren, die stärker strukturiert und verhaltensorientiert sind, und auf konkrete Fertigkeiten, sowie auf ein Spektrum kriminogener kognitiver Schemata zielen.

Die verschiedenen Programme weisen im Wesentlichen ähnliche Inhalte auf. Es geht i. d. R. um basale kommunikative Fertigkeiten, interpersonale Problemlösungskompetenzen und adäquate Strategien der Verfolgung eigener Belange, um Entwicklung von mehr Flexibilität in Richtung prosozialer Verhaltensalternativen, selbstkritische Distanz zu eigenen Denkmustern und kognitive Umstrukturierung kriminogener Muster, um angemessenen Umgang mit Ärger und Spannung, die Übernahme altruistischer Perspektiven, Entwicklung von Empathie (speziell Opferempathie) sowie um Entwicklung der moralischen Urteilsbildung und der Verhaltens-, bzw. Selbstkontrolle (vgl. Pfaff 2001, Müller-Isberner 1998, Egg et al. 1998, Lösel 1998 und 2001).

Ähnliche Schwerpunkte haben in unterschiedlicher Gewichtung beispielsweise das Programm von Pfaff (2001) und das R & R (Reasoning and Rehabilitation)-Programm von Ross et. al. (1989).

Obwohl es angesichts der bestehenden Ähnlichkeiten den Anschein hat, als könne man mit der Anwendung einer vergleichbaren Zusammenstellung wenig falsch machen, wird darauf hingewiesen, dass die Effektstärke auch von der Programmtreue und besonders dem Grad der stimmigen Implementierung in die Organisation abhänge. Ferner haben sich eine tragfähige emotionale Beziehung zwischen Klient und Therapeuten, ein konsequentes und engagiertes Herangehen des Teams und eine gute Gruppenkohärenz als bedeutsam erwiesen.

Es kann also nicht darum gehen, Programme »abzuspulen«, ohne gruppendynamische und institutionelle Rahmenbedingungen, sowie die Qualität der Beziehungen zum Behandlerteam und den Mitklienten zu beachten.

Deliktspezifische Programme wurden besonders für Sexualdelinquenz entwickelt (vgl. Marshall et. al. 1998). Elser (2001) weist darauf hin, dass auch bei Anwendung strukturierter Programme Raum für die Bearbeitung der Zusammenhänge zwischen Delinquenz, Lebensgeschichte und Persönlichkeit bleiben muss.

Ein manualisiertes Programm für den Bereich der Gewaltdelinquenz liegt in Form des Anti-Aggressions-Trainings (Heilemann und Fischwasser-von Proeck 2001), bzw. ähnlicher Anti-Gewalt-Trainings vor.

Einer der mittlerweile verbreiteteren spezifisch forensischen Ansätze besteht in Rückfallpräventionsprogrammen. Ursprünglich für den Suchtbereich erarbeitet, wurden diese Programme für die Anwendung bei Straftätern modifiziert. Die Wirksamkeit wird allerdings noch kritisch diskutiert (Pfäfflin 2001, Laws 1989). Für Missbrauchstäter steht in deutscher Adaptation z. B. das Programm von Eldridge und Bullens (ohne Datum) zur Verfügung.

Eine Besonderheit des Strafvollzugs sind ferner die Sozialtherapeutischen Abteilungen und Anstalten. In diesem Zusammenhang zeigt sich nochmals prononciert, dass die therapeutische Gemeinschaft ein eigenständiges therapeutisches Agens darstellt, von dem wesentliche Einflüsse auf die Veränderung zu erwarten sind (vgl. Wischka 2001).

In einem berufsgruppen- und methodenintegrativen Ansatz kann auch die Möglichkeit der Pharmakotherapie nicht unbeachtet bleiben. Für einige Fallgruppen scheint sich durch Kombination von Psychotherapie und Medikation die Effektstärke verbessern zu lassen (Lösel 2001). Neben dem Ansatz der »Triebdämpfung« durch Anti-Androgene werden v. a. die Beeinflussung der Impulsivität und der Dysphorie diskutiert.

Als weiterer Bestandteil von Kriminaltherapie wäre die Nachsorge zu nennen. Es gibt plausible Hinweise darauf, dass die Rückfälligkeit reduziert werden könnte, wenn es gelänge, die in Haft initiierten Veränderungen und Einsichten in den Alltag nach einer Entlassung hinüber zu retten (vgl. Müller Isberner und Gonzalez Cabeza 1998). Geeignete Angebote einer forensischen Nachsorge sind derzeit noch Mangelware und es wird eine der kommenden Herausforderungen an alle Beteiligten sein, hier wirksame Behandlungsangebote zu installieren. Dieses Feld überschneidet sich inhaltlich und personell mit dem Bereich ambulanter Kriminaltherapie, so dass daraus stammende Erkenntnisse mit einfließen werden (vgl. Knecht und Banzer 1998).

8. Zuweisungspraxis

In der Praxis wird sich ein Vorgehen im Sinne eines Entscheidungsbaumes ergeben. Nach Abklärung formeller Kriterien (wie verbleibender Strafrest, hinreichende Verständigungsmöglichkeit etc.) wird für die verbleibenden Fälle die Therapienotwendigkeit geprüft. Während für Täter mit sehr niedrigem Rückfallrisiko Maßnahmen im Sinne des Gegenwirkungsgrundsatzes und der Reintegration im Vordergrund stehen, ist für die Fälle mit mittlerem und hohem Rückfallrisiko zusätzlich eine dem Einzelfall angemessene rückfallpräventive Behandlung zu prüfen. Als nächster Schritt ist die Behandelbarkeit einzuschätzen (intellektuell Schwache sollten dabei i. S. des Ansprechbarkeitsprinzips nicht grundsätzlich von jeglicher Behandlung ausgeschlossen bleiben).

Die wesentliche Frage ist die nach der Therapiemotivation. Für Behandlungsunwillige und nur im Hinblick auf institutionelle Vorteile Motivierte wären geeignete Motivationskonzepte zu installieren. Eigene Erfahrungen zeigen, dass mit niedrigschwelligen Angeboten erstaunlich vielen ein Einstieg in weiter gehende Therapieangebote vermittelt werden kann. Hier wäre auch an Erfahrungen mit Patientenschulungen (vgl. Fiedler 2000) zur Therapievorbereitung zu denken.

Nachdem formelle Kriterien, Therapienotwendigkeit und -fähigkeit geprüft sind, erfolgt im optimalen Fall die individuelle Zuweisung zu der jeweils am besten geeignet erscheinenden Behandlungsmaßnahme. Wünschenswert wäre das Vorhandensein eines Spektrums verschiedener Angebote, so dass tatsächlich die Möglichkeit einer individuell passenden Zuweisung besteht. Dies kann ermöglicht werden durch eine gut koordinierte abteilungsübergreifende Zusammenarbeit aller Fachdienste, sowie durch Kooperation mit externen Therapeuten und Institutionen (z. B. Bezirkskrankenhäuser, Universitäten, Beratungsstellen). Sofern möglich, ist der Behandlung in Gruppen aus inhaltlichen und ökonomischen Gründen der Vorzug zu geben. Lediglich für nicht Gruppenfähige müsste ein einzeltherapeutisches Angebot vorgehalten werden. Die Intensität der Behandlung sollte im Verhältnis zur Störungsintensität stehen. Ressourcenintensive Maßnahmen wie Sozialtherapie wären Tätern mit entsprechend komplexen Störungsbildern vorzubehalten. Dem ökonomischen Aspekt des Risikoprinzips würde im Übrigen auch die Abwägung entsprechen, ab wann eine in Haft begonnene Behandlung guten Gewissens in Freiheit fortgesetzt werden kann.

In jedem Fall sollte die Behandlungsplanung über die Entlassung hinaus reichen und in einem umfassenden Sinn von Entlassungsvorbereitung die Möglichkeiten beruflicher, sozialer und wirtschaftlicher Reintegration ausschöpfen. Im Rahmen der Entlassungsvorbereitung wären im Idealfall zudem die für den Einzelfall erforderliche Anschlusstherapie und die Vernetzung der in die Nachsorge involvierten Bezugspersonen und Instanzen vorzubereiten.

Literatur

Arbeitskreis OPD (Hrsg.), (2001), *Operationalisierte Psychodynamische Diagnostik*. Bern, Göttingen, Toronto, Seattle: Hans Huber.

Argelander, H. (1970), *Das Erstinterview in der Psychotherapie*. Darmstadt: Wissenschaftliche Buchgesellschaft.

Beck, A. T. und Freeman, A. (1999), *Kognitive Therapie der Persönlichkeitsstörungen*. Weinheim: Psychologie Verlags Union.

Berner, W. und Bolterauer, J. (1995), Fünf-Jahres-Verläufe von 46 aus dem therapeutischen Strafvollzug entlassenen Sexualdelinquenten. *Recht & Psychiatrie 13*, 114–118.

Blocher, D. (2001), Diagnostisches Spektrum und Verlaufsbeurteilung der Sexualdelinquenz. *Psycho 27*: 375–379.

Dahle, K.-P. (1995), *Therapiemotivation hinter Gittern*. Regensburg: S. Roderer.

Dahle, K.-P. (1998), Therapiemotivation und forensische Psychotherapie. In: Wagner, E. und Werdenich, W. (Hrsg.), *Forensische Psychotherapie*. Wien: Facultas, 21–36.

Dittmann, V. (1998), Die schweizerischen Fachkommissionen zur Beurteilung »gemeingefährlicher« Straftäter. In: Müller-Isberner, R. und Gonzalez Cabeza, S. (Hrsg.), *Forensische Psychiatrie*. Mönchengladbach: Forum Verlag Godesberg, 173–184.

Egg, R. et al. (1998), Bedingungen der Wirksamkeit sozialtherapeutischer Maßnahmen. *Zeitschrift für Strafvollzug 47, 6*: 348–351.

Eldridge, H. und Bullens, R. (keine Angabe zum Erscheinungsjahr), Dauerhafte Veränderung – Handbuch zur Rückfallprävention. Herausgeber der deutschen Fassung ABJ: Ambulant Bureau Jeugdwelzijnszorg, Leiden.

Elsner, K. (2001), Gruppenbehandlung von Sexualstraftätern im Maßregelvollzug. In: Hoyer, J. und Kunst, H. (Hrsg.), *Psychische Störungen bei Sexualdelinquenten*. Lengerich, Berlin, Riga, Rom, Wien, Zagreb: Pabst Science Publishers, 153–181.

Eucker, S. (1998), Prognosebildung im psychiatrischen Maßregelvollzug. In: Müller-Isberner, R. und Gonzalez Cabeza, S. (Hrsg.), *Forensische Psychiatrie*. Mönchengladbach: Forum Verlag Godesberg, 149–162.

Eucker, S. und Müller-Isberner, R. (2001), Sexualstraftäterbehandlung im Maßregelvollzug. In: Hoyer, J. und Kunst, H. (Hrsg.), *Psychische Störungen bei Sexualdelinquenten*. Lengerich, Berlin, Riga, Rom, Wien, Zagreb: Pabst Science Publishers, 97–114.

Fiedler, P. (2000), *Integrative Psychotherapie bei Persönlichkeitsstörungen*. Göttingen, Bern, Toronto, Seattle: Hogrefe.

Franke, G. (1995), *SCL-90-R, die Symptom-Checkliste von Derogatis*. Göttingen: Belz Test GmbH.

Fydrich, P. (2000), Paranoide Persönlichkeit: kognitiv-behaviorales Störungsmodell und Falldarstellung. *Psychotherapie 5*, 2: 256–266.

Fydrich, T. (2001), Motivorientiertes Indikations- und Interventionsmodell für die kognitive Verhaltenstherapie bei Persönlichkeitsstörungen. *Psychotherapie 6*, 2: 247–255.

Hanson, R. K. und Harris, A. J. R. (2000), Where should we intervene? *Criminal Justice and Behavior, 27*, 1: 6–35.

Hare, R. D. (1991), *Psychopathy Checklist-Revised*. New York, Toronto: Multi Health-Systems.

Hare, R. D. (1999), *Without Conscience*. New York: Guilford Press.

Hathaway und Mc Kinley/Engel, R. R. (Hrsg.), (2000), Deutsche Adaptation, MMPI-2. Bern, Göttingen, Toronto, Seattle: Hans Huber

Heilemann, M. und Fischwasser-von Proeck, G. (2001), *Gewalt wandeln – das Anti-Aggressivitäts-Training AAT*. Lengerich, Berlin, Rom, Viernheim, Wien, Zagreb: Pabst Science Publishers.

Hoyer, J. und Kunst, H. (2001), *Psychische Störungen bei Sexualdelinquenten*. Lengerich, Berlin, Riga, Rom, Wien, Zagreb: Pabst Science Publishers.

Knecht, G. und Banzer, K. (1998), Ambulante und teilstationäre Therapieangebote bei forensischen Patienten. In: Wagner, E. und Werdenich, W. (Hrsg.), *Forensische Psychotherapie*. Wien: Facultas.

Kuhl, M. und Kazen, M. (1997), *Persönlichkeits-Stil- und Störungsinventar PSSI*. Göttingen: Hogrefe.

Laws, D. R. (1989), *Relapse Prevention with sex Offenders*. New York: Guilford Press.

Liß, H. (2002), *Dissoziation bei forensischen Patienten*. Berlin: Mensch und Buch.

Lösel, F. (1998), Evaluation der Straftäterbehandlung: Was wir wissen und noch erforschen müssen. In: Müller-Isberner, R. und Gonzalez Cabeza, S. (Hrsg.), *Forensische Psychiatrie*. Mönchengladbach: Forum Verlag Godesberg.

Lösel, F. (2001), Behandlung oder Verwahrung? Ergebnisse und Perspektiven der Intervention bei »psychopathischen« Straftätern. In: Rehn, G. et al. (Hrsg.), *Behandlung »gefährlicher Straftäter«*. Herbolzheim: Centaurus, 36–53.

Lösel, F. und Bender, D. (1997), Straftäterbehandlung: Konzepte, Ergebnisse, Probleme. In: Steller, M. und Volbert, R. (Hrsg.), *Psychologie im Strafverfahren*. Bern, Göttingen, Toronto, Seattle: Hans Huber, 171–205.

Marshall, W. L.; Fernandez Y. M.; Hudson, S. M. und Ward T. (eds.) (1998), *Sourcebook of Treatment Programs for Sexual Offenders*. New York, London: Plenum Press.

Müller-Isberner, R. (1998), Ein differenziertes Behandlungskonzept für den psychiatrischen Maßregelvollzug. In Wagner, E. und Werdenich, W. (Hrsg.), *Forensische Psychotherapie*. Wien: Facultas, 197–209.

Müller-Isberner, R. und Gonzalez Cabeza, S. (1998), *Forensische Psychiatrie*. Bonn: Forum.

Otto, M. (2001), Gefährliche Gefangene – Mitarbeitsbereitschaft und subkulturelle Haltekräfte im Strafvollzug. In: Rehn, G. et al. (Hrsg.), *Behandlung »gefährlicher Straftäter«*. Herbolzheim: Centaurus, 218–228.

Pfäfflin, F. und Mergenthaler, E. (1998), Forschungsfragen der forensischen Psychotherapie. In: Wagner, E. und Werdenich, W. (Hrsg.), *Forensische Psychotherapie*. Wien: Facultas, 21–36.

Pfäfflin, F. (2001), Rückfallpräventionsprogramme für Sexualstraftäter. *Recht & Psychiatrie 19, 3: 140–151.*

Pfaff, C. (2001), »Mit Köpfchen durchs Leben« – ein kognitiv-behaviorales Trainingsangebot zur Förderung sozialer Kompetenzen. In: Rehn, G., Wischka, B., Lösel, F. und Walter, M. (Hrsg.), *Behandlung »gefährlicher Straftäter«.* Herbolzheim: Centaurus, 170–192.

Pfaff, C. (2002), *Behandlungsansätze bei Gewaltstraftätern.* Vortrag im Rahmen der Tagung der Psychologen im Bayerischen Strafvollzug.

Retz-Junginger, P. et al. (2002), Wender Utah Rating Scale (WURS-k) deutsche Kurzform zur retrospektiven Erfassung des hyperkinetischen Syndroms bei Erwachsenen. *Nervenarzt 73: 830–838.*

Rösler, M. (2001), Das hyperkinetische Syndrom im Erwachsenenalter. *Psycho 27: 380–384.*

Ross, R. R.; Fabiano, E. A. und Ross, B. (1989), *Reasoning and rehabilitation: A handbook for teaching cognitive skills.* Ottawa: The Cognitive Centre.

Rudolf, G. (1996), Der psychoanalytische Ansatz in der Behandlung von Patienten mit Persönlichkeitsstörungen. In: Schmitz, B.; Fydrich, T. und Limbacher, K. (1996), *Persönlichkeitsstörungen: Diagnostik und Psychotherapie.* Weinheim: Psychologie Verlags Union, 117–135.

Sachse, R. (2001), *Psychologische Psychotherapie der Persönlichkeitsstörungen.* Göttingen, Bern, Toronto, Seattle: Hogrefe.

Schmitz, B.; Fydrich, T. und Limbacher, K. (1996), *Persönlichkeitsstörungen: Diagnostik und Psychotherapie.* Weinheim: Psychologie Verlags Union.

Schmidt, A. F. und Scholz, O. B. (2001), *Computergestützte Inhaltsanalyse von Gutachten zur Schuldfähigkeit bei so genannter schwerer anderer seelischer Abartigkeit: Negativkriterien.* 16. Vortrag auf der Forensischen Herbsttagung der AGFP 2001.

Schorsch, E. (1991), *Kurzer Prozess?* Hamburg: Klein.

Schulte, D. (1998), *Therapieplanung.* Göttingen: Hogrefe.

Turkat, I. D. (1996), *Die Persönlichkeitsstörungen.* Bern, Göttingen, Toronto, Seattle: Hans Huber.

Urbaniok, F. (2000), Das Züricher PPD-Modell. *Kriminalistik 8/00: 562–566 und 9/00:* 629–632.

Wagner, E. und Werdenich, W. (Hrsg.) (1998), *Forensische Psychotherapie.* Wien: Facultas.

Wischka, B. (2001), Die Faktoren Milieu, Beziehung und Konsequenz in der stationären Therapie von Gewalttätern. In: Rehn, G. et al. (Hrsg.), *Behandlung »gefährlicher Straftäter«.* Herbolzheim: Centaurus, 125–149.

Drogentäter

von Corinna Obrist und Wolfgang Werdenich

Einleitung

Das besondere an der Arbeit mit DrogenklientInnen im Strafvollzug liegt darin, dass es sich hier in überwiegendem Maß um »Täter ohne Opfer« handelt (Schur 1992), um Personen, die zugleich Täter und Opfer sind. Sie haben einerseits Delikte begangen und sind so in den Strafvollzug gelangt, andererseits sind sie aber als Drogenkonsumenten meist selbst betreuungs- oder behandlungsbedürftig

Für die Organisation Strafvollzug sind DrogenkonsumentInnen in jedem Fall eine Belastung und die Quelle einer Reihe von Schwierigkeiten. Vor allem die Tatsache, dass sich Drogenkonsumenten in den letzten Jahrzehnten von einer Minderheit unter den Gefängnisinsassen zu einer zentralen Gruppe in der Strafvollzugspopulation entwickelt haben, erscheint vielen Strafvollzugsverwaltungen als beunruhigendes Phänomen, weil dieser Gruppe Eigenschaften zugeschrieben werden (nicht vertragsfähig, arbeitsunwillig, frustrationsintolerant etc.), die sie als »schwierige Gefangene« kennzeichnen. Erschwerend kommt hinzu, dass der hohe Grad der HIV- und Hepatitis-Infektionen bei den Strafvollzugsbediensteten Ängste auslöst. Alles zusammengenommen macht die Situation von DrogenkonsumentInnen und auch den Umgang mit ihnen im Strafvollzug schwierig, auch wenn sich viele Ängste und Vorurteile in der konkreten Arbeit als unbegründet herausstellen.

Wir sprechen hier bewusst von DrogenkonsumentInnen und nicht von Abhängigen, weil sich aus dem Drogenkonsum vor Haftantritt oder im Gefängnis alleine noch kein Behandlungsbedarf ableiten lässt.

Im Folgenden wird zunächst die europäische Situation dargestellt. In einem zweiten Schritt soll auf Veränderungen der Drogenarbeit in den letzten Jahren eingegangen werden – insbesondere auf den seit ca. 1985 vollzogenen Paradigmenwechsel und seine praktischen Folgen für die Drogenarbeit in den Gefängnissen. Abschließend wird als ein Beispiel für die Organisation von abstinenzorientierter, aber auch substitutionsgestützter Drogenarbeit im Strafvollzug das Angebot der Justizanstalt Wien-Favoriten beschrieben. Dort wird für drogenabhängige Frauen und Männer sowohl Behandlung als auch ein Erprobungs- und Lernfeld nach der eigentlichen Behandlungsphase angeboten.

1. Die Europäische Situation

In den nationalen Drogenberichten (für Deutschland: Deutsche Hauptstelle gegen die Suchtgefahren 2001) und im alljährlich erscheinenden europäischen Drogenbericht des European Monitoring Centre for Drugs and Drug Addiction – EMCDDA (2002) werden bezüglich der Zahl der DrogengebraucherInnen im Strafvollzug, d. h. Personen, die vor der Inhaftierung oder während der Haft Drogen konsumierten, für das Jahr 2002 Prozentwerte von 20 bis 60 % aller Inhaftierten genannt. Da es sich hier um eine sowohl für die Strafvollzugsverwaltungen als auch für die Insassen sensible Materie handelt und alle illegalen Rauschmittel einbezogen werden, sind diese Angaben mit Vorsicht zu sehen, und geben aus unserer Sicht lediglich ungefähre Anhaltspunkte über das Ausmaß des Problems und die Größe der betroffenen Gruppe.

Drogen sind für die InsassInnen des Strafvollzugs in vielfacher Hinsicht von Bedeutung: als Handelsware, als Mittel zur Realitätsvermeidung, als Rauschmittel, als Selbstmedikation etc. So ist es nicht weiter verwunderlich, dass Drogenschmuggel in den Anstalten immer wieder stattfindet und letzten Endes auch nie vollständig unterbunden werden kann. Vor allem Cannabis ist eine wichtige Handelsware am Schwarzmarkt in den Gefängnissen geworden und stellt somit einen wichtigen subkulturellen Faktor dar.

Für den Strafvollzug stellen jedoch eindeutig die süchtigen Opiatkonsumenten das wesentlich größere Problem bzgl. der Versorgungs- und Behandlungspflicht dar. Es kann von 5 bis 12 % Opiatabhängiger im europäischen Strafvollzug ausgegangen werden. Alle anderen Drogen haben demgegenüber geringere Bedeutung. Jedoch kann nicht von einer dauerhaft stabilen Situation ausgegangen werden.

Betrachtet man die Trends im Drogenkonsum der letzten Jahre, so sind mittlerweile die Partydrogen (Ecstasy, Amphetamine etc.) zur zweitwichtigsten Gruppe nach Cannabis geworden. Da es bei den Konsumenten dieser Drogen bislang noch keine hohe Affinität zu kriminellem Verhalten gibt, ist derzeit die Bedeutung für den Strafvollzug eher gering. Es gibt allerdings bereits einige Staaten (Schweden, Großbritannien), in denen Amphetaminkonsumenten in beträchtlicher Zahl im Strafvollzug zu finden sind.

Die europäische Monitoringstelle EMCDDA (s. zuvor) fördert den Informationsaustausch und trägt zu einer intensiven Beleuchtung der Situation in und außerhalb des Strafvollzugs bei. Es wird ein breites Spektrum an Informationen über die rechtliche und epidemiologische Situation angeboten, aber auch zu speziellen Themen wie neue synthetische Drogen, Substitution oder den Strafvollzug. Das von der EMCDDA aufgebaute Netz lokaler Informationsstellen (focal points) ermöglicht, aktuelle Trends zu erfassen und die Situation in den Mitgliedsstaaten der EU vergleichend zu beleuchten.

2. Behandlung, Betreuung und Versorgung – die Situation von Drogenabhängigen im Strafvollzug

Süchtige sind – nicht nur im Strafvollzug – eine besonders vulnerable Gruppe, die unter Bedingungen lebt, die eine positive Entwicklung und soziale Stabilität oft schwer möglich machen. Erst in letzter Zeit ist dieser Aspekt der Viktimisierung von Drogenkonsumenten beachtet worden (Waidner 1999). Die frühere Betrachtung Drogenabhängiger, primär als Täter, hatte und hat immer noch zur Folge, dass in erster Linie mit strafrechtlichen Mitteln reagiert wird.

Trotzdem hat sich in den letzten 15 bis 20 Jahren ein deutlicher Wandel in der Sichtweise der Drogenabhängigkeit und im Angebotsspektrum für Drogenabhängige vollzogen. Von einem eindimensionalen abstinenzorientierten Angebot (in dem es eigentlich nur zwei Instrumente gab: Den körperlichen Entzug und die abstinenzorientierte Gruppen- und Einzelpsychotherapie) ging die Entwicklung etwa seit Ende der 1980er-Jahre hin zu einer sehr vielfältigen Palette:

- kurz- mittel und langfristige ambulante und stationäre Therapien,
- Substitutionsangebote,
- niederschwellige Versorgung mit der als »harm reduction« bezeichneten Orientierung an körperlicher und psychischer Gesundheit, Hygiene und Senkung des Mortalitätsrisikos.

Dieser sog. Paradigmenwechsel in der Drogenpolitik und in den Strukturen der Drogenhilfe ist in mehr oder weniger deutlicher Ausprägung in allen Europäischen Staaten zu beobachten. Von den vielfältigen Ursachen dieser Entwicklung seien zwei genannt:

1. der hohe Durchseuchungsgrad von intravenös Drogengebrauchenden mit HI-Vund dem Hepatitis C-Virus und
2. neue Sichtweisen und Erkenntnisse über die Verlaufsformen der Opiatabhängigkeit, insbesondere der sog. Selbstheilungsaspekt, also der nicht therapiegestützte Ausstieg aus der Drogenabhängigkeit.

Mit dem Auftauchen von HIV und später Hepatitis C in der Population der Drogenabhängigen hat sich das gesellschaftliche Interesse insofern gewandelt, als nun nicht mehr die erzwungene oder verordnete Abstinenz im Vordergrund stand, sondern Infektionsprophylaxe. Primäres Interesse war die Reduzierung der Infektionsraten. Dies gelingt dann am besten, wenn es Drogenabhängigen ermöglicht wird, ihre Sucht so zu leben, dass sie sich möglichst wenig riskant (Spritzentausch, Geheimprostitution etc.) verhalten müssen. Im Lauf der Zeit entstanden Substitutions- und Spritzentauschprogramme, von denen es mittlerweile einige auch im Strafvollzug gibt.

Während Substitution mit Methadon (z. B. Bühringer, Künzel und Spies 1997) als Versorgungsangebot im Strafvollzug in den meisten europäischen Ländern mittlerweile akzeptiert ist, sind Spritzentauschprogramme – mit dem Zweck, die gemeinsame Benutzung von Injektionsnadeln als Quelle von Infektionen zu reduzieren – in Gefängnissen immer noch ein kontroverses Thema, obwohl ihre Durchführbarkeit in mehreren Großversuchen bewiesen werden konnte. Einen generellen

Überblick über die gesundheits- und betreuungsbezogenen Angebote in europäischen Gefängnissen hat Stoever (2002) in den Jahren 2001/02 im Auftrag der EMCDDA (s. zuvor) durchgeführt. Ähnlich kontrovers ist auch die Frage der Substitution mit Morphinen und Heroin. Morphinsubstitution ist in Gefängnissen primär deswegen umstritten, weil ein zusätzlicher illegaler Konsum von Opiaten nicht im Urin entdeckt werden kann und so die Kontrolle der Klienten erschwert ist. Die Substitution mit Heroin ist dagegen generell noch ein sensibles Thema.

Der niederschwellige Ansatz findet in den Gefängnissen noch zu geringe Akzeptanz. »Niederschwellig« bedeutet, Drogenabhängige, die nicht abstinent sein können oder wollen, in ihrem Suchtverhalten soweit zu versorgen oder unterstützen, dass ihr Gesundheitsrisiko sinkt und ihre Überlebenschance steigt. Das setzt eine gewisse Akzeptanz des Drogenkonsums voraus und stößt deshalb im Strafvollzug auf Widerstand, da hier Kontrollelemente und Kontrollpflichten oft als wichtiger angesehen werden als helfende Angebote. Dieser Dualismus von Hilfe und Kontrolle durchzieht zwar jede Art von Drogenarbeit, ist im Strafvollzug aber besonders verschärft. Trotzdem ist auch dort mittlerweile hinreichend belegt, dass niederschwellige Angebote möglich sind. Letzten Endes handelt es sich hier um eine politische Frage.

Die zweite Säule des Harm-Reduction-Ansatzes basiert auf der Erkenntnis, dass der Ausstieg aus der Sucht ein kompliziertes, vielfältiges und nichtlineares Phänomen darstellt. Mittlerweile gilt es als anerkannte Tatsache, dass Drogenabhängige im Alter ab 30 Jahren eine relativ gute Chance zum Ausstieg aus der Sucht haben, wenn sie sich zu diesem Zeitpunkt noch in einer guten psychischen, körperlichen und sozialen Lage befinden. Dabei sind Behandlungsangebote natürlich von großer Bedeutung. Relativ viele schaffen den Ausstieg aber auch ohne therapeutische Hilfe, woraus sich der Schluss ziehen lässt, dass auch nicht primär an Abstinenz orientierte Hilfs- und Betreuungsangebote die Ausstiegschancen signifikant erhöhen. Dies gilt auch für Gefängnisse.

3. Behandlungsangebote im engeren Sinn

In nahezu allen europäischen Strafrechtssystemen gibt es Modelle von Behandlungsauflagen als Alternative zum Strafvollzug. Dabei bleibt dem Drogenabhängigen ein Gefängnisaufenthalt erspart, wenn er sich verpflichtet, eine – in der Regel stationäre – Behandlung zu absolvieren.[1]

Diese Behandlungsmodelle als Alternative zum Gefängnis werden derzeit in fünf europäischen Staaten unter dem Stichwort »QCT – quasi compulsory treatment« untersucht (Heckmann, Steffan und Kerschl 2003). Sie beruhen auf der Erfahrung, dass Bestimmungen der Zwangsbehandlung im Strafvollzug, wie sie in den 1970er-Jahren als Maßregel- oder Maßnahmenvollzug in vielen europäischen Strafrechtssystemen auch für Drogenabhängige eingeführt wurden[2], wenig sinnvoll sind. Zwar

---

1 In Deutschland kann ein Gefangener frühestens zwei Jahre vor dem regulären Entlassungszeitpunkt eine externe Drogentherapie beginnen, die dann (ganz oder teilweise) auf die Strafzeit angerechnet wird (§ 35 Betäubungsmittelgesetz).

2 Im deutschen Strafgesetzbuch ist als Maßregel der Besserung und Sicherung die »Unterbringung in einer Entziehungsanstalt« (§ 64 Strafgesetzbuch) vorgesehen.

macht bei der Drogenarbeit, wie bei allen Konsumstörungen, ein gewisses Ausmaß von Fremdmotivation durchaus Sinn, der direkte Zwang hat aber nachgewiesenermaßen mehr kontraproduktive Effekte als positive. Lediglich die Niederlande versuchen in letzter Zeit, unter dem Titel SOV (Stafrechtelijke Opvang van Verslaafden), die alten Modelle der richterlich angeordneten Zwangsbehandlung wiederzubeleben.

Die »Therapie statt Strafe«-Programme greifen nicht bei allen Fällen, sodass Drogenabhängige immer noch in hoher Zahl im Strafvollzug zu finden sind. Sie sollten dort neben einer gesundheitsorientierten und risikomindernden Versorgung auch Behandlungsangebote erhalten, die am Ausstieg aus der Sucht und an sozialer Stabilisierung orientiert sind. Psychiatrische, psychologische und psychotherapeutische Behandlung kann selbstverständlich auch im Strafvollzug angeboten werden und ist in vielen europäischen Staaten auch Standard (Stoever 1999), meist nicht als angeordnete Zwangsmaßnahme, sondern auf – mehr oder weniger – freiwilliger Basis. »Mehr oder weniger freiwillig« bezieht sich darauf, dass Strafvollzug in jedem Fall ein Zwangssystem darstellt und in vielen Fällen Behandlung mit Vergünstigungen und Lockerungen verknüpft ist.

In einigen europäischen Strafvollzugssystemen gibt es die sog. *drogenfreien Abteilungen* (drug free wings). Die dort untergebrachten Gefangenen verpflichten sich, höhere Kontrollauflagen (in der Regel Urinkontrollen) auf sich zu nehmen und erhalten im Gegenzug dafür Vollzugslockerungen. Im Regelfall handelt es sich bei Insassen dieser Abteilungen um nichtsüchtige Personen, die durch die angebotenen Vollzugslockerungen motiviert werden sollen, Drogenkonsum zu unterlassen. Dieses System setzt eine relativ hohe Vertragsfähigkeit bei den Insassen voraus und funktioniert sehr gut, wenn Insassen für das Programm ausgewählt werden, die davon nicht überfordert werden.

Bei allen Behandlungsstrukturen im Strafvollzug ist generell abzuwägen, ob externe Dienste einbezogen werden sollen. In der Regel ist eine enge Zusammenarbeit mit Aids-Hilfen, lokalen Drogenhilfestellen etc. sinnvoll, um die Klienten frühzeitig in das Netzwerk der Gesundheitsversorgung einzubinden, das dann nach der Entlassung für sie von besonderer Wichtigkeit ist. Insbesondere im Fall von Substitutionsprogrammen ist die Sicherung eines geordneten Übergangs in die öffentliche Gesundheitsversorgung essenziell.

4. Die Justizanstalt Wien-Favoriten

Behandlungsangebote für Drogenabhängige im Strafvollzug gibt es in einer Vielzahl von Varianten und Ausprägungen. Als ein Beispiel soll nun die Justizanstalt Favoriten (JAF) in Wien dargestellt werden (Obrist und Werdenich 2003).

Die Anstalt ist als Einrichtung des Maßnahmenrechts[3], also der richterlich angeordneten Zwangstherapie entstanden. Inzwischen verfügt sie über ein Spektrum von Behandlungsmöglichkeiten, das unter bestimmten Voraussetzungen von Insassen aller österreichischen Strafvollzugsanstalten in Anspruch genommen werden kann. Grundsätzlich gibt es immer noch beide Möglichkeiten, in den Behandlungs-

---

3 Vergleichbar den »Maßregeln der Besserung und Sicherung« im deutschen Rechtssystem.

vollzug der JAF zu gelangen: Einerseits über richterliche Weisung, die einem Behandlungsauftrag während der Strafhaft bzw. auch über diese hinaus gleichkommt, und andererseits über individuelle Anträge betroffener Männer und Frauen aus anderen Gefängnissen, die während ihrer Haft eine Behandlung ihrer Drogen- oder Alkoholsucht in Anspruch nehmen wollen. Die Möglichkeit der richterlichen Einweisung ist allerdings in den letzten Jahren praktisch bedeutungslos geworden. Sie stellt – historisch gesehen – derzeit lediglich die Basis dar, auf der ein Behandlungskonzept für Drogenabhängige im österreichischen Strafvollzug entstanden ist. Bis 1993 gab es Behandlungsangebote nur für Männer, danach ergaben sich mit der Einrichtung eines Behandlungsvollzugs für drogenabhängige Frauen auch einige konzeptionelle Änderungen.

Die Anstalt unterscheidet sich durch zwei grundlegende Besonderheiten von vielen anderen Drogentherapieangeboten im Strafvollzug:

- Zum einen kann das Behandlungsangebot auch von Substitutionspatienten in Anspruch genommen werden. Gemeinsame Gruppen von Substituierten und Nichtsubstituierten gab es in Favoriten zuerst in den Freigängerabteilungen, seit über 10 Jahren auch im geschlossenen Bereich.
- Zum anderen ist der Anteil der Vollzugslockerungen und der dafür eingerichteten Abteilungen relativ hoch. Etwa 40 % aller Insassinnen und Insassen befinden sich im gelockerten Vollzug und sind in einer halbfreien Situation untergebracht. Dies trägt der Tatsache Rechnung, dass ein Behandlungsangebot ohne Erprobungsmöglichkeit und Übungsfeld gerade im Drogentherapiebereich zu kurz greift. Gerade die Erfahrungen mit Rückfällen in der Freigangssituation – nur ca. 50 % absolvieren den Freigang bis zum Strafende nach Plan – sind notwendige Elemente der Arbeit mit den Insassinnen und Insassen.

Die Insassinnen und Insassen leben in Wohngruppen. Die JAF hat keine zentrale Gefängnisküche, sondern die Mahlzeiten werden in den Wohngruppen zubereitet, die auch für die Lebensmittelbestellungen verantwortlich sind. Bereits aus diesem Detail wird der Versuch deutlich, trotz Gefängnissituation Eigenverantwortlichkeit und Selbstorganisation zu fördern, wie es dem Konzept der therapeutischen Gemeinschaft entspricht. Darin liegen natürlich auch Konfliktpotenziale, die bearbeitet werden müssen. Die einmal wöchentlich stattfindenden Organisations-Gruppen bieten Gelegenheit, den Umgang miteinander unter fachlicher Leitung zu trainieren, sodass Eigenverantwortung, Selbstorganisation, Konflikt- und Vertragsfähigkeit über die theoretischen Forderungen hinaus tatsächlich gelebt werden müssen. Zusätzlich findet einmal im Monat die sog. »Hausversammlung« statt, ein Besprechungs-Forum für alle Insassinnen und Insassen des geschlossenen Vollzugs mit dem Leitungspersonal.

4.1. Das Behandlungskonzept für Männer

Insassen, die eine Entwöhnungsbehandlung während ihrer Haft anstreben, bewerben sich in der Regel schriftlich bei der Anstalt und werden nach Überprüfung ihrer Eignung (Motivation, Länge des Strafrests, Gruppenfähigkeit) nach Favoriten überstellt. Die ersten zwei Wochen verbringen sie auf der Zugangsabteilung. Sie werden dort über das Behandlungsprogramm informiert, durchlaufen verschiedene

Untersuchungen (allgemeinmedizinisch, psychiatrisch, psychologisch, Sozialanamnese) und müssen sich regelmäßigen Urinkontrollen unterziehen. Ein erster Vollzugsplan unter Berücksichtigung der Behandlungsziele und der Strafdauer wird gemeinsam mit den Insassen erstellt.

Nach den Untersuchungen und beim Vorliegen negativer Urintests können sich die Insassen auf eine von drei Abteilungen mit unterschiedlichem Behandlungskonzept bewerben:

- Eine Abteilung für abstinenzorientierte psychotherapeutische Behandlung (max. 10 Plätze) ist ausschließlich nichtsubstituierten Insassen vorbehalten. Die psychotherapeutische Behandlung findet in erster Linie in Gruppen (zweimal pro Woche) statt, Einzelstunden sind nach besonderer Vereinbarung möglich. Großes Augenmerk wird auf sportliche Betätigung gelegt. Derzeit ist eine Laufgruppe mit besonders stabilen Insassen außerhalb der Anstalt geplant.
- Die anderen beiden Abteilungen mit je 14 Plätzen – ebenfalls unter klinisch-psychologischer Leitung, bieten stützende, übende sowie psychoedukative Inhalte an. Der Behandlungsschwerpunkt liegt ebenfalls auf Gruppenarbeit. Einzelbetreuung ist nach Absprache und Kapazität möglich. Methoden zum Erlernen von Selbstkontrolle (z. B. Autogenes Training, progressive Muskelentspannung) haben hier einen hohen Stellenwert. Hier können auch substituierte Insassen einen Platz finden. Die Substitution erfolgt überwiegend mit Methadon, eine Um- bzw. Einstellung auf Morphine kann nur in ganz speziellen Fällen, in Abklärung mit der Anstaltsleitung erfolgen.

Die Insassen des geschlossenen Bereichs verpflichten sich zur Überprüfung ihrer Drogenabstinenz durch Urinkontrollen unter Sicht.

Als Besonderheit im Arbeitsbereich soll das mittlerweile über ein Jahr laufende Arbeits-Integrations-Training (AIT) erwähnt werden. In diesem Programm stehen psychologische Trainingsmaßnahmen (Kommunikation, Konfliktbearbeitung, Gesundheit u. v. a. m.) über ca. 12 Wochen im Vordergrund. Es hat wesentlich dazu beigetragen, die Beschäftigungslosigkeit und die damit verbundene Verwahrlosung der Insassen im geschlossenen Vollzug zu senken. Darüber hinaus werden EDV-Ausbildungsplätze angeboten, die den Erwerb der ECDL (European Computer Driving Licence) oder einzelner Module davon ermöglichen.

Die Justizanstalt Favoriten verfügt über eine kleine, als Therapiestation geführte Außenstelle mit 14 Plätzen in Münchendorf, südlich von Wien. Für die dafür vorgesehenen Insassen, die nach persönlicher Stabilität und Strafrest ausgewählt werden, wird weitgehend gelockerter Vollzug angeboten. Arbeitsplätze sind nicht nur innerhalb der Anstalt (Pflege des Gartens und verschiedener Kleintiere), sondern auch außerhalb vorgesehen (z. B. Pflege von Friedhöfen, Arbeit bei Biobauern, Arbeit im nahe gelegenen Dorf). Nach drei Monaten sind Ausgänge möglich. Die Behandlung findet in psychotherapeutischen Gruppen zweimal wöchentlich statt. Das Konzept hebt sich deutlich von üblichen Gefängnisstrukturen ab.

Bei allen bisher genanten Angeboten ist eine Mindestverweildauer im Programm von sechs Monaten verpflichtend. Nach Absolvieren der psychotherapeutischen bzw. psychologischen Behandlung und bei einem Strafrest von 6 bis 12 Monaten können die Insassen in den offenen Vollzug verlegt werden.

In der ersten Phase des gelockerten Vollzugs (»Vorfreigang«) werden den Insassen unbewachte Arbeitsplätze bei Gerichten und in Sozialprojekten zugewiesen.

Einmal pro Woche findet Einzelbetreuung durch ehrenamtliche BewährungshelferInnen statt. Dadurch bietet sich die Möglichkeit, Probleme und Schwierigkeiten, die sich aus der Halbfreiheit ergeben, mit einer anstaltsfremden Betreuungsperson besprechen zu können. Die Außenorientierung zeigt sich also auch im Betreuungsbereich. Darüber hinaus finden wöchentliche Organisationsgruppen mit dem Anstaltspersonal statt, in denen anfallende Probleme und Konflikte besprochen werden können. Freizeit und Ausgänge können in steigendem Ausmaß in Anspruch genommen werden. Bei der Regelung ihrer persönlichen Angelegenheiten (Wohnung, Schulden, familiäre Probleme, Nachbetreuung u.s.w.) werden die Insassen sozialarbeiterisch unterstützt.

In die letzte Phase (»Freigang«) gelangen nur jene Insassen, die eine Stelle am Arbeitsmarkt gefunden haben. Als Anreiz darf nach Arbeitsschluss mehr Zeit außerhalb der Anstalt verbracht werden. Ansonsten entspricht die Organisation dieser Abteilung der des Vorfreigangs.

4.2. Das Behandlungskonzept für Frauen

Die Frauenabteilung ist in ihrer Wohngruppenstruktur dem Männerbereich sehr ähnlich, unterscheidet sich aber in zwei Aspekten:

• Es gibt keinen Zugangsbereich.
• Es werden keine Urinkontrollen routinemäßig durchgeführt.

Die neu aufgenommenen Insassinnen werden direkt in eine der beiden Wohngruppen integriert. Urinkontrollen können zwar bei Verdacht jederzeit angeordnet werden, eine regelmäßige zufallsverteilte Testung gibt es aber nicht. Lediglich die Substituierten müssen einmal im Monat die von der Gesundheitsbehörde vorgeschriebene Urinprobe abgeben. Dieser Versuch wurde vor einem Jahr gestartet und beruht auf der Erfahrung, dass sich chronischer Substanzmissbrauch auf der Verhaltensebene (aktive Beteiligung in den Gruppen, Arbeitsleistung, Sauberkeit der Abteilung u.s.w.) erkennen lässt. Der anfänglich befürchtete Informationsverlust konnte durch verstärkte Gruppenangebote gut aufgefangen werden. Bedenken, die Gefängnisordnung würde massiv gefährdet, haben sich nicht bestätigt.

Das Konzept der Frauenabteilung unterscheidet sich aber nicht nur hinsichtlich formaler Abläufe von dem des Männervollzugs, sondern auch auf der Behandlungsebene. Es müssen Behandlungskonzepte zur Anwendung kommen, die den besonderen weiblichen Lebenszusammenhängen und Erfahrungen im Allgemeinen und den besonderen Bedürfnissen drogenabhängiger und inhaftierter Frauen im Besonderen Rechnung tragen (Obrist 1996). Die meisten Insassinnen haben massive (sexuelle) Gewalterfahrungen – häufig durch Männer – erlitten. Drogenabhängigkeit kann in diesem Zusammenhang als Selbstheilungsversuch und Überlebensstrategie verstanden werden. Geringer Selbstwert, Identitätsstörungen, Ablehnung und Abwertung der (eigenen) weiblichen Geschlechtsrolle (und anderer Frauen), Angststörungen und Gefühle von Hilf- und Machtlosigkeit sind nur einige der Folgen.

Psychologische und psychotherapeutische Behandlungsangebote für süchtige Frauen müssen so gestaltet werden, dass Lernprozesse in Gang kommen können, die Entwicklungsmöglichkeiten hin zu einer größeren emotionalen und ökonomischen Unabhängigkeit eröffnen. Mit dem Begreifen und Hinterfragen der Bedingungen gesellschaftlicher Ungleichbehandlung, der Frauen ausgesetzt sind, und durch deren Mechanismen ihre Autonomie- und Selbstständigkeitsbestrebungen unterdrückt werden, wird Drogensucht nicht mehr nur als ein individuelles Problem, sondern auch als eine – wenn auch ungesunde und kriminelle – Bewältigungsstrategie deutlich. Aufgabe der Behandlerinnen ist einerseits die Vermittlung des Wissens um diese komplexen Zusammenhänge und andererseits die Ermutigung und Unterstützung zur Entdeckung alternativer Frauenrollen. In dieser Arbeit haben sich vor allem frauenspezifische Modelle mit stark strukturgebender Ausrichtung als hilfreich erwiesen.

Die geschlossene Frauenabteilung der JAF wird von Psychologinnen geleitet und hat eine Gesamtkapazität von 22 Plätzen. Es gibt zwei unterschiedliche Behandlungsangebote in jeweils getrennten Wohngruppen: Ein Bereich ist denjenigen Frauen vorbehalten, die sich für zweimal wöchentlich sattfindende psychotherapeutische Gruppen entscheiden, der andere Bereich bietet die Möglichkeit zur Teilnahme an psychologischen Gruppen einmal in der Woche. Die Zuweisung erfolgt im Rahmen des Vollzugsplans durch die Abteilungsleiterinnen gemeinsam mit den Insassinnen, abhängig von Strafdauer, persönlicher Eignung und Vorlieben. Darüber hinaus finden zweimal wöchentlich Großgruppen mit allen Insassinnen statt. Die Gruppenteilnahme ist in beiden Wohngruppen verpflichtend. Der Vorteil dieses Modells liegt in der Anpassung der Behandlung an die individuellen Entwicklungsmöglichkeiten und Bedürfnisse der Frauen.

Das gegenwärtige Konzept beruht auf einer starken Strukturierung des Tages- bzw. Wochenablaufs. Beobachtung und Rückmeldung auf der Verhaltensebene sind wesentliche Bestandteile in den einzelnen Gruppen. Dadurch können bestimmte Fertigkeiten und Fähigkeiten erworben bzw. trainiert werden (Kontinuität, Konfliktfähigkeit, Kommunikationsvermögen, Vertragsfähigkeit, Durchsetzungsvermögen u. a. m.).

Auch Arbeit und Beschäftigung haben demzufolge einen hohen Stellenwert im Behandlungskonzept der geschlossenen Frauenabteilung. Als Besonderheit verdient die anstaltsinterne Tischlerei Erwähnung, die seit einiger Zeit als Frauenprojekt betrieben wird. Es geht nicht nur um das Einüben von Durchhaltevermögen und Anpassung, sondern in erster Linie um die Überwindung der klassischen weiblichen Rollenklischees. Die Frauen sollen durch alternative Angebote motiviert werden – in welchen Bereichen auch immer –, andere Dinge auszuprobieren und sich etwas zu(zu)trauen. In diesem Zusammenhang ist das Schauspielprojekt zu erwähnen, das während der Sommerpause der psychotherapeutischen und psychologischen Gruppen organisiert wurde. Ein weiterer wichtiger Bestandteil des Arbeitsangebotes sind regelmäßig stattfindende EDV-Schulungen. Um die theoretisch erworbenen Kenntnisse in die Praxis umsetzen zu können, steht der Büro- und Datenverarbeitungsbetrieb »Nora« (Herstellung von Visitenkarten, Foldern, Skripten u.Ä.) zur Verfügung, der zwei bis drei Insassinnen Arbeitsplätze in diesem Sektor ermöglicht.

Das »Arbeits-Integrations-Training« der Frauenabteilung läuft formal wie bei den Männern ab, wobei die Inhalte auf die besonderen weiblichen Lebensbedingungen und Bedürfnisse abgestimmt sind.

Die Verlegung der Insassinnen in den offenen Bereich der Anstalt setzt – wie bei den Männern – die Erfüllung verschiedener Kriterien (Stabilität, Strafrest u. s. w.)

voraus. Auch die organisatorischen Abläufe der Abteilungen gleichen einander. Entsprechend dem anstaltsinternen Bürobetrieb für Frauen stehen auch den Insassinnen mit Vollzugslockerungen diesbezügliche Möglichkeiten zum weiteren Erwerb und Ausbau praktischer Fertigkeiten außerhalb der Anstalt (Sozialtherapeutischer Frauen-Betrieb »Nora 1«) zur Verfügung.

Diese letzte Vollzugsphase ist für die Insassinnen erfahrungsgemäß mit vielen Stressfaktoren und damit einhergehenden Krisen verbunden. Die Auseinandersetzung mit der oft wenig erfreulichen Realität, die Überprüfung der im geschlossenen Vollzug erworbenen Stabilität und nicht zuletzt die Frage der Perspektiven nach der Entlassung, stellen hohe Anforderungen an die Betroffenen und das Fachpersonal. Erwähnenswert in diesem Zusammenhang ist ein Betreuungsprojekt für die Insassinnen, das in enger Kooperation mit der Lehr- und Forschungspraxis der psychologischen Fakultät der Universität Wien entstanden ist. Um der besonderen psychischen Belastung der Insassinnen gerecht werden zu können, wurde ein Psychologinnenteam ins Leben gerufen, das die gelockerte Frauenabteilung mit Einzelbetreuungen versorgt. Das Spektrum der psychologischen Angebote reicht von Coaching über gezielte Trainingsmaßnahmen bis zu Biofeedback.

Um die grundlegenden Ziele wie Freude an Selbstständigkeit, Eigenverantwortung und Autonomie, gleichzeitig mit der sozialen Wiedereingliederung der Insassinnen, besser unterstützen zu können, wurde eine Freigängerinnenabteilung in einem Nebengebäude der Therapiestation »Schweizerhaus Hadersdorf« am Stadtrand von Wien eingereicht. Geeignete Frauen erhalten hier die Gelegenheit, auch während der Haftzeit ein möglichst eigenständiges Leben mit geringen Kontrollmechanismen seitens der Anstalt zu führen. Ziel ist eine realitätsnahe Lebensweise während der Entlassungsvorbereitung, wobei die klassischen gefängnisbedingten Stressfaktoren auf ein Mindestmaß reduziert und die damit verbundenen Schädigungen weitgehend vermieden werden sollen.

Literatur

Bühringer, G.; Künzel, J. und Spies, G. (1997), *Methadonexpertise. Expertise zum Einsatz von Methadon zur Behandlung von Drogenabhängigen in Deutschland.* Schriftenreihe des Bundesgesundheitsministeriums Band 55. Baden-Baden: Nomos.

Deutsche Hauptstelle gegen die Suchtgefahren (2001), *Jahrbuch Sucht.* Geesthacht: Neuland.

Heckmann, W.; Steffan, E. und Kerschl, V. (2003), *Quasi Compulsory Treatment (QCT) Europe Literature Review – Germany.* www.kent.ac.uk/eiss/Documents/qcteurope/German%20review%20in%20English.pdf.

Monitoring Centre for Drugs and Drug Addiction – EMCDDA (2002), *Annual report on the state of the drugs problem in the European Union an Norway.* www.emcdda.org.

Obrist, C. (1996), *Weibliches Selbstverständnis heroinabhängiger Frauen.* Wien: Unveröffentlichte Diplomarbeit an der Universität Wien.

Obrist, C. und Werdenich, W. (2003), Substanzabhängigkeit und Strafvollzug. In: Beubler, E.; Springer, A. und Haltmayer, H. (Hrsg.), *Opiatabhängigkeit.* Wien: Springer Verlag.

Schur, E. M. (1992), *Abweichendes Verhalten und soziale Kontrolle. Etikettierung und gesellschaftliche Reaktion.* Frankfurt a.M.: Campus.

Stoever, H (1999), DrogenkonsumentInnen im Justizvollzug: Die Gleichzeitigkeit von Hilfe und Kontrolle als Konflikt – Bewältigungsversuche. In: Nickolai, W. und Reindl, R. (Hrsg.), *Renaissance des Zwangs. Konsequenzen für die Straffälligenhilfe.* Freiburg i. Br.: Lambertus, 91–117.

Stoever, H. (2002), Drug Substitution Treatment and Needle Exchange Programs in Germany and European Prisons. *Journal of Drug Issues 32, 2:* 573–596 / www.archido.de/eldok/publ/jdi/stoever-prisons.pdf.

Waidner, G. (1999), *Die Viktimisierungserfahrungen drogenabhängiger Personen. Eine Untersuchung mit qualitativen Verfahren.* Wien: Unveröffentlichte Diplomarbeit an der Universität Wien.

Frauenkriminalität und Frauenvollzug

von Elsava Schöner

Einleitung

Aussagen zur Kriminalität bedürfen zuverlässiger Erkenntnisquellen. Die amtlichen Kriminalstatistiken geben Auskunft über den Umfang der *Hellfeldkriminalität*. Hinsichtlich qualifizierender Merkmale (z. B. hinsichtlich der Deliktsschwere, der Art oder Intensität der Täterbeteiligung) differenzieren sie kaum. Die *Dunkelfelddaten* (Ergebnisse aus Opfer- und Täterbefragungen) erlauben ebenfalls nur bedingt weiter gehende Schlussfolgerungen, da sie auf die Bereitschaft und Fähigkeit der Befragten angewiesen sind, zuverlässig Auskunft zu geben. Bei Befragungen zu schweren Formen der Kriminalität oder auch zu intrafamiliären oder länger zurückliegenden kriminellen Ereignissen dürfte die Aussagekraft der Informationen unsicher sein. Dunkelfelderhebungen erlauben letztendlich lediglich Rückschlüsse auf die Bereitschaft und das Vermögen der Informanten, über sich Auskunft zu geben. Sie können Hellfeldstatistiken zwar ergänzen, diese aber nicht ersetzen.

Eine Begrenzung auf amtliche Informationsquellen kann jedoch nicht befriedigen, da sie die *Kriminalitätswirklichkeit* weder quantitativ noch qualitativ widerspiegeln. Dunkelfelderhebungen lassen den Schluss zu, dass maximal 10 % der begangenen Straftaten polizeibekannt werden, bei Bagatelldelikten dürfte die Zahl noch deutlich niedriger sein (Heinz 2002). Dem Anteil von ca. 90 % nicht behördlich erfasster Straftaten ist noch die Zahl der nicht ermittelten Täter hinzuzufügen. Laut polizeilicher Kriminalstatistik betrug die Aufklärungsquote im Jahr 2001 53,1 %.

Es ist also zweifelhaft, dass Strafverfolgungs-, Strafvollstreckungs- und Strafvollzugsbehörden mit einem repräsentativen Ausschnitt von Straftaten und Tätern befasst sind. Unter diesem Vorbehalt werden nachfolgende Daten mitgeteilt.

1. Frauenkriminalität

1.1. Delikthäufigkeit

Wer von Kriminalität, von Strafvollzug spricht, hat Männerkriminalität, den Vollzug an männlichen Gefangenen im Blick. Über Frauenkriminalität und Frauenvollzug wird nicht oder kaum gesprochen. Kriminalität und Strafvollzug sind Männersache (vgl. Maelicke 1995). Wenn über kriminelle Frauen gesprochen wird, dann expressis verbis. Frauen spielen nur eine randseitige Rolle. Das spiegelt sich in der

Gestaltung von Tagungen wider und zeigt sich in der vergleichsweise spärlichen kriminologischen Literatur. Es gibt nur wenige empirische Untersuchungen, die sich mit den besonderen Problemlagen straffällig gewordener Frauen befassen.

In der Tat fallen die Frauen in der Kriminalstatistik kaum ins Gewicht. Frauen sind weit weniger an strafbaren Handlungen beteiligt als Männer. Dies gilt für die Vergangenheit wie für die Gegenwart und übrigens auch im internationalen Vergleich. Dabei sind die Unterschiede sowohl quantitativer als auch qualitativer Art.

Der Frauenanteil an der bundesdeutschen Wohnbevölkerung beträgt ca. 52 %. Laut polizeilicher Kriminalstatistik betrug der Anteil der weiblichen Tatverdächtigen im Jahr 2001 23,2 %, der Anteil der männlichen Tatverdächtigen 76,8 %. Dabei haben sich die Zahlen, wie die Tabelle 1 zeigt, über die Jahre nur geringfügig verändert.

Tab. 1: Anteil der weiblichen Tatverdächtigen von 1984 bis 2001

Bereich	Jahr	weibliche Tatverdächtige	Anteil an allen Tatverdächtigen in v.H.
Bundesrepublik Deutschland (Gebietsstand vor 03. 10. 1990)	1984*)	295 813	23,6
	1990	337 644	23,5
alte Länder mit Gesamt-Berlin	1991	329 817	22,5
	1992	353 493	22,3
Bundesrepublik Deutschland (Gebietsstand seit 03. 10. 1990)	1993	439 417	21,4
	1994	440 892	21,6
	1995	467 309	22,1
	1996	497 352	22,5
	1997	518 621	22,8
	1998	539 375	23,2
	1999	527 816	23,3
	2000	528 972	23,1
	2001	528 978	23,2

*) Einführung der echten Tatverdächtigenzählung
(Quelle: Polizeiliche Kriminalstatistik 2001)

1.2. Deliktstruktur und kriminelle Vorbelastung

Der Anteil tatverdächtiger Frauen liegt, wie Tabelle 2 zeigt, bei Ladendiebstahl mit 39,0 %, bei Diebstahl ohne erschwerende Umstände (ohne Ladendiebstahl) mit 34,1 %, bei Betrug mit 26,7 % und bei Beleidigung mit 24,8 % über der durchschnittlichen Beteiligung von Frauen an der Gesamtkriminalität von 23,2 %. Relativ geringe Anteile weisen tatverdächtige Mädchen und Frauen dagegen bei Gewaltdelikten, Rauschgiftdelikten und schwerem Diebstahl auf.

Die in Tabelle 2 abgebildeten Zahlen machen auch deutlich, dass es *keine Straftaten* gibt, die als *frauenspezifisch* bezeichnet werden könnten. Im Vergleich zu ihrem

Tab. 2: Anteil der weiblichen Tatverdächtigen bei einzelnen Straftaten

Straftaten(gruppen)	Tatverdächtige		
	insgesamt 100 %	weiblich	
		Anzahl	in %
Ladendiebstahl	450507	175788	39,0
Diebstahl ohne erschwerende Umstände – ohne Ladendiebstahl –	607801	207388	34,1
Betrug	376596	100434	26,7
Beleidigung	139154	34486	24,8
Unterschlagung	58607	13357	22,8
Straftaten gegen AuslG und AsylverfG	173327	38731	22,3
Veruntreuungen	27438	5760	21,0
Brandstiftung und Herbeiführen einer Brandgefahr	13781	2711	19,7
Urkundenfälschung	61486	11337	18,4
Begünstigung, Strafvereitelung, Hehlerei und Geldwäsche	28446	5107	18,0
Widerstand gegen die Staatsgewalt und Straftaten gegen die öffentliche Ordnung	108322	18056	16,7
Straftaten gegen strafrechtliche Nebengesetze auf dem Wirtschaftssektor	25210	4115	16,3
(Vorsätzliche leichte) Körperverletzung	241418	34379	14,2
Mord und Totschlag	2891	387	13,4
Gefährliche und schwere Körperverletzung	136459	17358	12,7
Wettbewerbs-, Korruptions- und Amtsdelikte	5295	657	12,4
Rauschgiftdelikte (BtMG)	202281	24725	12,2
Straftaten gegen die persönliche Freiheit	132116	15399	11,7
Sachbeschädigung	174608	19259	11,0
Straftaten gegen die Umwelt (StGB)	20971	2252	10,7
Raubdelikte	37576	3469	9,2
Diebstahl unter erschwerenden Umständen	127873	11660	9,1
Straftaten gegen das Waffengesetz und gegen das Kriegswaffenkontrollgesetz	21235	1099	5,2
Verletzung der Unterhaltspflicht	15881	592	3,7
Vergewaltigung und sexuelle Nötigung §§ 177 Abs. 2, 3 und 4, 178 StGB	6300	70	1,1
Straftaten insgesamt	2280611	528978	23,2

(Quelle: Polizeiliche Kriminalstatistik 2001)

Bevölkerungsanteil sind Frauen und Mädchen in keiner Deliktart gegenüber den männlichen Tatverdächtigen überrepräsentiert.

Bei Frauen zeigt sich zudem *über die Deliktgruppen hinweg* eine *geringere Streuung* als bei den Männern. Knapp zwei Drittel der weiblichen Tatverdächtigen werden durch die Deliktgruppen einfacher Diebstahl, Betrug und Beleidigung erfasst (s. Tab. 3).

Auch hinsichtlich der *kriminellen Vorbelastung* sind Unterschiede zugunsten der Frauen deutlich: Von den inhaftierten Männern waren im Jahr 2001 61,3 % gegenüber 47,7 % der inhaftierten Frauen vorbestraft (Rechtspflege Strafvollzug, Fachserie 10, Reihe 4.1. Stand 31.03.2001).

Tab. 3: Aufgliederung der Tatverdächtigen nach Straftaten(gruppen)

Straftaten(gruppen)	Tatverdächtige					
	insgesamt		männlich		weiblich	
	Anzahl	in %	Anzahl	in %	Anzahl	in%
Mord und Totschlag	3 196	0,1	2 802	0,2	394	0,1
Vergewaltigung u. sex. Nötigung §§ 177 Abs. 2,3 und 4, 178 StGB	5 888	0,3	5 818	0,3	70	0,0
Raubdelikte	38 747	1,7	35 274	2,0	3 473	0,7
Gefährliche u. schwere Körperverletzung	133 939	5,9	117 309	6,7	16 630	3,1
(Vorsätzliche leichte) Körperverletzung	230 750	10,1	198 627	11,3	32 123	6,1
Straftaten gegen die persönliche Freiheit	128 590	5,6	114 140	6,5	14 450	2,7
Diebstahl ohne erschwerende Umstände	620 992	27,2	405 643	23,1	215 349	40,7
Diebstahl unter erschwerenden Umständen	133 176	5,8	121 153	6,9	12 023	2,3
Betrug	373 809	16,3	275 479	15,7	98 330	18,6
Veruntreuungen	26 400	1,2	20 909	1,2	5 491	1,0
Unterschlagung	55 987	2,4	43 477	2,5	12 510	2,4
Urkundenfälschung	61 301	2,7	50 482	2,9	10 819	2,0
Widerstand gegen die Staatsgewalt und Straftaten gegen die öffentliche Ordnung	104 372	4,6	87 681	5,0	16 691	3,2
Begünstigung, Strafvereitelung, Hehlerei und Geldwäsche	28 673	1,3	23 803	1,4	4 870	0,9
Brandstiftung u. Herbeiführen einer Brandgefahr	14 624	0,6	11 719	0,7	2 905	0,5
Wettbewerbs-, Korruptions- und Amtsdelikte	7 572	0,3	6 619	0,4	953	0,2
Verletzung der Unterhaltspflicht	15 327	0,7	14 820	0,8	507	0,1
Beleidigung	132 489	5,8	100 054	5,7	32 435	6,1
Sachbeschädigung	168 366	7,4	149 777	8,5	18 589	3,5
Straftaten gegen die Umwelt (StGB)	22 662	1,0	20 106	1,1	2 556	0,5

Tab. 3: (Fortsetzung)

Straftaten(gruppen)	Tatverdächtige					
	insgesamt		männlich		weiblich	
	Anzahl	in %	Anzahl	in %	Anzahl	in%
Straftaten gegen strafrechtliche Nebengesetze auf dem Wirtschaftssektor	25 782	1,1	21 475	1,2	4 307	0,8
Straftaten gegen AuslG u. AsylVerfG	179 472	7,8	140 562	8,0	38 910	7,4
Straftaten geg. d. Waffengesetz u. geg. d. Kriegswaffenkontrollgesetz	22 973	1,0	21 775	1,2	1 198	0,2
Rauschgiftdelikte (BtMG)	202 291	8,8	177 642	10,1	24 649	4,7
Straftaten insgesamt	2 286 372	100,0	1 757 400	100,0	528 972	100,0

(Quelle: Polizeiliche Kriminalstatistik 2000)

1.3. Ausfilterung über die Stufen im System der Strafverfolgung

Betrachtet man die verschiedenen Stufen im System der Strafverfolgung, von der polizeilichen Tatermittlung über die Anklageerhebung durch die Staatsanwaltschaft bis hin zur Verurteilung durch das Gericht und den Vollzug der Freiheitsstrafe in den Justizvollzugsanstalten, so zeigt sich deutlich, dass der Anteil der Frauen immer geringer wird (s. Tab. 4).

Natürlich lässt sich dieser Ausfilterungsprozess auch bei den männlichen Straftätern feststellen, er ist aber bei den Frauen weit ausgeprägter.

Tab. 4: Ausfilterungsprozess über die Stufen im System der Strafverfolgung

Tatverdächtigenanteil der Frauen	23,1 %
Anteil der verurteilten Frauen	18,6 %
Anteil der verurteilten Frauen zu einer freiheitsentziehenden Maßnahme (auch Jugendarrest)	10,8 %
mit Bewährung	13,1 %
ohne Bewährung (einschließlich Jugendarrest)	7,6 %
Anteil der Frauen in Strafhaft	4,3 %
Anteil der Frauen in Sicherungsverwahrung	0,0 %

(Quellen: Polizeiliche Kriminalstatistik 2000; Statistisches Bundesamt (Hrsg.), Fachserie 10, Reihe 3, Strafverfolgung 2000; Statistisches Bundesamt (Hrsg.), Fachserie 10, Reihe 4.1 Strafvollzug, Stand 31.03.2000)

1.4. Dunkelfelddaten

Dunkelfelddaten belegen ebenso wie Hellfelddaten die geringere Beteiligung von Frauen an Straftaten gegenüber den Männern, allerdings nicht im gleichen Ausmaß. Bei einigen Deliktgruppen, die allerdings sämtlich den leichteren Straftaten zuzuordnen sind, zeigen die Ergebnisse annähernd gleiche Beteiligung beider Geschlechter. Dies wurde zumindest festgestellt bei jugendlichen Mädchen und Jungen hinsichtlich der Delikte Ladendiebstahl und Beförderungserschleichung. Die Feststellungen zu schwereren Straftaten belegen dagegen eine deutlich stärkere Beteiligung der männlichen Täter. Insbesondere bei Gewalttaten offenbart sich klar der im Hellfeld konstatierte Trend (Heinz 2002).

2. Erklärungsansätze weiblicher Kriminalität

Das Meinungsbild über die Ursachen der Frauendelinquenz, oder besser gesagt über die geringe Beteiligung der Frauen an der Gesamtkriminalität, ist verwirrend und spekulativ.

Traditionelle Erklärungsansätze haben häufig versucht, Kriminalität von Frauen biologisch zu deuten. Davon ist zwischenzeitlich kaum noch die Rede. Neben psychoanalytischen und psychologischen Ansätzen werden soziologische Erklärungsmodelle diskutiert. Es wird die Notwendigkeit eigenständiger Erklärungsansätze für weibliche Kriminalität betont und in diesem Zusammenhang gefordert, Frauenkriminalität als ein eigenständiges soziales Phänomen zu begreifen.

Die unterschiedliche *Sozialisation* von Männern und Frauen, die unterschiedlichen *Rollenzuweisungen*, die unterschiedlichen Erwartungen hinsichtlich sozialer Anpassung könnten von Bedeutung sein. Frauen haben andere Konfliktbewältigungsstrategien als Männer, sie reagieren auf wirtschaftliche Schwierigkeiten, intrafamiliäre Probleme und gescheiterte Lebenskonzepte anders als Männer. Untersuchungen deuten darauf hin, dass normabweichendes Verhalten sich häufiger gegen die eigene Person als nach außen richtet. Frauen neigen dazu, bei Enttäuschungen eher resignativ, depressiv, durch Krankheit, durch Alkohol oder Tablettenkonsum zu reagieren.

Alle bislang in der Literatur dargestellten Erklärungsansätze sind empirisch nicht ausreichend belegt und müssen vorläufig bleiben, da umfangreiche geschlechtsspezifische Dunkelfeldanalysen fehlen, die die aufgeworfenen Thesen erhellen könnten.

Der starke, zuvor erwähnte Ausfilterungsprozess gibt immer wieder Anlass zu Spekulationen darüber, ob den Frauen ein sog. *»Frauenbonus«* zuerkannt wird. Insbesondere in den USA, durchaus aber auch in Deutschland, wird der Vermutung immer wieder Ausdruck verliehen, Frauen würden von den Strafverfolgungsbehörden milder behandelt, sie würden einem geringeren Verfolgungsdruck ausgesetzt, seltener angezeigt, überführt und weniger hart bestraft werden. Jones resümiert ihre Erfahrung in den USA so: »Bei Frauen, die kürzere oder zur Bewährung ausgesetzte Strafen erhalten, geschieht dies in der Regel aus rechtlichen, nicht ritterlichen Gründen: Ihre Strafen sind zumeist weniger schwerwiegend und weniger brutal, Frauen sind häufig Ersttäterinnen ...« (Jones 1986, 25).

Die zuvor genannten Zahlen dürften hinreichend belegen, dass Frauen deshalb weniger hart bestraft werden, weil sie im Vergleich zu männlichen Tätern weniger schwere Delikte begehen und kriminell weniger vorbelastet sind.

Einige Pressemitteilungen in der kürzeren Vergangenheit vermittelten den Eindruck, es bahne sich im Bereich der Frauenkriminalität eine *neue Form der Emanzipation* an. Es wurde damit Bezug genommen auf eine steigende Kriminalitätsbelastung der Frauen in den letzten Jahren. Dieser Zusammenhang lässt sich schwerlich erhärten. Die einschlägigen Statistiken zeigen, dass der Anstieg der Frauenkriminalität in den letzten Jahren nur sehr geringfügig war und proportional in keinem Verhältnis zu der immer stärker werdenden Beteiligung von Frauen am gesellschaftlichen Leben steht. Zudem handelt es sich bei der Gruppe der straffälligen Frauen gerade nicht um diejenigen, die sich besonders eindrucksvoll emanzipiert haben. Schließlich sei darauf hingewiesen, dass zwar die Kriminalitätsbelastung von Mädchen und Frauen zugenommen hat, insgesamt jedoch in einem deutlich geringeren Maße als die der altersgleichen Jungen und Männer.

Nachdem aufgrund der vorliegenden Hellfelddaten eindeutig belegt ist, dass kein Merkmal so stark mit Kriminalität korreliert wie das Geschlecht, ist die stiefmütterliche Behandlung geschlechtsspezifischer Dunkelfeldforschung schwer nachvollziehbar.

3. Frauenvollzug

Laut § 140 Absatz 2 StVollzG sind Frauen getrennt von Männern in besonderen Frauenanstalten unterzubringen. Aus besonderen Gründen können für Frauen getrennte Abteilungen in Anstalten für Männer vorgesehen werden. Zur Größe von Frauenanstalten gibt der § 143 Absatz 3 StVollzG vor, dass die für Frauenanstalten vorgesehene Belegung 200 Plätze nicht übersteigen soll.

Selbstständige Frauenanstalten gibt es in der Bundesrepublik lediglich sieben (Stand 31. Januar 2003). Es sind dies die Justizvollzugsanstalten Aichach (Bayern), Berlin, Frankfurt (Hessen), Luckau (Brandenburg), Schwäbisch-Gmünd (Baden-Württemberg), Vechta (Niedersachsen) und Willich (Nordrhein-Westfalen). Die Zahlen der Frauenabteilungen übersteigt bei weitem die der selbstständigen Anstalten. Etwa die Hälfte der in der Bundesrepublik inhaftierten Frauen ist in selbstständigen Frauenanstalten untergebracht, die anderen in kleineren, in der Regel großen Männeranstalten angegliederten Abteilungen. Die Durchschnittsbelegung betrug im Jahr 2001 3347 (alle Bundesländer außer Niedersachsen).

Selbstständige Frauenanstalten haben andere *organisatorische Probleme* als Männeranstalten. Wegen der geringen Zahl der inhaftierten Frauen wird in einem Bundesland – wenn überhaupt – nicht mehr als eine Frauenanstalt eingerichtet. Dies bedeutet, dass sämtliche Vollzugsformen (Strafhaft, Untersuchungshaft, Erwachsenenvollzug, Jugendvollzug, Zivilhaft, Abschiebehaft) unter einem Dach untergebracht sind. Alle denkbaren Differenzierungen, wie z. B. schulische und berufliche Aus- und Fortbildung, therapeutische Programme, Mutter-Kind-Abteilung, Freigang und anderes mehr müssen von einer Anstalt geleistet werden. Eine entsprechend hohe Flexibilität wird vom Personal und von der Organisation erwartet (vgl. Obermöller 1999).

Problematisch ist die Situation auch für die straffällig gewordenen Frauen. Rückfällige müssen immer in dieselbe Anstalt zurückkehren und haben nicht die bei Männern gegebene Chance eines Neuanfangs. Zu Besuchen müssen die Angehörigen in Flächenstaaten teils von weither anreisen. Die Entlassungsvorbereitungen können in der Regel nicht vor Ort erfolgen.

Die *Frauenabteilungen* haben andere Probleme: In den Anstalten, in denen überwiegend Männer untergebracht sind, ist das Organisationsziel an den Problemen des Männerstrafvollzugs orientiert. Die Frauenabteilungen laufen nebenher, werden vom Fachdienst, von Verwaltungsdiensten *mit*versorgt. Vorrang hat stets die ungleich größere Männeranstalt. So verzögern sich Neu- und Umbauten sowie Renovierungsarbeiten in den Frauenabteilungen, der Monatseinkauf ist überwiegend auf das Sortiment für die Männer ausgerichtet. Behandlungsinitiativen, Sozialtherapeutische Angebote bleiben weitgehend den männlichen Gefangenen vorbehalten.

Die aufgezeigte Problematik war bereits der Strafvollzugskommission bei der Vorbereitung des Strafvollzugsgesetzes bekannt und führte zu der in § 140 Absatz 2 Satz 1 StVollzG normierten Trennung von Männer- und Frauenanstalten, wonach der Frauenvollzug in der Regel in selbstständigen Anstalten durchzuführen ist. Die Gründe, warum diese gesetzliche Vorgabe bislang lediglich in sieben Bundesländern umgesetzt wurde, sind auf landespolitischer Ebene zu suchen.

§ 123 StVollzG regelt die Einrichtung Sozialtherapeutischer Anstalten und Abteilungen. *Sozialtherapeutische Maßnahmen* werden Frauen bundesweit lediglich in drei Einrichtungen des Justizvollzugs angeboten, nämlich in Alfeld, einer Teilanstalt der Sozialtherapeutischen Anstalt Bad Gandersheim in Niedersachsen (12 Plätze), in Berlin-Neukölln (18 Plätze) und in der Sozialtherapeutischen Anstalt Hamburg-Altengamme (6 Plätze). Insgesamt beziffert sich also das Platzangebot für Frauen auf 36. Für männliche Strafgefangene (Erwachsene und Jugendliche) sind bundesweit in 29 Sozialtherapeutischen Anstalten bzw. Abteilungen 1165 Plätze eingerichtet (Stand 31.03.2002). Der Anteil der verfügbaren Plätze betrug am 31.03.2002 für Frauen 3,0 % und liegt damit unter der Quote der inhaftierten Frauen in Strafhaft (vgl. Egg 2002; Kawamura 2000 c).

Wie die nachfolgende Tabelle 5 zeigt, sind die Haftplätze in sozialtherapeutischen Einrichtungen für Männer in den letzten Jahren deutlich angestiegen, während die Zahl der Plätze für Frauen praktisch unverändert blieb. In 13 der 16 Bundesländer gibt es kein stationäres sozialtherapeutisches Angebot für Frauen.

Tab. 5: Plätze in Sozialtherapeutischen Einrichtungen (jeweils am 31.03. des entsprechenden Jahres)

Plätze	1997	1998	1999	2000	2001	2002
Zahl der Einrichtungen	20	22	23	27	28	31
verfügbare Haftplätze für Männer	853	887	948	1019	1050	1165
verfügbare Haftplätze für Frauen	35	30	34	36	36	36
Haftplätze insgesamt	888	917	982	1055	1086	1201

(Quelle: Egg 2002)

4. Intramurales Verhalten

4.1. Qualitative Aussagen zum intramuralen Verhalten

Als gravierend unterschiedlich wird von Vollzugspraktikern das *Verhalten und Erleben* weiblicher und männlicher Gefangener beschrieben.

Schuldgefühle und Scham werden bei Frauen weit offensichtlicher als bei Männern. Die straffällig gewordenen Frauen sind eher von ihrem individuellen Versagen überzeugt, über ihre Tat betroffen. Die Schuldzuweisung erfolgt in der Regel internal. Männer neigen dagegen häufiger zur Schuldzuweisung nach außen, indem soziale Umwelt, soziale Herkunft, Gerichte, Polizei und anderes verantwortlich gemacht werden. Inhaftierte Frauen schildern sich häufig als minderwertig, schlecht, hilflos, ohnmächtig, entwickeln seltener als Männer auf die eigenen Kräfte und Ressourcen gestützte Perspektiven, orientieren sich vorzugsweise am Partner, von dem sie Stabilität und Zukunft erhoffen. Sie identifizieren sich seltener mit dem Handeln, das zur Inhaftierung führte, empfinden ihre Taten selbst als verwerflich, während von männlichen Körperverletzern z. B. durchaus zu hören ist, sie würden das Gleiche in ähnlicher Situation wieder tun (vgl. Kawamura 2000a; Oberlies 1989).

Ein besonderes Phänomen ist die rasche *Anpassungsfähigkeit* und *Anpassungsbereitschaft* von Frauen an das Anstaltsleben, was vor dem Hintergrund der internalen Schuldzuweisung schlüssig ist. Die Zugangskrise, die bei Männern zumindest im Erstvollzug und in der Untersuchungshaft mitunter sehr heftige Reaktionen hervorruft, verläuft bei Frauen vergleichsweise ruhig. Frauen richten sich offensichtlich rascher ein und das nicht nur im übertragenen Sinn. Schon nach wenigen Tagen ist der Haftraum relativ wohnlich mit Kissen, Deckchen und Bildern ausgestaltet (vgl. Fischer-Jehle 1991; Kawamura 2000b).

Im Vergleich zu Männern finden sich bei inhaftierten Frauen weit häufiger *psychosomatische Erkrankungen* psychosomatische Erkrankungen(insbesondere Schlaflosigkeit, Kreislaufbeschwerden, Magenschmerzen, Verdauungsstörungen). Der ärztliche Dienst ist mit den Frauen im Verhältnis weit mehr beschäftigt als mit den Männern.

Inhaftierte Frauen beanspruchen in weit geringerem Maße als inhaftierte Männer die Möglichkeiten des gerichtlichen Rechtschutzes der §§ 109 ff. StVollzG. Gemäß § 109 StVollzG kann die von einer »Vollzugsmaßnahme oder ihrer Unterlassung rechtlich Betroffene eine gerichtliche Entscheidung über die Rechtmäßigkeit der Maßnahme oder ihrer Unterlassung herbeiführen« (Calliess und Müller-Dietz 2000, 562). Während die männlichen Inhaftierten von diesen Möglichkeiten teilweise extensiv Gebrauch machen, geschieht dies im Frauenvollzug nur in Einzelfällen. Auch *Beschwerden* an die Menschenrechtskommission, an den Landtag, den Anstaltsbeirat oder die Landesjustizverwaltungen sind die Ausnahme.

Die Anpassungsbereitschaft von Frauen dokumentiert sich auch darin, dass sie deutlich weniger *Sicherheitsprobleme* bereiten. Wie nachfolgend noch quantitativ dargestellt wird, sind Entweichungen aus dem umfriedeten Bereich des geschlossenen Vollzugs bei Frauen ausgesprochen selten (Tab. 6).

Tab. 6: Quantitative Daten zum intramuralen Verhalten

| Jahrgänge | Durchschnittliche Belegung | | Tätlichkeiten gegenüber Bediensteten | | Entweichungen aus dem umfriedeten Bereich des | | | |
| | | | | | geschlossenen Vollzugs | | offenen *und* geschlossenen Vollzugs | |
	Männer	Frauen	Männer	Frauen	Männer	Frauen	Männer	Frauen
1999	68 644	3148	351 = 0,51 %	11 = 0,37 %	50	2	956 = 1,4 %	14 = 0,4 %
2000	69 838	3189	276 = 0,4 %	11 = 0,34 %	73	0	899 = 1,3 %	28 = 0,88 %
2001	67 838	3347	241 = 0,36 %	11 = 0,33 %	18	0	654 = 0,98 %	37 = 1,1 %

| Jahrgänge Art der Maßnahmen | Anzahl der gewährten Maßnahmen | | Nicht oder nicht freiwillig zurück | |
	Männer	Frauen	Männer	Frauen
1999				
Urlaub	311 557	14 274	0,48 %	0,34 %
Ausgang	583 926	57 379	0,20 %	0,12 %
Freigang	20 753	642	1,39 %	0,62 %
2000				
Urlaub	289 298	12 945	0,37 %	0,26 %
Ausgang	526 292	54 184	0,15 %	0,08 %
Freigang	18 632	570	1,05 %	0,53 %
2001				
Urlaub	283 696	13 344	0,32 %	0,25 %
Ausgang	528 747	41 834	0,16 %	0,13 %
Freigang	17 938	603	1,04 %	1,47 %

(Quelle: Statistik 7,8,9,10 des Bundesjustizministeriums. Die Zahlen beziehen sich auf die mitgeteilten Daten aller Bundesländer außer Niedersachsen.)

4.2. Quantitative Daten zum intramuralen Verhalten

Die vorstehende Tabelle 6 gibt einen Überblick über das intramurale Verhalten von Männern und Frauen hinsichtlich Tätlichkeiten gegen Bedienstete, Entweichungen aus dem offenen und geschlossenen Vollzug sowie Auffälligkeiten bei Ausgang, Urlaub und Freigang.

Die Daten beziehen sich auf die Jahrgänge 1999, 2000 und 2001. Es sind die Zahlen aus allen Bundesländern, außer Niedersachsen erfasst.

Den Informationen ist zu entnehmen, dass sich inhaftierte Frauen insgesamt regelkonformer verhalten als inhaftierte Männer.

Tätlichkeiten gegenüber Bediensteten begingen Frauen in allen drei erfassten Jahrgängen teils deutlich, teils geringfügig weniger häufig als die Männer. *Entweichungen aus dem umfriedeten Bereich des geschlossenen Vollzugs* wurden über die drei Jahrgänge hinweg insgesamt lediglich zwei für Frauen, 141 für Männer mitgeteilt.

Die Versagerquote bei *Vollzugslockerungen und Urlaub* fiel in den erfassten Jahrgängen ebenfalls zugunsten der Frauen aus. Lediglich im Jahr 2001 kehrten prozentual mehr Frauen als Männer vom Freigang nicht oder nicht freiwillig zurück.

Tabelle 7 gibt schließlich einen Überblick darüber, wie viel Ausgangs-, Urlaubs- und Freigangsmaßnahmen Frauen und Männern in den Jahren 1999 bis 2001 gewährt wurden. Frauen erhielten deutlich mehr Ausgang, Männer wurden häufiger zu Urlaub und Freigang zugelassen. Letzteres Ergebnis dürfte mit der durchschnittlich kürzeren Verweildauer der Frauen in Haft in Verbindung stehen.

Tab. 7: Durchschnittliche Anzahl der Maßnahmen pro Gefangenem

Art der Maßnahmen	1999		2000		2001	
	Männer	**Frauen**	**Männer**	**Frauen**	**Männer**	**Frauen**
Ausgang	8,53	18,23	7,61	16,99	7,79	12,50
Urlaub	4,54	4,53	4,19	4,06	4,18	3,99
Freigang	0,30	0,20	0,27	0,18	0,26	0,18

(Quelle: Statistik 7, 8, 9, 10 des Bundesjustizministeriums. Die Zahlen beziehen sich auf mitgeteilte Daten aller Bundesländer außer Niedersachsen.)

Zusammenfassung

Die Daten zur Hellfeldkriminalität belegen, dass Frauen weniger häufig wegen krimineller Handlungen registriert werden. Die erfassten Straftaten von Frauen sind deutlich weniger gravierend als die der Männer. Im Bereich der Gewaltkriminalität spielen Mädchen und Frauen eine gänzlich untergeordnete Rolle. Der Anteil der Frauen an der Gesamtkriminalität ist in den letzten 18 Jahren relativ konstant geblieben. Erklärungsansätze zu weiblicher Kriminalität sind bislang spekulativ, es fehlen geschlechtsspezifische Dunkelfeldanalysen.

Die These, Frauen würden von Strafverfolgungsbehörden milder behandelt, sie würden weniger angezeigt und weniger hart bestraft, wird von den Hellfelddaten

widerlegt. Auch die These, die zunehmende Teilnahme von Frauen am gesellschaftlichen Leben würde zu einem Anstieg der Kriminalitätsbelastung bei Frauen führen, wurde nicht erhärtet.

In der Bundesrepublik gibt es derzeit sieben selbstständige Frauenanstalten, etwa
die Hälfte der inhaftierten Frauen sind in kleinen Abteilungen untergebracht, die
großen Männeranstalten angegliedert sind. Beide Organisationsformen sind prob-
lembehaftet. Insbesondere differenzierende Angebote können nur bedingt geleistet
werden. Nur in drei Bundesländern werden Frauen in stationäre Sozialtherapeutische Behandlungsmaßnahmen einbezogen.

Frauen suchen die Schuld für ihr kriminelles Handeln eher bei sich, wohingegen
Männer zu externaler Schuldzuweisung neigen. Frauen verhalten sich innerhalb
der Anstalt insgesamt angepasster als Männer. Sie bereiten weit weniger Sicherheitsprobleme innerhalb des Hauses und sind auch bei Lockerungen und Urlaub
zuverlässiger. Sie nutzen im geringeren Maße als Männer die Möglichkeit des gerichtlichen Rechtsschutzes der §§ 109 ff StVollzG.

Literatur

Bundesjustizministerium (Hrsg.), *Statistik 7,8,9,10. Jahrgänge 1999/2000/23001.*
Bundeskriminalamt Wiesbaden (Hrsg.), *Polizeiliche Kriminalstatistik 2000 und 2001.*
Calliess, R.-P. und Müller-Dietz, H. (2000), *Strafvollzugsgesetz.* München: C.H. Beck.
Egg, R. (2002), Die Sozialtherapeutischen Einrichtungen heute und in der Zukunft. *Krimi-*
nalpädagogische Praxis, 42: 36–46.
Fischer-Jehle, P. (1991), *Frauen im Strafvollzug. Eine empirische Untersuchung über Lebens-*
entwicklung und Delinquenz (Diss. Tübingen). Bonn: Forum.
Heinz, W. (2002), Frauenkriminalität. *Bewährungshilfe 49, 2:* 131–152.
Jones, A. (1986), *Frauen, die töten,* Frankfurt: Edition Suhrkamp.
Kawamura, G. (2000 a), Frauenkriminalität, Erscheinungsformen und Erklärungsansätze.
Sozialmagazin, 25: 12–16.
Kawamura, G. (2000 b), Frauenstrafvollzug in Deutschland. *Sozialmagazin, 25:* 17–20.
Kawamura, G. (2000 c), Strafrechtlicher Umgang mit Frauenkriminalität. *Sozialmagazin,*
25: 21–23.
Maelicke, H. (1995), *Ist Frauenstrafvollzug Männersache?* Baden-Baden: Nomos Verlagsge-
sellschaft.
Oberlies, D. (1989), Geschlechtsspezifische Aspekte der Tötungskriminalität. *Diskussions-*
papier des Hamburger Instituts für Sozialforschung.
Obermöller, B. (1999), *Reform des Frauenstrafvollzugs durch problemorientierte Rechtsan-*
wendung. Baden-Baden: Nomos Verlagsgesellschaft.
Statistisches Bundesamt (Hrsg.), (2001), *Rechtspflege Strafvollzug – Demographische und*
Kriminologische Merkmale der Strafgefangenen.

Führung und Umgang mit Mitarbeitern

von Wolfgang Gratz

Einleitung

Führungskräfte-Trainings sind die Cash-Cow in der Weiterbildungsbranche, die Literatur zum Thema Führung ist kaum überschaubar, an Rezepten herrscht kein Mangel. Führungskräften wird empfohlen, sich nach der Regel des St. Benedikt oder auch an Macchiavelli zu orientieren, von den Delphinen oder chinesischen Kriegsherren zu lernen, aber auch es schlichtweg in jeweils einer Minute zu managen. Helden des Kapitalismus oder der Politik verkaufen ihre persönlichen Erfolgsrezepte um gutes Geld. Punkte-Programme in beliebiger Länge und Checklisten gibt es in Überfülle, zunehmend auch aus dem Internet herunterzuladen. Trotzdem oder auch gerade deshalb bieten die Niederungen der Führungsarbeit ein tristes Bild.

Nur 15 % der Mitarbeiter in deutschen Unternehmen sind engagiert. Dies ist das Ergebnis einer repräsentativen Studie der Unternehmensberatung Gallup GmbH, Potsdam (Trebesch 2002). 69 % haben ein reduziertes oder nicht vorhandenes Engagement, sind »aktiv Unengagierte«, also Mitarbeiter, die verstimmt sind und ihre negative Einstellung zur Arbeit und ihrem Arbeitgeber oft in aggressiver Weise zeigen. Spezifische Zahlen für den öffentlichen Dienst sind in der Studie nicht ausgewiesen. Bemerkenswert ist jedoch, dass Mitarbeiter tendenziell umso weniger engagiert sind, je länger sie bei ihren Unternehmen verbleiben.

Arbeitnehmer geben an, nicht zu wissen, was von ihnen erwartet wird, und dass sich ihre Vorgesetzten nicht für sie als Menschen interessieren. Ihre Meinungen hätten kaum Gewicht und kreative Veränderungen oder der Versuch von Veränderungen würde selten belohnt.

Reinhard Sprenger (2002) geht davon aus, dass die Mitarbeiter es leid sind, bei den ständigen Veränderungen in den Unternehmen immer wieder die Verlierer zu sein. Das Vertrauen in die Führung sinkt offenbar, statt dem propagierten Trend zu folgen, durch die Entwicklung einer Vertrauensorganisation Identifikation und Produktivitätsanstrengungen zu steigern.

Bolko von Oetinger, Geschäftsführer von Boston Consulting Group – eine der Sozialromantik unverdächtige Beratungsfirma – vertritt die Position, dass Unternehmen soziale und kulturelle Gebilde sind, reiche soziale Netzwerke, die eher den Mustern zwischenmenschlichen Umgangs als wirtschaftlichen Kriterien folgen. Die Mitarbeiter eines Unternehmens sind keine zweckrational handelnden Homines oeconomici, und deswegen folgt die interne Organisation von Unternehmen nicht vorrangig der Effizienz – soweit der Unternehmensberater.

In Organisationen, die Produzenten von »Public Goods«, öffentlichen Gütern wie zum Beispiel Sicherheit sind, die keine unmittelbaren über ihre Existenz entscheidenden Ankoppelungen an Märkte haben (den Mythos funktionierender privatwirtschaftlicher Märkte zu entzaubern wäre eine andere Geschichte), stellen sich die umrissenen Fragen mit besonderer Eindringlichkeit. Die gute Nachricht über Bürokratie lautet: Man kann die eigenen Neigungen, Leidenschaften, Störungen, Perversionen ziemlich ungebremst ausleben (möglicherweise in positiver Korrelation zur hierarchischen Position), die schlechte lautet: Die anderen tun es auch. Die Kernfragen lauten:

- Wie erklärt sich das – von seiner Verbreitung her erfolgreiche – Scheitern von Führungsarbeit?
- Welche theoretischen Beschreibungs- und Erklärungsmodelle gibt es hierfür?
- Welche Ansätze für gute Führungsarbeit lassen sich daraus ableiten?

Es ist Anliegen dieses Beitrages, einige Antworten hierzu zu liefern, nicht aber schrecklich vereinfachende Rezepturen. Als theoretische Zugänge wähle ich aus 1. den Beitrag der Psychoanalyse zu Führung, 2. das Konzept der Mikropolitik und 3. die Systemtheorie.

1. Die Paranoia ist immer und überall – Leitung aus psychoanalytischer Sicht

Die Psychoanalyse, insbesondere Otto Kernberg (2000), rückt bei der Auseinandersetzung mit Führung Phänomene wie Regression in den Vordergrund, die im Gefängnis von dessen Funktion her besondere Bedeutung haben.

Die Strukturen von Arbeitsorganisationen sind dann funktional, wenn die Art der Delegation von Autorität, die Aufgabendefinition, die Aufgabenerledigung und deren Kontrolle von einer wirksamen und stabilen Autorität wahrgenommen werden.

Bei überzogener Autorität besteht die Tendenz, die Arbeitsbeziehungen dadurch zu (zer)stören, dass in autoritärer Form mehr Macht ausgeübt wird, als für die Erledigung der Organisationsaufgaben erforderlich ist. Dies bewirkt regressive Prozesse.

Wenn die Befugnisse des Leiters geringer sind als funktionell erforderlich ist oder der Leiter seine Autorität nicht wirksam bzw. angemessen ausfüllt, bewirkt dies ebenfalls Regression in der Organisation: Die Klarheit der Aufgabenerfüllung schwindet, in der gesamten Organisation werden die Führungsfunktionen aufgeweicht, die funktionellen Grenzen zwischen den aufgabenorientierten Gruppierungen werden verwischt, es mehren sich unstrukturierte Klein- und Großgruppenprozesse.

Regressive Prozesse in Großgruppen wie in Organisationen haben vor allem folgende Merkmale:

- ein andauerndes Gefühl des Verlustes der persönlichen Identität in den Bereichen, die alle betreffen;
- eine unbestimmte Angst vor Aggression und Gewalt;

- ein Gefühl der Ohnmacht;
- ein Bedürfnis, Untergruppen zu bilden, die auf die nicht zur jeweiligen Unter-gruppe gehörenden Organisationsmitglieder Aggressionen richten bzw. proji-zieren;
- Anstrengungen, um persönliche oder Kleingruppen-Macht über andere zu be-kommen;
- die Angst, Opfer eben solcher Prozesse zu werden;
- der Wunsch, der Situation zu entkommen;
- gleichzeitig ein Gefühl der Auflösung und Ohnmacht, wenn sich jemand von der Gruppe löst.

Es besteht die ständige Gefahr, dass Organisationen in einem Ausmaß ihren eigent-lichen Zwecken entfremdet werden, dass eine Abwärtsspirale entsteht: Nicht zweckentsprechende, an ihrer eigentlichen Aufgabe orientierte Organisationen er-zeugen berechtigten Argwohn. Dieser wiederum ruft Ängste hervor. Diese Ängste zerstören nachhaltig die persönlichen Funktionen und die sozialen Beziehungen und verschlechtern somit wesentlich die Arbeits- und Leistungsfähigkeit der Orga-nisation.

Dieser fortgeschrittene Prozess bewirkt wachsende Entfremdung. Auch die Mit-glieder der Organisation entfremden sich zusehends – ein Prozess, der schwer zu stoppen ist. Es wird dann immer schwieriger, rationale und effektive Lösungen zu finden.

Auf dem Leiter lastet ein regressiver Druck durch Übertragungsphänomene der Organisationsmitglieder: Aufgrund von Erfahrungen mit früheren Bezugspersonen werden Wünsche und Bedürfnisse nach Abhängigkeit, Schutz, Versorgung einer-seits, andererseits nach Konflikt, Rivalität und Idealisierung auf den Leiter übertra-gen. Allgemein versteht man unter Regression die Rückkehr zu Etappen, die das In-dividuum in seiner Entwicklung bereits überschritten hat. Es handelt sich um einen Übergang zu einem niedrigeren Niveau der Bewältigung von Komplexität, Struktu-rierung und Differenzierung.

Auch bei optimalen Bedingungen (klare und angemessene Aufgabendefinition und Rollenverteilung sowie Dienstleistungsorientierung) in Organisationen gibt es daher mächtige Tendenzen, den Leiter narzisstisch und paranoid anzuregen.

Diese Tendenz verstärkt sich, wenn die Organisation ineffektiv ist und somit die Regression fördert, oder wenn der Leiter persönlich den Anforderungen nicht ge-wachsen ist.

Der Leiter ist gegen regressiven Druck dann optimal widerstandsfähig, wenn seine Persönlichkeit auch einen mäßigen Anteil narzisstischer Tendenzen beinhal-tet, und er über ein geringes paranoides Potenzial verfügt und hohe Intelligenz so-wie einen wohlentwickelten Sinn für Moral aufweist.

Ein hoher Grad an persönlicher Sicherheit und relativer Unabhängigkeit von so-fortigem sozialem Feed-back vermag eine gesunde Einsamkeit des Leiters bewirken. Es ist dies ein begrenztes Ausmaß an Narzissmus, das in eine möglicherweise etwas neurotische, aber insgesamt anpassungsfähige Persönlichkeit eingebettet ist. Es be-steht die Gefahr, dass die narzisstischen Tendenzen des Leiters durch Schmeichelei verstärkt werden. Hieraus kann ein vermindertes selbstkritisches Einschätzungsver-mögen und Anfälligkeit gegenüber Korrumpierungen erwachsen. Dagegen vermag ein autonomes, reifes Über-Ich, das zur Fairness befähigt, schützend zu wirken.

Paranoide Persönlichkeiten fühlen sich ständig verletzt, tendenziell verfolgt, verstehen jedes kritische Feed-back als Insubordination und erleben ihre Organisation als Festung, hinter deren Mauern die ständige Gefahr einer fünften Kolonne lauert.

Von solchen Personen sind jedoch Leiter mit »normaler« paranoider Befähigung zu unterscheiden. Ein völliges Fehlen von Cleverness und Argwohn bedeutet Naivität, da die Allgegenwart von Aggression und Ambivalenz, wie sie für alle menschlichen Beziehungen normal und für Organisationen typisch sind, verleugnet wird. Ein Leiter kann es sich nicht leisten, naiv zu sein. Er muss sich bewusst sein, das Ziel von Idealisierung und Regression zu sein.

Wenn jedoch die Haltung des Leiters in narzisstische oder paranoide Regression umschlägt, kommt es zur sadistischen Kontrolle des Leiters über die Organisation, so dass sich in der Organisation die Regression ausbreitet.

Das zentrale Paradoxon von Leitung ist: Ein und dieselben persönlichen Eigenschaften, die in einem mäßigen Ausmaß positiv wirken, können bei verstärkter Ausprägung höchst nachteilige, die Paranoia anregende Effekte in der Gesamtorganisation bewirken.

Zwei weitere Spannungsfelder von Leitung sind:

a) Organisationen müssen Strukturen entwickeln, die

- das Arbeitssystem vor Beliebigkeit schützen
- die Ausübung von Autorität reglementieren
- die Grenzen der Subsysteme definieren
- und so die Organisation vor der Regression in unstrukturierte Groß- und Kleingruppenprozesse bewahren
- die Individuen schützen
- und der Entstehung von Paranoia in der Organisation entgegenwirken.

Dieselben Strukturen können aber auch bei übergroßer Bürokratisierung geistlose Rigidität und organisatorischen Sadismus hervorrufen und bewusst oder unbewusst Entwicklungen und Veränderungen verhindern. Es ist eine Funktion von Leitung, solchen subtilen, aber wirksamen Formen von Aggression entgegenzuwirken.

Ansonsten kommt es zu informellen Arrangements, die die bürokratischen Fesseln umgehen, aber eine Gefahr in Richtung auf Korrumpierung und persönliche »Deals« darstellen. Bürokratische Rigidität gepaart mit kompensatorischer Korrumpierung bzw. Korruption können nicht nur für totalitäre Staaten, sondern auch für autoritäre Organisationen charakteristisch sein.

b) »Gleiches Recht für alle« bedeutet, dass jede einzelne Person sich auf unpersönliche, unmenschliche und vernachlässigte Art behandelt fühlen muss. Wenn dies der erste Eindruck ist, den Menschen haben, die mit der Institution in Kontakt kommen, führt dies zu Anstrengungen, das »System zu schlagen«, seiner Rigidität zu entkommen und zu einer paranoiden Reaktion der Bürokratien, um »die Betrüger zu fangen«. Andererseits können Anstrengungen, um solch eine Situation menschlicher zu gestalten, um jemandem einen Gefallen zu tun, zu Bevorzugungen und teilweise zur Günstlingswirtschaft führen und so Korruption in das System bringen.

Alle Organisationsmitglieder und insbesondere Leiter sind angehalten, solchen Entwicklungen mit Kompetenz, Einfühlungsvermögen, Moralität und vor allem mit persönlichem Mut zu begegnen. Diese Ansprüche an die Führung werden jedoch durch das Konzept der Mikropolitik relativiert.

2. Führung ist politisches Handeln – ohne Mikropolitik geht es nicht

In der Wirtschaft geht es primär um Geld, in der Politik um Macht, im Rechtssystem ums Recht. Dieses stellt auch eine wichtige Determinante von Strafvollzug dar. Gefängnis ist jedoch als der Ort anzusehen, in dem – rechtlich legitimiert – ein Höchstmaß von dauerhafter Machtausübung von Menschen über Menschen stattfindet. Somit liegt es nahe, sich bei einer Auseinandersetzung mit Gefängnis auf das organisationstheoretische Konzept der Mikropolitik (Ortmann 1988) einzulassen. Es zeigt, dass vieles, das in der sozialwissenschaftlichen Auseinandersetzung mit Gefängnis als gefängnistypisch gelabelt wurde, lediglich eine Variante allgemeiner organisationaler Phänomene darstellt.

Jede Position in einer Organisation ist sowohl Quelle als auch Ziel einer großen Zahl von Einflusslinien. Personen(gruppen) versuchen, in ihren Handlungen ihre Interessen und Absichten zu verwirklichen. Die Zusammensetzung der Organisation ist nicht gegeben, sie wird ausgehandelt. Auch die Ziele sind nicht gegeben, sie werden vereinbart.

Politik kann allgemein verstanden werden als das Ausbeuten physischer wie menschlicher Ressourcen, um mehr Herrschaft über andere zu erlangen und damit sicherere, angenehmere und zufrieden stellendere individuelle Existenzbedingungen zu haben.

Mikropolitik hat insbesondere folgende Begriffsbestimmungen (Neuberger 1994):

- Akteurperspektive und Handlungsorientierung: Nicht anonyme Kräfte des Systems determinieren das Geschehen, sondern Strategien von Akteuren, die ein gewisses Maß an nutzbarer Unvorhersehbarkeit voraussetzen.
- Interessensbezug: Die Akteure konkurrieren zur Wahrung oder Durchsetzung ihrer Interessen um knappe Güter (Ressourcen, Positionen) oder Rechte.
- Sozialität: Der Handelnde muss in Rechnung stellen, dass das »Objekt« seines Handelns ein Subjekt ist, das sich Gedanken macht über die Gedanken, Absichten, Interessen des anderen. Dies hat man selbst zu berücksichtigen, was aber wiederum der andere in Rechnung stellen wird ... – Damit kommt ein unauslöschliches Element der Unkalkulierbarkeit (Freiheit) ins Spiel.
- Koalitionen stehen im Mittelpunkt: Jemand hat Gewicht nur aufgrund der sozialen Netze und Strukturen, in denen er verankert ist. Die Macht liegt nicht beim Individuum, sondern in den aktivierbaren Strukturen.
- Dialektik von Gegnerschaft und Abhängigkeit: Es stehen sich konkurrierende Parteien gegenüber, die jedoch einander bedürfen, um ihre Interessen durchzusetzen.
- Zeit spielt eine wichtige Rolle – und zwar in mehrfacher Hinsicht: Bei Politik geht es um die Gestaltung der Zukunft, sie lebt von Instabilität, Wandel und Veränderung. Der »günstige Moment«, das »richtige Timing« sind oft mehr als die inhaltliche Qualität ausschlaggebend.
- »Gemischte Motivation«: Der Gegner ist nicht in allen Fragen Gegner, er kann in anderen Bereichen ebenso Verbündeter oder Neutraler sein. Die Möglichkeiten von Konkurrenz und Kooperation stehen nebeneinander.

- Legitime Ordnung als Basis: Es herrscht kein regelloser Krieg aller gegen alle, der die Stärksten und Gerissensten siegen lässt. Mikropolitik setzt institutionell gesicherte Strukturen voraus. Es ist interessengeleitetes Handeln vor dem Hintergrund einer gültigen Ordnung, deren Lücken, Unklarheiten oder Widersprüche eigennützig ausgebeutet werden. Gültige Normen und Werte sind die stärksten Koalitionspartner, es wäre zumindest unklug, sich offen gegen sie zu stellen.

Mikropolitik verbirgt in ihren eigenen Aktionen ihre eigene Existenz oder verleugnet sie. Sie wirkt unerkannt am besten, so dass ihre Akteure den Anschein der Legitimität wahren müssen. Mikropolitik wirkt dadurch, dass Kontexte verwischt werden oder mit ihnen jongliert wird. Deswegen kann sie auch nicht direkt beobachtet, sondern muss erschlossen werden.

Die Spiele der Beteiligten sind:

- ungerechte (nicht faire) Spiele, d. h. bestimmte Spieler sind schon von den Spielregeln her durch geringere Gewinnchancen benachteiligt
- unbestimmte Spiele, die mehrere Lösungen zulassen
- Spiele mit unvollständiger Information
- Spiele mit sowohl kontextabhängigen als auch persönlichen Zügen der Spieler
- Spiele, in denen Täuschen oder Bluffen (Zurückhaltung, Filterung oder Verzerrung von Informationen) konstituierend sind.

Unter anderem sind mikropolitische Taktiken:

- Informationskontrolle: Informationsfilterung, -zurückhaltung, -überflutung, -verzerrung; Gerüchte verbreiten, Anspielungen und Andeutungen machen; in strategischen Positionen Spitzel, Informanten platzieren; etwas durchsickern lassen; jemand anderem helfen, sein Gesicht zu wahren, um dafür später Gegenleistungen zu erhalten oder fordern zu können; Monopole erwerben, sich unentbehrlich machen; Schmerzgrenzen kennen und dieses Wissen auszunutzen.
- Kontrolle von Verfahren, Regeln und Normen: Auf diese Einfluss nehmen, mehrere unscharfe, widersprüchliche Kriterien/Richtlinien etablieren, günstige auswählen, bestimmte Alternativen »abwürgen«; mit »Geschäftsordnungstricks« ablenken, ermüden, blockieren; sich auf gekonnt ausgewählte Präzedenzfälle berufen.
- Beziehungspflege: Verdeckte Koalitionsbildung, Hausmacht und Seilschaften aufbauen, »mauscheln«; teilen und herrschen; Günstlingswirtschaft, Beziehungen spielen lassen, auf »mächtige« Verbündete hinweisen; dem Gegner aus dem Weg gehen, hinter seinem Rücken handeln; unbequeme Leute isolieren, »kaltstellen« ausbooten; jemand die Gefolgschaft abspenstig machen; eigene Fehler anderen in die Schuhe schieben; Verantwortung auf Nichtanwesende abschieben, Entzug von Privilegien, mit kleinen Geschenken die Freundschaft erhalten, korrumpieren; Don-Corleone-Prinzip: An frühere Gefälligkeiten erinnern und Gegenleistungen einfordern; sich in den Schutz eines »Patrons« begeben, Personenkult zelebrieren; den Kontakt zu »abgestorbenen Ästen« abbrechen; Dienstweg umgehen, »By-Pass« zu Mächtigen einziehen; auf Angebote der Konkurrenz, auf eigene Unabhängigkeit hinweisen; mit der Aufkündigung von Beziehungen drohen.

- Selbstdarstellung: Andere herausfordern, ihnen die Stirn bieten, um selbst als stark und furchtlos dazustehen; ins Bockshorn jagen, bluffen, einschüchtern; dosierten Widerstand praktizieren (wissen, wie weit man gehen kann); cool bleiben, Pokerface; Forderungen unablässig wiederholen, am Ball bleiben, Stehaufmännchen; Helfersyndrom herausfordern, Unterwerfungsgesten zeigen; im Gespräch bleiben, in aller Munde sein, Imponiergehabe, Fassadentechniken; (erotische) Ausstrahlung oder Charme gezielt einsetzen, Charisma nutzen; die eigene Sichtbarkeit durch auffällige Aktionen erhöhen.

- Situationskontrolle, Sachzwang: Etwas Fragliches als unstrittig hinstellen; scheinbar unabsichtlich Fehler machen, blockieren, Dienst nach Vorschrift, Schwejkismus (sabotieren, sich dumm stellen); vollendete Tatsachen schaffen, Salamitaktik (scheibchenweise vorgehen), Absichten bzw. Auswirkungen verschleiern, verharmlosen.

- Handlungsdruck erzeugen: Emotionalisieren, Kritik ausschalten; gespielte Empörung; Unterstellungen machen (etwas bleibt immer hängen), für geeignete Stimmung sorgen, Anhänger mobilisieren, (künstliche) Krisen erzeugen, um sich als Retter in der Not profilieren zu können; einschüchtern, drohen, erpressen (allenfalls mit formellen Verfahren); eigenen Rückzug ankündigen; schikanieren, demoralisieren; präparierte Mitbestimmung, sich vorbereitete Zugeständnisse abhandeln lassen; Termine setzen, kontrollieren, verschieben, nicht einhalten, um andere unter Druck zu setzen oder abhängig zu machen.

- Chancen nutzen, Timing: Gelegenheiten oder Zufälle nutzen, den günstigsten Zeitpunkt abwarten können; verfügbar, mobil, Mehrzweckwaffe (der Mann für alle Gelegenheiten) sein, um sich so einen Namen zu machen.

Mit dieser Aufzählung (Neuberger 1994) werden wie in einem Gruselkabinett List und Tücke, Lug und Trug, Bekanntes und Mögliches vorgeführt. Befragungen zeigen jedoch, dass mikropolitisches Verhalten eher Regelfall denn Ausnahme ist. All diese Laster lediglich an Personen und ihrer (Un)Moral festzumachen, stellt eine Verhüllung dar, weil so auf das Subjekt abgelenkt wird. Die Bedingungen schreiben Mikropolitik vor, einzelne Menschen aber haben unterschiedliches Geschick, innerhalb dieser Inszenierung ihre Rolle zu gestalten. Politisches Handeln bedeutet nicht Chaos, sondern ist auf soziale Ordnung gerichtet – aber nicht auf eine mechanische oder bürokratische, sondern eine, die »aus dem Spiel der Kräfte« resultiert. Eine solche Ordnung ist beweglich, sie passt sich neuen Lagen schneller an als ein starres Regelwerk. Darin liegt ein unverzichtbarer Beitrag zur Systemstabilisierung: Stabilität durch Instabilität.

Diese Funktionalität von Mikropolitik (die jedoch bei Überschreiten einer gewissen »kritischen Masse« massiv ins Gegenteil von Destruktion, Energievernichtung und vorwiegender Beschäftigung der Organisation mit sich selbst umschlagen kann) entbindet die einzelne Führungskraft nicht der Frage: Wie weit kann ich gehen? Hier handelt es sich einerseits wieder um eine mikropolitische Frage, andererseits geht es um ethische Positionen und die aktive Gestaltung der eigenen Identität. Der symbolische, Orientierung vermittelnde Charakter von Führungsverhalten sollte hierbei ebenso bedacht werden, wie eine Reflexion empfehlenswert ist: Für welche mikropolitischen Verhaltensweisen von Mitarbeitern oder auch Gefangenen bin ich eher empfänglich, welche fördere ich wohl, welche hemme bzw. verhindere ich?

3. Lebende Systeme sind unberechenbar, eigensinnig und eigenwillig

In der Systemtheorie werden lebende Systeme, also auch Menschen und Organisationen, als sog. nichttriviale Maschinen definiert zum Unterschied zu Trivialmaschinen (Simon 1992). Diese, wie z. B. elektronische Geräte oder Autos produzieren immer auf einen bestimmten Input einen bestimmten vorhersehbaren Output, es sei denn sie sind reparaturbedürftig.

Nichttriviale Maschinen sind eigensinnig und eigenwillig. Ihre inneren Zustände sind von außen her zwar irritierbar, aber nicht nach einem Ingenieurmodell steuerbar. Auf ein und denselben kommunizierten Reiz können ein Mensch oder eine Organisation je nach ihrer Verfasstheit gänzlich verschieden reagieren. Andere wieder reagieren, gleich wie man ihnen kommt, immer wieder gleich. Die Systemtheorie spricht von Autopoiese. Lebende Systeme sind so organisiert, dass sie sich aus sich selbst heraus ständig erneuern nach ihrem eigenen Operationsmodus. Lebende Systeme definieren sich in hohem Ausmaß über ihre Umweltbeziehungen. Die Verarbeitung der Umweltreize erfolgt aber nach der Eigengesetzlichkeit des Systems. Es sieht, was es sieht und sieht nicht, was es nicht will. Insofern ist es nicht verwunderlich, dass Luhmann das Gelingen von Kommunikation als unwahrscheinlich bezeichnet hat. Ob Mitarbeiter auf eine organisationale Neuerung begeistert, lethargisch oder subversiv reagieren: Es ist von außen her lediglich begrenzt beeinflussbar, aber nicht determinierbar. Unsere besten Absichten können als Zumutung erlebt werden, unsere Bemühungen, Störungen zu vermeiden, eben solche herbeiführen. Einflüsse sind unter dem Motto: »Beachten sie die unbeabsichtigten Wirkungen!«, möglich. Steuerbar, wie es der Kapitän von der Brücke seines Schiffes her vermag, sind lebende Systeme nicht.

Das Grunddilemma menschlicher Existenz zwischen Autonomie und Bindung stellt sich hier – ebenfalls mit einer speziellen Betroffenheit des Strafvollzugs – folgendermaßen dar: Uns ist die eigene Nichttrivialität, unsere Selbstbestimmung – dem einen eher da, dem anderen eher dort – ein Anliegen. Uns ist es aber ebenso ein Anliegen, dass sich unsere Umwelt – von der Familie, über Chefs bis hin zu Mitarbeitern so verhält, wie wir es wollen (von Foerster 1993). Um dieses Dilemma handhabbar zu machen, wurde folgendes Managementmodell entwickelt:

Die laufende Leistungserbringung wird durch triviale Grenzziehung gesteuert. Man geht davon aus, dass sich alle Mitarbeiter so verhalten, wie sie es sollen und trachtet, Abweichungen nach einem Reparaturmodell – kurzfristige Beseitigung der Störung – zu korrigieren. Wenn Personen und Organisationen handlungsfähig bleiben wollen, können sie nicht laufend über Funktionalität und Überleben nachdenken. Produktiv zu sein erfordert in weiten Phasen schlicht zu arbeiten, Leistungen zu erbringen. In begrenzten Phasen ist jedoch die Sinnfrage im Hinblick auf die Zukunft der Leistungserbringung und der Ausgestaltung der Binnenwelt des Systems sowie seiner Umweltrelationen zu stellen. Hier bekommt die Nichttrivialität, die Eigensinnigkeit und die Eigenwilligkeit der Akteure Zeit und Raum. Nichttriviale Steuerung bedeutet gemeinsame Reflexion und gemeinsame Rahmenvereinbarungen.

Schlüsselmerkmale nichttrivialer Steuerung sind:

- Reflexion der Leistungserbringung, der Arbeitsbeziehung, der Entwicklungen in den relevanten Umwelten
- Gemeinsame Vereinbarung der Rahmenbedingungen, der Spielregeln, des Ressourceneinsatzes, der zu erbringenden Leistungen und ihrer Qualität, von Terminen und Zeiten, von Formen der Überprüfung der Vereinbarung.

Diese nichttriviale Steuerung ist durch verschiedene Instrumente realisierbar:

1. Mitarbeitergespräche, also periodische, aus der laufenden Kommunikation abgehobene Gespräche, die in Zielvereinbarungen und Entwicklungs- und Fördermaßnahmen münden.
2. Entwicklungsklausuren von Teams bzw. Organisationseinheiten mit deren Leitern bei Veränderungen im Umfeld mit den Themen:
   - Worin besteht die Veränderung?
   - Was hat sich bewährt und kann bleiben?
   - Welche Veränderungen in den Aufgaben, Kompetenzverteilungen sind notwendig?
   - Wie werden wir das realisieren?
   - Check-Points
3. Standortklausuren von Teams bzw. Organisationseinheiten mit deren Leitern in regelmäßigen, zumeist jährlichen Abständen mit den Themen:
   - Was ist gut/schlecht gelaufen seit dem letzten Meeting?
   - persönliche Feed-back-Runden
   - Info-Austausch
   - Worauf wird im nächsten Jahr besonders zu achten sein?
4. Zielvereinbarungen: Aufbau einer Verbindlichkeit, die von beiden Seiten getragen wird, zwischen: Leiter – Mitarbeiter, oder: Leiter – Team, oder: Auftraggeber – Projektleiter mit dem Inhalt:
   - Ist-Zustand: Kurze Beschreibung quantitativ/qualitativ
   - Ziele: Beschreibung des Ergebnisses (quantitativ, qualitativ, was mit der Realisierung des Vorhabens erreicht werden soll), Nicht-Ziele (Kontrollfrage: Was ist *nicht* Ziel des Vorhabens?)
   - Beschreibung des Vorhabens: Hauptaufgaben, Schritte, Leistungsumfang, Kontrollfrage: Was ist *nicht* Teil des Vorhabens?
   - Ergebnis: Was liegt als Ergebnis des Projekts bzw. Vorhabens vor? Wie, anhand welcher Kriterien (quantitativ, qualitativ) wird beurteilt, ob das Ergebnis erreicht wurde (Woran kann man den erfolgreichen Abschluss des Vorhabens erkennen?)
   - Kritische Erfolgsfaktoren (Risiken/Chancen)
   - Umfeld des Vorhabens/Nahtstellen mit anderen Vorhaben: Wer ist bei der Realisierung einzubeziehen, zu berücksichtigen, welche Verbindungen mit anderen Vorhaben ist herzustellen?
   - Rahmenbedingungen/Freiräume: Welche Rahmenbedingungen sind bei der Zielverfolgung zu beachten, welche Frei- und Spielräume bestehen für den Beauftragten, was ist dem Beauftragenden vorbehalten?
   - Informationspolitik: Wer ist von dem Vorhaben von wem wie zu informieren?
   - Ressourcen: Welche sachlichen, personellen und andere Ressourcen (z. B.: Wissensbestände) stehen zur Verfügung? Wie viel Arbeitszeit wird die Realisierung des Vorhabens voraussichtlich (Bandbreite) erfordern?

- Termine: Bis wann soll das Vorhaben erfolgreich abgeschlossen sein? Gibt es bezüglich bestimmter Teilschritte (Meilensteine) Terminierungen? Zu welchen Zeitpunkten ist der Beauftragende von dem Stand des Vorhabens zu unterrichten?
5. Großgruppenveranstaltungen, die raschen Wandel in Organisationen fördern

Gemeinsam sind all diesen Interventionsformen insbesondere zwei Kalküle:

a) Die Eigensinnigkeit und Eigenwilligkeit von Menschen und Organisationen bedingt, dass nur das Chancen hat, in der Arbeit wirklich gelebt zu werden, was auf einem gemeinsamen Bild von der Wirklichkeit beruht, beispielsweise darüber, was von der Organisation und ihren Mitarbeitern erwartet wird, was ihre Stärken und Schwächen sind, welche Konfliktpotenziale vorhanden sind. Erfolgreiche Leistungserbringung setzt voraus, dass die an sich geringe Wahrscheinlichkeit, dass Kommunikation gelingt, durch gezielte Interventionen erhöht wird.

b) In Organisationen wird nur das wirklich gelebt, was zumindest auch Anteile von Selbstverpflichtung der handelnden Personen hat. Nichttriviale Steuerung bedeutet, bei gegebenem hierarchischem Gefälle oder auch unter Gleichgestellten solche Vereinbarungen zu treffen, die den Verpflichtungen, Möglichkeiten und Präferenzen aller Beteiligten einigermaßen gerecht werden, die von allen unterschrieben werden können oder noch besser – dieses Ritual hat viel für sich – auch tatsächlich unterschrieben werden. Dieser Prozess wird als zirkulär bezeichnet, da jeweils das Ergebnis einer Operation die Nächste einleitet, als rekursiv, da laufend auf erzielte Ergebnisse Bezug genommen wird, als selbstreferentiell, da das soziale System sich selbst in seinem Operationsmodus beobachtet und thematisiert (Janes, Prammer und Schulte-Derne 2001).

Lebende Systeme sind in eine Umwelt eingebettet, von denen ihr Überleben abhängt. Was dem Frosch sein Tümpel, sind der Anstalt Justizminister, Finanzminister und Parlament, Rechtsprechung usw. Wenn sich die Umwelten verändern, entsteht ein Anpassungsdruck auf die Leistungserbringung. Will man die Qualität der Beziehung zu den relevanten Umwelten aufrechterhalten, muss sich der Modus von Selbstdarstellung und/oder Leistungserbringung ändern – es muss sich etwas ändern, damit es gleich bleibt. Anders gesagt: Entweder man verändert sich oder man wird verändert. Ein Problembewusstsein hierfür kann nur entstehen, wenn es einer Organisation gelingt, einerseits die Umwelten zu beobachten und mit ihnen zu kommunizieren, andererseits im Binnenbereich wirkungsvoll über die Umweltbeziehungen zu kommunizieren. Rechtzeitige Veränderungen scheitern häufig daran, dass die Unabweislichkeit von geänderten Verhältnissen in den relevanten Umwelten nicht genügend wirkungsvoll kommuniziert und bearbeitet wird.

Je mehr Organisationen unter Bedingungen der Unübersichtlichkeit, Mehrdeutigkeit und Turbulenz, also ständigen raschen und markanten Veränderungen in den relevanten Umwelten arbeiten, je häufiger sie sog. bösartige, also nicht wirklich lösbare Probleme zu bearbeiten haben, desto weniger können sie nach einem bürokratischen oder technokratisch-linearen Modell gesteuert werden, desto mehr bedürfen sie nichttrivialer Steuerung.

Auf den Strafvollzug treffen alle aufgezählten Indikationen für die Forcierung von nichttrivialer Steuerung zu. Sie hier zu implementieren, stellt eine besondere Herausforderung dar. Ist es doch das Kerngeschäft von Strafvollzug, das Verhalten von Menschen zu trivialisieren, also eine Engführung des Verhaltens der Gefangenen zu besorgen. Diese Leistung kann nur erbracht werden, wenn ihre Garanten, also die Mitarbeiter des Strafvollzugs ihrerseits in beträchtlichem Ausmaß trivial gesteuert werden. Andererseits erfordert die Realisierung des Behandlungsgedankens eine Strategie nichttrivialer Steuerung. Die Schwierigkeiten, Behandlungsvollzug zu realisieren, beruhen nicht zuletzt darin, dass Trivialisierung wesentlich anspruchsloser und scheinbar risikoärmer und enttäuschungsfester ist – werden doch Fehlleistungen und Krisen üblicherweise am persönlichen Verschulden derer festgemacht, die sich der Trivialisierung entzogen haben. Solche Vorfälle dienen dann als Argument dafür, dass die Trivialisierungsschraube noch einige Drehungen weiter festzuziehen sei. Dies bedeutet nicht, dass systemische, also nichttriviale Ansätze chancenlos sind. Sie werden umso mehr angenommen, als sich die Erkenntnis durchsetzt, dass der auf dem Vollzug lastende Veränderungsdruck auf traditionellem Wege nicht abgefangen werden kann.

Zwei Grundfragen sind für die Zukunftsfähigkeit des Strafvollzugs entscheidend:

a) Auf der Ebene der Person: Wie kann man die Mitarbeiter darin unterstützen, dass sie die totale Institution nicht auffrisst, dass sie die Distanzierung, die Selbstreflexion schaffen, aus der Sinngebung, Kraft und persönliches Wachstum entstehen kann?

b) Auf der Ebene der Organisation: Wie schafft man es, dass im Management der Leistungserbringung und der hierfür erforderlichen Verknüpfung der Personen und Organisationseinheiten Reflexion und Zielvereinbarungen so stattfinden, dass die laufende Arbeit und die notwenigen Veränderungen erfolgreich bewältigt werden?

4. Zwei Bilder von Führung

Führen heißt nicht, als Kapitän auf der Brücke eines Schiffes zu stehen und dieses per Maschinentelegraf (oder Computer) zu steuern. Es bedeutet, auf einem Surfbrett zu stehen oder auch an einem Paragleiter zu hängen, den Elementen ausgeliefert zu sein, sie aber, vorausgesetzt man versteht und achtet sie, für sich nützen zu können, um unbeschadet ungefähr dorthin zu kommen, wo man hin will.

Man kann Führung aber auch als professionelle gärtnerische Tätigkeit ansehen. Die Pflanzen folgen ihren eigenen Regelmäßigkeiten und Entwicklungszyklen, der Gärtner kann das Klima nicht steuern. Er kann düngen, gießen, Unkraut jäten, Bäume pflanzen oder auch umschneiden, er kann sich nach Kräften bemühen, er mag sich für seine Arbeit begeistern (manche sprechen mit ihren Pflanzen), seinen Ertrag kann er aber nicht im Voraus berechnen. Er kann und soll auf den Garten persönlich stolz sein, darf aber dessen Zweck nicht aus den Augen verlieren – sei es, wirtschaftlichen Ertrag abzuwerfen, sei es, dem Eigentümer einfach zu gefallen. Er kann schwerlich sagen, ob oder wann er seinen Garten optimal betreut hat, er weiß aber sehr genau, was er auf keinen Fall tun darf, womit er seinem Garten schaden könnte. Er versteht: Man kann es nicht wachsen lassen! Er hält sich schon dann für einen guten Gärtner, wenn er seine Pflanzen nicht in ihrem Wachstum behindert. Er ist sich auch im Klaren, keine Denkmäler für die Ewigkeit zu errichten, sondern ein lebendes System zu betreuen, das er irgendwann einem anderen übergeben muss, der möglicherweise damit etwas ganz anderes macht.

Literatur

Foerster, H. v. (1993), *KybernEthik*. Berlin: Merve.

Janes, A.; Prammer, K. und Schulte-Derne, M. (2001), *Transformationsmanagement. Organisationen von Innen verändern*. Wien, New York: Springer.

Trebesch, K. (2002), Mehr Frust als Lust: Nur 15 Prozent engagierte Mitarbeiter in deutschen Unternehmen. *Organisationsentwicklung*, 4: 92 f.

Kernberg, O. (2000), *Ideologie, Konflikt, Führung*. Stuttgart: Klett-Cotta.

Neuberger, O. (1994), *Führen und geführt werden*. Stuttgart: Enke.

Ortmann, G. (Hrsg.), (1988), *Mikropolitik*. Opladen: Westdeutscher Verlag.

Simon, F. (1992), *Radikale Marktwirtschaft. Verhalten als Ware oder wer handelt, der handelt*. Heidelberg: Carl Auer.

Sprenger, R. (2002), *Vertrauen führt*. Frankfurt, New York: Campus.

Geiselnahmen

von Werner Sohn

1. Sicherheit und Vollzug

Seit den 1980er-Jahren hat es der Vollzug zunehmend mit strafrechtlich und sozial stärker belasteten Personen sowie mit Gruppen zu tun, die in der deutschen Gesellschaft kaum integriert sind. Vielfach zeigt sich, dass verfestigte delinquente Persönlichkeitsstrukturen den Methoden des traditionellen Vollzugsrepertoires immer weniger zugänglich sind. Mit der Verfehlung des Resozialisierungszweckes steigt das Rückfallrisiko der Entlassenen, und dies beeinträchtigt – bei schweren Verbrechen in vielen Einzelfällen, aber immer auch in der Summe – die Sicherheitslage der Gesellschaft.

In der öffentlichen Diskussion werden Vollzug und Sicherheit in der Regel unter dem Aspekt der Gefährdung der Gemeinschaft gesehen: Missbrauch von Lockerungen oder Entweichungen aus dem Vollzug. Gefürchtete Komplikationen stellen jene seltenen Fälle dar, in denen es zu gravierenden Straftaten kommt oder eine besondere Gefahr hierfür bestanden hat. Allerdings enthalten Vollzug und Sicherheit weitere Komponenten, die erst bei spektakulären Ereignissen in Erinnerung gerufen werden: Suizid von Gefangenen, die Tötung von Vollzugsbeamten oder Geiselnahmen. Sie zeigen, dass es auch ein Problem der inneren Sicherheit in den Anstalten gibt, das durch eine breite Anwendung von Strafrestaussetzungen und ein auf Resozialisierung setzendes Strafvollzugsgesetz im Prinzip entschärft schien.

Neben der Gewaltbereitschaft Einzelner, schwer kalkulierbarer Desperado-Mentalität und subkulturell verbundenen Gefangenengruppen, können auch situative Gegebenheiten die innere Sicherheit einer Anstalt beeinträchtigen. Solche sind im Wesentlichen: Schwachstellen im Sicherheitsmanagement, mangelnde Schulung oder Aufmerksamkeit des Personals, erheblich eingeschränkte Arbeitsmöglichkeiten für die Gefangenen und Überbelegung (Korndörfer 2002). In den neuen Bundesländern sind beispielsweise zu Beginn der 1990er-Jahre erhebliche Mehrfachbelegungen nötig gewesen. Dachbesetzungen, Ausbrüche und Geiselnahmen haben nicht selten aus solchen Zellen heraus stattgefunden.

Eine der wenigen deutschen Studien über die Entwicklung der Gewalt in Gefängnissen zeigt, dass die Zahl der Gewaltvorkommnisse im (hessischen) Strafvollzug zwischen 1989 und 1998 erheblich zugenommen hat, es gibt aber »nicht den oft vermuteten Anstieg der »schweren« Gewaltanwendungen wie Tötung, Geiselnahme oder Vergewaltigung« (Heinrich 2002, 382).[1]

---

1 Sofern deutsche Quellen auf den dienstlichen Gebrauch beschränkt sind, werden (offizielle) amerikanische und kanadische Publikationen verwendet. Ich danke dem Bundeskriminalamt und dem Kriminologischen Dienst Niedersachsen für die Möglichkeit der Einsichtnahme in Arbeitsunterlagen.

2. Begriffliche Aspekte

Im deutschen Strafrecht werden »erpresserischer Menschenraub« und »Geiselnahme« im Wesentlichen durch die explizite Bedrohungssituation unterschieden. Beim Tatbestand des erpresserischen Menschenraubs wird die Sorge um das Wohl des Opfers zu einer Erpressung ausgenutzt, bei der Geiselnahme steht »die Drohung mit dem Tod oder einer schweren Körperverletzung ... des Opfers« im Vordergrund. Die Bestimmung von Geisellagen im polizeitaktischen Sinne weicht von der juristischen Bewertung ab. Demnach liegt eine Geiselnahme (nach PDV 100, 4.9.1.2) vor, wenn Personen zur Durchsetzung von Zielen der Täter von diesen an einem der Polizei bekannten Ort gewaltsam festgehalten werden. Dabei ist entweder der Tatbestand des § 239 a (Erpresserischer Menschenraub) oder § 239 b (Geiselnahme) StGB verwirklicht. Darüber hinaus sind der Fluchtgedanke des Täters und die u. a. aus dieser Absicht sich ergebende Notwendigkeit, mit der Polizei zu verhandeln, wichtige Merkmale (Grigoleit 2002). Die amerikanische Fachliteratur unterscheidet primär zwischen Geisel- und Verbarrikadierungslagen. Diese Differenzierung ist aus polizeilicher und psychologischer Sicht besonders bedeutsam, denn das Risiko, verletzt oder getötet zu werden, ist für das Opfer einer Verbarrikadierung wesentlich größer (Noesner 1999, 8).

3. Allgemeine Tätermerkmale

Eine Studie aus der FBI-Akademie Quantico (hier zit. n. Fuselier 1981) differenziert vier (Haupt-) Tätergruppen: Psychisch gestörte Personen, Straftäter, die bei einem Verbrechen überrascht werden, revoltierende Gefangene und politisch motivierte Terroristen. Krauß unterscheidet Geiselnehmer, die materielle bzw. politische Ziele durchsetzen wollen, von solchen, für die die Tat als Möglichkeit zur Bewältigung zwischenmenschlicher oder persönlicher Konflikte erscheint (Krauß 2002, 116). Die Landeskriminalämter und das Bundeskriminalamt differenzieren Geisellagen nach Konflikttätern, terroristischen und inhaftierten Tätern. Eine Studie im Auftrag des Bundeskriminalamts, in der Tatbeteiligte nach ihrem Erleben und Handeln befragt wurden, favorisiert eine Einteilung nach geplanten und ungeplanten Geiselnahmen (Marth 2003). Besonders folgenreich für die Praxis war die ältere Studie von Miron und Goldstein (hier zit. n. McMains und Mullins 2001, 35 f.), die auf die doppelte Bedeutung von Geiselsituationen aufmerksam gemacht hat. Sie können für den Geiselnehmer sowohl instrumentelle als auch expressive Funktionen besitzen. Aus dem abgebildeten einfachen Tätermodell (s. Abb. 1) bietet sich die Schlussfolgerung an, dass der Stellenwert der expressiven Komponente zu nimmt, je stärker (psychisch, emotional) gestört der Geiselnehmer ist.

Wenn die expressive Komponente stark dominiert, muss immer auch an eine »unechte« Geiselnahme gedacht werden, bei der der Täter nur inszeniert oder die eigentliche Absicht nicht ausspricht. Grundsätzlich erhöht sich die Gefährdung der Opfer in solchen Fällen erheblich. Durch die FBI-Datenbank HOBAS vermittelte Erkenntnisse zeigen, dass 86 % dieser Lagen (hostage/barricaded) aus »nonhostage incidents« bestehen (Noesner 1999, 14). Ferner weisen 44 % der Geiselnehmer eine

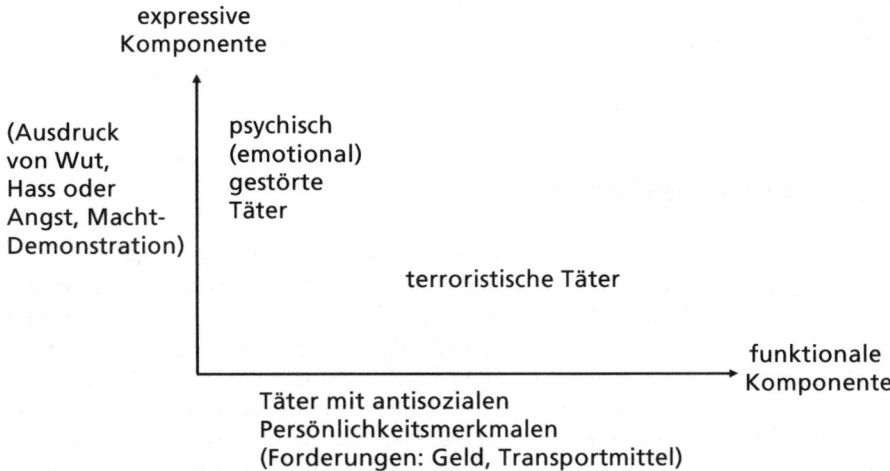

expressive
Komponente

(Ausdruck
von Wut,
Hass oder
Angst, Macht-
Demonstration)

psychisch
(emotional)
gestörte
Täter

terroristische Täter

funktionale
Komponente

Täter mit antisozialen
Persönlichkeitsmerkmalen
(Forderungen: Geld, Transportmittel)

Abb. 1: Tätermerkmale bei Geiselnahmen

Karriere des Alkoholmissbrauchs auf, und 62 % sind während der Tat alkoholisiert. Freilich scheint dies nicht wesentlich die Rolle, die Alkohol generell für Gewaltdelinquenz spielt, zu übersteigen. Erkenntnisse zu Täter und Täterverhalten aus dieser Datenbank werden überdies durch einen hohen Anteil von Geiselnahmen in Verbindung mit häuslicher Gewalt geprägt (McMains und Mullins 2001, 231, 287).

4. Geisellagen in Justizvollzugsanstalten

Nach der zuvor genannten Definition liegt es nahe, dass entsprechende Vorkommnisse in Justizvollzugsanstalten häufig als Geisellagen zu bewerten sind, und diese machen nach der Statistik des Landeskriminalamtes Nordrhein-Westfalen einen erheblichen Anteil (zwischen 1991 und 2001 30 %) aller Geiselnahmen aus. Nach Geiselnahmen aus Konfliktsituationen (46 %) stellen solche durch Gefangene die häufigste Konstellation.

Eine systematische Analyse von Geiselnahmen in deutschen Gefängnissen steht noch aus. Daher soll die Praxis an dieser Stelle durch einige Fallbeispiele aus den Jahren 1995 bis 1997 illustriert werden, die zum Teil bereits publizistisch verarbeitet wurden (zu weiteren Beispielen s. Sohn 2001).

4.1. JVA Plauen (1995)

Im Juni 1995 nehmen fünf Gefangene drei Vollzugsbedienstete als Geiseln und entkommen aus der JVA Plauen. Die Täter hatten zuvor etwa 10 Liter selbst angesetzten Alkohols getrunken. Ein Bediensteter wird mit einem geschliffenen Besteckmesser niedergestochen und schwer verletzt. Zwei weitere Beamte, die ihrem Kollegen zu Hilfe eilen, werden mit dem Messer, einem Stuhlbein und einer Schere attackiert.

Die Geiselnehmer erzwingen sich einen Weg durch die Anstalt und fahren mit einer Geisel in deren Wagen bis nach Bayern, wo sie den lebensgefährlich verletzten Beamten frei lassen. Noch am selben Tag kann die Polizei die Täter wieder festnehmen (Preusker 2000, 231).

4.2. JVA Bayreuth (1996)

Im März 1996 nimmt eine Geisellage in der JVA Bayreuth eine gefährliche Entwicklung für die Geisel. Zwei Anstaltsinsassen haben einen Sozialarbeiter in ihre Gewalt gebracht. Dem Gefesselten wird eine Rasierklinge an den Hals gesetzt. Beide Täter befinden sich lange auf einem hohen Erregungsniveau. Sie drohen damit, ihr Opfer zu verstümmeln. Friedberger, Psychologin der JVA Bayreuth, schildert in einem der wenigen zugänglichen Erlebnisberichte über Geiselnahmen in Gefängnissen den verwirrenden und schwer berechenbaren Geschehens- und Verhandlungsablauf. Im Unterschied zum Fall Salinenmoor, wenige Monate später, findet kein Wechsel in der Verhandlungsführung statt. Das Polizeiteam belässt Friedberger als Erstsprecherin in der Rolle der Kontaktperson und gibt ihr logistische Unterstützung. Die Verbindung zu den Geiselnehmern, deren Erregung nach stundenlangen Gesprächen allmählich abklingt, reißt nie ab. Trotz des durch die Räumlichkeit bedingten hohen Zugriffsrisikos kann die Geiselnahme durch die Polizei ohne ernsthafte Verletzungen beendet werden (Friedberger 2001).

4.3. JVA Salinenmoor (1996)

Nach einem ohne besondere Ereignisse verlaufenen Tag im September 1996, bemerkt das Personal der JVA Salinenmoor, dass der Sicherungsverwahrte Möhlenbein nicht zum Abendessen in seiner Zelle erschienen ist. Auch die Sozialpädagogin, die die Anstalt verlassen wollte, fehlt. Ihr Büro ist verschlossen. Es wird Alarm ausgelöst. Die Anstaltsleiterin ist schon auf dem Nachhauseweg, als der Alarm sie zurückruft. Nun wird offenbar, dass der Sicherungsverwahrte die Sozialpädagogin in seiner Gewalt hat. Die Anstaltsleiterin, die mit Möhlenbein Gesprächskontakt aufnimmt, kommt zu dem Schluss, dass sich ihre Mitarbeiterin in einer lebensbedrohlichen Lage befindet und bietet dem mit einem Messer bewaffneten Geiselnehmer an, sich gegen die Freilassung der Sozialpädagogin in seine Gewalt zu begeben. Über das entscheidende Telefonat schreibt sie später: »Ich vernahm den aggressiven Befehlston, und die Angst wuchs. Er hatte einen gefährlichen Weg eingeschlagen. Er würde sie töten, wenn er mit seinem Anliegen nicht Ernst genommen würde. Ich musste mit ihm reden, musste ihn aus dieser Rolle herausholen. Ich würde es schon schaffen« (Bennefeld-Kersten 1998, 30). Der 38-Jährige, bisherige Haftzeit 16 Jahre, ist ein gefährlicher Rückfalltäter und daher in der Sicherungsverwahrung: Vergewaltigung und Ermordung einer 17-Jährigen, später, nach der Entlassung, kommt es zu einer weiteren Vergewaltigung. Die Anstaltsleiterin schildert ihn als Mann mit einer schweren Persönlichkeitsstörung, der eine grandiose Fassade aufrecht zu erhalten versucht. Für ihn sind die Frauen das schwache Geschlecht, dem er sich jedoch häufig unterlegen fühlt. Zuletzt erschien der Täter zugänglicher, er sträubte sich nicht mehr gegen eine im Prognosegutachten für notwendig gehaltene

Therapie und wollte einen Versuch wagen. An diesen Umstand will die Anstaltsleiterin anknüpfen. Aber zunächst wird auch sie misshandelt und mit dem Tode bedroht. Kommunikations- und Organisationspannen behindern aus Sicht der Anstaltsleiterin eine Wendung des Geseldramas, ehe es gelingt, den Sicherungsverwahrten zur Aufgabe zu überreden.

4.4. JVA Lübeck-Lauerhof (1997)

Anfang Juli 1997 bringt ein wegen eines Tötungsdelikts verurteilter 23-Jähriger die Sozialarbeiterin der JVA – und Ehefrau des Ltd. Oberstaatsanwaltes – in ihrem Büro in seine Gewalt. Der Gefangene bedroht die Geisel mit einem Messer und fordert sie regelmäßig auf zu schreien. Der Kontakt der Verhandlungsgruppe der Polizei mit dem als entschlossen und brutal geltenden Geiselnehmer gestaltet sich schwierig. Nach fünf Stunden verlässt der 23-Jährige mit seinem 48-Jährigen Opfer das Büro, das Messer an der Kehle der Geisel. Als beide in das geforderte und auf dem JVA-Gelände bereitgestellte Fluchtfahrzeug steigen, erfolgt der Zugriff. Es gibt keine Verletzungen.

4.5. Besonderheiten der JVA-Geiselnahmen

Geiselnahmen in Justizvollzugsanstalten werden als eigener Typus dieses Deliktsbereiches gesehen. Ursachen und Bedingungen sind jedoch in vieler Hinsicht mit anderen Typen vergleichbar. Auch in Gefängnissen können persönliche Konflikte, überrascht werden bei Straftaten, Bereicherungsabsichten und politische Motive eine Rolle spielen. Für die Lagebewertung und -bewältigung sind einige besondere Aspekte von zentraler Bedeutung:

● Vorrangiges Motiv, aber keineswegs immer gegeben, ist die Entweichung, das Freipressen eines Fluchtweges, sei dies nun von langer Hand geplant oder »bei günstiger Gelegenheit« in die Tat umgesetzt. Die Verzweiflung über eine empfundene Ausweglosigkeit im Verlauf langer Haftstrafen kann eine Geiselnahme ebenso motivieren wie der Gedanke, eine Verbesserung der Haftbedingungen (Überbelegung, Einschränkung der Bewegungsfreiheit, Sicherungsverwahrung etc.) zu erzwingen. Besondere Risiken entstehen durch Alkoholkonsum. Bedürfnisse nach Machtausübung und sexueller Gewalt können in Gefängnissen zu Pseudo-Geiselnahmen führen.
● Tatort: Mit dem jeweiligen Tatort (Zelle, Büro des Sozialarbeiters, Bibliothek etc.) setzt der Täter einen von ihm zwar gut beobachtbaren, zwangsläufig aber auch sehr engen Perimeter. Er rechnet damit, dass Zugriffskräfte schon hinter der Tür stehen werden, die er verbarrikadiert hat.
● Bewaffnung: Während Schusswaffen (oder gute Attrappen) in der Regel Täter erst ermutigen und befähigen, Geiselnahmen und Verbarrikadierungssituationen eine gewisse Zeit durchzustehen, verfügt der JVA-Geiselnehmer häufig nur über eine »schwache«, selbst gebastelte Bewaffnung (Rasierklingen, Messer, der angeschliffene Henkel eines Eimers etc.). Er kann daher (als Einzeltäter) zumeist nur eine Geisel kontrollieren.

- Täterbeteiligung: Im Unterschied zu anderen Geisellagen ist der Geiselnehmer nicht nur bekannt, in der Regel sind auch Vollzugsbedienstete vor Ort, die eine sehr genaue Kenntnis des Täters haben und damit die Polizei frühzeitig mit allen wichtigen Informationen versorgen können.
- Stresserhöhende Faktoren: Die gute Kenntnis des Geiselnehmers erhöht ggf. die Stressbelastung bei der Anstaltsleitung, der Polizeiführung und insbesondere der Geisel, die wissen, zu was der Täter in der Lage ist. Auch bei gelungener Fesselung muss der Geiselnehmer aufgrund der Bedingungen des Tatortes und der »schwachen« Bewaffnung die Nähe des Opfers suchen. Nicht selten verlaufen folglich Verhandlungen mit dem »Messer am Hals«. Besonders problematische Konstellationen entstehen durch Täter, die es auf die Demütigung und Erniedrigung des Opfers abgesehen haben, durch Mehrfach-Geiselnehmer oder »belogene« Wiederholungs-Geiselnehmer.
- Stressmindernde Faktoren: Geiselnahmen in Justizvollzugsanstalten sind zwar selten, aber jederzeit möglich. Professionelles Training, körperliche Fitness und das Wissen über das Vorgehen spezialisierter polizeilicher Kräfte (Verhandlungsteam, taktisches Team, Logistik) reduzieren die situative Belastung von Vollzugsbediensteten, die Geiseln geworden sind, im Unterschied zu Menschen, die ohne Vorbereitung in vergleichbare Bedrohungslagen geraten und ggf. das undurchschaubare polizeiliche Handeln als Gefährdung ihrer selbst empfinden.

5. Die Bewältigung von Geisellagen als Krisenintervention

5.1. Polizeitaktische Aspekte

Eine Auswertung für den Zeitraum 1991 bis 2002 zeigt, dass zwei von drei Geiselnahmen in Deutschland durch polizeilichen Zugriff beendet wurden. Bei solchen in oder aus Justizvollzugsanstalten ist die Notwendigkeit taktischer Maßnahmen keineswegs seltener. Die damit verbundenen hohen Risiken für die Geiseln machen nicht nur eine polizeiliche Spezialisierung und ständige Professionalisierung (z. B. technische Ausstattung, Verhandlungsführung, Schulung der Erstsprecher) erforderlich, auch die Justizvollzugsanstalten müssen durch Training des internen Krisenmanagements ihre Sicherheitslage verbessern. Dabei sollte auch der Neubau von Justizvollzugsanstalten vor der Eröffnung und vor der Erstbelegung mit Gefangenen zu umfassenden Übungen genutzt werden (beispielhaft vor der Belegung der JVA Rohrbach, Rheinland-Pfalz, im Dezember 2002 geschehen). Neben den Spezialeinsatzkommandos (SEK), die, sofern möglich, den Zugriff durchführen sollen, gibt es Verhandlungsteams bei den Landeskriminalämtern und dem Bundeskriminalamt. Darüber hinaus ist freilich eine selten ins Scheinwerferlicht der Öffentlichkeit tretende komplexe Logistik und besondere Organisation erforderlich, um den Schutz von Geiseln und anderen Personen zu garantieren und eine günstige Lösung der Geiselnahme herbeizuführen. Selbst wenn das Tatgeschehen lokal begrenzt bleibt, wirft die Bildung von Einsatzabschnitten (Ermittlungen, Absperrungen, begleitende Öffentlichkeitsarbeit u. a.) Koordinationsprobleme auf. Schließlich kann sich durch den Übergang der stationären in eine mobile Lage – der dank polizeilicher Professionalisierung in den letzten Jahren seltener geworden ist – eine besondere logistische Zuspitzung ergeben. So zeigt Hunsicker am Beispiel einer Geiselnahme in der JVA Celle (Mai 1995), dass auch am Einsatzabschnitt des Zugriffsortes (hier: Osnabrück) ein großer Kräfteansatz notwendig ist, der dem Kräfteansatz am Ausgangsort weitgehend entspricht (Hunsicker 1997). Mithin können Hunderte von Personen bei der Bewältigung einer Geiselnahme – mit häufig nur einem Täter – beteiligt sein. Zu betonen ist schließlich der psychische Druck, der durch die allgegenwärtige Lebensbedrohung der Geiseln auf den Einsatzkräften lastet. Im Polizeiprotokoll der Celler Geiselnahme heißt es an einer Stelle: »Die Verfolgungskräfte melden: ›Schusswaffe im Mund der Geisel‹« (Hunsicker 1997, 503). Während in diesem Fall der Zugriff gelang und »keine zugriffsbedingten Verletzungen« der Geisel zu beklagen waren, zeigen Fallanalysen, dass Drohgebärden gewaltbereiter Täter auch mit äußerster Brutalität umgesetzt werden können. Nicht selten muss eine schwere Verletzung oder Tötung »aus Versehen« (Rasierklinge am Hals der Geisel) befürchtet werden. In anderen Fällen kann der sein Leben bilanzierende oder die situative Aussichtslosigkeit wahrnehmende Täter den Wunsch entwickeln, von der Polizei erschossen zu werden (Marth 2003, 64).

Während die Einsatzleitung in Celle (1995) den »erfahrenen« Geiselnehmern Finneisen und Strüdinger aufgrund der Bedrohung durch einen Schussapparat am Körper des Justizvollzugsbediensteten – eine Attrappe, wie sich später herausstellte – freien Abzug gewährte, entschied sich die Polizei einige Jahre früher in einem vergleichbaren Fall anders. In der JVA Werl hatten im Juni 1992 die zu langjährigen Freiheitsstrafen Verurteilten Knickmeier und Heckhoff mehrere Personen durch eine Schusswaffe – auch dies eine Attrappe, wie erst später erkannt wurde – in ihre Gewalt gebracht. Die Polizei entschloss sich zu einem Notzugriff, als die Täter die Geiseln, deren Kleider sie mit Benzin getränkt hatten, zum Fluchtauto führten. Beim Zugriff erlitten beide Geiseln (Vollzugsbediensteter und Zahnarzthelferin) schwerste Brandverletzungen (Der Vollzugsdienst 1992, 4, 24 f.).

5.2. Psychologische Aspekte

Die polizeiliche und psychologische Bewältigung von Geisellagen dem Begriff der Krisenintervention (crisis intervention) zuzuordnen, bedeutet einerseits, Kommunikationsmethoden ins Auge zu fassen, die weit über das Aushandeln (bargaining) oder Verhandeln von Forderungen (negotiating) hinausgehen. Andererseits macht der Begriff deutlich, dass taktische und Verhandlungsteams aufeinander angewiesene Teile eines Handlungskonzeptes sind (Noesner 1999). Abbildung 2 zeigt eine (vom Autor) vereinfachte Organisationsstruktur für die Bewältigung kritischer Vorkommnisse, wie sie das US Federal Bureau of Corrections empfiehlt (McMains und Mullins 2001).[2]

---

2 In den großen Bundesstaaten wie Texas unterstehen nicht nur die Verhandlungsgruppen, sondern auch die taktischen Teams (emergency response teams) der Vollzugsbehörde. In Deutschland sollte bei einem entsprechenden Vorkommnis wenigstens ein Vertreter der Anstalt am Tisch der Polizeiführung sitzen.

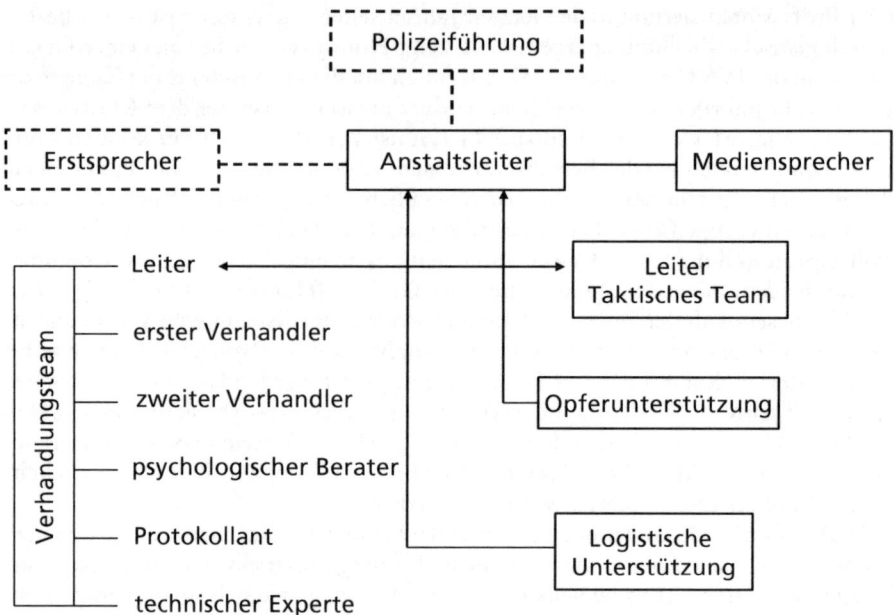

Abb. 2: Bewältigung von Geisellagen in Gefängnissen

Die moderne Verhandlungsführung (crisis negotiation) wurde nach dem katastrophalen Ende einer Geiselnahme im Münchner Olympiadorf (September 1972), im Bereich des Strafvollzugs vor allem nach massenhaften Gewaltvorkommnissen in US-amerikanischen Gefängnissen (Oakdale und Atlanta 1987 mit zusammen 126 Geiseln) entwickelt. Aufgabe der (polizeilichen) Verhandlungsgruppen und geschulter Erstsprecher in Vollzugsanstalten ist es, Leben und körperliche Unversehrtheit vor allem der Geiseln zu erhalten, Zerstörungshandlungen vorzubeugen und auf eine gewaltlose Lösung der Krise hinzuwirken. »The goals of hostage negotiations are to open communication lines, reduce stress und tension, build rapport, obtain intelligence, stall for time, allow ventilation, and establish a problem-solving atmosphere.« (McMains und Mullins 2001, 374).

Die Berücksichtigung von Ergebnissen moderner Kommunikationsforschung, eine systematische Einbeziehung psychologischer Berater und die ständige Verbesserung des Zusammenspiels von Verhandlungs- mit taktischen Komponenten, haben dieses Konzept von Krisenintervention sehr erfolgreich werden lassen.

Wodurch zeichnet sich eine erfolgreiche Verhandlungsführung aus?[3]

Auch wenn dem Täter verdeutlicht werden muss, dass er sich in einer »no-win-situation« befindet, so ist entscheidend, ihn nicht »auf die Knie« zu zwingen (Noesner 1999, 14), sondern durch die Verhandlung einen fairen Ausweg aus der Krisensituation zu eröffnen. Hierzu ist eine Beziehung des Vertrauens aufzubauen, für die sich der Verhandler Techniken des »active listening« (Noesner und Webster 1997)

---

[3] Wie die Darstellung der polizeitaktischen Aspekte gehören auch diese Hinweise zu einem sensiblen Bereich, der entsprechend zu modellieren war.

bedient. Durch positive Gesprächsinhalte und –formen wird der Täter emotional stabilisiert (Krauß 2002, 118). Es gilt das Lügenverbot. Eine wesentliche Perspektive ist der Zeitgewinn (Fuselier 1986), damit die Geisellage an Schärfe verlieren kann. Täter dürfen nicht – auch wenn dies zunächst als Merkmal der Lagebeurteilung wichtig erscheint – dazu gedrängt werden, Forderungen zu stellen. Nicht verhandelbare Forderungen müssen umgangen bzw. reduziert werden. Ein Geiselaustausch oder die Vermittlung Dritter ist zu vermeiden.

Auch wenn die Verhandlungsführung nicht die Aufgabe des Täters erreichen kann, so ist dieses Konzept damit nicht gescheitert. Zahlreiche Fälle zeigen, dass ohne eine Verhandlungskomponente Geiseln bei taktischen Lösungen erheblichen (und vermeidbaren) Risiken ausgesetzt werden.

6. Die Geiseln – viktimologische Aspekte

Bei der Bewältigung einer Geiselnahme bedarf die Situation der Geiseln ständiger Beachtung. Es ist vorteilhaft, wenn dies durch ein eigenes Team oder eine Person geschieht, die ausschließlich für Opferunterstützung zuständig ist. In Justizvollzugsanstalten wird das Leitungspersonal der Anstalt hierbei eine maßgebliche Rolle spielen. Diese – wie auch eine mögliche Einflussnahme auf den Täter (z. B. durch den Erstsprecher) – muss in engster Kooperation mit der für die Bewältigung der Lage verantwortlichen Polizeiführung definiert werden.

6.1. Verhaltensmaßnahmen

Justizvollzugspersonal sollte auf eine mögliche Geiselsituation in Aus- und Fortbildung vorbereitet worden sein und die Ruhe bewahren können. In der amerikanischen Fachliteratur wird auf die Problematik kontraphobischer Reaktionen bei Vollzugsbediensteten hingewiesen (McMains und Mullins 2001, 108 f.). Der Impuls, dem bedrohten Kollegen helfen zu wollen, muss einer »kalten« Abschätzung der Gefahrenlage untergeordnet werden. Auch kann die Kenntnis, die man von dem Gefangenen zu haben glaubt, zu (Sprech-) Handlungen verleiten, die die Eigensicherung und die polizeiliche Verhandlungsführung erschweren. Schließlich sind nicht selten Externe (Angehörige, medizinisches Personal, Bibliothekare) oder Mitgefangene betroffen, die in der Regel auf ein solches Szenario nicht vorbereitet wurden. Darüber hinaus muss die Möglichkeit von »unechten« Geiselnahmen berücksichtigt werden, die insbesondere Frauen gefährden (s. später). Der Sozialdienst erscheint in einer vulnerablen Position, da er vertrauliche Kommunikationsräume eröffnet.

6.2. Das »Stockholm-Syndrom«

Als besonders beachtliche und für die Bewältigung einer Geisellage wichtige Opferreaktion wird seit den 1970er-Jahren das sog. »Stockholm-Syndrom« diskutiert. Mit ihm wird ein Zustand bezeichnet, in dem eine Geisel eine starke positive emotionale Bindung zu dem (oder einem der) Geiselnehmer entwickelt hat. Situative Bedingung bei dafür disponierten Personen ist, dass die Geiselnahme eine gewisse Zeit anhält und ein Ende nicht absehbar ist. Nach einer initialen Phase des Schreckens, der aus der plötzlich entstandenen Bedrohungslage entstanden ist, etabliert sich beim Opfer das Gefühl tiefer Hilflosigkeit und des Ausgeliefertseins. Da die Polizei scheinbar nicht in der Lage ist, Leben oder Unversehrtheit der Geisel zu schützen, können selbst geringfügige positive Reaktionen des Geiselnehmers zu Dankbarkeit und einer fokussierten Wahrnehmung der »menschlichen« Seite des Täters führen. Im »Stockholm-Syndrom« werden Wut und Ablehnung gegenüber dem Aggressor durch entgegengerichtete Affekte überlagert. In manchen Fällen wird nun die Polizei als Aggressor wahrgenommen, das Opfer kann sogar zum Gehilfen des Täters werden.

Wieczorek sieht im »Stockholm-Syndrom« ein eher seltenes Phänomen (Wieczorek 2003). Für viele amerikanische Experten zeigt es freilich eine positive Entwicklung der Geisellage, die durch eine entsprechende Verhandlungsführung sogar anzustreben ist (Fuselier 1986, 6; McMains und Mullins 2001, 106). Wir vertreten die Ansicht, dass im Blick auf die wenigen Untersuchungen das »Stockholm-Syndrom« nicht als klinische Entität angesehen werden kann. Zur Dynamik von Geiselnahmen in Gefängnissen bietet es keinen überzeugenden Erklärungsansatz (Desroches 1981; Marth 2003). Überdies erscheint es fragwürdig, die Herausbildung eines »Syndroms« herbeiführen zu wollen, dessen Folgewirkungen nicht absehbar sind. Unbeschränkt ist allerdings dem Kern des Verhandlungskonzepts zuzustimmen, der darin besteht, das Erregungsniveau der Beteiligten zu senken und eine »Humanisierung« der Geisellage zu erreichen, um die Risiken für die Geiseln zu vermindern. Von Groote weist darauf hin, dass aus Sicht der Praxis für die Verhaltensvorhersage von Geiselnehmern die Variable »positive Beziehung zwischen Täter und Geisel« der mit weitem Abstand beste Indikator für die fehlende oder schwindende Gewaltbereitschaft des Täters ist (von Groote 2002, 42).

Nach Meinung seiner Apologeten tritt das »Stockholm-Syndrom« in der Regel nicht auf, wenn sich Geiselnehmer und Geiseln bekannt sind. Dies ist bei Geiselnahmen in und aus Gefängnissen überwiegend der Fall, aber häufig – nach einer neueren Auswertung der FBI-Datenbank HOBAS in ca. 50 % – auch in allen übrigen Lagen (McMains und Mullins 2001, 9).

6.3. Belastungen der Opfer

Bedeutsamer als mögliche Nachwirkungen des »Stockholm-Syndroms« sind posttraumatische Belastungsstörungen (PTSD) bei der Sorge um die Opfer von Geiselnahmen in Justizvollzugsanstalten zu beachten (→ Psychotraumatologie). Über die Opfer von Geiselnahmen gibt es im deutschsprachigen Raum nur wenige Untersuchungen. Vor allem amerikanische Studien belegen, dass auch bei geschultem und in Erwartung der Gefahr den Beruf ausübendem Vollzugspersonal, in und nach solchen Vorkommnissen mit psychischen Problemen gerechnet werden muss: Von 27 Personen, die zwischen 1985 und 1995 Opfer von Geiselnahmen in kanadischen Gefängnissen waren, konnten zwei ihren Beruf nicht weiter ausüben. Schlafstörungen waren bei fast allen festzustellen. Bei 21 Betroffenen hatten sich extreme Wachsamkeitsempfindungen (hypervigilance) über längere Zeiträume ausgebildet (Seidman und Williams 1999).[4]

Mit posttraumatischen Stressreaktionen muss im Falle einer gewaltsamen Bewältigung der Geisellage immer auch bei gut trainierten Einsatzkräften der Polizei gerechnet werden, und zwar nicht nur im taktischen Team, sondern auch bei den Verhandlern (McMains und Mullins 2001, 156). Physische Verletzungen wie auch besondere Bedingungen der Erniedrigung und Demütigung der Opfer bringen eher das Risiko von PTSD mit sich.

6.4. Besondere Gefährdung für weibliche Vollzugsbedienstete?

Es erscheint wenig zeitgemäß, von einem besonderen Risiko weiblicher Bediensteter zu sprechen. Eine Erhebung des kanadischen National Board of Investigation benennt acht Fälle in zwei Jahren (April 1993 bis März 1995), in denen sexuelle Nötigung/Vergewaltigung mit Geiselnahmen von Frauen in Gefängnissen einherging (Nouwens 1995). Es gibt viele Hinweise, dass Geiselnahmen – und insbesondere solche, die für den Täter wenig Chancen zu einem erfolgreichen Ausbruch enthalten – von vornherein nur dazu dienen, sexuelle Gewalt auszuüben oder Machtgelüste zu befriedigen (vgl. auch Williams 1999, 11–1 f.). Demnach könnte qualitativ durchaus von einem besonderen Risiko weiblicher Bediensteter sowie externer Personen, die in den Vollzug kommen, gesprochen werden. Ein Risiko, das womöglich durch ein intuitives oder bewusstes (besseres) Selbstschutzverhalten kompensiert wird. Allerdings liegen hierzu, soweit ersichtlich, auch international keine Untersuchungen vor.

6.5. Opferhilfen

Neben der medizinischen Untersuchung von längerer Zeit einer Bedrohung ausgesetzter oder verletzter Opfer gehören Angebote zu Gesprächen und psychologischer Betreuung heute zum Standard. Darüber hinaus hat sich eine detaillierte Erläuterung aller Vorgänge, insbesondere aller Überlegungen und Handlungen der Polizei (post-incident debriefing), für die befreiten Geiseln als sehr hilfreich erwiesen (McMains und Mullins 2001, 105). Diese Maßnahme ist nicht nur geeignet, falsche Vorstellungen und persistierende Ängste aufzulösen, sie befreit auch symbolisch das Opfer aus seiner Objektrolle und behandelt es als Partner der Lagebewältigung. Einige Bundesländer haben besondere Konsequenzen aus spektakulären Geiselnahme- und Gewaltvorfällen in Justizvollzugsanstalten gezogen. Dabei sind Betreuung und Nachsorge für die betroffenen Justizbediensteten ein wesentliches Anliegen. So wird in Niedersachsen seit 2001 ein spezielles Gesundheitszentrum aufgebaut (Steinhilper 2000, 44), seit 1997 gibt es bereits ein interdisziplinäres

---

4 Einschränkend muss zu dieser Untersuchung festgestellt werden, dass etwa nur jedes zweite identifizierte Geiselnahmeopfer »lokalisiert« werden konnte bzw. zur Mitarbeit bereit war.

Kriseninterventionsteam[5]. Im Vordergrund steht heute das Konzept einer offensiven aufsuchenden Beratung, die auch einmal das gesamte Personal einer Anstalt umfassen kann, wie das Beispiel der JVA Uelzen zeigt, nachdem dort im August 1999 der stellvertretende Anstaltsleiter Eckhard Bunte von einem Häftling ermordet worden war (Bailly und Oberländer 2002, 128). Allerdings sollten die individuellen Reaktionsweisen der Betroffenen grundsätzlich respektiert werden. So ist zum Beispiel bekannt, dass viele Vergewaltigungsopfer keine Therapie haben wollen (Rothbaum und Foa 1995, 118), andere suchen nur die Hilfe von Freunden und möchten auch ohne Kuren und Beratungen möglichst schnell in die Normalität zurückkehren. Dies ist jedoch gerade im Vollzug ein besonderes Problem, weil sich das traumatische Ereignis im Grunde jederzeit wiederholen kann.

7. Ist Prävention möglich?

Sicherheit muss – gerade in riskanten Handlungsfeldern – optimiert werden. Darauf haben die Bediensteten des Vollzugs und andere Beteiligte einen legitimen Anspruch. Eine Optimierung der Sicherheit ohne Preisgabe des allgemeinen Resozialisierungsziels erfordert die genaue Untersuchung des Systems der einzelnen Anstalten, und zwar nicht erst dann, wenn eine spektakuläre Geiselnahme stattgefunden hat. Eine besondere Schwachstellenanalyse muss auch durch Externe (Polizei, aber auch private Dienste) durchgeführt werden. Schließlich ist es entscheidend, »Risiko-Gefangene« besser einschätzen zu können. Jede Anstalt des geschlossenen Vollzugs sollte nach dem Vorbild der polizeilichen Fahndung die gefährlichen »Top ten« der Insassen definieren und besonders beachten. Arndt schlägt vor, eine entsprechende Liste durch ein so genanntes Expertenrating im Rahmen einer Vollzugskonferenz zu erstellen (Arndt 2002, 226). Dabei geht es nicht darum, Menschen zu etikettieren oder gar mit einem Stigma zu versehen, sondern die Aufmerksamkeitshaltung der Bediensteten zu fokussieren, um das Risiko von Gewalt und Geiselnahmen zu vermindern. Die philanthropische Annahme, es gäbe »eigentlich« keine gefährlichen Personen – Gefährlichkeit als Konstrukt, aber auch eine professionelle Selbstüberschätzung, mit einer gefährlichen Situation schon fertig zu werden –, kann leicht zu einem zusätzlichen Sicherheitsrisiko werden. Darüber hinaus ist es auch aus präventiven Gründen fahrlässig, die Angst im Vollzug zu tabuisieren (Gratz 1995).

Für die Schulung von Justizvollzugsbediensteten ist es von besonderer Bedeutung, die Erfahrung der Verhandlungsteams der Polizei und der darin mitarbeitenden Psychologen zu nutzen. Es sollte möglich sein, frühe Warnsignale zu identifizieren, ehe eine krisenhafte Entwicklung zu einer Geiselnahme eskaliert (McMains und Mullins 2001, 71; Arndt 2002, 220). Freilich ist bislang über die mentalen Zustände von JVA-Geiselnehmern, ihre Persönlichkeitsstrukturen und Motive wenig bekannt. Bei einer näheren Analyse könnte sich zeigen, dass das Ausbruchsmotiv eher selten die entscheidende Rolle spielt, sondern – mit weiblichen Geiseln – der Wille zu sexueller Gewaltausübung maßgeblich ist. Durch die Zunahme der Zahl

---

5 Im Unterschied zu dem hier verwendeten Begriff hat diese Einrichtung des Justizvollzugs natürlich keine taktische oder polizeiliche Komponente.

psychisch gestörter Häftlinge steigt die Bedeutung der expressiven Komponente in Bedrohungssituationen im Allgemeinen und das Risiko von Pseudo-Geiselnahmen im Besonderen. Auch hat Wagner auf den Wunsch der Ausbrecher nach medialer Selbstinszenierung hingewiesen (Wagner 1995, 239 f.). Für eine fundierte Prävention wären nicht nur die situativen Bedingungen zu analysieren, sondern auch das Spektrum der Täterstrukturen. Der bestehende Forschungsbedarf in Deutschland ist von Innen- und Justizressorts erkannt worden.

Literatur

Arndt, G. (2002), Umgang mit gefährlichen Gefangenen. Erfahrungen aus Geiselnahmen im Justizvollzug. Psychologische Überlegungen zur Prophylaxe. In: Wischka, B. et al. (Hrsg.), *Justizvollzug in neuen Grenzen. Modelle in Deutschland und Europa*. Lingen: Kriminalpädagogischer Verlag, 220–226.

Bailly, Th. und Oberländer, P. (2002), Krisenintervention nach Trauma. Geiselnahme und andere belastende Dienstereignisse. In: Wischka, B. et al. (Hrsg.), *Justizvollzug in neuen Grenzen. Modelle in Deutschland und Europa*. Lingen: Kriminalpädagogischer Verlag, 220–226.

Bennefeld-Kersten, K. (1998), *Die Geisel. Eine Gefängnisdirektorin in der Gewalt des Häftlings H.M.* Hamburg: Kabel.

Desroches, E. J. (1981), Treatment of hostages in prison riots. *Canadian Journal of Criminology 23*, 4: 439–450.

Friedberger, I. (2001), Erlebnisbericht über die Verhandlungsführung bei einer Geiselnahme. *Zeitschrift für Strafvollzug und Straffälligenhilfe 50*, 5: 271–272.

Furr, K. D. (1996), Characteristics of sexual assaults on female prison staff. *Forum on Corrections Research 8*, 2: 25–27.

Fuselier, G. D. (1986), A practical overview of hostage negotiations. *FBI Law Enforcement Bulletin 50*, 6: 2–6 und 7: 10–15.

Fuselier, G. D.; Van Zandt, C. R. und Lanceley, F. J. (1991), Hostage / barricade incidents. High risk factors and the action criteria. *FBI Law Enforcement Bulletin 60*, 1: 6–12.

Gratz, W. (1995), Angst, Gefängnis und Sozialarbeit. *Zeitschrift für Strafvollzug und Straffälligenhilfe 44*, 4: 195–201.

Grieger, S. (1984), Die Geiselnahme von Celle. *Polizei Digest 4*: 48–53.

Grigoleit, B. (2002), Bedrohungslagen. *Die Polizei 93*, 6: 165–168.

Groote, E. v. (2002), Prognose von Täterverhalten bei Geiselnahmen. *Polizei & Wissenschaft 2*, 3: 38–47.

Harnischmacher, R. und Müther, J. (1987), Das Stockholm-Syndrom. Zur psychischen Reaktion von Geiseln und Geiselnehmern. *Archiv für Kriminologie 179*: 1–12.

Heinrich, W. (2002), Gewalt im Gefängnis. Eine Untersuchung der Entwicklung von Gewalt im hessischen Justizvollzug (1989–1998). *Bewährungshilfe – Soziales Strafrecht, Kriminalpolitik 49*, 4: 369–383.

Hunsicker, E. (1997), Das Ende einer Geiselnahme. *Kriminalistik 51*, 7: 501–504.

Kastner, M. (2001), Geiselnahme. In: Möllers, H. W. M. (Hrsg.). *Wörterbuch der Polizei*. München: Beck, 648–649.

Köthke, R. (2000). Das Stockholm Syndrom. Eine besondere Betrachtung des Verhältnisses von Geiselnehmer und Geisel. *Praxis der Rechtspsychologie 9*, 1: 78–85.

Korndörfer, H. (2002), Aspekte der Sicherheit im Justizvollzug. *Bewährungshilfe – Soziales Strafrecht, Kriminalpolitik 48*, 2: 158–164.

Krauß, M. (2002), *Grundlagen angewandter Psychologie in der Kriminalpolizei*. Brühl: FHS des Bundes für öffentliche Verwaltung, Fachbereich Öffentliche Sicherheit.

McMains, M. J. und Mullins, W. C. (2001), *Crisis negotiations. Managing critical incidents and hostage situations in law enforcement and corrections*. Cincinnati: Anderson.

Marth, D. (2003), *Geiselnahme. Erleben und Handeln von Tätern und Opfern. Eine Befragung von Tatbeteiligten.* Neuwied: Luchterhand.

Noesner, G. und Webster, M. (1997), Crisis intervention. Using active listening skills in negotiations. *FBI Law Enforcement Bulletin 66,* 8: ohne Seitenangaben.

Noesner, G. (1999), Negotiation concepts for commanders. *FBI Law Enforcement Bulletin 68,* 1, 6–14.

Nouwens, T. (1995), *Hostage-Takings. A.k.a. forcible confinements and sexual assaults.* Ottawa: Canada Correctional Service.

Preusker, H. (2000), Alkoholprobleme im Justizvollzug. In: Egg, R. und Geisler, C. (Hrsg.), *Alkohol, Strafrecht und Kriminalität.* Wiesbaden: Kriminologische Zentralstelle, 217–231.

Rothbaum, B. O. und Foa, E. B.(1995), Kognitiv-behaviorale Behandlung der posttraumatischen Belastungsstörung. In: Saigh, P. A. (Hrsg.), *Posttraumatische Belastungsstörung. Diagnose und Behandlung psychischer Störungen bei Opfern von Gewalttaten und Katastrophen.* Bern: Huber, 102–129.

Rueth, T. W. (1993), Onsite psychological evaluation of a hostage taker. *Psychological Reports 73:* 659–664.

Seidman, B. T. und Williams, Sh. M. (1999), Impact of violent acts on prison staff. *Forum on Corrections Research 11,* 1: 30–34.

Sohn, W. (2001), Geiselnahmen in Justizvollzugsanstalten. *Zeitschrift für Strafvollzug und Straffälligenhilfe 50,* 5: 267–270.

Steinhilper, M. (2000), Einrichtung eines Gesundheitszentrums für den niedersächsischen Justizvollzug. *Der Vollzugsdienst 47,* 4–5: 44.

Topham, J. (2000), Hostage survival. *Corrections Technology & Management 4,* 5: 20–24.

Wagner, G. (1995), Flucht in die Öffentlichkeit. Wenn Häftlinge ihren Ausbruch als ein wirksames Happening inszenieren. Eine Nachlese zur Geiselnahme in Celle. *Zeitschrift für Strafvollzug und Straffälligenhilfe 44,* 4: 239–240.

Wieczorek, A. (2003), Das so genannte Stockholm-Syndrom. Zur Psychologie eines polizeilich viel beachteten Phänomens. *Kriminalistik 57,* 7: 429–436.

Williams, M. (1999), Forcible confinements and sexual assault of staff in a correctional environment. In: Schwartz, B. K. (ed.), *The sex offender – vol. III.* New Jersey: Civic Research Institute, 11-1-11-2.

Gewalttäter

von Thomas Wegner

1. Begriff

Gewalt ist ein schillernder und vielschichtiger Begriff. In seinen sprachlichen Wurzeln fußt er auf dem Verb »walten« und steht für »in seine Gewalt bringen; mit etwas fertig werden« (Duden, Bd. 7, 219). Es geht zunächst also, ohne Urteil über die Rechtmäßigkeit, um die Verfügung über ein innerweltlich Seiendes, das über Autorität, Macht und Zwang bestimmte Ziele in einem geteilten Lebensraum durchsetzt.

Dabei wird zwischen »struktureller« und »personeller« Gewalt unterschieden (Schwind 2000, 25 f.). Unter struktureller Gewalt versteht man Zwangsmerkmale in sozialen Systemen, z. B. Steuerpflicht, Wehrpflicht, Schulpflicht und insgesamt unser System von Legislative, Judikative und Exekutive, die ihre jeweilige »Gewalt« um der antizipierten Missbrauchsgefahr vorsorglich geteilt haben. Personelle Gewalt meint die physische oder psychische Aggression Einzelner oder Gruppen zur Durchsetzung ihrer Ziele. Strukturelle und personale Gewalt sind vielschichtig miteinander verwoben. Wenn man so will, schwimmen wir alle in einem Meer von Gewaltverhältnissen, die uns in ihren strukturellen und personellen Ausformungen menschlich fördern, behindern und in den illegalen Fällen verletzen und töten können.

In den folgenden Ausführungen werden

1. einige Daten zur Gewaltkriminalität referiert,
2. aus einer objektpsychologischen Sicht Überlegungen zur Genese von Gewalt/ Friedfertigkeit vorgestellt,
3. kurz die Rolle von Alkohol und Gruppen bei Gewalttaten diskutiert und

Gedanken zur Behandlung von Gewaltstraftätern erörtert.

2. Daten zur Gewaltkriminalität

Eigentlich sind alle inhaftierten Menschen »Gewalttäter«, weil sie Grenzen des friedfertigen Miteinanders verletzen. Ein drogenabhängiger Einbrecher – nicht als Gewalttäter gezählt – kann genauso wie ein drogenabhängiger Bankräuber verheerende Wirkungen im Lebensgefühl der Opfer auslösen. Gleichwohl zählt sie die polizeiliche Kriminalstatistik unter verschiedenen Kategorien. Laut einer Bund-Länder-Vereinbarung des Jahres 1983 werden folgende Straftatbestände unter dem

Begriff »Gewaltkriminalität« zusammengefasst: Mord, Totschlag und Tötung auf Verlangen, Vergewaltigung und sexuelle Nötigung, Raub, räuberische Erpressung, räuberischer Angriff auf Kraftfahrer, Körperverletzung mit Todesfolge, gefährliche und schwere Körperverletzung, erpresserischer Menschenraub, Geiselnahme und Angriff auf den Luft- und Seeverkehr« (Bundesministerien des Inneren und der Justiz 2001, 41).

Der erste Periodische Sicherheitsbericht der Bundesministerien für Inneres und Justiz weist für das Jahr 1999 die in Tabelle 1 aufgeführten Gewaltdelikte aus.

Tab. 1: Polizeilich registrierte Gewaltkriminalität 1999 nach Deliktgruppen

Straftat	Fälle (N)	davon Versuche in % von N	Anteil an Gewaltkriminalität insgesamt in %
Gewaltkriminalität insgesamt	186 655	12,7 %	
Mord/Totschlag, Tötung auf Verlangen	2 851	64,7 %	1,5 %
Vergewaltigung und besonders schwere Fälle der sexuellen Nötigung	7 565	24,2 %	4,1 %
Raubdelikte	61 420	19,4 %	32,9 %
gefährliche/schwere Körperverletzung	114 516	7,3 %	61,4 %

(Quelle: Bundesministerien des Inneren und der Justiz 2001, 42)

Die polizeiliche Kriminalstatistik 2002 (Bundesministerium des Inneren 2003) zählt insgesamt 197.492 Fälle. Die Zunahme resultiert fast ausschließlich durch das Delikt gefährliche und schwere Körperverletzung. Die polizeilich registrierten Gewaltdelikte machen etwa 3 % der 1999 registrierten Straftaten aus. Nähme man entgegen der polizeilichen Definition noch einfache Körperverletzungen hinzu, käme man auf 9 %.

Freilich sind Statistiken zur Verbreitung von Kriminalität mit Vorsicht zu genießen. Unklar bleiben z. B. das Verhältnis von angezeigten und nicht angezeigten Straftaten (sog. Hell-Dunkelfeld, vgl. Schwind 2000, 14 ff.), Änderungen im Anzeigeverhalten der Bevölkerung u. a. erschweren präzise Aussagen zur Kriminalitätsentwicklung und entsprechende Rückschlüsse auf soziale Ursachen. Nach dem ersten Sicherheitsbericht 2001 blieb die Gewaltkriminalität für 8 Jahre bis 1990 stabil, stieg dann jedoch bis 1997 um rund ein Drittel (vor allem durch die Delikte Raub und schwere Körperverletzung, (Bundesministerien des Inneren und der Justiz 2001, 47 f.) und blieb seitdem konstant. Polizeilich festgestellte Tötungsdelikte weisen eine sinkende Tendenz auf: Während 1993 noch 4230 Fälle registriert wurden, waren es 1999 noch 2851 (a. a. O., 49). Während die Gewaltdelikte für erwachsene Tatverdächtige zwischen 1984 bis 1998 relativ stabil blieben, wuchs die Zahl der unter 21-Jährigen um den Faktor 2,2.

Im Geschlechterverhältnis gibt es nicht viel Neues: 84 % der Tatverdächtigen sind Männer, die von Frauen verübten Gewalttaten sind im Durchschnitt weniger schwerwiegend (a. a. O., 60). Die relativ bescheiden aussehende Anzahl von nur 3 % Gewalttätern an der Gesamtkriminalität relativiert sich rasch, wenn man betrachtet, welche Tätergruppen sich im Strafvollzug befinden (s. Tab. 2).

Tab. 2: Strafgefangene und Sicherungsverwahrte am 31. 3. 2002

Gesetz	Art der Straftat	Strafgefangene und Sicherungsverwahrte			
		insge-samt	darunter im offenen Vollzug	männ-lich	weiblich
Straftaten insgesamt		60 742	11 379	57 997	2 745
Strafgesetzbuch	Straftaten gegen den Staat, die Ordnung und im Amt	883	208	840	43
	Straftaten gegen die sexuelle Selbstbestimmung	4 670	573	4 622	48
	Beleidigung	195	45	190	5
	Straftaten gegen das Leben	4 586	431	4 336	250
	Straftaten gegen die körperliche Unversehrtheit	5 594	951	5 436	158
	Straftaten gegen die persönliche Freiheit	678	128	672	6
	sonstige Straftaten gegen die Person	486	257	484	2
	Diebstahl und Unterschlagung	13 526	2 221	12 744	782
	darunter: Einbruchdiebstahl	4 754	680	4 680	74
	Raub und Erpressung, räuberischer Angriff auf Kraftfahrer	7 804	958	7 620	184
	Begünstig. und Hehlerei	386	113	373	13
	Betrug und Untreue	4 936	1 653	4 461	475
	Urkundenfälschung	1 408	366	1 300	108
	sonstige Straftaten gegen das Vermögen	235	60	225	10
	Gemeingefährliche Straftaten	792	157	777	15
	Straftaten gegen die Umwelt	35	13	33	2
Straßenverkehrsgesetz	Straftaten im Straßenverkehr insgesamt	4 395	1 484	4 330	65
	davon in Trunkenheit	2 112	685	2 081	31
	davon ohne Trunkenheit	2 283	799	2 249	34
Straftaten nach anderen Gesetzen		10 035	1 753	9 458	577
	darunter: nach dem Betäubungsmittelgesetz	8 574	1 419	8 081	493
	darunter: nach dem Strafrecht der früheren DDR	98	8	96	2

(Quelle: Statistisches Bundesamt)

91

Nach dieser Statistik sind annähernd 40 % der in Deutschland einsitzenden Straftäter wegen Gewalttaten inhaftiert. Würde man Teile von Diebstählen unter erschwe-
renden Umständen hinzuzählen, dürfte eine Schätzung, dass rund die Hälfte der
Inhaftierten Straftäter Gewalttäter sind, nicht unrealistisch sein.

Unter Verweis auf die Beiträge in diesem Band »Klassifizierung von Sexualstraftätern« und »Sexualstraftäter« wird diese Deliktgruppe in den folgenden Betrachtungen nicht berücksichtigt, obgleich es wohl eine erhebliche Schnittmenge von als
Gewalttaten klassifizierten Sexualstraftaten, und umgekehrt, geben dürfte.

3. Vom Hass zur Liebe (oder auch nicht)

Aus der Allgegenwärtigkeit menschlicher Gewalt in der Geschichte und Gegenwart
kann man folgern, dass das Potenzial zu gewalttätigem Handeln in uns allen
schlummert. Es gibt unzählige Ansätze – von angeboren bis erlernt – das Phänomen menschlicher Destruktivität (Fromm 2003, vgl. dort auch die Diskussion verschiedener Theorieansätze) zu verstehen oder zu erklären.

Ich begrenze mich im Folgenden auf die sog. Objekt- bzw. Beziehungstheorien,
weil sie nicht nur ein Licht auf die Psychodynamik der Gewalt werfen, sondern
auch ausleuchten, wie ein pro-soziales Verhalten entsteht, was wiederum erste Hinweise auf die Behandlung jugendlicher und erwachsener Straftäter gibt.

3.1. Liebe deinen Nächsten wie dich selbst?

»Der Hass«, so schreibt Freud 1913 in »Die Disposition zur Zwangsneurose«, »sei
Vorläufer der Liebe«. Vielleicht verhalte es sich sogar so, »dass der Hass und nicht
die Liebe die primäre Gefühlsbeziehung zwischen den Menschen sei (Freud 1999,
451). Das mag auf den ersten Blick befremdlich klingen, man muss aber nur Mütter
mit Säuglingen und Kleinkindern fragen, um etwas von der ungebremsten Wut und
Aggression der jungen Erdenbürger zu erfahren.

Besonders die »englische Schule« in der Psychoanalyse um Melanie Klein und
später D. W. Winnicott hat sich mit diesen Themen befasst. Klein, eine jüdische
Emigrantin aus Wien, entwickelte aus Beobachtungen an ihren eigenen und später
fremden Kindern eine Theorie frühkindlicher Gewalt. Sie entdeckte »grausam-de-
struktive, psychotische Fantasien des Zerstückelns, des Zerreißens, des Beraubens
und Entleerens, des Verbrennens (durch Urin), des Vergiftens (durch Exkremente),
des Vergasens (durch Darmgase) und der totalen Vernichtung des durch exzessive
Projektion absolut böse gewordenen Objekts« (Diem-Wille 2003, 276). In einer
paranoid-schizoiden Phase der Entwicklung des Kindes im ersten Lebensjahr (Klein
1972) kann der Säugling noch nicht innere von äußeren Impulsen hinreichend tren-
nen. Besonders nicht integrierbare innere Triebimpulse von Gier, Wut und Aggression werden in einer projektiven Identifikation an die Mutter bzw. relevante Au-
ßenpersonen weitergegeben und drohen von dort vernichtend zurück zu kehren.
Würde eine sehr unreife Mutter den Attacken ihres Kindes mit Gegenattacken begegnen, käme es zu einem schrecklichen, entwicklungshemmenden Nullsummen-
spiel, wie wir es im Großen aus Kriegen zwischen Völkern und im Kleinen zwischen

Paaren kennen. Eine »hinreichend gute Mutter« fördert den Integrationsprozess der Persönlichkeit ihres Kindes, indem sie »versteht«, dass der sich entwickelnde Säugling seine Wut häufig erleben darf (Winnicott 1996, 116). In einer feinen Analyse der neueren Säuglingsforschung beschreiben Fonagy und Target (2002), dass gerade das Spiegeln negativer Gefühle zur Affektregulation und zum Persönlichkeitsaufbau beitragen. In einem von Lacan (1986, 61 ff.) zuerst beschriebenen »Spielstadium als Bildner der Ich-Funktion« »erfindet« sich das Kind in einer dialektischen Bewegung: Es sieht sich selbst im Gesicht der spiegelnden Mutter, wenn es die Mutter ansieht und sieht, wie diese es ansieht. Jedermann weiß, wie erfreut man zurücklächelt, wenn ein kleines Kind einen anlächelt.

Schwieriger ist es mit den Wutattacken. Hier ist es nach Fonagy und Target (2002, 850) hilfreich, wenn »Eltern den negativen Gefühlsausdruck des Kindes nicht fortdauernd spiegeln. Vielmehr schließen sie sich mit ihrem spiegelnden empathischen Gesichtsausdruck jeweils für kurze Augenblicke der Mimik des Kindes an, lassen dann aber Pausen entstehen, bevor sie erneut spiegeln.« Mit den Pausen »markieren« die Eltern eine Differenz zwischen den Gefühlslagen der Beteiligten, stärken aber gleichzeitig die Omnipotenz des Kleinkindes, beim Gegenüber eigene Affekte zu erzeugen.

Eine Fixierung auf Hass und Gewalt droht, wenn es nicht gelingt »mit dem Schock fertig zu werden, den die Erkenntnis auslöst, dass es außerhalb seiner Person eine Welt gibt, die es nicht magisch kontrollieren kann. Wenn der Säugling für seine Reifungsprozesse Zeit hat, dann entwickelt er die Fähigkeit zu zerstören, zu hassen, zu treten und zu schreien, statt die Welt magisch zu vernichten. Wenn man es so betrachtet, dann ist das Ausdrücken von Aggression ein Fortschritt« (Winnicott 1996, 131).

Entwicklungspsychologisch geht es darum, die frühkindlichen Weltbezüge der magischen Erschaffungen und Zerstörungen so behutsam an die Realitäten heranzuführen, dass sie im späteren Leben als Fähigkeiten des Wiederentdeckens und der Abgrenzung lebendig bleiben.

Bei schweren Formen von Misshandlungen und Tötungen von Kleinkindern durch sehr unreife Männer kann man fast regelmäßig davon ausgehen, dass diese Männer den aggressiven Attacken des Kindes nur durch Regression auf das gleiche Entwicklungsniveau gewachsen waren – mit unterschiedlichen physischen Kräften.

3.2. Die Fähigkeit zur Besorgnis

Mit dem langsamen Abschied von der Illusion einer omnipotenten Umweltbeherrschung und der sich ängstlich-paranoid einschleichenden Idee ein Nichts, kein Selbst in der Abhängigkeit zur allmächtigen Mutter zu sein, krabbelt der Säugling in die Zivilisation: »Befriedigung führt zu Frieden, aber der Säugling nimmt wahr, dass er das, was er liebt, in Gefahr bringt, wenn er befriedigt werden will. Normalerweise schließt er einen Kompromiss, indem er sich genügend Befriedigung zugesteht, ohne dabei gefährlich zu werden. Aber dabei frustriert er sich in gewissem Ausmaß, und deshalb muss er einen Teil von sich hassen, wenn er nicht jemanden in der Außenwelt findet, der ihm Grenzen setzt und es erträgt, dafür gehasst zu werden« (Winnicott 1996, 117).

»Besorgnis« übernimmt das Kleinkind zuerst für die »Umweltmutter«, die es er-
nährt, versorgt und Gefährliches von ihm fern hält; dieser Teil der Mutter muss vor
den gierigen Attacken des Kleinkindes geschützt werden. Frustrierend dabei ist der
teilweise Verlust der »Objektmutter«, bei der das Kind zuvor ohne Rücksicht auf die
Folgen bedenkenlos seine oral-sadistischen Erregungen ausleben konnte. Mit einer
erwachsenen Fähigkeit »Schuld« zu empfinden übernimmt das Kind auch für diesen
wichtigen Bereich erste Verantwortung. Übrigens ist das eine Entwicklungsfigur, die
sich im Jugendalter wiederholt: Die ersten Objekte sexuellen Begehrens werden in einer »reinen« und »idealen« Form begehrt. Das aggressiv-sexuell »schmutzige« Begehren hingegen wird davon abgespalten, in Formen des Konsums von Pornografie
und vor allem in Onaniefantasien ausgelebt (vgl. bereits Spranger 1923; Bloß 1978).
Laufer (1980) hat auf den transitorischen Charakter der Onaniefantasien hingewiesen. Je nach Entwicklungsstand und biografischer Situation sind diese Fantasien sowohl mit destruktiv-sadistischen Elementen, omnipotenten Allmachtsvorstellungen
oder sehnsüchtig-zärtlichen Elementen durchsetzt. Im Normalfall verdichten sich
diese Fantasien gegen Ende der Jugend zu einer zentralen Onaniefantasie, die einem
auch real auslebbaren Sexualleben nahe kommt. Das wiederkehrende Muster lautet
Angriff (auch in unbewussten Fantasien), Schuld und Wiedergutmachung.

3.3. Der Vater ist dazu da, um gefahrlos mit der Mutter umzugehen

Folgt man den bisherigen Ausführungen, hat es der Säugling bestenfalls geschafft,
sich dank einer »hinreichend guten Mutter« (Winnicott 1996) aus einem Sumpf
von destruktiv-paranoiden Fantasien mit ohnmächtig erlebten physischen Schwächen in ein fragiles Gleichgewicht zur Mutter zu bringen. In dieser Entwicklungs-
phase taucht der Vater in einer neuen Rolle auf. Der bisher vielleicht als liebenswür-
dig empfundene Assistent der Mutter wandelt sich zum Rivalen. Und zwar nicht,
weil er einfach da ist, sondern weil das Kind bemerkt, dass dieser Dritte im Spiegel-
Gesicht der Mutter ein Licht zum Scheinen bringen kann, von dem es nicht beleuchtet wird und von dem es auch noch nichts versteht.

Die Reaktionen des Kindes auf diese ödipalen Situationen sind zunächst gewalttätig. In der Fantasie, aber auch schon in kleinen Alltagsszenarien erkennbar, tötet
und foltert das Kind die Eltern, um die in der Dyade empfundene omnipotente Verfügbarkeit über den jeweils anderen nicht aufgeben zu wollen.

Besonders das »Nein« des Vaters sowohl gegen Kind als auch Mutter ist wichtig,
um das Niveau der Teilobjektbeziehungen zu verlassen, was allerdings nur dann
produktiv gelingt, wenn auf allen Seiten des ödipalen Dreiecks von Vater-Mutter-
Kind liebevolle Regungen den Hass in Schach halten können.

Positives Erbe des triangulierenden ödipalen Konfliktes ist die Akzeptanz von Ge-
nerativität, geschlechtlicher Orientierung, die Bildung des Gewissens (Über-Ich) und
– oft nicht thematisiert – der Transport des Mangels als Motor der Lebendigkeit.

Im Alltag des Strafvollzugs haben wir es im Umgang mit Gewalttätern regelmäßig mit Menschen zu tun, die durch wenig unterstützende frühkindliche Erfahrungen geschwächt in die ödipale Auseinandersetzung gehen. Diese Menschen können
den ödipalen Kampf oft nur »strategisch« bewältigen (vgl. Rohde-Dachser 1994,
58 ff.), indem sie entweder – all ihren angesammelten präödipalen Hass auf einen

der Rivalen des Dreiecks übertragen und ohne Kompromiss den jeweils anderen angreifen oder schützen und dabei aber auch schnell die Besetzungen umdrehen können (Borderline-Lösung) oder – in einer Fantasie vom »ödipalen Sieg« – oft unterstützt durch ein »augenzwinkerndes« Triangulierungsverbot »klebriger« Mütter – eine unrealistische Allmacht über die realen Verhältnisse fortan ins Leben imaginieren. Was immer dieses Spiel der Omnipotenz stören sollte, wird aggressiv abgewehrt (narzisstische Lösung).

Neben diesen »strategischen« ödipalen Lösungen, finden wir bei vielen inhaftierten Gewalttätern eine »Lösung«, die auch vielen gewaltbereiten Kulturen eigen ist. Besonders das männliche Kind wird abrupt und oft mit uns grausam erscheinenden Initiationsriten in eine noch nicht verstehbare Männerwelt gezwungen: Die »Jungen« werden »durch körperlichen und emotionalen Missbrauch in einen Zustand der Desorganisation hineingezwungen ... (sie) müssen den Älteren gehorchen und sie achten, und die so erzeugte Feindseligkeit wird gegen die äußeren Feinde und in gewisser Weise auch gegen die Mütter gewendet, die ihre Söhne dem Männerkult ausgeliefert haben« (Lidz und Lidz 1991, 122).

Nichts anderes haben Väter der inhaftierten Gewalttäter oft auch getan: Mit körperlicher Gewalt gegen Mutter und Kind haben sie Kinder in eine zwangsweise Identifizierung mit ihrem Lebensstil gezwungen. Und es gehört zu den deprimierendsten Erfahrungen im Umgang mit Gewalttätern, dass sie ihr Leiden unter diesen Vätern gut beschreiben können, jedoch ihre Identifikationen mit der aggressiven Lebensbewältigung wegen des drohenden Identitätsverlustes schwer aufgeben können. Partnerbeziehungen gestalten sich wegen überhöhter und ambivalenter Erwartungen regelmäßig als schwierig, Kinder sind Besitz.

Fasst man die bisherigen Überlegungen zusammen, scheint der Weg zum Nichtgewalttäter ein komplexer Vorgang zu sein, aus dem wohl niemand ohne Narben hervorgeht. Der Erfolg zeigt sich in der Sorge und Verantwortung für unsere Objektbeziehungen und dem Transfer des mit der Frustration durch die frühen Bezugspersonen erlebten Hasses in kreative und produktive Arbeit an der Umwelt, in der Hoffnung, dass die Welt einiges zurückgibt.

»Die Erschaffung von Objekten und Welt bekommt nur dann eine Bedeutung, wenn sie aus einem Mangel heraus geschieht. Man kann Gesellschaft nur genießen, wenn sich dies aus einem Zustand tiefster Isolation heraus entwickelt, der gleichen Isolation, der man beim Sterben wieder begegnet« (Winnicott 1996, 147).

4. Krücken zur Abwehr des Mangels – Alkohol, Drogen und Gruppen

Nun ist es nicht so, dass frühkindliche Beeinträchtigungen zwangsläufig zu späteren Gewalttaten führen. Je weiter das Leben der Kinder voranschreitet, desto komplexer vernetzen sich Unbewusstes, kognitive Wahrnehmungsmuster und konkrete Sozialisationsbedingungen (vgl. Köhnken und Bliesener 2002, 82 ff.). Gute Objektbeziehungen z. B. zu Großeltern, Lehrern und Freunden können die Heftigkeit aggressiver Impulse lindern. Besonders das Jugendalter bietet mit seinen neuen Entwicklungsaufgaben gerade in den aggressiven Auseinandersetzungen mit den Eltern und den Autoritäten die Chance, Defizite aus der Kindheit zu heilen (Wegner

1988, 22 ff.). Und es ist auch nicht so, dass eine vermeintlich »gute« Kindheit – man muss da diagnostisch sehr genau hinsehen – automatisch zur Gewaltfreiheit führt. Diverse Lebenskrisen und situative Ausnahmezustände lassen auch ansonsten stabile Persönlichkeiten zu Gewalttätern werden.

Die subtilen Verästelungen latenter Gewaltbereitschaft, die plötzlich und für das soziale Umfeld unverständlich hervorbricht, wird man nur in subtilen Einzelfallstudien verstehen können (vgl. z. B. Lacan 2002). Im Strafvollzug finden sich jedoch mehrheitlich Gefangene, deren Gewalttätigkeit mit Alkohol und Drogen und/oder mit der Zugehörigkeit zu Subkulturen zu tun haben.

4.1. Alkohol und Drogen

26,9 % aller Gewaltdelikte werden unter Einfluss von Alkohol begangen (Bundesministerien des Inneren und der Justiz 2001, 16). Bei den wiederholt wegen Gewalttätigkeit einsitzenden Straftätern dürfte dieser Prozentsatz noch erheblich höher sein.

Schaut man nicht auf die Leberwerte, sondern auf die psychische Funktion des Konsums der Volksdroge Alkohol, rückt die psychische Instanz des Über-Ichs als »der in Alkohol lösliche Teil der Persönlichkeit« (Rost 1992, 51) in den Mittelpunkt. In den vielfältigen Formen des »sozialen Trinkens« löst der Alkohol soziale und neurotische Ängste und wird subjektiv als entspannend und lustorientiert empfunden. Anders verhält es sich bei einem Trinken, das darauf aus ist, quälende Gefühle von Unwert und Hilflosigkeit aufzulösen. In der Genese des Über-Ichs finden wir – wie zuvor skizziert – oft Väter, die gänzlich fehlten, zu schwach oder sinnlos brutal waren und nun eher sadistisch verfolgend das Selbstwertgefühl chronisch untergraben. Im Vollzug begegnen uns diese Menschen (nüchtern) oft als »harte« Typen, die »alles im Griff« haben oder als selbstmitleidige, weinerliche Typen, die Ungerechtigkeiten der Welt beklagen. In beiden Varianten fällt regelmäßig auf, dass sie wenig Möglichkeiten haben, durchaus vorhandene persönliche Ressourcen für ein positives Welt- und Selbstbild zu nutzen; die problematische Funktion des Alkoholkonsums wird häufig bagatellisiert. Unter Alkoholeinfluss »lösen« sich diese sadistischen Über-Ich-Anteile, und können mit dem Mechanismus der projektiven Identifikation in der Außenwelt gewalttätig inszeniert werden. Das Über-Ich dieser Alkoholiker ähnelt eng dem der »Dissozialen« (Rauchfleisch 1981) und es existiert zwischen beiden eine große Schnittmenge.

Bewegt sich der Alkohol- und Drogenkonsum auf dem skizzierten ödipalen Niveau, kann man therapeutisch noch optimistisch sein, dass es vielleicht gelingen kann, ein höheres Niveau der Selbstregulation und eine Anbindung an die Welt menschlicher Objekte zu erreichen.

Hochproblematisch wird ein Suchtverhalten, das hinter die ödipale Schranke fällt und die Drogen zum Ersatz für menschliche Beziehungen werden lässt. Dann sind »destruktiver Hass und Sadismus ... die eigentlichen Triebkräfte der Sucht« (Rost 1992, 82). Mit der Verfügbarkeit über die Droge regrediert der Süchtige auf das zuvor beschriebene Niveau der magischen Weltbeherrschung. Die Droge als Mutterersatz perpetuiert oft ausweglos die unbewusste Fantasie einer giftige Milch abgebenden Mutter, was aber in der realen Beziehung geleugnet werden muss. Süchtige »stehen permanent unter dem Verbot, die destruktiven Anteile ihrer Mütter wahrzunehmen« (a. a. O., 90). Die Einnahme der Droge verspricht illusorisch »gute Milch«, die später umso enttäuschender als »böse Milch« zurückkehrt.

Bei Straftaten von Drogenabhängigen imponiert zunächst der Aspekt der »Beschaffungskriminalität«, der oft strafmildernd in die Verurteilungen eingeht. Der »kranke« Abhängige habe ja keine andere Wahl, er brauche seinen Suchtstoff und legal ständen ihm keine Einnahmequellen zur Verfügung, um seine krankhafte Sucht zu finanzieren. Das mag so sein. Was bei dieser verstehenden Haltung gegenüber gewalttätigen Drogentätern verlustig geht, ist eine abgrenzende Anerkennung ihrer Aggressivität.

4.2. Gruppen und Gewalt

Das Über-Ich ist nicht nur alkohollöslich, sondern auch gruppenlöslich. Im schlimmsten Fall ist das ein ganzes Volk, das seine Mitglieder zu einem kollektiven Hass zwingt und differenzierte Betrachtungen unter Strafe stellt.

Auch im Strafvollzug begegnen uns gut organisierte Gruppen von Gewalttätern, die ihre Ideologie und ihre Geschäfte durch ein hierarchisch organisiertes Terrorsystem vor Einflüssen von außen zu schützen wissen. Solange diese Subkulturen funktionieren, wäre es ein törichtes Unterfangen, hier mit psychologischem Verstehen anzusetzen. Fremdheit, Konflikt und offene aggressive Auseinandersetzung sind die wohl nicht zu vermeidenden Mittel gegen diese Subkulturen.

Kann man aber z. B. rechtsradikale Gewalttäter aus dem selbst referenziellen Dunstkreis ihrer Gruppen ein Stück herauslösen, wird deutlich, was deren Attraktivität ausmacht: Neid und Hass gegen andere ermöglichen »ein omnipotentes Ausleben von Aggression, wobei projektiv verzerrt das Opfer als der Angreifer erscheint und ein paranoides Klima entsteht« (Hardtmann 2001, 1027). Oft genährt durch reale soziale Versagungen, angeheizt durch eine Sprache und Musik, die eine Rettung durch angehimmelte Autoritäten und totalitäre Strukturen herbeiimaginieren, können sich Gruppentäter ihrer Gefühle der Insuffizienz, der Abwehr der Frustration des Nichtwissens u. a. psychisch agierend bequem entledigen.

5. Die Behandlung von Gewalttätern

Eigentlich ist die Behandlung von Gewalttätern ganz einfach und ähnelt der geschilderten frühkindlichen Erziehung. Man gebe ihnen einen wohlwollenden und zugleich grenzziehenden Rahmen für ihre aggressiven Ausbrüche, trianguliere ihre Objektbeziehungen, fördere ihre sozialen und kognitiven Fähigkeiten und entlasse sie dann in eine schwierige Welt, in der sie hoffentlich bestehen.

Natürlich funktioniert das in der Praxis nicht so, gleichwohl zeigt es die Richtung der Behandlung an. Ich möchte im Folgenden einige wichtige Aspekte der Behandlung kurz ansprechen. Empirischer Hintergrund sind meine Erfahrungen als Psychologe und als Anstaltsleiter in der Sozialtherapeutischen Anstalt Hamburg-Altengamme.

Die Anstalt nimmt vorwiegend – aber nicht nur – Gewalttäter auf (54 Männer und 6 Frauen), die die letzten 18 bis 30 Monate vor ihrer Entlassung dort auf die

Freiheit vorbereitet werden. Die Männer haben im Durchschnitt bereits 9 Jahre Haft durch frühere Verurteilungen verbüßt, sind also keine »Eierdiebe«. Nach der Entlassung sind nach 2 Jahren 90 % der Insassen nicht erneut inhaftiert, nach 5 Jahren sind es noch über 80 % (zu einer ausführlichen Darstellung vgl. Rehn und Warning 1989, Rehn 2001, Wegner 2001).

5.1. Externalisierungen

Rauchfleisch (1981, 19) charakterisiert dissoziale Gewalttäter als Menschen mit einem »depressiv narzisstischen Kernkonflikt ... mit starken Externalisierungstendenzen.« Das Agieren innerer Konflikte in der Außenwelt führt oft zu Straftaten, ist behandlerisch jedoch eine Schatzgrube. Anders als z. B. ein pädophiler Sexualstraftäter, der kooperativ und sozial angepasst »sauber an sich und seinen Sachen« ist, projiziert der Gewalttäter seine Probleme in die Welt und u. a. auch auf die Mitarbeiter des Strafvollzugs.

Entsprechend ihrer inneren Verfassheit, den erlernten Techniken des Überlebens in kaputten Familien und Heimen, haben Gewalttäter oft eine hoch entwickelte Fähigkeit zur Spaltung und Manipulation aller zwischenmenschlichen Beziehungen entwickelt. Im Kern versuchen sie auf einem präödipalen Niveau ihre egozentrischen Bedürfnisse an einem verpflichtenden sozialen Rahmen vorbei zu schmuggeln, indem sie nur Teilobjektbeziehungen eingehen. Anders als z. B. beim Umgang mit Menschen, die wegen Betrugsdelikten verurteilt wurden, haben nach meiner Erfahrung diese projizierten Attacken jedoch nicht das Ziel, wirklich durchkalkulierte Ergebnisse zu realisieren. Meistens geht es dahinter um die Suche nach einer Umwelt, die stabil genug ist, diese oft aggressiven Attacken auszuhalten. Und bisweilen ist es sogar anrührend, mit welch strenger Moral sich Gefangene – »sei dir selbst treu« – sich gegen Veränderungen ihrer oft hanebüchen unrealistischen Realitätsentwürfe wehren. Therapeutisch wird man verstehen, dass hinter all den ärgerlichen realitätsverzerrenden Selbstaufblähungen eine tiefe Angst vor der Regression auf eine depressive, dependente Position steckt.

5.2. Organisatorische Bedingungen

Im Strafvollzug finden Gefangene reichlich und oft auch realistische Nahrung für die Aufrechterhaltung verzerrter Weltbilder. Paradoxerweise fördern gerade behandlungsorientierte Vollzugseinheiten eine paranoide Entwicklung, in dem sie für regressionswillige und therapieaufgeschlossene Gefangene eine versorgende und nährende Mutterfunktion übernehmen. Für aggressive, renitente, alkohol- und drogenrückfällige Gefangene hingegen droht die bevormundende, böse und strafende Mutter (Rückverlegung). Für die Gefangenen ist das eine klassische doublebind Situation, der sie sich durch Scheinanpassungen oder agierende Gegenwehr entledigen können, was in beiden Fällen zu nichts führt. Das Krankmachende am Vollzug sind für Gefangene und Bedienstete fehlende Möglichkeiten befreiender Metakommunikation.

Organisatorisch ist dabei nicht nur für die Mitarbeiter ein funktionierendes Konferenzsystem bereitzustellen, sondern vor allem auch ein offener Austausch mit den

Gefangenen zu pflegen, der sich nicht scheut, sämtliche sie betreffenden Entscheidungen offen zu legen. Und sich auch nicht fürchtet, als »Mutter« Anstalt mit den Gefangenen, über die Macht von unmittelbar vielleicht noch nicht wahrgenommenen »Vätern« – wie Aufsichtsbehörden, Strafvollstreckungskammern oder Gutachtern – zu sprechen, auch wenn damit ein Stück angedichteter Macht verloren geht.

5.3. Mitarbeiter

Es gibt zwei Diskurskreise im Strafvollzug, die oft nebeneinander existieren: Im Extrem treffen Normopathen auf Psychopathen und treiben sich, ohne miteinander zu kommunizieren, unter dem Zauberwort »Sicherheit« in ein Herr- und Knecht-Verhältnis. Die fehlende Kommunikation zwischen den Lagern wird systematisch durch Verbote der jeweiligen Subkulturen stabilisiert. Vergebens hofft so der Herr der Sicherheit auf ein zustimmendes Echo der Kontrollierten, die ihrerseits mit all ihren mehr oder minder findigen subkulturellen Aktivitäten vergebens auf den Tod des kontrollierenden Herrn warten. Im anderen Extrem treffen vor allem Zugehörige der verstehenden Zünfte auf kaputte und tief verletzte Seelen. Im schlechten Fall gehen beide eine unbewusste oder gar offene Koalition gegen das System Strafvollzug ein.

Beide Reaktionen sind natürlich nicht hilfreich und verraten in Form von Gegenübertragungen regelmäßig mehr über die Psyche der Bediensteten als über die der Gefangenen. Will man als Mensch im widersprüchlichen System Strafvollzug Gewalttätern menschlich und vielleicht sogar stützend gegenübertreten, bedarf es einer kollegialen Absicherung im Gesamtsystem. Keine Arbeit darf in einem behandlerischen System besser oder schlechter sein. Der kontrollierende Kollege des allgemeinen Vollzugsdienstes, der sich beim Alkoholtest bepöbeln lassen muss, leistet in einer freundlichen Sachlichkeit ebenso viel, wie ein Psychotherapeut, der mit den destruktiven Fantasien des Gewalttäters nach Hause geht.

Um kollegial und professionell mit seinen Gegenübertragungen umzugehen bedarf es regelmäßiger Supervision und Fortbildung.

5.4. Behandlungselemente im Kontext einer Lebenswelt

Wenn von Behandlung die Rede ist, hat man schnell das klassische medizinische Modell vor Augen, bei dem ein Professioneller ein definiertes Problem beim Gegenüber bearbeitet. Behandlung in der Lebenswelt einer Vollzugsanstalt stellt sich als wesentlich komplexer dar. Zum einen laufen im Vollzug immer zwei Diskurse, ein Diskurs der »Behandlung« und einer des Strafvollzugs, und die Gefangenen behandeln auch die »Behandler«. Ein Beispiel: Ein alkoholgefährdeter Gewalttäter steht kurz vor dem Beginn einer Umschulung und prahlt, wie locker er diese Maßnahme »wuppen« werde. Nach einem Ausgang kehrt er deutlich angetrunken in die Anstalt zurück. In einer Konferenz wird die Lockerungseignung nach einer kontroversen Debatte nicht zurückgenommen, um die Umschulung nicht zu gefährden. Prompt kehrt er erneut von einem notwendigen Ausgang wieder alkoholisiert zurück. Die Lockerungen und die Umschulung werden gestrichen.

Es ist klar, wie hier der Gefangene die »Behandler« behandelt: »Die Umschulung nur wegen ein paar Bieren knicken, das nennt sich Sozialtherapie!« Der Gefangene kann mit der Schuldzuweisung an die Anstalt sein omnipotentes Weltbild aufrechterhalten, braucht sich nicht mit all seinen Ängsten in Hinblick auf die Umschulung beschäftigen und hat auch bequem sein Alkoholproblem externalisiert. So ärgerlich solche Vorkommnisse im Einzelnen sind, ein Raum zum Agieren ist notwendig, um gleichsam in einem »szenischen Verstehen« (Lorenzer 1976) bislang Unsagbares in Sagbares umzuwandeln. Ein Anstaltsklima, das eigentlich nur den § 3, Abs. 1 des StVollzG Ernst nimmt – »Das Leben im Vollzug soll den allgemeinen Lebensverhältnissen soweit als möglich angeglichen werden« – muss im Alltag der Lebenswelt des (sozialtherapeutischen) Strafvollzugs eine unneurotische Gelassenheit zeigen, in Ernstfällen entschlossen und professionell handeln und eine Streitkultur pflegen, die berechtigte Standpunkte der Diskurse von Vollzug und Behandlung zu verknüpfen weiß.

So weit wie irgend möglich, sind die Gefangenen in diese Diskurse einzubeziehen, um ihnen sowohl irrationale Ängste vor einer diffusen Machtausübung zu nehmen, aber auch um ihnen die (Vollzugs-)Welt als ein widersprüchliches System nahe zu bringen. Erst vor diesem therapeutischen Klima entfalten alle speziellen Behandlungsmaßnahmen ihre volle Wirkung, weil zwischen Diagnostizieren, Sagen, Handeln und Agieren ständige Rückkopplungen möglich sind.

Anders als bei den Sexualstraftätern (vgl. z. B. Berner und Becker 2001; Wischka et al. 2001) wurden bisher Programme für Gewalttäter kaum wissenschaftlich evaluiert. Es gibt vor allem für Jugendliche vielfältige Antiaggressionstrainings (z. B. Colla 2001; oder bereits Redl und Wineman 1979; hier eine Evaluation: Ohlemacher et al. 2001). Folgende vier Punkte sind nach meinen Erfahrungen mit Gewalttätern als Mindeststandard in ein Behandlungsprogramm zu übernehmen.

Aufarbeitung des Tatgeschehens

Nicht nur in Einzeltherapie, sondern auch in Gruppen sollten die Straftaten und ihr Kontext ohne Ausflüchte und Bagatellisierungen besprochen werden. In Altengamme verwenden wir keine »heißen Stühle« oder sonstige konfrontative Methoden, sondern räumen dem Gefangenen großzügig Raum für seine Selbstdarstellungen ein, die in ihrer Realität jedoch den Urteilen entsprechen müssen – notfalls wird aus der Gefangenenpersonalakte vorgelesen. Zu diesem Behandlungteil gehören Empathieübungen, wie z. B. sich einen Brief aus der Perspektive des Opfers zu schreiben.

Drogen, Alkohol und Subkultur

Wie zuvor beschrieben, sind Drogen etc. ein gewichtiges Motiv zur Begehung von Gewaltstraftaten, sie sind natürlich auch Einfallstore für die Rückfälligkeit. Deshalb muss die Suchtproblematik in die gesamte therapeutische Arbeit eingebunden werden (inkl. Urinkontrollen). Mit Aufnahme von Vollzugslockerungen empfehlen sich Anbindungen an externe Alkohol- und Drogentherapien, die ggf. auch eine Betreuung nach der Entlassung gewährleisten.

Arbeit

Die Heranführung an Arbeit und damit zusammenhängend die Anerkennung eines sachlichen Rahmens, der auch die Interaktionen der arbeitenden Menschen regelt, fällt Straftätern oft schwer. Es bedarf geduldiger Mitarbeiter, um hier förderliche Prozesse in Gang zu setzen. Soweit nötig, sind schulische Defizite durch Gruppen- und Einzelförderungen auszugleichen. Soweit möglich, sollten innerhalb oder außerhalb der Anstalt berufsqualifizierende Maßnahmen zur Verfügung stehen, die nicht nur die Chancen auf dem Arbeitsmarkt erhöhen, sondern auch ich-stärkend und identitäts-stiftend sind.

In Altengamme hat sich bewährt, zunehmende Vollzugslockerungen eng mit einer Arbeitstätigkeit zu verknüpfen; beinahe alle Gefangenen wurden in den letzten 19 Jahren mit Arbeit und Wohnung entlassen.

Einzeltherapie

Der Vorteil einer sozialtherapeutischen Anstalt besteht für die dort tätigen Psychotherapeuten vor allem darin, dass sie nicht nur die Schilderungen der Gefangenen hören, sondern im Gruppentherapieprogramm, in den Wohngruppen, bei Ausflügen u. a. das Verhalten der Gefangenen unmittelbar miterleben und diese Erkenntnisse je nach Therapiestand behutsam oder auch direkt in den Therapieprozess einbringen können. Um in Zeiten größerer Krisen im und mit dem Vollzug stützend sein zu können, beteiligen sich die Psychotherapeuten nicht an Vollzugsentscheidungen, die ihre Gefangenen betreffen. Das ist bei Gewalttätern – wie schon erwähnt – nicht sonderlich problematisch, weil sich Therapiefortschritte im Alltagsverhalten zeigen.

6. Schlussbemerkung – problematische Gewalttäter und Frauen

Bei allem therapeutischen Optimismus in der Arbeit mit Gewalttätern muss man auch die Grenzen der Behandelbarkeit bei einer kleinen, prognostisch ungünstigen Gruppe sehen. In der Terminologie Winnicotts wären das Täter, die nie wirklich die Illusion einer magischen Weltkontrolle (s. zuvor) aufgegeben haben und mit erstarkten Ich-Kräften sadistisch-manipulierend die Umwelt zu beherrschen versuchen. Mit dem korrespondiert, was Green (2001, 874 f.) jüngst unter dem Begriff »Desobjektalisierungsfunktion« beschrieben hat: Sämtliche libidinösen Bindungen an Objekte in der Außenwelt brechen ab bzw. sind abgebrochen und selbst ein vielleicht ehemals libidinös besetztes Größenselbst zerfällt. Es wird gleichsam alles kalt. Ulrike Prokop (2001, 1119 ff.) hat in ihrem Essay zu Michael Houellebecqs Roman »Ausweitung der Kampfzone« eindrucksvoll einen solchen Zerfall auch unter Berücksichtigung gesellschaftlicher Entwicklungen analysiert.

Kernberg (1977, 90 f.), um dieses Thema abzurunden, fasst diese Gewalttätergruppe unter dem Begriff des »Syndroms des malignen Narzissmus« zusammen, bei dem eine »Kombination« aus (1) einer narzisstischen Persönlichkeitsstörung,

(2) antisozialem Verhalten, (3) ich-syntoner Aggression oder ich-syntonem Sadismus ... und (4) einer stark paranoiden Einstellung« besteht.

Als mich der Herausgeber bat, diesen Beitrag kurzfristig zu übernehmen, ist mir sofort aufgefallen, dass es nur um »Gewalttäter« ging – oder gehen sollte? Von Gewalttäterinnen war keine Rede und auch meine Ausführungen zielen auf männliche Täter. Ich wäre wohl auch überfordert gewesen, dazu wirklich etwas Erhellendes zu sagen, außer der Erfahrung, dass die in Altengamme inhaftierten Gewalttäterinnen fast immer einfach nachvollziehbare Motive für ihre Taten hatten.

Literatur

Berner, W. und Becker, K. H. (2001), Sex Offender Treatment Programme (SOTP) in der Sozialtherapeutischen Abteilung Hamburg-Nesselstraße. In: Rehn, G.; Wischka, W.; Lösel, F. und Walter M. (Hrsg.), *Behandlung »gefährlicher Straftäter«*. Herbolzheim: Centaurus, 206–217.

Blos, P. (1978), *Adoleszenz*. Stuttgart: Klett-Cotta.

Bundesministerien des Inneren und der Justiz (2001), *Erster periodischer Sicherheitsbericht der Bundesregierung*.

Bundesministerium des Inneren (2003), *Die Kriminalität in der Bundesrepublik Deutschland – Polizeiliche Kriminalstatistik für das Jahr 2002*.

Colla, H.; Scholz, C. und Weidner, J. (Hrsg.), (2001), *Konfrontative Pädagogik*. Mönchengladbach: Forum-Verlag.

Diem-Wille, G. (2003), Melanie Klein, Gesammelte Werke. *Psyche* 57: 275–283.

Duden (1963), *Band 7: Herkunftswörterbuch*. Mannheim, Wien, Zürich: Dudenverlag.

Fonagy, P. und Target, M. (2002), Neubewertung der Entwicklung der Affektregulation vor dem Hintergrund von Winnicotts Konzept des »falschen Selbst«. *Psyche* 56: 839–862.

Freud, S. (1999), *Gesammelte Werke*. Frankfurt a. M.: Fischer.

Fromm, E. (2003), *Anatomie der menschlichen Destruktivität*. Reinbek: Rowohlt.

Green, A. (2001), Todestrieb, negativer Narzissmus, Desobjektalisierungsfunktion. *Psyche* 55: 865–877.

Hardtmann, G. (2001), Die Funktionalisierung des Opfers als »Container«. Rechtsradikale Jugendliche und Gewalt. *Psyche* 55: 1027–1050.

Kernberg, O. (1997), *Wut und Hass*. Stuttgart: Klett-Cotta.

Klein, M. (1972), *Über das Seelenleben des Kleinkindes und andere Beiträge zur Psychoanalyse*. Reinbek: Rowohlt.

Köhnken, G. und Bliesener, T. (2002), Psychologische Theorien zur Erklärung von Gewalt und Aggression. In: Ostendort, H.; Könken, G. und Schütze, G. (Hrsg.), *Aggression und Gewalt*. Frankfurt a. M. u. a.: Lanf, 71–94.

Lacan, J. (1986), Das Spiegelstadium als Bildner der Ich-Funktion. In: Lacan, J., *Schriften I*: 61–70.

Lacan, J. (2002), *Über die paranoische Psychose in ihren Beziehungen zur Persönlichkeit*. Wien: Passagen Verlag.

Laufer, M. (1980), Zentrale Onaniefantasie, definitive Sexualorganisation und Adoleszenz. *Psyche* 34: 365–384.

Lidz, T. und Lidz, R. (1991), Weibliches in Männliches verwandeln: Männlichkeitsrituale in Papua Neuguinea. In: Friedmann, R. und Lerner, L. (Hrsg.), *Zur Psychoanalyse des Mannes*. Berlin u. a.: Springer, 115–134.

Lorenzer, A. (1976), *Sprachzerstörung und Rekonstruktion*. Frankfurt: Suhrkamp.

Ohlemacher, T.; Södging, D.; Höynck, T; Ethé, N. und Welte, G. (2001), Anti-Aggressivitäts-Training und Legalbewährung: Versuch einer Evaluation. In: Bereswill, M. und Greve, W. (Hrsg.), *Forschungsthema Strafvollzug*. Baden-Baden: Nomos, 345–386.

Prokop, U. (2001), Stigma und Gewalt. Zu einigen Szenen aus Houllebecqs Ausweitung der Kampfzone. *Psyche 55*: 1119–1140.

Rauchfleisch, U. (1981), *Dissozial*. Göttingen: Vandenhoeck und Ruprecht.

Redl, F. und Wineman, D. (1979), *Kinder, die hassen*. München: Piper.

Rehn, G. (2001), Vorstrafenbelastung und Rückfälligkeit bei Gefangenen aus der Sozialtherapeutischen Anstalt Altengamme. In: Rehn, G.; Wischka, W.; Lösel, F. und Walter, M. (Hrsg.), *Behandlung »gefährlicher Straftäter«*. Herbolzheim: Centaurus, 364–379.

Rehn, G. und Warning, D. (1989), Lebenswelt Sozialtherapeutische Anstalt. *Zeitschrift für Strafvollzug und Straffälligenhilfe* 38: 222–231.

Rohde-Dachser, C. (1994), *Im Schatten des Kirschbaums*. Berlin, Göttingen, Toronto: Huber.

Rost, W-D. (1992), *Psychoanalyse des Alkoholismus*. Stuttgart: Klett-Cotta.

Schwind, H-D. (2000), *Kriminologie*. Heidelberg: Kriminalistik-Verlag.

Spranger, E. (1979), *Psychologie des Jugendalters*. Heidelberg: Quelle und Meyer.

Wegner, T. (1988), Nicht alle über einen Kamm. *Pädagogik* 3/88: 22–27.

Wegner, T. (2001), Altengamme – something works: In: Rehn, G.; Wischka, W.; Lösel, F. und Walter, M. (Hrsg.), *Behandlung »gefährlicher Straftäter«*. Herbolzheim: Centaurus, 150–160.

Winnicott, D. (1996), *Aggression*. Stuttgart: Klett-Cotta.

Wischka, B.; Foppe, E.; Griepenburg, P.; Nuhn-Naber, C. und Rehder, U. (2001), Das Behandlungsprogramm für Sexualstraftäter (BPS) im niedersächsischen Justizvollzug. In: Rehn, G.; Wischka, W.; Lösel, F. und Walter, M. (Hrsg.), *Behandlung »gefährlicher Straftäter«*. Herbolzheim: Centaurus, 193–205.

Gruppenpsychotherapie

von Willi Pecher

Einleitung

Formen der Gruppenpsychotherapie werden im Justizvollzug in verschiedenem Setting und vielfältiger Form angewandt. In Sozialtherapeutischen Anstalten und Abteilungen, in Behandlungs- und Wohngruppen sowie im Jugendvollzug gehören sie mittlerweile weitgehend zum methodischen Standardrepertoire, werden aber auch unter Bedingungen des »Normalvollzugs« praktiziert.

Schon in der Formulierung des Vollzugsziels in § 2 StVollzG »... künftig *in sozialer Verantwortung* ein Leben ohne Straftaten zu führen.« klingt an, dass Behandlungsformen, die den Gemeinschaftsbezug bereits im Mehr-Personen-Setting herstellen, von besonderer Bedeutung sind. In § 9 StVollzG ist von »besonderen therapeutischen Mitteln« einer sozialtherapeutischen Anstalt die Rede. Callies und Müller-Dietz (1991, 107) sehen die Ursachen von Defiziten in der Handlungskompetenz Delinquenter »nicht so sehr in der ›Pathologie‹ des Einzelnen, sondern vor allem in der gestörten Interaktion und Kommunikation von Gruppen« und folgern daher in Bezug auf die Methoden der Sozialtherapie »dass diese in erster Linie in der Form der Gruppentherapie ... durchzuführen ist«. Da die personellen Ressourcen für resozialisierende Maßnamen im Justizvollzug nach wie vor sehr gering sind, ist beim Einsatz von Gruppenverfahren auch der ökonomische Aspekt durchaus von Bedeutung: Die Behandlung erfasst gleichzeitig mehrere Personen.

Da Behandlungsbedürftigkeit im Justizvollzug nicht ausschließlich über klinische Störungsbilder (überwiegend Persönlichkeitsstörungen) definiert ist, sondern sich am Bedarf an Resozialisierung orientiert, fällt die klare Abgrenzung zu anderen Formen der Gruppenbehandlung schwer. Soziale Gruppenarbeit und Soziales Training betonen die pädagogische Einflussnahme auf die Teilnehmer zur Erweiterung der sozialen Kompetenz, Kommunikations- und Kooperationsfähigkeit. Selbsterfahrungsgruppen zielen als »therapy for normals« auf verbesserte Selbst- und Fremdwahrnehmung und gesteigertes Verständnis für soziale Prozesse. Letztendlich handelt es sich bei den mit immer neuen Namen versehenen Gruppenmethoden um verschiedene Schwerpunktsetzungen aus einer Fülle von Wirkfaktoren.

1. Wirkfaktoren der Gruppenpsychotherapie

Yalom (1989, 19 ff.) beschreibt 11 Wirkfaktoren für Gruppenpsychotherapien, die in der Fachdiskussion mit geringen Variationen immer wieder zu Grunde gelegt werden.

Interpersonales Lernen

Die therapeutische Gruppe ist ein sozialer Mikrokosmos, in dem Verhaltensmuster der einzelnen Mitglieder deutlich zu Tage treten, die dafür auslösenden Ereignisse erkennbar werden und die Reaktionen anderer darauf beobachtbar sind. Die Entwicklung befriedigender, unverzerrter personaler Beziehungen korreliert hoch mit psychischer Genesung.

Gruppenkohäsion

»Kohäsion« in der Gruppentherapie ist das Gegenstück zu »Beziehung« in der Einzeltherapie. Sie lässt sich beschreiben als Anziehungskraft, durch die sich die Mitglieder in eine Gruppe eingebunden fühlen und äußert sich in einer Grundhaltung der Akzeptanz sowohl der Gruppenteilnehmer untereinander als auch durch den Leiter. Kohäsion bildet die Grundlage für die Wirksamkeit anderer Faktoren.

Katharsis

Katharsis als Ausdruck von Gefühlen fördert das Erleben eigener Kompetenz, stärkt die Gruppenkohäsion und unterstützt auf Andere bezogen (Feed-back-Geben) das interpersonelle Lernen. Sie ist kein isolierter Wirkfaktor an sich, sondern als vermittelnde Variable von Bedeutung.

Entwicklung von Techniken des mitmenschlichen Umgangs

Je nach Gruppenmethode werden fundamentale soziale Fertigkeiten direkt eingeübt (z. B. soziales Training, Rollenspiel) oder entwickeln sich in komplexen Prozessen (analytische Gruppentherapie). Einfühlen in und Reaktion auf andere Menschen, Konfliktfähigkeit und Selbstbehauptung sind zentrale Fertigkeiten befriedigender und angemessener Beziehungen.

Nachahmendes Verhalten

Soziales Lernen vollzieht sich zu einem beträchtlichen Teil durch Nachahmung. Der Patient kann davon profitieren, wenn er sieht, wie andere Gruppenmitglieder oder der Leiter mit Problemen umgehen. Die Gruppe bietet nicht nur ein Verhaltensmuster, sondern eine ganze Palette an, sodass dasjenige als Anregung dienen kann, das am besten den eigenen Potenzialen entspricht.

Existenzielle Faktoren

Gemeint sind hier die Einsicht in eine grundlegende Verantwortung für das eigene Handeln, eine letzte Isoliertheit trotz Beziehungen, die Unvorhersehbarkeit des Lebens und die Gewissheit des Todes. Diese Einsichten ergeben sich nicht durch kognitive Prozesse, sondern durch einfühlende Präsenz der anderen Gruppenmitglieder und des Leiters. Die therapeutische Wirksamkeit dieser Erkenntnisse erweist sich in einer Relativierung von Alltagsproblemen.

Universalität des Leidens

Das ursprüngliche Problem des Patienten wird oft dadurch zusätzlich verschärft, dass es vom Gefühl der Isolation begleitet wird. Indem andere Gruppenteilnehmer von ihren Schwierigkeiten berichten, wird Kommunikation gefördert, Angst reduziert und das Zugehörigkeitsgefühl gestärkt.

Einflössen von Hoffnung

Die Hoffnung des Patienten auf Besserung seiner Probleme hat Einfluss auf ein positives Behandlungsergebnis. Fehlt diese Erwartungshaltung, kommt es leichter zum Therapieabbruch.

Altruismus

Dem anderen eine Hilfe sein zu können, stärkt das Selbstwertgefühl. Das Gefühl des »Gebraucht-Werdens« kann die Fixierung auf die eigene Pathologie mildern.

Korrigierende Rekapitulation der primären Familiengruppe

In der Gruppe werden via Übertragung Erfahrungen in der Primärfamilie wieder belebt. Durch die Anwesenheit mehrerer Personen können – im Gegensatz zur Einzeltherapie – komplexe Beziehungsszenen simultan abgebildet werden. Durch korrigierende emotionale Erfahrung können destruktive und pathologische Muster in förderliche umgewandelt werden.

Anleitung, Mitteilung von Informationen

Hierunter werden Unterweisungen des Therapeuten oder anderer Gruppenteilnehmer bezüglich psychischer Gesundheit, der Wirkungsweise von Therapie oder auch direkte Handlungsanweisungen an den Patienten verstanden.

2. Indikation zur Gruppenpsychotherapie

Die Gesamtschau der Wirkfaktoren zeigt, dass bei einer gruppentherapeutischen Behandlung die soziale Dimension der Problematik des Patienten im Vordergrund steht. Durch komplexe Übertragungsmuster, insbesondere Familienübertragungen, wird die Entstehung problematischer Verhaltensmuster deutlich. Durch interpersonales Lernen, nachahmendes Verhalten und Entwicklung von Techniken des mitmenschlichen Umgangs wird eine Modifizierung dieser Muster möglich.

Eckert (2001) sieht dann eine Indikation zur Gruppenpsychotherapie als gegeben an, wenn die interpersonalen die intrapsychischen Probleme überwiegen. Als Indikationen für eine Gruppenpsychotherapie nennt er folgende interpersonalen Problembereiche:

- soziales Rückzugverhalten und (unfreiwillige) Einsamkeit,
- Schüchternheit und Gehemmtheit,
- Unfähigkeit zu Nähe und Liebe,
- unangemessenes Konkurrenzverhalten,
- Autoritätsprobleme,
- übertriebene Aggressivität und Streitsucht bzw. chronisch provozierendes Verhalten,
- übertriebenes Misstrauen,
- Narzissmus, einschließlich der Unfähigkeit, zu teilen und sich einzufühlen oder Kritik zu akzeptieren, sowie einem ständigen Bedürfnis nach Bewunderung,
- Angst, sich durchzusetzen,
- Unterwürfigkeit und Abhängigkeit,
- Angst, in dem Bedürfnis, Liebe zu geben, ausgenutzt zu werden.

Sofern bei behandelten Straftätern ein klinisch relevantes Störungsbild vorliegt, handelt es sich ganz überwiegend um Persönlichkeitsstörungen, bei denen ein andauerndes Muster von innerem Erleben und Verhalten vorliegt, das merklich von den Erwartungen der soziokulturellen Umwelt abweicht und sich u. a. in der Art der Beziehungsgestaltung äußert und zu sozialen Beeinträchtigungen führt. Das Agieren intrapsychischer Konflikte und Defekte im zwischenmenschlichen Bereich – das zentrale Merkmal von Straffälligkeit –macht Gruppenpsychotherapie zur Methode der Wahl im Bereich der Straftäterbehandlung.

3. Setting

Als stationäres Setting in einer totalen Institution ist Gruppenpsychotherapie im Justizvollzug in vielfacher Hinsicht nicht mit dem Standardsetting »ambulante Psychotherapie« vergleichbar. Die Institution wirkt ständig als »unsichtbarer Dritter« auf den therapeutischen Prozess ein, beeinflusst Erleben und Verhalten der Patienten und Therapeuten und deren Beziehung zueinander (Pecher 1999; Lamott 1994). Janssen (1987, 131) definiert stationäre Gruppenpsychotherapie als »Behandlung eines erkrankten Menschen innerhalb einer Patientengruppe durch eine Gruppe von Therapeuten, die miteinander in Beziehung stehen. Die mehr oder weniger flexiblen institutionellen Bedingungen stellen den Rahmen dieser Behandlung dar.« Während bipolare Therapiekonzepte zwischen »Therapie-Raum« (explizit therapeutische Maßnahmen) und »Real-Raum« (sonstiges Umfeld, in dem der stationär untergebrachte Patient lebt) unterscheiden, geben integrative Therapiekonzepte diese Trennung auf: Der Therapeut hat die Aufgabe, die gesamte zwischenmenschliche Situation, die der Patient um sich herum in der Institution geschaffen hat, zu bearbeiten (Bilitza 1994, 166). Die Einbeziehung des Alltagslebens des Patienten in die Therapie verhindert Beschönigungstendenzen und Aussparung von problematischen Verhaltensbereichen. Abspaltung und andere Abwehrformen sind nicht so leicht möglich, da Mitpatienten als Kenner der Alltagssituation korrigierend eingreifen (Schönberger 1994). Umgekehrt besteht die Gefahr einer völligen Therapeutisierung des Alltagslebens (Rehn 2002).

Auf der Seite des Behandelnden hat das integrative Konzept zur Folge, dass auch die Personalgruppen, die primär die Alltagsbeziehungen des Patienten gestalten (im Justizvollzug also vor allem der allgemeine Vollzugsdienst und der Werkdienst) in das therapeutische Team mit eingebunden sind. Sie gestalten wesentlich das therapeutische Milieu, das »nicht nur den Hintergrund, die Kulisse bildet, vor dem die Hauptakteure, die Psychotherapeuten, in Erscheinung treten« (Wischka 2001, 149).

4. Therapiekontrakt und Regeln

Wie in der Einzelpsychotherapie ist vor Aufnahme der Gruppenbehandlung der Abschluss eines therapeutischen Kontrakts zwischen Therapeut und Patient zu empfehlen. Er regelt praktisch-strukturelle Einzelheiten (z. B. Teilnahmeverpflichtung, Absagemodus, Sitzungszeiten, Verbot von oralen Befriedigungen während der Sitzung), Grundregeln (z. B. Verschwiegenheit nach außen, Offenheit innerhalb der Gruppe, Verbot körperlicher Gewalt oder deren Androhung unter den Gruppenmitgliedern, Pflicht zum Nachgespräch bei Therapieabbruch) und das individuelle Therapieziel. Der Kontrakt schafft eine gemeinsame Richtlinie für Erwartungen an die Gruppentherapie und einen Bezugspunkt bezüglich des Therapiefortschritts. An Abweichungen vom Kontrakt im therapeutischen Prozess werden Widerstand und Abwehr deutlich und bearbeitbar.

Die Schweigepflicht des Therapeuten im Justizvollzug ist aufgrund der gesetzlichen Regelungen des § 182 StVollzG begrenzt. Dies gilt es bei der Kontraktvereinbarung deutlich zu machen. Nur umfassende Transparenz verhindert paranoide Reaktionen bei den Patienten, die dann nicht mehr zu bearbeiten sind, weil sich Realbeziehung und Arbeitsbündnis vermischen. In der Gruppenpsychotherapie – auch bei der in Freiheit – kommt verkomplizierend noch hinzu, dass es für die Mitpatienten keine gesetzliche Regelung zur Verschwiegenheit gibt (Riemer 2002). Im Extremfall geben Mitpatienten Details zum Delikt an Staatsanwaltschaft oder Gericht weiter, was Einfluss auf evtl. noch offene Verfahren oder gerichtliche Entscheidungen (z. B. bezüglich bedingter Entlassung) haben kann. In der Praxis kommt dies zwar selten vor, beeinflusst dann aber das therapeutische Klima auf lange Zeit negativ.

5. Zusammensetzung der Gruppe

Die Frage der Homogenität bzw. Heterogenität der Teilnehmer fokussiert sich im Strafvollzug auf das Delikt. Werden Gruppentherapien im Rahmen von Behandlungseinrichtungen für bestimmte Deliktgruppen (z. B. sozialtherapeutische Abteilung für Sexualstraftäter, intramurale Drogentherapie) oder als spezielle Trainings (z. B. Anti-Gewalt-Training) durchgeführt, ergibt sich zwangsläufig eine delikt-homogene Zusammensetzung. Ohne diese Vorgabe scheinen Therapeuten im Straf-vollzug deliktheterogene Gruppen zu bevorzugen (Pecher 1999, 185).

Vorteile delikthomogener Gruppen:
- Die Bearbeitung des Delikts wird erleichtert;
- Etikettierungen durch andere Gruppenmitglieder werden unwahrscheinlicher;
- Kohäsion ist schneller herzustellen.

Vorteile deliktheterogener Gruppen:
- Größere Bandbreite der Problembereiche und dadurch Vermeidung von Einen-gungen;
- Modell-Lernen anderer Möglichkeiten, mit der Realität umzugehen;
- Vermeidung gemeinsamer Abwehrsysteme in der Gruppe aufgrund ähnlicher Persönlichkeitsstrukturen;
- Vielfalt verhindert das »Aufschaukeln«, Verfestigen und die damit eventuell verbundene Unmöglichkeit der Bearbeitung einzelner Problembereiche.

Damit ein ausreichendes Maß an Gruppenkohäsion als Grundlage effektiver thera-peutischer Arbeit entstehen kann, sollte das Ausmaß an Unterschiedlichkeit der Teilnehmer begrenzt sein. Dies geschieht in der Praxis am häufigsten bezüglich der Variable Alter. Um einen Teilnehmer nicht der absehbaren Gefahr einer Isolierung in der Gruppe auszusetzen, kann als praktische Regel gelten, dass immer noch min-destens ein anderer Teilnehmer mit vergleichbaren Voraussetzungen aufgenommen wird.

6. Kombination mit Einzeltherapie

Einzelpsychotherapie wird – insbesondere in der Sozialtherapie – oft parallel zur Gruppenpsychotherapie durchgeführt. Sie bietet den Vorteil, dass der Patient den Rahmen als geschützter erlebt und dadurch seine Bereitschaft höher ist, insbeson-dere scham- und schuldbesetzte Themen anzusprechen und zu bearbeiten. Auch für eine intensive biografische Arbeit bietet die Einzelpsychotherapie mehr Raum. »In der Einzeltherapie werden die unbewussten Beziehungsstrukturen sowohl in ihrem emotionalen Gehalt als auch in ihren Sinnzusammenhängen mit der persönlichen Vergangenheit zur Sprache gebracht und in entsprechenden Deutungen ausformu-liert. Die persönlichen Erkenntnisse in der Gruppentherapie stammen dagegen überwiegend aus momentanen affektiven Beziehungserlebnissen, deren unbewuss-ter Sinngehalt in erster Linie emotional verstanden werden muss, weil er nicht im Kontext mit den primären infantilen Beziehungen der individuellen Vergangenheit aufgedeckt wird« (Argelander 1974, 318).

Bei der Kombination von Gruppen- und Einzelpsychotherapie kann es zu Kom-plikationen kommen, die aber meist durch eine klare Gestaltung des Settings be-grenzt werden können. Die gleichzeitige Durchführung mehrerer therapeutischer Maßnahmen führt beim Patienten häufig zu bewusster (Verheimlichen) oder unbe-wusster (Spaltung) Zurückhaltung wichtigen Materials. Da die Einzeltherapie als

geschützter erlebt wird, besteht die Gefahr der »Ausdünnung« der Gruppentherapie (»Das bespreche ich lieber allein mit meinem Therapeuten«). Dieser Tendenz
könnte durch die Durchführung beider Therapien bei demselben Therapeuten ent-
gegengesteuert werden. Für den Therapeuten – und dadurch auch für den Patienten
– kann es dann allerdings zu Konfusionen kommen. (»Was hat er in welchem Setting angesprochen?«) Führt der Gruppentherapeut nur bei einzelnen Gruppenmitgliedern auch zusätzlich Einzelpsychotherapie durch, entstehen in der Gruppe entweder Rivalitäten und Neid (»Warum erfährt er zusätzliche Zuwendung und wir
nicht?«) oder der Einzelpatient wird stigmatisiert (»Er hat zusätzliche Einzeltherapie nötig, wir nicht«). Yalom (1989, 393) sieht deshalb die Durchführung der Einzeltherapie bei einem anderen Therapeuten als dem Gruppentherapeuten als die
günstigere Form an.

Manchmal kann Einzeltherapie als Vorbereitung für die Teilnahme an einer
Gruppe sinnvoll sein, etwa wenn massive soziale Ängste eine effektive Teilnahme
am gruppentherapeutischen Prozess blockieren. Bei suizidalen und anderen Krisen
kann einzeltherapeutische Begleitung während laufender Gruppentherapie notwendig werden.

7. Gruppenphasen und Ebenen der therapeutischen Arbeit

Geschlossene Gruppen durchlaufen idealtypisch verschiedene Phasen. Nach Bion
(1974) sind »Grundeinstellungen« wirksam, in denen primitive Triebe und affektiv
aufgeladenes Verhalten der Teilnehmer der Erreichung der »Arbeitseinstellung«
vorausgehen. Ähnliche Phasen werden von der gruppendynamischen Tradition beschrieben.

In den oft aus praktischen Gründen durchgeführten »slow-open-groups«, in
welchen ausscheidende Teilnehmer durch neu aufgenommene ersetzt werden, finden sich naturgemäß diese Phasen nicht im dargestellten typischen Ablauf, sehr
wohl aber als immer wieder beobachtbares Regressionsphänomen. Bei größerem
Wechsel oder dem Ausscheiden prägnanter Gruppenteilnehmer verhält sich die
Gruppe oft wie in der Anfangsphase.

Therapeutische Arbeit in Gruppen vollzieht sich auf den Ebenen Affekt, Kogni-
tion und Verhalten (vgl. Dies 2001, 95 ff.). Auch wenn dabei alle Gruppenmitglieder beteiligt sind, kommt dem Leiter eine steuernde und durch seine besondere Position eine Modellfunktion zu. Verschiedene Ansätze legen dabei unterschiedliche
Schwerpunkte.

Arbeit an den Affekten kann dadurch erfolgen, dass
- der Patient erfährt, dass seine Gefühle nicht ungewöhnlich sind, sondern von
  anderen geteilt oder zumindest verstanden werden (Universalität des Leidens),
- die Äußerung von starken Affekten keine desaströsen Konsequenzen nach sich
  zieht,
- der Ausdruck von Gefühlen Identifikation und Intimität ermöglicht,
- der Ausdruck lange unterdrückter Affekte befreiend wirken kann,
- auf falschen Annahmen basierende Gefühle abgebaut werden können.

Bion (1974)	Wellhöfer (2001) (in Anlehnung an Lewin u. a.)
Grundeinstellung »*Abhängigkeit*«: Es bestehen starke Erwartungen an den Gruppenleiter und dessen Idealisierung. Die Gruppe ist regressiv, noch nicht ausdifferenziert, Individualität wird noch wenig erkennbar.	*Forming* (Orientierung und Exploration): Unsicherheit und Angst vor dem, was kommen könnte. Suche nach Ordnung und Überblick. Erhoffen von Hilfestellungen vom Gruppenleiter.
Grundeinstellung »*Kampf und Flucht*«: Die Idealisierung wird zwangsläufig enttäuscht, Autonomie- und Abgrenzungsbestrebungen werden deutlich, Rollen differenzieren sich aus.	*Storming* (Auseinendersetzung und Machtkampf): Grundproblem, ob der Verbleib in der Gruppe erfolgversprechend oder gefährlich sein könnte. Suche nach eigenem Platz im Beziehungsgeflecht der Gruppe.
Grundeinstellung »*Paarbildung*«: Nähe wird nicht mehr diffus in der Gruppe als ganzer, sondern in individuellen Beziehungen gesucht. Es herrscht eine »Atmosphäre hoffnungsvoller Erwartung« (Bion 1972, 110).	*Norming* (Bindung und Vertrautheit): Starke Identifikation mit der erkämpften Rolle, den gemeinsamen Gruppenzielen und den anderen Mitgliedern. Vertrautheit entsteht, aber auch geschwisterliche Rivalitäten.
Arbeitseinstellung: Die Gruppe hat eine klare Vorstellung der zu bewältigenden Aufgaben und ist auf rationaler Basis fähig zu beurteilen, ob sie diese Aufgaben erfüllt.	*Performing* (Differenzierung und Festigung): Die Gruppe hat sich etabliert. Kräfte werden frei für die Arbeit auf das gemeinsame Ziel. Ausbildung des Gruppenselbstbildes und der Fremdbilder. Meist zwei Rollensysteme: Aufgabenorientiert und beziehungsorientiert.
	Abschluss und Neuorientierung: Hat die Gruppe ihr Ziel erreicht, tendiert sie zur Auflösung oder sucht neue gemeinsame Ziele.

Arbeit an den Kognitionen kann erfolgen über
- Einsicht über persönlich befriedigende und sozial angepasste Bewältigungsstrategien,
- Reduzierung »blinder Flecken« aufgrund falscher Selbstwahrnehmung durch Feed-back,
- Modifikation dysfunktionaler oder irrationaler Denkmuster (durch Feed-back und Lernen am Modell),
- erweitertes Verständnis für andere Menschen (Altruismus),
- Erwerb allgemeiner Informationen über das Leben (existenzielle Faktoren).

Arbeit an der Verhaltensänderung kann folgende Aspekte umfassen:
- Allein die Teilnahme am »sozialen Mikrokosmos« (Yalom 1989, 33) der Gruppe kann die Aneignung sozialer Fertigkeiten mit sich bringen wie interpersonelle Kompromisse und Konfrontation, aktives Zuhören, Verpflichtung und Verantwortung gegenüber anderen, authentische Kommunikation.
- Der Teilnehmer kann direkt zur Erprobung neuen Verhaltens im »Schonraum« der Gruppe aufgefordert werden (z. B. durch ein Rollenspiel). Eigenreflexion der gemachten Erfahrung und Feed-back forcieren die Konsolidierung des neu gewonnenen Verhaltensrepertoires.
- Auf der Grundlage eines supportiven Gruppenklimas und einer positiven Patient-Therapeut-Beziehung kann durch Konfrontation neues Verhalten stimuliert werden.
- Durch die Vergabe von Hausaufgaben kann neues interpersonales Verhalten durch Üben in der Realsituation vertieft werden.

8. Gruppenleitung

Die Leitung von Therapiegruppen setzt eine spezielle Fortbildung oder zumindest ein großes Maß an praktischer Erfahrung voraus (erworben als Koleiter, s. später). Da in Gruppen zusätzliche Phänomene eine Rolle spielen als in der dyadischen Beziehung (s. Gruppenphasen), genügt eine Ausbildung zum Einzeltherapeuten nicht. Neben der theoretischen Durchdringung ist von besonderer Wichtigkeit die eigene Gruppenerfahrung als Teilnehmer. Eigene unbearbeitete Ängste, in und vor Gruppen, können dazu führen, die Komplexität des Gruppengeschehens zu reduzieren (und dadurch ihre Wirksamkeit zu beschränken) indem etwa überwiegend »Einzelarbeit in der Gruppe« praktiziert wird.

Basisaufgabe des Gruppentherapeuten ist es, »eine Ansammlung von Fremden in eine Gruppe von Individuen umzuwandeln, die miteinander auf eine bedeutsame und vertrauensvolle Art kommunizieren« (Dies 2001, 90). Dies geschieht durch die Einbeziehung möglichst vieler Gruppenmitglieder in die jeweilige Interaktion (z. B. durch die Aufforderung, eigene ähnliche Gefühle und Erlebnisse zu äußern; Mitteilung der eignen emotionalen Reaktion auf das Gehörte). Themen von »draußen« werden auf ihre Bedeutung im Hier und Jetzt der Gruppe hinterfragt (z. B. »Haben Sie diese Erfahrung auch schon hier in der Gruppe gemacht?«, oder »Welche Auswirkung hat diese Erfahrung auf Ihren Umgang mit den Personen in der Gruppe hier?«). Das häufige »Geschichten-Erzählen« wird so in eine emotional bedeutsame Erfahrung umgewandelt. Das analytische Konzept des »szenischen Verstehens« (Lorenzer 1973) geht davon aus, dass Grundstrukturen des Erlebens und Verhaltens in verschiedenen Situationen miteinander korrespondieren: die Beziehungen außerhalb und – auf dem Weg der Übertragung – innerhalb der Gruppe sowie – als deren Ursprung – biografisch frühe Beziehungserfahrungen. Auch in der Bearbeitung des Delikts können diese grundlegenden Beziehungsszenen (z. B. Ignorieren der Grenzen anderer; Agieren zur Vermeidung der Wahrnehmung unangenehmer Gefühle wie Trauer oder innerer Leere) herausgearbeitet werden. Eine Therapiegruppe besitzt das Potenzial, durch korrigierende emotionale Erfahrung Veränderungen von maladaptiven Mustern zu bewirken. Die Gruppenkohäsion wird durch den Gruppenleiter auch durch klare Grenzsetzungen gefördert, die der Gruppe Sicherheit vermitteln. So verhindert er beispielsweise die Isolation einzelner Gruppenmitglieder, indem er zu weit gehende Selbstoffenbarungen eines Teilnehmers in einem frühen Gruppenstadium begrenzt (z. B. ist eine Gruppe im Anfangsstadium mit dem Thema sexueller Missbrauch überfordert). Die häufig zu beobachtenden Interaktionsmuster des Ausfragens oder Ratschlägegebens sind ebenfalls nicht integrationsfördernd und müssen begrenzt werden. Manipulationsversuchen Einzelner und der Gruppe als Ganzer zu widerstehen und klare Standpunkte zu vertreten, ist im komplexen Gruppengeschehen ungleich schwieriger als im Zweier-Setting. Klare Strukturen (neben der äußeren eben auch die Beziehungsstruktur) sind aber notwendige Voraussetzung für effektive therapeutische Arbeit mit Delinquenten (vgl. Lösel 2001).

Idealerweise erfolgt die Gruppenleitung durch ein Leiterpaar. Neben organisatorischen Vorteilen (Weiterführung der Gruppe bei Abwesenheit eines Leiters) ist sie der Einzelleitung in vielen Punkten überlegen:

- Das Leiterpaar bietet ein Rollenvorbild des zwischenmenschlichen Umgangs.
- Im Leitungsteam wiederholen sich Grundkonflikte der Gruppe (Spiegel-Phänomen) und können oft nur auf diesem Weg klar erkannt werden.
- Eine Arbeitsteilung in Bezug auf das komplexe Gruppengeschehen ist möglich (z. B. Arbeit mit einem Patienten – Beobachtung des Gruppengeschehens).
- Stärken der einzelnen Leiter ergänzen sich, Schwächen werden kompensiert (z. B. Empathiefähigkeit, Bereitschaft zur Konfrontation).
- Zwei Personen bieten für die Gruppenteilnehmer eine größere Bandbreite an Übertragungsangeboten.
- Die Rekapitulation der primären Familiengruppe wird durch die Anwesenheit eines Leiter = Elternpaares forciert.
- Ermöglichung einer Lernsituation für »Anfänger« in der Gruppenleitung.

Auch wenn bei Gruppentherapie im Justizvollzug nur Teilnehmer desselben Geschlechts anwesend sind, ist ein Mann-Frau-Paar als Leitung günstig (größere Bandbreite, Rekapitulation der Primärfamilie), stellt aber an die Leiterin mitunter hohe Anforderungen (z. B. Abwertung von Frauen in Männergruppen). Therapeutisch ergiebiges Material ergibt sich oft aus der Unterschiedlichkeit des Gruppengeschehens, wenn ein Leiter abwesend ist. Eine andere interessante Konstellation ergibt sich aus der Kombination interner (hauptamtlich beschäftigter) und externer (nebenamtlich beschäftigter) Gruppenleiter. In der Gruppe werden dadurch Themen wie Macht und Kontrolle, aber auch Konstanz und Verfügbarkeit aktualisiert (vgl. Lüdeke und Pecher 1998).

9. Verschiedene Schulrichtungen/ Anwendungsbereiche

In den ersten sozialtherapeutischen Einrichtungen im deutschen Strafvollzug (Übersicht bei Egg 1984) kamen überwiegend analytische Therapien im Einzel- und Gruppensetting zur Anwendung. Auch außerhalb von speziellen Behandlungsabteilungen wurden vereinzelt schon früh analytische Gruppenverfahren praktiziert (Moser 1970).

Mit der detaillierten Erforschung der Persönlichkeitsstörungen (v.a. Borderline-Persönlichkeitsstörung) wurden auch gruppentherapeutische Verfahren speziell für diese Patienten entwickelt, die heute auch im Strafvollzug angewandt werden. Der Therapeut verhält sich hier mehr supportiv und strukturgebend als in der »klassischen« analytischen Gruppentherapie (Eckert und Mattke 2002). Heigl-Evers und Ott (1993) entwickelten so die psychoanalytisch-interaktionelle Methode, die sich in der therapeutischen Arbeit auf bewusste und vorbewusste Inhalte beschränkt, auf Deutungen weitgehend verzichtet und die Person des Therapeuten z. B. als Rollenvorbild in den Vordergrund stellt. (Anwendungen im Strafvollzug z. B. Christ 1978; Lüdeke und Pecher 1998).

Weit verbreitet im deutschsprachigen Justizvollzug sind heute kognitiv-behaviorale Gruppen-Trainingsprogramme (z. B. Pfaff 2001; Breuer-Kreuzer und Pfeffer 2002). Sie beruhen im Wesentlichen auf der Theorie des sozialen Lernens (Bandura 1979). Dysfunktionale kognitive und emotionale Muster sowie Verhalten sollen durch neue Einstellungen ergänzt und modifiziert werden. Übungen (z. B. Interview), Rollenspiele (z. T. mit Videoaufzeichnung und anschließender Auswertung) und Hausaufgaben (z. B. Problem-Tagebuch) sind typische Elemente, die zum Einsatz kommen.

Speziell zum Problembereich Aggressionen und Gewalt wurde in der Jugendanstalt Hameln ein Anti-Aggressionstraining entwickelt (Weidner und Wolters 1991; Heilemann 1994) und insbesondere von vielen anderen Jugendanstalten und sozialtherapeutischen Einrichtungen (z. T. modifiziert) übernommen. Im Training wird am inhaftierungsrelevanten Gewaltdelikt und u. U. auch am Gewaltverhalten innerhalb der Anstalt mit dem Ziel gearbeitet, Handlungskompetenz in konfliktträchtigen sozialen Situation zu erlangen. Als Methoden werden u. a. eingesetzt: Die individuelle Analyse Gewalt auslösender Situationen, die Förderung von Opfer-Empathie und insbesondere sog. Provokationstests, in denen der Teilnehmer in eine Situation gebracht wird, in der er bisher mit Gewalt reagierte, und nun alternative Handlungsmuster erproben soll. Neben den hauptamtlichen Kräften sind in das Leitungsteam ehemalige Teilnehmer des Anti-Aggressions-Trainings und ehrenamtliche Mitarbeiter eingebunden.

Gerade auch für → Sexualstraftäter wurden in letzter Zeit kognitiv-behaviorale Trainingsprogramme entwickelt, die speziell auf deren Behandlungsbedarf ausgereichtet sind, z. B. das Behandlungsprogramm für Sexualstraftäter im niedersächsischen Justizvollzug (Wischka et al. 2001) oder das »Sex Offender Treatment Programme« in der Sozialtherapeutischen Abteilung Hamburg-Nesselstraße (Berner und Becker 2001).

Neben den am häufigsten in der Straftäterbehandlung angewandten kognitiv-behavioralen und tiefenpsychologisch orientierten Formen der Gruppenpsychothera-

pie hat auch fast jede andere »Schulrichtung« neben dem dyadischen Setting Formen der Gruppenbehandlung entwickelt, z. B. klientenzentrierte, psychodramati-
sche, transaktionsanalytische, systemzentrierte Gruppenpsychotherapie (Übersicht
bei Tschuschke 2001). Vereinzelt werden diese Formen auch im Strafvollzug praktiziert (z. B. Prieger und Schwinn 1988). Außerdem kommen – meist eingebettet in
umfassendere therapeutische Konzepte – Entspannungsverfahren (z. B. autogenes
Training oder progressive Muskelentspannung), Kunst- und Gestaltungstherapie,
Arbeits- und Beschäftigungstherapie oder Sport- und Musiktherapie als Gruppenmethoden zur Anwendung.

Zunehmend begreift sich die Gruppenpsychotherapie als eigenständiges therapeutisches Verfahren, in dem die puristische Ausrichtung an einer Schulrichtung an
Bedeutung verliert. So stellt etwa Battagay (1999, 58) fest, »dass die Gruppenanalyse nie rein psychoanalytisch vor sich gehen kann, sondern stets auch verhaltenstherapeutische Momente mit einschließt.« Umgekehrt »entdecken« Verhaltensthe-
rapeuten die Wichtigkeit der therapeutischen Beziehung als zentralem Wirkfaktor
und öffnen sich dem Konzept der Übertragung und Gegenübertragung.

Literatur

Argelander, H. (1974), Die psychoanalytische Situation einer Gruppe im Vergleich zur Einzeltherapie. *Psyche 28*: 310–327.
Bandura, A. (1979), *Sozial-kognitive Lerntheorie*. Stuttgart: Klett-Cotta.
Battagay, R. (1999), Gruppenpsychotherapie: Grundlagen, Methoden und Resultate. *Zeitschrift für Gruppenpsychotherapie und Gruppendynamik 35*: 54–71.
Berner, W. und Becker, K. H. (2001), »Sex Offender Treatment Programme« (SOTP) in der Sozialtherapeutischen Abteilung Hamburg-Nesselstraße. In: Rehn, G.; Wischka, B.; Lösel, F.
und Walter, M. (Hrsg.), *Behandlung »gefährlicher Straftäter«*. Herbolzheim: Centaurus
206–217.
Bilitza, K. W. (1994), Innere Welt klinischer Institutionen und psychoanalytische Psychotherapie in der Klinik. *Gruppenpsychotherapie und Gruppendynamik 30*: 162–171.
Bion, W. R. (1974), *Erfahrungen in Gruppen und andere Schriften*. Stuttgart: Ernst Klett.
Breuer-Kreuzer, D. und Pfeffer, D. (2002), Therapeutische Gruppenprogramme in der Sozial-
therapeutischen Justizvollzugsanstalt Kassel. *Zeitschrift für Strafvollzug und Straffälligen-
hilfe 51*: 285–288.
Callies, R.-P. und Müller-Dietz, H. (1991), *Kommentar zum Strafvollzugsgesetz*. München:
C.H. Beck.
Christ, H. (1978), *Psychoanalytische Gruppenbehandlung im Jugendgefängnis*. Stuttgart:
Enke.
Dies, R. R. (2001), Die Rolle des Therapeuten in der Gruppenpsychotherapie – Vorbereitung
der Bedingungen für therapeutische Veränderungen. In: Tschuschke, V. (Hrsg.), *Praxis der
Gruppenpsychotherapie*. Stuttgart, New York: Georg Thieme, 88–93.
Eckert, J. (2001), Indikation und Prognose in der Gruppenpsychotherapie. In: Tschuschke, V.
(Hrsg.), *Praxis der Gruppenpsychotherapie*. Stuttgart, New York: Georg Thieme, 56–64.
Eckert, J. und Mattke, D. (2002), Gruppentherapie bei Persönlichkeitsstörungen: II. Verfah-
rensspezifische Konzepte und Stand der Evaluation. *Zeitschrift für Gruppenpsychotherapie
und Gruppendynamik 38*: 335–348.
Egg, R. (1984). *Straffälligkeit und Sozialtherapie*. Köln, Berlin, Bonn, München: Carl Hey-
man.
Janssen, P. L. (1987), *Psychoanalytische Therapie in der Klinik*. Stuttgart: Klett-Cotta.
Heigl-Evers, A. und Ott, F. (1993), Die psychoanalytisch-interaktionelle Methode. Ein Behandlungsangebot für strukturell gestörte Patienten. *Psychotherapeut, 41*: 77–83.

Heilemann, M. (1994), Geschichte des Antagonistentrainings. *Zeitschrift für Strafvollzug und Straffälligenhilfe 43*: 331–336.

Lamott, F. (1994), Setting. In: Haubl, R. und Lamott, F. (Hrsg.), *Handbuch Gruppenanalyse*. Berlin, München: Quintessenz, 49–62.

Lorenzer, A. (1973), *Sprachzerstörung und Rekonstruktion. Vorarbeiten zu einer Metatheorie der Psychoanalyse*. Frankfurt a.M.: Suhrkamp.

Lüdeke, K. und Pecher, W. (1998), Analytisch-gruppendynamisch orientierte Therapiegruppe im Rahmen einer Behandlungsabteilung im Normalvollzug. In: Wagner, E. und Werdenich, W. (Hrsg), *Forensische Psychotherapie. Psychotherapie im Zwangskontext von Justiz, Medizin und sozialer Kontrolle*. Wien: Facultas, 226–241.

Losel, F. (2001), Behandlung oder Verwahrung? Ergebnisse und Perspektiven der Intevention bei »psychopathischen« Straftätern. In: Rehn, G.; Wischka, B.; Lösel, F. und Walter, M. (Hrsg.), *Behandlung »gefährlicher Straftäter«*. Herbolzheim: Centaurus, 36–53.

Moser, T. (1970), *Gespräche mit Eingeschlossenen. Gruppenprotokolle aus einer Jugendstrafanstalt*. Frankfurt a.M.: Suhrkamp.

Pecher, W. (1999), *Tiefenpsychologisch orientierte Psychotherapie im Justizvollzug*. Pfaffenweiler: Centaurus.

Pfaff, C. (2001), »Mit Köpfchen durchs Leben«. Ein kognitiv-behaviorales Trainingsangebot zur Förderung sozialer Kompetenzen. In: Rehn, G.; Wischka, B.; Lösel, F. und Walter, M. (Hrsg.), *Behandlung »gefährlicher Straftäter«*. Herbolzheim: Centaurus, 170–192.

Prieger, A. und Schwinn, E. (1988), *»Im Knast Therapie – das schafft ihr nie!« Gestalttherapie hinter Gittern*. Frankfurt a. M.: dipa-Verlag.

Rehn, G. (2002), Sozialtherapie im Strafvollzug – Alte und neue Visionen. *Kriminalpädagogische Praxis 30*: 23–35.

Riemer, M. (2002), Schweigepflicht in der Gruppenpsychotherapie – eine Gesetzeslücke? *Zeitschrift für Gruppenpsychotherapie und Gruppendynamik 38*: 372–376.

Schönberger, E. (1994), Interventionsstrategien. In: Haubl, R. und Lamott, F. (Hrsg.), *Handbuch Gruppenanalyse*. Berlin, München: Quintessenz, 103–119.

Tschuschke, V. (Hrsg.) (2001), *Praxis der Gruppenpsychotherapie*. Stuttgart, New York: Georg Thieme.

Weidner, J. und Wolters, J. M. (1991), Aggression und Delinquenz. Ein spezialpräventives Training zur Behandlung jugendlicher inhaftierter Gewalttäter in der Jugendanstalt Hameln – Ein Erfahrungsbericht. *Monatsschrift für Kriminologie und Strafrechtsreform 74*: 210–223.

Wellhöfer P. (2001), *Gruppendynamik und soziales Lernen*. Stuttgart: Lucius & Lucius.

Wischka, B. (2001), Die Faktoren Milieu, Beziehung und Konsequenz in der stationären Therapie von Gewalttätern. In: Rehn, G.; Wischka, B.; Lösel, F. und Walter, M. (Hrsg.), *Behandlung »gefährlicher Straftäter«*. Herbolzheim: Centaurus, 125–149.

Wischka, B.; Foppe, E.; Griepenburg, P.; Nuhn-Naber, C. und Rehder, U. (2001), Das Behandlungsprogramm für Sexualstraftäter (BSP) im niedersächsischen Justizvollzug. In: Rehn, G.; Wischka, B.; Lösel, F. und Walter, M. (Hrsg.), *Behandlung »gefährlicher Straftäter«*. Herbolzheim: Centaurus, 193–205.

Yalom, E. (1989), *Theorie und Praxis der Gruppenpsychotherapie*. München: Pfeiffer.

Jugendvollzug

von Harald Hochweber

Einführung

Vorab: Es ist selbstverständlich nicht möglich, den Jugendvollzug in einem Beitrag von wenigen Seiten darzustellen. Ebenso wenig kann hier das Spektrum aller möglichen Arbeitsfelder von Psychologen im Jugendvollzug dargestellt werden.

Jugendvollzug ist, wie der Strafvollzug insgesamt, Sache der Bundesländer. Diese realisieren auf Grundlage des Strafvollzugsgesetzes (StVollzG) und den bundeseinheitlichen Verwaltungsvorschriften für den Jugendvollzug (VVJug) in Zusammenwirken mit länderspezifischen Verwaltungsvorschriften zum Strafvollzugsgesetz, in Bayern etwa den Bayerischen Verwaltungsvorschriften zum Strafvollzugsgesetz (BayVVStVollzG), ihre jeweiligen Vorstellungen zum Strafvollzug.

Die Wahrnehmung auch vieler Laien, dass der Strafvollzug, besonders der Jugendstrafvollzug, in seinem Erscheinungsbild in Deutschland sehr vielgestaltig sein kann, ist Ausdruck dieses pluralen Systems, welches letztlich zu einem großen Spektrum »vollzuglicher Realitäten« geführt hat (vgl. Bereswill und Höynck 2002). Auch aus diesem Grund verbietet sich der Versuch, *den* Jugendstrafvollzug erfassen zu wollen, es soll vielmehr nur *ein* realisiertes Konzept näher betrachtet werden.

Bei aller Wichtigkeit der direkten politischen Variablen bei der Ausgestaltung des Jugendvollzugs, darf ihre Binnenwirkung im Vollzug aber auch nicht überschätzt werden: Die praktische Gestaltung des Vollzugs und die potenziellen Gestaltungsmöglichkeiten hängen auch von ganz anderen Faktoren ab (die freilich zumindest teilweise von politischen Entscheidungen mitbedingt sind), wie Architektur, Klientel, Belegung, Sicherheitsstandard, der Infrastruktur der unmittelbaren Umgebung, Personalstand, der »Unternehmensphilosophie« einer einzelnen Einrichtung und anderen Faktoren. Sie alle ermöglichen oder verunmöglichen auf der Gestaltungsebene die Umsetzung bestimmter Konzepte, etwa an Behandlungsangeboten, und bringen unter Umständen sogar ganz eigene, für eine Vollzugsanstalt typische Probleme mit sich.

In diesem Artikel geht es somit um die derzeitige Umsetzung psychologischer Arbeit in einer von drei Jugendstrafanstalten des Freistaates Bayern.

1. Rechtliche Voraussetzungen der Verhängung von Jugendstrafe

1.1. Allgemeines

Gemäß Jugendgerichtsgesetz (JGG) wird alles Verhalten, welches bei Erwachsenen von Strafe bedroht ist, auch bei Jugendlichen von Strafe bedroht. Die Frage, ob ein Verhalten bestraft werden kann, ist also – wenn Strafmündigkeit gegeben ist – nicht vom Alter abhängig. Das Jugendgerichtsgesetz führt aus:

»§ 1 Persönlicher und sachlicher Anwendungsbereich
(1) Dieses Gesetz gilt, wenn ein Jugendlicher oder Heranwachsender eine Verfehlung (rechtswidrige Tat) begeht, die nach den allgemeinen Vorschriften mit Strafe bedroht ist.
(2) Jugendlicher ist, wer zur Zeit der Tat vierzehn, aber noch nicht achtzehn, Heranwachsender, wer zur Zeit der Tat achtzehn, aber noch nicht einundzwanzig Jahre alt ist.«

Bei Jugendlichen im Sinne des Gesetzes wird eine noch anhaltende Entwicklung praktisch »automatisch« angenommen. Diese sind daher immer als Jugendliche zu bestrafen. Anders bei Heranwachsenden: Rechtlich Erwachsene mit allen Rechten und Pflichten, können sie strafrechtlich als Heranwachsende betrachtet werden, wenn Reiferückstände positiv festgestellt werden. Diese Personen werden dann in den strafrechtlichen Folgen wie Jugendliche behandelt.

1.2. Sanktionierungsmöglichkeiten für Jugendliche / Heranwachsende

Das Jugendgerichtsgesetz (JGG) bietet breite Möglichkeiten der rechtlichen Sanktionierung, was der Tatsache Rechnung trägt, dass es sich im Falle der Verurteilung eines Jugendlichen um eine Person handelt, die in ihrer Persönlichkeitsentwicklung noch nicht abgeschlossen ist. So sind möglich: Erziehungsmaßregeln wie Weisungen (§ 10), Hilfe zur Erziehung (§ 12), Zuchtmittel in Form von Verwarnung (§ 14), Erteilung von Auflagen (§ 15) und Jugendarrest (§ 16) sowie die Unterbringung bzw. Einweisung in eine Entziehungsanstalt oder psychiatrische Klinik.

Erst als »Ultima Ratio« ist Jugendstrafe vorgesehen. Am 31. März 2001 waren die deutschen Jugendanstalten mit 7.568 Personen belegt, davon 632 (= 8 %) im offenen Vollzug. 1999 waren von den inhaftierten jungen Gefangenen nur 13 % zwischen 14 und 18 Jahren, d. h. Jugendliche im eigentlichen Sinne (Dünkel 2002).

»§ 17 Form und Voraussetzungen
(1) Die Jugendstrafe ist Freiheitsstrafe in einer Jugendstrafanstalt.
(2) Der Richter verhängt Jugendstrafe, wenn wegen der schädlichen Neigungen des Jugendlichen, die in der Tat hervorgetreten sind, Erziehungsmaßregeln oder Zuchtmittel (Verwarnung, Erteilung von Auflagen und Jugendarrest) zur Erziehung nicht ausreichen oder wenn wegen der Schwere der Schuld Strafe erforderlich ist.«

Bedeutsam ist, dass erst Taten, welche den Ausspruch einer Strafe von mindestens sechs Monaten rechtfertigen, Jugendstrafe nach sich ziehen können. Dies hat aber auch zur Folge, dass eine Aussetzung der Vollstreckung durch den Richter vor Ablauf von sechs Monaten »nur aus besonders wichtigen Gründen angeordnet werden« kann.

»§ 88 Aussetzung des Restes der Jugendstrafe
(2) Vor Verbüßung von sechs Monaten darf die Aussetzung der Vollstreckung des Restes nur aus besonders wichtigen Gründen angeordnet werden. Sie ist bei einer Jugendstrafe von mehr als einem Jahr nur zulässig, wenn der Verurteilte mindestens ein Drittel der Strafe verbüßt hat.«

Schließlich sind auch die Höchststrafen geringer als bei Erwachsenen.

»§ 18 Dauer der Jugendstrafe
(1) Das Mindestmaß der Jugendstrafe beträgt sechs Monate, das Höchstmaß fünf Jahre. Handelt es sich bei der Tat um ein Verbrechen, für das nach dem allgemeinen Strafrecht eine Höchststrafe von mehr als zehn Jahren Freiheitsstrafe angedroht ist, so ist das Höchstmaß zehn Jahre. Die Strafrahmen des allgemeinen Strafrechts gelten nicht.«

1.3. Einige Folgerungen

Insgesamt erscheint das System von möglichen Sanktionen, welches der Gesetzgeber für straffällige Jugendliche vorgesehen hat, durchaus sehr effektiv. Nur ein geringer Teil der Jugendlichen und Heranwachsenden, welche mit den Vorschriften des Strafrechts in Konflikt geraten, wird letztendlich zu einer Jugendstrafe verurteilt, die auch vollzogen wird. Eine Auswertung von 150 Gefangenenpersonalakten der Justizvollzugsanstalt Ebrach ergab, dass der erstmals Inhaftierte zuvor im Durchschnitt fast sechsmal vor dem Richter stand, bevor er eine Jugendstrafe ohne Bewährung erhalten hatte.

Als weitere Folgerung kann aus den Gesetzesvorschriften abgeleitet werden, dass offensichtlich die Vorstellung vorhanden ist, bei Probanden mit »schädlichen Neigungen« sei von mindestens sechs Monaten auszugehen, um überhaupt eine realistische Chance der Einwirkung durch den Jugendvollzug zu erhalten.

Schließlich ist – gerade auch im Hinblick auf die Diskussion um hohe Rückfallquoten – darauf hinzuweisen, dass es sich bei Jugendlichen im Jugendvollzug überwiegend um eine ganz offensichtlich hoch ausgelesene Gruppe handelt, bei der alle anderen bisher angewandten Methoden nicht oder nicht ausreichend hilfreich waren (vgl. Koschmieder 2002).

2. Rechtliche Rahmenbedingungen zur Gestaltung des Jugendvollzugs

Die Verwaltungsvorschriften für den Jugendvollzug (VVJug) sollen – so im Vorwort – »lediglich die Übergangszeit bis zum Erlass umfassender gesetzlicher Regelungen überbrücken«. Allerdings ist aber bisher kein Jugendstrafvollzugsgesetz erlassen worden. Sinn der bundeseinheitlichen Verwaltungsvorschriften ist, so weiter, »Jugendstrafen in den Bundesländern nach einheitlichen Grundsätzen vollziehen zu können«. Tatsächlich lehnen sich die Verwaltungsvorschriften für den Jugendvollzug eng an das Strafvollzugsgesetz an.

Genauer definiert werden die Aufgaben des Jugendvollzuges im Jugendgerichtsgesetz (JGG).

»§ 91 JGG

(1) Durch den Vollzug der Jugendstrafe soll der Verurteilte dazu erzogen werden, künftig einen rechtschaffenen und verantwortungsbewussten Lebenswandel zu führen.

(2) Ordnung, Arbeit, Unterricht, Leibesübungen und sinnvolle Beschäftigung in der freien Zeit sind die Grundlagen dieser Erziehung. Die beruflichen Leistungen des Verurteilten sind zu fördern. Lehrwerkstätten sind einzurichten. Die seelsorgerische Betreuung wird gewährleistet.

(3) Um das Erziehungsziel zu erreichen, kann der Vollzug aufgelockert und in geeigneten Fällen weitgehend in freien Formen durchgeführt werden.

(4) Die Beamten müssen für die Erziehungsaufgaben des Vollzuges geeignet und ausgebildet sein.«

3. Organisation des Jugendvollzugs

Jugendstrafe ist in eigenen Anstalten oder zumindest organisatorisch abgeschlossenen Abteilungen zu vollstrecken (§ 17 JGG). Sind in einem Bundesland mehrere Jugendanstalten eingerichtet, so wird bei der Zuständigkeit nach den Kriterien Geschlecht, Alter, Wohnort, Straflänge und Erstvollzug/Regelvollzug selektiert. So sind etwa im Freistaat Bayern für die Vollstreckung von Jugendstrafen an männlichen Jugendstrafgefangenen die drei Justizvollzugsanstalten in Laufen-Lebenau (Schwerpunkt: besonders junge Gefangene, kurze Strafen, Erstvollzug), Neuburg-Herrenwörth und Ebrach (Schwerpunkt: Heranwachsende, längere Strafen, Regelvollzug) zuständig, wobei die letztgenannte in diesem Artikel Grundlage der Beschreibung sein wird. Für die weiblichen Jugendstrafgefangenen in Bayern ist generell die Justizvollzugsanstalt Aichach zuständig.

4. Beschreibung der Justizvollzugsanstalt Ebrach

4.1. Historischer Hintergrund und die Folgen für den Vollzug

Die Justizvollzugsanstalt Ebrach ist in weiten Teilen in den imposanten Gebäuden des ehemaligen Zisterzienserklosters untergebracht. Kloster Ebrach war 1127 die erste rechtsrheinische Gründung des burgundischen Ordens, und auf dem Höhepunkt ihrer Entwicklung die weitaus mächtigste Abtei der weiteren Region. 1803 fiel das Kloster nach der Säkularisation dem Staat zu. Nach einigen Jahrzehnten des Zerfalls wird es seit 1851 für vollzugliche Zwecke genutzt, und seit 1958 ist Ebrach ausschließlich Jugendstrafanstalt. Das Erbe der Zisterzienser hat bis heute ganz konkrete Bedeutung: Es gab weitgehend eine bestimmte Architektur vor, die einerseits als Baudenkmal zu erhalten war, andererseits aber für Zwecke des Jugendvollzugs nutzbar gemacht werden musste. Auch die Idee des Ordens, Klöster abseits der damaligen Siedlungsschwerpunkte zu gründen, hat bis heute für den Vollzug praktische Bedeutung. In einer eher strukturschwachen Region, an der Grenze zwischen vier Landkreisen und zwei Regierungsbezirken gelegen, ist auch heute die Verkehrsanbindung mittels öffentlicher Verkehrsmittel problematisch. Industrielle Arbeitsplätze sind vor Ort kaum vorhanden. Für den Vollzug bringen diese beiden Standortfaktoren zum Beispiel mit sich, dass eine Abteilung für Freigänger bisher nicht realisierbar war. Die Verkehrsinfrastruktur bedeutet in der Konsequenz aber beispielsweise auch, dass Vollzugslockerungen und Urlaub aus der Haft auch nach solchen Gesichtspunkten zu planen sind. Andererseits ist positiv zu vermerken, dass die Bevölkerung der Justizvollzugsanstalt prinzipiell positiv gegenüber steht. So unterstehen Gefangene neben »amtlicher« einer gewissen »sozialen Kontrolle«, was häufiger dazu führt, dass etwa hinterlegte, unerlaubte Gegenstände nach Hinweisen aus der Bevölkerung gefunden werden.

Die Räume der ehemaligen Klosteranlage sind oft flächenmäßig sehr groß und generell sehr hoch. In den ersten Jahrzehnten, in denen das ehemalige Kloster für vollzugliche Zwecke genutzt wurde, brachte dieser Umstand die Unterbringung von jeweils bis zu 50 Gefangenen in großen Sälen mit sich. 1890 wurde ein erstes Zellengebäude mit Einzelzellen errichtet, 1960 und 1970 folgten zwei weitere. Noch bis in diese Zeit war die Mehrzahl der Gefangenen in großen Gemeinschaftshafträumen mit bis zu 30 Personen untergebracht. Ende der 1970er-Jahre begann die umfangreiche, grundlegende Sanierung des ehemaligen Klostertraktes. 1985 wurden zwei Wohngruppen mit jeweils 16 Gefangenen – jeweils zu viert in großen Haftäumen untergebracht – in Betrieb genommen. Etwa 100 Gefangene verblieben zunächst weiter in Sälen mit bis zu acht Gefangenen, um die 200 Inhaftierte waren in Einzelzellen untergebracht. Die Generalsanierung wurde 1998 abgeschlossen. Seither stellt sich die Unterbringungssituation wie folgt dar:

Belegungsfähigkeit: 337 Haftplätze, 244 Einzelhafträume und 25 in Wohngruppen gegliederte Gemeinschaftshafträume für 93 Gefangene, wobei sämtliche Gemeinschaftsunterkünfte aus je zwei verbundenen Räumen bestehen und generell über einen abgetrennten Toilettenbereich verfügen, zusätzlich 4 Krankenplätze und 11 Hafträume in der Zugangsabteilung.

4.2. Zuständigkeit der Justizvollzugsanstalt Ebrach

Alle 17- bis 19-Jährigen, die eine Strafe von mehr als 3 Jahren erhielten oder an denen bereits ein- oder mehrmals zuvor Jugendstrafe vollzogen wurde, werden der Justizvollzugsanstalt Ebrach zugewiesen. Für Heranwachsende über 19 Jahren ist Ebrach regional dann zuständig, wenn diese aus dem Oberlandesgerichtsbezirk Bamberg (einem von drei bayerischen OLG-Bezirken) stammen. Landesweite Zuständigkeit ist vorhanden für alle über 19-Jährigen, die entweder mehr als 3 Jahre Haft zu verbüßen haben oder an denen bereits zuvor Jugendstrafe vollzogen wurde. Auch Personen, bei denen eine Unterbringung gemäß § 63 oder § 64 StGB vorgemerkt ist oder die älter als 21 Jahre sind, werden Ebrach zugewiesen.

4.3. Einige Merkmale der Klientel und Folgerungen für Behandlungskonzepte

Die Verteilung nach Alter, Straftaten, Schul- und Berufsbildung u. a. stellte sich am 1. Juli 2002 wie in Tabelle 1 aufgeführt dar:

Tab. 1: Gefangenenstand der Justizvollzugsanstalt Ebrach am 01.07.2002

Tagesstand	334	
1. Alter		
Jugendliche (unter 18 Jahren)	10	2,99 %
Heranwachsende (18 bis unter 21 Jahren)	147	44,01 %
Erwachsene (21 Jahre und älter)	177	52,99 %
Durchschnittsalter	21 Jahre, 3 Monate, 11 Tage	
2. Delikte (eingeordnet beim schwersten)		
gegen die sexuelle Selbstbestimmung (§§ 174–184 c StGB)	10	2,99 %
gegen das Leben (§§ 211–222 StGB)	15	4,50 %
Raub und Erpressung (§§ 249–255 StGB)	37	11,08 %
Körperverletzung (§§ 223–233 StGB)	52	15,60 %
Entführung (§§ 236–239 StGB)	6	1,80 %
gemeingefährliche Straftaten (§§ 306–323 c StGB)	4	1,20 %
Diebstahl und Unterschlagung (§§ 242–248 c StGB)	87	26,05 %
Betrug und Untreue (§§ 263–266 b StGB)	9	2,70 %
nach dem Betäubungsmittelgesetz	78	23,35 %
nach anderen Strafbestimmungen (z. B. Fahren ohne Fahrerlaubnis u. a.)	36	10,73 %
3. Schulbildung beim Zugang		
Sonderschule (auch Wechsel von Haupt- zu Sonderschule)	54	16,17 %
Hauptschule ohne Abschluss	117	35,01 %
einfacher Abschluss	110	32,93 %
qualifizierender Abschluss	37	11,08 %
Realschule ohne Abschluss	5	1,50 %
mit Mittlerer Reife	9	2,69 %
Qualifizierender Bildungsabschluss	1	0,30 %
Gymnasium mit Abitur oder Fachabitur	1	0,30 %
4. Berufliche Bildung		
mit abgeschlossener Berufsausbildung	26	7,78 %
Sonstige Berufe mit Ausbildung (z. B. Schweißerpass, Kraftfahrerprüfung, Grundbildungsmaßnahmen)	68	20,36 %
ohne abgeschlossene Berufsausbildung	240	71,86 %
5. Erstmals im Strafvollzug	154	46,11 %
6. Ausländer	58	17,37 %
7. Deutsche aus Staaten der ehemaligen UdSSR	56	16,77 %

Aus dieser Verteilung, die für die Justizvollzugsanstalt Ebrach in dieser Zusammensetzung für die letzten Jahre typisch ist, ergeben sich einige Folgerungen bezüglich möglicher Behandlungsangebote und -erfordernisse:

- Etwa 50 % der Gefangenen haben zu Haftbeginn keinen Schul-, etwa 70 % keinen Berufsabschluss. Somit besteht großer Bedarf an Bildungs- und Berufsfördermaßnahmen.
- Altersentsprechend leben viele der Inhaftierten noch nicht in stabileren Lebensgemeinschaften; die Beziehungen zur Herkunftsfamilie sind häufig im Umbruch. Es ist hier dem Umstand Rechnung zu tragen, dass gleichaltrige, oft ebenfalls problembehaftete Jugendliche und junge Erwachsene, eine sehr bedeutende Rolle spielen.
- Knapp 40 % aller dieser Straftäter sind wegen Gewalttaten auffällig geworden, davon sind etwa die Hälfte dem Bereich der schweren Kriminalität zuzuordnen.
- Über 20 % sind – bei in den letzten Jahren stark gestiegenen Zahlen – aufgrund von Verstößen gegen das Betäubungsmittelgesetz bestraft worden, weit mehr haben Erfahrungen mit massivem Drogen- und Alkoholmissbrauch.
- Sondergruppen gewinnen in den letzten Jahren mehr und mehr an Bedeutung. So haben Gefangene, die aus der ehemaligen UdSSR stammen, stark an Einfluss gewonnen und die Problemlage verändert. Auch die Zahl psychisch auffälliger Gefangener stieg deutlich an.

4.4. Arbeitsmöglichkeiten, berufliche und schulische Bildung

Die Justizvollzugsanstalt Ebrach verfügt über 15 Eigenbetriebe (u. a. Bäckerei, Bauabteilung, Elektroabteilung, Gärtnerei, Heizungsbau, Gas- und Wasserinstallation, Kfz-Werkstätte, Landwirtschaft, Malerei, Schlosserei, Schneiderei, Schreinerei), acht Unternehmerbetriebe (u. a. Elektromontage, Bearbeitung von Autozubehör, Flechterei, Spielwaren) und zwei arbeitstherapeutische Betriebe. Im handwerklichen Bereich sind derzeit 61 Lehrplätze in 15 verschiedenen Handwerksberufen sowie 38 Plätze in 6-monatigen Grundlehrgängen (Bautechnik, Gebäudereinigung, Holztechnik, Metalltechnik, Farbtechnik und Raumgestaltung) vorhanden.

Als schulische Bildungsmaßnahmen werden jährlich zwei Kurse zur Erlangung des einfachen und einer zur Erlangung des qualifizierenden Hauptschulabschlusses angeboten. Weitere schulische Förderung erfolgt durch Berufsschulunterricht für Auszubildende, Förderunterricht für Analphabeten und Lernschwache, Deutschkurse für Aussiedler und Ausländer, ausbildungsbegleitende Hilfen und spezielle, berufsbegleitende Lerngruppen für Aussiedler. Bei mehreren Maßnahmen sind Arbeitsamt bzw. Kolpingbildungswerk durch finanzielle Förderung und die Bereitstellung von Lehrkräften beteiligt.

Generell haben alle Gefangenen Zugang zu den Maßnahmen, sofern sie für diese aufgrund der Eingangsqualifikation und unter Berücksichtigung der Sicherheitsbelange geeignet sind.

Trotz der großen Palette von Angeboten an Ausbildungsplätzen bleiben viele ungenutzt. Dies ist vor allem bedingt durch die niedrige durchschnittliche Strafzeit, mangelnde Bildungsgrundlagen (z. B. schulische Vorleistungen, mangelnde Sprachkenntnisse) und fehlende Motivation.

Schließlich sind derzeit insgesamt etwa 20 % aller Gefangenen zeitweise arbeitslos, was insgesamt große Folgeprobleme nach sich zieht und leider häufig Arbeitsbiografien von »draußen« fortsetzt.

5. Aufgaben des Psychologen im Vollzug

5.1. Rechtliche Rahmenbedingungen

In § 155, Absatz 2 des Strafvollzugsgesetzes wird u. a festgelegt, dass für jede Anstalt die erforderliche Anzahl von Bediensteten der verschiedenen Berufsgruppen, namentlich auch Psychologen, vorzusehen ist. Ihre Aufgaben im bayerischen Vollzug werden in den Bayerischen Verwaltungsvorschriften zum Strafvollzugsgesetz (BayVVStVollzG) näher definiert. Zu den Aufgaben der Psychologen wird ausgeführt:

»Den Psychologen obliegen insbesondere die psychologische Untersuchung und Beurteilung, die psychologische Beratung sowie die psychotherapeutische und sozialtherapeutische Behandlung (Einzel- und Gruppentherapie) der Gefangenen. Sie wirken ferner mit bei der Behandlungsuntersuchung der Gefangenen, bei der Aufstellung, Durchführung und Änderung des Vollzugsplanes, bei der Beurteilung und der Freizeitgestaltung der Gefangenen sowie der Aus- und Fortbildung der Bediensteten.«

5.2. Qualifikation und Aufgabenbereiche der Psychologen in der Justizvollzugsanstalt Ebrach

In der Justizvollzugsanstalt sind drei Psychologen mit Vollzeitstellen beschäftigt. Diese Quote ist – bei einer Belegungsfähigkeit von 337 Gefangenen – günstiger als im Erwachsenenvollzug. Bundesweit kamen am 31. März 2001 76 Gefangene im Jugendvollzug auf eine Psychologenstelle. Die Spannbreite reicht von 23 in Hamburg bis 177 im Saarland (Dünkel 2002).

Zwei Psychologen der JVA Ebrach verfügen über abgeschlossene Psychotherapieausbildungen, einer hat die Fortbildung zum Supervisor (DGSv) abgeschlossen, der andere ist approbierter Psychotherapeut.

Ein Kollege ist als Abteilungsleiter/Vollzugsabteilungsleiter tätig. Das gesamte Haus ist in Zuständigkeitsbereiche aufgeteilt, darüber hinaus hat jedoch jeder noch zusätzliche Aufgabenbereiche bzw. Arbeitsschwerpunkte, die er sozusagen »überregional« tätigt. Dies sind also Angebote oder Tätigkeiten für die Insassen der gesamten Anstalt.

Der folgende Überblick zeigt keine auf einzelne Kollegen bezogene Einteilung. Das Verhältnis der Gewichtung einzelner Schwerpunkte hat sich im Laufe der Jahre teilweise drastisch verändert.

5.3. Tätigkeitsfelder des Psychologischen Dienstes

Die Reihenfolge ist willkürlich und kein Ausdruck der eingeschätzten Wichtigkeit, der zeitliche Anteil einzelner Tätigkeitsbereiche kann erheblich schwanken.

Aufnahme der Gefangenen

Grundsätzlich wird jeder neu aufgenommene Gefangene noch am Aufnahmetag, bei zeitlich sehr späten Aufnahmen tags darauf, von einem Psychologen gesprochen. Mittels eines halbstandardisierten Fragebogens werden folgende Bereiche erfasst: Personalien; Bezugspersonen; Erwartungen an diese während und nach der Haft; Straftaten, auch unter Berücksichtigung der Frage, wie der Gefangene diese einordnet und sich erklärt; Missbrauch von Substanzen mit Suchtanamnese; Heim-, Klinik- und Psychiatrieaufenthalte; Suizidgedanken und selbstschädigende Verhaltensweisen; Pläne im Vollzug; Befürchtungen und Vorsätze.

Die Gesprächsergebnisse fließen unmittelbar in Folgeentscheidungen ein und sind mit entscheidend für die Form der Unterbringung, der Einteilung zur Arbeitstherapie bzw. Arbeit, Einschätzung der Suizidgefährdung, Anbringung von Sicherheitsvermerken und weitere erste Entscheidungen, die u. a. vom aufnehmenden Psychologen als Leiter der Zugangskonferenz getroffen werden.

Vollzugsplanung

Die Psychologen erstellen unter der Einbeziehung anderer Dienstgruppen die Erstanlage des Vollzugsplanes. Erstanlage wie Fortführung werden in eigenen Konferenzen, die vom jeweils zuständigen Psychologen geleitet werden, besprochen und es werden Maßnahmen vorgeschlagen bzw. eingeleitet. Die Erstanlage erfolgt gewöhnlich nach 6 bis 8 Wochen. Hierdurch soll gewährleistet werden, dass genügend Informationen über den Gefangenen zur Verfügung stehen und zwar aus verschiedenen Quellen (Erstgespräch, Auswertung der Akten, Verhaltensbeobachtung, persönliche Kontakte), um ein differenziertes Urteil zu ermöglichen. Als Grundlage der Vollzugsplanung gelten die Bereiche, die in den Verwaltungsvorschriften für den Jugendvollzug (VVJug) zu § 7 Abs. 1 StVollzG niedergelegt sind.

Diese führen aus:
»(1) Aufgrund der Persönlichkeitserforschung (Nr. 2) wird ein Vollzugsplan erstellt.

(2) Der Vollzugsplan enthält Angaben mindestens über folgende Erziehungsmaßnahmen:
1. die Unterbringung im geschlossenen oder offenen Vollzug,
2. die Zuweisung zu Wohngruppen und Erziehungsgruppen,
3. eine schulische Aus- oder Weiterbildung,
4. Maßnahmen der beruflichen Ausbildung, Fortbildung oder Umschulung,
5. die Teilnahme an Veranstaltungen der Weiterbildung,
6. den Arbeitseinsatz,
7. besondere Hilfs- und Erziehungsmaßnahmen,
8. Teilnahme an Sport und Freizeit,
9. Gestaltung der Außenkontakte,
10. Lockerungen des Vollzuges und Urlaub,
11. notwendige Maßnahmen zur Vorbereitung der Entlassung.«

Psychologische Diagnostik und Gutachten

Im Bereich der Eignungsdiagnostik werden seit etwa 20 Jahren alle Kandidaten für den qualifizierenden Hauptschulabschluss psychologischen Testverfahren unterzogen. Dies hat sich als richtig und wichtig herausgestellt und oft erstaunliche Ergebnisse erbracht, da sich die bis zur Inhaftierung erreichten Bildungsabschlüsse oft als wenig aussagekräftig herausgestellt haben. Für andere geplante Bildungs- und Berufsabschlüsse werden im Einzelfall ebenfalls Eignungstests eingesetzt.

Psychologen nehmen im Rahmen ihrer Dienstaufgaben und ihrer zugewiesenen Rolle (klinisch arbeitend oder Leitungsaufgaben) Stellung zu wichtigen vollzuglichen Fragen oder entscheiden diese. In diesem Zusammenhang ist vor allem an Vollzugslockerungen und Hafturlaub sowie Stellungnahmen an den Jugendrichter (bedingte Entlassungen, Verlegungen, Einleitungen von Drogentherapien gemäß § 35 BtmG) zu denken. Die Psychologen im Haus fertigen keine Gutachten, koordinieren aber Einleitung, Durchführung und Umsetzung. Konkret werden die Gefangenen, bei denen Gutachten angebracht erscheinen oder notwendig sind, vorgestellt, ein Gutachter vorgeschlagen und angeschrieben, das Gericht eingeschaltet (vgl. zur Begutachtung junger Delinquenter Fegert und Häßler 2000). Liegen diese Gutachten vor, so werden die Ergebnisse mit dem Gefangenen und dem zuständigen Personal diskutiert und notwendige Folgerungen eingeleitet. Die einzelnen Entscheidungen trifft in diesem Prozess die Anstaltsleitung nach Besprechung in Konferenzen, sofern dies nicht ausdrücklich Entscheidungen betrifft, welche dem Richter vorbehalten bleiben.

Vermittlung und Durchführung von Sozial- und Psychotherapie

Drei Gruppen widmen wir besondere Aufmerksamkeit:

- Gefangenen, die besonders durch Gewalttaten hervorgetreten sind.
- Gefangenen, die Straftaten gegen die sexuelle Selbstbestimmung begangen haben.
- Gefangenen, die in ihrer Persönlichkeit besonders auffällig sind.

Dabei ist natürlich eine Kombination von mehreren dieser Faktoren möglich.

Primär versuchen wir, Gefangene, die im Sinne des Gesetzgebers zur Zielgruppe für sozialtherapeutische Maßnahmen gehören, prognostisch negativ eingeschätzt wurden oder werden müssen und geeignet sind, sie für eine Überstellung in eine Sozialtherapeutische Einrichtung zu motivieren (Weiß 2001). Mit infrage kommenden Gefangenen wird sehr bald nach ihrem Zugang ein diesbezügliches Gespräch geführt. Dabei legen wir sehr offen und schonungslos dar, wie wir die weitere Behandlung einschätzen, was wir erwarten und welche Konsequenzen mangelnde Mitarbeit hat. Den durchaus gewollten Druck verschärft sicher auch noch unsere Erklärung, dass sie keinerlei Vollzugslockerungen und keine vorzeitige Entlassung erwarten können, solange sie als gefährlich eingestuft werden. Hintergrund dieser konfrontativen Vorgehensweise ist die Erfahrung, dass bislang kaum ein Gefangener ohne diesen Außendruck zu Therapien bereit war und die restliche Strafzeit häufig so knapp ist, dass möglichst schnell eine Verlegung vorgenommen werden muss. Dennoch können viele dieser Straftäter, die in der Regel aufgrund von Straftaten gegen die sexuelle Selbstbestimmung inhaftiert wurden, aus Gründen, die sie selbst nicht zu verantworten haben, nicht vermittelt werden. Hier seien beispielhaft zu kurze Reststrafen oder sprachliche Probleme angesprochen.

Sofern wir therapeutischen Bedarf sehen, weisen wir solche Personen möglichst externen Psychotherapeuten zu. Derzeit stehen uns hier drei Personen (Fachärzte bzw. Psychologen) zur Verfügung. Zur Bezahlung sind Haushaltsmittel vorhanden. Zusätzlich besteht auch von unserer Seite ein psychotherapeutisches Angebot.

Seit Jahren wird vom Psychologischen Dienst, zusammen mit einer Sozialpädagogin, ein Konfliktbewältigungstraining (»Anti-Gewalt-Training«) durchgeführt (Weidner 1997). Konzeptionell stellt dieses eine praxisorientierte Fortentwicklung eines im Rahmen einer Diplomarbeit an der Universität Bamberg erstellten Programms dar. Immer wieder vorgenommene Modifikationen waren nötig, weil unseres Erachtens die praktische Umsetzung noch unzureichend und zu undifferenziert war, und sich auch die Zusammensetzung der Klientel seit der Erstellung geändert hat.

Die Psychologen des Hauses führen zudem Einzeltherapien durch. Zur Zielgruppe gehören primär Gefangene, die durch schwerwiegende Gewaltdelikte aufgefallen sind oder schwerwiegende persönliche Probleme haben.

Krisenintervention

Im Alltag werden Psychologen häufig dann zu Rate gezogen, wenn es bei Gefangenen zu krisenhaften Zuspitzungen kommt (vgl. dazu Wehrl-Novotny 1998). Die Palette der Auffälligkeiten, die hier letztendlich zur Einschaltung des Psychologischen Dienstes führen, ist sehr groß. Die Anforderung kann sowohl vom Gefangenen als auch vom Personal ausgehen.

Im Gegensatz zu psychotherapeutischen Maßnahmen sind Maßnahmen zur Krisenintervention ad hoc nötig und in der Regel nach ein bis fünf Gesprächsterminen bewältigt. Dennoch nehmen sie im Arbeitsalltag breiten Raum ein, da sie »ungeplant« natürlich oft mit anderen Vorhaben zeitlich kollidieren. Einige typische Beispiele für Krisenintervention: plötzliche Veränderung der Lebenssituation (z. B. Beendigung einer Beziehung, Tod/Unfall nahe stehender Personen etc.), starke Veränderung im wahrgenommenen Verhalten (z. B. starker sozialer Rückzug, unverständliches Verhalten, psychotische Symptome etc.), aktuelle Konflikte und ihre Auswirkungen, Suizidgedanken und selbstzerstörerisches Verhalten, massives Störverhalten, starke impulsive Reaktionen, Ängste u. s. w. Ziel der Krisenintervention ist es, innerhalb der Institution einen für den Klienten gangbaren Weg zu finden, um diese Krise zu entschärfen und ihn so zu stützen, dass das Risiko von Kurzschlussreaktionen möglichst reduziert wird.

Konferenzen und Besprechungen

Psychologen sind sowohl Mitglieder diverser Konferenzen wie auch verschiedener Teams. Auf Konferenzebene ist jeweils ein Psychologe Leiter der wöchentlichen Zugangskonferenz und Vollzugsplanbesprechung.

Der als Vollzugsabteilungsleiter tätige Kollege leitet die Abteilungskonferenz, bei der Lockerungen des Vollzugs, Urlaub aus der Haft sowie die Stellungnahmen an das zuständige Jugendgericht besprochen und beschlossen werden. Im Rahmen einer weiteren Konferenz werden mit ihm auch Verfehlungen von Gefangenen besprochen. Die Gefangenen werden dazu gehört und notfalls auch disziplinarisch belangt. Ebenfalls steht dieser Kollege im Rahmen fester Sprechstunden grundsätzlich jedem Gefangenen als Vertreter der Anstaltsleitung zur Verfügung.

An anderen Besprechungen nehmen die Psychologen fachlich beratend oder einfach als Mitarbeiter teil, etwa in der Konferenz der Fachdienste, in der Informationen ausgetauscht und Abläufe organisiert werden. In einer weiteren Konferenz kleiner Teams besteht die Möglichkeit der Fallbesprechung sowie der Erörterung von alltäglich auftauchenden Problemen und deren Lösungsansätzen.

Besonders wichtig erscheint uns der intensive Kontakt zu den Mitarbeitern vor Ort, hauptsächlich zu den Bediensteten des allgemeinen Vollzugsdienstes. Eine gute Kommunikationsstruktur ist hier oft schon die »halbe Problemlösung«. Sie ermöglicht eine schnellere Problemerkennung, da Veränderungen von Gefangenen von diesen Mitarbeitern im täglichen Kontakt oft sehr früh bemerkt werden. Auch die Umsetzung von Lösungsansätzen wird effektiver, da diese besprochen und abgestimmt werden können.

Erarbeitung von Konzepten zur Behandlung und Vollzugsgestaltung

Auch wenn Justizvollzugsanstalten nach außen oft wie unbewegliche Trutzburgen erscheinen mögen: Innerhalb des Vollzugs gibt es Veränderungen und immer wieder neue Anforderungen. Die Gründe hierfür sind mannigfaltig und sollen hier nur an einigen Beispielen aus der Justizvollzugsanstalt Ebrach deutlich werden:

- In den letzten 20 Jahren hat sich die Zahl der Straftäter, die wegen Drogendelikten belangt wurden, etwa vervierfacht.
- In den letzten Jahren taucht eine größere Zahl jugendlicher Intensivtäter auf, die schon sehr früh durch eine große Zahl schwerer Delikte in Erscheinung getreten sind.
- Immer wieder gibt oder gab es Phasen, in denen sich politische Konflikte außerhalb des Vollzugs (z. B. die Kriege auf dem Balkan) in massiven Spannungen innerhalb des Vollzugs abbildeten.
- Mit dem Zerfall des Ostblocks sind im Jugendstrafvollzug zunehmend Täter aus diesem Kulturkreis in Erscheinung getreten. Derzeit bildet die Gruppe der Spätaussiedler aus der ehemaligen UdSSR die größte Problemgruppe in der hiesigen Anstalt (Dolde 2002).
- Die Zahl psychisch auffälliger Personen hat unserer Erfahrung nach in den letzten Jahren zugenommen.

In allen Bereichen musste oder muss durch konzeptionelle und strukturelle Veränderungen versucht werden, diese neuen Anforderungen zu bewältigen. Konkret werden derzeit in der hiesigen Einrichtung Überlegungen angestellt, wie dem Problem der deutsch-russischen Subkultur mit ihren Auswüchsen wirkungsvoller entgegengetreten werden kann, aber auch, wie diese Gefangenen besser gefördert und integriert werden können. Zudem soll eine Betreuungseinheit für psychisch auffällige Gefangene aufgebaut werden. Psychologen sind hier in interdisziplinären Teams insbesondere mit ihrem sozialpsychologischen Wissen gefragt.

Aus- und Fortbildung

Hier sind Psychologen in beiden Bereichen vertreten, sowohl im Bereich der Ausbildung durch Unterrichtung der Fächer »Psychologie und Kriminologie« und »Umgang mit gefährdeten und gefährlichen Gefangenen«, als auch in der Fortbildung, etwa der qualifizierenden Fortbildung der Justizvollzugsbediensteten im Jugendvollzug.

Schlussbemerkungen

Nach 20 Jahren beruflicher Erfahrung im Jugendvollzug meine ich, dass der Umgang des Personals der Justizvollzugsanstalt Ebrach heute wesentlich lockerer und unverkrampfter ist als noch vor wenigen Jahren. Betrachtet man die Beziehung der Psychologen zu anderen Dienstgruppen, so sind die Veränderungen sicherlich auch Folge eines Anpassungsprozesses und eines anderen Selbstverständnisses der Psychologen, den manche auch bedauern mögen.

Psychologen sind als Spezialisten für menschliches Verhalten zu betrachten und als solche anzusprechen. Ganz unideologisch kann erwartet werden, dass sie dieses Wissen einbringen und anwenden, um insgesamt einen gesetzlichen Auftrag zu erfüllen, nämlich den Vollzug von Jugendstrafen.

Schließlich verpflichtet sie dieses Wissen meines Erachtens auch, an der weiteren Entwicklung des Strafvollzugs (vgl. dazu Greve und Höynck 1998) tatkräftig mitzuarbeiten und teilzuhaben, wo immer dies möglich ist.

Literatur

Bereswill, M. und Höyck, T. (Hrsg.), (2002), *Jugendstrafvollzug in Deutschland. Grundlagen, Konzepte, Handlungsfelder.* Mönchengladbach: Forum Verlag Godesberg.

Dolde, G. (2002), Spätaussiedler – »Russlanddeutsche« – ein Integrationsproblem. *Zeitschrift für Strafvollzug und Straffälligenhilfe, 51*: 146–151.

Dünkel, F. (2002), Aktuelle Entwicklungen und statistische Daten zum Jugendstrafvollzug in den neuen und alten Bundesländern. *Zeitschrift für Strafvollzug und Straffälligenhilfe, 51*: 67–76.

Fegert, J. M. und Häßler, F. (Hrsg.), (2000), *Qualität forensischer Begutachtung, insbesondere bei Jugenddelinquenz und Sexualstraftätern.* Herbolzheim: Centaurus.

Greve, W. und Höynck, T. (1998), Die Zukunft des Jugendstrafvollzugs. *Kriminalpädagogische Praxis, 26*: 4–11.

Koschmieder, U. (2002), Delinquente Jugendliche – Strafgefangene von morgen? *Kriminalpädagogische Praxis, 30*: 39–42.

Wehrl-Novotny, B. (1998), Krisenintervention bei jugendlichen Häftlingen. In: Wagner, W. und Werdenich, W. (Hrsg.), *Forensische Psychotherapie. Psychotherapie im Zwangskontext von Justiz, Medizin und sozialer Kontrolle.* Wien: Facultas, 242–245.

Weidner, J. (1997), *Anti-Aggressivitätstraining für Gewalttäter. Ein deliktspezifisches Behandlungsangebot im Jugendvollzug.* Bonn: Forum Verlag Godesberg.

Weiß, M. (2001), Integrative Sozialtherapie im Jugendvollzug. In: Rehn, G.; Wischka, B.; Lösel, F. und Walter, M. (Hrsg.), *Behandlung »gefährlicher Straftäter«.* Herbolzheim: Centaurus, 229–245.

Kriminologische Forschung und Evaluation

von Norbert Andreas

1. Abgrenzung des Forschungsgegenstandes

Die kriminologische Forschung umfasst Bereiche wie: Kriminalprävention, Viktimologie und Opferschutz, Drogenkriminalität, Jugendkriminalität, Aggressionsforschung, Terrorismus, Wirtschaftskriminalität, Rechtsextremismus, illegale Migration, Strafvollzug, Maßregeln der Sicherung und Besserung, Straffälligenhilfe, Prognoseforschung, Sexualkriminalität, Strafverfolgung, Täterforschung, Schuldfähigkeit, Schuldunfähigkeitsbegutachtung, Dunkelfeldforschung, Verkehrskriminalität und Behandlungsforschung im Strafvollzug. Nach § 166 Strafvollzugsgesetz obliegt die kriminologische Forschung im Strafvollzug dem kriminologischen Dienst, dessen Aufgabe es ist, »in Zusammenarbeit mit den Einrichtungen der Forschung den Vollzug, namentlich die Behandlungsmethoden wissenschaftlich weiterzuentwickeln und seine Ergebnisse für Zwecke der Strafrechtspflege nutzbar zu machen«.

Die Kriminologie als Wissenschaft beinhaltet eine kritische Reflexion ihrer Konzepte und der Praxis bzw. Anwendung, speziell die Evaluation ihrer Ergebnisse und Prozesse. Kriminologie kann beschrieben werden, als »die geordnete Gesamtheit des Erfahrungswissens über das Verbrechen, den Rechtsbrecher, die negativ soziale Auffälligkeit und über die Kontrolle dieses Verhaltens« (Kaiser 1985, 1) oder als »interdisziplinärer Forschungsbereich, der sich auf alle die empirischen Wissenschaften bezieht, die zum Ziel haben, den Umfang der Kriminalität zu ermitteln und Erfahrungen – über die Erscheinungen und Ursachen der Kriminalität – über Täter und Opfer sowie – über die Kontrolle der sozialen Auffälligkeit einschließlich der Behandlungsmöglichkeiten für den Straftäter und der Wirkungen der Strafe (bzw. Maßregel) zu sammeln« (Schwind 2002, 8).

2. Abgrenzung zu anderen Wissenschaften

Probleme ergeben sich bei einer angemessenen Bestimmung des Forschungsgegenstandes der Kriminologie. Das »Selbstverständnis« der Kriminologie angemessen zu bestimmen, ist nach Ansicht vieler Kriminologen nach wie vor inhaltlich noch nicht ausreichend definiert: »Ob dies überhaupt möglich sei, ist angesichts divergierender Strömungen, die untereinander einen Verdrängungswettbewerb austragen, durchaus offen. Jedenfalls wäre es kaum möglich, bei diesem Wettbewerb eine strikt neutrale Schiedsrichterposition einzunehmen« (Kunz 2001, 5).

Neben dem Strafrecht sind Bezugswissenschaften der Kriminologie die Psychologie (mit ihren verschiedenen Ausrichtungen z. B. Rechtspsychologie, Psychoanalyse, Verhaltenspsychologie, Klinische Psychologie, Entwicklungspsychologie), die Psychiatrie (forensische Psychiatrie und Sozialpsychiatrie) und die Soziologie. Eingeordnet in den Kreis der Bezugswissenschaften werden weiterhin die Kriminalistik (mit ihren Bereichen Kriminalstrategie, Kriminaltechnik und Kriminaltaktik), die Sozialpädagogik (Kriminalpädagogik), die Anthropologie (Wissenschaft vom Menschen, seiner genetischen Struktur, seiner Physiologie und seiner Abstammung), die Mathematik (Statistik und mathematische Methodik), die Biologie (Neurobiologie, biologische Verhaltensforschung i. S. von Ethologie etc.) und die Kriminalpolitikwissenschaft.

Zusammenfassend kann Kriminologie als interdisziplinäre Wissenschaft beschrieben werden, die sich mit den Erscheinungsformen und Ursachen von Kriminalität, mit der sozialen Kontrolle abweichenden Verhaltens durch Schule, Polizei, Justiz und Psychiatrie, der Wirkung von Sanktionen, dem Täter, dem Opfer, den Kriminalitätseinstellungen in der Gesellschaft sowie mit dem kriminalpolitischen Diskurs befasst. Eine Kriminalitätstheorie dient als Grundlage für Prognose, Therapie und Prävention. Die Ursachen für die Entstehung von Kriminalität sollten vor dem Hintergrund der zeitgenössischen gesellschaftlichen und sozialen Rahmenbedingungen gesehen werden.

3. Reaktionen auf Kriminalität

Das erste Ziel der Kriminalprävention ist die Vermeidung zukünftiger Straftaten. Die Generalprävention ist eine der Strategien, strafrechtliche Verhaltensnormen zu sichern. Mit der Generalprävention verbindet sich der Anspruch, dass potenzielle Rechtsbrecher abgeschreckt werden vor zukünftigen strafbaren Handlungen (negative Ausprägung der Kriminalprävention), und in der Allgemeinheit hingewirkt wird auf die Stärkung des Vertrauens in schützende Normen (positive Ausprägung der Kriminalprävention). Die Spezialprävention richtet sich an einen einzelnen Rechtsbrecher mit dem Ziel, künftige Rechtsbrüche dieser Person zu verhindern. Erwartet wird auch hier eine Abschreckung (negative Ausprägung) und/oder eine Resozialisierung. Die Überprüfbarkeit der Wirksamkeit der Generalprävention ist nur sehr eingeschränkt, da sie oft erst nach einem langen Zeitraum festgestellt werden kann und eine originäre moralische Prägekraft der Strafrechtsnormen wegen anderer Einflussgrößen (z. B. Sozialisationsinstanzen) schlecht nachweisbar ist. Das Erfolgskriterium der Spezialprävention ist meist die Legalbewährung.

4. Qualität und Qualitätssicherung im Strafvollzug

Qualität kann definiert werden als die Beziehung zwischen realisierter Beschaffenheit und geforderter Beschaffenheit. Eine nachvollziehbare Qualitätsbewertung bezieht sich auf etwas, das so exakt wie möglich definiert werden muss. Eine solche Festlegung ist eine existenzielle Voraussetzung für eine Qualitätssicherung. Unter

	Strukturqualität	Prozessqualität	Ergebnisqualität
Persönliche Elemente	Art und Auswahl des Personals, Supervision, Aus- und Fortbildung, Qualifikation, Qualitätszirkel, Gruppenleiterausbildung (AVD)	»Berufsstandards« der einzelnen Berufsgruppen, Minimalkriterien (beim Aufbau einer Sozialtherapie), delikt-spezifische Behandlungsmodelle	Sicherung der »Allgemeinheit«, subjektive Zufriedenheit der »Gerichtsbarkeit«, des Gesetzgebers, der Mitarbeiter, des Klientels, Stärkung der Ressourcen
Materielle Elemente	Art und Umfang der materiellen Ausstattung, Räumlichkeiten, Standortbedingungen	Behandlungstechnik, Interventionsstandards, diagnostische Maßnahmen, eingesetzte Therapieverfahren	Auswahl und Zuweisung therapeutischer Behandlungsplätze, fachlich kompetente Sachverständige (mit Zertifikat)
Organisatorische Elemente	Aufbau und Organisationsform (einer JVA), Konzept einer Behandlungsabteilung	»Klima« einer JVA, »Milieu« einer Sozialtherapie	Rückfallgefährdung, Vermeidung von (weiteren) Gerichtsverfahren
Systemelemente	Rechtssystem, Gesundheitssystem, Finanzsystem	Evaluation, Dokumentation	Justizministerium, Finanzministerium, Bundesgerichtshof
Messung	Vergleiche, Listen, Indices	Vergleich mit Standards, mit Kollegen und anderen Institutionen (z. B. Maßregelvollzug)	globale Maße, punktuelle Maße, Querschnitt-Untersuchung
Probleme	Es wird eher das Potenzial als die tatsächliche Leistung erfasst.	Nicht überall sind explizite Standards und Normen, (z. B. der Dokumentation) vorhanden.	Zurechenbarkeit (der Effekte einer Behandlung), Messbarkeit (ggf. lange Zeitdauer einer Rückfall-Untersuchung)

Abb. 1: Kriminologische Qualitätsaspekte im Strafvollzug (nach Baumgärtel und Ruhl 2002, 448)

Qualitätssicherung kann die Gesamtheit der organisatorischen, technischen, normativen und motivierenden Maßnahmen zur Sicherstellung der Qualität verstanden werden. Qualitätssicherung zielt darauf ab, dass ein prinzipiell erzielbarer Nutzen auch erreicht werden kann.

Qualität kann in drei Dimensionen getrennt werden: Strukturqualität, Prozessqualität und Erlebnisqualität (Donabedian 1966).

Die Strukturqualität beinhaltet den organisatorischen und institutionellen Rahmen sowie die Rahmenbedingungen, unter denen z. B. eine kriminaltherapeutische Maßnahme abläuft. Eine Input-Evaluation der Arbeit im Strafvollzug bezieht sich weitestgehend auf die fachlichen Qualifikationen des Personals und der Arbeitsgrundlagen.

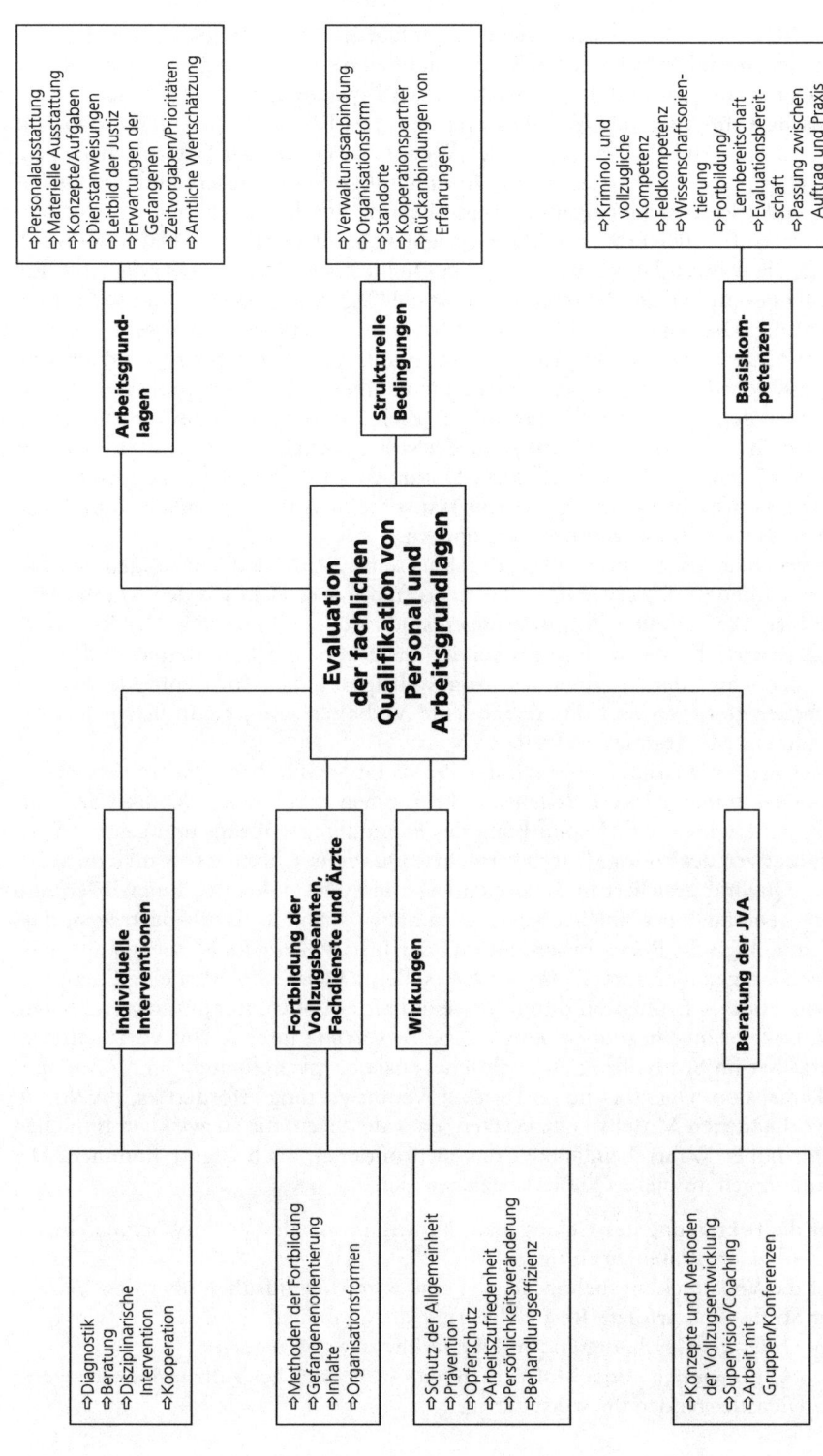

Abb. 2: Input-Evaluation der Arbeit im Strafvollzug

Für die Verbesserung und Sicherung der Qualität sind die Qualifikationen der Mitarbeiterinnen und Mitarbeiter, z. B. die qualifizierte Ausbildung der Juristen, eine Approbation der psychotherapeutisch tätigen Psychologen im Strafvollzug, fachspezifische Lehrgänge der AVD-Beamten und des Fachdienstpersonals sowie die Fort- und Weiterbildung entscheidend (Wydra 2001). Auf der Strukturebene geht es auch darum, wie Kooperation und Kommunikation organisiert sind und welche Kommunikationskanäle eingerichtet und benutzt werden.

Die Verlaufs- oder Prozessqualität bezieht sich auf sämtliche Abläufe im Strafvollzug, die während der Umsetzung von Qualitätsstandards notwendig sind. Ein zentraler Bestandteil der Prozessqualität ist die Gestaltung der Beziehungen in einer Einrichtung. Dies kann u. a. bestimmt werden durch das atmosphärische »Klima« einer JVA, deren technische Ausstattung, bestimmte Verordnungspraktiken und »Berufsstandards«. Für spezifische Abläufe in einer JVA sollen Qualitätsziele formuliert werden, die sich nicht nur auf die Ziele, sondern auch auf die Durchführung beziehen sollten. Um die Effizienz der vollzuglichen Arbeit nicht aus den Augen zu verlieren, sind für eine effektive Dokumentation Prioritäten zu setzen. Eine adäquate Konfliktbewältigung und eine transparente Aufgabenklärung kann Eskalationen und »Reibungsverluste« verhindern.

Die Ergebnisqualität betrifft das Ergebnis selbst. Ziele und Wirkungen, die formuliert worden sind, werden darauf überprüft, ob sie erreicht wurden. Qualität bedeutet hier: Die gestellten Anforderungen sind erfüllt, z. B. das Ziel der Resozialisierung ist erreicht, die Wirkungen bei der Zielgruppe der Inhaftierten sind eingetreten, der Schutz der Allgemeinheit ist gewährleistet, die Arbeitszufriedenheit der Mitarbeiter gestiegen und das delinquente Verhalten von »gefährlichen Straftätern« auf ein Mindestmaß reduziert.

Das Thema »Qualitätssicherung der Praxis im Strafvollzug« hat in den letzten Jahren eine immer stärkere Bedeutung bekommen durch einen Wechsel der Forschungsparadigmen, eine Verstärkung des Behandlungsvollzugs und gesetzgeberische Initiativen der Politik. Durch vermehrte Qualitätssicherung soll auch im Strafvollzug Qualität gesichert und gesteigert werden. Die sinkenden finanziellen und entsprechend auch personellen Ressourcen haben ebenfalls dazu beigetragen, dass die kriminologische Praxis insgesamt und der Justizvollzug im Speziellen auf seine Effizienz hin genauer untersucht werden (sollen). Meist ist hierbei eine Fremdeinschätzung oder – Evaluation durch Wissenschaftler üblich, nur ansatzweise haben die Praktiker damit begonnen, eine eigene Bewertung ihrer Arbeit vorzunehmen. Qualität hat im Strafvollzug eine ethische, soziale, psychologische und ökonomische Dimension. Die ethische und soziale Verantwortung erfordert es, die (knappen) vorhandenen Mittel so einzusetzen, dass sie denen, die sie wirklich brauchen und mit hoher Wahrscheinlichkeit davon profitieren, auch zugute kommen. Die Anforderungen an mehr Qualität beziehen sich:

1. auf die Befähigung des Gefangenen, künftig in sozialer Verantwortung ein Leben ohne Straftaten zu führen;
2. auf die Vollstreckungsbehörden, die eine Kontrolle ausüben über den Verlauf der Strafe (und erfolgte Resozialisierungsmaßnahmen);
3. das Opfer als Geschädigten (und weiterhin zu Schützenden);
4. die »Allgemeinheit« oder »Öffentlichkeit« (z. B. auch bei Vollzugslockerungen);
5. die Dienstleistenden im Strafvollzug.

In den DIN ISO Normen 9000 bis 9004 sind internationale Definitionen der Qualitätssicherung festgelegt. Die Normen umfassen abstrakte Leitlinien und Verfahrensanweisungen zur Qualitätssicherung in Dienstleistungsbetrieben, die durch entsprechende Modelle an die Bedürfnisse einer Institution (des Strafvollzugs) angepasst werden müssen. Durch die Leitungsebene im Strafvollzug sind Qualitätsziele und Qualitätsaktivitäten zu definieren, die sich z. B. auf folgende Bereiche beziehen sollten: Einbindung aller Mitarbeiter des Strafvollzugs in die Qualitätsoptimierung, fortlaufende Überprüfung der Ergebnisse, Zuordnung von Zuständigkeiten und Verantwortlichkeiten, Wirtschaftlichkeit durchgeführter Maßnahmen, Einhaltung von »Berufsstandards«, Zufriedenstellung der am Strafvollzug beteiligten Personengruppen.

In Großbritannien steht im Justizetat eine feste Quote für Qualitätssicherungsmaßnahmen bereit.

Eine Qualitätssicherung durchführen bedeutet, die Qualität der Leistungserbringung zu sichern, sei es die Qualität im Behandlungsvollzug oder die Qualität bisher entwickelter Prognoseverfahren. Verschiedene kriminologische Forschungsansätze betonen den Vorteil strukturtreuer Modelle gegenüber statistischen Modellen der Rückfallprognose und merken an, »dass es eine Überschätzung klinisch-diagnostischen Wissens und klinisch-therapeutischer Erfahrung aus der Wissenschaft gibt« (Kobbé 1997, 182). Für eine zukünftige sachgerechte klinische Kriminalprognose ist eine Evaluationsforschung erforderlich, die sowohl die Behandlungseffekte des Strafvollzugs als auch eine verbesserte Qualität von Prognosegutachten mehr beachten sollte (Endres 2002, 180).

Bezüglich der Steuerung, Implementierung, Ausgestaltung und Durchführung von Qualitätssicherungsmaßnahmen wird unterschieden zwischen interner und externer Qualitätssicherung. Die interne Qualitätssicherung beinhaltet die Beurteilung der Qualität auf der Basis interner Ist-Soll-Vergleiche. Unter dem Begriff »intern« können alle Maßnahmen in einer JVA zusammengefasst werden, die auf eine Sicherstellung und Verbesserung der anstaltsinternen Qualität ausgerichtet sind. Unter »externer« Qualitätssicherung wird die Beurteilung der Qualität auf der Basis von Informationen aus mehreren vergleichbaren Einrichtungen oder durch andere Instanzen verstanden.

5. Evaluation

Evaluation kann definiert werden als ein »Prozess der Beurteilung des Wertes eines Produktes oder eines Programms«, was nicht notwendigerweise Verfahren oder datengestützte »Beweise« zur Beurteilung erfordert. Im Rahmen einer Qualitätskontrolle liegen meist mindestens zwei Erhebungszeitpunkte (vorher/nachher) fest und die Frage nach der Wirksamkeit eines (Behandlungs-)Programms steht im Mittelpunkt des Interesses. Im Rahmen einer Evaluation im Strafvollzug können verschiedene Aspekte unterschieden werden. Eine Evaluation kann sich beziehen auf im Vollzug eingesetzte Verfahren, (Behandlungs-)Formen, spezielle Adressaten, Funktionen, Evaluationspartner, Wirkungen und Ressourcen (vgl. auch Abb. 4). Es kann unterschieden werden zwischen der Evaluation der Wirksamkeit einer ganzen Institution z. B. einer JVA (vergleichende Evaluation) oder einer Evaluation im en-

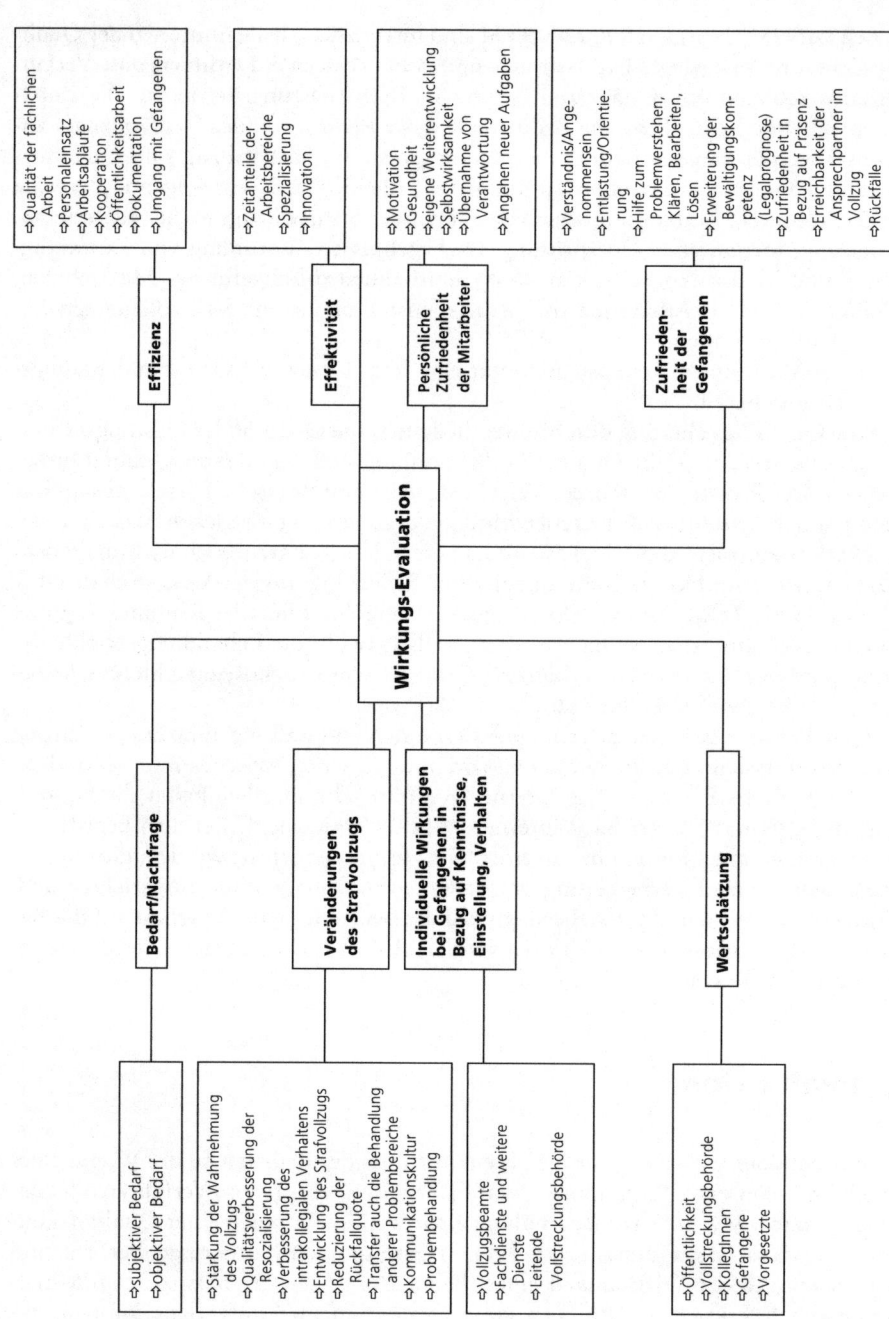

Abb. 3: Kriterien für die Evaluation der Wirkungen vollzuglicher Arbeit

geren Sinne, z. B. der Evaluation einer speziellen Interventionsmaßnahme (isolierte Evaluation). Bei der isolierten Evaluation handelt es sich um die grundlegende Wirkung eines Programms, einer Therapie und um Wirksamkeitshypothesen. In einer vergleichenden Evaluation werden die Ziele konstant gehalten und die übrigen Faktoren variiert, es geht hier um Wirksamkeitsunterschiedshypothesen (wirkt Programm X besser als Programm Y?). Bei der vergleichenden Evaluation wird eine zu evaluierende Therapie (z. B. Gesprächstherapie) mit einer Alternativtherapie (z. B. kognitiv-behaviorale Therapie) verglichen. Eine zu evaluierende Therapie wird in Beziehung gesetzt zu einer Kontrolltherapie.

Die Form der externen Evaluation ist eine Alternative zur internen Evaluation, bei der die Untersucher selbst in das zu bewertende Projekt eingebunden sind. Externe Evaluationsstudien werden in der Regel von anerkannten kriminologisch-wissenschaftlichen Einrichtungen durchgeführt. Durch unabhängige Sachverständige sollen gesetzliche Vorgaben überprüft werden. Externe Evaluationsstudien erhöhen u. U. die Glaubwürdigkeit, Kritiker können überzeugt und Vorbehalte abgebaut werden. Nachteile einer externen Evaluation liegen in der mangelnden Kenntnis von internen und informellen Organisationsstrukturen des Auftraggebers. Nicht jeder wissenschaftlich begründbare Verbesserungsvorschlag ist geeignet für die Umsetzung in den Vollzugsalltag. Wird eine gemeinsame Kommunikationsebene gefunden, kann die externe Evaluation ein wichtiger Bestandteil der Qualitätssicherung sein.

Der Begriff der Evaluationsforschung wird nicht durchgehend gleich verwendet. Während einige Forscher die Begriffe Effizienzuntersuchung, Wirkungsforschung und Evaluation gleichsetzen, differenzieren andere Wissenschaftler genauer und ordnen den Wirkungsforschungsprozess unter den Gesamtprozess einer Programm-Evaluation (Rossi et al. 1988, 10).

Kontrollierte Vergleichsstudien im Strafvollzug sind eher selten. Durchführung und Planung von Evaluationsprojekten in der Sozialtherapie sind bundesweit nur in Nordrhein-Westfalen (Ortmann 1995), Hamburg, Baden-Württemberg und Niedersachsen (Forschungsprojekte der Landesjustizverwaltungen) durchgeführt worden.

Eine Evaluation ist immer eine Intervention in ein bestehendes soziales System. Sie ist eine zu den evaluierten Aktivitäten parallel geschaltete Intervention. Evaluation verstärkt und unterstützt die Organisationsentwicklung im Strafvollzug. Durch geeignete Evaluationsinstrumente kann der Prozess der Informationsgewinnung bei der Durchführung von Interventionen angeregt werden. Das dabei gewonnene Wissen kann beim Aufbau weiterer Handlungskompetenzen unterstützen. Mit einem Forschungsprojekt, das sich auf die Kriminalität von Jugendlichen bezieht, der »Tübinger Jungtäter – Vergleichsuntersuchung« konnte durch die kriminologische Forschung – die differenzierte Erfassung des individuellen Täters in seinen sozialen Bezügen – dem Praktiker im Strafvollzug ein Hilfsmittel an die Hand gegeben werden, mit dem er in Alltagsfällen, aufgrund eigener Sachkompetenz, und ohne psychologische oder psychiatrische Fachkompetenz, den einzelnen Täter kriminologisch erfassen und beurteilen kann.

Kontrollierte Studien sind nur eine Perspektive kriminologischer Evaluation. Diese bedarf einer Ergänzung durch Prozessforschung und qualitative Forschung. Die kriminologische Prozessforschung untersucht, wie welche Interventionen bei wem was bewirken. Ein installiertes Programm wird überwacht und untersucht mit der Frage, ob das Programm die richtige Zielgruppe trifft und die durchgeführten Aufgaben mit den Planungsvorgaben übereinstimmen. Zur Prozessevaluation gehört die Verankerung des Projekts in der Institution, z. B. in einer JVA unter Einbezug einer Öffentlichkeitsarbeit (um z. B. Vorurteile gegenüber der Einrichtung einer Behandlungsabteilung abzubauen). Die Beteiligung aller Mitarbeiter einer JVA sowie deren Akzeptanz hinsichtlich neuer Aktivitäten ist ein wichtiger Faktor der Prozessevaluation. Ein weiteres wichtiges Element einer Prozessevaluation ist die zeitnahe Rückmeldung der Erreichung von Teilzielen. Dadurch ist die Möglichkeit eines eventuellen »Gegensteuerns« bei einer Programmimplementierung gegeben. Die Anpassung und Veränderung von Konzepten zu bewerten und zu dokumentieren ist eine vorrangige Aufgabe der Prozessevaluation. So werden in einer Studie des Instituts für Forensische Psychotherapie der Universität Ulm computergestützte Verfahren, die zentrale Veränderungsmechanismen der allgemeinen Psychotherapie integrieren, zur Beschreibung des Therapieprozesses von Sexualstraftätern herangezogen. Dabei wird überprüft, ob sich das eingesetzte Verfahren für die Zielgruppe der Sexualstraftäter als sensitiv erweist (Mergenthaler 1997).

Im Rahmen der Wirkungsevaluation soll eine rationale Bewertung von Ausführung, Angemessenheit, Leistungsfähigkeit, Ablauf, Ergebnis und Nutzen einer strafrechtlichen Intervention erfolgen. Durch eine Evaluation soll z. B. der Nutzen eines Interventionsprogramms festgestellt werden. Die Praxis des Strafvollzugs ist darauf angewiesen, dass die Kriminologie praktisch anstehende Fragestellungen durch Grundlagenforschung untersucht, beantwortet und Handlungsanweisungen vermittelt. Dadurch gewonnene Erkenntnisse können wiederum in Forschungsprojekte einfließen. Das Lernen in der vollzuglichen Praxis ist jedoch mehr als das Erlernen von kriminologischen Theorien, Erkenntnissen oder wissenschaftlich fundierten Vorgehensweisen. Das praktische Handeln im Strafvollzug findet in einem interdisziplinären Kontext statt. Obwohl die Bediensteten im Justizvollzug offenkundig einen entscheidenden Einfluss nicht nur auf die Atmosphäre und die Arbeits- und Lebensbedingungen im Vollzug, sondern auch auf seine Effektivität und Effizienz haben, wird ihre Situation in der kriminologischen Wissenschaft weit weniger beachtet als die der Gefangenen.

Die Berufsgruppen im Strafvollzug als Untersuchungsobjekt der Evaluation zu betrachten, scheint verglichen mit den meisten bisherigen, täterbezogenen Forschungsprojekten ein neuer Ansatz zu sein. Genauere und detailliertere Kenntnisse über die Arbeits- und Lebensqualität im Strafvollzug und deren qualitative Verbesserung dient letztendlich jedoch auch dem Schutz der Gesellschaft.

6. Kriminologische Wirkungsforschung

Viele Forscher und Praktiker sehen den vielleicht entscheidendsten Punkt in der Frage, welche Wirkungen von einem speziellen Verfahren oder einer Intervention ausgehen bzw. ausgegangen sind. Es ist ebenfalls schwierig, die Frage zu beantworten, ob die Veränderungen eines behandelten Straftäters auf die Teilnahme an einem speziellen Therapieprogramm oder auf andere Umstände zurückzuführen sind. Evaluationen sind in ihrer Arbeit wesentlich abhängig vom Stand und dem Verlauf von Kriminalstatistiken. Kriterien für die Evaluation der Wirkungen vollzuglicher Ar-

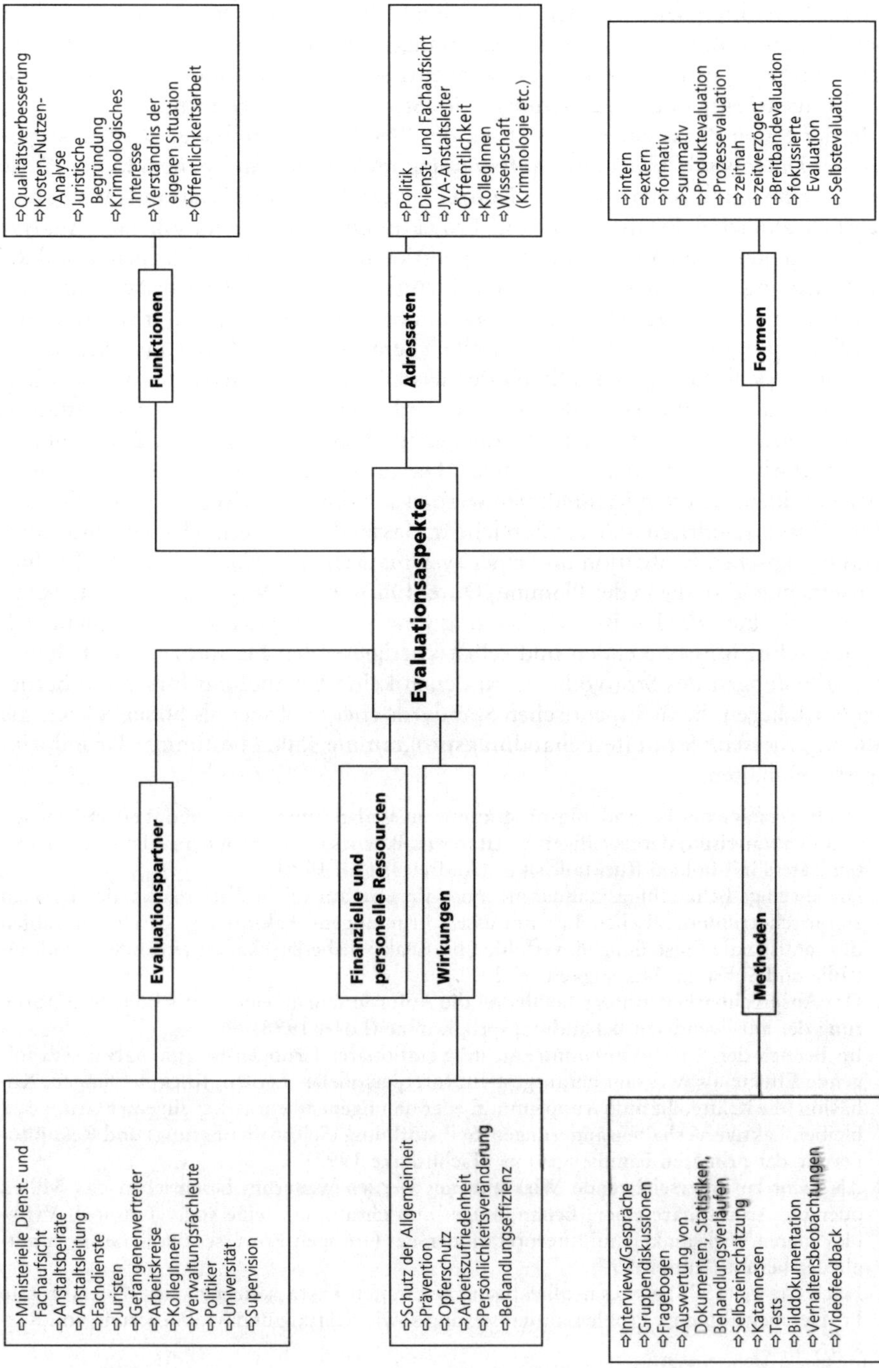

Evaluationsaspekte

Funktionen
- Qualitätsverbesserung
- Kosten-Nutzen-Analyse
- Juristische Begründung
- Kriminologisches Interesse
- Verständnis der eigenen Situation
- Öffentlichkeitsarbeit

Adressaten
- Politik
- Dienst- und Fachaufsicht
- JVA-Anstaltsleiter
- Öffentlichkeit
- KollegInnen
- Wissenschaft (Kriminologie etc.)

Formen
- intern
- extern
- formativ
- summativ
- Produktevaluation
- Prozessevaluation
- zeitnah
- zeitverzögert
- Breitbandevaluation
- fokussierte Evaluation
- Selbstevaluation

Evaluationspartner
- Ministerielle Dienst- und Fachaufsicht
- Anstaltsbeiräte
- Anstaltsleitung
- Fachdienste
- Juristen
- Gefangenenvertreter
- Arbeitskreise
- KollegInnen
- Verwaltungsfachleute
- Politiker
- Universität
- Supervision

Finanzielle und personelle Ressourcen

Wirkungen
- Schutz der Allgemeinheit
- Prävention
- Opferschutz
- Arbeitszufriedenheit
- Persönlichkeitsveränderung
- Behandlungseffizienz

Methoden
- Interviews/Gespräche
- Gruppendiskussionen
- Fragebogen
- Auswertung von Dokumenten, Statistiken, Behandlungsverläufen
- Selbsteinschätzung
- Katamnesen
- Tests
- Bilddokumentation
- Verhaltensbeobachtungen
- Videofeedback

Abb. 4: Aspekte der Evaluation im Strafvollzug

beit können differenziert werden nach individuellen Wirkungen auf die Klientel der Gefangenen (z. B. Reduzierung der Rückfallgefahr), die persönliche Zufriedenheit der Mitarbeiter, Effizienz und Effektivität eingesetzter Interventionen, Bedarfs- und Nachfrageaspekte und Veränderungen des Strafvollzugs allgemein.

In der ersten Phase einer Evaluation, der Problembeschreibung, werden Aufgaben der Datenbeschaffung und -aufbereitung im Vordergrund stehen. In der Phase der Erstellung und Anpassung von Konzepten erfolgt ein Informationstransfer hinsichtlich ähnlicher Erfahrungen und Projekte. Die Dokumentation und Analyse von Konzepten, die Förderung der Kooperation der beteiligten Mitarbeiter und die Rückmeldung von Teilergebnissen sind Elemente der Phase der Überwachung der Umsetzung von Programmen. Um wirksam zu sein, sind (rückfallpräventive) Behandlungsprogramme oder eine spezielle Therapieform (z. B. tiefenpsychologisch fundierte Psychotherapie) am Stand der wissenschaftlichen Erkenntnis auszurichten. Das zu beeinflussende delinquente Verhalten, z. B. eines Sexualstraftäters, muss ebenso bestimmt werden wie die genaue Identifizierung bzw. Beschreibung des vorgesehenen Interventionsansatzes. Die prinzipiell wirksamen, von der Wissenschaft identifizierten Maßnahmen werden sowohl unter Kriminologen, als auch unter Wissenschaftlern anderer Bereiche umfassend diskutiert. Mit der Hilfe einer kriminologischen Evaluation und einer systematischen Rückkopplung der Evaluationsergebnisse an die in der Planung, Durchführung und Weiterentwicklung beteiligten Praktiker, werden Resozialisierung bzw. Rückfallprävention zu einem sich ständig selbst informierenden und selbst korrigierenden Lernprozess. In Behandlungsabteilungen des Strafvollzugs, in denen keine Behandlungsforschung betrieben wird, liegen die therapeutischen Standards eher niedriger als höher. Wirksame und angemessene Straftäterbehandlungsprogramme sollen bestimmte Grundprinzipien beinhalten:

1. Die Intensität eines Behandlungsprogramms muss abgestimmt sein auf das entsprechende Kriminalitätsrisiko der jeweiligen Straftäter (z. B. eines dissozialen persönlichkeitsgestörten Täters mit hohem Rückfallrisiko) (Andrews et al. 1990).
2. Die jeweilige Behandlungsmaßnahme muss abzielen auf solche Tätermerkmale, die nach empirisch-kriminologischen Erkenntnissen kriminogene Faktoren sind. Hierzu zählen u. a. antisoziale Einstellungen, Gefühle und Reaktionsbereitschaften fehlende Selbstkontrolle und Substanzabhängigkeit (ebd.).
3. Das Ansprechbarkeitsprinzip beinhaltet die Anforderung an eine relativ hohe Strukturierung der angewendeten Behandlungsprogramme (Lösel 1998).
4. Im Bereich der Wirkfaktorenuntersuchung stationärer Gruppentherapie haben sich folgende Effekte als wirksam herausgestellt: Interpersonelles Lernen, Rückmeldungen, Kohäsion (die Kräfte, die auf Gruppenmitglieder dahingehend einwirken, in einer Gruppe zu bleiben), aktive Verhaltensänderungen, Selbstöffnung (Selbstoffenbarung) und Rekapitulierung der primären Familiengruppe (Tschuschke 1993).
5. Als nicht zu unterschätzende Wirkfaktoren werden weiterhin beschrieben das Milieu oder die Atmosphäre einer (Behandlungs-)Einrichtung und eine sog. »Gruppen-Variable«, deren Wirksamkeit auf Interpretationen des Gruppen-Prozesses durch Gruppenmitglieder beruht (Kutter1997).
6. Nach Grawe (1998) gibt es in allen bisher bekannten Therapieformen vier Wirkfaktoren: Problembewältigung, Problemaktualisierung sowie Klärung und Mobilisierung von Ressourcen.

Bei den quantitativen Verfahren der Erhebung und Analyse von Daten finden multivariate Analysetechniken und Methoden der Längsschnittanalyse Anwendung. Ausgewählte Methoden der qualitativen kriminologischen Forschung sind:

1. Die Einzelfallstudie:
2. Abhandlungen, bei denen ein wissenschaftlich bekanntes Problem unter einem veränderten Bezugsrahmen dargestellt wird;
3. Untersuchungen sozialer Organisationen (z. B. organisierte Kriminalität) mittels komplexer Forschungsansätze;
4. Anthropologisch orientierte Felderhebungen;
5. Untersuchung, bei welcher die Einheit der Analyse aus Personen besteht, wobei thematisch eine Spezifizierung gegeben ist, bei der eine Vielzahl von Untersuchungstechniken gegeben sein kann;
6. Die teilnehmende Beobachtung durch unabhängige externe Untersucher zeigt auf, in welcher Weise ein Feldzugang, eine Datenerhebung und Forschungsergebnisse dem Einfluss gefängnisspezifischer, institutioneller und subkultureller Wert- und Handlungssysteme unterliegen.
7. (Individuelle) Erfahrungsberichte des Untersuchers, wobei keine näher beschriebenen Forschungstechniken eingesetzt wurden (teilnehmende Beobachtung ohne genauen Forschungsplan);
8. Untersuchungen, bei denen unter Verwendung statistischer und Umfragedaten (z. B. unter AVD-Beamten) eine thematische Spezifizierung (z. B. von Gewaltstraftätern) vorgenommen wird.
9. Verschiedene Formen des Interviews:
   a) im offenen Interview werden ausschließlich offene Fragen gestellt;
   b) das halbstandardisierte Interview;
   c) standardisierte Interviews;
   d) das informative Interview dient der beschreibenden Erfassung von Tatsachen aus den Wissensbeständen des Untersuchten;
   e) das narrative Interview ist besonders geeignet zur Erfassung der biografischen bzw. der Sozialanamnese, der Untersuchte erhält die Instruktion, etwas zu einem benannten Untersuchungsgegenstand zu erzählen;
   f) das analytische Interview dient der Ermittlung eines definierten Merkmals (z. B. Aggressivität) eines Untersuchten;
   g) im rezeptiven Interview fungiert der Interviewer nur als Zuhörer, es werden Mitteilungen zur Exploration von Sachverhalten nach wissenschaftlichen Regeln aufgenommen;
   h) beim Tiefeninterview sollen tiefer liegende Motivstrukturen einer Person aufgedeckt werden (z. B. im psychoanalytischen Erstinterview);
   i) das fokussierte Interview;
   j) das problemzentrierte Interview;
   k) die Gruppendiskussion.

Die Inhaltsanalyse, das qualitative Experiment und die biografische Methode sind zusätzliche qualitative Methoden der Evaluationsforschung. Ein relativ neues Verfahren der kriminologischen Forschung im Rahmen der Prozessevaluation ist die empirisch-hermeneutische Analyse von Video- und Tonkassetten-Transkripten im Rahmen der Straftäterbehandlung. Im Fokus steht hierbei das Verhältnis von (manifestem) Text und (latentem) Subtext. Durch die Untersuchung des latenten Materials wird eine Analyse von Wunsch und Abwehr ermöglicht: Welcher latente (strafrechtlich relevante) Konflikt verbirgt sich hinter dem manifesten Konflikt? Ist durch eine Behandlung ein prognostisch günstigeres Verhalten des Gefangenen eingetreten?

Eine qualitativ begründete kriminologische Forschung erkennt die situative Kontextgebundenheit von Datenerhebung und Interpretation an. Die Kommunikation zwischen Proband (Gefangener) und Untersucher (Gutachter) wird dabei vorausgesetzt. Erst während der Datenerhebungsphase (Exploration mit Interviews bzw. Testverfahren) zeigt sich das, was erforscht werden soll.

7. Meta-Analysen in der kriminologischen Forschung

Die Meta-Analyse ist eine Methode zur Zusammenführung der Ergebnisse von einzelnen Studien mit analoger Fragestellung. Eine speziell entwickelte Studienanlage bestimmt den Gesamteffekt, den die Informationen aus allen Studien beinhalten. Meta-Analysen sind nicht nur Mittel der Zusammenfassung, sondern sie sind auch in der Lage, in den Einzelstudien nicht aufgeworfene Fragestellungen zu untersuchen und so zu neuen Erkenntnissen zu gelangen. Die Ergebnisse von Meta-Analysen können bei entsprechender Qualität ihrer Durchführung (z. B. ausreichend hohe Zahl der untersuchten Teilnehmer eines Behandlungsprogramms) wichtige Grundlagen für weiter gehende Untersuchungen bzw. vollzugliche oder kriminalpolitische Entscheidungen sein. Eine vergleichsweise geringe Zahl von kriminologischen Meta-Analysen lässt möglicherweise auf einen Mangel an entsprechenden, insbesondere kontrollierten Studien schließen. Die Ergebnisse einer Meta-Evaluations-Studie in den 1970er-Jahren (Lipton, Martinson und Wilks 1975) über die Effizienz von Therapie im Strafvollzug hatte dazu geführt, dass man in der kriminologischen Forschung von einem »Nothing Works« (nichts wirkt) ausging. Neuere Meta-Analysen kommen zu positiveren Ergebnissen (z. B. Lösel 1998).

Ausblick

Die zukünftige kriminologische Forschung wird zum einen vermehrt klinische Aspekte integrieren, zum anderen mehr bio-soziale, biologische, neurologische und physiologische Gesichtspunkte beinhalten. Die Wirksamkeit der Behandlungsmethoden im Strafvollzug wird weiter ansteigen (Schneider 1998). Um weiterhin wichtige Maßnahmen und bessere Bedingungen für den Schutz der Allgemeinheit zu schaffen, muss die Verbesserung des therapeutischen Milieus in Behandlungsabteilungen des Strafvollzugs weiter verstärkt und es müssen qualifizierende Weiter- und Ausbildungsmöglichkeiten angeboten werden. Die kriminologische Forschung muss darin fortfahren, für die Behandlung günstige bzw. ungünstige Kriminalitätsmerkmale besser zu identifizieren und zu differenzieren sowie im Bereich der Prognoseerstellung gewonnene Erkenntnisse für die vollzugliche Praxis nutzbar zu machen. Nicht alle Erkenntnisse über deren Wirksamkeit werden aus der Psychotherapieforschung auf den Strafvollzug unmittelbar zu übertragen sein, jedoch sind von einer erweiterten kriminologischen Evaluationsforschung neue Impulse zu erwarten.

Literatur

Andrews, D. A.; Zinger, I.; Hoge, R. D.; Bonta, J.; Gendreau, P.; Cullen, F. T. (1990), Does correctional treatment work? A clinically relevant and psychologically informed meta-analysis. *Criminology 28*: 369–404.

Donabedian, A. (1966), Evaluating the quality of medical cure. *Milbank Memorial Fund Quaterly 44*: 166–203.

Endres, J. (2002), Gutachten zur Gefährlichkeit von Strafgefangenen: Probleme und aktuelle Streitfragen der Kriminalprognose. *Praxis der Rechtspsychologie 2:* 161–181.

Grawe, K. (1998), *Psychologische Therapie*. Göttingen u. a.: Hogrefe.

Kaiser, G. (1985), *Kriminologie*. Heidelberg: C. F. Müller.

Kobbé, U. (1997), *Zwischen gefährlichem Irresein und gefahrvollem Irrtum*. Lengerich: Pabst.

Kunz, K.-L. (2001), *Kriminologie*. Stuttgart: Haupt.

Kutter, P. (1997), Wirkfaktoren in der psychoanalytischen Psychotherapie. *Psychologie in der Medizin 3*: 7–10.

Lipton, D.; Martinson, R. und Wilks, J. (1975), *The effectiveness of correctional treatment*. New York: Praeger.

Lösel, F. (1998), Evaluation der Straftäterbehandlung: Was wir wissen und noch erforschen müssen. In: Müller-Isberner, R. und Gonzales Cabeza, S. (Hrsg.), *Forensische Psychiatrie: Schuldfähigkeit, Kriminaltherapie, Kriminalprognose*. Bad Godesberg: Forum, 29–50.

Mergenthaler, E. (1997), *Emotions-/Abstraktionsmuster. Ein Beitrag zur computerunterstützten lexikalischen Beschreibung des psychotherapeutischen Prozesses*. Frankfurt: Verlag für Akademische Schriften.

Ortmann, R. (1995), Zum Resozialisierungseffekt der Sozialtherapie anhand der experimentellen Längsschnittstudie zu Justizvollzugsanstalten des Landes Nordrhein-Westfalen. In: Müller-Dietz, H. und Walter, M. (Hrsg.), *Strafvollzug in den 90er Jahren*. Pfaffenweiler: Centaurus, 86–114.

Rossi, P. H.; Freeman, H. E.; Hofmann, G. (1988), *Programm-Evaluation. Einführung in die Methoden angewandter Sozialforschung*. Stuttgart: Enke.

Schneider, H.-J. (1998), In memoriam Marvin Eugene Wolfgang. *Monatsschrift für Kriminologie und Strafrechtsreform, 5*: 299–300.

Schwind, H.-D. (2002), *Kriminologie*. Heidelberg: Kriminalistik Verlag.

Tschuschke, V. (1993), *Wirkfaktoren stationärer Gruppenpsychotherapie*. Göttingen: Vandenhoeck und Ruprecht.

Wydra, B. (2001), Die Bedeutung von Aus-, Fort- und Weiterbildungsmaßnahmen für Veränderungsprozesse. In: Flügge, G.; Maelicke, B.und Preusker, H. (Hrsg.), *Das Gefängnis als lernende Organisation*. Baden-Baden: Nomos Verlagsgesellschaft, 154–173.

Organisationsentwicklung im Justizvollzug

von Rüdiger Wohlgemuth

1. Das Strafvollzugsgesetz eröffnet alle Möglichkeiten

Jeder Mensch will sich entwickeln. Wenn seine Organisation ihm das ermöglicht, können beide damit sehr glücklich werden.

Das Strafvollzugsgesetz (StVollzG) gibt der Verwaltung große Chancen. Das Gesetz beschäftigt sich nämlich überwiegend mit den Rechten und den Einschränkungen der Gefangenen. Zur Organisation des Vollzugs gibt es nur wenige Vorgaben. In § 3 StVollzG werden der Verwaltung nur die Leitgedanken (Angleichungsprinzip, Gegenwirkungsprinzip und Eingliederungsverpflichtung) vorgegeben.

Auch die Vorschriften zur Planung des Vollzugs, über die Unterbringung, Ernährung und Weiterbildung der Gefangenen verpflichten die Behörde nur, tätig zu werden – wie sie es organisiert, ist ihre Sache.

Vorgegeben ist in den §§ 139 bis 141 StVollzG nur, dass die Justizvollzugsanstalten zu differenzieren, und für zu schützende Gruppen (z. B. Mütter und Kinder) besondere Einrichtungen zu schaffen sind. Zur Belegung der Anstalten und zur Arbeit der Gefangenen werden Mindestgrößen und Essenzials genannt, aber keine Organisationshinweise.

Gemäß § 151 StVollzG muss es allerdings Aufsichtsbehörden geben. Ihre Struktur und Arbeitsweise überlässt der Gesetzgeber jedoch den Landesjustizverwaltungen.

Auch der Gedanke, die Effizienz des Vollzugs zu prüfen, ist vorsichtig formuliert. § 166 StVollzG sagt: »Dem kriminologischen Dienst obliegt es, in Zusammenarbeit mit den Einrichtungen der Forschung, den Vollzug, namentlich die Behandlungsmethoden wissenschaftlich fortzuentwickeln und seine Ergebnisse für Zwecke der Strafrechtspflege nutzbar zu machen.«

Die Offenheit der Organisationsformen ist also eine Aufforderung des Gesetzgebers an die Verwaltung, eine zielführende Organisationsentwicklung zu betreiben.

2. Organisationsentwicklung findet allseits statt

In jeder Justizvollzugsverwaltung finden heute gesteuerte OE-Prozesse statt.

Flügge (2002) hat die Entwicklung nach dem StVollzG in eine erste, sozialpolitische »Reformaera« und in eine zweite Phase, die »Organisationsreformen im Justizvollzug« eingeteilt. Die erste Phase war gekennzeichnet durch die Abkehr des Vollzugs vom besonderen Gewaltverhältnis, der Gewöhnung an die neuen, sozialstaatlichen Ziele und die Einordnung der neuen Fachdienste, mit beratender Funktion und eingeschränktem Wirkungsbereich.

Der Übergang in die jetzige Phase der Organisationsreform wurde begünstigt durch

- die Erkenntnis, dass zur Reform nicht nur der gute Wille und neue Ziele gehören, sondern auch professionelle Strukturen und Methoden;
- die Verwaltungsreform, die auch von der Vollzugsverwaltung die Anwendung der neuen Steuerungsmethoden fordert;
- das neue Gesetz zur Bekämpfung von Sexualdelikten und anderen gefährlichen Straftaten, das dem Vollzug Behandlungsverpflichtungen gerade bei gefährlichen und schwer gestörten Tätern auferlegt.

Dieser Kulturwandel zeigt sich konkret bei den typischen Management-Tools, die in leichten Abwandlungen in allen Bundesländern die Organisationsentwicklungen begleiteten:

- Verständigung über gemeinsame Ziele zwischen den verschiedenen Hierarchieebenen ebenso wie in den Teams.
- Zielvereinbarungen anstelle von Weisungen (»Kontraktmanagement«).
- Kundenorientierung und Dienstleistungsmentalität.
- Mitarbeiterorientierung durch Personalförderung und Jahresgespräche.
- Delegation von Aufgaben, Dezentralisierung und Zusammenführung der Fach- und der Ressourcenverantwortung.
- Verbesserung der Führungsqualität durch gezielte Auswahl und das Training von Führungskräften.

3. Was ist Organisationsentwicklung im Justizvollzug?

Steffens (2001, 210) weist darauf hin, dass OE auch im Justizvollzug nur ein »Sammelbegriff für eine besondere Herangehensweise (ist), wenn es um die Veränderung von Organisationen geht«. Sie repräsentiert weder ein geschlossenes theoretisches Konzept noch ein fest umrissenes methodisches Inventar. Es gibt aber einige, zentrale Aspekte, die die Organisationsentwicklung kennzeichnen und die helfen, sie gegen andere Veränderungsansätze abzugrenzen.

Insbesondere die Zielorientierung hilft, Methoden der Organisationsentwicklung gegen andere Veränderungsstrategien abzugrenzen. Organisationsentwicklung als Methode organisatorischen Wandels verfolgt grundsätzlich folgende Ziele:

- Humanisierung der Arbeitswelt und Erhöhung der Effizienz der Organisation.
- Erhöhung der Flexibilität der Organisation zur schnelleren Anpassung an Veränderungen in der Umwelt.
- Leistungsaktivierung unter Berücksichtigung sozialer Belange und unter Beteiligung der Betroffenen.
- Erweiterung des Spektrums organisatorischen Handelns.

Darüber hinaus helfen Merkmale der wissenschaftlichen Verankerung, der Prozessstrukturierung und der methodische Ansatz, Organisationsentwicklungsmaßnahmen zu klassifizieren.

Organisationsentwicklung als methodischer Ansatz organisatorischen Wandels ist ein systematisch geplanter Veränderungsprozess, der

- sowohl die Verhaltensebene der Organisationsmitglieder als auch die Organisationsstrukturen umfasst,
- sozialwissenschaftliche Erkenntnisse nutzt,
- Innovation und Veränderung fördert,
- Hilfe zur Selbsthilfe gibt,
- Methoden zur kontinuierlichen Verbesserung und Kontrolle interner Prozesse einschließt und
- Einfluss auf die Organisationskultur, das Norm- und Wertesystem nimmt.

»Nicht zuletzt lassen die eingesetzten Interventionen Rückschlüsse auf den Prozess und den Veränderungsansatz zu. Interventionen in der Organisationsentwicklung sind auf das Lernen der Beteiligten, des »Klienten« gerichtet. Sie sind dann erfolgreich, wenn

- die maßgeblichen Personen selbst beteiligt sind (Betroffene zu Beteiligten machen),
- der ›Klient‹ das Problem selbst definiert,
- sowohl über das Ziel als auch die Zielverwirklichung Klarheit besteht,
- Lernen sowohl emotional als auch kognitiv möglich ist,
- das Problem- und Konfliktlösungspotenzial verbessert wird,
- die Teilnehmerinnen und Teilnehmer nicht nur in ihren Rollen und Funktionen gefragt sind« (Steffens 2001, 211).

Organisationsentwicklungsmaßnahmen beziehen sich immer auf organisatorische »Familien«, d. h. organisatorische Einheiten, wie z. B. Gruppen oder Abteilungen, sie umfassen die Mitarbeiterinnen und Mitarbeiter aller hierarchischen Ebenen.

Organisationsentwicklung ist immer Arbeit an konkreten Problemen. Die konkreten Probleme der täglichen Zusammenarbeit, die Steigerung der Effizienz und die Gestaltung der gemeinsamen Zukunft sind primäre Ziele von Organisationsentwicklungsprozessen. Dabei ist der Handlungsrahmen nicht auf technische und organisatorische Fragestellungen beschränkt, sondern es werden gleichzeitig Probleme der Kommunikation, des Informationsflusses, der Art und Weise der Entscheidungsbildung und ggf. auch des Führungsstils bearbeitet. Dabei richtet sich das Augenmerk sowohl auf die »inneren« (innerhalb des Teams, der Abteilung) als auch die »äußeren« Problemstellungen (Beziehungen zu anderen Abteilungen bzw. Organisationen). Eine organisatorische Einheit wird nicht als eine Insel im Ozean, sondern immer als Teil einer Gesamtorganisation gesehen. Fragestellungen werden so immer in ihrer Wechselwirkung mit den unterschiedlichsten Umfeldeinflüssen betrachtet und Lösungen vor diesem Hintergrund entwickelt.

Organisationsentwicklung ist nicht an bestimmte Methoden gekoppelt. Soweit sie dem Grundverständnis von Partizipation nicht zuwiderlaufen, werden »Methoden der

- Teamentwicklung
- Intergruppeninterventionen
- technisch-strukturellen Interventionen
- Prozessberatung
- Interventionen neutraler Dritter wie z. B. Institutionsberatung, Praxisberatung, Supervision und
- Personalentwicklungsmaßnahmen

eingesetzt« (Steffens 2001, 213).

Bei OE-Maßnahmen kann man letztlich alles kombinieren, was Betroffene zu Beteiligten von Prozessen macht. OE im Vollzug brachte daher auch keinen Zugewinn an Methoden, sondern einen Zugewinn an Haltungen, mit der Veränderungsprozesse angegangen wurden. Mit dieser konsequent partizipativen Einstellung konnten sowohl autoritäre Führung wie ausschließlich theoriegeleitete Handlungsweisen überwunden werden. Die Stimme der erfahrenen Mitarbeiter bekam Gewicht, die wachsende Eigenverantwortung machte manche Direktiven von oben entbehrlich.

Nach Kloff (2001, 81) unterscheiden sich OE-Ansätze wesentlich durch die unterschiedliche Beteiligung von Mitarbeitern, nämlich dem

- Gutachten-Expertenansatz
- beteiligungsorientierten, ergebnisoffenen Ansatz
- Business-Reengineering
- prozessorientierten Fortbildungsansatz.

Jeder Ansatz hat seinen Reiz, je nachdem welche Wandlungen in der Organisation anstehen. Dass der *Gutachten-Expertenansatz* den Nachteil hat, nicht von allen Mitarbeitern erarbeitet zu sein, liegt auf der Hand. Bei den immer wieder veranstalteten politischen Inszenierungen zu Ereignissen und Zuständen im Vollzug kann aber eine rasch arbeitende Expertengruppe durch ihr fachliches Urteil die Situation schneller bereinigen.

Der *beteiligungsorientierte, ergebnisoffene Ansatz* hat den Charme der Harmonie. Tatsächlich bringt der Prozess aber lange Positionskämpfe mit sich und führt nur dann zu einem Ergebnis und zu einer neuen Beziehungskultur, wenn er methodisch professionell begleitet wird. Gescheiterte Projekte dieser Art erzeugen lang anhaltende Verstimmungen beim Personal.

Beim *Business-Reengineering* kommt es weniger auf eine breite Beteiligung an, sondern auf die wirklich genaue Analyse aller Aufbaustrukturen, Abläufe und Schnittstellen. In der Regel durchleuchten organisationsfremde Experten nüchtern die Effizienz aller Vorgänge. Das Verfahren ist sehr aufwändig und beim Personal wenig beliebt, weil »Druckposten« und gemütliche Arbeitsgänge aufgespürt werden. Das Verfahren ist aber angezeigt, wenn eine Organisation nicht selbst in der Lage ist, ihre ineffektiven Prozesse zu beheben.

Beim *prozessorientierten Fortbildungsansatz* bildet sich eine Teilgruppe einer Organisation fort, von der erwartet wird, dass sie ihre neuen Erkenntnisse und Haltungen in die Organisation weitergibt. Dieser »Schlaumeier-Ansatz« ist inzwischen recht verpönt. Er ist aber nützlich, wenn die Führungskräfte zunächst alleine über die Durchführung einer mitarbeiterorientierten Organisationsentwicklung sprechen möchten.

Die größte Gefahr für jeden OE-Prozess ist die mangelhafte Professionalität der Projektleiter. Der Projektleiter muss nämlich vor allem die vielfältigen Verunsicherungen, die bei jedem Wandel auftreten, auffangen und ins Positive wenden. Wenn OE-Prozesse scheitern, liegt es meistens nicht am Sachziel, sondern daran, dass man die Mitarbeiter emotional nicht mitnehmen konnte.

4. Beispiele typischer OE-Prozesse

Baechtold (2002) berichtet von der Methode der »grünen Inseln« in der Schweiz. Der Ansatz berücksichtigt, dass angesichts einer auf Beständigkeit angelegten Betriebskultur die im Strafvollzug tätigen Institutionen sich durch ein hohes Beharrungsvermögen und Widerstand gegen modische Änderungen auszeichnen. Es wird daher angeregt, »heikle« Veränderungen nicht flächendeckend einzuführen, sondern die Strategie der »grünen Inseln« zu wählen. In reformwilligen Pionieranstalten werden Reformvorhaben erst auf lokaler Ebene auf ihre Tauglichkeit getestet. Außerdem haben die Anstaltsleiter wegen der kantonalen Struktur und ihrer Unabhängigkeit erheblich mehr Einfluss auf die Vollzugspolitik. »Der eigentliche Vollzugsspezialist in der kantonalen Verwaltung ist der Direktor der Vollzugsanstalt, der konsequenterweise über ein hohes Maß an Eigenermessen und Autonomie verfügt und deshalb nicht bloß eine Anstalt, sondern die Strafvollzugspolitik im Kanton sehr weitgehend zu prägen vermag.«

Immerhin konnte mit dieser sanften Methode schon ab 1993 mit Leistungsaufträgen gearbeitet werden, in denen die Grundleistungen, die Instrumentarien und die Selbstabdeckung der Betriebsaufwendungen kontrollfähig beschrieben waren.

Ab 1997 wurde u. a. mit Qualitätszirkeln begonnen, an denen Bedienstete und Gefangene teilnahmen. Die Zertifizierung der Landwirtschafts- und Gewerbebetriebe begann 1998, und als Nebenprodukt wurde die Organisationsstruktur einer Anstalt neu festgelegt.

Die Ziele, die mit einem strukturierteren OE-Ansatz in Berlin (Benne und Lange-Lehngut 2001) erreicht wurden, waren:

- Schaffung von Zielklarheit auf allen Ebenen,
- Schaffung von Aufgabenklarheit, Dezentralisierung und Delegation,
- Modernisierung des Personalmanagements.

Die positive Bilanz des viereinhalbjährigen OE-Prozesses war der breiten Zusammenarbeit der Mitarbeiter zu verdanken. Neben den äußerlich erkennbaren Erfolgen und der Optimierung fast aller Ablaufprozesse ist »die vorher verbreitet gewesene Larmoyanz einem gesunden Selbstvertrauen der Mitarbeiterinnen und Mitarbeiter gewichen« (a. a. O., 133).

Steinhilper (2002) organisierte für den gesamten niedersächsischen Justizvollzug einen beratergestützten OE-Prozess. Hand in Hand mit erheblichen Deregulierungsmaßnahmen und weitgehender Verantwortungsdelegation für Ressourcen und Ergebnisse, wurde die Managementkompetenz der operativen und strategischen Führer geschult (prozessorientierter Fortbildungsansatz) und es wurde eine wertschätzende Beziehungskultur vorgelebt.

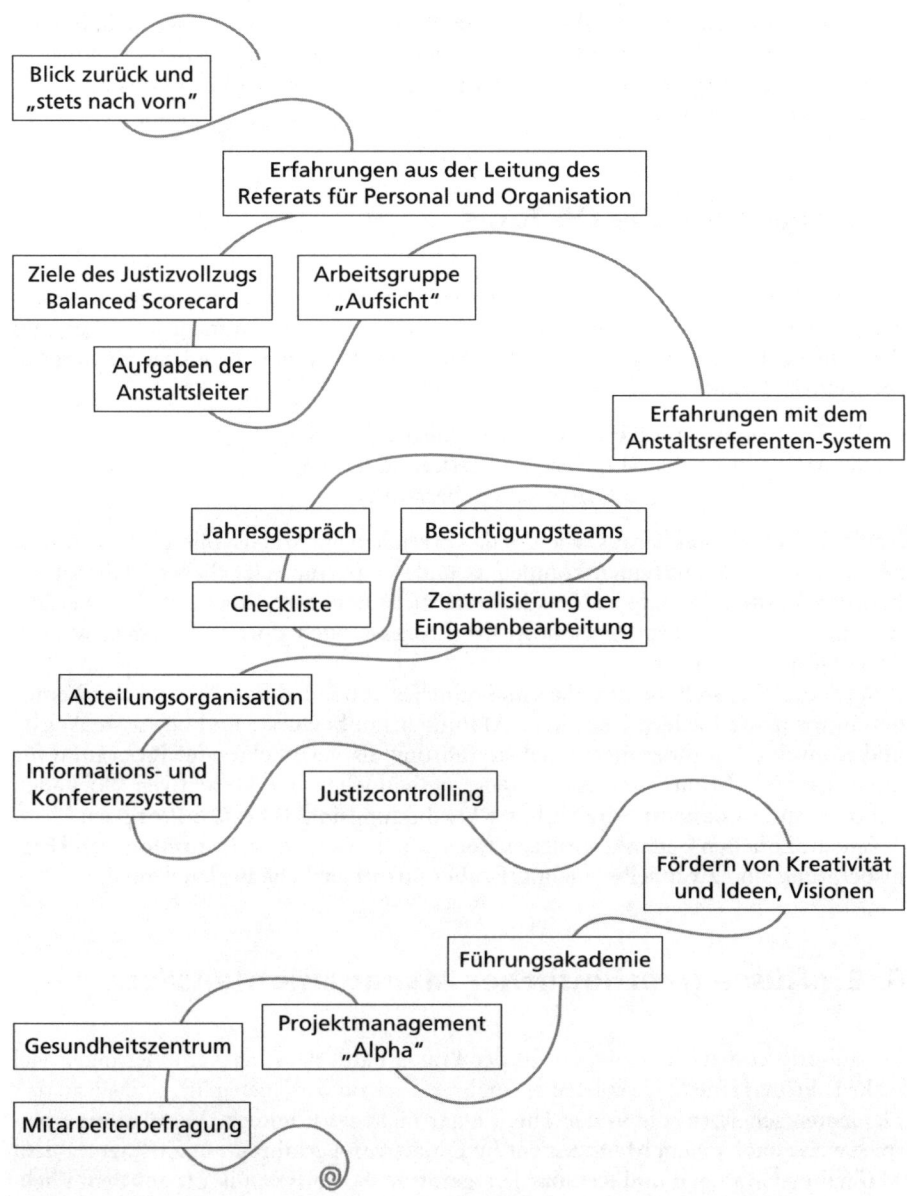

Abb. 1: »Roter Faden«: OE-Maßnahmen im niedersächsischen Justizvollzug

Ergebnisse sind:
- erheblich verbesserte Managementfähigkeiten im Alltagsgeschäft,
- selbstständige OE-Prozesse in den Anstalten,
- verbessertes Selbstbild des Vollzugs,
- der Vollzug ist ein Vorreiter bei der Verwaltungsreform.

Die Elemente dieses niedersächsischen OE-Prozesses folgen allerdings nicht irgend-einer stringenten Managementtheorie, sondern sind Verfahrensweisen und Einrich-tungen, die die Organisation selbst als Leistungstreiber für ihre Entwicklung er-kannt und eingerichtet hat.

5. Einige typische OE-Tools

Organisationsentwicklung fängt jedoch nicht erst bei systemumfassenden Ansät-zen an. Auch die konsequente Anwendung einzelner Tools kann zu wichtigen und den ganzen Prozess tragenden Schlüsselelementen werden. Die drei wichtigsten »Einzeltools« sind:

- die Kompetenz und die Haltung der Führungskräfte;
- die Möglichkeit der Mitarbeiter, angstfrei zu lernen;
- Coaching, Praxis- und Organisationsberatung.

Koop (2001) arbeitet heraus, wie eng das Erreichen anspruchsvollerer Ziele von ei-ner souveränen Managementkompetenz und der partnerschaftlichen Haltung der Führungskräfte abhängig ist. Das ist zwar nicht neu, muss aber erwähnt werden, weil ungeeignete Führungspersonen OE-Prozesse auch dort verhindern, wo das Personal dazu fähig ist.

Wydra (2001) stellt heraus, dass individuelles und kollektives Wohlfühlen Verän-derungsprozesse fördert. Umgekehrt verhindern unbewusste und bewusste Ängste und Konflikte Veränderungen. Selbsterfahrung als verpflichtendes Programm für möglichst viele Mitarbeiter könnte diese individuellen und kollektiven Blockaden auflösen und ist daher unverzichtbarer Fortbildungsinhalt bei OE-Prozessen.

Einem ähnlichen Gedanken folgt Steffens (2001): Coaching, Institutions- und Pra-xisberatung sind zwar selbst nicht OE, aber unentbehrliche Begleitelemente.

6. Einflüsse ganzheitlicher Managementansätze

Organisationsentwickler merken in der Praxis bald, dass bei Veränderungen viel mehr Faktoren eine Rolle spielen als in ihrer Theorie vorgegeben ist, und sie an den Elementen scheitern, die in der Theorie gar nicht vorkommen. Verfährt man bei-spielsweise nach einem Management by Objectives-Verfahren mit Zielhierarchien, Maßnahmekatalogen und Kennzahlen, gerät die Soziodynamik oft aus dem Blick.

Deshalb werden für OE-Prozesse zunehmend Managementansätze gesucht, die alle Einflussgrößen erfassen möchten.

Total Quality Management möchte für eine Qualitätsentwicklung alle sachli-chen und fachlichen Qualitätselemente erfassen, wie auch die finanziellen und strukturellen Begleitumstände und die zu erwartende Psychodynamik.

Besonders wird der Erkenntnis Rechnung getragen, dass Reformprozesse ihre Zeit brauchen und in Phasen ablaufen. Die nächste Phase darf nicht begonnen wer-den, bevor die vorherige erfolgreich abgeschlossen wurde. Abbildung 2 zeigt einen TQM-Aufbau, in der möglichst viele Umstände sowie die Phasenhaftigkeit von

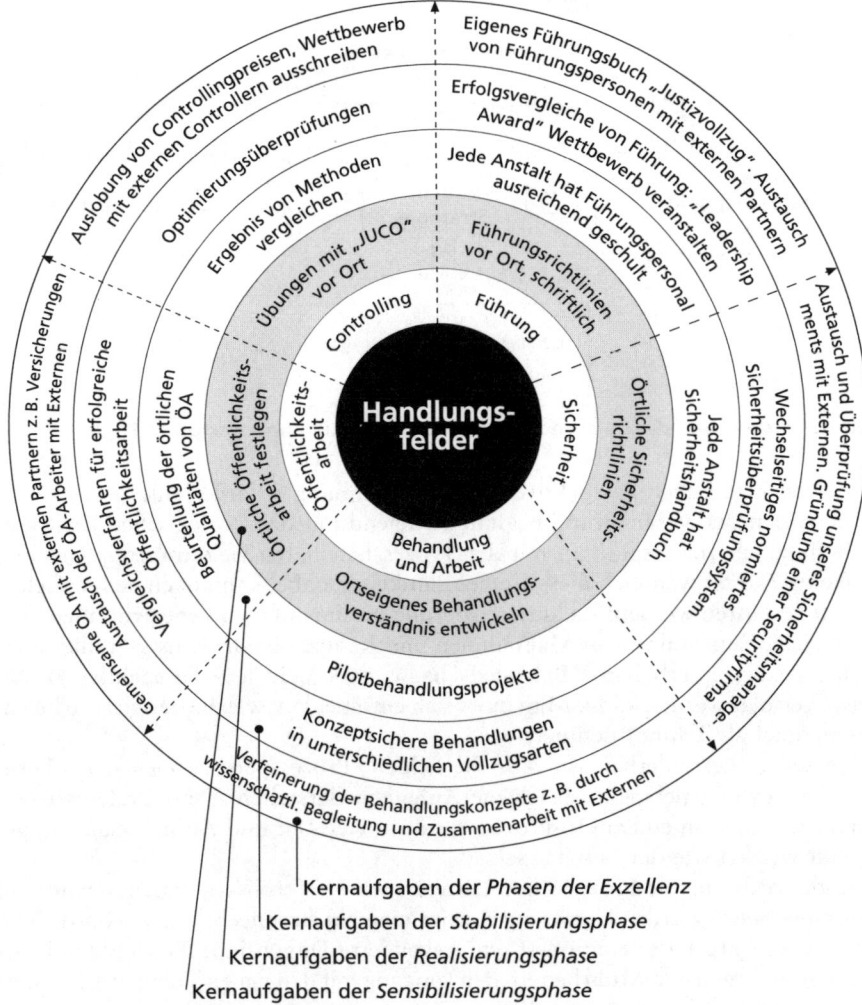

Abb. 2: Handlungsfelder und Phasen vollzuglicher Entwicklungen (in Anlehnung an Malorny 1999, 409).

Prozessen berücksichtigt werden. Für jede Phase gibt es Durchführungshinweise bzgl. fast aller anzunehmenden Eventualitäten.

Nach TQM hat Organisationsentwicklung die beste Chance, wenn alle Wirkungselemente vollständig erfasst, alle Maßnahmen verfeinert und unter Berücksichtigung phasentypischer Erscheinungen abarbeitet werden – selbstverständlich bei höchstmöglicher Beteiligung aller.

Diese sanfte Gründlichkeit ist nicht der Hauptgedanke der Balanced Score Card. Ihr Hauptgedanke ist, dass zu Beginn einer Organisationsänderung – wie bisher – eine Vision aus vier Perspektiven betrachtet wird. Die Ausgangsfrage ist: »Wie können wir in unserem OE-Prozess die Perspektiven und Interessen, mit denen wir es sicher zu tun bekommen, berücksichtigen – ja sogar mit einbeziehen?«

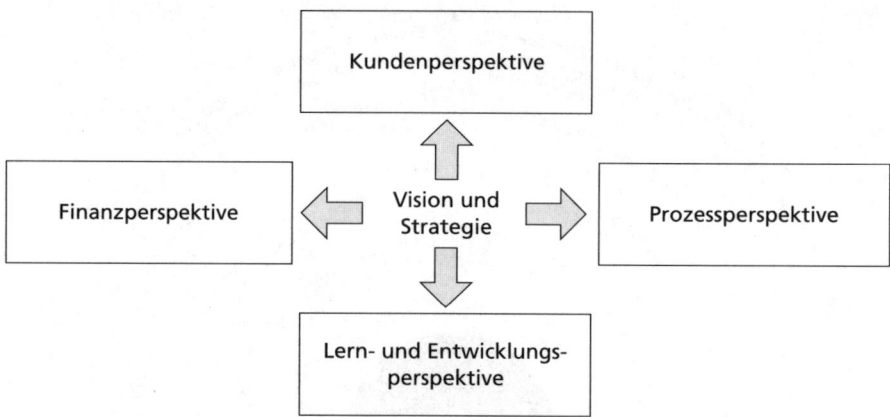

Abb. 3: Perspektiven der Balanced Score Card (vgl. Kaplan und Norton 1997, 9)

Die vier klassischen Perspektiven sind in Abbildung 3 dargestellt.

Die Arbeit der Veränderung beginnt zwingend mit der strategischen Zielfrage: »Wie finde ich von Beginn an mit den Prozessbeteiligten viele tragende Gemeinsamkeiten?« Erst wenn ich diese Gemeinsamkeiten habe, kann nach dem üblichen Muster verfahren werden: Zieldifferenzierung bis hin auf die Ebene prüffähiger Ergebnisziele, Zuordnung von Maßnahmen und Kennzahlen usw. Es gibt allerdings noch zwei Besonderheiten: »Balanced« heißt, dass nicht jede Perspektive gleichwertig verfolgt werden kann. Man muss sich entscheiden, welche der vier Farben in diesem Spiel als Trumpf definiert wird.

Die zweite Besonderheit ist, dass die Felder »Prozessperspektive« und »Lern- und Entwicklungsperspektive« eigene Aufgaben darstellen. Dem Umlernen und Umdenken muss in einem OE-Prozess genauso viel Zeit und Aufmerksamkeit geschenkt werden wie der Novität selbst.

Score Cards, die die Prozess- und Lernperspektive vermissen lassen, nennt man »unechte« Score Cards. Abbildung 4 zeigt eine solche unechte Score Card. Eine echte Score Card hätte zumindest eine gesonderte Dimension, die sich damit beschäftigt, wie man den Mitarbeitern den Umgang mit den neuen Themen erleichtert und die Freude an ihrer Arbeit fördert.

7. Der Einfluss von Managementsoftware auf die Organisationsentwicklung

Für die hessische Landesverwaltung wird verpflichtend die Konzernsoftware von SAP eingeführt und auf die Landesverwaltung angepasst. Abbildung 5 zeigt den derzeitigen Einführungsstand für alle Verwaltungen.

Abbildung 6 zeigt, mit welcher Vollzugssoftware die allgemeine Verwaltungssoftware ergänzt wird.

Diese auf Effizienz und Steuerungsfähigkeit ausgerichteten Programme werden den Kosten-Nutzen-Effekt aller vollzuglichen Maßnahmen stärker in den Blick nehmen.

Strategische Ziele

Sichere Unterbringung
- Ausbrüche und Entweichungen vermindern
- Straftaten und Nichtrückkehr aus Urlaub und Vollzugslockerungen vermindern
- Gewalt gegen Personen vermindern
- Suizide, Selbstverletzungen, Brandstiftungen vermindern

Wirksame Behandlungsangebote
- Schulische und berufliche Aus- und Fortbildung intensivieren
- Soziales Training intensivieren
- Therapeutische Einzel- und Gruppenangebote gewährleisten
- Sozialtherapie ausbauen
- Vollzugsplanungen und deren Fortschreibung gewährleisten

Ökonomische Ziele

Bessere Kostendeckung
- Kostensenkung
- Einnahmeerhöhung

Hohe Beschäftigungsquote
- Beschäftigung erhöhen
- Gefangene qualifizieren

Zielsystem des nieder-sächsischen Justizvollzugs

Interne Ziele

Menschenwürdiger Vollzug
- Gesetzmäßige Unterbringung
- Materielle Grundversorgung
- Ideelle Grundversorgung

Effektiver Personaleinsatz
- Hohe Personalpräsenz
- Motiviertes Personal
- Qualifiziertes Personal

Externe Ziele

Wirksame Öffentlichkeitsarbeit
- Offensive Öffentlichkeitsarbeit
- Anerkennung der Vollzugsarbeit
- Ehrenamtliche Mitarbeit

Abb. 4: Eine unechte Balanced Score Card

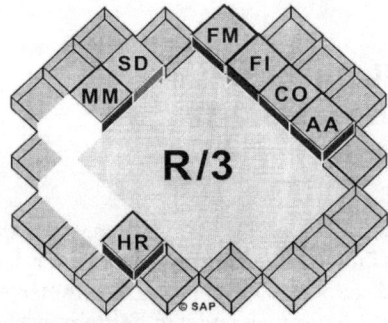

⬦ **Einführung flächendeckend**

⬦ **Einführung bei Bedarf**

MM	Materials Management Materialwirtschaft
HR	Human Ressources Personalmanagement
FM	Funds Management Haushaltsmanagement
AA	Asset Accounting Anlagenbuchhaltung
CO	Controlling Kostenrechnung
FI	Financing Finanzbuchhaltung
SD	Sales & Distribution Vertrieb

Abb. 5: Überblick über SAP R/3 Module in Hessen (Hessisches Ministerium der Finanzen und Accenture, 2002)

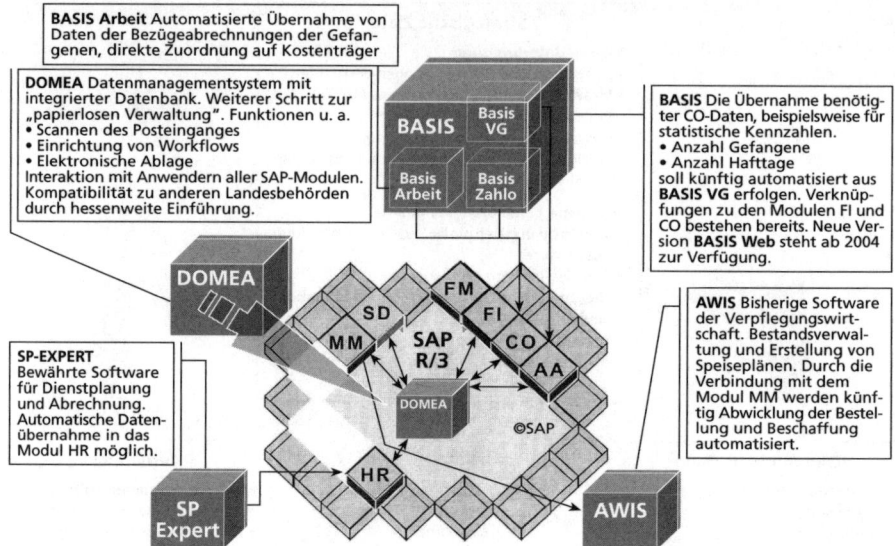

Software – Anwendungen im Hessischen Justizvollzug

Abb. 6: Ergänzungen der allgemeinen Verwaltungssoftware durch Vollzugssoftware (nach Röhrig 2003)

Es wird darauf ankommen, schon bei der Entwicklung der Software die ökonomischen Akzente mit den besonderen Aufgabenzielen und Merkmalen des Vollzugs zu verbinden. Die finanziellen und nicht finanziellen Ziele des Auftrags müssen in ein systematisches Ziel- und Kennzahlensystem für ein funktionierendes Berichtswesen eingehen. Dieses Berichtswesen kann dann auch die Grundlage für behördenübergreifendes Benchmarking sein.

8. Der Erhalt des Strafvollzugsgesetzes erfordert eine strategiefocussierte Organisationsentwicklung

In der derzeitigen Reformphase der Organisation gibt es überall mannigfaltige OE-Verfahren, mit denen einzelne Ziele des Gesetzes verfolgt werden. Unter den Bedingungen leerer öffentlicher Kassen wird jedoch auch der Vollzug immer mehr gefragt werden, welche Wirkungen er mit den aufgewendeten Mitteln erreicht.

Deshalb muss er sich nicht nur selbst organisieren, sondern vor allem den Nachweis führen, was wirkt.

Richstein (2002, 6) fordert: »Ein in diesem Sinn strategiefokussierter Strafvollzug erscheint am ehesten in der Lage, trotz der sehr unterschiedlichen Erwartungen seiner zahlreichen Anspruchsgruppen gesellschaftliche Akzeptanz und eine der Bedeutung und der Schwierigkeit seiner Aufgabe angemessene Ausstattung mit personellen und sächlichen Ressourcen zu erhalten. Das Leitbild der lernenden Organisation für den Strafvollzug sollte deshalb um das der strategiefokussierenden Organisation ergänzt werden.«

Die Organisationsentwicklung innerhalb des Vollzugs befindet sich zusammen mit den anderen Verwaltungen mit der richtigen Geschwindigkeit auf dem richtigen Gleis. Im Hinblick auf die ökonomische Effizienz sind wichtige, wegweisende Entscheidungen getroffen worden. Die Organisation einer Erfolgsprüfung und die politische Vermittlung der spezifischen Fähigkeiten und Grenzen des Strafvollzugs ist jedoch noch nicht entwickelt.

Literatur

Baechthold, A. (2002), Chancen und Risiken einer Strategie der Grünen Inseln – Reformprozesse im Strafvollzug in der Schweiz. In: Maelicke, B.; Flügge, C. und Preusker, H. (Hrsg.), *Perspektiven und Strategien zur Modernisierung des Strafvollzugs*. Bericht über die NOMOS Fachtagung »Das Gefängnis als lernende Organisation« vom 27. bis 29. November 2002 in Baden Baden.

Benne, E. und Lange-Lehngut, K. (2001), Organisationsentwicklung zur Verbesserung der Aufbau- und Ablauforganisation. In: Flügge, C.; Maelicke, B. und Preusker, H. (Hrsg.), *Das Gefängnis als lernende Organisation*. Baden-Baden: Nomos, 117–135.

Flügge, C. (2002), Aufbruch in eine neue Reformphase im deutschen Justizvollzug. In: Maelicke, B.; Flügge, C. und Preusker, H. (Hrsg.), *Perspektiven und Strategien zur Modernisierung des Strafvollzugs*. Bericht über die NOMOS Fachtagung »Das Gefängnis als lernende Organisation« vom 27. bis 29. November 2002 in Baden Baden.

Kaplan, R. S. und Norton, D. P. (1997), *Die strategiefokussierte Organisation. Führen mit der Balanced Scorecard*. Stuttgart: Schäffer-Poeschel Verlag.

Hessisches Ministerium der Finanzen und Accenture (2002), *Die neue Verwaltungssteuerung in Hessen, Landesreferenzmodell*. www.hmdf.hessen.de/nvs/Umsetzung/index.htm

Kloff, J. (2001), Wege zur Neuorganisation einer Justizvollzugsanstalt. In: Flügge, C.; Maelicke, B. und Preusker, H. (Hrsg.), *Das Gefängnis als lernende Organisation*. Baden-Baden: Nomos, 59–90.

Koop, G. (2001), Führung und Zusammenarbeit im Wandel mit Beispielen aus der Vollzugspraxis. In: Flügge, C.; Maelicke, B. und Preusker, H. (Hrsg.), *Das Gefängnis als lernende Organisation*. Baden-Baden: Nomos, 174–193.

Malorny, C. (1999), *TQM umsetzen*. Stuttgart: Schäffer-Poeschel Verlag.

Richstein, B. (2002), Das Gefängnis als lernende Organisation. In: Maelicke, B.; Flügge, C. und Preusker, H. (Hrsg.), *Perspektiven und Strategien zur Modernisierung des Strafvollzugs*. Bericht über die NOMOS Fachtagung »Das Gefängnis als lernende Organisation« vom 27. bis 29. November 2002 in Baden Baden.

Röhrig, M. (2003), *Software-Anwendungen im Hessischen Justizvollzug*. Frankfurt: Verwaltungs-Competence-Cetrum.

Steffens, G. (2001), Organisationsentwicklung, Institutions- und Praxisberatung als Methoden des Veränderungsmanagements. In: Flügge, C.; Maelicke, B. und Preusker, H. (Hrsg.), *Das Gefängnis als lernende Organisation*. Baden-Baden: Nomos, 209–217.

Steinhilper, M. (2001), Blick zurück und stets nach vorn – Aufsicht und Steuerung im niedersächsischen Justizministerium. In: Maelicke, B.; Flügge, C. und Preusker, H. (Hrsg.), *Perspektiven und Strategien zur Modernisierung des Strafvollzugs*. Bericht über die NOMOS Fachtagung »Das Gefängnis als lernende Organisation« vom 27. bis 29. November 2002 in Baden Baden.

Wydra, B. (2001), Die Bedeutung von Aus-, Fort- und Weiterbildungsmaßnahmen für Veränderungsprozesse. In: Flügge, C.; Maelicke, B. und Preusker, H. (Hrsg.), *Das Gefängnis als lernende Organisation*. Baden-Baden: Nomos, 154–173.

Persönlichkeitsstörungen

von Helmut Kury

1. Das Konzept der Persönlichkeitsstörungen

Das Konzept der Persönlichkeitsstörungen ist wenig klar und eindeutig und hat sich auch im Laufe der Zeit verändert (Kury 2001). War früher die Diagnose der »Psychopathie« ein Sammelbecken für solche Fälle, bei denen Personen neben Gewalttätigkeit auch zu anderen abweichenden Verhaltensweisen neigten, gilt heute bei der Erforschung psychischer Störungen bei Straffälligen vor allem den Persönlichkeitsstörungen eine große Aufmerksamkeit (Ullrich 1999, 40). Die »psychopatische Persönlichkeit« ist zugunsten der Persönlichkeitsstörung aus den internationalen Diagnosesystemen verschwunden.

Nach Grawe (1998, 578) sind Persönlichkeitsstörungen »durch das *langfristige* Bestehen von Auffälligkeiten im Erleben und Verhalten definiert«. Fiedler (1997, 152) betont, dass zwar die meisten ätiologischen Konzepte auf einen lebensgeschichtlichen Verstehenshintergrund verweisen, »sie betonen andererseits jedoch immer auch situative Fluktuationen und Schwankungen im Wechselspiel mit interpersonellen Krisen und Konflikten und damit zugleich ihre aktuelle Kontextabhängigkeit ... Persönlichkeitsstörungen sind unter dieser Maßgabe zeit- und situationsvariable Extremisierungen von Persönlichkeitszügen oder Persönlichkeitseigenarten (Traits) im aktuellen interpersonellen Erleben und Handeln unter aktuell (noch) vorliegender krisenhafter Zuspitzung zwischenmenschlicher Beziehungsverwicklungen.«

Trotz aller Defintionsprobleme und deutlichen Unklarheiten des Konzepts kann die Psychiatrie nach Venzlaff (1986, 335) »nach wie vor nicht darauf verzichten, unter dem *Oberbegriff der Persönlichkeitsstörung* ... eine Gruppe von Störungsbildern zusammenzufassen, die das Erleben, das Verhalten und die mitmenschlichen Beziehungen betreffen, die sich durch ihre weitgehende Konstanz auszeichnen, und die nicht oder nur sehr bedingt die an die Diagnose von Psychosen, Neurosen oder hirnorganischen Störungen anzulegenden Kriterien erfüllen.«

Aufgrund des unklaren und sich verändernden Konzepts ist die Diagnostik und Erfassung naheliegenderweise schwierig. Nach Rasch (1986, 56 f., 231 ff.) werden als Synonyma für Persönlichkeitsstörung, so etwa in der ICD (vgl. 1.1.), vielfach Psychopathie und Charakterneurose verwandt. Hinzufügen ließe sich »abnorme Persönlichkeit«, ein Begriff, der in der Begutachtungspraxis zur Vermeidung der als abwertend verstandenen Diagnose der Psychopathie verwandt wird.

Die heutige Definition lehnt sich an die Klassifikationen nach ICD-10 (Ziffer 60) bzw. DSM-IV (Ziffer 301) an, die eine gewisse Vereinheitlichung gebracht haben. Zu

156

jedem Störungsbild werden Kriterien definiert, die hinsichtlich der Persönlichkeitsstörungen allerdings wesentlich komplexer und damit schwerer zu erfassen sind als
bei den übrigen Diagnosen, womit eine reliable Erfassung erschwert wird. Die einzelnen Kriterien der Persönlichkeitsstörung sind gleichwertig, das bedeutet aber, dass
kein Einzelkriterium unbedingt vorhanden sein muss (Ullrich 1999, 42).

1.1. Persönlichkeitsstörungen nach ICD-10

Nach ICD-10 (Deutsches Institut für medizinische Dokumentation und Information
– DIMDI 1994) umfassen die Gruppen F60–F69 die Persönlichkeits- und Verhal-
tensstörungen. Beschrieben werden diese als »klinisch wichtige, meist lang anhaltende Zustandsbilder und Verhaltensmuster. Sie sind Ausdruck des charakteristi-
schen, individuellen Lebensstils, des Verhältnisses zur eigenen Person und zu anderen Menschen. Einige dieser Zustandsbilder und Verhaltensmuster entstehen früh
im Verlauf der individuellen Entwicklung als Folge konstitutioneller Faktoren wie
auch sozialer Erfahrungen, während andere später im Leben erworben werden«
(a. a. O., 210). Die Gruppen F60–F62 umfassen spezifische Persönlichkeitsstörungen, kombinierte und andere Persönlichkeitsstörungen und anhaltende Persönlich-
keitsänderungen. Der Unterschied zwischen Persönlichkeitsstörungen und Persön-
lichkeitsänderungen wird darin gesehen, dass Persönlichkeitsstörungen bereits in
der Kindheit oder Adoleszenz beginnen und im Erwachsenenalter andauern.

Insgesamt werden nach ICD-10 Persönlichkeitsstörungen anhand von Merkmals-
gruppen, die den häufigsten oder auffälligsten Verhaltensmustern entsprechen, unterteilt. Die diagnostische Einschätzung muss dabei auf möglichst vielen Informationen beruhen. Auch regionale oder kulturelle Unterschiede beeinflussen naheliegenderweise die Entwicklung von Persönlichkeitseigenschaften. Die Kulturabhängig-
keit der Diagnostik von Persönlichkeitsstörungen erschwert die Problematik zusätzlich erheblich. Bei den spezifischen Persönlichkeitsstörungen (F 60) liegt »eine
schwere Störung der charakterlichen Konstitution und des Verhaltens vor, die mehrere Bereiche der Persönlichkeit betrifft. Sie geht meist mit persönlichen und sozialen
Beeinträchtigungen einher« (a. a. O., 212). Als allgemeine diagnostische Leitlinien
werden genannt: Die Zustandsbilder gehen nicht direkt auf Hirnschädigungen oder
-krankheiten oder auf eine andere psychiatrische Störung zurück.

Die kriminologisch interessante Persönlichkeitsstörung ist die unter F 60.2 definierte und umschriebene »dissoziale Persönlichkeitsstörung«. Sie fällt auf durch eine
»große Diskrepanz zwischen dem Verhalten und den geltenden sozialen Normen«
(a. a. O., 214). Charakterisiert ist sie nach der ICD durch folgende Merkmale:

1. Dickfelliges Unbeteiligtsein gegenüber den Gefühlen anderer und Mangel an
   Empathie,
2. deutliche und andauernde Verantwortungslosigkeit und Missachtung sozialer
   Normen, Regeln und Verpflichtungen,
3. Unvermögen zur Beibehaltung längerfristiger Beziehungen,
4. sehr geringe Frustrationstoleranz und niedrige Schwelle für aggressives, auch
   gewalttätiges Verhalten,
5. Unfähigkeit zum Erleben von Schuldbewusstsein und zum Lernen aus Erfahrungen, besonders aus Bestrafung,

6. Neigung, andere zu beschuldigen oder vordergründige Rationalisierungen für das eigene Verhalten anzubieten, durch das die Person in einen Konflikt mit der Gesellschaft gerät,
7. andauernde Reizbarkeit.

Als dazugehörige Begriffe werden genannt: soziopathische Persönlichkeit(sstörung), asoziale Persönlichkeit(sstörung), antisoziale Persönlichkeit(sstörung) und psychopathische Persönlichkeit(sstörung).

1.2. Persönlichkeitsstörungen nach DSM-IV

Das DSM-IV (Saß 2003) ist neben der ICD-10 das zweite große, internationale Klassifikationssystem für Krankheiten. Bei der Komplexität solcher Klassifikationen, der Schwierigkeit eindeutiger Gruppenbildung und damit Diagnose und Zuordnung einzelner Störungen zu übergeordneten Klassen verwundert es nicht, dass es zu Unterschieden zwischen beiden Systemen kommt. Das DSM-IV beschreibt insgesamt zehn verschiedene Formen von Persönlichkeitsstörungen. Allgemein und übergreifend wird eine Persönlichkeitsstörung umschrieben als »überdauerndes Muster von innerem Erleben und Verhalten, ... das merklich von den Erwartungen der soziokulturellen Umgebung abweicht, tief greifend und unflexibel ist, seinen Beginn in der Adoleszenz oder im frühen Erwachsenenalter hat, im Zeitverlauf stabil ist und zu Leid oder Beeinträchtigungen führt« (a. a. O., 711).
   Es werden neben der antisozialen (Missachtung und Verletzung der Rechte anderer) neun weitere Persönlichkeitsstörungen, ferner eine Restgruppe genannt. Die einzelnen Persönlichkeitsstörungen werden nach deskriptiver Ähnlichkeit weiter drei übergeordneten Hauptgruppen zugeordnet (a. a. O., 712).

Cluster A: Paranoide, schizoide und schizotypische Persönlichkeitsstörung (sonderbar, exzentrisch).
Cluster B: Antisoziale, Borderline, histrionische, narzisstische Persönlichkeitsstörung (dramatisch, emotional oder launisch).
Cluster C: Vermeidend-selbstunsicher, dependent, zwanghaft (ängstlich, furchtsam).

Vor dem 18. Lebensjahr wird eine Persönlichkeitsstörung nicht diagnostiziert. Sie wird auch nur dann diagnostiziert, wenn bereits vor Vollendung des 15. Lebensjahres Symptome einer Störung des Sozialverhaltens vorlagen. »Nur dann, wenn Persönlichkeitszüge unflexibel und unangepasst sind und in bedeutsamer Weise zu Funktionsbeeinträchtigungen oder subjektivem Leiden führen, bilden sie eine Persönlichkeitsstörung. Das wesentliche Merkmal einer Persönlichkeitsstörung ist ein andauerndes Muster von innerem Erleben und Verhalten, das merklich von den Erwartungen der soziokulturellen Umgebung abweicht und sich in mindestens zwei der folgenden Bereiche bemerkbar macht«.

Kriterium A: Denken, Affektivität, Beziehungsgestaltung, Impulskontrolle.
Kriterium B: Die Muster sind in einem weiten Bereich persönlicher und sozialer Situationen unflexibel und tief greifend.
Kriterium C: Die Störung führt zu klinischem Leiden bzw. Beeinträchtigungen in sozialen, beruflichen oder anderen Funktionsbereichen.

Kriterium D: Das Muster ist stabil und langdauernd, Beginn in der Adoleszenz bzw. im frühen Erwachsenenalter.

Kriterium E: Das Muster kann nicht besser als Manifestation oder Folge einer anderen psychischen Störung erklärt werden.

Kriterium F: Das Muster geht nicht auf die körperliche Wirkung einer Substanz oder eines medizinischen Krankheitsfaktors zurück.

Auch hier wird zu Recht auf die kulturelle und soziale Normenabhängigkeit der Beurteilung von Verhaltensweisen als »auffällig« bzw. »krank« hingewiesen (a. a. O., 713). Im Zusammenhang mit den enormen Wanderungsbewegungen im letzten Jahrzehnt und der zunehmenden Globalisierung spielt dies vor allem etwa bei strafrechtlichen Begutachtungen von Ausländern aus anderen kulturellen Hintergründen eine große Rolle.

Der dissozialen Persönlichkeitsstörung in der ICD-10 (F60.2) entspricht im DSM-IV die antisoziale Persönlichkeitsstörung (301.7). Diese ist dem übergeordneten Cluster B zugeordnet. »Das Hauptmerkmal der antisozialen Persönlichkeitsstörung ist ein tief greifendes Muster von Missachtung und Verletzung der Rechte anderer, das in der Kindheit oder frühen Adoleszenz beginnt und bis in das Erwachsenenalter fortdauert« (a. a. O., 729). Als andere Bezeichnungen hierfür werden verwandt Psychopathie, Soziopathie oder dissoziale Persönlichkeitsstörung. Täuschung und Manipulation werden als zentrale Merkmale der Störung genannt. Verhaltensmerkmale sind Aggression, Zerstörung, Betrug, Diebstahl bzw. schwerwiegende Gesetzesübertretungen. Die beschriebenen Merkmale passen im Wesentlichen auf Straffällige. Es entsteht der Eindruck, dass nahezu jeder (inhaftierte) Straftäter hierunter subsummiert werden kann.

Oft ergibt sich auch eine Kombination mit anderen Persönlichkeitsstörungen, wie Borderline, histrionische oder narzisstische Persönlichkeitsstörung, womit das Problem der Komorbidität angesprochen ist. Die antisoziale Persönlichkeitsstörung ist nach DSM-IV verbunden mit einem niedrigen sozialen Status und städtischer Umgebung, Merkmale, die, wie die kriminologische Forschung seit Jahrzehnten immer wieder gezeigt hat, insgesamt kriminalitätsbegünstigend sind. Der Verlauf der Störung wird als chronisch beschrieben, sie kann jedoch mit zunehmendem Lebensalter weniger auffällig werden bzw. nachlassen, was etwa mit dem Rückgang vieler Straftaten mit zunehmendem Alter korrespondiert.

Wie zuvor deutlich wurde, wird sowohl in der ICD-10 als auch im DSM-IV zu Recht auf eine vorhandene Stigmatisierungsgefahr hinsichtlich der Diagnose einer Persönlichkeitsstörung hingewiesen, worauf auch Fiedler (1997, 5 ff.) aufmerksam macht. Im Stichwortverzeichnis seines umfassenden Werkes führt er unter Persönlichkeitsstörungen nicht weniger als 163 Begriffe auf, von »abhängige Persönlichkeit« bis »zyklothyme Persönlichkeit«, was auf die Komplexität und Vielschichtigkeit des Krankheitsbildes hinweist. Der Autor betont die »Personenperspektivierung« einer Beziehungsstörung. »Persönlichkeitsstörungen gehören wie andere Persönlichkeitseigenarten zur Person dazu« (a. a. O., 7). Die Ich-Syntonie von Persönlichkeitsstörungen zeige in prägnanter Weise, »dass Diagnose und Beurteilung von Interaktionsdevianzen als Persönlichkeitsstörungen auf *Verhaltensstörungen-aus-der-Außenperspektive* beruhen, die die betroffenen Menschen selbst zunächst eher als Eigenschaften denn als Gestörtheit ihrer Person bezeichnen würden« (a. a. O., 8).

1.3. Das Problem der Komorbidität

Eine wesentliche Schwierigkeit, die gerade bei Persönlichkeitsstörungen auftritt, ist das der Komorbidität. Nach Grawe wird mit dem Stichwort Komorbidität insgesamt ein Punkt angesprochen, »der zu den ›schlafenden Hunden‹ der Psychotherapieforschung zählt« (Grawe 1998, 573). Die Therapieforschung habe noch keine Konsequenzen aus der Komorbiditätsforschung gezogen. Diese habe sich dagegen zu einem Hauptthema psychopathologischer Forschung entwickelt.

Auch in der Behandlung von Straffälligen ist dieses Problem offenkundig. Mehr oder weniger klar definierte therapeutische Maßnahmen werden Insassen von Sozialtherapeutischen Anstalten angeboten, die nach mehr oder weniger einheitlichen und umschriebenen Kriterien ausgewählt wurden. »Straffällige« ist kein einheitlicher Begriff, das Einzige was sie einigt ist, dass sie eine Straftat begangen haben. Die dahinter stehenden Persönlichkeitsstrukturen, auf die sich die Behandlung bezieht, unterscheiden sich enorm. Werden auf so heterogene Gruppen Behandlungsmaßnahmen angewandt, verwundert es nicht, dass diese bei dem einen Teilnehmer wirken, beim nächsten jedoch vielleicht kontraproduktiv sind. Die Behandlung Straffälliger bewegt sich hierbei vielfach noch auf einer Ebene, auf der jedem »Kranken« dieselbe »Medizin« verschrieben wird. Eine Spezifizierung der Behandlungsmaßnahmen erfordert auch spezifischere Persönlichkeitsdiagnosen und die spezifische Zuordnung von einzelnen Treatments zu speziellen Störungsbildern.

Komorbidität mit anderen Störungen ist für jede psychische Störung zu finden (Grawe 1998, 577). Das gilt selbstverständlich auch für Straffällige, eine Schwierigkeit, die bisher in der entsprechenden Behandlungsforschung vielfach vernachlässigt wurde und die den Erfolgsnachweis von therapeutischen Programmen erheblich erschwert.

Auch Fiedler (1997, 201) weist auf das Problem der Komorbidität, insbesondere auch bei der dissozialen und antisozialen Persönlichkeitsstörung hin. In bisherigen Studien sei die Zahl der gefundenen Überlappungen zwischen antisozialer und anderen Persönlichkeitsstörungen groß. Ein Problem in diesem Zusammenhang ist nach Fiedler (a. a. O., 363), dass eine der wesentlichsten Eigenarten der Persönlichkeitsstörungen die Tatsache betreffe, »dass es sich bei ihnen nicht um eindeutig voneinander abgrenzbare Entitäten handelt«. Bei einer betroffenen Person lassen sich vielfach immer auch ein oder mehrere weitere Persönlichkeitsstörungen finden. Bei der dissozialen Persönlichkeitsstörung findet sich vor allem eine Komorbidität mit narzisstischer, histrionischer, passiv-aggressiver und/oder Borderline-Persönlichkeitsstörung (a. a. O., 373). Auch Straffälligkeit tritt in aller Regel nicht als einheitliche Kategorie auf (Diebe, Betrüger, Körperverletzer), d. h. die meisten (inhaftierten) Täter haben Straftaten unterschiedlicher Art begangen.

Was die Prävalenz von antisozialen bzw. dissozialen Persönlichkeitsstörungen betrifft, fanden Reich et al. (1989) einen Anteil von 0,4 %, Zimmerman und Coryell (1990) 0,9 % bei Selbsteinschätzung mittels Fragebogen, aber 3,0 % bei Fremdrating, was auf die enorme Bedeutung der Erfassungsmodalitäten hinweist. Maier et al. (1992) und auch Fydrich et al. (1996) fanden einen Anteil von 0,2 % und Loranger et al. (1994) 2,8 % bei Definition nach dem DSM bzw. 1,8 % nach ICD. Wie nicht anders zu erwarten, hat somit auch das zugrunde gelegte diagnostische Instrumentarium einen wesentlichen Einfluss auf die gefundenen Ergebnisse.

Saß (1987) untersuchte 144 Probanden forensisch und kommt zu dem Ergebnis, dass es im Einzelfall unbedingt notwendig sei, bei Vorliegen der Diagnose antisoziale Persönlichkeitsstörung einerseits sorgsam die Möglichkeiten einer Komorbidität mit anderen psychischen Störungen aufzuklären, andererseits eine Abgrenzung zur Dissozialität, ohne Bezug zu psychischen Störungen, vorzunehmen.

Dissoziale Persönlichkeitsstörungen werden bei strafrechtlichen Begutachtungen häufig diagnostiziert (Nedopil 1996, 132). Sie betragen je nach Untersuchung 50 bis 90 % der Gefängnispopulation (Saß 1987) bzw. zwischen 40 und 100 % der Kriminellen (Schneider 1986). Einige Autoren kommen zu dem Ergebnis, dass gar jeder Straffällige mindestens eine Persönlichkeitsstörung hat. Neben Personen mit dissozialer Persönlichkeitsstörung neigen nach Nedopil vor allem Borderline-Patienten, histrionische und paranoide Persönlichkeiten zu Straffälligkeit. Schizoide Persönlichkeitsstörungen fänden sich dagegen in der forensischen Psychiatrie selten. Nach dem DSM-IV liegt die Gesamtprävalenz der antisozialen Persönlichkeitsstörung bei Stichprobenuntersuchungen in der Allgemeinbevölkerung ca. bei 3 % für Männer und 1 % für Frauen. Prävalenzschätzungen in klinischen Einrichtungen brachten Werte zwischen 3 und 30 % in Abhängigkeit von den Hauptcharakteristika der untersuchten Population. Noch höhere Prävalenzraten finden sich in Vollzugsanstalten oder in forensischen Einrichtungen (vgl. Ullrich 1999, 48 ff.).

Bei inhaftierten Straffälligen wird vielfach versucht, die Persönlichkeitsproblematik in einer Eingangsuntersuchung zu erfassen, wobei diese Untersuchungen oft wenig spezifisch sind. Die angewandten psychodiagnostischen Verfahren sind für diese Population in aller Regel wenig aussagekräftig, spezifische, für Strafvollzugspopulationen entwickelte und genormte diagnostische Verfahren gibt es bei uns kaum. Unter Umständen ergibt sich diese Persönlichkeitsproblematik auch aus einem bei den Akten befindlichen Gutachten, das etwa im Rahmen des Strafverfahrens erstellt wurde. Die Resultate dieser Gutachten sind jedoch oft wenig valide (vgl. Kury 1999 a, 1999 b; Kinzig 1997). Auch hier wird mit dem Begriff der Persönlichkeitsstörung, der im Rahmen der Schuldfähigkeitsbegutachtung in der Regel zu der »schweren anderen seelischen Abartigkeit« des § 20 StGB gerechnet wird, vielfach wenig genau umgegangen (Streng 2002, 353).

2. Behandlung von Persönlichkeitsstörungen

Grawe (1998, 578) äußert sich, trotz eines vielfach feststellbaren Therapie-Pessimismus bei Persönlichkeitsstörungen, positiv zu deren Behandelbarkeit und führt auch empirische Belege für erfolgreiche Veränderungen an. Kinzig (1997) analysierte 370 Sachverständigengutachten aus den Jahren 1981 bis 1990, die im Rahmen von Strafverfahren erstellt wurden. Bei 59,4 % der untersuchten Probanden wurde eine Persönlichkeitsstörung festgestellt (Totschläger: 85,4 %). Aussagen zu Behandlungsaussichten wurden in weniger als der Hälfte der Fälle getroffen, dann aber wurden diese nur zu 1,6 % als gut eingestuft.

Besonders deutlich und kritisch, jedoch genauso überzeugend, nimmt Fiedler zur Behandlungsmöglichkeit bei (antisozialen bzw. dissozialen) Persönlichkeitsstörungen, sowie zu nach wie vor vielfach oberflächlich kolportierten Meinungen hierzu Stellung. Die meisten Arbeiten und Untersuchungen zur psychologisch-psychotherapeutischen Behandlung von Persönlichkeitsstörungen beginnen nach ihm »mit einer für den Leser gut eingängigen Behauptung: Persönlichkeitsstörungen gelten als schwer zu behandeln. Diese Behauptung ist jedoch in dieser undifferenzierten Verallgemeinerung genauso falsch, wie die gelegentlich ebenfalls vertretene Meinung, dass einige schwer persönlichkeitsgestörte Menschen (gemeint sind zumeist Personen mit dissozialen Persönlichkeitsstörungen) therapeutisch gar nicht beeinflussbar seien« (Fiedler 1997, 391 ff.).

Rasch betont in diesem Zusammenhang ebenfalls: »*Persönlichkeitsstörungen*, wie sie sich unter Straffälligen häufig finden, werden verbreitet als *unbehandelbar* angesehen. Man spricht dann gewöhnlich von einer ›Therapieunfähigkeit‹ des Patienten, obwohl dieser Begriff sprachlogisch auf die Qualität des Therapeuten zu beziehen ist. Die Schwierigkeiten bei der Behandlung spezieller Persönlichkeitsstörungen könnten aber darauf beruhen, dass bislang keine hinreichenden Verfahren für sie entwickelt worden sind. Die gegen die Behandlung von Straffälligen vorgebrachten Einwände werden u. a. auf die Behauptung gestützt, dass die meisten bisherigen Behandlungsversuche ohne überzeugende Erfolge geblieben sind« (Rasch 1986, 298).

Diese, vor über einem Jahrzehnt geäußerte Meinung gilt heute mit diesem Tenor nicht mehr. Inzwischen liegen zahlreiche neuere Arbeiten, auch Metaanalysen vor, wobei bessere Treatments mit besseren Forschungsdesigns evaluiert wurden, was zu überzeugenderen Resultaten geführt hat. Diese Arbeiten zeigen deutlich, dass es durchaus Behandlungsansätze gibt, die zur Resozialisierung von Straftätern, auch persönlichkeitsgestörten, beitragen können (vgl. Lösel 1995; Sherman et al. 1998; insbes. MacKenzie 1998). MacKenzie (1998, 21 f.) betont zu Recht, dass die zentrale Frage heute nicht mehr sei »whether something works but what works for whom.«

Fiedler spricht kritisch von einem von den meisten Autoren immer wieder »nachgebeteten Therapie-Pessimismus«. Kaum jemand habe bisher die Frage geprüft, »ob es nicht vielleicht nur dieser unreflektierte Therapiepessimismus ist, der hauptsächlich dafür verantwortlich zeichnet, wenn Therapieerfolge in sich selbst erfüllender Prophezeiung ausbleiben« (Fiedler 1997, 392). Vor diesem Hintergrund käme es dann zu der fatalen Automatik: »Wenn man glaubt, Persönlichkeitsstörungen seien schwer zu behandeln, dann sind sie dies auch!« (ebd.).

Starre Therapieregeln und die Situation im Strafvollzug mit den ebenso starren rechtlichen Regeln, die in vielen Fällen hinsichtlich der Resozialisierung nicht sinnvoll sind, drohen die Resozialisierungsbemühungen zu strangulieren. Therapie muss vor allem über die Institution hinausreichen, etwa in Form von gezielten Nachbetreuungsprogrammen.

Fiedler fordert eine »sorgfältige Differenzialdiagnostik sowie eine genaue Komorbiditätsbestimmung« (Fiedler 1997, 405), da diese wesentlich zur Verbesserung einer genauen Therapieplanung beitragen können. Ein Hauptproblem, das bei allen Indikationsentscheidungen einen zentralen Stellenwert einnehmen werde, sei die beträchtliche Komorbidität der Persönlichkeitsstörungen untereinander (a. a. O., 432, vgl. zuvor). Forschungen, welche die differenzielle Bedeutsamkeit komorbider Persönlichkeitsstörungen für den Verlauf und Erfolg einer Behandlung spezifischer Störungen aufzuhellen versuchen, haben nach ihm erst begonnen, sind aber sehr wichtig. Die Bemühungen zu einer selektiven Indikation, die zu einer Auswahl der zentralen Behandlungsstrategie führen müsse, seien zu intensiveren (a. a. O., 409 ff.). In diesem Kontext sind die Ergebnisse selbst methodisch guter Evaluationsstudien dann zurückhaltend zu interpretieren und zu verallgemeinern, wenn etwa inzwischen überholte Treatments überprüft wurden bzw. die Behandlung undifferenziert auf »Straffällige« angewandt wurde. Nach Ullrich (1999, 139) etwa zeigen sich deutliche Unterschiede zwischen einzelnen Straftäterngruppen, auch Sexualstraftäter bilden eine sehr heterogene Gruppe. Wenn sich dann kein Behandlungseffekt ergibt, besagt dies lediglich, dass dieses Treatment bei »Straffälligen« nicht wirkt. Vielfach kommt noch hinzu, dass das Treatment selbst wenig klar definiert ist, das Behandlungsprogramm letztlich eine »black box« darstellt, der Inhalt mit der Allerweltsdefinition »Sozialtherapie« umschrieben wird (vgl. Ortmann 1987).

Die meisten Psychotherapiekonzepte gehen, wie Fiedler betont, von einem sog. Defizitkonzept psychischer Störungen aus. Hier geht es um die Veränderung oder »Heilung« psychischer Mängel. Bei Persönlichkeitsstörungen ist aber nicht primär eine Symptomänderung wichtig, vielmehr müsse eine zwischenmenschliche Neuorientierung angestrebt werden. »Es geht darum, dem Patienten Strategien für den Umgang mit bisher unlösbar scheinenden zwischenmenschlichen Alltagsproblemen zu vermitteln« (Fiedler 1997, 423). Es geht somit vorwiegend um das Erlernen unmittelbarer Selbsthilfestrategien, die den Insassen befähigen, zukünftige Krisen- und Konfliktepisoden selbst lösen zu können. Es wäre hier etwa auch zu prüfen, wieweit beispielsweise in einer Therapie nach einer Haftentlassung eine intensivere Zusammenarbeit von Therapeut und Bewährungshelfer möglich und sinnvoll ist. In diesem Zusammenhang ist etwa auf die neueren Behandlungsansätze, wie sie in der Klinik für Gerichtliche Psychiatrie Haina umgesetzt werden, hinzuweisen (Müller-Isberner 1998). Seit 1987 werden dort Bemühungen unternommen, den inhaltlichen und formalen Ablauf der Unterbringung zu verbessern. Nach Kielisch (2003, 35) wurde ein großer Teil der Patienten mit der Diagnose Persönlichkeitsstörung in diese Einrichtung eingewiesen.

Ausblick

Nach Grawe et al. (1994, 750) ist die aktive Hilfe zur Problembewältigung das »mächtigste Wirkprinzip erfolgreicher Psychotherapie«. Gleichzeitig betonen die Autoren, dass dieser Wirkfaktor bisher am deutlichsten unterschätzt wurde, und zumindest in der Straftäterbehandlung nach wie vor wird. Zu sehr ist die Behandlung Straffälliger in Deutschland noch an klassischen Therapiekonzepten orientiert, deren Begründer teilweise selbst darauf hinwiesen, dass diese Behandlung nicht für Straffällige geeignet sei. Die Stoßrichtung muss geändert werden: Es gilt nicht, vorhandene Behandlungsansätze »nun endlich« auch für Straffällige wirksam zu gestalten, sondern von den Bedürfnissen und Mängeln der Klientel auszugehen und darauf abgestimmt Behandlungsmaßnahmen zu entwickeln. Hier schneiden kognitiv-verhaltenstherapeutische Programme, kombiniert mit konkreten Trainingsmaßnahmen und aktiven Hilfsangeboten offensichtlich am besten ab, was auch plausibel ist. Interessanterweise haben sich diese Ansätze nicht nur bei Straffälligen als am hilfreichsten erwiesen, sondern auch in der allgemeinen Psychotherapieforschung (vgl. Grawe et al. 1994).

Ein zentraler Punkt ist die Nachbetreuung nach der Haftentlassung. Die Bewährungshilfe ist hier bei der gegenwärtigen Fallbelastung überfordert und kann diese

Aufgabe nicht zusätzlich übernehmen. Einen interessanten und viel versprechenden Weg beschreitet man seit wenigen Jahren in der Behandlung von Sexualstraftätern. So wurde in Baden-Württemberg ein Fonds für die Finanzierung eines externen Therapeuten dieser Inhaftierten eingerichtet, der die Kosten übernimmt, wenn die Therapie während der Endphase des Strafvollzugs beginnt und sich über die Haftentlassung hinaus fortsetzt. Damit ist weitgehend gewährleistet, dass der Hauptteil der Behandlung nach der Haftentlassung stattfindet. So hat der Therapeut die Möglichkeit, den Straftäter während der Haftphase kennen zu lernen, ein Vertrauensverhältnis aufzubauen und ihn dann in Freiheit weiter zu behandeln, um ihn bei der Lösung der hier in aller Regel auftauchenden Probleme zu unterstützen.

Letztlich ist es wichtig, die Behandlungsmaßnahmen vor dem Hintergrund einer zuverlässigeren Persönlichkeitsdiagnostik der Betroffenen systematisch zu evaluieren. Nur so wird es möglich sein, die Behandlungsansätze gezielt weiter zu entwickeln. Schließlich beruht auch das heutige Wissen über die Wirksamkeit einzelner Ansätze auf qualifizierter Forschung. Berücksichtigt man die enormen Kosten, die der Strafvollzug als teuerste Sanktion jährlich verursacht, müsste es möglich sein, ihn effizienter zu gestalten, denn schließlich werden diese Kosten dadurch reduziert (vgl. Aos 2003). Allerdings müsste hierfür ein politischer Wille da sein, sich mehr nach den Erkenntnissen der heutigen Behandlungsforschung zu richten, als nach den vielfach vordergründigen und von Tagesereignissen beeinflussten Sanktionsforderungen einer über das Kriminalitätsgeschehen völlig einseitig informierten Bevölkerung.

Literatur

Aos, S. (2003), Cost and benefits of criminal justice and prevention programs. In: Kury, H.; Obergfell-Fuchs, J. (eds.), *Crime prevention. New approaches*. Mainz: Weisser Ring, 413–442.

Deutsches Institut für medizinische Dokumentation und Information – DIMDI (Hrsg.) (1994), *ICD-10. Internationale statistische Klassifikation der Krankheiten. 10. Revision*. Bern u. a.: Huber.

Fiedler, P. (1997), *Persönlichkeitsstörungen. 3. Aufl.* Weinheim: Psychologie Verlags Union.

Fydrich, T., Schmitz, B., Dietrich, D., Heinicke, S. und König, J. (1996), Prävalenz und Komorbidität von Persönlichkeitsstörungen. In: Schmitz, B., Fydrich, T. und Limbacher, K. (Hrsg.), *Persönlichkeitsstörungen: Diagnostik und Therapie*. Weinheim: Psychologische Verlags Union, 56–90.

Grawe, K. (1998), *Psychologische Therapie*. Göttingen u. a.: Hogrefe.

Grawe, K.; Donati, R. und Bernauer, F. (1994), *Psychotherapie im Wandel – Von der Konfession zur Profession*. Göttingen u. a.: Hogrefe.

Kielisch, S. (2003), *Katamneseuntersuchung der Treffsicherheit der prognostischen Einschätzung und der Validität von Prognosekriterien*. München: Ludwig-Maximilians-Universität, Diss. Med.

Kinzig, J. (1997), Die Gutachtenpraxis bei der Anordnung von Sicherungsverwahrung. *Recht & Psychiatrie, 15*: 9–20.

Kury, H. (1999 a), Psychowissenschaftliche Gutachten im Strafverfahren. Einige Anmerkungen nach dem Fall »Postel«. *Praxis der Rechtspsychologie, 9*: 86–94.

Kury, H. (1999 b), Zur Qualität forensischer Begutachtung. *Praxis der Rechtspsychologie, 9*: 126–139.

Kury, H. (2001), Herausforderungen an die Sozialtherapie: Persönlichkeitsgestörte Straftäter. In: Rehn, G.; Wischka, B.; Lösel, F. und Walter, M. (Hrsg.), *Behandlung »gefährlicher Straftäter«. Grundlagen, Konzepte, Ergebnisse*. Herbolzheim: Centaurus, 54–80.

Lösel, F. (1995), Increasing consensus in the evaluation of offender rehabilitation? *Psychology, Crime and Law,* 2: 19–39.

Loranger, A. W.; Sartorius, N.; Andreoli, A.; Berger, P.; Buchheim, P.; Channabasavana, S. M.; Coid, B.; Dahl, A.; Diekstra, R. W. F.; Ferguson, B.; Jacobsberg, L. B.; Mombour, W.; Pull, C.; Ono, Y.; Regier, D. A. (1994), The International Personality Disorder Examination: IPDE. The WHO/ADAMHA international pilot study of personality disorders. *Archives of General Psychiatry,* 51: 215–224.

MacKenzie, D. L. (1998), Criminal justice and crime prevention. In: Sherman, L. W.; Gottfredson, D.; MacKenzie, D.; Eck, J.; Reuter, P.; Bushway, S. (eds.), *Preventing crime: What works, what doesn't, what's promising.* Washington, D.C: U.S. Department of Justice, Office of Justice Programs, Kapitel 9.

Maier, W.; Lichtermann, D.; Klinger, T.; Heun, R.; Hallmayer, J. (1992), Prevalences of personality disorders (DSM-III-R) in the community. *Journal of Personality Disorders,* 6: 187–196.

Müller-Isberner, R. (1998), Ein differenziertes Behandlungskonzept für den psychiatrischen Maßregelvollzug. Organisationsfragen und methodische Aspekte. In: Wagner, E. und Werdenich, W. (Hrsg.), *Forensische Psychotherapie. Therapeutische Arbeit im Zwangskontext von Justiz, Medizin und sozialer Kontrolle.* Wien: Facultas, 197–209.

Nedopil, N. (1996), *Forensische Psychiatrie. Klinik, Begutachtung und Behandlung zwischen Psychiatrie und Recht.* Stuttgart: Thieme.

Ortmann, R. (1987), *Resozialisierung im Strafvollzug.* Freiburg: Eigenverlag Max-Planck-Institut für ausländisches und internationales Strafrecht.

Rasch, W. (1986), *Forensische Psychiatrie.* Stuttgart u. a.: Kohlhammer.

Reich, J. H.; Yates, W. R.; Nduaguba, M. (1989), Prevalence of DSM-III personality disorders in the community. *Social Psychiatry and Psychiatric Epidemiology,* 24: 12–16.

Saß, H. (1987), *Psychopathie, Soziopathie, Dissozialität. Zur Differenzialtypologie der Persönlichkeitsstörungen.* Berlin u. a.: Springer.

Saß, H. (2003), *Diagnostisches und statistisches Manual psychischer Störungen: Textrevision; DSM-IV-TR.* Göttingen: Hogrefe.

Schneider, H. J. (1986). *Kriminologie.* Berlin: de Gruyter.

Sherman, L. W.; Gottfredson, D.; MacKenzie, D.; Eck, J.; Reuter, P.; Bushway, S. (1998), *Preventing crime: What works, what doesn't, what's promising. A report to the United States Congress, prepared for the National Institute of Justice.* Washington, D.C: U.S. Department of Justice, Office of Justice Programs.

Streng, F. (2002), *Strafrechtliche Sanktionen – Die Strafzumessung und ihre Grundlagen.* Stuttgart: Kohlhammer.

Ullrich, S. (1999), *Die Persönlichkeit von Straftätern. Psychopathologische und normalpsychologische Akzentuierungen.* Halle/Saale: Diss. Phil.

Venzlaff, U. (1986), Konfliktreaktionen, Neurosen und Persönlichkeitsstörungen im Erwachsenenalter. In: Venzlaff, U. (Hrsg.), *Psychiatrische Begutachtung. Ein praktisches Handbuch für Ärzte und Juristen.* Stuttgart u. a.: Fischer, 327–359.

Zimmerman, M. und Coryell, W. (1990), Diagnosing personality disorders in the community. A comparison of self-report and interview measures. *Archives of General Psychiatry,* 47: 527–531.

Personalentwicklung und Personalauswahl

von Bernhard Wydra

Einführung

»Wir sind überzeugt, dass das Personal unsere wichtigste Ressource und für ein effektives Vollzugssystem unerlässlich ist«. So lautet einer der Werte (values), die in einem Dokument eines internationalen Symposiums zur Zukunft des Vollzugs mit dem Titel »Auf dem Weg zu einer ausgezeichneten Qualität des Vollzugs« (Toward Excellence in Corrections) im Mai 1992 formliert wurden. Dieses Dokument beschreibt die Rolle des Vollzugs für die Sicherung der Gesellschaft und ihrer Grundwerte. In den »Grundaussagen« zu dem o. g. Wert wird unter anderem ausgeführt, dass das gezielt ausgewählte Personal im Hinblick auf seinen wichtigen Beitrag zum Vollzugsgeschehen in jeder Weise gefördert werden soll und durch Information, Training und Supervision zur möglichst effizienten und befriedigenden Dienstleistung befähigt werden soll. Als Teilnehmer des nachfolgenden Internationalen Symposiums zur Zukunft des Vollzugs konnte ich miterleben, wie um Ansätze für eine praktische Verwirklichung dieses hehren Ziels gerungen wurde. Ziele wie in den zitierten Grundaussagen festzustellen, sie in konkrete Maßnahmen umzusetzen und wirkungsvoll miteinander zu verbinden, ist im Wesentlichen das, was wir unter Personalentwicklung verstehen. Sie ist integraler Bestandteil der Arbeit aller, die für das Vollzugspersonal Verantwortung tragen, sie ist insbesondere eine Aufgabe für alle, die im Bereich der Aus- und Fortbildung des Vollzugspersonals tätig sind.

In meinem Beitrag werde ich einige Aspekte der Personalentwicklung herausgreifen und aus dem Blickwinkel einer Justizvollzugsschule mit ihren Angeboten im Bereich der Aus- und Fortbildung des Vollzugspersonals darstellen. Einen Schwerpunkt werde ich – dem Thema entsprechend – auf die Auswahl des Personals legen.

Aus Gründen der Vereinfachung verwende ich in meiner Darstellung die männliche Form, sie soll sich auf Männer und Frauen beziehen.

1. Personalentwicklung: Definition und Ziele

Nach heutigem Verständnis umfasst der Begriff »Personalentwicklung« eine Fülle von Maßnahmen. So lautet etwa eine Definition dieses Begriffs: »Personalentwicklung kann definiert werden als Inbegriff aller Maßnahmen, die der individuellen beruflichen Entwicklung der Mitarbeiter dienen und ihnen unter Beachtung ihrer persönlichen Interessen die zur optimalen Wahrnehmung ihrer jetzigen und künftigen Aufgaben berufliche Qualifikation vermitteln« (Heeg et al. 1993, 304). Andere Definitionen lauten ähnlich.

Solche umfassenden Definitionen stecken – auch wenn sie sehr detailliert erscheinen – nur den Rahmen ab, in dem sich die notwendigen konkreten Maßnahmen ansiedeln lassen. Als Schwerpunkte für die konkreten Maßnahmen werden häufig folgende Aufgaben genannt:

- Qualifizierung und Einführung von neuen Mitarbeitern. Darunter ist zu verstehen, dass neue Mitarbeiter für die gegenwärtig und zukünftig zu bewältigenden Aufgaben vorbereitet werden und bei ihrem Start eine Unterstützung erfahren, die ihnen den Einstieg in die Arbeit erleichtert.
- Weitere Qualifizierung und Betreuung des Personals bei der Wahrnehmung seiner Aufgaben, vor allem in besonders belastenden Situationen, mit dem Ziel der Entlastung und der Sicherung ihres Wohlbefindens und ihrer Leistungsfähigkeit.
- Das Mitarbeitergespräch zur Schaffung und Verbesserung von klaren Beziehungen und Zielen, einschließlich von Zielvereinbarungen.
- Die Leistungsbewertung und Beurteilung der Mitarbeiter mit dem Ziel, den Mitarbeitern eine faire Rückmeldung über ihre Leistung im Vergleich mit anderen zu geben und einen Ausgangspunkt für eine spezielle Förderung zu schaffen.
- Die gezielte Personalauswahl, der ein besonderes Gewicht beigemessen wird.

Die verschiedenen Maßnahmen zielen darauf, dass die Organisation ihre vorgegebenen Ziele erreicht. Das Personal soll dabei möglichst effektiv die anfallenden Aufgaben erledigen. Die Mitarbeiter sollen ihren Fähigkeiten und möglichst auch ihren Neigungen entsprechend ihre Arbeit gestalten können.

Da sich eine Organisation weiterentwickelt, müssen auch Maßnahmen getroffen werden, die zur Weiterqualifizierung des Personals erforderlich sind, um die jeweiligen Änderungen zu vollziehen und sich überhaupt auf Veränderung einzustellen. Personalentwicklung wird damit zu einem wichtigen Teil der Organisationsentwicklung.

Die Personalentwicklung ist – ebenso wie die Organisationsentwicklung – ein Prozess, der auch als Prozess zu gestalten ist: Personalentwicklung braucht einen Anfang, von dem aus der Prozess geplant und gestartet wird. Sie ist einzubinden in die Vorstellungen über die Ziele und die künftige Ausgestaltung der Organisation, und zwar mit der Perspektive aus dem jeweiligen Stand der Entwicklung. Im Hinblick auf den Prozesscharakter bildet der – jeweilige – Beginn eine Art Provisorium. Eine Schlussfolgerung aus dem provisorischen Ansatz beinhaltet, dass dieser Start nicht perfekt zu sein braucht – eine Schlussfolgerung, die einen positiven und einen negativen Aspekt hat: Der positive Aspekt beinhaltet, dass die Idee des Provisorischen die Entscheidung erleichtert anzufangen und den Prüfungsweg verkürzt, der negative Aspekt besteht darin, dass Provisorien oft ein langes Leben haben und damit die anfänglichen Fehler weiterführen.

2. Personalentwicklung im Justizvollzug

Für den Bereich des Strafvollzugs ist das Ziel der Organisation Justizvollzugsanstalt mit der Aufgabenstellung des § 2 des Strafvollzugsgesetzes in abstrakter Form festgelegt. Der »Zielkonflikt« (Waldmann 1968), der sich aus den beiden Aufgabenstellungen dieser Vorschrift – in Kurzform »Wiedereingliederung des Gefangenen« und »Schutz der Allgemeinheit« – ergibt, weist in besonderer Weise auf die Notwendigkeit einer klaren Personalentwicklung hin: Die personalintensive Arbeit bei der Erfüllung der beiden Aufgaben kann nur von einem gut ausgesuchten, intensiv ausgebildeten und gut motivierten Personal dem Vollzugsziel entsprechend effektiv geleistet werden, ohne dass es zu einer Spaltung im Personal kommt, zu der der Zielkonflikt einlädt. Wichtigste Voraussetzung ist dabei eine gemeinsame Einstellung des Personals zum Gefangenen, die dem Grundgesetz entspricht und die vom Respekt vor dem Menschen getragen ist. Das Personal ist stets neu dafür zu qualifizieren, die sich wandelnden Aufgaben professionell anzugehen und zu bewältigen, ohne von den fordernden und anstrengenden Tätigkeiten aufgezehrt zu werden.

Die Belastung in der vollzuglichen Arbeit, vor allem für den allgemeinen Vollzugsdienst, hat Steinhilper (2001) in ihrem lesenswerten Beitrag »Personalentwicklung und Personalmanagement als Führungsaufgabe« für die Situation im niedersächsischen Vollzug beeindruckend dargestellt. Sie nennt neben der unregelmäßigen Arbeitszeit, den oft unzureichenden räumlichen Bedingungen und der geringen Entscheidungsbefugnis vor allem Veränderungen bei den Gefangenen, die belastend wirken. Die hohe Zahl der Gefangenen, die zu einer Überbelegung der Justizvollzugsanstalten führt, der wachsende Anteil von ausländischen Gefangenen und die Zunahme von aggressiven Verhaltensweisen der Gefangenen gegenüber den Bediensteten sind Hauptmerkmale dieser Veränderung. Dazu kommt noch das geringe gesellschaftliche Ansehen des Vollzugs und damit der Vollzugsbediensteten. Solche Belastungen, die auf die Situation des gesamten deutschen Vollzugs verallgemeinert werden können, haben Auswirkungen auf das Wohlbefinden und auf die Gesundheit der Bediensteten. Personalentwicklung hat vor diesem Hintergrund eine überragend wichtige Bedeutung für den Vollzug: Im Rahmen der Personalentwicklung sind die notwendigen Maßnahmen zu treffen, die das Personal in die Lage versetzen, die schwere Arbeit im Vollzug ohne körperliche und/oder seelische Schäden effektiv zu leisten.

Die Justizvollzugsschule kann in einer solchen Situation zu einer zielgerichteten Personalentwicklung beitragen, indem sie Maßnahmen vorsieht, mit denen sie durch Aus- und Fortbildung für die Qualifizierung des Personals sorgt und in geeigneter Weise die Justizvollzugsanstalten bei Personalentwicklungsmaßnahmen unterstützt.

3. Personalentwicklungsmaßnahmen in der Justizvollzugsschule Straubing

3.1. Ausbildung der Anwärter für die mittleren Laufbahnen

Formelhaft lässt sich feststellen, dass der Anwärter während seiner Ausbildung zu lernen hat, was er für seine spätere Tätigkeit kennen, können und an Einstellungen besitzen muss. Dabei ist zu bedenken, dass der erfolgreiche Abschluss der Ausbildung nicht nur Berufsvorbereitung, sondern auch Einstellungsvoraussetzung für die Beamtenlaufbahn im mittleren Dienst ist. Daraus ergeben sich einige Besonderheiten für den Inhalt des zu vermittelnden Lehrstoffes. Die zuvor genannten formelhaften Lehrinhalte sind für die Ausbildung in Bayern in einem Curriculum mit konkreten Lernzielen für die verschieden Ausbildungsabschnitte und die verschiedenen Fächer zusammengefasst.

Wir gehen davon aus, dass die im Curriculum zusammengefassten Lernziele die wesentlichen Aspekte abdecken, die den Aufgabenbereich des allgemeinen Vollzugsdienstes und des mittleren Werkdienstes bestimmen. Diese Aspekte sind Grundlage für die Vermittlung von Wissen, das es dem einzelnen Bediensteten ermöglicht, seine Tätigkeit den einschlägigen Vorschriften entsprechend durchzuführen und sie in einen Sinnzusammenhang einzuordnen.

Das vermittelte Wissen betrifft dabei einschlägige Rechtsgrundlagen, vor allem das Strafvollzugsgesetz samt den dazugehörigen Verwaltungsvorschriften, der wichtigsten Rechtsquelle für vollzugliche Entscheidungen. Aus dem Strafgesetzbuch, der Strafprozessordnung und dem Jugendgerichtsgesetz werden überwiegend eher Beiträge zum Allgemeinwissen eines Beamten im mittleren Dienst gelehrt. Ferner umfasst das vermittelte Wissen den Ablauf in der Justizvollzugsanstalt anhand der einschlägigen Verwaltungsvorschriften, und vor allem geht es ein auf Grundaussagen der Psychologie und der Pädagogik zum Verständnis der Straffälligkeit und der Behandlung von Gefangenen: Hier liegt der Schwerpunkt der Wissensvermittlung.

Die Vermittlung dieses Wissens, also dessen, was der Anwärter kennen muss, erfolgt schwerpunktmäßig in den zwei fachtheoretischen Abschnitten der Ausbildung, die jeweils drei Monate dauern. Dort wird auch der Umgang mit Waffen sowie die waffenlose Selbstverteidigung und die körperlichen Sicherungstechniken gelehrt.

Die Vermittlung der praktischen Fähigkeiten und Fertigkeiten, also dessen, was der Anwärter können muss, ist schwerpunktmäßig Gegenstand der fachpraktischen Ausbildung in den Justizvollzugsanstalten. Dort werden – neben Einschüben von Wissensvermittlung an den sog. Seminartagen – an dreizehn verschiedenen Lernorten (z. B. in der Station, der Kammer, der Torwache u. a.) bei praktischen Handlungsabläufen die Fähigkeiten und Fertigkeiten vermittelt, die der Bedienstete in seiner späteren Arbeit auszuführen und zu beherrschen hat. Die für die Vermittlung der praktischen Fähigkeiten und Fertigkeiten zuständigen Kollegen, die Ausbilder, werden für ihre Aufgabe an der Justizvollzugsschule intensiv geschult. (Davon wird später noch die Rede sein.)

Die Vermittlung der Einstellung, die der künftige Vollzugsbeamte braucht, ist eine der schwierigsten Aufgaben der Ausbildung: Nur mit kognitiver Information ist die Einstellung nicht zu erreichen, da sie in emotionalen Verknüpfungen gründet. Der auch auf die Prüfung ausgerichtete Ausbildungsverlauf – mit dem Schwerpunkt der Informationsdarbietung – lässt nur begrenzten Raum für emotionale Prozesse zur Beeinflussung der Einstellung. Dieser wird jedoch genutzt, um auch Einfluss auf eine professionelle Einstellung der Anwärter zu nehmen.

Die Ausbildung wird für Beamte, die im Jugendvollzug arbeiten, noch durch eine Zusatzausbildung ergänzt, die sich über ein Jahr erstreckt und aus drei fachtheoretischen Wochen an der Justizvollzugsschule sowie acht Veranstaltungen in der praktischen Phase besteht. Die Zusatzausbildung beginnt – normalerweise ein Jahr nach Abschluss der geschilderten Ausbildung – mit zwei Arbeitswochen an der Justizvollzugsschule, von denen die erste eine strukturierte Selbsterfahrung beinhaltet. In der zweiten Woche erhalten die Teilnehmer ausgewählte Informationen zur Entwicklungspsychologie, vor allem zum Jugendalter. Ein weiterer Schwerpunkt liegt in der Vorbereitung auf die Begleitung eines jugendlichen Gefangenen, das Herzstück der praktischen Phase: Der Beamte setzt sich bei dieser Begleitung intensiv mit einem von ihm gewählten Jugendlichen auseinander, er erhält Supervision für diese Arbeit und schreibt am Ende einen Bericht über seine Erfahrungen bei diesem Prozess. Die zum Teil sehr beeindruckenden Berichte lassen erkennen, dass der Beamte bei dieser Zusatzausbildung wichtige Impulse für seine Tätigkeit im Jugendvollzug bekommt.

Neben dieser qualifizierenden Vorbereitung der mittleren Fachdienste durch die Ausbildung, bieten die Ausbildungsleiter noch eine konkrete Unterstützung der Dienstanfänger beim Zurechtfinden in der neuen Situation der Justizvollzugsanstalt an. Die Ausbildungsleiter sind qualifizierte Beamte des allgemeinen Vollzugsdienstes, die vom Leiter der jeweiligen Justizvollzugsanstalt bestimmt und von der Justizvollzugsschule besonders geschult und betreut werden. Sie betreuen die Anwärter bei den verschiedensten Fragen.

3.2. Berufsbegleitende Weiterqualifizierungsmaßnahmen

Die weitere Qualifizierung sowie die Betreuung und Entlastung des Personals bei der Wahrnehmung seiner Aufgaben ist – von Seiten der Justizvollzugsschule – hauptsächlicher Gegenstand verschiedener Fortbildungsveranstaltungen.

Bei Fortbildungsmaßnahmen im Justizvollzug geht es im Allgemeinen darum,

- das Wissen und die Fertigkeiten des Personals für die zu leistenden Aufgaben auf den neuesten Stand zu bringen,
- neues Wissen und neue Fertigkeiten für neue Aufgaben zu vermitteln,
- die Einstellung zur Arbeit, zu Kollegen und zum Gefangenen weiter zu professionalisieren und für Veränderungen zu öffnen,
- die Motivation der Mitarbeiter zu erneuern und zu erhöhen,
- fachübergreifende Zusammenarbeit zu fördern sowie
- Entlastung von Stress zu erreichen und einen besseren Umgang mit Stress zu vermitteln.

Im Folgenden sollen einige wichtige Fortbildungsmaßnahmen – von denen in der Justizvollzugsschule Straubing im Jahr durchschnittlich zwischen 120 und 150 angeboten werden – mit den genannten Zielen in Verbindung gesetzt werden.

Für eine weitere Qualifizierung bietet die Justizvollzugsschule dem mittleren Diensten dreistufige Weiterbildungsmaßnahmen in verschiedenen Bereichen an, z. B. für die Leitung von problemorientierten Gefangenengruppen und für die Professionalisierung als Ausbilder.

Diese Weiterqualifizierung erstreckt sich für gewöhnlich über eineinhalb bis zwei Jahre. Sie beginnt mit einer einwöchigen Einführung in die Grundlagen der Qualifizierung und beinhaltet schwerpunktmäßig eine strukturierte Selbsterfahrung. Einige Zeit später folgt ein einwöchiger Grundlehrgang für den jeweiligen Bereich, in dem die Schwerpunkte – selbsterfahrungsbezogen – dargestellt und mit einigen theoretischen Grundlagen angereichert werden. Beispielsweise wird in dieser Woche bei der Qualifizierung zum Leiter von problemorientierten Gefangenengruppen die Dynamik einer Gruppe am Verlauf der Weiterbildungsgruppe aufgezeigt. In einer anschließenden Praxisphase haben die Teilnehmer Gelegenheit, die Ziele der jeweiligen Qualifizierung in einem Probedurchlauf praktisch auszuprobieren und erhalten dafür auch Beratung. Bei den Leitern von problemorientierten Gefangenengruppen haben die Teilnehmer beispielsweise über 15 Doppelstunden eine Gruppe von Gefangenen zu leiten. In der dafür vorgesehenen Beratung reflektieren sie den Gruppenprozess und entwickeln alternative Lösungsansätze für schwierige Situationen. Die qualifizierende Weiterbildung endet mit einem einwöchigen Abschlusskurs.

Für den höheren und den gehobenen Dienst gibt es unter anderem auch eine Qualifizierung für die Leitung von Gruppen. Diese Gruppenleiter nutzen ihre neuen Erfahrungen und Kenntnisse nicht nur im Umgang mit Gefangenen, sie werden auch als Berater in der Weiterbildung von Bediensteten des allgemeinen Vollzugsdienstes tätig. Damit tragen sie zu einer Intensivierung des Kontaktes zwischen verschiedenen Diensten und zu einer Verbesserung der Zusammenarbeit bei.

Ganz allgemein haben wir mit solchen Qualifizierungsmaßnahmen einen Kreisprozess der Qualifikation in Gang gesetzt, der nicht nur im eben aufgezeigten Bereich ablief, sondern auch bei der Qualifizierung der Ausbilder, die die ihnen anvertrauten Anwärter dadurch besser in die praktischen Abläufe des Vollzugsalltags einweisen können.

Ein besonderer Schwerpunkt der Qualifizierung betrifft die Führungskräfte, die sich mit Leitungs- und Managementaufgaben zu befassen haben oder demnächst befassen werden. Sie mit den Methoden des modernen Managements, vor allem mit Selbst-, Konflikt- und Projektmanagement vertraut zu machen, ist Inhalt einer mehrstufigen Qualifizierungsserie, mit der die angesprochenen Schwerpunkte in vier je einwöchigen Veranstaltungen – zum Teil selbsterfahrungsbezogen – bearbeitet werden. In einer Praxisphase nach der dritten Woche werden kleinere Projekte durchgeführt, für die es zusätzliche Beratungstage gibt. In der Abschlusswoche werden die Erfahrungen nochmals zusammengetragen und reflektiert.

Daneben wird auch Qualifizierung für spezielle Aufgabenstellungen angeboten, so zum Beispiel Rhetorikseminare für die Moderation von Konferenzen und das Training von Ausdrucksmöglichkeiten.

Der Betreuung des Personals, mit seinen schwierigen Aufgaben, dienen vornehmlich Seminare für die mittleren Dienste in den Justizvollzugsanstalten, die von hauptamtlichen Kräften der Justizvollzugsschule in Zusammenarbeit mit je einem Ausbildungsleiter gestaltet werden. Die Inhalte dieser Veranstaltungen betrafen ursprünglich eine Auseinandersetzung mit neuen Vorschriften und Regelungen. Dieser Aspekt tritt gegenwärtig zurück zugunsten eines Austausches über Erfahrungen im Vollzugsalltag und einer zielgerichteten Beschäftigung mit Stress, insbesondere mit dem Stress im Vollzug. Der erstaunlich offene und intensive Erfahrungsaustausch fördert das gemeinsame Bewusstsein für die Notwendigkeit, durch eine Professionalisierung der Arbeit die nötige Distanz zu den Gefangenen und zu den Alltagsproblemen zu finden. Solche Veranstaltungen tragen auch zu einer Verbesserung des Klimas in der Anstalt bei, wie aufgrund einer Fülle von entsprechenden Rückmeldungen deutlich wird.

Eine besonders wichtige Form der Betreuung nimmt die Justizvollzugsschule mit einem breit gefächerten Angebot an Supervision wahr. Davon machen inzwischen verschiedene Gruppen von Fachdiensten, insbesondere Psychologen und Sozialpädagogen, aber auch Ausbildungsleiter und deren Stellvertreter, Ausbilder und andere besondere Gruppen des allgemeinen Vollzugsdienstes (z. B. Mitarbeitern in Sozialtherapeutischen Einrichtungen, einer Sicherungsgruppe u. a.) Gebrauch.

Supervision mit der Möglichkeit, intensiv konkrete Arbeits- und Problemsituationen zu reflektieren, sie im Spiegel der Beobachtungen und Erfahrungen der Teilnehmer einer Supervisionsgruppe zu betrachten und neue Ansätze im Umgang damit zu entwickeln, schafft neben einer Betreuung der Betroffenen auch eine Professionalität in der Einstellung: Die Differenzierung bei der Reflexion der Alltagsprobleme eröffnet neue Handlungsmöglichkeiten, größeres Verständnis für die anderen Beteiligten und die Erkenntnis, dass ein Weiterlernen spannend und lohnend ist. Wir konnten auch eine größere Aufgeschlossenheit gegenüber Kollegen und Gefangenen beobachten, die sich in einer Verringerung von Konflikten im Alltag zeigte.

Zu einer persönlichkeitsbildenden Betreuung des Personals tragen auch die Angebote im Rahmen von intensiven Selbsterfahrungsseminaren bei. In ihnen werden innerhalb einer Woche wichtige persönliche Erfahrungen in wechselnden Gruppenkonstellationen in einem geschützten Rahmen angeboten.

Eine wichtige Betreuung findet für die Anstaltsleiter in regelmäßigen Arbeitstreffen statt, bei denen sie Führungsprobleme austauschen, reflektieren und diskutieren können. Der geschützte Rahmen ermöglicht einen intensiven persönlichen Austausch, bei dem geeignete Lösungsansätze für die eingebrachten Probleme erarbeitet werden. Die Bedeutung solcher Treffen kann sicher sehr hoch angesetzt werden: Wie die über 12-jährige Erfahrung mit diesen Veranstaltungen zeigt, haben sie nicht nur zu neuen Lösungsansätzen für Führungsprobleme beigetragen, sondern auch zu einer qualifizierten Zusammenarbeit miteinander und zu einer Gesprächskultur, die von gegenseitigem Respekt getragen ist. Zunehmend geht es bei diesen Arbeitstreffen auch um eine gemeinsame Entwicklung von übergreifenden Zielen im Vollzug, für deren Ausgestaltung sich die Anstaltsleiter verantwortlich fühlen.

Für die Entlastung von Stress und einen zielgerichteten Umgang damit bietet die Justizvollzugsschule vor allem einwöchige Veranstaltungen an, in denen fern vom Vollzugsalltag – meist in einem klösterlichen Tagungshaus – den Teilnehmern mit Informationen über Stress und gesunde Ernährung, mit intensiven Gesprächen über die eigene Stresssituation sowie mit körperlichen Übungen und Entspannungstechniken der Umgang mit Stress erleichtert wird. Ein direktes Angebot für besondere Stresssituationen, z. B. für traumatische Erfahrungen beim Selbstmord eines Gefangenen, wird von einer Gruppe von Bediensteten gemacht, die sich durch Vermittlung der Justizvollzugsschule für diese Aufgabenstellung besonders qualifiziert hat.

Das regelmäßige, institutionalisierte Mitarbeitergespräch wurde vom Bayerischen Staatsministerium der Justiz Ende der 1990er-Jahre mit einer Reihe von konkreten Vorgaben als Führungsinstrument auch für den Justizvollzug verbindlich gemacht. Bei vielen Vollzugsbediensteten löste die entsprechende Anordnung vielfache Widerstände aus. Seitens der Justizvollzugsschule hatten wir Gelegenheit, auf diese Widerstände zu reagieren und die Chancen und Möglichkeiten des Mitarbeitergesprächs in einem Vermittlungsprozess zu verdeutlichen. Es galt vor allem, die Vorzüge des Mitarbeitergesprächs als besondere Form des Miteinander-Redens von Vorgesetzten mit ihren Mitarbeitern herauszustellen, die die bisherigen Formen der Kommunikation nicht überflüssig macht sondern zielführend ergänzt. Den Argumenten, dass man »ja ohnehin ständig miteinander rede«, war entgegenzuhalten, dass dieses Mitarbeitergespräch nicht ein unverbindlicher Alltagsplausch, nicht eine Fachdiskussion über spezielle Themen der Arbeit, auch kein Beurteilungs- oder Konfliktgespräch sei: Das Mitarbeitergespräch bietet eine neue Möglichkeit, in regelmäßigen Abständen, grundsätzlich ohne konkreten Anlass und nach einem bestimmten Ablaufschema, einen Austausch zwischen Vorgesetzten und Mitarbeitern herbeizuführen. In diesem Austausch geht es um die Aufgaben des Mitarbeiters, sein Arbeitsumfeld, um Fragen der Zusammenarbeit und der erlebten Führung sowie um persönliche Entwicklungsmöglichkeiten (vgl. Leitfaden des Bayerischen Staatsministeriums der Justiz vom Februar 1999).

In mehreren, meist eintägigen Veranstaltungen konnten wir Repräsentanten der Justizvollzugsanstalten aus verschiedenen Funktionsbereichen mit der Thematik in Verbindung bringen, die Einwände der Betroffenen aufnehmen und in die Gesamtschau des Mitarbeitergesprächs einbauen. Dabei wurden wichtige Aspekte eines konstruktiven Gespräches aufgezeigt. Es entstanden kreative Programme, mit denen die Thematik in den einzelnen Justizvollzugsanstalten vermittelt werden konnte. Für den ersten Durchlauf der Gespräche haben wir den Kommunikationsaspekt hervorgehoben: Wir haben die Chance herausgestellt, die Gespräche für eine neue Qualität der Beziehung zwischen Vorgesetzten und Mitarbeitern, für eine offenere Gesprächskultur zu nutzen. Die Zielvereinbarungen blieben eher im Hintergrund. Sie werden Inhalt einer weiteren Initiative der Justizvollzugsschule zum Mitarbeitergespräch sein.

Die Mitarbeiterbeurteilung ist ein weiterer wichtiger Aspekt der Personalentwicklung. Sie ist die Grundlage für Entscheidungen über die Besetzung von Funktionsposten, über Beförderungen und die Förderung der beruflichen Karriere. Einer möglichst objektiven, gerechten Beurteilung kommt daher ein hohes Gewicht zu. Sie erfordert vom Beurteiler viel Sensibilität, Distanz und Verantwortungsbewusstsein. Er muss wahrnehmen, welche Stärken und Schwächen der Beurteilte hat, sich unabhängig von persönlicher Sympathie auf die Schlussfolgerungen aus seiner Wahrnehmung einlassen und diese in seiner Beurteilung ausdrücken. Ferner muss er die Unterschiedlichkeit der beurteilten Personen in einer Differenzierung berücksichtigen, die nicht nur gute und sehr gute Ergebnisse zeigt. Eine objektive, gerechte Beurteilung erfordert aber auch die Fähigkeit, dem Beurteilten zu begründen, nach welchen konkreten Anhaltspunkten und Beobachtungen die einzelnen Beurteilungsmerkmale bewertet wurden. Sie erfordert schließlich auch ein geeignetes Beurteilungssystem.

Im Jahre 1998 wurde in Bayern für die Beurteilung der Beamten, die regelmäßig alle vier Jahre zu einem bestimmten Stichtag erfolgt, ein neues Beurteilungssystem eingeführt. Kernpunkt dieses neuen Beurteilungssystems war die Umstellung von einer verbalen Beschreibung der einzelnen Beurteilungsmerkmale zu einer numerischen Bewertung. Ziel war eine objektivere, gerechtere Beurteilung, die auch vom direkten Vorgesetzten unterschrieben werden muss. Es gab viele Zweifel an dem neuen System und dementsprechend große Widerstände. Auch in diesem Bereich hatte die Justizvollzugsschule Gelegenheit, die Zweifel und Widerstände in einigen Veranstaltungen direkt aufzugreifen und damit konstruktiv umzugehen.

4. Personalauswahl

Der Personalauswahl kommt im Rahmen der Personalentwicklung eine ganz besondere Bedeutung zu. Sie bildet gleichsam das Fundament, auf dem andere Maßnahmen der Personalentwicklung aufbauen. Erst mit der sorgfältigen Auswahl des Personals, das die geforderte Eignung und persönliche Qualität mitbringt, erhält eine Organisation Zugang zu effektiven Gestaltungsmöglichkeiten. Personalauswahl für den Justizvollzugdienst, in dem hauptsächlich Beamte für ihr gesamtes Arbeitsleben bei geringer Fluktuation tätig werden, erfordert deshalb ein hohes Maß an Aufmerksamkeit und Einsatz.

In Bayern wird die Personalauswahl zentral für alle Justizvollzugsanstalten von der Aufsichtsbehörde durchgeführt. Selbstverständlich werden die betroffenen Justizvollzugsanstalten bei den Entscheidungen beteiligt, allerdings in unterschiedlichem Ausmaß. Bei den Fachdiensten entscheidet die Aufsichtsbehörde gewöhnlich entsprechend dem Vorschlag der betroffenen Justizvollzugsanstalt. Im Bereich des gehobenen Dienstes erfolgt die Auswahl durch die Aufsichtsbehörde in der Regel ohne besondere Beteiligung der Justizvollzugsanstalten. Die Aufsichtsbehörde ist dabei an Vorgaben des Landespersonalausschusses gebunden. Dagegen wird beim mittleren Dienst, vor allem beim allgemeinen Vollzugsdienst, ein systematisches und differenziertes Auswahlverfahren durchgeführt. Dieses soll hier kurz beschrieben werden.

Nach einer Ausschreibung des Personalbedarfs in den örtlichen Medien schicken Bewerber, die sich bei den einzelnen Justizvollzugsanstalten melden und die dort eine erste Beratung erfahren, ihre Unterlagen zur zentralen Erfassung an die Justizvollzugsschule, die die einzelnen Schritte in enger Zusammenarbeit mit der Aufsichtsbehörde vollzieht. Von hier aus werden die Bewerber zu einer schriftlichen Einstellungsprüfung geladen, die an den größeren Justizvollzugsanstalten durchgeführt wird. Diese Prüfung besteht aus Rechenproben, einem Aufsatz und aus Fragen zum Allgemeinwissen. Aus den Ergebnissen dieser Prüfung wird eine Rangreihenfolge der Bewerber gebildet, die dann entsprechend dem Rangplatz zu einer Vorstellung vor einer Psychologen- sowie einer Praktikerkommission eingeladen werden. Die Psychologenkommission besteht aus drei erfahrenen Anstaltspsychologen, die Praktikerkommission aus einem Anstaltsleiter mit vier bis fünf seiner Mitarbeiter – in der Regel sind das ein Anstaltspsychologe, der Leiter der Hauptgeschäftsstelle, der Leiter des allgemeinen Vollzugsdienstes, der Ausbildungsleiter und oft ein weiterer Fachdienst.

Die Psychologenkommission führt einige Tests, ein Gruppeninterview sowie eine Einzelexploration mit den Bewerbern durch. Ein Intelligenztest wird bereits bei der

Einstellungsprüfung durchgeführt. Vor allem die Kontaktfähigkeit, Ausdrucksfähigkeit, Konfliktfähigkeit, Belastbarkeit und die Auffälligkeiten im Sozialverhalten werden getestet. Ein spezifisches Anforderungsprofil wird nicht zugrunde gelegt. Dazu sind die Anforderungen in den verschiedenen Bereichen des späteren Dienstes zu unterschiedlich. Bei der psychologischen Auswahl handelt es sich vielmehr um ein Ausschlussverfahren, bei dem Bewerber mit unerwünschten Besonderheiten (z. B. stark extrapunitivem Verhalten) zurückgewiesen werden. Gefordert werden als Schlüsselqualifikationen vor allem Kommunikations- und Konfliktfähigkeit, durchschnittliche Intelligenz, Sorgfalt sowie Durchhaltevermögen.

Die Praktikerkommission führt mit dem Bewerber ein Gespräch, das sich an einem gemeinsam erarbeiteten Fragebogen orientiert. Schwerpunkte bilden die Einstellung zum Gefangenen, zu Mitarbeitern und zum Dienst mit seinen Besonderheiten.

Beide Kommissionen geben eine kurze, prägnante, schriftliche Äußerung über die Eignung des Bewerbers ab, in der die Kategorien »geeignet« oder »nicht geeignet« begründet werden. Ein Bewerber wird nur genommen, wenn beide Kommissionen für ihn mit »geeignet« votieren.

Der Aufwand an Zeit, Energie und Geld beim Auswahlverfahren ist hoch. Er lohnt sich allerdings, wie eine Untersuchung (Bickel 1980) bestätigt hat.

Probleme bei der Personalauswahl betreffen nicht selten die körperliche Eignung, die bei uns durch ein amtsärztliches Zeugnis festgestellt wird. Mangels ausreichender Kenntnis der spezifischen Anforderungen im Vollzugsdienst halten Amtsärzte bei ihrer Einschätzung gelegentlich an allgemeinen Kriterien fest. Eine vollzugseigene Beurteilung der körperlichen Tauglichkeit ist in unserem Auswahlverfahren nicht vorgesehen.

Eine schwerwiegende Einschränkung bei der Auswahl von Anwärtern für den allgemeinen Vollzugsdienst bildet die Bezahlung. Die Anwärterbezüge – ohne den Anwärtersonderzuschlag, der im Hinblick auf die große Zahl von Bewerbern nicht bezahlt wird – reichen vielfach nicht aus, um einem bereits lebenserfahrenen Bewerber mit Familie, den wir eigentlich suchen, einen geordneten Lebensunterhalt zu gewährleisten.

Schlussbemerkung

Personalentwicklung ist wie bereits aufgezeigt, ein Prozess. Diese Tatsache wirft die Frage nach einem Gesamtkonzept auf, das dem Prozess zugrunde liegt und ihn zielgerichtet leitet. Ein solches Gesamtkonzept ist in den anfangs zitierten Definitionen zu finden, nicht aber in den beschriebenen Einzelmaßnahmen, mit denen der Beitrag der Justizvollzugsschule Straubing zur Personalentwicklung im bayerischen Justizvollzug skizziert wurde. Wir können mit einigem Bedauern feststellen, dass wir ein Gesamtkonzept für eine Organisationsentwicklung im Vollzug, und speziell für eine Personalentwicklung, nicht haben. Es finden sich aber wichtige Teilkonzepte, die Ausgangspunkt für eine aktive Gestaltung von Reformen und Entwicklungen sind. Die wichtigen Teilkonzepte im Bereich der Personalentwicklung haben bei uns zu erfolgreichen Schritten in der Praxis geführt. Es bleibt die Hoffnung, dass diese Schritte sich mit der Zeit zu einem Reigen zusammenfügen lassen, der den gesamten Bereich der Personalentwicklung einbezieht. Die von Baerchtold

(2001) für die Reformen im schweizerischen Vollzug beschriebene »Strategie der grünen Inseln« mag auch für die bayerische Situation passen. Gezielte Veränderungen in einzelnen Bereichen lassen sich leichter und wirksamer gestalten als flächendeckende Reformen – und sie haben stets Auswirkungen auf den ganzen Bereich.

Literatur

Baerchtold, A. (2001), Strategie der grünen Inseln – die Implementation neuer Steuerungsinstrumente im schweizerischen Strafvollzug. In: Flügge, C.; Maelicke, M. und Preusker, H. (Hrsg.), Das Gefängnis als lernende Organisation. Baden-Baden: Nomos, 350–362.

Bickel, C. (1980), *Eignungsdiagnostische Untersuchung der Bewerber für die Laufbahn des Allgemeinen Vollzugsdienstes.* Straubing: Selbstverlag Justizvollzugsanstalt Straubing.

Heeg, F. J.; Kleine, G.; Jäger C. und Ernst, H. (1993), Grundlagen der Personalentwicklung. In: Heeg, F. J. und Münch, J. (Hrsg.), *Handbuch Personal und Organisationsentwicklung.* Stuttgart, Dresden: Klett, 299–318.

Steinhilper, M. (2001), Personalentwicklung und Personalmanagement als Führungsaufgabe. In: Flügge, C.; Maelicke, M. und Preusker, H. (Hrsg.), *Das Gefängnis als lernende Organisation.* Baden-Baden: Nomos, 136–153.

Waldmann, P. (1968), *Zielkonflikte in einer Strafanstalt.* Stuttgart: Klett.

Prognosebegutachtung

von Johann Endres

Im Strafvollzug steht jede Vollzugsplanung unter der Prämisse, dass damit das Vollzugsziel Resozialisierung gefördert und die Sicherheit der Allgemeinheit geschützt werden soll. Explizit oder implizit baut eine derartige Planung stets auf Erwartungen über die Wirkung von Maßnahmen auf, also auf prognostische Einschätzungen über zukünftiges Verhalten, Verläufe und Effekte.

Im engeren Sinne geht es im Strafvollzug um die Kriminalprognose, das heißt die Vorhersage künftiger Straffälligkeit oder die Beurteilung fortbestehender Gefährlichkeit. Zur Beantwortung der Frage, ob von einem Straftäter nach der Entlassung erneute Straftaten zu erwarten sind (Entlassungsprognose) oder ob er sich in Vollzugslockerungen bewähren wird (Lockerungsprognose), werden häufig, bei bestimmten Gefangenengruppen obligatorisch, Sachverständigengutachten eingeholt. Um die rechtlichen und die wissenschaftlichen Grundlagen, die Methodik und die praktische Erstellung solcher Gutachten geht es im Folgenden.

1. Rechtliche Grundlagen

1.1. Entlassungsprognose

Die Strafvollstreckungskammer muss nach § 57 des Strafgesetzbuches (StGB) nach Verbüßung von zwei Dritteln die Vollstreckung des Restes einer Freiheitsstrafe zur Bewährung aussetzen, »wenn dies unter Berücksichtigung des Sicherheitsinteresses der Allgemeinheit verantwortet werden kann« und wenn einige andere Voraussetzungen erfüllt sind. Dazu wird im Gesetz näher ausgeführt: »Bei der Entscheidung sind namentlich die Persönlichkeit des Verurteilten, das Gewicht des bei einem Rückfall bedrohten Rechtsguts, das Verhalten des Verurteilten im Vollzug, seine Lebensverhältnisse und die Wirkungen zu berücksichtigen, die von der Aussetzung für ihn zu erwarten sind.« Nur in besonderen Ausnahmefällen kommt bereits nach der Verbüßung der Hälfte eine Strafaussetzung zur Bewährung in Betracht (§ 57 II StGB).

Die Strafprozessordnung (StPO) regelt in § 454, dass das Gericht die Vollstreckung des Restes einer Freiheitsstrafe nur aussetzen darf, »wenn es zuvor das Gutachten eines Sachverständigen über den Verurteilten, namentlich darüber eingeholt hat, ob keine Gefahr mehr besteht, dass dessen durch die Tat zutage getretene Gefährlichkeit fortbesteht.« Die Pflicht zur Einholung eines Sachverständigengutachtens galt bis 1998 nur für lebenslange Freiheitsstrafen und wurde erst durch das »Gesetz zur Bekämpfung von Sexualstraftaten und anderen gefährlichen Strafta-

ten« auf zu mehr als zwei Jahren Freiheitsstrafe verurteilte Gewalt- und Sexualdelinquenten ausgeweitet.

Die seltsam tautologische Formel der »Gefahr einer fortbestehenden Gefährlichkeit« fordert vom Gericht und, auf dessen Auftrag hin, vom Sachverständigen
keine absolute Aussage (hat dieser Mensch Merkmale, aufgrund derer in Zukunft
mit erhöhter Wahrscheinlichkeit Straftaten von ihm zu erwarten sind?), sondern
eine auf den Einzelfall bezogene Risikoanalyse: Es geht darum festzustellen, worin
die spezifische, in der Tat zutage getretene Gefährlichkeit bestanden hat, also welches die Voraussetzungen der Straftat in der Person des Täters waren, und ob die in
der Haft oder Unterbringung erfolgte Behandlung oder andere Effekte im Laufe der
Zeit diese Voraussetzungen ausreichend modifiziert haben.

1.2. Lockerungsprognose

Lockerungen des Vollzugs von Freiheitsstrafen sind Behandlungsmaßnahmen und
dienen zur Aufrechterhaltung und Pflege sozialer Bindungen, zur Wiedereingliederung und Vorbereitung der Entlassung (Böhm 2003, 132 ff.). Als Lockerungen
nennt das Gesetz (§ 11 StVollzG) die Beschäftigung außerhalb der Anstalt unter
Aufsicht (Außenbeschäftigung) oder ohne Aufsicht eines Vollzugsbediensteten
(Freigang), das Verlassen der Anstalt unter Aufsicht (Ausführung) oder ohne Aufsicht eines Vollzugsbediensteten (Ausgang). § 13 StVollzG regelt die Gewährung
von Urlaub (Verbleiben in Freiheit ohne Aufsicht über eine oder mehrere Nächte).

Über die Gewährung von Vollzugslockerungen (Ausführung, Ausgang, Außenbeschäftigung) sowie Urlaub aus der Haft entscheidet nach dem Strafvollzugsgesetz
(StVollzG) der Anstaltsleiter aufgrund einer Beratung in der Anstaltskonferenz. Lockerungen dürfen gemäß § 11 StVollzG angeordnet werden, »wenn nicht zu befürchten ist, dass der Gefangene sich dem Vollzug der Freiheitsstrafe entziehen oder
die Lockerungen des Vollzugs zu Straftaten missbrauchen werde.« Entsprechendes
gilt auch für die Unterbringung im offenen Vollzug (§ 10 StVollzG). Die bundesein-
heitliche Verwaltungsvorschrift zu § 11 StVollzG bestimmt, dass bei Gefangenen,
die eine Strafe wegen »grober Gewalttätigkeiten gegen Personen«, Straftaten gegen
die sexuelle Selbstbestimmung oder wegen Handelns mit Betäubungsmitteln verbüßen, die Frage der Verantwortbarkeit von Lockerungen besonders gründlich zu
prüfen ist. Die »besonders gründliche Prüfung« erfolgt häufig, wenngleich nicht
zwingend, in Form eines Gutachtens oder einer Stellungnahme des Anstaltspsychologen oder eines externen Gutachters.

Ein Gutachten zur Eignung eines Gefangenen für Vollzugslockerungen setzt einerseits eine allgemeine prognostische Beurteilung voraus, auf deren Basis erst eine
zusätzliche Abschätzung möglich ist, ob sich diese Gefährlichkeit bereits unter den
relativ strukturierten Bedingungen der Haft realisieren kann. Andererseits bieten
Vollzugslockerungen besondere Gelegenheiten und Anreize für Straftaten, die sich
z. B. aus der anstaltsinternen Subkultur und den Restriktionen des Vollzugs ergeben. Zur Einschätzung der Fluchtgefahr kommt es insbesondere auf eine Prüfung
der sozialen Bindungen an und der Fähigkeit des Gefangenen zum Bedürfnisauf-
schub bzw. seiner Impulsivität. Der Zeithorizont für ein Entlassungsgutachten ist
hingegen unbegrenzt und nicht etwa per Gesetz auf die Dauer der maximal noch zu
verbüßenden Strafe begrenzt (Nedopil 2002; kritisch dazu Endres 2002 a).

1.3. Auswahl und Qualifikation der Sachverständigen

In der Kommentarliteratur ist festgehalten, dass als Sachverständige für Entlassungsgutachten in erster Linie (bei lebenslanger Freiheitsstrafe ausschließlich) Psychiater zu beauftragen sind. Aber auch Psychologen können als Sachverständige beauftragt werden, vor allem dann, wenn – was bei Strafgefangenen den Regelfall darstellt – die Frage einer psychischen Krankheit nicht zur Debatte steht oder bereits abgeklärt ist und es hauptsächlich auf die Einschätzung der Persönlichkeit ankommt. Die Auswahl des Sachverständigen ist dabei Sache des jeweiligen Auftraggebers, also der Strafvollstreckungskammer oder der Anstaltsleitung.

Besondere Qualifikationsmerkmale für Sachverständige gibt es nicht; im Grunde kann jeder Diplom-Psychologe oder Arzt, dem das Gericht die erforderliche Sachkunde zutraut, beauftragt werden, und er kann diesen Auftrag, ebenso wie eine Vorladung als Zeuge, im Rahmen seiner staatsbürgerlichen Pflichten prinzipiell nicht ablehnen (§ 75 StPO). Im Normalfall werden jedoch Fachärzte und Psychologen beauftragt, von deren besonderer Befähigung das Gericht ihrer berufliche Erfahrung und bisherigen Gutachtertätigkeit wegen überzeugt ist. Formelle Qualifikationsnachweise gibt es bisher nicht, jedoch gibt es Ansatzpunkte dazu:

- Die psychologischen Berufsverbände haben 1995 eine »Ordnung für Weiterbildung in Rechtspsychologie« verabschiedet, in der die Anforderungen für den Erwerb der Zusatzqualifikaton »Fachpsychologe/in für Rechtspsychologie« auf der Grundlage eines umfangreichen Weiterbildungsprogramms geregelt sind. Im Rahmen einer Übergangsregelung sind bisher bereits über 100 berufserfahrene Praktiker durch einen Akkreditierungsausschuss nach Einzelfallprüfung zertifiziert worden.
- Im Bereich der Psychiatrie sind Bestrebungen im Gange, eine Zusatzbezeichnung »forensischer Psychiater« zu implementieren.
- Bisher nur in Bayern gibt es die Möglichkeit, sich als Sachverständiger für ein bestimmtes Fachgebiet öffentlich bestellen zu lassen.

Für Gutachten zu Vollzugslockerungen und zur Strafaussetzung zur Bewährung kommt es neben der gutachterlichen Erfahrung auch auf die Kenntnis der besonderen Bedingungen des Strafvollzugs an. Außenstehende Sachverständige tun sich oft schwer, das in den Akten beschriebene Verhalten eines Häftlings oder auch die Möglichkeiten und Grenzen der Beaufsichtigung und Förderung in diversen Vollzugsformen adäquat einzuschätzen.

2. Methodische Grundlagen

2.1. Was ist ein Gutachten?

Ein Gutachten (Westhoff und Kluck 1994) ist eine wissenschaftlich fundierte Expertise, die einem Auftraggeber zur Klärung einer Fragestellung sachverständige Entscheidungshilfe geben soll. Ein rechtspsychologisches oder forensisch-psychiatrisches Gutachten soll einem Gericht (oder einer anderen Institution der Rechtspflege), das bei der Ausfüllung eines unbestimmten Rechtsbegriffs oder der Ermittlung von Tatsachen Hilfe benötigt, erfahrungswissenschaftliche Erkenntnisse und Bewertungen liefern, über die es selbst nicht verfügt. Der Gutachter hat also keinesfalls die Rechtsfrage selbst zu entscheiden, er hat vielmehr als »Helfer des Gerichts« Beiträge zur Entscheidungsfindung zu leisten.

Von einer bloßen *Stellungnahme* unterscheidet sich ein *Gutachten* dadurch, dass es nicht nur eine Frage beantwortet, sondern auch den Prozess offen legt, der zu der Antwort führt. Ein vollständiges schriftliches Gutachten enthält den Untersuchungsauftrag, die wichtigsten Anknüpfungstatsachen aus den Akten, Angaben über die durchgeführten Untersuchungsverfahren (genaue Bezeichnung und Beschreibung psychologischer Testverfahren) sowie die einzelnen Ergebnisse von Tests und Explorationsgesprächen, sodass die diagnostische Urteilsbildung nachvollziehbar wird. Nur ein in diesem Sinne vollständiges Gutachten erlaubt es dem Auftraggeber, den Sachverhalt auf der Basis des Gutachtens selbstständig zu würdigen, wie es das Gesetz verlangt.

2.2. Was ist Gefährlichkeit?

Bei der Aufgabe, zur Klärung einer normativen Frage empirische Erkenntnisse zu liefern, entstehen unterschiedliche *Übertragungsprobleme* inhaltlicher und formaler Art:

Zum einen sind Rechtsbegriffe (hier: »Gefährlichkeit«; in anderen rechtspsychologischen Gutachtenfeldern geht es um Begriffe wie »Schuldfähigkeit«, »Glaubwürdigkeit«, »Kindeswohl« usw.) nicht direkt in erfahrungswissenschaftliche Begriffe übersetzbar. Es geht darum, relevante psychologische Merkmale der Persönlichkeit und ihrer Entwicklung zu bestimmen, im Einzelfall zu erfassen und in ihrer Wechselwirkung mit der jeweiligen Lebenswelt des Individuums hinsichtlich ihrer Bedeutsamkeit für das Verhalten, speziell hinsichtlich der Begehung von Straftaten, zu analysieren.

Zum anderen tendiert die Justiz, die ja letzten Endes klare Entscheidungen zwischen zwei Alternativen zu treffen hat (z. B. Entlassung oder Nichtentlassung), dazu, Gefährlichkeit als binäres Merkmal zu verstehen, das entweder vorhanden ist oder nicht. Psychologen oder Psychiater, die gewohnt sind in Wahrscheinlichkeiten und probabilistischen Zusammenhängen zu denken, verstehen jedoch Gefährlichkeit als ein kontinuierliches Merkmal, das sich aus unterschiedlichen Dimensionen zusammensetzt. Folgende drei Aspekte sind zu beachten:

a) Die *Wahrscheinlichkeit*, dass die Person in Zukunft wieder Straftaten begeht.
b) Die *Schwere der Taten*, die jemand begehen wird oder begehen könnte.
c) Die *Geschwindigkeit*, mit der es zu einem Rückfall kommt.

Diese Überlegungen machen bereits deutlich, dass man von »Gefährlichkeit« als einem Merkmal, das zum Zeitpunkt der Beurteilung feststeht oder nicht oder dem ein bestimmter Zahlenwert zukommt, nur unter gröbster Vereinfachung sprechen kann. Gefährlichkeit ist ein komplexes, mehrdimensionales Konstrukt, das sich aus dem Zusammenwirken von persönlichen Dispositionen (Verhaltensstilen, Motiven, Denkschemata, emotionalen Reaktionsmustern, moralischen Hemmungen usw.) und situativen Anreizen, Gelegenheiten und Restriktionen zusammensetzt.

2.3. Der prognostische Syllogismus und alternative Ansätze der prognostischen Urteilsbildung

Eine Verhaltensvorhersage kann auf zwei Wegen erstellt werden, nämlich nomothetisch-deduktiv oder einzelfallbezogen-induktiv (ausführlich Endres 2002 a, 163 ff.): Entweder man wendet auf den zu beurteilenden Einzelfall Erkenntnisse über größere Populationen an, die in Form von allgemeinen Erfahrungssätzen vorliegen, oder man erkennt Muster im einzelnen Fall, die per Induktion bzw. Abduktion zur Formulierung individueller Gesetze führen, aus welchen dann Vorhersagen generiert werden können.

Der »prognostische Syllogismus« als Grundform der nomothetisch-deduktiven Vorhersage wurde von Volckart (1997) beschrieben. Er hat die Form des allgemeinen logischen Syllogismus und beschreibt, wie sich aus der Verknüpfung zwischen zwei unterschiedlichen Prämissen, nämlich einer Gesetzesaussage (z. B. »Personen mit einem hohen Psychopathie-Wert haben eine hohe Rückfallwahrscheinlichkeit«) und Antezedensbedingungen (z. B. »Person A hat einen hohen Psychopathie-Wert«) eine Conclusio ergibt (hier: »Person A hat eine hohe Rückfallwahrscheinlichkeit«). Die Güte der Prognose hängt dabei zum einen von der Gültigkeit der herangezogenen empirischen Gesetze ab, speziell davon, wie eng die gefundenen korrelativen Zusammenhänge zwischen Prädiktoren und dem vorherzusagenden Kriterium (Rückfall) sind. Ein Unsicherheitsfaktor ergibt sich stets zwangsläufig daraus, dass Korrelationen, die in einer Stichprobe gefunden worden sind, möglicherweise in anderen Populationen differieren. Zum anderen hängt die Güte der Vorhersage ab von der Präzision, mit der die Prädiktoren erfasst werden können, also der Validität der verwendeten Untersuchungsmethoden.

Als ein einfaches Beispiel für diesen Ansatz der Prognose kann das Verfahren »STATIC-99« dienen (Hanson und Thornton 2000), welches aufgrund von zehn biografischen Merkmalen eine Risikoklassifikation bei Sexualstraftätern erlaubt. Hier wird für jedes dieser zehn Merkmale dem Probanden ein bestimmter Punktwert gegeben (s. Tab. 1). Die Summe der einzelnen Punkte ergibt einen Gesamtwert, der es erlaubt, jeden Probanden einer von vier Risikoklassen zuzuordnen (s. Tab. 2). Diese Zuordnung basiert auf umfangreichen Rückfallerhebungen, allerdings aus Großbritannien und Kanada, bei denen die Daten von 1086 aus dem Strafvollzug oder aus psychiatrischen Einrichtungen entlassenen Sexualstraftätern eingegangen sind. Im Extremfall leistet dieses relativ ökonomische Instrument die Differenzierung zwischen einer Gruppe mit niedrigem Risiko (bei der innerhalb von 5 Jahren nach Entlassung nur 6 % mit einem Sexualdelikt rückfällig geworden sind) und einer Gruppe mit hohem Risiko (39 % einschlägige Rückfälligkeit innerhalb von 5 Jahren). Ein wesentlicher Kritikpunkt an diesem Verfahren richtet sich darauf, dass viele psychologische Merkmale dabei völlig unberücksichtigt bleiben, darunter auch solche, die sich in der Prognoseforschung über Sexualstraftäter als sehr bedeutsam erwiesen haben. Es ist daher zu vermuten, dass das STATIC-99 für bestimmte Tätertypen, z. B. persönlichkeitsgestörte oder minderbegabte Pädophile, die erst einmal verurteilt worden sind, die zukünftige Gefährlichkeit unterschätzt.

Ein differenzierteres und damit hinsichtlich der zu erhebenden Daten sehr viel anspruchsvolleres, aber von der Grundstruktur her vergleichbares Verfahren wurde in Deutschland von Rehder (2001) entwickelt: Das RRS (Rückfallrisiko bei Sexualstraftätern) umfasst unterschiedliche Module, z. B. für Vergewaltiger und

Tab. 1: Die zehn Merkmale des Prognosesystems »STATIC-99« zur Vorhersage des Rückfalls bei Sexualstraftätern

VARIABLE	KODIERUNG			ERLÄUTERUNG
	Merkmal		**SCORE**	
1) Frühere Sexualdelikte	Anklagepunkte keine 1–2 3–5 6 +	Verurteilungen keine 1 2–3 4+	0 Punkte 1 Punkt 2 Punkte 3 Punkte	Nur offiziell registrierte Delikte, ohne Indexdelikt (letzte Verurteilung). Bei Nichtübereinstimmung der Scores für Anklagepunkte und Verurteilungen wird der höhere Score verwendet.
2) Vorstrafen	3 oder weniger: 4 und mehr:		0 Punkte 1 Punkt	Gewertet wird die Anzahl der früheren (d. h. außer Index-Delikt) Verurteilungen.
3) Verurteilungen für Sexualdelikte ohne Körperkontakt	Nein: Ja:		0 Punkte 1 Punkt	Gab es Verurteilungen für Delikte wie Exhibitionismus, Besitz von Pornografie, verbale oder telefonische Belästigung? (Indexdelikt oder Vorstrafen)
4) Indexdelikt nichtsexuelle Gewalttat	Nein: Ja:		0 Punkte 1 Punkt	Schließt die letzte Verurteilung Körperverletzung, Bedrohung, Raub oder Tötung ein?
5) Frühere nichtsexuelle Gewalttat	Nein: Ja:		0 Punkte 1 Punkt	Gab es frühere Verurteilungen wegen Körperverletzung, Bedrohung, Raub oder Tötung?
6) Nicht verwandte Opfer	Nein: Ja:		0 Punkte 1 Punkt	Waren Opfer der Sexualdelikte Nicht-Blutsverwandte (Kinder, Geschwister)?
7) Fremde Opfer	Nein: Ja:		0 Punkte 1 Punkt	Gab es bei den Sexualdelikten ein Opfer, das der Täter 24 Stunden vor der Tat noch nicht kannte?
8) Männliche Opfer	Nein: Ja:		0 Punkte 1 Punkt	Gab es bei den Sexualdelikten ein männliches Opfer?
9) Lebensalter	25 Jahre und älter: bis 24; 11 Jahre:		0 Punkte 1 Punkt	Lebensalter des Probanden zum Zeitpunkt der Beurteilung (Entlassung).
10) Familienstand	Jemals verheiratet: Single:		0 Punkte 1 Punkt	Zur Kategorie »verheiratet« zählt auch mindestens 2-jähriges Zusammenleben mit einem Partner. Ehen, die weniger als zwei Jahre bestanden, werden nicht gewertet.

(Quelle: Hanson und Thornton 2000; deutsche Übersetzung vom Verf.)

Tab. 2: Rückfallquoten für verschiedene Risikoklassen aufgrund der »STATIC-99«-Scores

Score im STATIC-99	RISIKO-KLASSIFIKA-TION	RÜCKFALLQUOTE nach 5 und 10 Jahren für Sexualdelikt	RÜCKFALLQUOTE nach 5 und 10 Jahren für Gewaltdelikt
0–1	Geringes Risiko	6 %–9 %	9 %–17 %
2–3	Eher geringes Risiko	11 %–14 %	20 %–26 %
4–5	Eher hohes Risiko	29 %–34 %	39 %–46 %
6 +	Hohes Risiko	39 %–45 %	44 %–51 %

(Quelle: Hanson & Thornton 2000; deutsche Übersetzung vom Verf.)

für Kindesmissbraucher, und bezieht auch Merkmale ein (z. B. depressive Persönlichkeitsanteile, Bindungsfähigkeit, soziale Kompetenz, Planung der Tat), die eine eingehende psychologische Untersuchung des Probanden und eine Analyse der Tat verlangen. Die daraus resultierende Risikobestimmung basiert auf den Daten für bisher 245 aus dem niedersächsischen Strafvollzug entlassene Sexualtäter.

Für Gewalttäter wurde das Prognoseverfahren HCR-20 in Kanada entwickelt und von Müller-Isberner, Jöckel und Gonzalez Cabeza (1998) in deutscher Version veröffentlicht. Allerdings liegen hierfür bisher keine Normdaten vor, die eine quantitative Aussage ermöglichen. Speziell für familiäre Gewalttäter gibt es ein Verfahren SARA, für das Daten aus einer umfangreichen schwedischen Rückfalluntersuchung vorliegen (Grann und Wedin 2002).

Volckart (1997) behauptet, dass sich jede prognostische Aussage auf das abstrakte Grundmuster des prognostischen Syllogismus zurückführen lassen müsse. Dies trifft jedoch nicht zu. Ein alternativer, einzelfallbezogener Ansatz wurde von Dahle (1997 und 2000) beschrieben. Bei dieser klinischen Prognose geht es nicht darum, den Probanden hinsichtlich ausgewählter Merkmale mit anderen zu vergleichen und letztlich einer bestimmten Risikogruppe zuzuordnen. Vielmehr fordert Dahle (1997, 135) von der Prognose, sie habe in einem ersten Schritt »die Wurzeln der bisherigen Delinquenz des Probanden aufzuklären«, nämlich »eine für den Einzelfall gültige *individuelle Handlungstheorie der Kriminalität der Person* zu erarbeiten, welche die bisherigen Taten nachvollziehbar und möglichst erschöpfend zu erklären vermag.« In weiteren Schritten wird diese individuelle Handlungstheorie der Kriminalität der Person ergänzt durch eine Beschreibung der Persönlichkeit, eine Analyse ihrer Entwicklung und durch die Antizipation der zukünftigen Lebensgestaltung. Die Methodik der Generierung einer einzelfallbezogenen Theorie ist diejenige der Abduktion, bei der für beobachtete Daten unterschiedliche Erklärungsmodelle aufgestellt und hinsichtlich ihrer Passung geprüft werden. Es handelt sich also um eine idiographische, narrative Erklärung, die vor allem in der Geschichtswissenschaft, aber auch in der kriminalistischen Rekonstruktion von Ereignissen Verwendung findet und die sich von nomothetisch-deduktiven Erklärungen grundsätzlich unterscheidet. Sie verwendet das gleiche Ausgangsmaterial, nämlich zum einen das verfügbare kriminologische Wissen (s. unter 3.) und zum anderen diagnostische Erkenntnisse über den jeweiligen Probanden. Während jedoch bei der statistischen Prognose die Verteilung von Merkmalen und Zusammenhängen in einem größeren Kollektiv die Vergleichsbasis liefert, stellt bei der klinischen Einzelfallprognose die individuelle Person mit ihrem Lebensverlauf und den wechselnden sozialen Bezügen ihren eigenen Referenzhorizont dar.

Die meisten Gutachten lassen sich hinsichtlich ihrer methodischen Vorgehensweise keiner dieser beiden Grundformen klar zuordnen, sondern weisen eine große Vielfalt auf. Thalmann (2002) hat als drei hauptsächlich vorzufindende »Macharten« das »kriteriologische«, das »fokussierende« und das »explanative« Vorgehen beschrieben. Während das explanative Gutachten der von Dahle (1997 und 2000) beschriebenen Methodik der klinischen Einzelfallprognose am ehesten entspricht, stellen die kriteriologische und die fokussierende Vorgehensweise hinsichtlich ihrer wissenschaftstheoretischen Basis Mischformen dar, bei denen aus Rückfalluntersuchungen bekannte Merkmale gewissermaßen »freihändig« verwendet werden, ohne dass der Prozess der prognostischen Urteilsbildung dabei immer nachvollziehbar wäre. Aussagen wie »die günstigen Faktoren überwiegen« oder »günstige und ungünstige Gesichtspunkte halten sich die Waage«, die man häufig in Gutachten liest, sind als Formen des prognostischen Schlusses deswegen nicht überzeugend, weil sie auf problematischen und empirisch wohl nicht haltbaren Annahmen (Gleichgewichtigkeit der Prädiktoren, linearer Zusammenhang zwischen der Anzahl von Risikofaktoren und der Gefährlichkeit) basieren.

Als Alternative zu dieser verbreiteten, aber fachlich eher unbefriedigenden Praxis hat Endres (2000) ein zweigleisiges Vorgehen vorgeschlagen: Einerseits wird auf statistische Prognoseverfahren zur Abschätzung des Rückfallrisikos für den Probanden zurückgegriffen, andererseits aus einer individuellen Analyse der Delinquenz und der Persönlichkeit des Probanden ein Erklärungsmodell gewonnen, das Hinweise auf rückfallgefährdende Bedingungen und Situationen liefert. Beide Teilmethoden können durchaus zu differierenden Ergebnissen kommen, was meist auf die Begrenztheit der statistischen Verfahren zurückzuführen sein müsste.

3. Erfahrungswissenschaftliche (kriminologische und psychologische) Grundlagen

Die Gefährlichkeit von Straftätern beurteilen, ihre Straftaten kausal zu erklären und in ihrer Dynamik zu verstehen, erfordert fundiertes kriminologisches und kriminalpsychologisches Wissen. Dabei kommt es vor allem darauf an, gesichertes Wissen von bloßen Vermutungen und überholten Vorstellungen zu unterscheiden. Zudem erfordert die Beurteilung von Straftätern aufgrund der hohen Prävalenzraten, vor allem von Persönlichkeitsstörungen und anderen psychischen Störungen, auch die Vertrautheit mit den entsprechenden Diagnosen und Diagnosesystemen.

Spezifische Erkenntnisse, die für die Prognose relevant sind, liefern die einschlägigen Rückfallstudien und Längsschnittuntersuchungen, von denen inzwischen Hunderte vorliegen. Die oft aufgrund unterschiedlicher methodischer Ansätze oder verschiedenartiger Stichproben divergierenden Ergebnisse sind in den letzten Jahren durch Meta-Analysen zusammengefasst worden (Überblick bei Endres 2000, Gretenkord 2001; für Sexualstraftäter Schneider 2003). Als die wichtigsten Prädiktoren haben sich dabei immer wieder die sog. »Großen Vier« (Andrews und Bonta 1998) erwiesen:

1. *Antisoziale Persönlichkeit*: Dissozialität, Impulsivität, »Psychopathie«, Sozialisationsdefizite usw.
2. *Antisoziale Einstellungen*: Neutralisierungstechniken, Verantwortungsabwehr, subkulturelle Werthaltungen usw.
3. *Vorgeschichte kriminellen und antisozialen Verhaltens*: Vorstrafen, Bewährungswiderrufe, frühe Verhaltensauffälligkeiten, impulsiver Lebensstil usw.
4. *Antisoziale Assoziationen*: Subkulturelle Verwicklung, Fehlen sozial integrierender Bindungen usw.

Die so identifizierten einzelnen Merkmale haben auch in die verschiedenen statistischen Prognosetafeln (s. 2.3.) sowie in unterschiedliche Kriterienlisten Eingang gefunden. Tabelle 3 enthält eine Zusammenstellung der wichtigsten Merkmale, die für die Prognose relevant sind, und kann bei der klinischen Einzelfallbegutachtung als Orientierungshilfe dienen.

Dabei sind aber folgende Punkte zu beachten:

a) Die in Tabelle 3 aufgeführten einzelnen Merkmale sind durchaus nicht alle gleich bedeutsam und auch nicht im gleichen Umfang durch empirische Forschung bestätigt. Die prognostische Beurteilung kann also auf keinen Fall durch bloßes Abzählen erfolgen. Es kommt nicht etwa darauf an, ob die günstigen oder die ungünstigen Kriterien zahlenmäßig überwiegen, sondern darauf, welche Kriterien im Einzelfall kausal zu neuer Straffälligkeit führen können!
b) Ein schwieriger Punkt liegt in der Berücksichtigung der Deliktart und der Unterscheidung zwischen allgemeiner und einschlägiger Rückfallwahrscheinlichkeit. Es gibt klare Hinweise darauf, dass auf bestimmte Deliktarten (z. B. Einbruch, Diebstahl) spezialisierte Täter etwas häufiger rückfällig werden als andere (Copast und Marshall 1998). Auf der anderen Seite ist die häufig zu lesende Behauptung, dass Tötungsdelikte eine besonders niedrige Rückfallgefährdung aufweisen würden (s. z. B. Simons 2002) so nicht haltbar. Die entsprechend oft als Beleg angeführte Untersuchung von Rode und Scheld (1986) gibt diese Aussage nicht her (zur Kritik Endres 2002 a). In Hinsicht auf die gesetzlichen Bestimmungen und Gutachtenaufträge kommt es auch nicht etwa auf die einschlägige Rückfallgefahr an, sondern auf die generelle Gefährlichkeit!
c) Die üblichen Rückfalluntersuchungen arbeiten mit der Methode der multiplen Regression. Diese deckt jedoch nur linear-additive Zusammenhänge auf, nicht jedoch konfigurale Effekte, bei denen der Beitrag des einen Faktors zum Rückfallrisiko von der Ausprägung eines anderen Merkmals abhängt. Hierfür geeignete Untersuchungsdesigns, z. B. die Methode der iterativen Entscheidungsbäume, wurden jedoch erst ansatzweise realisiert (Steadman et al. 2000) und erfordern sehr große Stichprobenumfänge. So hängt das Gewicht vieler einzelner Prädiktoren von der Deliktart ab: Bei Sexualstraftätern sind andere Faktoren relevant (z. B. Paraphilie, soziale Kompetenz) als bei Bankräubern. Teilweise kann sich sogar das »Vorzeichen« eines Kriteriums je nach Delikt ändern: Unauffällige Anpassung unter Haftbedingungen ist bei einem Körperverletzer als günstiges Verlaufsdatum anzusehen, bei einem sadistischen Kindesmissbraucher hingegen als unwesentlich oder gar als Alarmzeichen.
d) Die Tabelle ist sicher nicht vollständig, denn als Prädiktor in Rückfalluntersuchungen kann nur auftauchen, was auch gesucht wird. Dass zum Beispiel kindliche Hyperaktivität und Aufmerksamkeitsdefizit einen Risikofaktor auch bei

Tab. 3: Prognoserelevante Merkmale in den vier wesentlichen Beurteilungsdimensionen

BEREICH	*Für eine ungünstige Prognose spricht:*	*Für eine günstige Prognose spricht:*
Persönlichkeit und Biografie	• Dissoziale oder antisoziale Persönlichkeitszüge (»psychopathy«) • Diagnose einer Persönlichkeitsstörung • Diagnose einer psychotischen Erkrankung • Alkohol- oder Drogenproblematik • Deliktbegünstigende Kognitionen (Neutralisierungstechniken, z. B. Opferabwertung) • Aggressivität und positive Einstellung zur Gewalt • Früher Beginn der dissozialen Entwicklung • Verhaltensauffälligkeiten in Kindheit und Jugend (z. B. Hyperaktivität) • Impulsiver, krimineller Lebensstil • Sexuelle Auffälligkeiten (Paraphilie, deviante Fantasien und Praktiken)	• Gute soziale Integration • Psychische Stabilität • Ausreichende soziale Kompetenz • Bindungs- und Beziehungsfähigkeit • Fähigkeit zu Empathie und Introspektion • Frustrationstoleranz • Berufliche Qualifikationen und Leistungsfähigkeit • Entwickeltes moralisches Urteilsvermögen • Problemlösefertigkeiten • Starke innere Bindung an soziale Normen und Werte • Stabile Partnerschaft(en) bisher • Offene Selbstdarstellung
Bisherige Delinquenz	• Hohe Zahl von Vorstrafen • Polytrope Delinquenz (unterschiedliche Arten von Straftaten) • Wiederholte Taten (»Serientäter«) • Bewährungswiderrufe, Verstöße gegen Auflagen • Hohe Dichte von Taten und schnelle Rückfallgeschwindigkeit • Kausaler Zusammenhang zwischen Taten und persönlichen Defiziten/Störungen • »Eingeschliffene« kriminelle Verhaltensmuster • Hohe kriminelle Energie • Eigentumskriminalität (Diebstahl, Einbruch)	• Beziehungs-, Konflikt- oder Affekttat • Hochspezifische, nicht leicht wiederholbare Täter-Opfer-Beziehung • Einmalige Straftat in einer Ausnahmesituation oder einer Lebenskrise • Weit zurückliegende, für eine abgeschlossene Lebensphase typische Verfehlungen • Tathergang lässt Hemmungen erkennen • Ungeplante Tat, aus der Situation heraus erklärbar (Provokation, gruppendynamische Einflüsse)

Erwachsenen darstellt, ist erst in den letzten Jahren durch gezielte hypothesengeleitete Untersuchungen aufgedeckt worden (Ziegler et al. 2003).

e) Wichtig ist auch die Unterscheidung zwischen statischen und dynamischen Prädiktoren (Andrews und Bonta 1998). Statische Faktoren sind, wie der Name sagt, unveränderlich und kaum modifizierbar. Sie beschreiben, wer gefährlich

Tab. 3: (Fortsetzung)

BEREICH	Für eine ungünstige Prognose spricht:	Für eine günstige Prognose spricht:
Postdeliktische Entwicklung und Haftverlauf	• Fortbestehen persönlicher Defizite • Disziplinarische Auffälligkeiten • Therapie verweigert oder abgebrochen • Nicht oder schwer behandelbare Störung • Leugnung der Tat • Bagatellisierung und Rationalisierung der Tat, Verantwortungsabwehr • Subkulturelle Integration und antisozialer Umgang in Haft • Versagen bei Vollzugslockerungen	• Kooperative Haltung • Erfolgreiche Therapieteilnahme • Ernsthafte Auseinandersetzung mit der eigenen Straffälligkeit • Distanzierung von früheren kriminalitätsbegünstigenden Einstellungen • Erwerb beruflicher Qualifikationen • Entwicklung von Coping-Fertigkeiten • »Nachreifung« der Persönlichkeit
Sozialer Empfangsraum und Zukunftsperspektiven	• Soziale Isolation • Ausschließliche Kontakte zu Personen mit krimineller Vorgeschichte • Fortbestehende (z. B. familiäre) Konflikte • Schulden und finanzielle Sorgen • Leichte Verfügbarkeit von potenziellen Opfern • Stressoren und Belastungen • Akute psychische Verstimmungszustände und Gefühl der Aussichtslosigkeit	• Tragfähige soziale Bindungen • Familiäre Einbindung • Klare berufliche Perspektive • Wohnung, Arbeitsplatz und soziale Unterstützung sind gesichert • Realistische Lebensplanung • Hohes Lebensalter, gesundheitliche Einschränkungen • Effektive Möglichkeiten sozialer Kontrolle

Teilweise übernommen aus Ermer und Dittmann (2001), Nedopil (2001); eigene Ergänzungen.

ist. Dynamische Faktoren hingegen sind veränderlich und damit auch das Ziel therapeutischer Interventionen. Sie gehen dem Rückfall zeitlich voraus und lassen sich deshalb auch nicht durch die üblichen retrospektiven Rückfalluntersuchungen aufdecken, sondern nur durch entsprechende Verlaufsstudien (Zamble und Quinsey 1997). Derartige dynamische Prädiktoren, z. B. belastende Lebensereignisse, Scheitern von Hoffnungen, Familienkrisen und soziale Konflikte, dürfen vor allem für die kurzfristige Vorhersage, auf die es bei der Lockerungsprognose ankommt, nicht vernachlässigt werden.

4. Praktische Durchführung der Begutachtung und Erstellung des schriftlichen Gutachtens

4.1. Der Gang der Untersuchung

Die Erstellung eines Prognosegutachtens ist ein *diagnostischer Prozess*, der sich üblicherweise über einen Zeitraum von einigen Wochen bis zu mehreren Monaten erstreckt. Er beginnt mit der Anfrage eines Auftraggebers, manchmal auch mit der Übersendung der Akten und des Gutachtenauftrags an den Sachverständigen, und endet meist, aber nicht immer, mit der Rücksendung des fertigen schriftlichen Gutachtens. (Häufig verzichten die Verfahrensbeteiligten auf die eigentlich vorgeschriebene mündliche Anhörung des Sachverständigen durch die Strafvollstreckungskammer.) Den Ausgangspunkt bildet ein recht globaler Untersuchungsauftrag, der im Verlauf zunehmend konkretisiert werden kann.

Um ein Prognosegutachten verantwortungsvoll erstellen zu können, benötigt ein Sachverständiger unbedingt *Akteneinsicht*. Die relevanten Prognosebereiche (s. zuvor) lassen sich nur dann ausreichend verlässlich beurteilen, wenn man als Gutachter nicht nur die Einlassungen des Gefangenen zur Kenntnis nimmt, sondern auch das Urteil, früher erstattete Gutachten sowie die sonstigen Akten, die den Vollzugsverlauf dokumentieren, auswerten kann. Zusätzlich zu den Vollzugsakten auch die Ermittlungsakte der Staatsanwaltschaft mit heranzuziehen, erscheint besonders dann sinnvoll, wenn in der Akte nur ein abgekürztes Urteil vorliegt und wenn darin die Tatsituation und der Tathergang nur recht kursorisch abgehandelt werden. Ein völliger Verzicht auf die Aktenanalyse muss als Kunstfehler bezeichnet werden. Allerdings muss man gerade bei Gefangenen ausländischer Herkunft oft mit sehr dünnen Akten auskommen, die nur sehr knappe Urteile und kaum fremdanamnestische Daten enthalten.

Die *persönliche Exploration* eines Probanden bleibt die wichtigste Methode jedes psychologischen oder psychiatrischen Gutachtens und kann durch andere Erkenntnisquellen nicht ersetzt werden. Zum zeitlichen Umfang und zum Ablauf der Exploration gibt es keine Richtlinien oder Vorschriften. Meist wird ein Zeitbedarf von etwa 5 bis 15 Stunden anzusetzen sein, um die Biografie, den Tatablauf, die aktuelle Lebens- und Haftsituation sowie die sozialen Kontakte und Zukunftsperspektiven ausreichend vertiefen zu können. Wenn bereits ausführliche Gutachten vorliegen oder wenn man den Probanden bereits kennt, wird man auch mit einer kürzeren Exploration auskommen können. Ein größerer zeitlicher Aufwand wäre zweifellos dann gerechtfertigt, wenn ein Proband beispielsweise in der Exploration durch den Sachverständigen erstmals bereit ist, seine Tat und deren Hintergründe ausführlich darzustellen. Falls ein Proband die Begutachtung verweigert, kann in Ausnahmefällen auch ein Gutachten nur auf Aktenbasis erstellt werden, wenn ausreichende Erkenntnisse vorliegen.

Eine *testpsychologische Untersuchung* ist bei Prognosegutachten über Strafgefangene nicht vorgeschrieben. Sie wäre aber in jedem Fall dann zu fordern, wenn fundierte Persönlichkeitsbeurteilungen nicht bereits vorliegen und es für die Beurteilung der Gefährlichkeit auf die in der Person liegenden Tatvoraussetzungen ankommt. Dabei sollten nach Möglichkeit nicht nur Persönlichkeitsfragebogen zum Einsatz kommen, die vom Probanden nur eine bejahende oder verneinende Reaktion auf eine vorgegebene Frage oder Aussage verlangen und die deshalb leicht durchschaubar, in Anstalten wohl bekannt und deshalb leicht verfälschbar sind. Sog. »projektive« oder besser »produktive« Verfahren (beispielsweise der Picture-Frustration Test, der Foto-Hand-Test oder der Thematische Apperzeptionstest sowie Satzergänzungs- oder Zeichentests) sind weniger gut erforscht und hinsichtlich der Testgütekriterien für Normalstichproben den standardisierten Fragebogentests meist unterlegen, liefern aber gerade bei der Untersuchung von Straftätern wichtige zusätzliche Erkenntnisse. Sie erfordern nämlich komplexe Reaktionen auf mehrdeutige Stimuli, zu deren Generierung der Proband auf die ihm verfügbaren kognitiven und motivationalen Schemata zurückgreifen muss, die dann zwangsläufig in die Antworten eingehen. Die Ergebnisse der projektiven Tests können quantitativ ausgewertet werden, aber auch interpretativ zur Generierung weiterführender diagnostischer Hypothesen dienen.

Eine *körperliche Untersuchung*, die natürlich nur durch einen Arzt erfolgen kann, ist bei Strafgefangenen ohne eine offensichtliche und kriminologisch bedeutsame Erkrankung in aller Regel überflüssig. Prognostisch relevant kann es freilich sein, ob eine chronische Erkrankung die Fähigkeit zur Begehung von Straftaten, die kognitiven Fähigkeiten oder das Gefühlsleben des Probanden verändert und welchen weiteren Verlauf sie nehmen kann. Dies kann die Einholung ergänzender Stellungnahmen durch die behandelnden Ärzte erforderlich machen. In besonderen Fällen können auch zusätzliche neurologische Untersuchungen sinnvoll sein.

Die *informatorische Befragung von Kontaktpersonen oder Angehörigen* liefert oft wertvolle Erkenntnisse über die Stabilität des sozialen Empfangsraumes und zeigt Konfliktbereiche auf, die aus den bekundeten Zukunftsplänen des Probanden allein nicht immer erschlossen werden können.

Die Exploration und testpsychologische Untersuchung des Probanden wird üblicherweise in einem Sprechzimmer der Justizvollzugsanstalt stattfinden. Wenn der Gefangene allerdings bereits Vollzugslockerungen und Urlaub hat, spricht auch nichts gegen eine ambulante Untersuchung außerhalb der Anstalt. *Besondere Untersuchungsbedingungen und -modalitäten* (z. B. Heranziehung eines Dolmetschers bei fremdsprachigen Gefangenen, mündliche Testvorgabe bei Analphabeten) müssen auf jeden Fall im Gutachten vermerkt werden.

4.2. Das schriftliche Gutachten

Ein Grundprinzip der Gutachtenerstellung ist die Trennung zwischen Ergebnis- und Befundteil (Westhoff und Kluck 1994), also zwischen den erhobenen Daten und ihrer Bewertung. Nur wenn dieser Forderung gefolgt wird, genügt das Gutachten den Qualitätsstandards, die sich aus den zentralen Forderungen der Transparenz und Nachvollziehbarkeit ergeben (Endres 2002 b).

Die sprachliche Form des Gutachtens sollte sich an den möglichen Adressaten orientieren. Das sind in erster Linie die Auftraggeber, die ja gerade selbst nicht über fundiertes psychologisches Fachwissen verfügen, denen aber die Ausführungen verständlich und nachvollziehbar sein müssen. Rezipienten sind aber auch Fachkollegen oder spätere Gutachter, sodass eine übermäßige Trivialisierung und Verkürzung der Darstellung von Testergebnissen als unnötig und unzulässig abzulehnen ist. Schließlich sind teilweise auch die Probanden selbst Leser des Gutachtens (zumindest bei von der Strafvollstreckungskammer in Auftrag gegebenen Gutachten erhalten sie eine Kopie), sodass auch in dieser Hinsicht die möglichen Auswirkungen zu bedenken sind.

Für den Aufbau eines Prognosegutachtens bietet sich folgende Gliederung an (Endres 2002 a): Einleitend werden der Untersuchungsauftrag, die Modalitäten der Begutachtung und die eingesetzten Verfahren genannt. Im ersten Teil werden die Untersuchungsergebnisse mitgeteilt, wobei sich eine thematische Gliederung (z. B. Biografie, deliktisches Verhalten, Persönlichkeit, Haftverlauf und sozialer Empfangsraum) anbietet. Hier können auch jeweils ergänzende Informationen aus den Akten beigetragen werden. Im zweiten Teil (»Befund«) erfolgt die Interpretation und Integration der gewonnenen Informationen und die Beantwortung der Fragestellung. Wichtig sind hier zum einen die diagnostische Abklärung, wobei auf den Diagnoseschlüssel ICD-10 zurückgegriffen werden sollte, zum anderen gegebenenfalls eine detaillierte Bewertung der Therapieziele und das Ausmaß, in dem sie erreicht wurden (Rose 2003). Für die eigentliche prognostische Beurteilung wurde ein zweistufiges Vorgehen angeregt: Zuerst soll im Rahmen eines Populationsvergleichs eine statistische Aussage über die Rückfallwahrscheinlichkeit begründet werden. Dann ist im Rahmen einer individuellen, einzelfallbezogenen Betrachtung herauszuarbeiten, welche Faktoren für die bisherige Delinquenz dieses Probanden maßgeblich waren und ob sie noch fortbestehen oder durch den bisherigen Haft- und Behandlungsverlauf modifiziert werden konnten. Abschließend folgt eine zusammenfassende Stellungnahme zum Gutachtenauftrag.

Welche Form soll diese abschließende Stellungnahme haben? In erster Linie kommt es natürlich darauf an, dass das Gutachten die Fragestellung des Auftraggebers beantwortet. Dabei sollte der Sachverständige sich bewusst sein, dass nicht er selbst, sondern der Auftraggeber die Entscheidung zu treffen hat (Endres 2002 a; Simons 2002; Thalmann 2002). Das Gutachten sollte dafür die erfahrungswissenschaftlichen Grundlagen liefern, indem es auf vorhandene Risikopotenziale hinweist, diese unter Bezugnahme auf statistische Prognosetafeln zu quantifizieren versucht, und im Rahmen einer einzelfallbezogenen Betrachtung Risikosituationen aufzeigt, in denen sich ein vorhandenes Potenzial realisieren kann. In diesem Zusammenhang kann es auch sinnvoll und erforderlich sein, Hinweise zum Risikomanagement zu geben, indem Maßnahmen diskutiert werden, durch die sich die Gefährlichkeit eventuell reduzieren lässt. Das Gutachten verfehlt jedoch seinen Auftrag, wenn es umfangreiche Vorschläge für die weitere Vollzugsplanung macht, etwa mit der (nicht selten zu lesenden, aber empirisch nicht überzeugenden) Begründung, dass nur durch die Gewährung umfangreicher Vollzugslockerungen sich die Basis für eine fundierte prognostische Beurteilung schaffen ließe.

4.3. Fehlerquellen in Prognosegutachten

Zur Vermeidung von Missverständnissen sollte begrifflich klar zwischen Irrtum und Fehler unterschieden werden (Endres 2000 und 2002 b):

● *Irrtum* sei definiert als eine falsche prognostische Einschätzung. Diese kann ihren Grund haben im fehlerhaften Vorgehen des Sachverständigen, kann aber auch daraus resultieren, dass das verfügbare fachliche Wissen und die Vorhersagbarkeit menschlichen Verhaltens prinzipiell stets begrenzt bleibt. Man unterscheidet zwischen Irrtümern erster und zweiter Art, also »falsch Positiven« (Probanden, denen irrtümlich Gefährlichkeit attestiert wird, obwohl sie ungefährlich sind) und »falsch Negativen« (Probanden, deren tatsächliche Gefährlichkeit übersehen wird).

- *Fehler* hingegen sind Verstöße gegen fachliche Standards, die aus mangelnder Qualifikation, Unerfahrenheit oder Selbstüberschätzung des Sachverständigen oder aus Schlampigkeit und Oberflächlichkeit und dem Verzicht auf wesentliche Erkenntnisquellen (z. B. eine ausführliche sexuelle Anamnese bei Sexualtätern) resultieren. Fehler lassen sich vermeiden, wenn sich der Gutachter am aktuellen fachlichen Kenntnisstand orientiert und sich eines breiten Spektrums von Erkenntnisquellen bedient.

Es gibt bisher für Prognosegutachten, anders als für aussagepsychologische Gutachten, keine von höchstrichterlicher Seite sanktionierten Qualitätsstandards. Mindestanforderungen an Prognosegutachten ergeben sich jedoch analog aus den vom BGH für die Glaubhaftigkeitsgutachten aufgestellten allgemeinen Postulaten, nämlich die Forderung nach einer streng hypothesengeleiteten Untersuchungsmethodik sowie nach Transparenz des Vorgehens und Nachvollziehbarkeit der diagnostischen und prognostischen Urteilsbildung (Steller und Volbert 2000). Daraus resultieren u. a. die Trennung zwischen Ergebnisdarstellung und Befund, die genaue Benennung und ggf. (falls es sich nicht um Standardtests handelt) die Beschreibung der verwendeten Verfahren. Wesentlich für Prognosegutachten erscheinen darüber hinaus die strikte Trennung der Rollen von Therapeut und Gutachter sowie die Selbstbeschränkung des Gutachters auf die Bearbeitung seines Auftrags (Endres 2002 b). Festzuhalten bleibt jedoch auch, dass zum jetzigen Stand verbindliche praxeologische Vorschriften über die konkrete Gutachtenmethodik, welche alternative gutachterliche Vorgehensweisen ausschließen würden, sich nicht begründen lassen.

Literatur

Andrews, D. A. und Bonta, J. (1998), *The psychology of criminal conduct* (2. Aufl.). Cincinnati: O. H. Anderson.

Böhm, A. (2003), *Strafvollzug* (3. Aufl.). Neuwied: Luchterhand.

Copast, J. und Marshall, P. (1998), The Offender Group Reconviction Scale: A statistical reconviction score for use by probation officers. *Applied Statistics, 47*: 159–171.

Dahle, K. P. (1997), Kriminalprognosen im Strafrecht – Psychologische Aspekte individueller Verhaltensvorhersagen. In: Steller, M. und Volbert, R. (Hrsg.), *Psychologie im Strafverfahren*. Bern: Huber, 119–140.

Dahle, K. P. (2000), Psychologische Begutachtung zur Kriminalprognose. In: Kröber, H. L. und Steller, M. (Hrsg.), *Psychologische Begutachtung im Strafverfahren*. Darmstadt: Steinkopff, 77–111.

Endres, J. (2000), Die Kriminalprognose im Strafvollzug: Grundlagen, Methoden und Probleme der Vorhersage von Straftaten. *Zeitschrift für Strafvollzug und Straffälligenhilfe 49*: 67–83.

Endres, J. (2002a), Gutachten zur Gefährlichkeit von Strafgefangenen: Probleme und aktuelle Streitfragen der Kriminalprognose. *Praxis der Rechtspsychologie 12, 2*: 161–181.

Endres, J. (2002 b), Zur Qualitätssicherung bei Prognosegutachten. In: Fabian, T.; Jacobs, G.; Nowara, S. und Rode, I. (Hrsg.), *Qualitätssicherung in der Rechtspsychologie*. Münster: Lit Verlag, 301–320.

Ermer, A. und Dittmann, V. (2001), Fachkommissionen zur Beurteilung »gemeingefährlicher« Straftäter in der deutschsprachigen Schweiz. *Recht & Psychiatrie 19*: 73–78.

Grann, M. und Wedin, I. (2002), Risk factors for recidivism among spousal assault and spousal homicide offenders. *Psychology, Crime, and Law 8*: 5–23.

Gretenkord, L. (2001), *Empirisch fundierte Prognosestellung im Maßregelvollzug nach § 63 StGB*. Bonn: Deutscher Psychologen Verlag.

Hanson, R. K. und Thornton, D. (2000), Improving risk assessments for sex offenders: A comparison of three actuarial scales. *Law and Human Behavior 24*: 119–136.

Müller-Isberner, R.; Jöckel, D. und Gonzalez Cabeza, S. (1998), *Die Vorhersage von Gewalttaten mit dem HCR-20*. Haina: Institut für forensische Psychiatrie.

Nedopil, N. (2001), Rückfallprognose bei Straftäter – eine wachsende Aufgabe für die forensische Psychiatrie. *Psycho 27*: 363–369.

Nedopil, N. (2002), Prognosebegutachtungen bei zeitlich begrenzten Freiheitsstrafen – Eine sinnvolle Lösung für problematische Fragestellungen? *Neue Zeitschrift für Strafrecht 22*: 344–349.

Rehder, U. (2001), *Rückfallrisiko bei Sexualstraftätern: Verfahren zur Bestimmung von Rückfallgefahr und Behandlungsnotwendigkeit*. Lingen: Kriminalpädagogischer Verlag.

Rode, I. und Scheld, S. (1986), *Sozialprognose bei Tötungsdelikten*. Berlin: Springer.

Rose, A. (2003), Qualitätsstandards der Begutachtung bei Sexualstraftätern. *Strafverteidiger 23*: 101–105.

Schneider, H. J. (2002), Rückfallprognose bei Sexualstraftätern. Ein Überblick über die moderne Sexualstraftäter-Prognoseforschung. *Monatsschrift für Kriminologie und Strafrechtsreform 85*: 251–270.

Simons, D. (2002), Kriminalprognostik – Intuition bei der Beantwortung der Gutachterfrage. *Zeitschrift für Strafvollzug und Straffälligenhilfe 51*: 273–278.

Steadman, H. J.; Silver, E.; Monahan, J.; Appelbaum, P. S.; Robbins, P. C.; Mulvey, E. P.; Grisso, T.; Roth, L. H.; Banks, S. (2000), A classification tree approach to the development of actuarial violence risk assessment tools. *Law and Human Behavior 24*: 83–100.

Steller, M. und Volbert, R. (2000), Anforderungen an die Qualität rechtspsychologischer Glaubhaftigkeitsbegutachtungen: Das BGH-Urteil vom 30. Juli 1999. *Praxis der Rechtspsychologie 10* (Sonderheft 1): 102–116. [Im Anhang ist das BGH-Urteil abgedruckt!]

Thalmann, T. (2002), Wirklichkeit und gutachterliche Erkenntnis. *Zeitschrift für Strafvollzug und Straffälligenhilfe 51*, 5: 259–273.

Tondorf, G. (2002). *Der psychologische und psychiatrische Sachverständige im Strafverfahren: Verteidigung bei Schuldfähigkeits- und Prognosebegutachtung*. Heidelberg: C. F. Müller.

Volckart, B. (1997), *Praxis der Kriminalprognose*. München: C. H. Beck.

Westhoff, K. und Kluck, M. L. (1994), *Psychologische Gutachten schreiben und beurteilen* (2. Aufl.). Berlin: Springer.

Zamble, E. und Quinsey, V. L. (1997), *The criminal recidivism process*. Cambridge: Cambridge University Press.

Ziegler, E.; Blocher, D.; Groß, J.; Rösler, M. (2003), Erfassung von Symptomen aus dem Spektrum des Hyperkinetischen Syndroms bei Häftlingen einer Justizvollzugsanstalt. *Recht & Psychiatrie 21*: 17–21.

Psychologen als Leiter

von Astrid Barth

1. Ausgangslage

Die meisten Gefängnisse in Deutschland sind nach wie vor – oder nach einer Phase von Innovationen und dem Beginn der Umsetzung von Reformvorhaben wieder – oft baulich, aber noch öfter strukturell deutlich von der Tradition geprägte Institutionen. Ihre nach dem heimlichen Lehrplan praktizierten inoffiziellen Zielsetzungen: Aufrechterhaltung von Ruhe und Ordnung, reibungsloser Vollzugsablauf, Sicherung und Aufrechterhaltung bestehender hierarchischer Gewohnheiten. Von der militärischen Herkunft der Gefängnisse bestimmt, ist das System nach wie vor geprägt durch die sekundären Tugenden Ordnung, Sauberkeit, Pünktlichkeit. Das ist nichts Verwerfliches, aber zur Erreichung des im Strafvollzugsgesetz (StVollzG) normierten Auftrags weder genügend noch gar ausreichend. Die übliche Gestaltung des Alltags im Regelvollzug ist wenig geeignet, das in den Straftaten deutlich gewordene Aggressionspotenzial der Insassen zu bearbeiten und damit zu reduzieren. Ruhe in der Anstalt ist landauf, landab mehr das Interesse. Populistische Äußerungen von Politikern und Medienberichterstattungen, die weniger die Interessen von Opfern als die Quoten im Auge haben, lassen zudem auch die Vollzugsgestaltung nicht unbeeinflusst. Zwar greifen neuerdings Elemente der Verwaltungsreform, der betriebswirtschaftlichen Steuerungsinstrumente, des modernen Managements in die Organisation Strafanstalt. Gefangene werden zu Kunden (Kloff 2001), zu Produkten (Frövel 2002). Das sind aber eher des Kaisers neue Kleider, denn ihre Absichten sind nicht direkt und zielorientiert gerichtet auf eine fortschrittliche Reform, auf die Weiterentwicklung und festere Verankerung des gesetzlichen Resozialisierungsauftrags. Die Grundprinzipien des herkömmlichen Systems bleiben beachtlich starr. Eine Fülle von geschriebenen Normen unterhalb des Strafvollzugsgesetzes, von ungeschriebenen Regelwerken, Vorschriften und Gewohnheiten, also ein Stück geronnener Sozialgeschichte im Kleinen, bestimmen wesentlich den Ablauf und das Leben in der Anstalt und die in ihr herrschende Philosophie. Eingebettet in diese bewahrende Tradition und vor allem das Gewicht und die Bedeutung des einmal Gesetzten, des Normativen respektierend, sind nach wie vor Leitungsfunktionen in den Strafvollzugseinrichtungen (und den Justizministerien) mit Juristen besetzt. Die Neigung, dieses aus hundert Jahren Übernommene, dieses Überkommene fortzusetzen, besteht offensichtlich zumindest in der Tendenz ungebrochen fort. So erklärte der 2001 ins Amt gekommene Hamburger Senator für Justiz anlässlich seiner Antrittsrede vor seinen z. T. altgedienten, gestandenen und erfahrenen Anstaltsleiterinnen und Anstaltsleitern, die sich zusammensetzten aus Juristen, Sozialwissenschaftlern und Verwaltungsbeamten des gehobenen Dienstes, dass er allein Staatsanwälte oder sonstige Juristen mit der Befähigung zum Richteramt geeignet hält für die Leitung von Haftanstalten.

Demgegenüber lautet die Überschrift dieses Aufsatzes: Psychologen als Leiter – kein Fragezeichen als Ausdruck des Zweifels oder einer gewünschten Option, kein Ausrufezeichen als Betonung einer Forderung – nur eine Aussage, vielleicht eine Feststellung.

2. Die Rollen(un)sicherheit der Psychologen im Vollzug

Nach Einschätzung außenstehender Beobachter scheint die Bedeutung der Psychologie und die der Psychologen im Vollzug nicht sehr gewürdigt, abgesichert, respektiert und integriert zu sein, weder von Bediensteten noch von Inhaftierten. »Abgesehen von der quantitativ geringen Bedeutung gibt es für die Psychologen offenbar auch erhebliche Schwierigkeiten, im Vollzug Fuß zu fassen ... Das gilt hinsichtlich der Anerkennung durch die Mitarbeiter ebenso wie hinsichtlich der Gefangenen, die – wenn sie den oder die Psychologen überhaupt kennen – über sie eher zurückhaltend bis ablehnend urteilen. Die schwierige Situation scheint außerdem mit nicht unerheblichen eigenen Rollenunsicherheiten der Psychologen zu korrespondieren« (Walter 1999, Rdnr. 214). Diese, wenn auch nicht generell gültige Behauptung hängt doch sicherlich mit kaum einer konkreten Aufgabenbestimmung im Gesetz zusammen. Die namentliche Nennung von Psychologen findet sich expressis verbis nur in § 155 Abs. 2 StVollzG in der Aufzählung verschiedener Berufsgruppen. Sie ist zudem wenig aussagekräftig und detailliert. Das stärkt die Rollendiffusion, die Skepsis und die von Dritten empfundene geringe Bedeutung der Psychologen im Vollzug. Sie werden lediglich neben allgemeinem Vollzugsdienst, Verwaltungsdienst, Werkdienst sowie Seelsorgern, Ärzten, Pädagogen und Sozialarbeitern genannt, und selbst in der Aufzählung des § 155 StVollzG gibt es eine Abstufung, deutlich gemacht durch das Wort »sowie«. Seelsorger und die ärztliche Versorgung finden sich immerhin noch in eigenen Rechtsvorschriften (§§ 157, 158 StVollzG), für Psychologen werden nur in Kommentaren und Lehrbüchern Tätigkeitsbereiche in Individualdiagnostik, in Beratung und Individualtherapie und als »Feuerwehr« bei Krisenintervention genannt (so z. B. Walter 1999, Rdnr. 215).

Neuere, darüber hinaus gehende Entwicklungen in Richtung Organisationspsychologie und (Personal)Management – allgemein gesprochen von der Stabs- in die Linien- und Leitungsfunktion – tun sich schwer. »Doch der Einstieg in die Linientätigkeit erweist sich trotz des lockenden Ziels als recht beschwerlich, denn abgesehen von den Konkurrenzproblemen scheinen sich gerade die dienstjüngeren Vollzugspsychologen für solche Tätigkeitserweiterungen und -umorientierungen nur relativ wenig zu interessieren. ... Es existieren keine angestammten Aufgaben. Der Psychologe gehört nur eben ›mit dazu‹« (Walter 1999, Rdnr. 216). Wollen sich Psychologen vornehmlich auf Individualbetreuung beschränken, sich ins weltabgewandte Kämmerlein der individualisierten Heilsbringung zurückziehen? Scheut die Gattung der Psychologen – von Ausnahmen abgesehen – Konkurrenz und Macht? Im Strafvollzug wird – rechtlich abgesegnet – jede Menge Macht ausgeübt. Die

Frage erscheint berechtigt, ob und warum Psychologen zumindest wenig direkt mit Macht zu tun haben wollen. Indirekt wird vom Psychologischen Dienst im Strafvollzug zweifellos über Beeinflussung und Kanalisierung von Entscheidungen Macht ausgeübt, eine Macht, die, so indirekt ausgeübt, sich funktionalisierend mystifizieren lässt. Macht hängt mit können, mit vermögen zusammen, so ein etymologisches Wörterbuch. Können Psychologen (nicht) leiten? Wollen sie nicht mit der herkömmlich mit der Leitung aufs Innigste verbandelten Gattung der Juristen konkurrieren?

3. Wer kann was leiten?

Die differenzielle Psychologie »untersucht die Frage nach den Persönlichkeitsmerkmalen, die einen Menschen in die Lage versetzen, die Tätigkeiten anderer zu leiten« (Hofstätter 1966, 346). Hofstätter schlägt als Qualifikationsmerkmale für Führungsaufgaben vor: »Initiative, Aufgeschlossenheit, Humor, Enthusiasmus, Selbstvertrauen, Freundlichkeit, Organisationsfähigkeit, Ausdauer, Wachheit, Anpassungsfähigkeit, Wortgewandtheit« (ebd.). Die Aufzählung umfasst sicherlich wünschenswerte Führungsmerkmale und -eigenschaften, allein sie sind keine spezifischen Führungsqualitäten für den Strafvollzug. Auch die neuere Literatur nennt als »wichtigste Eigenschaften einer Führungskraft für den Strafvollzug neben hervorragenden Fachkenntnissen Offenheit und Echtheit, Vorbildfunktion, Berechenbarkeit, für etwas stehen, für ein Wertesystem leben, Visionsfähigkeit, Wertschätzung der Mitarbeiter, soziales Einfühlungsvermögen, eigene Lernbereitschaft, optimistische Grundhaltung, Anregungen geben, Umgangskulturen pflegen, Disziplin« (Koop 2001, 179) – auch nicht gerade neue Eier des Kolumbus. Sicher sind all die genannten Eigenschaften und Fähigkeiten nützlich, notwendig, hilfreich und angenehm für die Mitarbeiter, aber sie sind nichts Spezifisches für die Führungsaufgaben, die im Vollzug zu erfüllen sind. Zweifellos gibt es viele gute Anstaltsleiter jedweder Provenienz, die über diese Eigenschaften verfügen und die gut sind, weil sie die persönlichen Fähigkeiten zum aktiven, gestalterischen, innovativen Leiten einer Anstalt haben und die Fähigkeit, Menschen zu motivieren und zu schätzen, ob Bedienstete oder Insassen. Worauf aber sollen sich spezielle Führungsaufgaben im Strafvollzug beziehen, worauf sich konkretisieren? Auf den Geist und die Aufgabenstellung des Strafvollzugs, festgelegt im Strafvollzugsgesetz. Das Gesetz hat in seinem weiten und komplexen Rahmen einen enorm großen Gestaltungsbereich. Entgegen vieler anderer Gesetzeswerke wird dieser Gestaltungsrahmen kaum extensiv ausgenutzt. Welchen Gestaltungsrahmen gibt das Gesetz nun der Anstaltsleitung? In § 156 StVollzG werden wenig konkret der Status und die Aufgaben einer Anstaltsleitung umrissen. »... ist ein Beamter des höheren Dienstes ... zu bestellen« (§ 156 Abs. 1 Satz 1 StVollzG). Ein Beamter soll's schon sein – wegen der hoheitlichen Aufgaben. Die Kommentierung des Strafvollzugsgesetzes gibt Auskunft, was und wer unter »Beamter« zu verstehen ist. Die »Befähigung zum Richteramt« muss er nicht haben (Callies und Müller-Dietz 2002, Rdnr. 1 zu § 156 StVollzG).

Im Umkehrschluss bedeutet dies, dass es schon ein Jurist sein soll, wenn auch nicht unbedingt mit der Befähigung zum Richteramt. Dann soll die Anstalt also durch einen Beamten des höheren Dienstes geleitet werden. Im Ausnahmefall (»aus besonderen Gründen«) »kann auch eine Anstalt von einem Beamten des gehobenen Dienstes geleitet werden« (§ 156 Abs. 1 Satz 2 StVollzG). Hier müssen besondere Gründe – vielleicht im Anstaltstyp, aber auch in der Qualifikation der Leitung – vorliegen. Welche sind dies?

Während nach dem Verständnis des Gesetzes Juristen als Beamte des höheren Dienstes qua Ausbildung schon zu »Höherem« erkoren sind, müssen sich andere – namentlich aus dem gehobenen Dienst – erst einmal anstrengen und qualifizieren durch hervorstehende Merkmale, durch »besondere Gründe«, die in Praxis und Ausbildung erworben und belegt sind. Und während der Gesetzgeber immerhin den gehobenen Dienst, wenn auch nach Bewährung, für geeignet halten mag zur Leitung einer Anstalt, so muss doch nüchtern festgestellt werden, dass im Gesetzgebungsverfahren die Fachdienste des höheren Dienstes, also Pädagogen, Soziologen, aber auch Psychologen, als Leiter überhaupt nicht in Frage kamen, obwohl, wie zugestanden wird, die (juristische) Leitung ihre Grenzen an der Kompetenz spezieller Fachdienste finden kann. Genannt werden Ärzte und Seelsorger (Kaiser und Schöch 2002, 451). Psychologen werden selbst bei der Nennung der Kompetenz der Fachdienste nicht erwähnt.

Herkömmlich liegen die Schwerpunkte der Tätigkeit der Anstaltsleitung im Bereich der Allgemeinen Verwaltung mit Kontrollaufgaben und Personalführung, im Wirtschaftsmanagement und – abgeschwächt – in der Sanktionsausübung (Kaiser und Schöch 2002, 452).

Trotz der dem Gesetz zufolge bestehenden Allzuständigkeit im Innenverhältnis (§ 156 Abs. 2 Satz 2 StVollzG) sind die weiteren konkret genannten Leitungsaufgaben überschaubar (z. B. § 25 Besuchsverbot, § 31 Anhaltung von Schreiben, § 102 Anordnung von Disziplinarmaßnahmen, § 108 Beschwerderecht StVollzG). Zudem gibt es die Möglichkeit der Delegation von Aufgaben, ggf. mit Zustimmung der Aufsichtsbehörde. Darüber hinaus vertritt der Anstaltsleiter die Anstalt nach außen (§ 156 Abs. 2 Satz 1 StVollzG). Aber auch dieses »Recht« kann durch Ländervorschriften eingeschränkt sein.

Der dennoch große Gestaltungsrahmen des Gesetzes und die kaum ausgeschöpften Möglichkeiten der Lebensvielfalt in den Anstalten finden sowohl ihre Begrenzung, vor allem aber Verpflichtung, in der Umsetzung der einschlägigen Rechtsvorschriften des Strafvollzugsgesetzes. Das Vollzugsziel der Resozialisierung kehrt sich um in einen Anspruch des Insassen auf eben diese. Zur Umsetzung dieser Verpflichtung müssen eine »Vielzahl von Methoden, Konzepten und Modellen zur Anwendung kommen... Verfahren aus dem psychiatrisch-psychologischen Bereich wie psychotherapeutische und verhaltenstherapeutische Maßnahmen, Milieutherapie, Psychodrama ...« (Laubenthal 1997, Rdnr. 144 zu 3.1.2.) werden als essenziell genannt. Wer kennt dieses Metier besser, kann es besser steuern, es aufgrund vorhandener, im Studium und in der Praxis erworbener Kenntnisse einsetzen, denkt überhaupt an die genannten Instrumentarien, als die Fachleute aus dem sozialwissenschaftlichen Bereich, zu deren beruflicher Ausstattung all dies gehört? Neben den geforderten und notwendigen sozialwissenschaftlichen Fachkenntnissen muss aber auch der Geist dazukommen. »Was aber im Interesse der behandelnden Arbeit dringend geboten ist, ist die auch organisatorisch abgesicherte Förderung von Verständnis, gegenseitiger Unterstützung, Achtung und Vertrauen. Zunächst kann das schon gefördert werden, dass das sonst im Strafvollzug weithin noch übliche Neben- und oft auch Gegeneinander von durch Juristen, dem gehobenen Vollzugs-

und Verwaltungsdienst und dem AVD besetzten Linienfunktionen und den in den Stabsfunktionen ohne Entscheidungsmacht eingesetzten Sozialpädagogen, Psychologen und Lehrern aufgehoben wird, indem auch Angehörige der speziellen Fachdienste als Anstalts-, Vollzugs- und Abteilungsleiter in die entscheidenden Funktionen der Hierarchie gebracht werden oder indem auf andere Weise gesichert ist, dass ihr professioneller Beitrag Gestaltungsmacht erlangt« (Rehn 1993, 39).

Darum geht es: Um die rechtliche und nur auf die Aufgabe bezogene Gestaltungs- und Definitionsmacht, die über die persönlichen Leistungen und geeigneten Eigenschaften hinausgehend legitimiert ist, durch eine geeignete Vor- und Ausbildung für die erzieherischen, behandlerischen und therapeutischen Aufgaben des Vollzugs – in einem Wort – um die Resozialisierung.

4. Aufgaben des Strafvollzugs

Der Strafvollzug als sehr komplexe Aufgabenstellung für Führungstätigkeiten erwartet neben den genannten Führungsqualitäten und notwendigen Fachkenntnissen vor allem die Fähigkeit, das Strafvollzugsgesetz umzusetzen und mit Leben zu füllen. Das klingt trivial, ist aber alles andere als leicht und birgt Gefahren von verschiedenen Seiten. Wenn Fachkenntnissen zur Vermeidung von »Leben«, zum Zweck der Absicherung, die Vorzugsstellung eingeräumt werden, kann das bedeuten, dass trotz moderner Architektur des einen oder anderen Gefängnisneubaus und trotz der Einrichtung von Wohngruppen dem Vollzug das Leben ausgehaucht wird.

Zentraler Auftrag des Strafvollzugsgesetzes sind Resozialisierung und Behandlung. »Im Vollzug der Freiheitsstrafe soll der Gefangene fähig werden, künftig in sozialer Verantwortung ein Leben ohne Straftaten zu führen (Vollzugsziel)« (§ 2 Satz 1 StVollzG). Im Sinn des Strafvollzugsgesetzes wird »der Begriff Behandlung bewusst weit gefasst, ... zumal diese Frage den Kern der Arbeit in den Anstalten (§ 2 StVollzG) berührt« (Brandewiede 2001, 92). Als wichtigste Steuerungs- und Handlungsmaxime bedeutet dies für die Umsetzung in die Tätigkeit des Vollzugs: »Die Konzeption des Strafvollzugsgesetzes fußt auf der praktischen Umsetzung von wissenschaftlich fundierten Erkenntnissen über die Wirksamkeit sozialen Lernens. ... Die wissenschaftlich fundierte und praktische Erfahrung ist jedenfalls die, dass ohne gleichzeitig gemachte kompensatorische Angebote die bloß in der Negation verharrende Sanktion nur solange und soweit den Schutz der Allgemeinheit gewährleisten, wie ›der Sanktionsberechtigte‹ anwesend ist« (Callies und Müller-Dietz 2002, 41 f.). Hier wird ebenso wie im § 4 Abs. 1 StvollzG die Kernaufgabe des Vollzugs genannt: Das Lehren sozialer Verantwortung und Behandlung. Behandlung bedeutet beabsichtigte Veränderung, Wechsel, Unsicherheit, Verunsicherung, professionelle Begegnung mit Menschen als Rechtssubjekte. Der Begriff der Behandlung »umfasst das gesamte Feld der sozialen Interaktion und Kommunikation zwischen dem Gefangenen und seinen Bezugspersonen, das durch die soziale Struktur des Systems Strafvollzug vermittelt und auf das Vollzugsziel bezogen ist. Der Begriff der Behandlung umfasst also sowohl die besonderen medizinischen und individual- wie sozialtherapeutischen Maßnahmen als auch die Maßnahmen allgemeiner Art, die ›den Gefangenen durch Ausbildung und Unterricht, Beratung bei der Lösung persönlicher und wirtschaftlicher Probleme und Beteiligung an gemeinschaftlichen Aufgaben der Anstalt in das Sozial- und Wirtschaftsleben einbeziehen und der Hebung krimineller Neigung dienen‹ (BT-Dr. 7/918, 45)« (Callies und Müller-Dietz 2002, Rdnr. 6 zu § 4 StVollzG). Werden hier nicht ganz klar Erziehungsaufgaben beschrieben, die (derzeit) ganz eindeutig vor den kustodialen stehen? Trotz verschiedenen Bestrebungen der »Gegenreform« (Callies und Müller-Dietz 2002, 46), deutlich geworden als Mindermeinung in der Literatur, in einzelnen Bundesländern und in einzelnen OLG-Entscheidungen, haben sich sämtliche Maßnahmen und Behandlungsangebote auf das in § 2 Satz 1 StVollzG formulierte Vollzugsziel der Resozialisierung zu richten, denen auch die Sicherungsaufgaben (§ 2 Satz 2 StVollzG) zu dienen haben. »Der gesamte Vollzug ist auf das Ziel der Resozialisierung auszurichten« (BVerfGE 98, 200 f.).

5. Psychologen

Bisher finden sich in Leitungsfunktionen des Strafvollzugs landauf landab vorwiegend Juristen. Konkurrenz aus dem sozialwissenschaftlichen und Verwaltungsbereich ist kaum zu befürchten und eher eine zu vernachlässigende Größe. Wenn die Justizbehörde einem Verwaltungsbeamten oder einem Sozialwissenschaftler die Leitung einer Anstalt überträgt (§ 155 StVollzG), ist das die Ausnahme von der Regel und betrifft darüber hinaus dann vor allem kleine oder Sondereinrichtungen. Die großen Anstalten werden überwiegend und scheinbar ganz selbstverständlich von Juristen geleitet, obwohl, wie ein Leitungskollege – Jurist – in der »Zeit« vom Oktober 2002 etwas großzügig-gönnerhaft feststellte: Um die vielfältigen Aufgaben eines Anstaltsleiters zu erfüllen, »braucht man nicht unbedingt ein Jurastudium, es gibt auch viele Psychologen, die ein Gefängnis leiten.«

Nach einem Psychologiestudium habe ich mit dem Ziel einer Tätigkeit im Strafvollzug ein rechtswissenschaftliches Studium abgeschlossen. Obwohl Pflichtinhalte des Psychologiestudiums keine direkten Verbindungen zum Strafvollzug herstellen, können leicht direkte Bezüge zu den Gestaltungsmaximen und den Aufträgen von § 2 (Aufgaben des Vollzugs), § 3 (Gestaltung des Vollzugs) § 4 (Stellung des Gefangenen), § 6 (Behandlungsuntersuchung, Beteiligung des Gefangenen), § 7 (Vollzugsplan) gesehen werden. Auch die folgenden Paragraphen (§§ 8 bis 15), die die weitere Vollzugsplanung inkl. Lockerungsplanung und -gewährung umfassen, und weitere zentrale Vorschriften stellen ausdrücklich auf die Einschätzung der Persönlichkeit des Insassen ab und auf die darauf abzustimmenden Maßnahmen, für die adäquater Sachverstand auch in der Leitungsebene sachgerecht und notwendig ist. Die genannten – für den Vollzug zentralen – Aufgaben sind ureigenstes Ausbildungs- und Kenntnisterrain des Psychologischen Dienstes. Dieser Sachverstand wird in einem sozialwissenschaftlichen Studium vermittelt. Er besteht aus den Studieninhalten allgemeine und differenzielle Psychologie, Sozialpsychologie, Lern- und pädagogische Psychologie, aus Entwicklungspsychologie, aus dem Erwerb von Kenntnissen über Therapieverfahren, aus Forensik und Psychopathologie, Organisations- und Arbeitspsychologie. Von all dem wird im rechtswissenschaftlichen Studium kaum etwas oder nichts angeboten. »Der Strafvollzug ist der Pickel am

Arsch der Justiz«, so drückte ein ehemaliger Anstaltsleiter und Jurist die Situation drastisch aus. Nun könnte eingewandt werden, dass wegen der Einschränkungen des grundgesetzlichen Schutzes gründliche Kenntnisse der Gesetze und die Fähigkeit für den Umgang mit Rechtsvorschriften trotz aller Vorzüge sozialwissenschaftlicher Ausbildung im Strafvollzug unabdingbar sind. Gegen diesen Einwand spricht die Erfahrung, wie wenig Zeit ein Anstaltsleiter wegen rechtlicher Erörterungen, Überlegungen und Entscheidungen aufbringen muss.

Eine Exkursion in den Schweizer Strafvollzug, verbunden mit dem Besuch einiger herausgehobener und in ihrer jeweiligen Arbeit innovativer Anstalten, weitet zudem den Blick. Hier, wie in einigen anderen europäischen Ländern auch, ist es die Regel, dass Anstaltsleiter sozialwissenschaftliche oder betriebswissenschaftliche Ausbildungen und Know-how haben. In der Schweiz, mit ihrer großen pädagogischen, vielleicht auch calvinistischen (am Nützlichkeitsdenken orientierten) Tradition, sind Anstaltsleiter häufig Pädagogen. Der Geist ist auf Erziehung, auf Entwicklung, auf animierte positive Entfaltungsbereitschaft gerichtet. Nun ist nicht bekannt, dass das System des Schweizer Strafvollzugsrechts weniger rechtsstaatlich wäre als beispielsweise das deutsche. Mit in der Anstaltsleitung vertreten, z. B. in der Stellvertretung, sind allerdings häufig Juristen, wie auch betriebswirtschaftliche Stellen der Anstaltsleitung zugeordnet sind, wenn die Leiter über keine entsprechende Ausbildung verfügen. So wird gerade in den letzten Jahren von dort sowohl von interessanten pädagogischen Vollzugsprojekten wie auch von erfolgreichen, weil schwarze Zahlen schreibenden, betriebswirtschaftlichen Innovationen berichtet.

6. Erste Zusammenfassung

Die Generalmaxime des Strafvollzugsgesetzes ist Behandlung und (Erwachsenen-) Erziehung. Sie ist festgeschrieben in § 2 StVollzG, der das wesentliche Vollzugsziel beschreibt: Resozialisierung. Die sichernde Isolierung hat dienende Funktion.

Zur Umsetzung dieser Maximalaufgaben sind vor allem Fachleute entsprechender Provenienz – Psychologen und sonstige Sozialwissenschaftler – gefordert und zu fördern, und zwar sowohl für Stabs- als auch Linienfunktionen bis hin in ministerielle Planungs-, Personal- und sonstige Bereiche, um den Gedanken des Gesetzes auch hier durch Fachkompetenz fortschreibend und deutlich Geltung zu verschaffen.

Wenn allerdings rechtliche Fragen und Entscheidungen adäquat durch Serviceeinheiten abgedeckt werden können, dann muss die Frage gestellt werden, was Strafvollzug überhaupt bei den Justizministerien verloren und zu suchen hat. Wäre er nicht viel besser und sowohl der Sache als auch dem Auftrag entsprechend, in Sozial- oder Erziehungsministerien, soweit vorhanden, untergebracht? Dann wäre die dieser Erörterung gestellten Frage nach Psychologen als Leiter vermutlich der Boden entzogen, weil es vermutlich die Regel wäre, dass Sozialwissenschaftler (Sozialisations-)Einrichtungen leiten.

Ich leite nach Jahren psychologischer und therapeutischer Tätigkeit im Regelvollzug und in Sozialtherapeutischen Einrichtungen und nach Betätigung in Personalauswahl und in Aus- und Fortbildung nun auch schon verhältnismäßig lange die

Sozialtherapeutische Anstalt Bergedorf. Jede meiner Tätigkeiten hatte ihre besondere Herausforderung und ihren ausgesprochenen Reiz. Sicher ist jedoch, dass ich in der Leitungsfunktion nicht weniger »psychologisch« arbeite als im Fachdienst, im Gegenteil. Die juristischen Kenntnisse sind hilfreich, weil die Gewohnheit im Umgang mit juristischen Fragestellungen es selbstverständlicher macht, das Gesetz bzw. Kommentierungen und Entscheidungen heranzuziehen. Dieses Wissen könn(t)en aber auch andere, namentlich Fachleute, relativ ökonomisch vermitteln. Viel wichtiger sind sozial- und individualpsychologisches Verständnis, durch Therapieausbildung vermittelte Gesprächsführung, Kenntnisse in Organisationspsychologie und Arbeitspsychologie inkl. Personalführung und – last but not least – die Überzeugung, dass auch und gerade Psychologen qua Ausbildung befähigt sind für Leitungsfunktionen.

Psychologinnen als Leiterinnen

Neben der Herausforderung, mich damit zu beschäftigen, ob und warum gerade Psychologen oder allgemeiner gesprochen Sozialwissenschaftler besonders geeignet sind für Leitungsfunktionen im Strafvollzug, bedeutete der mir vorgegebene Titel »Psychologen als Leiter« eine zusätzliche und besondere Herausforderung. An meinem Vornamen ist unschwer zu erkennen, dass ich kein Psychologe sein kann, sorry. Auch kann ich kein Leiter sein, tut mir (nicht) Leid.

Ich hoffe allerdings, dass der geneigte Leser und vor allem die aufmerksame Leserin des bisherigen Textes schon festgestellt hat, dass ich bisher nur männliche Wortformen benutzt habe – »wie das Gesetz es befiehlt«. Das wird sich ab jetzt ändern.

Ist die mir vorgegebene männliche Form der Überschrift »nur« ein lapsus linguae, eine Un(bed)achtsamkeit? Oder eher ein systematischer Fehler? Eher Letzteres. »Ungeachtet der Tatsache, dass Frauen zunehmend an der produktiven und öffentlichen Sphäre der Gesellschaft partizipieren, bleibt diese in ihren Praktiken (sic!) wie im Prinzip eine »Männerwelt«. Die Anwesenheit von Frauen hat keine Wirkung auf die dort gültigen Regeln und Verfahren. Die öffentlichen Institutionen und die Produktionsverhältnisse generell erwecken den Anschein von Geschlechtslosigkeit, so unpersönlich sind sie. Aber gerade diese Objektivität, mit ihrer Gleichgültigkeit gegen persönliche Bedürfnisse, gibt sich als Merkmal männlicher Macht zu erkennen. Gerade die allgegenwärtige Depersonalisierung und die Verbannung des Prinzips der Fürsorge in die private Sphäre beweisen die Logik männlicher Herrschaft.

»Die scheinbare Geschlechtsneutralität ist eine Mystifikation« (Benjamin 1998, 180). Spätestens seit Gilligan (1982) ist bekannt, dass »der Ausschluss weiblicher Erfahrung aus der Psychologie moralische und politische Implikationen für Theorien der individuellen Entwicklung« hat. »Gilligan zeigt die geschlechtsspezifischen Prämissen von Theorien der moralischen Entwicklung und des Lebenszyklus auf, die auch außerhalb der engen Grenzen der Psychologie von großem Einfluss sind« (Benjamin a. a. O.). Davon bleibt selbstverständlich und gerade auch der Strafvollzug als patriarchalisch-hierarchische Institution nicht verschont.

Ich bin nicht Vertreterin einer schlichten feministischen Position, die glaubt und hofft, die Welt wäre besser, wenn die Geschlechtsverhältnisse umgekehrt wären. Das Strafvollzugsgesetz verlangt, die Lebensverhältnisse im Vollzug denen außerhalb so weit wie möglich anzupassen (Angleichungsgrundsatz in § 3 StVollzG). Dass Frauen, und zwar in allen Bereichen und Hierarchien, zur Lebenswirklichkeit gehören, wird ernsthaft niemand bestreiten. So haben sowohl Vollzug (Einstellungsbehörde) wie auch Psychologinnen Nachholbedarf. In einer Broschüre der »Schriftenreihe der Bundesvereinigung der Anstaltsleiter (die Sprache ist verräterisch) im Strafvollzug« (Herrfahrdt 2001) werden 72 Beiträge aufgeführt, sechs davon stammen von Frauen, wovon sich wiederum zwei mit der Rolle des (!) Anstaltsleiters bzw. mit der Gesamtverantwortung des (!) Anstaltsleiters beschäftigen.

7. Zweite Zusammenfassung

Jenseits der so notwendigen wie berechtigten Quotendiskussion: Welch' ökonomischer Blödsinn, gut ausgebildete und qualifizierte Frauen nicht flächendeckend und gleichberechtigt in die Top-Etagen zu lassen! Dabei macht es manchem Personalchef heutzutage Kopfzerbrechen, dass »weibliche« Ausbildungsabschlüsse im Durchschnitt besser sind als »männliche«. Wenn danach nur die Vernunft entscheiden würde, müssten bald Männerquoten eingeführt werden.

Psychologinnen, die Leitungsfunktionen anstreben und besetzen (wollen), haben es aber mit einer zweifachen Konkurrenz zu tun. Die erste erleben sie gemeinsam mit ihren männlichen Kollegen: Leitungsstellen werden nach wie vor vornehmlich mit Juristen besetzt (s. zuvor). Die darüber hinaus gehende potenzierte Konkurrenz besteht gegenüber ihren eigenen Fachkollegen. Entscheidungen über Führungspositionen fallen auch hier *nicht* nur nach vernünftigen Überlegungen, weder bei der Einstellungsbehörde noch bei der Bewerberin. Dabei können die wenigen SozialwissenschaflerInnen oder andere durch Kompetenz ausgewiesenen Frauen, die Anstalten leiten, nur Mut machen. Die Einrichtungen gelten als gut geführt, modern, innovativ, sozial verantwortlich den Bediensteten, Gefangenen und der Öffentlichkeit gegenüber, als ökonomisch mit Augenmaß betrieben und versehen mit einem behandlungsadäquaten Milieu und Klima. »Auch die beste Strafanstalt ist kein Besserungsautomat, sondern nur ein Werkzeug, dessen Wirksamkeit ganz davon abhängt, in wessen Hand wir es legen. Sehen wir zu, in wessen Hand es gelegt werden soll« (Radbruch, zit. nach: Preusker 2001, 363).

Literatur

Benjamin, J. (1998), *Die Fesseln der Liebe*. Frankfurt am Main: Fischer.
Brandewiede, P. (2001), Behandlung als Gestaltungsaufgabe. In: Flügge, C.; Maelicke, B. und Preusker, H. (Hrsg.), *Das Gefängnis als lernende Organisation*. Baden-Baden: Nomos, 91–104.
Callies, R.-P. und Müller-Dietz, H. (2002), *Strafvollzugsgesetz. 9. Auflage*. München: Beck.
Frövel, J. (2002), unveröffentlicher Vortrag in der Kriminologischen Zentralstelle: Wiesbaden.
Gilligan, C. (1982), *Die andere Stimme*. München: Piper.
Herrfahrdt, H. (Hrsg.) (2001), *Schriftenreihe der Bundesvereinigung der Anstaltsleiter im Vollzug*. Hannover: Kriminologischer Dienst im Niedersächsischen Justizvollzug.
Hofstätter, P. (1966), *Einführung in die Sozialpsychologie*. Stuttgart: Kröner.

Kaiser, C. und Schöch. H. (2002), *Strafvollzug*. Heidelberg: F. Müller.

Kloff, J. (2001), Wege zur Neuentwicklung einer Vollzugsanstalt. In: Flügge, C.; Maelicke, B. und Preusker, H. (Hrsg.), *Das Gefängnis als lernende Organisation*. Baden-Baden: Nomos, 59–90.

Koop, G. (2001), Führung und Zusammenarbeit im Wandel mit Beispielen aus der Berufspraxis. In: Flügge, C.; Maelicke, B. und Preusker, H. (Hrsg.), *Das Gefängnis als lernende Organisation*. Baden-Baden: Nomos, 174–193.

Laubenthal, K. (1997), *Strafvollzug*. Berlin: Springer.

Preusker, H. (2001), Wer und was sind die Vollzugsmanager der Zukunft? In: Flügge, C.; Maelicke, B. und Preusker, H. (Hrsg.), *Das Gefängnis als lernende Organisation*. Baden-Baden: Nomos, 363–365.

Rehn, G. (1993), Entscheidungen, Regeln, Anstaltsorganisation: Einige Überlegungen zur Vermeidung schädlicher Routine im sozialtherapeutischen Vollzug. In: Kriminologische Zentralstelle (Hrsg.), *Sozialtherapie in den 90er Jahren*. Wiesbaden, 33–41.

Walter, M. (1999), *Strafvollzug*. Stuttgart: Boosberg.

Psychotraumatologie

von Petra Möltgen-Sergl

Einführung

Der Begriff der Traumatisierung hat schon vor längerem Einzug in das Alltagswissen gehalten. Dieses Thema spielte gerade in den letzten Jahren eine große Rolle, wo unter anderem den Opfern des Amokläufers in Erfurt besondere mediale Aufmerksamkeit zuteil wurde. Und obwohl es inzwischen ein größeres Verständnis für die Betroffenheit der Zeugen von Naturkatastrophen, Anschlägen oder Flugzeugabstürzen gibt, wird das Ausmaß der Folgen, die durch diese Erlebnisse ausgelöst werden, erst langsam deutlich. Die Beobachtung, dass extreme Ereignisse extreme Reaktionen verursachen, ist weder neu noch überraschend. Die World Health Organisation (WHO) definiert Trauma als »ein belastendes Ereignis oder eine Situation außergewöhnlicher Bedrohung oder katastrophenhaften Ausmaßes, die bei fast jedem eine tiefe Verstörung hervorrufen würde« (Steil und Ehlers 1996, 175).

Wir gehen normalerweise davon aus, dass wir persönlich unverletzlich sind und unsere Umwelt bis zu einem bestimmten Grad kontrollieren und beeinflussen können. Diese Grundannahmen, die bei jedem Menschen unterschiedlich stark ausgeprägt sind, werden nach einer traumatischen Situation zerstört. Ebenso wird das eigene Gerechtigkeitsempfinden nachhaltig verändert (Janoff-Bulman 1985). Man kann bei Menschen mit traumatisierenden Erfahrungen beobachten, dass sie geprägt sind von dem Gefühl anhaltender Bedrohung, Hilflosigkeit und Hoffnungslosigkeit. In der Definition von Fischer und Riedesser (1999) wird die traumatische Erfahrung beschrieben als ein Diskrepanzerlebnis zwischen bedrohlichen Situationsfaktoren und den individuellen Bewältigungsmöglichkeiten, welches mit Gefühlen der Hilflosigkeit und schutzloser Preisgabe einhergeht und das Welt- und Selbstverständnis dauerhaft erschüttert (Fischer und Riedesser 1999, 79).

Der folgende Artikel wird sich also mit den psychischen Traumatisierungen als Folge von Katastrophen, Verlusten und Erkrankungen beschäftigen. Eingangs werden Definition und Klassifikation von psychischen Traumatisierungen dargestellt. Außerdem wird ein multifaktorielles Rahmenmodell zur Ätiologie (Gesamtheit der Faktoren, die psychische Traumatisierungen verursachen können) von Traumafolgen beschrieben. Im Mittelpunkt jedoch soll die Bedeutung der Psychotraumatologie für den Alltag im Gefängnis stehen. Justizvollzugsbeamte gehören, wie Polizisten, Feuerwehrleute und Rettungssanitäter zu den Berufsgruppen, die überdurchschnittlich häufig mit traumatisierenden Ereignissen konfrontiert werden. Im Gegensatz zu dem genannten Personenkreis, wurde jedoch Justizvollzugsbeamten bisher nach traumatischen Erlebnissen, abgesehen von Einzelfällen, keine systematische professionelle Hilfe zuteil. Daher wird ein speziell für bayerische Justizvollzugsanstalten entwickeltes Konzept zur Bewältigung von traumatischem Stress im Justizvollzugs-dienst vorgestellt (in Anlehnung an Pieper und Maercker 1999).

1. Geschichte der Psychotraumatologie – ein kurzer Überblick

In die Wissenschaftsgeschichte der Psychotraumatologie fließen im Wesentlichen drei Forschungsrichtungen. Die Psychoanalyse entwickelte die ersten wissenschaft-lichen Konzepte zur Klärung psychischer Traumata bereits im 19. Jahrhundert. Hier sind Freud, Charcot und Oppenheim zu nennen, die in der Hysterie bereits eine Art posttraumatische Belastungsstörung sahen. Janet, ein Schüler von Char-cot, hat diesen Gedanken aufgegriffen und die Position vertreten, dass schwere psy-chische Störungen eigentlich posttraumatische Zustände seien, die oft ihre Ursache in Kindesmisshandlungen, Kindesmissbrauch oder anderen schweren Traumata haben. Erst 10 bis 15 Jahre später wurde Janet von der Gruppe um Van der Kolk, Van der Hart und Judith Herman wieder entdeckt. Einen weiteren wesentlichen Baustein stellt die Stressforschung von Selye dar. Seyle definierte Stress als eine nichtspezifische Reaktion des Körpers auf jede an ihn gerichtete Anforderung. Für die Psychotraumatologie bedeutet dies, dass bei einer traumatisierenden Situation in jedem Fall die subjektive Reaktion auf das traumatische Moment den Stress aus-macht. Folglich ist Stress nicht das, was einem geschieht, sondern wie man darauf reagiert. Die Auseinandersetzung mit den psychischen Symptomen in Folge von Krieg und Folter, speziell nach dem 2. Weltkrieg, führte zu der Annahme, dass es nach dem Erleben von Extremsituationen ein *gemeinsames klinisches Bild* von sog. posttraumatischen Symptomen gibt, das nach ganz verschiedenen traumatischen Erlebnissen auftreten kann. Es wurde versucht, entsprechende Symptome und Syn-drome zu formulieren, sozusagen eine Schnittmenge zu bilden, die mehreren spe-ziellen Syndromen – bestenfalls allen – gemeinsam sind.

2. Beschreibung des Störungsbilds nach einer traumatisierenden Situation

Das Posttraumatische Stresssyndrom (Posttraumatic Stress Disorder, PTSD/ Post-traumatische Belastungsstörung, PTB) wurde 1980 in das Diagnostisch Statistische Manual der Amerikanischen Psychiatrischen Gesellschaft (DSM-III) aufgenom-men. Es besteht aus den drei Symptomgruppen:

1. Formen des Wiedererlebens des Ereignisses, unfreiwillige Erinnerungsbilder, wiederkehrende Alpträume (Intrusionen),
2. Verleugnung oder Vermeidung von Erinnerungen an das Ereignis,
3. erhöhtes physiologisches Erregungsniveau einhergehend mit Konzentrations-schwäche, erhöhter Reizbarkeit oder übertriebener Wachsamkeit.

Das Phänomen der posttraumatischen Belastungsstörung kann vereinfacht be-schrieben werden als eine extreme Reaktion auf eine sehr starke Belastung, die mit einer zunehmenden Angst verbunden ist. Aufgrund dieser Angst wird vieles vermieden, was mit dem Trauma in Verbindung steht. Ebenso können die Bilder des Erlebten gleich einem Flashback ungewollt ins Bewusstsein dringen. Die Fachsprache verwendet hier den Begriff »Intrusion«. Begleitet wird das Erleben von innerer Unruhe, Anspannung oder extremer Nervosität. Die Ursache für schwere Belastungsstörungen ist in erster Linie das Ereignis, welches zu der Belastung führt, dessen Stärke und die fehlenden Möglichkeiten der Verarbeitung und Bewältigung. Selbst psychisch stabile Menschen können eine schwere psychische Belastungsstörung erfahren.

3. Diagnostische Kriterien

Die diagnostischen Kriterien der PTSD werden im nachfolgenden Kasten im Wortlaut des DSM-IV wiedergegeben.

Diagnostische Kriterien der Posttraumatischen Belastungsstörung (PTSD) nach DSM-IV

A. Die Person wurde mit einem traumatischen Ereignis konfrontiert, bei dem die beiden folgenden Kriterien vorhanden waren:

(1) Die Person erlebte, beobachtete oder war mit einem oder mehreren Ereignissen konfrontiert, die tatsächlichen oder drohenden Tod oder ernsthafte Verletzung oder eine Gefahr der körperlichen Unversehrtheit der eigenen Person oder anderen Personen beinhalten.

(2) Die Reaktion der Person umfasste intensive Furcht, Hilflosigkeit oder Entsetzen.

Beachte: Bei Kindern kann sich dies auch durch aufgelöstes oder agitiertes Verhalten äußern.

B. Das traumatische Ereignis wird beharrlich auf mindestens eine der folgenden Weisen wiedererlebt:

(1) Wiederkehrende und eindringliche belastende Erinnerungen an das Ereignis, die Bilder, Gedanken oder Wahrnehmungen umfassen können.

(2) Wiederkehrende, belastende Träume von dem Ereignis.

(3) Handeln und Fühlen, als ob das traumatische Ereignis wiederkehrt (beinhaltet das Gefühl, das Ereignis wiederzuerleben, Illusionen, Halluzinationen und dissoziative Flashbacks, Episoden, einschließlich solcher, die beim Aufwachen oder bei Intoxikationen auftreten).

(4) Intensive psychische Belastung bei der Konfrontation mit internalen oder externalen Hinweisreizen, die einen Aspekt des traumatischen Ereignisses symbolisieren oder an Aspekte desselben erinnern.

(5) Körperliche Reaktionen bei der Konfrontation mit internalen oder externalen Hinweisreizen, die einen Aspekt des traumatischen Ereignisses symbolisieren oder an Aspekte desselben erinnern.

C. Anhaltende Vermeidung von Reizen, die mit dem Trauma verbunden sind oder eine Abflachung der allgemeinen Reagibilität (vor dem Trauma nicht vorhanden). Mindestens drei der folgenden Symptome liegen vor:

(1) Bewusstes Vermeiden von Gedanken, Gefühlen und Gesprächen, die mit dem Trauma in Verbindung stehen.
(2) Bewusstes Vermeiden von Aktivitäten, Orten oder Menschen, die Erinnerungen an das Trauma wachrufen.
(3) Unfähigkeit, einen wichtigen Aspekt des Traumas zu erinnern.
(4) Deutlich vermindertes Interesse oder verminderte Teilnahme an Aktivitäten.
(5) Gefühl der Losgelöstheit oder Entfremdung von anderen.
(6) Eingeschränkte Bandbreite des Affekts (z. B. Unfähigkeit zärtliche Gefühle zu empfinden).
(7) Gefühl einer eingeschränkten Zukunft (z. B. erwartet nicht, Karriere, Ehe, Kinder oder ein normal langes Leben zu haben).

D. Anhaltende Symptome erhöhten Arousals (vor dem Trauma nicht vorhanden). Mindestens zwei der folgenden Symptome liegen vor:

(1) Schwierigkeiten ein- oder durchzuschlafen,
(2) Reizbarkeit oder Wutausbrüche,
(3) Konzentrationsschwierigkeiten,
(4) Übermäßige Wachsamkeit (Hypervigilanz),
(5) Übertriebene Schreckreaktion.

E. Das Störungsbild (Symptome unter Kriterium B, C und D) dauert länger als 1 Monat.

F. Das Störungsbild verursacht in klinisch bedeutsamer Weise Leiden oder Beeinträchtigungen in sozialen, beruflichen oder anderen wichtigen Funktionsbereichen.

Bestimme ob,
Akut: Wenn die Symptome weniger als drei Monate andauern
Chronisch: Wenn die Symptome länger als drei Monate andauern.

Bestimme, ob
Mit verzögertem Beginn: Wenn der Beginn der Symptome mindestens drei Monate nach dem Belastungsfaktor liegt.

(Quelle: American Psychiatric Association 1996)

Mindestens eines der aufgeführten Erlebnisse aus dem Symptomkomplex »unfreiwillige Erinnerungsbilder« (B.), mindestens drei Symptome der »Verleugnung/Vermeidung« (C.) und mindestens zwei Symptome eines erhöhten Erregungsniveaus (D.) müssen von dem Betroffenen bestätigt werden, um eine PTSD diagnostizieren zu können. Die Diagnose ist also an eine bestimmte Anzahl verschiedener psychischer und physischer Zustände geknüpft. Hier ist zu betonen, dass es in den Bereich des »Normalen« fällt, wenn diese Symptome innerhalb der ersten vier Wochen nach der traumatischen Situation auftreten. Treten innerhalb der ersten Wochen außerdem dissoziative Symptome hinzu, diagnostiziert man eine akute Belastungsstörung (Akute Stress Disorder, ASD). Das Kriterium (F.) beschränkt die Vergabe der Diagnose dahingehend, dass die betroffene Person unter einem entsprechenden Leidensdruck stehen muss.

Dieses relativ klare Zuordnungssystem hat wiederholt zu Kritik geführt. Kliniker berichten von vielen Klienten mit PTSD-Symptomen, die von der Diagnose ausgeschlossen werden, weil sie nur von zwei Vermeidungssymptomen berichten (Davidson und Foa 1993).

Fischer und Riedesser (1999) weisen in ihrem Lehrbuch auf die zeitlich alternierenden Phasen von Intrusion und Verleugnung hin. In manchen Fällen können die traumatisierten Personen vorübergehend symptomfrei sein und Symptome erst bei einer situativen Neuauflage der traumatischen Erfahrung entwickeln. Hier wird auf die Unterschiedlichkeit bei der Verarbeitung von Traumata hingewiesen.

»In der Psychotraumatologie müssen wir mit einer Vielzahl von Symptomen und Syndromen als mögliche Folgeerscheinungen rechnen. Diese lassen sich auf die Variationsbreite traumatischer Situationen einerseits, individueller Reaktionen andererseits zurückführen, vor allem aber auf die wechselseitige Verschränkung von objektiven und subjektiven Momenten, die sich aus der im Lebenslauf gebildeten individuellen Wirklichkeitskonstruktion des Menschen ergibt« (Fischer und Riedesser 1999, 41).

Abhängig von der Natur der jeweiligen traumatischen Situation und der Disposition des Individuums können die drei Dimensionen der PTSD (Intrusionen, Verleugnung und Hyperarousal) sehr unterschiedlich ausgeprägte Symptombilder ergeben.

4. Klassifikation der Traumata

Im Gegensatz zu den meisten psychischen Störungen ist bei der Diagnose einer PTSD ein ätiologisches Moment in der Definition der Störung enthalten, d. h. ohne das Erlebnis eines traumatischen Ereignisses – dem Hauptkriterium – ist eine Vergabe der Diagnose nicht möglich.

Das Hauptkriterium, das sog. Traumakriterium (im DSM unter A. aufgeführt), lässt sich unterscheiden nach menschlich verursachten und zufälligen Traumen. Durch Menschenhand bewirkt sind körperliche und sexuelle Misshandlungen sowie Vergewaltigungen, Kriegserlebnisse, Geiselnahmen, Folter, kriminelle oder familiäre Gewalt. Dabei kann es auch traumatisierend sein, wenn man Zeuge wird, wie andere Personen gewaltvolle Ereignisse erleiden müssen.

Zu den zufällig verursachten Traumen gehören naturbedingte Katastrophen, wie z. B. Überschwemmungen, Lawinen, Hurrikans oder durch technische Fehler ausgelöste, z. B. Giftgasaustritte. Sie können auch berufsbedingt sein wie bei Feuerwehr, Polizei, Sanitätern oder Justizvollzugsbeamten. Weiterhin werden kurz- und langfristige Traumata unterschieden. Naturkatastrophen, Unfälle, kriminelle Handlungen wie Überfall, Vergewaltigungen können kurz und heftig sein. Hier spricht man von Typ-I-Traumata. Sie sind durch akute Lebensgefahr, Plötzlichkeit und Überraschung gekennzeichnet.

Geiselhaft, mehrfache Folter und Folterhaft, familiäre Gewalt, wiederholte Kindesmisshandlung und sexueller Missbrauch sowie Gewalt im Gefängnis gehören zu den längerandauernden, wiederholten Traumen – den Typ-II-Traumata. Sie sind durch Serien verschiedener traumatischer Einzelereignisse und durch geringe Vorhersagbarkeit des weiteren traumatischen Geschehens gekennzeichnet.

5. Zusätzliche posttraumatische Veränderungen nach schweren Traumata

Die Bandbreite dieser in sich sehr wohl typisierbaren traumatischen Situationserfahrungen ist sehr groß. Da aufgrund der extremen und auch unterschiedlichen Traumatisierungen hier neben den im DSM-IV aufgezählten Symptomgruppen zusätzliche Veränderungen zu erwarten sind, beschreiben Kliniker und Forscher einzelne Syndrome mittlerweile abhängig von der entsprechenden Situation, z. B. das Vergewaltigungstrauma, das Missbrauchstrauma, das Foltersyndrom oder das KZ-Syndrom. Diese situationsspezifischen »speziellen psychotraumatischen Belastungssyndrome« werden bei Fischer und Riedesser (1999) ausführlich beschrieben. Weitere posttraumatische Veränderungen sind in der Fachliteratur unter folgenden Begriffen beschrieben:

- Andauernde Posttraumatische Persönlichkeitsveränderung im ICD-10
- Komplexe Posttraumatische Belastungsstörung (PTB, Herman 1992)
- Störungen durch Extrembelastungen (Disorders of Extreme Stress: Van der Kolk 1994; Meichenbaum 1994)

Während in der ICD-10 (International Classifikation of Diseases) bereits eine Kategorie existiert, die die Persönlichkeitsveränderung nach schwerem Trauma beschreibt (»andauernde Persönlichkeitsveränderung nach Extrembelastungen«), fehlt im DSM-IV derzeit eine derartige diagnostische Möglichkeit. Van der Kolk und Herman haben versucht, diese nach schweren, lang anhaltenden und wiederholten Traumatisierungen, wie Kriegserfahrungen und Kindesmissbrauch, folgenden psychischen Belastungen und Persönlichkeitsveränderungen in sieben Symptomgruppen wiederzugeben (Fischer und Riedesser 1999, 47).

Zu dem Erscheinungsbild der komplexen posttraumatischen Belastungsstörung nach Herman gehören starke Affekte, die sich gegen andere oder sich selbst richten können. Es tritt eine Veränderung des Bewusstseins in Form von Amnesien (Erinnerungslücken), Hyperamnesien (fokussierter Erinnerung) für traumatische Ereignisse, dissoziativen Episoden, Depersonalisation oder Derealisation ein.

Ein weiteres Merkmal der komplexen PTB ist die Veränderung der Wahrnehmung des Täters, die ständige Beschäftigung mit ihm, seine Idealisierung oder paradoxe Dankbarkeit ihm gegenüber, bis hin zu dem Gefühl einer besonderen oder übernatürlichen Beziehung zum Täter. Es tritt eine Veränderung des Selbstbildes mit Gefühlen von Hilflosigkeit, Initiativverlust, Scham und Schuld, eigener Wertlosigkeit oder Stigmatisierung ein. Für Opfer interpersonaler Gewalt besteht eine erhöhte Gefahr, traumatische Situationen erneut zu erleben.

Wie die Unterscheidung in Typ-I- und Typ-II-Trauma nahe legt, verändert sich die Tragweite und Schwere der Symptome abhängig von dem erlebten Trauma. Während die Konfrontation mit einem Typ-I-Trauma eine relativ normale Verarbeitung erlaubt, kann das Erleben von Typ-II-Tauma zu tief greifenden und anhaltenden Persönlichkeitsveränderungen führen.

6. Erklärungsansätze

6.1. Die Horowitzkaskade

Nicht alle Menschen, die traumatische Lebensereignisse hinter sich haben, bekommen unbedingt eine posttraumatische Belastungsstörung. Das belastende Ereignis als solches ist also nicht alleinige Ursache dieser Störung. Es hat sich gezeigt, dass posttraumatische Störungen sich dann einstellen, wenn eine Unfähigkeit besteht, Traumata richtig zu verarbeiten. Dabei bestehen vor allem Probleme in der gefühlsmäßigen Verarbeitung.

Es stellt sich die Frage, wie nun ein traumatisches Ereignis »normalerweise« verarbeitet wird. Horowitz (1976) entwickelte eine eigene Theorie über die intrapsychischen Prozesse nach einem Trauma. Er nimmt an, dass kognitive Schemata durch das Trauma grundlegend erschüttert werden. Mithilfe dieser Gedächtnisprozesse können alle Erlebnisse verarbeitet werden. Im Fall eines traumatischen Erlebnisses kann dies jedoch nicht als ganzes integriert werden und die einzelnen Erinnerungsbruchstücke hängen – auch auf den verschiedenen Sinnesebenen – im Gedächtnis fest. Horowitz postuliert eine festgelegte phasische Abfolge von Reaktionen nach dem Trauma. Diese sog. »Horowitzkaskade« zeigt sehr deutlich die Unterschiede zwischen einer normalen und einer pathologischen Verarbeitung.

Unmittelbar nach dem Trauma kommt es zu einer Phase unkontrollierter Emotionen (*Phase des Aufschreis*). Danach folgt ein oszillierender Prozess zwischen der *Phase der Verleugnung/emotionaler Taubheit*, wobei die traumatischen Informationen außerhalb des Bewusstseins gehalten werden und der *Phase der Intrusionen*, bei der die traumarelevanten Informationen ins Bewusstsein drängen. In diesem Zustand schwanken Menschen zwischen dem Gefühl der Betäubung, einem subdepressiven Zustand, in dem Empfindungen kaum das Bewusstsein erreichen, und dem Wunsch über das Erlebte zu reden oder sich abzulenken. Alle Phasen sind normale und für die Verarbeitung des Traumas relevante Reaktionen, an deren Ende die *Integration* der neuen Erfahrung in die alten Schemata erfolgt.

Die bruchstückhaften Erinnerungen werden zu einem Ganzen zusammengefügt und als »Geschichte« im Langzeitgedächtnis gespeichert. Es kann sein, dass jemand nicht über seine Erfahrungen reden und sich nur schwer ablenken kann oder seine Träume, die eine wichtige Rolle bei der Verarbeitung des Erlebten spielen, nicht erträgt. Wenn die Intrusionen nicht verarbeitet werden, können sie getriggert werden, d. h. sie können durch äußere Begebenheiten angestoßen werden. So kann das Hupen eines Autos z. B. jedes Mal die erlebte Unfallszene aktivieren. Wie bei einem Flashback läuft dann die Situation wieder vor dem inneren Auge ab.

Durch Intensivierung, Verlängerung oder Blockierung einer der genannten Phasen wird der Anpassungsprozess gestört und nimmt einen pathologischen Verlauf, an dessen Ende die Ausbildung von Symptomen, z. B. die einer PTSD stehen.

6.2. Verlaufsmodell der psychischen Traumatisierung nach Fischer

Ein umfassenderes Modell zur Entstehung von psychischer Traumatisierung ist das bereits erwähnte Verlaufsmodell von Fischer und Riedesser. Das Modell umfasst den Moment der traumatischen Situation, die postexpositorische Reaktion und den traumatischen Prozess. In den Verlauf einbezogen sind die antezedenten Komponenten wie die Lebensgeschichte bzw. die Tagesverfassung. Die situativen Komponenten sind geprägt von der traumatischen Situation, den objektiven Situationsfaktoren und den subjektiven Bewältigungsmöglichkeiten. Unter dem »objektiven Zugang« versteht man eine äußerliche Betrachtungsweise der Situation in Abhängigkeit von Schwere, Häufung, dem Grad der Betroffenheit des Traumatisierten, der Beziehung zwischen Opfer und Täter und der klinischen Situationstypologie. Der subjektive Zugang unterscheidet unter anderem protektive Faktoren und Risikofaktoren. Hier zu nennen sind: schlechte Schulbildung der Eltern, Kriminalität eines Elternteils, allein erziehende Mutter, autoritäres väterliches Verhalten. Die aus dem Schock resultierende traumatische Reaktion führt, abhängig von schützenden Faktoren oder zusätzlichen Belastungen, zu einer Erholung oder einer Chronifizierung der Störung mit hoher symptomatischer Belastung. Schützende Faktoren sind unter anderem die unmittelbar nach dem Erleben erfahrenen Hilfestellungen.

Eine wichtige Frage ist jedoch, inwieweit der Verarbeitungsprozess nach einer potenziell traumatisierenden Situation positiv unterstützt bzw. die Entstehung von psychischen Belastungssymptomen vermieden werden kann. Dies führt uns zu der Frage der Prävention, d. h. wie psychische Erste-Hilfe aussehen und umgesetzt werden kann.

7. Prävention

Generell werden primäre, sekundäre und tertiäre Prävention unterschieden (Caplan, 1964). Die primäre Prävention dient dazu, mithilfe von Aufklärung die Anzahl der Neuerkrankungen zu verhindern. Die sekundäre Prävention fasst alle Maßnahmen zur Früherkennung und Frühbehandlung zusammen mit dem Ziel, das Auftreten von Folgeerkrankungen zu senken und die Erkrankungsdauer zu verkürzen. Als sekundäre Präventionsmaßnahmen seien einige Punkte genannt (Creamer 2000), die im peritraumalen Bereich von Erstversorgern immer geleistet werden sollen:

- Praktische Hilfestellung (Anrufen von Angehörigen)
- Genaue Informationen (was ist passiert, was ist möglich, was geschieht weiterhin)

- Aufklärung über psychische Reaktionen nach dem Trauma (Reduzierung von Befürchtungen wie »ich werde verrückt«)
- Aktivierung und Übergabe an das soziale Netz
- Vermittlung einfacher Bewältigungsstrategien, die eine emotionale Überflutung eingrenzen und das Vermeidungsverhalten reduzieren können
- Aufklärung über weitere Hilfsmöglichkeiten.

Die tertiäre Prävention schließlich will die Folgeschäden einer Erkrankung möglichst gering halten. Im Fall einer PTSD-Erkrankung ist es wichtig, den oder die Betroffene einem Therapeuten mit einer traumaspezifischen Ausbildung vorzustellen. Die wichtigsten Bausteine in einer effektiven Traumatherapie sind:

- Durcharbeiten und Integration des Traumas
- Schaffen einer sozialen schützenden Umgebung
- Aufbau einer vertrauensvollen Beziehung
- Abbau von Vermeidungsverhalten
- Umgang mit Intrusionen
- Schaffen eines »Sicheren Ortes«.

Zur sekundären Prävention findet sich in der Literatur vor allem das von Mitchell (1983) entwickelte Critical Incident Stress Debriefing (CISD). Es handelt sich dabei um ein siebenstufiges strukturiertes Gruppengespräch, das 24 bis 72 Stunden nach dem belastenden Ereignis durchgeführt wird und generell auf der Annahme beruht, dass ein Gespräch über das belastende Ereignis generell als hilfreich und entlastend erlebt wird. Das von Pieper entwickelte Projekt zur Bewältigung von Übergriffen und traumatischem Stress im Justizvollzugsdienst besteht im Kern in dem Erlernen einer strukturierten Traumaexploration durch besonders ausgebildete Bedienstete aus dem allgemeinen Vollzugsdienst. Ähnlich wie das CISD stellt das traumaexplorative Gespräch (TEG) ein strukturiertes siebenstufiges Interview dar, das aber die individuelle Traumatisierung fokussiert. Der Betroffene soll befähigt werden, Kontrolle über seine Reaktionen wiederzugewinnen, indem er lernt, während des Gesprächs gedanklich in das Erlebte ein- und auch auszusteigen und somit die Möglichkeit bekommt, das Erlebnis aus einer Distanz zu betrachten. Mithilfe des strukturierten Interviews, das abwechselnd die emotionale und die kognitive Ebene einbezieht, können einzelne – im Gedächtnis isolierte und unzusammenhängende – Erinnerungsbruchstücke in eine chronologische Reihenfolge gebracht werden. Werden diese Erinnerungen an z. B. Gerüche, Geräusche oder auch Empfindungen in eine Geschichte integriert, können sie leichter im Gedächtnis verarbeitet und im Langzeitgedächtnis »vergessen« werden. Der Betroffenen erlangt somit wieder Kontrolle über seine Erinnerungen.

8. Kritische Ereignisse im Alltag

> *»Gewalterleben am Arbeitsplatz kann zu einer ernsten Bedrohung*
> *für Psyche und Leben eines Menschen werden«*
> *(Pieper 2001)*

Der Gefängnisalltag bietet für Bedienstete im allgemeinen Vollzugsdienst (AVD) unterschiedlich schwierige und belastende Situationen. So sind Schlägereien zwischen Gefangenen, Streitigkeiten zwischen verschiedenen ethnischen Gruppen und Bedrohungen von Stationsbeamten keine Seltenheit. Es kommt ebenso vor, dass mit dem Wissen um die Privatsphäre des Bediensteten gedroht wird. Auch allgemeine Drohungen, wie z. B. der Satz: »Man sieht sich immer zweimal!«, gehen nicht spurlos an den Betroffenen vorüber. Andererseits dienen Stationsbeamte den Insassen als Ansprechpartner für ihre Probleme, die oft von ihren Delikten handeln. Die ständige Konfrontation mit Berichten von sowohl schmerzlichen als auch grausamen Erlebnissen kann zu einer enormen Belastung führen, die auch eine sog. Sekundärtraumatisierung auslösen kann. Die Situationen werden in der Vorstellung der Zuhörer bildlich präsent und können damit ebenso Gefühle der Ohnmacht, der Angst und Bedrohung auslösen.

Im Vollzug ereignen sich im Vergleich zur Allgemeinbevölkerung wesentlich mehr Suizide (Konrad 2001). Vor allem in Untersuchungshaft befindliche Insassen sehen für sich aufgrund der für sie in den ersten Wochen unerträglichen Situation des Eingesperrtseins und der oft damit verbundenen Hilflosigkeit (Inhaftierungsschock) keinen anderen Ausweg, als ihrem Leben ein Ende zu setzen (Pecher, Nöldner und Postpischil 1995). In fast allen Fällen werden die Suizidanten von den Vollzugsbeamten aufgefunden.

Bedienstete der Justizvollzugsanstalt sind also generell dem Risiko einer Traumatisierung ausgesetzt. Kritische Ereignisse können dabei Übergriffe auf Bedienstete, verbale Erniedrigungen und Bedrohungen, Erpressungen, Androhung von Gewalt gegen Angehörige von Bediensteten, Geiselnahmen, Konfrontation mit Misshandlungen, sexuellem Missbrauch und sexueller Gewalt, Brandstiftung oder Schusswaffengebrauch bei Fluchtversuchen sein. Gerade verbale Übergriffe auf Bedienstete gehören zum Vollzugsalltag und werden daher wenig beachtet. Trotzdem kommt nicht selten für den einzelnen Vollzugsbeamten das Gefühl auf, mit diesen Situationen im Arbeitsalltag allein gelassen zu sein. Es ist nahe liegend, dass hier zur Erleichterung der Situation unterschiedlichste Bewältigungsmöglichkeiten gesucht werden. Die Gefahr besteht allerdings darin, dass sich Vermeidungsstrategien wie Medikamenten-, Alkoholmissbrauch oder Krankschreibungen als dysfunktionale Bewältigungsstrategien verfestigen.

9. KITIS – eine Arbeitsgruppe für »Krisenintervention nach traumatischen Ereignissen im Strafvollzug«

Aufgrund der vom Ministerium der Justiz und für Bundes- und Europaangelegenheiten des Landes Brandenburg im Jahre 1998 initiierten Projekts wurden sog. Ansprechpartner ausgebildet, die Erstinterventionen für traumatisierte Kollegen an-

bieten können. Die »Richtlinien zum Beratungsangebot für Justizvollzugsbedienstete zur Bewältigung von Übergriffen und traumatischen Stress« weisen unter anderem darauf hin, dass: »... in jeder Justizvollzugsanstalt ein Beratungsangebot
eingerichtet (wird), das den betroffenen Bediensteten zeitnah Hilfe in der Krisensituation ... anbietet.« Diese systematische und professionelle Krisenintervention ist
bereits seit einigen Jahren bei Polizisten, Feuerwehrleuten und Rettungssanitätern
in Form des zuvor beschriebenen CISD etabliert.

Ähnlich diesem von Pieper entwickelten Projekt »BÜTS« (Bewältigung von Übergriffen und Traumatischem Stress) wurde in Bayern eine landesweite Arbeitsgruppe
– KITIS (Krisenintervention im Strafvollzug) – zur Bewältigung von traumatischen
Belastungen gegründet. In diesem Modell werden kollegiale Ansprechpartner ausgebildet, die belasteten Kollegen zur Verfügung stehen sollen. Die Bereitschaft,
Hilfe von einem unmittelbaren Kollegen anzunehmen, ist deutlich höher als sich einem professionellen Helfer wie z. B. einem Psychologen anzuvertrauen. Trotzdem
treten aufgrund von bestimmten Grundansichten über den Umgang mit Traumatisierungen bei der Vorstellung des Projekts immer wieder Schwierigkeiten unter den
Justizvollzugsbediensteten auf (Pieper und Maercker 1999). Typische Aussagen
sind z. B.: »Das stecken wir weg«, »Dafür sind wir da«, »Das berührt uns nicht«
bis zu sehr abfälligen Bemerkung wie: »Einer (Gefangener) weniger, umso besser!«.
Wichtig ist es zu wissen, dass die emotionale Beteiligung von den betroffenen Bediensteten geleugnet wird und infolgedessen eine adäquate Bewältigung nicht möglich ist. Fischer spricht hier von einer psychotraumatologischen Abwehrstrategie,
die dazu dient, die Anerkennung von zumeist fremder Traumatisierung und ggf. eigener sekundärer Traumatisierung zu vermeiden. Es wird versucht, das eigene »il-
lusionäre« Sicherheitsgefühl zu bewahren. Abgewehrt werden dadurch die Er-
schütterung und Bedrohung eines sicheren Selbst- und Weltverständnisses mit in-
ternaler Kontrollüberzeugung (Fischer und Riedesser 1999, 182).

Mithilfe des traumaexplorativen Interviews leitet der Ansprechpartner den Betroffenen in einer bestimmten Reihenfolge durch die traumatischen Erfahrungen
und führt ihn schließlich zu einem Erkenntnisprozess der individuellen Traumatisierung. Ziel der Fragetechnik ist es, dem Betroffenen eine emotionale Distanz zu
dem Erlebten zu ermöglichen. Durch einen Perspektivenwechsel – der jeweilige Ansprechpartner erzählt dem Betroffenen das Erlebte, das er detailliert mitgeschrieben
hat, nun in seinen Worten – kann auf rationalen Ebene des Traumatisierten eine
Neubewertung des Ereignisses stattfinden. Der Leitfaden des Gesprächs beinhaltet
folgende Fragen:

- Was ist passiert? (Faktenebene)
- Wie hat der Betroffene reagiert? (Reaktionsebene)
- Wie hat sich der Betroffene verhalten? (Verhaltensebene)
- Wie bewertet er sein Verhalten? (Bewertungsebene)
- Wie ist die individuelle Belastung?
- Planung der Bewältigung.

Zuletzt wird entschieden, ob dem Betroffenen Selbsthilfe ausreicht oder die Vermittlung professioneller Hilfe einzuleiten ist.

Diese Gesprächstechnik wird in Rollenspielen geübt. Die Ansprechpartner sollten ihrerseits die Möglichkeit zu einer eigenen Supervision durch Fachkräfte haben.

In der Regel gehen die Ansprechpartner nach einem kritischen Vorfall auf die Beteiligten zu. Ein ausführliches Gespräch wird meistens erst nach Überwindung des ersten Schocks – frühestens nach 48 Stunden geführt.

Wie der Artikel aufzeigt, würde die Einrichtung von Kriseninterventionsteams (ASP) in allen Justizvollzugsanstalten ein wesentlicher Beitrag zur Prävention von posttraumatischen Belastungsreaktionen sein. Mit der wichtigste Punkt ist dabei, ein allgemeines Bewusstsein für traumatisierende Situationen und ihre möglichen Wirkungen zu schaffen, d. h. in erster Linie primäre Prävention zu leisten!

Nach vollständiger Implementierung des Projekts ist zu beobachten, ob dieses Angebot von den Bediensteten zufrieden stellend angenommen wird. Im Rahmen einer weiterführenden Forschung wäre es wichtig, das Konzept zu evaluieren und abschließend nach seiner Wirksamkeit zu bewerten.

Literatur

American Psychiatric Association (Hrsg.) (1996), *Diagnostisches und Statistisches Manual Psychischer Störungen DSM-VI*. Deutsche Bearbeitung und Einführung von Saß, H.; Wittchen, H.-U. und Zaudig, M. Göttingen: Hogrefe.

Caplan, G. (1964), *Principles of preventive psychiatry*. New York: Basic Books.

Creamer, M. (2000), Posttraumatic Stress disorder following violence and aggression. *Aggression and Violent Behavior* 5: 431–449.

Davidson, J. R. und Foa, E. B. (1991), Diagnostic issues in Post-traumatic Stress Disorder: Consideration for the DSM-IV. *Journal of the Abnormal Psychology 100*: 346–355.

Fischer, G. und Riedesser, P. (1999), *Lehrbuch der Psychotraumatologie*. München, Basel: Reinhardt.

Herman, J. L. (1992), *Trauma and recovery*. New York: Basic Books.

Horowitz, M. J. (1976), *Stress response syndromes*. New York: Aronson.

Janoff-Bulman, R. (1985), The aftermath of victimization: rebuilding shattered assumption. In: Figley, C. R. (Hrsg.), *Trauma and its wake: The study of treatment of Post-traumatic Stress Disorder*. New York: Brunner/Mazel, 15–35.

Konrad, N. (2001), Suizid in Haft – Europäische Entwicklungen. *Zeitschrift für Strafvollzug und Straffälligenhilfe 50*: 103–109

Meichenbaum, D. (1994), *A clinical handbook / practical therapist manual for assessing and treating adults with post-traumatic stress disorder (PTSD)*. Waterloo, ON, Canada: Institute Press.

Mitchell, T. J. (1983), When disaster strikes. *Journal of Emergence and Medical Services 8*: 36–39.

Pecher, W.; Nöldner, W. und Postpischil, S. (1995) Suizide in der Justizvollzugsanstalt München 1984 bis 1993. *Zeitschrift für Strafvollzug und Straffälligenhilfe 44*: 347–351.

Pieper, G. (2001), Bewältigung von Übergriffen und traumatischem Stress in Justizvollzugsanstalten. *Psychotherapeuten Forum 1*: 15–20.

Pieper, G. und Maercker, A. (1999), Männlichkeit und Verleugnung von Hilfsbedürftigkeit nach berufsbedingten Traumata (Polizei, Feuerwehr, Rettungspersonal). *Verhaltenstherapie 9*: 222–229.

Steil, R. und Ehlers, A. (1996), Die Posttraumatische Belastungsstörung: Eine Übersicht. *Verhaltensmodifikation und Verhaltensmedizin 17*: 169–212.

Van der Kolk, B. A. (1994), The body keeps the score: Memory and the evolving psychobiology of posttraumatic stress. *Harvard Review of Psychiatry, 1*: 253–265.

Resozialisierung

von Willi Pecher

1. Begriff

Der Begriff »Resozialisierung« ist nicht nur in der sozialwissenschaftlichen und juristischen Fachsprache gebräuchlich, sondern auch in den Alltagssprachschatz eingegangen. Üblicherweise wird er mit »Wiedereingliederung Straffälliger in die Gesellschaft« übersetzt (Duden Fremdwörterbuch).

In den Rechtswissenschaften wird bei der Reflexion über Ziele und Sinn von Strafe in absolute und relative Strafzwecke unterschieden. Absolute Strafzwecke fordern eine Reaktion auf den Rechtsbruch allein deswegen, weil er stattgefunden hat, ganz unabhängig davon, welche Folgen diese Reaktion für die Gesellschaft, die Opfer oder die Täter nach sich zieht. Vergeltung, Sühne oder Rache sind solche absoluten Strafzwecke. Relative Strafzwecke fordern nicht Strafe um ihrer selbst willen, sondern zu einem konkreten Zweck: der Prävention weiterer Straftaten. In der Einteilung der relativen Strafzwecke entspricht Resozialisierung der positiven Spezialprävention.

	Generalprävention	Spezialprävention
positiv	Bestätigung von Normgehorsam; Einübung in Rechtstreue	Resozialisierung des/der Straffälligen
negativ	Abschreckung potenzieller Täter/innen	Abschreckung des/der Straffälligen

Da es um Einflussnahme auf die Person des Straffälligen geht, fällt die konkrete Umsetzung von Resozialisierung in das Gebiet der Human- und Sozialwissenschaften Pädagogik, Psychologie, Medizin u.s.w. Entsprechend dem Selbstverständnis dieser Disziplinen wird der Straffällige schwerpunktmäßig als »Unerzogener«, »psychisch Auffälliger« oder »Kranker« gesehen und Resozialisierung somit als Erziehung, Psychotherapie oder Behandlung verstanden.

Sowohl die alltagssprachliche Annäherung als auch häufig der fachsprachliche Gebrauch sind in doppelter Hinsicht unzureichend.

Zum einen steht der individualisierende Aspekt zu sehr im Vordergrund und betrachtet einseitig den Delinquenten als einen, der Einstellung und Verhalten ändern soll. Die Verantwortung der Gesellschaft, Mittel und Wege anzubieten, um ihn/sie wieder in die Gemeinschaft zu integrieren, wird tendenziell vernachlässigt. Zum

215

anderen geht die gebräuchliche Verwendung des Begriffs Resozialisierung von einer klaren Abgrenzung delinquenten Verhaltens aus. Die Dunkelfeldforschung hat dagegen belegt, dass Normübertretung ein viel weiter verbreitetes Phänomen darstellt als die registrierte Kriminalität. Oft erfolgt sogar eine Eingrenzung des Begriffs ausschließlich auf die Gruppe der Strafgefangenen. Resozialisierung kann sich aber nicht nur auf die Zeit des Freiheitsentzugs beziehen. Einigkeit besteht darin, dass Bewährungs- und Führungsaufsicht sowie die behördliche und freie Straffälligenhilfe in den Resozialisierungsprozess einbezogen sind. Weniger im Bewusstsein ist die Notwendigkeit, auch den Untersuchungshaftvollzug resozialisierend zu gestalten. Zu Beginn der Haft, formal eben deshalb oft in der Untersuchungshaft, liegt eine bessere Mitarbeitsbereitschaft vor als wenn mit zunehmender Haftzeit Prisonisierungseffekte und die Auswirkungen der Subkultur die Motivation schwächen (Pecher und Postpischil 1999).

Haftvermeidende Interventionen wie ambulante soziale Trainingskurse oder Täter-Opfer-Ausgleich, bisher leider überwiegend nur im Jugendrecht praktiziert, sind ebenfalls als Resozialisierungsmaßnahmen anzusehen. Sie sind einerseits auf die Stärkung sozialer Kompetenzen des Individuums ausgelegt, andererseits dienen sie durch die Vermeidung von Stigmatisierungsprozessen der gesellschaftlichen Integration.

In einem weiten Sinn erstreckt sich Resozialisierung somit auf das ganze Feld der Prävention von Delinquenz.

- *Primäre Prävention:* Maßnahmen zur Verhütung der Entstehung delinquenten Verhaltens
- *Sekundäre Prävention:* Gefährdetenhilfe, Früherkennung und Einwirkung bei ersten Anzeichen von Delinquenz
- *Tertiäre Prävention:* Maßnahmen zur Verhütung des Rückfalls

Insgesamt handelt es sich bei Resozialisierung also weniger um einen Fachbegriff mit eng umgrenzter Bedeutung, sondern um ein Schlagwort für ein ganzes Programm (vgl. Cornel 2003), das gesellschaftliche Reaktionen auf Kriminalität umfasst.

2. Rechtliche Grundlagen

Das deutsche Strafvollzugsgesetz von 1976 nennt programmatisch und bedeutungsmäßig abgestuft zwei Ziele, deren Erstes üblicherweise mit der Kurzformel Resozialisierung identifiziert wird.

»*§ 2. Aufgaben des Vollzugs.* Im Vollzug der Freiheitsstrafe soll der Gefangene fähig werden, künftig in sozialer Verantwortung ein Leben ohne Straftaten zu führen (Vollzugsziel). Der Vollzug der Freiheitsstrafe dient auch dem Schutz der Allgemeinheit vor weiteren Straftaten.«

Schon 1973 hatte das Bundesverfassungsgericht im sog. Lebach-Urteil den Anspruch auf Resozialisierung aus dem Sozialstaatsprinzip abgeleitet:

»Als Träger der aus der Menschenwürde folgenden und ihren Schutz gewährleistenden Grundrechte muss der verurteilte Straftäter die Chance erhalten, sich nach Verbüßung seiner Strafe wieder in die Gesellschaft einzuordnen. Vom Täter aus gesehen erwächst dieses Interesse der Resozialisierung aus seinem Grundrecht aus Art. 2 Abs. 1 (freie Entfaltung der Persönlichkeit) in Verbindung mit Art. 1 Grundgesetz (Recht auf Menschenwürde). Von der Gemeinschaft aus betrachtet verlangt das Sozialstaatsprinzip staatliche Vor- und Fürsorge für Gruppen der Gesellschaft, die aufgrund persönlicher Schwäche oder Schuld, Unfähigkeit oder gesellschaftlicher Benachteiligung in ihrer persönlichen oder sozialen Entfaltung behindert sind; dazu gehören auch die Gefangenen und Entlassenen. Nicht zuletzt dient die Resozialisierung dem Schutz der Gemeinschaft selbst; diese hat ein unmittelbares Interesse daran, dass der Täter nicht wieder rückfällig wird und erneut seine Mitbürger oder die Gemeinschaft schädigt« (BverfGE 35, 202).

Bemerkenswert ist, dass im Strafvollzugsgesetz dem Resozialisierungsgedanken zwar generell Priorität eingeräumt wird, dass aber Detailbestimmungen zur Umsetzung des allgemeinen Vollzugsziels in konkrete Handlungsanweisungen nur spärlich vorhanden sind. Die soziale Hilfe ist in den §§ 71 bis 75 StVollzG geregelt. Vergleichbare Ausführungen für psychotherapeutische Maßnahmen fehlen jedoch, mit Ausnahme der Regelungen für eine Aufnahme in eine Sozialtherapeutische Einrichtung (§ 9 StVollzG). »Zwar hat das Strafvollzugsgesetz die Vollzugswirklichkeit in den deutschen Strafanstalten deutlich zum Positiven verändert. Viele der Ziele des Strafvollzugsgesetzes sind jedoch in den Übergangsbestimmungen und in der Vollzugspraxis stecken geblieben« (Schäfer 1999, 15).

Das Strafvollzugsgesetz nennt nicht alle Strafzwecke, sondern beschränkt sich auf Resozialisierung und den Schutz der Allgemeinheit (s. zuvor). Die immer wieder aufkeimende Kritik an der einseitigen Formulierung des Vollzugsziels hat aber bislang zu keiner Gesetzesänderung geführt. Primäre Grundlage der Strafe ist eine begangene Rechtsverletzung und das Maß der Schuld des Täters. Deshalb müssen im Strafvollzug auch Freiheitsstrafen an Tätern vollzogen werden, die weder resozialisiert werden müssen, noch für die Allgemeinheit gefährlich sind. In den meisten Fällen entspricht die gerichtlich angeordnete Strafdauer auch nicht dem aus Sicht des Vollzugsziels der Resozialisierung optimalen Maß: Sie kann zu kurz sein, um die intendierte Wirkung eintreten zu lassen oder so lang, dass der aus Gründen der Integration günstigste Zeitpunkt der Entlassung längst überschritten ist. »Die Freiheitsstrafe ist ein zur Ahndung der schuldhaften Straftat dem Verurteilten auferlegtes Strafübel, eine Rechtseinbuße. Jede Verschleierung dieses Sachverhalts ist schädlich und erschwert die Durchführung der ›Aufgaben des Vollzugs‹, ganz besonders die Erreichung des Vollzugsziels. Dem Verurteilten können die ihn durch den Vollzug der Freiheitsstrafe treffenden Beschränkungen und Belastungen niemals allein (oder auch nur überwiegend) aus den Aufgaben des Strafvollzugs und schon gar nicht aus dem Vollzugsziel erklärt werden. Wird ihm der wahre Hintergrund seines Strafleidens verschwiegen oder zerredet, so fühlt er sich letzten Endes betrogen oder für dumm verkauft« (Böhm 1983, 6 f.).

3. Psychologische Aspekte

Das häufig und durchaus wohlmeinend vorgetragene Argument, es gehe nicht um Resozialisierung, sondern um Erst- oder Ersatz-Sozialisierung impliziert eine massive Diskriminierung: Dem Straffälligen wird die Fähigkeit abgesprochen, sich sinnvoll und verantwortungsvoll in Gemeinschaft zu verhalten. Delinquenz wird so nicht als Verhaltenskomplex, sondern als die ganze Person umfassend prägende

Disposition verstanden. Tatsächlich bestehen bei vielen Straffälligen Sozialisationsdefizite, entstanden durch unzulängliche Sozialisationsbedingungen und unzureichende Zugangschancen, oder psychische Defizite wie z. B. ich-strukturelle Defekte
bei Persönlichkeitsstörungen, deren Prävalenz in der Population der Straffälligen
überdurchschnittlich hoch ist. Gleichzeitig sind aber immer Fähigkeiten und Potenziale vorhanden, an die angeknüpft werden kann. Devianz kann auch Aspekte einer
produktiven Form der Auseinandersetzung mit sozialen Konflikten haben, im
Sinne eines (fehlgeschlagenen) Bewältigungsmechanismus. Resozialisierung, die
sich ausschließlich defizitorientiert versteht, würde im Extrem zu einer Art Gehirn-
wäsche verkommen und den Delinquenten dehumanisieren. Ressourcen-Orientie-
rung dagegen fördert Eigenverantwortung und Selbstorganisation.

Da sich einerseits, wie eingangs dargelegt, auch Gefangene im Justizvollzug befinden, die gar nicht resozialisiert werden müssen, andererseits die vorhandenen
Ressourcen für resozialisierende Maßnahmen gering sind, kommen Auswahl und
Indikationsstellung große Bedeutung zu. »Hier beobachtet man in der Praxis, dass
gerade die Insassen, die einer Integration am wenigsten bedürfen, am meisten vom
resozialisierenden Programm profitieren. Dieses Programm ist einmal für jeden Insassen sinnvoll, es verlangt von den am meisten eingegliederten die geringsten emotionalen, geistigen und körperlichen Anstrengungen (ist ihnen deshalb besonders
angenehm), und entsprechend sind die mit diesem Programm befassten Bediensteten mit jenen Klienten auch ›gut bedient‹« (Böhm 1988, 129). In Bezug auf die Sozialtherapie grenzt Rasch (1985, 327) die Indikation auf persönlichkeitsgestörte Gefangene ein. »Ohne eine konzeptionelle Beschränkung bei der Auswahl der Klienten liefern sich Behandlungsprojekte bei Straffälligen dem Vorwurf aus, Gehirnwä-
sche oder laienhafte Bastelei zu betreiben … Der Einsatz medizinisch-psychologi-
scher Verfahren sollte auf Straffällige beschränkt bleiben, deren sozialschädliches
Verhalten auf Persönlichkeitsstörungen beruht.«

Das Wort »Wiedereingliederung« impliziert ein Element des Zwangs und des
passiven Mit-Sich-Geschehen-Lassens und erinnert damit an andere aufschlussrei-
che Sprachspiele im Rahmen des Strafvollzugs, wie »Der Gefangene wird ver-
schubt«, »wird geduscht« oder »wird umgekleidet«. Eine Fundamentalkritik von
Resozialisierung im Rahmen des Strafvollzugs führt ins Feld, dass unter den Bedingungen äußeren Zwangs Resozialisierung immer auf der Ebene einer bloßen An-
passungsleistung stecken bleibt, die letztendlich der Stabilisierung des Systems und
nicht der förderlichen Entwicklung des Straffälligen dient (z. B. Lamott 1984).
Vielfach wird jedoch inzwischen das nicht weg zu diskutierende Element des
Zwangs nicht als absolutes Hindernis oder sogar als hilfreich gesehen. Zwang, der
freilich nie alleiniges Agens für Veränderung sein kann, ermöglicht die Aufnahme
und das Durchhalten von Resozialisierungsmaßnahmen. Er kann als »Zaun für
Freiräume« verstanden werden, der durch seine sichernde und ordnende Funktion
die gefahrlose Erprobung neuer Verhaltensweisen ermöglicht (Pleyer 1996). Aus
systemischer Sicht wird unterschieden zwischen »Kunden« und »Geschickten«.
Während der »Kunde« im Laufe seiner Sozialisation gelernt hat, Verantwortung
für sich zu übernehmen, hat der »Geschickte« eine Haltung der Nicht-Verantwort-
lichkeit entwickelt und lässt sich von anderen schieben und drängen. Wesensmerk-
mal der Arbeit mit »Geschickten« ist deshalb die ständige Einwirkung Außenstehender. Die »Auftraggeber, die den Zwang verhängen, sind ständig mit im
Gespräch, ohne anwesend zu sein« (Pleyer 1996, 192).

4. Gesellschaftliche Aspekte

Wie bereits dargelegt, erschöpft sich in der Praxis der Sinn von Strafe bei weitem nicht in Resozialisierung. Die Wirkmächtigkeit der anderen Strafzwecke dürfte der Hauptgrund dafür sein, warum Resozialisierungsansätze sich nur schwer durchsetzen können. Gleichzeitig dient sie aber als Legitimation staatlichen Strafens. »Zu einer Rechtfertigung dieser Art ist das Resozialisierungskonzept hervorragend geeignet. Es nimmt dem strafenden Staat das Odium des Kerkermeisters und teilt ihm die Würde des Arztes mit« (Hassemer 1982, 162). Doch dieser Legitimationsdruck scheint in den letzten Jahren zu sinken. So formulierte derselbe Autor vor kurzem: »Heute muss man einer studentischen und auch der allgemeinen Öffentlichkeit nicht, wie vor ein paar Jahren noch, erklären, warum Strafe sein muss: Dass Strafe sein muss, ist den Leuten normalerweise nicht nur klar und einleuchtend, sondern spricht ihnen auch aus dem Herzen. Strafe passt. Heute muss man vielmehr erklären, warum wir auf ein bestimmtes Problem nicht mit Strafe antworten« (Hassemer 2000, zit. nach Kawamura 2001, 20). Weber (2001) stellt eine neue »Straflüsternheit« in der Gesellschaft fest. Der Gesetzgeber reagiere nicht mehr auf tatsächliche Entwicklungen der Kriminalität, sondern auf massenmedial aufgeputschte, hochgradig ideologische Kriminalitätsfurcht. Kobbé (1999, 122) spricht von »Hysterisierung der öffentlichen Reaktion auf Straftaten unterschiedlicher Art«. Es herrsche »ein Klima, das zeitweise eine nüchterne Betrachtungsweise jenseits jeder Empörung oder Betroffenheit kaum noch gestattet.«

In diesem gesellschaftlichen Klima verliert der Resozialisierungsgedanke zunehmend an Akzeptanz. So ergab eine repräsentative Umfrage in Bochum (Schwind 1999), dass Sühne, Vergeltung und Abschreckung in der Meinung der Bevölkerung an Bedeutung gewinnen, die Akzeptanz des Resozialisierungsgedankens dagegen massiv abnimmt.

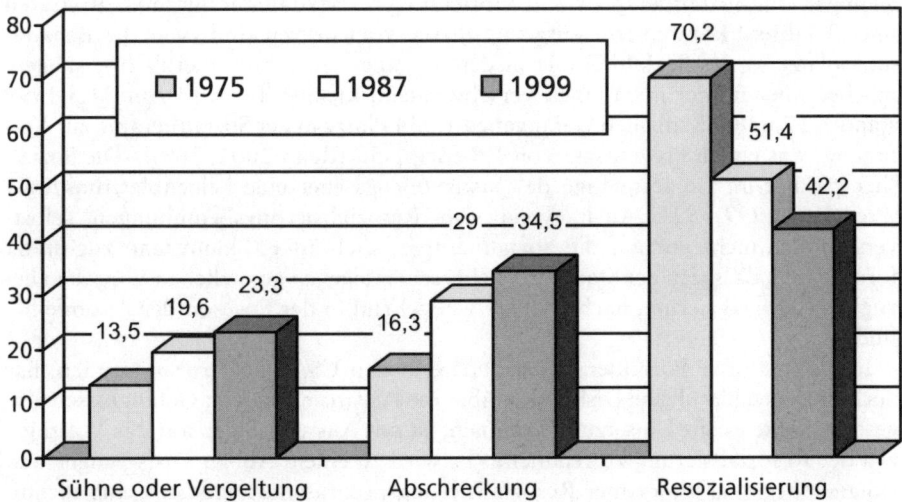

Abb. 1: Akzeptanz des Resozialisierungsgedankens in der Bevölkerung. Repräsentative Umfragen in Bochum.

Nach den Ergebnissen dieser Umfrage aus dem Jahr 1999 befürworten Frauen (43,4 %) Resozialisierung häufiger als Männer (39,0 %), jüngere Menschen (unter 26 Jahren: 48,3 %) eher als Rentner (32,3 %), Abiturienten (47,1 %) mehr als Hauptschüler (36,6 %) und leitende Angestellte und Beamte (49,5 %) häufiger als Facharbeiter und Handwerker (35,3 %).

Dieser Trend wird mitunter argumentativ gerne aufgegriffen. So sieht beispielsweise Steindorfner (2003, 5) in der »Forderung nach einem Behandlungsvollzug im Stil der 1970er-Jahre – betriebswirtschaftlich gesprochen – ein Produkt, das nicht mehr auf dem augenblicklichen Stand der Technik ist und für das bei den Kunden, der Allgemeinheit, keine Nachfrage besteht.«

In der Geschichte des Umgangs mit Straffälligkeit und Straffälligen gab es immer wieder Pendelausschläge in Richtung Sühne und Abschreckung auf der einen und Besserung und Behandlung auf der anderen Seite. Rasch, einer der Pioniere der Sozialtherapie im Strafvollzug, bemerkt hierzu: »Als das Gefängnis erfunden wurde vor 400 Jahren, da hatte man so etwas wie eine sozialtherapeutische Anstalt im Sinn, nicht einen Knast, in dem man die Leute schinden wollte. Dann kam aber etwas ganz anderes heraus, und das ging einige Male hin und her« (Rasch 1994, 251). Von einem Behandlungsoptimismus, manche sprechen von Euphorie, in den 1970er-Jahren schlägt das Pendel nun wieder zurück.

Akzeptanz für Resozialisierung ist heute dann zu erreichen, wenn sie unter dem Primat der Kriminalitätsminderung steht, gemäß dem Slogan »Sicherheit durch Resozialisierung«. »Wer gegenwärtig Politik und Öffentlichkeit davon überzeugen will, dass er nützlich und effektiv ist, der ist angesichts einer verbreiteten Kriminalitätsfurcht gut beraten, zu behaupten, er sei in der Lage, Kriminalität zu verhindern oder zu bekämpfen« (Scherr 2001, 47).

Im »Gesetz zur Bekämpfung von Sexualdelikten und anderen gefährlichen Straftaten« von 1998 sind deshalb strafverschärfende Maßnahmen (Erhöhung der Strafrahmen, Erleichterung der Verhängung von Sicherungsverwahrung) und verbindliche Vorschriften über die Durchführung von Behandlungsmaßnahmen (Verlegung in eine Sozialtherapeutische Einrichtung für Sexualtäter mit Freiheitsstrafen über 2 Jahren) kombiniert. Aufgrund dieser Vorschriften sind zwar die Behandlungsplätze in der Sozialtherapie in den vergangenen Jahren merklich gestiegen, machen aber immer noch einen verschwindend kleinen Teil aus. Am 31.3.1999 standen 57.648 männlichen Gefangenen 1.034 Plätze in der Sozialtherapie zur Verfügung, was einem Prozentsatz von 1,8 entspricht (Rehn 2001, 269). »Die Sozialtherapie hat im Gesamtgefüge des Justizvollzugs eher eine Feigenblattfunktion« (Preusker 1999, 92). Auch wenn sich Resozialisierungsbemühungen selbstverständlich nicht nur auf die Sozialtherapie beschränken, kann man zugespitzt formulieren, dass sich der Staat angesichts seiner eigenen gesetzlichen Vorgaben bezüglich Resozialisierung nach wie vor weitgehend in der Position der Anomie befindet.

Inspiriert durch Vorbilder, insbesondere in den USA und Großbritannien, hat auch in Deutschland eine Diskussion über die Privatisierung von Gefängnissen eingesetzt. Sollte es zur Umsetzung kommen, ist mit Auswirkungen auf das Vollzugsziel der Resozialisierung zu rechnen: »Es wird zu einem Abbau kostspieliger und lediglich begrenzt wirksamer Resozialisierungsprogramme zugunsten eher technischer Lösungen kommen, die mit anspruchsloserem Personal zu verwirklichen sind« (Walter 1999, 27).

Resozialisierung betrifft das Verhältnis von Individuum und Gesellschaft. Im allgemeinen Verständnis wird es in der Regel dahingehend reduziert, der Straffällige solle sein Verhalten so ändern, dass er nicht mehr von den Strafnormen abweicht. Deshalb wird vereinzelt der Begriff Resozialisierung ganz abgelehnt: »Ziel der Straffälligenhilfe kann nicht eine ›Resozialisierung‹ sein, denn diese zielt auf Fehlentwicklungen der Persönlichkeit, wodurch das ursprünglich gesellschaftliche Problem individualisiert wird« (Althoff 2001, 196). Auch wenn man dieser Extremposition nicht folgt, sollte auf jeden Fall der Begriff dahin offen bleiben, dass neben der Forderung an den Straffälligen, sich wieder einzugliedern, ebenso der Anspruch an die Gesellschaft besteht, den Straffälligen wieder aufzunehmen. Resozialisierung und Reintegration müssen als zwei Seiten derselben Medaille gesehen werden. Integrationsbemühungen können auf verschiedenen makro- bis mikrosozialen Ebenen erfolgen: Angefangen von rechtlichen Rahmenbedingungen, medialer Darstellung von Delinquenz über Schaffung resozialisierungsfreundlicher Rahmenbedingungen im Strafvollzug und in der Straffälligenhilfe bis hin zu Einwirkungen auf das konkrete Lebensumfeld des einzelnen Straffälligen. In der sog. Postmoderne als Zeitalter allfälliger Deregulierung, Individualisierung, Enttraditionalisierung und Pluralisierung ist kaum Konsens darüber mehr möglich, in welche Gesellschaft denn nun eigentlich wieder eingegliedert werden soll. Resozialisierung wird am Ziel der Eingliederung in eine Gesellschaft gemessen, die es so gar nicht mehr gibt (Kawamura 2001). Gleichwohl wird überwiegend an einem bürgerlichen Integrationsmodell festgehalten: Feste Arbeitsstelle und Wohnmöglichkeit, geregelte soziale Kontakte. In der »Risikogesellschaft« mit hoher struktureller Arbeitslosigkeit, zunehmenden Verarmungs- und Ausgrenzungsprozessen sind Straffällige häufig »Modernisierungsverlierer«. Mitunter müssen als Übergangs-, im Einzelfall aber auch als Dauerlösung soziale Nischen geschaffen werden, in denen Straffällige sich eine menschenwürdige und straffreie Existenz sichern können. »Resozialisierende Behandlung im Vollzug wird daher zumindest *auch* darauf auszurichten sein, wie ein künftiges Leben als Empfänger sozialer Unterstützungsleistungen dennoch in sozialverträglicher Daseinsgestaltung ein Leben ohne Straftaten bleiben kann« (Schüler-Springorum 1998, 150).

Die Vielschichtigkeit und Unübersichtlichkeit gesellschaftlicher Zusammenhänge haben auch Auswirkungen auf den geforderten Arbeitsstil des professionellen Helfers. Es gibt kein Standardprogramm für Resozialisierung. Das Gefängnis ist lange Zeit davon ausgegangen, dass Gewöhnung an regelmäßige Arbeit, dann auch Schul- und Berufsausbildung, eine Art Königsweg der Resozialisierung seien. Wenn mit dem Grundsatz Ernst gemacht wird, den Klienten da abzuholen, wo er steht, wird man jeweils recht unterschiedliche Maßnahmen in unterschiedlichen Kombinationen in Angriff nehmen müssen.

5. Praxis der Resozialisierung

Resozialisierungsmaßnahmen sind stets multiprofessionell und integrativ. Auf die Frage, wer denn eigentlich der Spezialist für Resozialisierung sei, kann man nur antworten: das interdisziplinäre Team. Soziale und psychische Probleme sind bei Straffälligen fast ausnahmslos derart eng miteinander verwoben, dass das Metho-

denrepertoire einer einzigen Profession in der Regel zu kurz greift. Aus tiefenpsy-
chologischer Sicht hat Rauchfleisch sein Vorgehen »als eine Art ›psychoanalytische Sozialarbeit‹ oder ›sozialarbeiterische Psychoanalyse‹« (Rauchfleisch 1993,
288) beschrieben. In der Zusammenarbeit verschiedener Professionen bedarf es
einer engen Vernetzung. Um Überschneidungen, Widersprüche und das Gegenei-
nander-Ausspielen der einzelnen Helfer durch den Klienten zu vermeiden, müssen
Helferkonferenzen und Case-Management in der Straffälligenhilfe viel selbstverständlicher werden. Daran krankt es in der Praxis oft aus Zeitmangel, begrenzten
Zuständigkeiten, aber auch aus Vorbehalten der jeweils anderen Profession gegenüber.

Je nach Problemlage, Bedarf und Fähigkeiten des Straffälligen, werden Resozialisierungsbemühungen verschiedene Schwerpunkte aufweisen (Cornel 2003, 45):

- psychotherapeutische Behandlung beim Vorliegen von Persönlichkeitsstörungen und anderen psychischen Problemen;
- Soziales Training zur Förderung der sozialen Kompetenz, Selbstsicherheit, Frustrationstoleranz, Konflikt- und Bindungsfähigkeit;
- Schulbildung und Berufsausbildung, um die Chancen zur Teilnahme am Berufsleben zu erhöhen;
- Beratung, Aufklärung und Unterstützung in speziellen Problemlagen und Kri-
  sensituationen, z. B. Drogenberatung, Schuldnerberatung;
- Motivation zu Bemühungen, die eigene Lebenslage zu verbessern, weil Ausgrenzung, Stigmatisierung und Perspektivlosigkeit zur resignierten Nichtwahrneh-
  mung und Nichtannahme von Hilfsangeboten führen;
- materielle Hilfen zur Absicherung der Lebenshaltungskosten;
- persönliche Begleitung in Konflikt- und Übergangssituationen, insbesondere bei
  der Entlassung;
- gesellschaftliche Bemühungen um Integrationsbereitschaft, Entstigmatisierung
  und Toleranz gegenüber abweichendem Verhalten.

6. Verwandte Begriffe

Als verwandte Begriffe werden teilweise synonym, aber mit unterschiedlichem
Schwerpunkt verwandt:

- *Erziehung:* Der Begriff findet vorwiegend Anwendung in Bezug auf junge
  Gefangene, beispielsweise in der gesetzlichen Vorschrift zur erzieherischen Ausgestaltung des Jugendstrafvollzugs (§ 91 JGG). Im Zusammenhang mit erwachsenen Gefangenen ist er wegen des implizierten deutlichen Machtgefälles zwischen Erzieher und zu Erziehendem kaum gebräuchlich. Die Einreihung des
  Strafvollzugs in die Reihe der Erziehungsinstanzen Elternhaus und Schule weckt
  hohe Erwartungen, die in aller Regel nicht erfüllt werden können.
- *Behandlung:* Zum einen wird der Begriff in einem sehr weiten Sinn verwendet
  für jede Art der intentionalen Einflussnahme auf den Gefangenen und suggeriert
  so, dass alle vollzuglichen Maßnahmen auf Resozialisierung abgestellt sind.
  Tatsächlich geschieht aber vieles auch oder ausschließlich unter dem Sicher-
  heits- und Ordnungsaspekt und wegen bürokratischer Zwänge. In einem engen

Sinn ist der Begriff Behandlung in Anlehnung an ein medizinisches Modell auf medizinische, psycho- und sozialtherapeutische Interventionen beschränkt.

- *Betreuung:* Hierunter werden Maßnahmen verstanden, die dem Angleichungsgrundsatz (§ 3 StVollzG) Rechnung tragen und darauf abzielen, das Leben in Haft zu erleichtern und Prisonisierungsfolgen entgegen zu wirken.
- *Rehabilitation:* Maßnahmen zur Wiederherstellung von Fähigkeiten und Fertigkeiten, die vor einem Unfall, einer Krankheit bzw. einer psycho-sozialen Störung vorhanden waren, werden mit diesem eher medizinisch orientierten Begriff umschrieben. Das Bundessozialhilfegesetz subsumiert in § 72 BSHG die »Eingliederung von Straffälligen« unter den »Eingliederungshilfen für Behinderte«. Im angelsächsischen Sprachraum wird im Zusammenhang mit Straffälligen ausschließlich der Begriff »rehabilitation« benutzt. Der Begriff Resozialisierung ist dort nicht gebräuchlich.
- *Besserung:* Der Begriff war früher weit verbreitet, wird aber wegen seiner moralischen Besetzung heute weitgehend abgelehnt. Im Strafgesetzbuch findet er sich noch bei den »Maßregeln der Besserung und Sicherung«. Die Unterbringung in einem psychiatrischen Krankenhaus (§ 63 StGB) und die Unterbringung in einer Entziehungsanstalt (§ 64 StGB) sind dabei eindeutig auch resozialisierungsförderd konzipiert, während bei der Unterbringung in der Sicherungsverwahrung (§ 66 StGB) dieser Aspekt zurücktritt.

Literatur

Althoff, H. (2001), Straffälligenhilfe als adäquater Umgang mit Kriminalität und sozialem Ausschluss? Plädoyer für eine künftige Praxis, In: Nickolai, W. und Reindl, R (Hrsg.), *Sozialer Ausschluss durch Einschluss*. Freiburg i. Br.: Lambertus, 185–204.

Böhm, A. (1983), Kommentar zu § 2 StVollzG. In: Schwind, H.-D. und Böhm, A. (Hrsg.), *Strafvollzugsgesetz. Großkommentar*. Berlin, New York, 5–15.

Böhm, A. (1988), Strafzwecke und Vollzugsziele. In: Busch, M. und Krämer, E. (Hrsg.), *Strafvollzug und Schuldproblematik*. Pfaffenweiler: Centaurus, 129–134.

Cornel, H. (2003), Resozialisierung – Begriff, Inhalt und Verwendung. In: Cornel, H.; Kawamura-Reindl, G.; Maelicke, B. und Sonnen, B. (Hrsg.), *Handbuch der Resozialisierung*. 2. Auflage. Baden-Baden: Nomos, 13–54.

Duden (1982), *Das Fremdwörterbuch*. Mannheim, Wien, Zürich: Dudenverlag.

Hassemer, W (1982), Resozialisierung und Rechtsstaat. *Kriminologisches Journal 3*: 1982, 161–166.

Hassemer, W. (2000), *Muss Strafe sein?* Vortrag auf der Großen Juristenwoche Nordrhein-Westfalen am 13.11.2000 in Recklinghausen, unveröffentlichtes. Vortragsmanuskript.

Kawamura, G. (2001), Die Antworten der Sozialen Arbeit auf den gesellschaftlichen Wandel – Ansätze für die Straffälligenhilfe. In: Nickolai, W. und Reindl, R. (Hrsg.), *Sozialer Ausschluss durch Einschluss*. Freiburg i. Br.: Lambertus 13–34.

Kobbé, U. (1999), »Besserung und Sicherung«: Auftrag, Praxis, Ethik der Behandlung schwergestörter Rechtsbrecher im Maßregelvollzug. In: Vögele, W. (Hrsg.), *Wohin mit den Tätern?* Loccum: Evangelische Akademie Loccum, 113–132.

Lamott, F. (1984), *Die erzwungene Beichte. Zur Kritik des therapeutischen Strafvollzugs*. München: Profil.

Pecher, W und Postpischil, S. (2000), Tiefenpsychologisch orientierte Psychotherapie in der Untersuchungshaft. *Recht & Psychiatrie 18*: 177–182.

Pleyer, K. H. (1996), Schöne Dialoge in hässlichen Spielen. Überlegungen zum Zwang als Rahmen für Therapie. *Zeitschrift für systemische Therapie 3*: 186–196.

Preusker, H. (1999), Sexualstraftäter im Strafvollzug. In: Vögele, W. (Hrsg.), *Wohin mit den Tätern?* Loccum: Evangelische Akademie Loccum, 82–93.

Rasch, W. (1994), Mit differenzierender Optik sich dem Gegenstand Kriminaltherapie nähern. In: Steller, M., Dahle, K.P. und Basqué, M. (Hrsg.), *Straftäterbehandlung*. Pfaffenweiler: Centaurus, 251–254.

Rasch, W. (1985), Nachruf auf die sozialtherapeutische Anstalt. *Bewährungshilfe 32*: 319–329.

Rauchfleisch, U. (1993), Die ambulante Behandlung von Straffälligen – Eine Herausforderung an den Psychotherapeuten. In: Leygraf, N. et al. (Hrsg.), *Die Sprache des Verbrechens. Wege zu einer klinischen Kriminologie. Festschrift für Wilfried Rasch*. Stuttgart, Berlin, Köln: Kohlhammer, 284–289.

Rehn, G. (2001), »Wer A sagt...« – Haftplätze und Haftplatzbedarf in Sozialtherapeutischen Einrichtungen. In: Rehn, G.; Wischka, B.; Lösel, F. und Walter, M. (Hrsg.), *Behandlung »gefährlicher Straftäter«*. Herbolzheim: Centaurus, 264–275.

Schäfer, K. H. (1999), Vollzugspolitische Entwicklungen auf dem Hintergrund hessischer Tradition. In: Schäfer, K. H. und Sievering, U. O. (Hrsg.), *Strafvollzug im Wandel – Privatisierung kontra Resozialisierung?* Frankfurt a. M.: Haag und Herchen, 11–18.

Scherr, A. (2001), Soziale Ausgrenzung, Kriminalisierung – und was macht die Soziale Arbeit? In: Nickolai, W. und Reindl, R. (Hrsg.), *Sozialer Ausschluss durch Einschluss*. Freiburg i. Br.: Lambertus, 35–50.

Schüler-Springorum, H. (1998), Strafvollzug in 20 Jahren – Hoffnungen und Befürchtungen. In: Kawamura, G. und Reindl, R. (Hrsg.), *Wiedereingliederung Straffälliger. Eine Bilanz nach 20 Jahren Strafvollzugsgesetz*. Freiburg i. Br.: Lambertus, 144–157.

Schwind, H. (1999), *Strafvollzug: Abschreckung statt Resozialisierung im Trend*. Bochum: Pressemitteilung der Ruhr-Universität Bochum vom 20.10.1999.

Steindorfner, M. (2003), Behandlung im Strafvollzug und Schutz der Allgemeinheit. Der baden-württembergische Weg im Umgang mit rückfallgefährdeten Straftätern. *Zeitschrift für Strafvollzug und Straffälligenhilfe 52*: 3–9.

Wagner, G. (1985), *Das absurde System. Strafurteil und Strafvollzug in unserer Gesellschaft*. Heidelberg: C. F. Müller.

Walter, M. (1999), Privatisierung der Strafrechtspflege: Leistungsoptimierung oder staatliche Kapitulation? In: Schäfer, K. H. und Sievering, U. O. (Hrsg.), *Strafvollzug im Wandel – Privatisierung kontra Resozialisierung?* Frankfurt a. M.: Haag und Herchen, 21–29.

Weber, H.-M. (2001), Zur Rolle des Strafvollzugs in (post-)modernen Gesellschaften. In: Nickolai, W. und Reindl, R. (Hrsg.), *Sozialer Ausschluss durch Einschluss*. Freiburg i. Br.: Lambertus, 93–126.

Sexualstraftäter – Rechtliche Aspekte, Häufigkeiten, Ätiologie, Behandlungsansätze

von Stefan Postpischil

Einleitung

Für Psychologen im Justizvollzug spielen Sexualstraftäter in den letzten Jahren eine besondere Rolle, weil sie, ausgelöst durch spektakuläre Delikte an Kindern, stärker ins Zentrum öffentlichen Interesses geraten sind. Die Rolle von Gutachtern und Therapeuten, die sich zu Prognose und Rückfallgefahr bei diesem Täterkreis äußern, bekam eine politische Dimension.

Kennzeichnend für sexuell motivierte Straftaten ist, dass sie einen Verstoß gegen eine strafrechtlich anerkannte Verhaltensnorm zur Befriedigung des eigenen Geschlechtstriebes darstellen. Sie sind also zu unterscheiden sowohl von den Störungen der Sexualpräferenz, wie sie im ICD-10 aufgelistet sind, als auch von den Paraphilien des DSM-IV. Im Justizvollzug haben wir es mit Störungen der Sexualpräferenz im Zusammenhang mit einer strafbaren Handlung und mit aggressiven Sexualstraftaten zu tun. Damit ist zunächst nichts über die psychische Störungsqualität ausgesagt, welche hinter solchem Handeln möglicherweise steht. In Justizvollzugsanstalten inhaftierte Sexualstraftäter sind häufig im Rahmen der Verurteilung begutachtet worden und wurden als schuldfähig oder vermindert schuldfähig (§ 21 StGB) zu Haftstrafen und nicht zu einer Unterbringung im Maßregelvollzug (§ 63 StGB) verurteilt. Die Unterbringung im Justizvollzug berechtigt jedoch nicht zu der Annahme, dass bei dieser Klientel keine psychopathologische Störung im Zusammenhang mit der Delinquenz vorliegt. Leygraf (1999) hat bei einer Untersuchung im Maßregelvollzug bei 30 % der Untergebrachten Persönlichkeitsstörungen festgestellt. Persönlichkeitsstörungen bei Sexualstraftätern im Justizvollzug sind bisher wenig in das Interesse forensischer Forschung gerückt. Es gibt aber Anhaltspunkte dafür, dass die Prävalenz noch höher als im Maßregelvollzug ist. So kann davon ausgegangen werden, dass bei einem großen Anteil inhaftierter Sexualstraftäter eine Persönlichkeitsstörung auf mittlerem bis niedrigem Ich-Strukturniveau (OPD 1996) zu diagnostizieren ist.

1. Rechtliche Aspekte der Sexualdelinquenz

Drei Abschnitte des StGB befassen sich mit Sexualstraftaten:

- Abschnitt 12 »Straftaten gegen den Personenstand, die Ehe und die Familie« (§ 169 bis § 173 StGB)
- Abschnitt 13 »Straftaten gegen die sexuelle Selbstbestimmung« (§ 174 bis § 184 StGB)
- Abschnitt 16 »Straftaten gegen das Leben« (§ 211 bis § 222 StGB)

Es besteht eine gesonderte rechtliche Zuordnung (Abschnitt 12) von Schutzbestimmungen für den familiären Nahraum. Der § 173 StGB, Beischlaf zwischen Verwandten (Inzest), regelt grundsätzlich, dass der Beischlaf mit »leiblichen Verwandten und unter Geschwistern« strafbar ist. Ein möglicher Strafrahmen von bis zu zwei Jahren gilt für alle Beteiligten, die das 18. Lebensjahr erreicht haben. Mit bis zu drei Jahren wird bestraft, wer mit einem leiblichen Abkömmling den Beischlaf ausübt. Die §§ 174 bis 176 StGB sind dem 13. Abschnitt zugeordnet und regeln den sexuellen Missbrauch von Schutzbefohlenen und Kindern, aber auch Fälle von Ausnutzung einer Amtsstellung (§ 174 b StGB) oder eines Beratungs- und Behandlungsverhältnisses (§ 174 c StGB). Das Spektrum der Straftaten, die unter dem Begriff der Sexualdelinquenz in diesem Abschnitt zusammengefasst wurden, ist sehr breit. Gewaltlose Normverstöße wie Exhibitionismus (§ 183 StGB), Verbreitung pornografischer Schriften, ein Großteil der pädosexuellen Handlungen und sexuelle Gewalttaten wie sexuelle Nötigung/Vergewaltigung (auch mit Todesfolge; §§ 177, 178 StGB) fallen hierunter. Hingegen sind Ausbeutungshandlungen in Abhängigkeitsverhältnissen, sexueller Missbrauch von Kindern (Schutzalter 14 Jahre; § 176 StGB) zusammen mit Bandenkriminalität wie Menschenhandel und Zuhälterei unter dem Begriff der Straftaten gegen die sexuelle Selbstbestimmung im StGB zu finden. Baurmann kritisiert, »die Zusammenfassung so unterschiedlicher Straftatbestände unter dem Arbeitsbegriff Sexualdelinquenz als problematisch, weil damit suggeriert wird, die entsprechenden Straftaten hätten einen gemeinsamen Nenner, obwohl es sich tatsächlich um sehr unterschiedliche Phänomene handelt, sowohl was das Tatmotiv als auch was den Gewaltanteil und schließlich auch was die möglichen Schadensfolgen betrifft« (Baurmann 1992 nach Pfäfflin 2000, 248).

Die 1990er-Jahre brachten verschiedene gesetzliche Neuregelungen. Der § 179 StGB (Missbrauch widerstandsunfähiger Personen) wurde erweitert, der § 174 c StGB kam neu hinzu und dient seither dem besonderen Schutz von geistig und seelisch Kranken, die sich in Psychotherapie oder psychosozialer Beratung befinden.

Im Juli 1997 wurde der Gewaltbegriff der sexuellen Nötigung/Vergewaltigung durch eine Gleichstellung von Vergewaltigungsopfern in der Ehe erweitert. Mit dem Gesetz zur Bekämpfung von Sexualdelikten und anderen gefährlichen Straftaten vom 26. Januar 1998 wurde dem Schutz der Allgemeinheit vor Sexualstraftätern sowohl durch eine Erweiterung des Strafrahmens, als auch durch die »verpflichtende Vollzugslösung« zur Aufnahme von Sexualstraftätern in eine sozialtherapeutische Einrichtung Rechnung getragen. Sicherungsverwahrung kann unter Umständen nach der ersten Verurteilung ausgesprochen werden. Das Bundeszentralregister weist Straftaten von Jugendlichen und Heranwachsenden längere Zeit aus. Therapie kann auch gegen den Willen des Verurteilten angeordnet werden. Sexueller Missbrauch von Kindern wurde generell zum Verbrechenstatbestand hochgestuft, der Strafrahmen bei der Mindest- und bei der Höchststrafe wurde angehoben. Gutachter müssen bei Freiheitsstrafen über zwei Jahren zu der Frage Stellung nehmen, »ob bei dem Verurteilten keine Gefahr mehr besteht, dass dessen durch die Tat zutage getretene Gefährlichkeit fortbesteht« (§ 454 Abs. 2 StPO). Diese gesetzliche Veränderung hat bei Juristen und forensischen Psychologen und Psychiatern zu lebhaftem Widerspruch geführt, da sowohl die Differenzierungsmöglichkeiten, als auch die Verhältnismäßigkeit bei Sexualstraftaten erheblich eingeschränkt sind. Den gleichen Maßstab für einen Exhibitionisten wie für einen hochgefährlichen, psychisch gestörten Sexualdelinquenten anzulegen, sei unverhältnismäßig und könne sehr schnell zu einer Überfüllung der Unterbringungsmöglichkeiten führen. »Es ist darüber hinaus unmöglich, von irgendeinem Menschen ohne jede Einschränkung zu sagen, dass keine Gefahr mehr bestehe oder dessen Gefährlichkeit fortbestehe« (Sigusch, Berner und Böllinger 1999, 1302).

Obwohl es sehr umstritten bleibt, welchen Sinn es haben soll, Verurteilte zu einer Therapie zwingen zu können, ist festzustellen, dass mit der Neuordnung des § 9 StVollzG der Psychotherapie im Justizvollzug und damit den behandelnden Vollzugspsychologen eine größere Bedeutung gegeben wurde.

2. Häufigkeit von Sexualstraftaten

Sexualdelinquenz macht 0,8 % der Gesamtkriminalität aus und ist in den vergangenen Jahrzehnten weitgehend konstant geblieben. 6248 verurteilte Sexualtäter weist das Statistische Bundesamt für das Jahr 2000 aus (Statistisches Bundesamt 2001). Die Straftaten verteilen sich in etwa folgendermaßen: 25 % Vergewaltigung und sexuelle Nötigung, 30 % sexueller Missbrauch (mit Inzeststraftaten), 18 % Exhibitionismus und 20 % Ausnutzen sexueller Neigungen (missbräuchlicher Umgang mit perversen Neigungen; Egg 2002, 4). Darüber hinaus ist eine hohe Dunkelziffer wahrscheinlich. Die Anzeigequote bei Sexualstraftaten liegt bei 18,9 %, die durchschnittliche Anzeigequote bei allen Delikten bei 48 % (Schneider 2002, 253). In einer repräsentativen Umfrage in Deutschland unter Frauen über 16 Jahren berichten 8,6 % von sexuellen Gewalterfahrungen. 10 bis 15 % der Mädchen und 5 bis 10 % der Jungen in Deutschland werden Opfer sexueller Gewalt. Selbst wenn die sexuelle Misshandlung aufgedeckt wird, werden nur 6 bis 12 % der Polizei gemeldet. Der Bruder-Schwester-Inzest liegt 5-mal höher als der Vater-Tochter-Inzest. Die große Mehrheit der Opfer ist unter zehn Jahre alt (Schneider 2002, 253). 70 % aller angezeigten Sexualstraftaten werden aufgeklärt. 5 % der Täter sind Frauen. Anzeigen von sexuellem Missbrauch (nicht Inzest) sind seit den 1950er-Jahren stark rückläufig. Auch Vergewaltigung und Sexualmorde sinken seit den 1970er-Jahren. (Egg 2002, 4).

So schrecklich die einzelnen Delikte sind: Die extreme und auch sehr emotionalisierte Zunahme des öffentlichen Interesses ist nicht durch ein Anwachsen der Delikthäufigkeit zu erklären. Es herrscht ein Gefühl von Schutzlosigkeit und Ausgeliefertsein an schwer zu fassende Bedrohungen, die sich aufgrund globaler Veränderungen entwickeln und denen der Einzelne in bisher nicht gekannter Form ohnmächtig und auch unwissend gegenübersteht. Die daraus entstehenden Ängste werden teilweise auf die »Triebtäter, die unsere Kinder bedrohen« projiziert und daduch fassbarer. »10-mal mehr Kinder werden vorsätzlich meist von ihren Eltern getötet wie bei Sexualstraftaten und es kommen 150-mal mehr Kinder im Straßenverkehr ums Leben« (Pfäfflin 2000, 249). Mit der Forderung nach schnellen und radikalen Lösungen im Umgang mit den Tätern verknüpft sich meines Erachtens der kollektive Wunsch, ja die kollektive Illusion, dass darüber auch eine schnelle und hilfreiche Beseitigung der individuellen Ängste möglich sein könnte.

Trotz dieser besonderen Entwicklung der letzten Jahre, durch die die Sexualstraftäter in den Blickpunkt des öffentlichen Interesses gerückt sind, soll die Rückfälligkeit von ihnen nicht verharmlost werden.

Nach Egg haben 20 % der Sexualstraftäter nach 10 Jahren wieder einen Eintrag im Strafregister mit einem einschlägigen Delikt, 50 % haben keinen neuen Eintrag. Mit 50 bis 60 % liegt die Rückfälligkeit von Exhibitionisten deutlich höher. Die Rückfallgeschwindigkeit bei sexuellen Gewalttätern liegt im 1. Jahr nach Entlassung bei 37 %, im 2. Jahr bei 18 %, im 3. Jahr bei 7 % und im 10. Jahr bei 10 % (Egg 2002, 5).

Als Risikofaktoren zur einschlägigen Rückfälligkeit werden genannt:

- Einschlägige Vorstrafen
- Geringes Alter bei erstem Sexual- bzw. Bezugsdelikt
- Keine Vorbeziehung zwischen Täter und Opfer
- Beziehungstat ohne Körperkontakt (bei sexuellem Missbrauch)
- Kindliche Opfer (bei sexuellen Gewaltdelikten)
- Auch männliche Opfer
- Kein abgeschlossener Schulabschluss
- Suchtstruktur
- Dissoziale Familienverhältnisse (Sucht und Gewaltstrukturen)

Wesentlicher Kritikpunkt an der Rückfallforschung sind die beobachteten Rückfallrisikozeiten, die meist nur bei 5 bis 6 Jahren liegen. Nach Schneider (2002) ist der »Hang zu Sexualstraftaten« fest in der Persönlichkeitsstruktur verankert und hält jahrelang an. Dies kann als Indikator dafür gesehen werden, dass Verhaltensänderungen in der Charakterstruktur des Klienten verankert werden sollten.

3. Ätiologie von Sexualstraftaten

Kausale Erklärungsmodelle zur Ätiologie sexueller Delinquenz liegen kaum vor. Die klassische Psychiatrie orientiert sich an anlagebedingten Konzepten und kriminogenen Faktoren, die bei Straftätern generell zu beobachten sind (Müller-Isberner 1998 in Pfäfflin 2000, 250). In den Klassifikationssystemen DSM-IV und ICD-10 sind keine Verhaltensweisen aufgeführt, die von strafrechtlicher Relevanz wären. In unspezifischer Weise sind folgende ICD-10-Diagnosen von Bedeutung für im Strafvollzug untergebrachte Sexualstraftäter. Neben der Störung der Sexualpräferenz (F 65.4) sind es vor allem Persönlichkeitsstörungen wie emotionale Instabilität (F 60.3), Dissozialität (F 60.2) oder andere Spezifika wie narzisstische und unreife Persönlichkeit (F 61.0/F 61.8). Es handelt sich weitgehend um deskriptive Diagnosekriterien, die auf eine intrapersonale Ursachenforschung verzichten.

In einer Untersuchung von Eckert, Brodbeck und Jürgens (1997), unter männlichen Strafgefangenen in der Einweisungsabteilung der JVA Hannover, wurde bei 75 % der untersuchten Gefangenen eine Borderline-Persönlichkeitsstörung festgestellt. Das belegt die Hypothese, dass männliche Borderline-Patienten eher im Justizvollzug, weibliche aber in klinischen Einrichtungen zu finden sind. Das Verhältnis zwischen Männern und Frauen mit einer Borderline-Diagnose, liegt in klinischen Stichproben verschiedener Untersuchungen zwischen 1:2 und 1:3 (Widiger und Trull 1993 in Eckert 1997, 183), die Prävalenzrate in der Gesamtbevölkerung unterscheidet sich jedoch nicht. Die These, dass sich eine vergleichbare Störungsqualität bei Frauen in autoaggressivem Handeln und bei Männern in Fremdaggression äußert, erscheint in diesem Zusammenhang einleuchtend und von großem behandlungstechnischem Interesse.

Berner et al. (1998) differenzieren in ihrer Typologisierung, die sie an den Untersuchungen von Schorsch (1985, 81) und Rehder (1996) anlehnen, zwischen vier Untergruppen, die sich an der »Grundproblematik« und nicht am Bedeutungsgehalt und der Bewältigungsstrategie orientieren.

1. Depressivität, die durch sexuelle Stimulation abgewehrt werden soll, steht im Vordergrund.
2. Schwere Persönlichkeitsstörungen haben zu Antisozialität und Randständigkeit geführt.
3. Starke Autonomiekonflikte führen zur Vermeidung von Bindung.
4. Sexueller Sadismus (Berner, Kleber und Lohse 1998, 126).

Weiter unterscheidet diese Typologie hinsichtlich der Ich-strukturellen Persönlichkeitsorganisation in neurotisches Niveau (Perversion) und Borderline-Niveau (Paraphilie).

Tab. 1: Sexualtäter-Typologie (nach Berner, Kleber, Lohse 1998, 126)

Persönlichkeitsstruktur	Neurotisch (Perversion)	Borderline (Paraphilie)
Eigentlicher Wunsch	Verdrängt, hinter deviantem Ritual	Abgespalten, besteht neben fast unauffälliger Sexualität
Beziehungsstruktur	Empathie und Rücksichtsfähigkeit erhalten; Wunsch, perverses Ritual in Beziehung zu integrieren; ganze Objekte	Manipulativ, Kampf gegen Abhängigkeit, Kampf und Flucht; Partialobjekte
Symptombildung	Zwanghaft-ritualisiert	Suchtartig, impulsiv
Triebgleichgewicht	Aggression im Dienste der Libido	Libido im Dienste der Aggression

Eine weitere Abstufung ist möglich, wenn neben dem neurotischen und dem Borderline-Niveau, das mittlere oder narzisstische Organisationsniveau Berücksichtigung findet. Hier spielen in den Beziehungen Idealisierung und Entwertung eine große Rolle, ebenso die Befürchtung, die Bewunderung der Umgebung zu verlieren. Auf dem mittleren Organisationsniveau besteht eine deutliche Kränkbarkeit im Kontakt mit der Umwelt. So kann z. B. der Autonomiewunsch einer Partnerin als deutliche Kränkung erlebt werden und massive Trennungsängste auslösen, die möglicherweise aggressiv verarbeitet werden. Die Aggression steht im Dienste der Selbstwertregulierung.

Wesentliche Aussage aller Typologisierungsversuche ist es, die Heterogenität der Gruppe der Sexualstraftäter und die daraus resultierende Vielfalt der Behandlungsmöglichkeiten herauszustreichen.

Fehlenberg beschreibt für »pädophile Vergewaltiger« im Maßregelvollzug vier persönlichkeitsstrukturelle Störungsbereiche, die bei individueller Differenzierung auch für Gefangene im Strafvollzug zutreffen. Diese sind Bindungsfähigkeit, Ich-Pathologie, Über-Ich-Pathologie, narzisstische Störung (Fehlenberg 1997, 161)

- Störungen der Bindungs- und Beziehungsfähigkeit: dysfunktionale innere Beziehungsfantasien und -modelle.
- Ich-Pathologie: Frühe Abwehrmechanismen wie Spaltung, Verleugnung, Projektion, projektive Identifikation stehen einer Stabilisierung des Selbsterlebens im Weg, das eine Voraussetzung für Empathie und die Fähigkeit zur inneren Konfliktverarbeitung darstellt.
- Über-Ich-Pathologie: Die Entwertung der eigenen Person wird projektiv im Gegenüber verarbeitet. Ein überhöhtes Ich-Ideal führt zu tiefer Beschämung im Kontakt mit der Realität. Das wird aggressiv verarbeitet.
- Narzisstische Problematik: Vor dem Hintergrund inkonsistenter und defizitärer Beziehungserfahrungen ist es in der Regel zu einer massiven Selbstwertproblematik gekommen. Eine tiefe Ambivalenz zwischen Angst vor und Wunsch nach Bindung, kommt zum Ausdruck.

Schneider (2002) unterscheidet die »Jugendzeit-Sexualstraftäter mit Spontanremission durch den Eintritt ins Erwachsenenalter« und den »chronischen Lebenslauf-Sexualtäter«. Auf der einen Seite stehen also der jugendliche Delinquent, der im Wesentlichen eine Sexualstraftat zur Bewältigung adoleszenter Krisen begeht. Seine Störung ist jedoch nicht so weit in der Persönlichkeitsstruktur verhaftet, dass sie zu einem ich-syntonen Persönlichkeitsmerkmal mit Suchtcharakter wird. Auf der anderen Seite findet sich der Sexualstraftäter, für den sexuelle Übergriffe eine Bewältigungsstrategie von inneren Spannungszuständen in relativ ich-syntoner Weise darstellen. Die traumatischen Vernachlässigungs- und Missbrauchserfahrungen, das chaotische Klima der Herkunftsfamilien und die Beobachtungen sexuell aggressiver Handlungen sind sehr bestimmende Auslösefaktoren für eine Karriere als Straftäter. Die ätiologischen Faktoren unterstreichen, dass es in der Behandlung vor allem um die Therapie der Persönlichkeitsstörungen und des gestörten Bindungsverhaltens geht.

Das Verständnis der Wechselwirkung intrasubjektiver und intersubjektiver Aspekte zur Ätiologie psychischer Störungen stellt das Zentrum moderner psychoanalytischer Theorie dar. Schon früh spielte in der Psychoanalyse Perversion als Regression auf eine »frühe Fixierung der Libido« (Freud 1973) eine große Rolle. Aus dieser Perspektive erscheint die »erwachsene Perversion« (a. a. O., 229) als das Wiederauftreten eines partiellen Elementes der frühkindlichen sexuellen Fantasien. Vor allem die »intersubjektive Leerstelle der frühen triebtheoretisch-orthodoxen Psychoanalyse« (Altmeyer 2000, 12) gilt es auch in den Erklärungsversuchen von »Perversion als Straftat« (Schorsch 1985) zu füllen. Kernberg (1983) hat dies eher unter der psychiatrisch deskriptiven Perspektive unternommen. Die Spaltung als

Abwehrvorgang in der Objektbeziehung zu betrachten, ist sein besonderes Verdienst. Andere betrachten, unter dem Rückgriff auf die klinische Praxis, das intersubjektive Geschehen zwischen Therapeut und Patient als Wiederholungs- und Bewältigungsversuch früher traumatischer Beziehungserfahrungen. Der Reduktion von Objektbeziehungen auf ihre Funktion als Werkzeuge der Triebabfuhr und Mittel zum Lustgewinn steht in der modernen Psychoanalyse eine intersubjektive Theorie gegenüber. Ihr zufolge entwickelt sich »die Anerkennung der eigenen Unabhängigkeit und der Unabhängigkeit des Objekts über die Erfahrung der intersubjektiven Anerkennung« (Altmeyer 2000, 163).

Ein übereinstimmendes Merkmal dissozialer Menschen, zu denen ein Großteil der Sexualstraftäter gehört, ist es, dass es ihnen »in der Frühzeit ihrer Entwicklung an einer tragfähigen, ihnen emotionale Sicherheit vermittelnden Beziehung zu konstanten Bezugspersonen gefehlt hat« (Rauchfleisch 1999, 41). Die traumatischen Defizite an Anerkennung und emotionaler Zuwendung lassen sich als Hintergrund der schweren Selbstwertdefizite verstehen. Wer keine Resonanz auf seine Wünsche und Gefühle bekommen hat, oder nur dann, wenn diese den Ansprüchen der Umgebung genügten, konnte kein wirkliches Vertrauen in die Berechtigung der eigenen Gefühle entwickeln. Das führt zu einer Orientierungslosigkeit und damit zu großer Abhängigkeit von der Umgebung. Das ausgeprägte innere Spannungsniveau vieler Sexualtäter hat seine Ursache in diesem tiefen inneren Autonomiekonflikt. Im suchtartigen Wiederaufsuchen von Beziehungskonstellationen, in denen sie sich entweder in vertrauter Form dem Gegenüber unterwerfen oder sich seiner in fantasierten und praktizierten Übergriffen bemächtigen, agieren sie den Konflikt aus. Diese Form von Bewältigung ist erfolglos. Fonagy und Target (2001, 963) haben in verschiedenen Beiträgen die spezifischen Entwicklungsdefizite bei schweren Persönlichkeitsstörungen aufgezeichnet, durch die es zu keiner »Mentalisierung der emotionalen Befindlichkeit« mehr kommen kann und folglich auch zu keiner Wahrnehmung und Reflexion der Befindlichkeit des Opfers. »Es geht um die Herstellung einer inneren Erfahrung, ähnlich der Reflexion, die normalerweise intrapsychisch stattfindet und hier durch (»gewalttätige«, Anm. d. Verfassers) Interaktion in Gang gesetzt werden muss. Weil die Betreffenden sich nicht von innen heraus spüren können, sind sie gezwungen, ihr Selbst aus einer Außenperspektive zu erfahren« (a. a. O., 973). Noch greifbarer wird der Aspekt der Wiederholung und des Ausagierens traumatischer Beziehungserfahrungen in den verschiedenen Beiträgen über den Zusammenhang von Opfererfahrungen und Täterschaft (Hirsch, 1998, 32; Dulz und Nadolny 1998, 42; Kernberg 1997, 15). Strittig ist vor allem, ob die Angst (Dulz und Jensen 1997, 191) als der entscheidende Affekt für aggressive Bewältigungsformen zu verstehen ist oder »Hass und Neid als Basisaffekte des malignen Narzissmus« (Kernberg 1997, 17). Der von Hirsch beschriebene Aspekt der »zwei Arten der Identifikation mit dem Aggressor« (Hirsch 1998, 34), beleuchtet die Übernahme der Täteraspekte durch das Opfer. Erstens im ich-syntonen Sinne: Das was mir nicht so geschadet hat (haben darf), wird meinem Opfer auch nicht so sehr schaden. Zweitens im ich-dystonen schambesetzten Sinne des impulsartigen Durchbrechens der sexuellen Übergriffigkeit. Beide Aspekte implizieren, dass massive Schuldgefühle wegen der eigenen Beschämungserfahrung zu »starken Spannungszuständen und massiver Selbstwerterniedrigung« (ebd.) führen. Dem Täter ist es dann nicht mehr möglich, sich z. B. adäquate Sexualpartner zu suchen, sondern er greift, der inneren Verletzung entsprechend, zu selbst- und fremdschädigenden Mustern. Innerpsychisch werden traumatische Überwältigungsgefühle (die nicht zwangsläufig durch sexuelle Missbrauchserfahrung hervorgerufen worden sein müssen) isoliert und tauchen als ich-syntone Merkmale oder als ich-dystone Impulsdurchbrüche im Verhalten wieder auf. Beide Erfahrungen können im Rahmen der therapeutischen Beziehung wieder in Erscheinung treten. Dort sind sie einer deutlichen Benennung und Begrenzung, aber auch einer Bearbeitung zugänglich.

4. Behandlungsansätze

4.1. Rückfallvermeidungsprogramme

»Das kognitiv-behaviorale Rückfallverhütungstraining ist die modernste, in den USA am meisten angewandte Behandlungsmethode, die nicht die Heilung des Täters, sondern seine Verhaltenskontrolle zum Ziel hat« (Nuhn-Naber, Rehder und Wischka 2002, 272). Neben dem Erlernen des internen Self-Managements und der internen Selbstkontrolle spielt die Nachkontrolle und begleitende Sicherung eine entscheidende Rolle. In den Lernprogrammen werden in nachvollziehbarer Weise Methoden beschrieben, wie sich ein situationsadäquates Verhalten entwickeln lässt, um einen Rückfall zu vermeiden. Nach Schneider (2002, 265) hat das Training folgenden Zweck:

● Deviante sexuelle Gewohnheiten des Fühlens, Denkens und Verhaltens sollen verlernt werden.
● Rückfallverhütungsstrategien und -konzepte sollen zur Erhaltung des Trainingsgewinns erlernt werden.
● Durch die Schaffung eines ausgedehnten formellen und informellen Überwachungsnetzwerkes soll die Selbststeuerung ergänzt werden.

Unklar bleibt die Frage, wie es zur Kooperation mit dem Verurteilten kommen soll, wie sich eine Arbeitsbeziehung entwickeln kann oder wie der Verurteilte die an ihn herangetragenen Zielsetzungen zu seinen eigenen machen kann (Fehlenberg 1997, 161).

Auch die Wechselwirkung zwischen denjenigen, die die Programme durchführen, und den Gefangenen findet kaum Erwähnung. In den Gruppenregeln werden psychodynamische Betrachtungen ausgeschlossen und auf außerhalb des Gruppensettings verschoben.

Verschiedene Untersuchungen zur Rückfälligkeit von Sexualstraftätern (s. Metaanalysen Gallagher, Wilson und MacKenzie 2002; Groß 2000) haben die Erfolge dieser Programme nachgewiesen. Allerdings stellen Methodenkritiker infrage, ob die angewandten Messverfahren tatsächlich einen Unterschied zwischen behandelten und unbehandelten Sexualtätern darstellen können. »Die optimale Bildung von reinen Zufallsgruppen behandelter und (als Kontrollgruppen) unbehandelter Täter (mit prospektivem Design) ist in allen Rückfalluntersuchungen nirgendwo konzipiert gewesen« (Rüther 1998, 258). Anders die Metaanalyse von Hall (1996), der aus 92 veröffentlichten Rückfalluntersuchungen, die zwischen 1988 und 1994 durchgeführt wurden, 12 Untersuchungen als qualifiziert aussortiert und hinsichtlich ihrer Effekte erforscht hat. Bei diesen 12 hat sich eine signifikante, um 10 % geringere Rückfallquote bei behandelten Sexualtätern in einem Katamnesezeitraum von 6,5 Jahren erwiesen. Kognitiv-behaviorale Trainingsprogramme, die »neben der Ansprechbarkeit auf ungewöhnliche sexuelle Reize auch andere Therapieziele verfolgten, wie Bearbeitung der Verleugnung des Deliktes oder Empathie mit dem Opfer, haben eine 30 % geringere Rückfälligkeit erreicht. Mit reiner Aversionstherapie behandelte Sexualstraftäter wurden um 10 % häufiger rückfällig als die unbehandelte Gruppe« (Berner 1998, 57). Psychodynamische Therapieansätze fanden in dieser Untersuchung keine Berücksichtigung. Berner zieht eine Untersuchung aus der österreichischen Sozialtherapeutischen Anstalt heran und stellt fest, »dass diese (integrativ psychodynamisch orientierte) Therapieform der kognitiven Verhaltenstherapie vergleichbar bleibt« (a. a. O., 54). »Es handelt sich hierbei nicht um eine zieloffene psychoanalytische Psychotherapie. Es wurden Parameter eingeführt, wie man sie am besten mit der ›Borderline-Therapie‹ Kernbergs vergleichen könnte (a. a. O., 56). In einer Zusammenfassung der Überblicksstudien aus den 1990er-Jahren, weisen nach Rüther acht von zehn Untersuchungen die Effektivität von Behandlungsprogrammen nach (Rüther 1998, 259).

Diese Zahlen belegen auf jeden Fall den gesellschaftlichen Nutzen dieser Behandlungsprogramme. Sie verbessern den Schutz der Allgemeinheit, das zentrale und wichtige Ziel der Behandlung von Sexualstraftätern.

4.2. Psychodynamische Behandlungsaspekte

Ziel einer psychodynamisch psychoanalytisch orientierten Therapie ist es, über eine »emotional korrigierende Beziehungserfahrung« (Argelander 1985, 12) zur Stabilisierung der Persönlichkeitsstruktur der Täter beizutragen, sodass sie ihre inneren Konflikte weniger durch die Inszenierung vertrauter Beziehungsszenen im Außen agieren. Das grundlegende Unterfangen der Therapie besteht nicht in der Devianzbehebung, sondern darin, »das innere Arbeitsmodell von Beziehungen zu verändern« (Fehlenberg 1997, 164). Sozialtherapeutische Einrichtungen leisten zu dem gesellschaftlichen Auftrag der Institution Gefängnis, die Allgemeinheit vor gefährlichen Menschen zu schützen, einen wichtigen Beitrag. In der Reflexion der Beziehungsgestaltung des Täters spielen die deliktspezifischen Anteile und deren unbewusste Motive ständig eine große Rolle. Die Deliktbearbeitung steht aber, anders als bei Trainingsprogrammen zur Rückfallvermeidung, nicht im Mittelpunkt des Geschehens. Die korrigierende emotionale Erfahrung wird in der Beziehung zum Therapeuten möglich, wenn auf die deliktrelevanten grenzverletzenden Szenen, die sich im Hier und Jetzt der Therapiestunde abspielen, haltstiftend (d. h. begrenzend) und mit einem Verstehensangebot reagiert wird. Es geht dabei um die ganze Person, die sich ernst genommen und geschätzt fühlen soll, obwohl klar ist, dass es kein Einverständnis mit der Delinquenz gibt. Die Verbindung zu den Straftaten und den sie begleitenden Emotionen wird szenisch hergestellt, sodass die Wiederholung der deliktspezifischen Beziehungsmuster im Kontakt zum Therapeuten wieder auftreten. Diese Szenen werden hinsichtlich ihrer emotionalen Qualität und eigener Erfahrungen in der umgekehrten Rolle analysiert. Zwei Aspekte spielen dabei eine entscheidende Rolle. Erstens: Welche emotionale Befindlichkeit lässt den Täter zum Täter werden? Und zweitens: Wie sind solche Situationen auch ohne ein grenzverletzendes Verhalten zu bewältigen? In der Regel geht es bei verbalen Gewalttaten innerhalb der Therapie, ähnlich wie bei den Straftaten, um die Bewältigung von Ohnmachts- und Wertlosigkeitsempfindungen. Diese Empfindungen versucht der Patient im Opfer wieder herzustellen, was ein Gefühl der Überlegenheit und des Triumphes auslöst. Dieses Triumphgefühl wird suchtartig immer wieder aufgesucht. Dulz und Nadolny (1998) betonen die behandlungstechnische Möglichkeit, über die Integration der Opfererfahrungen des Täters zu einer Empathie mit dem Opfer zu gelangen. Die Spiegelung seiner Wirkung auf das Opfer innerhalb der Therapiesituation kann auf das konkrete Deliktgeschehen übertragen werden. Günstigstenfalls ist es dann dem Delinquenten möglich, sich das Leid, das er zugefügt hat, zu vergegenwärtigen und zu betrauern.

Entscheidend ist in der therapeutischen Situation, dass es dem Täter nicht gelingt, die gleiche ohnmächtige Sprach- und Wehrlosigkeit auszulösen, wie bei seinen Opfern. Begegnet er einer Haltung, die seine Opferposition sieht, seine Täteraspekte jedoch in keiner Weise akzeptiert, erlebt er beide Aspekte seiner Persönlichkeit im Therapeuten integriert. Dies ist eine neue Erfahrung, die aus dem *Entweder*-Opfer-*Oder*-Täter Schema herausführen kann und eine differenziertere Betrachtung seiner Beziehungsmodelle ermöglicht. »Das szenische Verständnis intrapsychischer und interpsychischer Beziehungen hat an sich schon eine emanzipatorische Wirkung ... Die Frage, was ist hier falsch? Wird aufgelöst in die Frage: Was ging (geht) hier vor sich? Die Spaltung der Person in ›richtig‹ und ›falsch‹ wird szenisch aufgelöst« (Bauriedl 1994, 147). Die fragende Haltung bietet die Chance, als Therapeut nicht in eine anklagend verurteilende Position zu geraten. Diese Aufgabe übernehmen im Rahmen der Justiz die Ermittlungsbehörden. Es darf in der therapeutischen Situation kein Zweifel an der Haltung des Psychologen aufkommen, sich in irgendeiner Hinsicht zur Entschuldigung oder zur Verantwortungsabgabe benutzen zu lassen. Gerade vor diesem Hintergrund ist eine professionelle Beziehungsgestaltung wichtig, die auf eine Polarisierung in der Bewertung des Gegenüber verzichtet. An ihre Stelle tritt ein dialektisches Verständnis der Abwehrstrukturen des Gefangenen. Mit dieser Haltung, die häufig mit einer Identifikation mit dem Gefangenen verwechselt wird, ist es möglich, als Therapeut innerlich Verständnis für den Straftäter zu entwickeln. Dies schafft die Voraussetzung für ein Vertrauensverhältnis, über das ein Reflexions- und Veränderungsprozess in der therapeutischen Beziehung in Gang kommen kann.

Die grundsätzliche Notwendigkeit von verhaltenstherapeutischen Methoden zur Rückfallvermeidung ist unbestritten. Die Ausschließlichkeit, mit der solche Programme z. T. im Sinne einer Inhaltsvermittlung eingesetzt werden, vernachlässigt häufig selbstreflexive und beziehungsdynamische Aspekte.

»Versucht man in der Therapie *nur* von außen zu verhindern, dass der Gefangene wieder zum Täter wird, dann kann es sein, dass der therapeutische Prozess nicht als ein Prozess der inneren Befreiung des Patienten von der Gewaltszene (seinem gewohnten Beziehungsgestaltungsmuster, Anm. des Verfassers) abläuft, sondern *nur* wieder als ein Versuch des Gefangenen, sich anzupassen – wie schon das Kind sich an die Anforderungen seiner Bezugspersonen anpassen musste und sich angepasst hat« (Bauriedl 2001, 13).

Dabei soll unbestritten bleiben, wie wichtig Anpassungsleistungen der Gefangenen sind. Nur müssen sie innerlich mitgetragen werden, um langfristig als ich-synton erlebt werden zu können. Nicht vernachlässigt werden sollte die Gefahr, dass die Anpassungsforderungen als eine Kränkung der Autonomiebedürfnisse erlebt werden und der Protest die Form einer erneuten Rückfälligkeit annehmen kann.

Ein besonderes Missverständnis bei psychoanalytischen Behandlungsansätzen, gerade in justiziellen Zusammenhängen besteht darin, dass der Versuch, zu einem Verständnis des Täters zu gelangen, mit der Gefahr in Zusammenhang gebracht wird, sich mit dem kriminellen Verhalten einverstanden zu erklären. Die Reflexion deliktspezifischer Beziehungsszenen, die sich im Übertragungs- und Gegenübertragungsgeschehen auch in der Therapiesituation wieder einstellen, soll in den Mittelpunkt der Auseinandersetzung gerückt werden. Der narzisstische Aspekt, der Beziehungsaspekt sowie der aggressive Aspekt sexuellen Erlebens sind sowohl für normales wie für deviantes Sexualverhalten von entscheidender Bedeutung. Um dies angemessen zu berücksichtigen, erscheint mir die Ergänzung kognitiv-verhaltenstherapeutischer Behandlungsprogramme oder Sozialen Kompetenztrainings durch eine psychodynamische Haltung notwendig. Wenn die inneren Prozesse des Therapeuten während der Arbeit mit den Sexualtätern beachtet werden, brauchen sie im Therapieprozess nicht agiert werden, sondern können zur Vermittlung anderer Beziehungsgestaltungsmöglichkeiten verwendet werden. Das gewährleistet, dass über die Strukturierung des Beziehungsprozesses die notwendige und gesundheitserhaltende Distanz eingehalten werden kann. Ansonsten droht die Gefahr, ängstigende und sexualisierende Gefühlselemente in entwertender Form gegen den Gefangenen zu wenden, was ein kurzfristiges Anpassungsverhalten, jedoch keine Veränderung der Persönlichkeitsstruktur bewirkt. Aber nur die Anpassung an gesellschaftlich akzeptierte Verhaltensweisen, die im Beziehungsgeschehen mit dem Therapeuten als entspannend wahrgenommen werden kann, lässt sich in die Persönlichkeitsstruktur integrieren und führt damit zu langfristiger Veränderung.

Literatur

Altmeyer, M. (2000), *Narzissmus und Objekt*. Göttingen: Vandenhoek und Ruprecht.

Argelander, H. (1985), *Der Flieger*. Frankfurt a. M.: Suhrkamp.

Bauriedl, T. (1994), *Auch ohne Couch*. Stuttgart: Verlag Internationale Psychoanalyse.

Bauriedl, T. (2001), *Thesen zur beziehungsanalytischen Arbeit mit Sexualstraftätern*. München: Unveröffentlichtes Manuskript.

Berner, W. (1998), Prädiktoren des Therapieerfolgs bei sexueller Delinquenz. *Persönlichkeitsstörungen. Theorie und Therapie (PTT)* 2, 1: 50–56.

Berner, W.; Kleber, R.; Lohse, H. (1998), Psychotherapie bei sexueller Delinquenz. In: Strauß, B. (Hrsg.), *Psychotherapie der Sexualstörungen*. Stuttgart, New York: Thieme.

Dulz, B. und Nadolny, A. (1998), Opfer als Täter – Ein Dilemma des Therapeuten. *Persönlichkeitsstörungen. Theorie und Therapie (PTT)* 2, 1: 36–48.

Dulz, B. und Jensen, M. (1997), Vom Trauma zur Aggression – von der Aggression zur Delinquenz. *Persönlichkeitsstörungen. Theorie und Therapie (PTT)* 1, 4: 189–198.

Eckert, J.; Brodbeck, D.; Jürgens, R. (1997), Borderline-Persönlichkeitsstörungen und Straffälligkeit – Warum sind Borderline Patienten meistens weiblich? *Persönlichkeitsstörungen. Theorie und Therapie (PTT)* 1, 4: 181–188.

Egg, R. (2002), *Rückfälligkeit von Sexualstraftätern*. Vortrag auf der Fachtagung »Wie sicher kann Prognose sein« in Lippstadt vom 06. bis 08. Februar 2002.

Fehlenberg, D. (1997), Zur Psychotherapie paraphiler Sexualstraftäter im Maßregelvollzug. *Recht & Psychiatrie 15*: 159–167.

Fonagy, P. und Target, M. (2001), Mit der Realität spielen. *Psyche 55*: 961–965.

Freud, S. (1973), *Zwang Paranoia und Perversion*. Studienausgabe Bd.VII. Frankfurt: Fischer.

Gallagher, C. A.; Wilson, D. B. und MacKenzie, D. L. (2002), *Effectiveness of Sex Offender Treatment Programs*. http//www.wam.umd.edu/-wilsonb/papers/sexoffenders.pdf

Groß, G. (2000), *Basisraten für kriminelle Rückfälligkeit*. Dissertation in Forensischer Psychiatrie, Ludwig-Maximilians-Universität München.

Hall, N. (1996), *Theory based Assesment, Treatment, and Prevention of Sexual Aggression*. New-York: Oxford University.

Hirsch, M. (1998), Opfer als Täter – Über die Perpetuierung der Traumatisierung. *Persönlichkeitsstörungen. Theorie und Therapie (PTT) 2, 1:* 32–36

Kernberg, O. F. (1983), *Borderline-Störungen und pathologischer Narzissmus*. Frankfurt; Suhrkamp.

Kernberg, O. F. (1997), Aggression, Träume und Hass in der Behandlung von Borderline-Patienten. *Persönlichkeitsstörungen. Theorie und Therapie (PTT) 1, 1:* 15–23

Leygraf, N. (2000), Begutachtung der Prognose im Maßregelvollzug. In: Venzlaff, U. und Foerster, K. (Hrsg.), *Psychiatrische Begutachtung. 3. Auflage* München: Urban und Fischer, 469–481.

Nuhn-Naber, C.; Rehder U. und Wischka, B. (2002), Behandlung von Sexualstraftätern mit kognitiv-behavioralen Methoden: Möglichkeiten und Grenzen. *Monatsschrift für Kriminologie und Strafrechtsreform 85,* 4: 271–281.

Arbeitskreis Operationalisierte Psychodynamische Diagnostik (OPD) (Hrsg.) (1996), *Grundlagen und Diagnostik*. Göttingen: Hans Huber.

Pfäfflin, F. (2000), Sexualstraftaten. In: Venzlaff, U. und Foerster, K. (Hrsg.), *Psychiatrische Begutachtung. 3. Auflage*. München: Urban und Fischer, 242–266.

Rauchfleisch, U. (1999), *Außenseiter der Gesellschaft*. Göttingen: Vandenhoeck und Rupprecht.

Rehder, U. (1996), *Aggressive Sexualdelinquenten. Diagnostik und Behandlung der Täter im Strafvollzug*. Lingen: Kriminalpädagogischer Verlag.

Rüther, W. (1998), Internationale Erfahrungen bei der Behandlung von Sexualstraftätern. *Monatsschrift für Kriminologie und Strafrechtsreform 81,* 4: 246–262.

Schneider, H.-J. (2002), Rückfallprognose bei Sexualstraftätern. *Monatsschrift für Kriminologie und Strafrechtsreform 85,* 4: 251–269.

Schorsch, E. (1985), *Perversion als Straftat*. Berlin: Springer.

Sigusch, V.; Berner, W. und Böllinger, (1999), Stellungnahme der Deutschen Gesellschaft für Sexualforschung. *Psyche 53:* 1301–1302.

Statistisches Bundesamt (2001), *Statistisches Jahrbuch 2001*. Wiesbaden.

Widinger, T. und Trull, T. (1993), *Borderline and narcisstic personality disorders. Comprehensive Handbook of Psychopathology*. New York: Sutker PB.

Sexualstraftäter – Klassifizierung

von Ulrich Rehder

Einleitung

Obwohl Sexualstraftäter zweifellos eine sehr heterogene Gruppe darstellen, lassen sich bei ihnen Klassen bilden – entweder durch die Vorgabe von Einteilungskriterien oder durch die Suche nach Gemeinsamkeiten bei den unterschiedlichen Tätern.

Für die Praxis relevante vorgegebene Einteilungskriterien können u. a. prognostischen Charakter haben (etwa »Eignung für Lockerungen«), auf die Vergangenheit bezogen sein (Schuldfähigkeit zum Tatzeitpunkt) oder den Aspekt der »Gefährlichkeit« in den Vordergrund stellen: In den meisten Bundesstaaten der USA hat letzteres unterschiedliche rechtliche Konsequenzen.

Wichtiger für den Praktiker sind sicherlich die empirisch entwickelten oder theoriegeleiteten Klassifikationen, die diagnostisch relevante Gemeinsamkeiten von Untergruppen herausarbeiten. Dabei bleibt einschränkend zu beachten, dass nicht jedes von der Norm abweichende Merkmal der Gruppe eine Erklärung für das Delikt darstellt.

Für Klassifizierungen ist es erforderlich zu definieren, welche Straftäter als Sexualstraftäter gelten: Für den Strafvollzug erscheint es sinnvoll diejenigen als Sexualstraftäter zu bezeichnen, die wegen eines Sexualdelikts verurteilt wurden. Damit zählen solche Täter nicht zu den Sexualstraftätern, die zwar ein Sexualdelikt begangen haben, aber nicht verurteilt wurden, und auch die Täter, bei denen manche Diagnostiker eine sexuelle Tatmotivation annehmen, obwohl keine Verurteilung wegen eines Sexualdelikts erfolgte. Eine solche operationale Definition kann als sinnvoll angesehen werden, dennoch bleibt kritisch anzumerken, dass manchmal ein Sexualdelikt nicht abgeurteilt wird, obwohl es bekannt ist (etwa Sexualdelikte, denen ein Tötungsdelikt folgt).

International üblich ist es, Sexualstraftäter in zwei große Gruppen einzuteilen und zwar (1) in Täter, die wegen Vergewaltigung/sexueller Nötigung Erwachsener verurteilt wurden und (2) in Täter, die man wegen sexuellen Missbrauchs/Vergewaltigung von Kindern verurteilt hat. Dies ist naheliegend, weil bei ersteren meistens weder ein abweichendes Sexual-»Objekt« (erwachsene Frau) noch ein abweichendes Sexualziel (z. B. Geschlechtsverkehr) vorliegt, wohl aber die fehlende Suche nach Konsens. Bei der zweiten Gruppe ist die von den Konventionen abweichende Sexualpräferenz offensichtlich.

Unabhängig von dieser Bildung von Hauptgruppen, lässt sich die Frage stellen, welche generellen Einteilungskriterien für Sexualstraftäter sinnvoll erscheinen. Bereits 1962 stellte Allen, unter psychiatrischen Gesichtspunkten, bei wegen Vergewaltigung Verurteilten gestörte bzw. ungestörte Sexualität sowie gestörte bzw. ungestörte Persönlichkeit gegenüber und bildete vier Gruppen: (1) psychisch Gestörte, die sexuell nicht deviant sind, (2) psychisch Ungestörte mit sexueller Deviation, (3) sowohl psychisch als auch sexuell Gestörte und (4) »Normale« (d. h. sowohl sexuell als auch im psychiatrischen Sinne Ungestörte). Auf wegen Vergewaltigung und auch wegen sexuellen Missbrauchs Verurteilte lassen sich die Punkte (1) bis (3) offensichtlich problemlos anwenden. Die Frage der »Normalität« bleibt zu diskutieren: Bei Vergewaltigung bietet eine – evtl. alkoholbedingte – Fehleinschätzung der Situation (Schorsch 1971) oder das opportunistische Ausnutzen einer Situation (Knight und Prentky 1990) eine Erklärung. Bei sexuellem Missbrauch bedarf es anderer Überlegungen. Hinsichtlich Inzesttätern sind Gordon und O'Keefe (1985) der Überzeugung, dass eher die Gründung neuer Familien auf inzestuöser Basis tabuisiert ist, nicht jedoch nichtreproduktiver inzestuöser Sex, insbesondere zwischen älteren Männern und jungen Mädchen. Auch Hermann (1985) vertritt die Auffassung, dass es zwar den Anschein habe, als gebe es ein generelles Inzesttabu über alle Kulturen. Die Forschung der letzten 30 Jahre habe jedoch belegt, dass einige Formen sexueller Beziehungen zwischen Familienmitgliedern weit verbreitet seien. Pädophile Interessen bei Männern sind sicherlich nicht als »normal« anzusehen, aber doch häufiger anzutreffen als gemeinhin angenommen wird; dies geht zumindest aus Presseveröffentlichungen hervor, nach denen im Januar 2003 5000 Briten verhaftet wurden, die Kinderpornographie aus dem Internet herunter geladen hatten.

Im Folgenden soll auf unterschiedliche Klassifikationsansätze für die beiden »großen Tätergruppen« eingegangen werden, wobei jeweils diagnostisch relevante Schwerpunkte genannt und anschließend einzelne Typologien vorgestellt werden.

1. Klassifizierung von Tätern, die wegen Vergewaltigung/sexueller Nötigung Erwachsener verurteilt wurden

1.1. Schwerpunkte von Klassifikationen

Klassifikationen dieser Täter sind unter verschiedenen Gesichtspunkten erstellt worden:

- Gutmacher und Weihofen haben 1952 eine *motivationstheoretische Einteilung* vorgenommen.
- Gebhard, Gagnon, Pomeroy und Christensen stellten 1965 eine Einteilung nach dem *Sozialverhalten* zusammen.
- Amir entwickelte eine sozialtheoretische Klassifikation (1971) nach dem *Bezug zur sozialen Rolle des Täters in der Tat.*
- Schorsch (1971) nannte seine Einteilung eine *rollentheoretische Klassifikation.*
- Cohen, Garafalo, Boucher und Seghorn stellten 1971 in ihrer klinischen Klassifikation die möglichen *Ziele der Vergewaltigung* in den Vordergrund.
- Abel, Blanchard und Becker (1976 und 1978), Rada (1978) sowie West, Roy und Nichols (1978) nahmen ihre Einteilungen primär unter *therapeutischen Gesichtspunkten* vor.

- Groth (1979) sowie Schorsch et al. (1985) teilten nach *psychodynamischen Gesichtspunkten* ein, wobei Groth Wut, Dominanzwünsche und Sexualität hervorhob und Schorsch et al. statistische Methoden anwandten.
- Die Einteilung von Beier (1995) basiert auf einer *Längsschnittuntersuchung von Tätern*, die für die Gerichtsverhandlung in Kiel begutachtet worden waren.

Die verschiedenen Ansätze führen zu Ergebnissen, die eine Reihe von Parallelen aufweisen:

1. In vielen Klassifikationen werden die – seltenen – sexuell sadistischen Täter genannt. Groth (1979) weist besonders darauf hin, dass sexuell sadistische Täter aus dem Leiden des Opfers sexuelle Erregung erzielen. In einem sich selbst verstärkenden Kreislauf kann diese sexuelle Erregung so stark werden, dass es zur Tötung des Opfers kommt. Sexueller Sadismus als sexuelle Deviation ist zu unterscheiden von einem noch im DSM-III genannten Sadismus, der das Quälen von Tieren und Menschen beinhaltet, ohne dass es deshalb zu *sexueller* Erregung kommt.
2. Bei den explosiven Tätern ist nach Gutmacher und Weihofen (1952) Vergewaltigung ein plötzlicher Ausbruch unterdrückter sexueller Impulse, eventuell sogar geleugneter latenter homosexueller Komponenten.
3. In fast allen Typologien werden dissoziale, soziopathische oder antisoziale Täter beschrieben, für die Vergewaltigung nur eine andere Art von Plünderei ist (Gutmacher und Weihofen 1952). In diese Gruppen fallen auch die »Psychopaths« im Sinne der Psychopathy-Check-List von Hare (1991).
4. Auch psychotische Täter, die etwa unter Stressbedingungen dekompensieren, bilden in einer Reihe von Klassifikationen einen Schwerpunk (z. B. Rada 1978).
5. Zu den neurotischen Tätern, zählen nach West, Roy und Nichols (1978) zwanghafte, von Schuldgefühlen beherrschte Täter, die eigene Probleme in der Vergewaltigung ausagieren.
6. Retardierte Täter werden besonders im deutschen Sprachraum angeführt (etwa Schorsch 1971): Der retardierte Spätentwickler hat meist wenig sexuelle Vorerfahrung und das Delikt scheint in starkem Widerspruch zu seinem sonstigen ordentlichen, schüchternen und unaggressiven Verhalten zu stehen.

Im Einzelnen finden sich noch folgende Typen:

a) Täter mit doppelter Moral, die Frauen in »gute« und »schlechte« einteilen. Erstere werden mit Respekt behandelt, die anderen haben kein Recht auf unabhängige Entscheidung (Gebhard et al. 1965).
b) Täter, bei denen die Vergewaltigung zur *Stützung der sozialen Rolle* dient (der Täter will Mitgliedschaft in einer besonderen Gruppe erlangen) oder die Tat ist *Ausdruck der sozialen Rolle*, die der Täter innehat, z. B. Teilnahme an einer Gruppenvergewaltigung ohne sexuelle Befriedigung (Amir 1971).
c) Täter, denen die Fähigkeit zum Aufbau heterosexueller Beziehungen fehlt (Abel, Blanchard und Becker 1976 und 1978).
d) Täter, die sexuelle Erregung nur erreichen, wenn die Beziehung aggressive und fordernde Teile enthält (Abel, Blanchard und Becker 1978).
e) Täter, die durch erzwungenen Sexualkontakt besonders erregt werden (Abel, Blanchard und Becker 1978).

f) Täter, bei denen situativer Stress die Vergewaltigung auslöst (mit günstiger Prognose; eine Therapie unter gelockerten institutionellen Bedingungen kommt in Betracht; Rada, 1978).

g) Täter, für die ein negatives Selbstkonzept verbunden mit Gefühlen von Wertlosigkeit, Ohnmacht, Insuffizienz und einer depressiven Grundstimmung typisch ist (depressive Patienten; Schorsch et al. 1985).

1.2. Beispiele für Klassifikationen

Im Folgenden sollen zwei Typologien näher vorgestellt werden: Die von Knight und seinen Kollegen an einem Untersuchungszentrum in Massachusetts entwickelte Klassifikation stellt dabei die international bekannteste dar, die von Rehder besitzt Bedeutung, weil sie aus dem deutschen Strafvollzug stammt.

Knight und Prentky stellten 1990 vier Motive für die Taten in den Vordergrund: (1) Gelegenheit zur Tat, (2) alles durchdringende Wut, (3) sexuelle Befriedigung und (4) Rachsucht. Unter Einbeziehung der Ausprägung der sozialen Kompetenz kommen sie zu neun Typen. Die folgende Tabelle 1 zeigt den – von oben nach unten zu lesenden – Entscheidungsbaum der Typologie.

Tab. 1: Tätertypologie nach Knight und Prentky (1990; wegen Vergewaltigung/sexueller Nötigung Erwachsener Verurteilte).

opportunistische Täter		von Wut durchdrungene Täter	sexuell motivierte Täter				rachsüchtige Täter	
hohe soziale Kompetenz	geringe soziale Kompetenz		sadistisch		nicht-sadistisch		hohe soziale Kompetenz	geringe soziale Kompetenz
			offen sadistisch	hohe soziale Kompetenz verdeckt sadistisch	hohe soziale Kompetenz	geringe soziale Kompetenz		
Typ 1	Typ 2	Typ 3	Typ 4	Typ 5	Typ 6	Typ 7	Typ 8	Typ 9

Bei opportunistischen Tätern mit hoher (Typ 1) und mit geringer sozialer Kompetenz (Typ 2) ist die Tat ein impulsiver und meist ungeplanter, räuberischer Akt, der mehr von kontextuellen und unmittelbar vorausgehenden Faktoren bestimmt ist und nicht die Verwirklichung lange bestehender Fantasien darstellt. Die fehlende Impulskontrolle zeigt sich nicht nur in der Tat sondern in der gesamten Lebensgeschichte der Täter. Im Tatverlauf gibt es keinen Hinweis auf unnötige

Gewaltanwendung, und die Täter zeigen keine Wut – solange das Opfer keinen Widerstand leistet. Zur sofortigen Bedürfnisbefriedigung sind sie bereit, alle Mittel anzuwenden. Die Empfindungen der Opfer sind ihnen gleichgültig. Tätern mit hoher sozialer Kompetenz ist ihr Opfer häufig bekannt.

Primäre Tatmotivation der von Wut durchdrungenen Täter (Typ 3) ist undifferenzierte Wut. Die festzustellende Aggression erscheint grundlos und wird nicht durch den Widerstand des Opfers ausgelöst, kann durch ihn aber erhöht werden. Die Opfer werden oft schwer verletzt oder sogar getötet. Wut und Aggressionen der Täter sind nicht auf Frauen beschränkt, sondern können sich mit gleicher Heftigkeit gegen Männer richten. Mangelnde Aggressionskontrolle ist nicht das einzige Problem ihrer Impulsivität: In der gesamten Sozialisation und in vielen Bereichen zeigen sich ihre Anpassungsschwierigkeiten.

Bei sexuell motivierten Tätern (Typen 4 bis 7) sind sexuelle oder sadistische Fantasien über einen langen Zeitraum vorherrschend. Diese Fantasien beschäftigen sie so stark, dass daraus letztlich die Tat resultiert und den Ablauf entscheidend beeinflusst. Bei den sexuell motivierten, offen sadistischen (Typ 4) und verdeckt sadistischen Tätern (Typ 5) liegt eine geringe Differenzierung zwischen sexuellen und aggressiven Antrieben vor und erotische und destruktive Gedanken und Phantasien treten häufig auf. Beim offenen Sadisten (Typ 4) zeigt sich die Aggression im Tatablauf direkt in der physischen Schädigung des Opfers. Dieser Tätertyp ist meist wenig sozial kompetent. Beim verdeckten Sadisten (Typ 5) äußert sich die Aggression entweder symbolisch oder in verdeckten Phantasien, die nicht ausagiert werden. Dieser Tätertyp verfügt meist über eine gute soziale Kompetenz. Die offen sadistischen Täter (Typ 4) wirken ausgesprochen aggressiv und ähneln – von den sexuellen Fantasien und der genauen Tatplanung abgesehen – den von Wut durchdrungenen Tätern (Typ 3). Bei den verdeckt sadistischen Tätern (Typ 5) bestehen – ohne Berücksichtigung ihrer sadistischen Phantasien und ihrer etwas höheren sonstigen Impulsivität – Parallelen zu den nichtsadistischen, sozial kompetenten Tätern (Typ 6). Bei den sexuell motivierten, nichtsadistischen Tätern mit hoher (Typ 6) und geringer sozialer Kompetenz (Typ 7) sind die mit der Tat zusammenhängenden Fantasien frei von der Verbindung zwischen Sexualität und Aggression. Bei beiden wird eher eine geringere interpersonelle Aggression – sowohl in sexuellen als auch nichtsexuellen Zusammenhängen – angenommen. Wenn diese Täter Widerstand vom Opfer spüren, neigen sie eher zur Flucht als zum Angriff. Ihre Fantasien und ihr Tatverhalten spiegeln eher eine Verbindung aus sexueller Erregung, verzerrter »männlicher« Wahrnehmung von Frauen und Sexualität und Gefühlen von Unzulänglichkeit hinsichtlich ihrer Sexualität und ihres männlichen Selbstbildes wider.

Die Verhaltensweisen der rachsüchtigen Täter mit hoher (Typ 8) und mäßiger sozialer Kompetenz (Typ 9) legen nahe, dass ihre Wut ausschließlich auf Frauen fokussiert wird. Ihre Taten sind durch physische Verletzung und Erniedrigung ihrer Opfer gekennzeichnet. Die Skala der Verletzungen reicht von Beschimpfungen bis zum Mord. Im Unterschied zum von Wut beherrschten Täter (Typ 3) zeigen sie keinen oder nur geringen undifferenzierten Ärger, d. h. sie suchen nicht die körperliche Auseinandersetzung mit anderen Männern. Obwohl ihre Tat eine sexuelle Komponente hat, gibt es keinen Hinweis darauf, dass ihre Aggression erotisiert ist, oder dass sie von sadistischen Fantasien beherrscht sind. Darüber hinaus unterscheiden sie sich von den offenen Sadisten (Typ 4) und den von Wut durchdrungenen Tätern (Typ 3) durch ihre geringere Impulsivität im Lebensstil.

Rehder (1996 a) fand mittels Clusteranalyse sechs Typen von inhaftierten deutschen Vergewaltigungstätern:

1. *Durchsetzungsschwache, irritierbare (»depressive«) Täter* sind in ihrer Grundstimmung erkennbar geprägt durch Gefühle von Wertlosigkeit, Niedergeschlagenheit und Resignation. Sie appellieren an die Hilfsbereitschaft der Umgebung, sodass andere Zuwendung aus dem Gefühl der Überlegenheit geben können. Die Sexualdelikte stellen meist den Versuch dar, die eigene Hilflosigkeit zu bekämpfen. Sie geraten dadurch aber in einen Teufelskreis: Die erneute Tat verschlechtert das ohnehin negative Selbstbild bzw. erhöht die Abhängigkeitsängste und kann dadurch das Gefühl der Hilflosigkeit so weit verstärken, dass neue Sexualdelikte daraus resultieren. Da diese Täter die starke Tendenz besitzen, sich in Kontakten anzupassen, darf sich vor der Tat keine Beziehung zum Opfer aufbauen, denn die Täter könnten sonst in die Abhängigkeit des Opfers geraten. Die Tat wird daher an fremden Personen begangen und erfolgt überfallartig.

Täter ähnlicher Charakteristik fanden Schorsch et al. (1985), deren depressive Täter sich allerdings durch weniger aggressive Sexualdelikte auszeichnen. Deutliche Ähnlichkeiten der Täter bestehen auch zum Typ 7 von Knight und Prentky (1990). Nach Travin und Protter (1993) legen einige Untersuchungen nahe, dass ein Zusammenhang zwischen Depression und Paraphilien besteht.

2. *Sozial desintegrierte, »chauvinistische« oder »polytrop kriminelle«* (Cabanis und Phillip 1977) Täter werden in allen Typologien genannt. Obwohl die Täter sich als normal ansehen und nach außen darstellen, lässt sich bei ihnen eine deutliche Diskrepanz zwischen dem eigenen Anspruchsniveau und ihren tatsächlichen Möglichkeiten und Fähigkeiten feststellen. Sie sind in der Gesellschaft gescheiterte Menschen, die verzweifelt nach Kompensationsmöglichkeiten suchen in subkulturellen und kriminellen Aktivitäten, in Beziehungswechsel, Alkoholkonsum und in einem übertriebenen männlichen Auftreten. Sie entwickeln übersteigerte bzw. irreale Phantasien ihrer Möglichkeiten (Größenfantasien) und wehren und werten von außen an sie herangetragene Anforderungen und normative Erwartungen ab. Die Sexualdelikte sind weniger Ausdruck einer sexuellen Devianz sondern mehr Zeichen ihres fehlenden Einfühlungsvermögens und einer aggressiven, die Belange anderer wenig respektierenden Impulsivität.

Vergleichbare Täter fanden Knight und Prentky (1990) mit ihrem Typ 2. Schorsch et al. (1985, 89) bezeichnen Täter ihrer fünften Gruppe als »schwer gestörte, sozial desintegrierte Patienten« deren »Delikte ... fast immer gewaltsam und mit Omnipotenzfantasien ... verbunden« sind.

3. *Explosive, sexuell aggressive Täter* sind primär durch ihre »maligne« (Steck und Pauer 1992) Tatdurchführung charakterisiert. Ihre innere Unsicherheit und ihre momentane Wut entladen sich explosionsartig sowohl in ihren aggressiven als auch in ihren sexuellen Delikten. Ihrer generellen sozialen Anpassungsbereitschaft bzw. rationalen Normakzeptanz steht allerdings nur eingeschränkte soziale Kompetenz und verringerte Selbstkontrolle gegenüber. Wünsche nach Durchsetzung und Anerkennung führen in Belastungssituationen zum Zusammenbruch der Aggressionskontrolle und zu einer explosiven, auch für die Täter nicht oder nur schwer antizipierbaren Tat.

Deutliche Übereinstimmungen bestehen mit dem Typ 3 von Knight und Prentky (1990), der als von Wut durchdrungen beschrieben wird, der seine – undifferenzierte und nicht sexualisierte – Wut im sexuellen Bereich ausagiert, wobei deutlich ist, dass die Aggression nicht nur instrumentell ist. Diese Täter ähneln auch den von Groth (1979) beschriebenen »aggressiven« Vergewaltigern, die ihre Kränkungen und persönlichen Enttäuschungen (vor allem über von Frauen erfahrene Zurücksetzungen) spontan ausagieren.

4. Mit *ungehemmt drängenden Tätern* ist eine symmetrische bzw. gleichberechtigte Kommunikation schwer möglich. Für sie bedeutet vielmehr jeder Kontakt eine kämpferische Auseinandersetzung, bei der es darum geht, andere Personen von der eigenen Sicht der Dinge zu überzeugen und eigene Absichten durchzusetzen. Entsprechend laufen die Taten ab, die sich als rücksichtslos-egozentrische Durchsetzung ohne Berücksichtigung der Belange des Opfers darstellen. Die Täter bekämpfen – auch in der Tat – ihre in der Sozialisation entwickelten massiven Abhängigkeitsängste, ihre Furcht vor Hilflosigkeit und Ausgeliefertsein. Sie bedürfen auch im Tatkontakt der Bestätigung ihres persönlichen Wertes und ihrer Eigenständigkeit.

Diese Täter ähneln weitgehend denen, die von Schorsch et al. (1985) als »Patienten mit ausgeprägter Depressionsabwehr« bezeichnet werden. In der Typologie von Knight und Prentky (1990) sind es Täter des Typs 1.

5. *Negativ sozialisierte, unterkontrollierte (»schizoide«) Täter* sind – bedingt durch die ungünstige Sozialisation – nicht in der Lage, Vertrauen zu anderen aufzubauen. Sie erscheinen vielmehr misstrauisch, emotional abweisend und auf Unabhängigkeit bedacht. Sie selbst können auf andere nur schwer eingehen und sich deren Gefühlswelt erschließen. Emotionen werden primär in der Phantasie ausgelebt. Oft entwickeln sie aggressiv gefärbte Tatvorstellungen, die dann in Belastungssituationen ausagiert werden. Dies geschieht um so leichter, als ihre frauenfeindlichen Einstellungen, ihre Vorbehalte gegenüber der Umwelt und ihre verringerte Gewissensbildung eine Rücksichtnahme auf andere nur schwer zulassen. Tat und Inhaftierung erhöhen die Distanz zur Umwelt, denn nun bestehen weitere Bereiche, über die die Täter nicht kommunizieren können. Die größere Entfremdung führt zur Erhöhung ihrer Feindseligkeit und verstärkt ihre Fantasietätigkeit auch im Hinblick auf weitere Taten. Dadurch wächst die Wahrscheinlichkeit weiterer Sexualdelikte. Aus diesem Kreislauf können sich viele Täter nicht selbst befreien, sodass es zu wiederholten Verurteilungen kommt.

Da bei diesen Tätern die schizoide Komponente im Vordergrund steht, lassen sich Parallelen zu den anderen Untersuchungen nicht so leicht aufzeigen. Am ehesten liegen Ähnlichkeiten mit den Typen 8 und 9 von Knight und Prentky (1990) vor.

6. Bei den *beruflich integrierten, aggressionsgehemmten (»zwanghaften«) Tätern* besteht eine hohe Diskrepanz zwischen guter beruflicher Eingliederung auf der einen und der erheblichen Sexualkriminalität auf der anderen Seite. Bei ihnen liegen übersteigerte Wünsche nach Planung, Ordnung und Kontrolle vor; die Umsetzung dieser Wünsche dient der Demonstration von Eigenständigkeit und der Verdeckung von Entscheidungsunsicherheit. Rückschläge, Zurücksetzungen oder massive Verletzungen der selbst gesetzten Ordnung können sie nur schwer verkraften und reagieren auf sie mit starker Irritation. Die Taten stellen den Versuch dar, zumindest noch im sexuellen Bereich Kontrolle auszuüben, und zeichnen sich daher durch eine erhebliche Dauer aus, in denen das Opfer über einen längeren Zeitraum körperlich und sexuell kontrolliert wird. Da das tatbegleitende, »berauschende« Gefühl der Wiedererlangung von Kontrolle über die Umwelt nur kurz anhält, besteht der Wunsch nach Tatwiederholung. Die Verurteilung erschwert ihnen die be-

rufliche Wiedereingliederung und sie verlieren Kompensationsmöglichkeiten. Da diese Täter – wohl auch aufgrund ihrer positiven Sozialisation – in vielen sozialen Bereichen Verständnis und Empathie für andere aufzubringen vermögen, können sie sich nur an einem unbekannten Opfer vergreifen, zu dem eine emotionale Beziehung nicht besteht, einem Opfer, das sie entpersönlichen und zum Objekt degradieren können.

Wie bei den psychisch eher stabilen, sozial integrierten Tätern von Schorsch et al. (1985) besteht eine Tendenz, sich zurückzuziehen und durch Leistung und Anpassung ein positives Selbstbild zu erhalten; die Sexualdelikte sind allerdings bei den Tätern der Untersuchung von Rehder erheblich gravierender. In der Typologie von Knight und Prentky (1990) entsprechen diese Täter am ehesten dem Typ 6.

2. Klassifizierung von Tätern, die wegen sexuellen Missbrauchs verurteilt wurden

2.1. Schwerpunkte von Klassifikationen

Die Klassifikationen von Tätern, die wegen sexuellen Missbrauchs verurteilt wurden, weisen zunächst einige Parallelen zu den wegen Vergewaltigung Verurteilten auf. Es werden folgende Typen häufiger genannt:

- verdeckt oder offen sadistische Täter (Knight und Prentky, 1990),
- explosive bzw. spontan aggressiv reagierende Täter (McCaghy 1967),
- dissoziale bzw. inadäquat reagierende soziopathische Täter, die Kinder sexuell nur wenig interessieren (Swanson 1971),
- psychotische Täter (Fitch 1962),
- retardierte, bzw. soziosexuell unterentwickelte Täter (Knight, Rosenberg und Schneider 1985).

Neben diesen Schwerpunkten werden als einzelne Tätertypen genannt:

- »Kernpädophile«, die nach Fitch (1962) eine langdauernde abweichende sexuelle Präferenz aufweisen, die Groth (1978) als »fixierte« Täter und Beier (1995) als Täter mit pädophiler Hauptströmung bezeichnet;
- senile Täter mit Abbauerscheinungen (Gebhard et al. 1965 und McCaghy 1967);
- regressive Täter (hauptsächlich Inzesttäter) die sich nur unter Belastungsbedingungen Kindern sexuell zuwenden (Groth 1978); die Inzesttäter teilte Groth (1982) in passiv-abhängige und aggressiv-dominante Täter ein (eine Übersicht gibt Deegener 1995);
- sozial unterprivilegierte Täter, die in ihrer sexuellen Partnerwahl und in ihrer sexuellen Beziehungsfähigkeit wenig differenziert sind und die sich auch kindliche und jugendliche Sexualpartner nehmen (Bräutigam und Clement 1989).

Neben diesen auf die Täter bezogenen Typologien wird auch nach Tatvariablen und Opferwahl sowie nach Familienkonstellation unterschieden:

- Gebhard et al. (1965) haben in ihre mehr deskriptiven Einteilung sowohl Geschlecht und Alter des Opfers als auch die Stärke der Aggression einbezogen.

- Maisch (1968) beschreibt zwei Familienformen, in denen Inzest auftritt: (1) Es besteht eine schlechte Ehe und die Väter projizieren ihre Wünsche und Bedürfnisse auf die Tochter, machen sie zur Hilfe gebenden Partnerin. Es kommt zu einer Koalition zwischen Vater und Tochter mit dem Ergebnis der Isolierung der Frau und Mutter. Die Töchter könnten in dieser Rolle emotionale Zuwendung, Wärme und Aufwertung erfahren und sich als sexuelle Partnerin fühlen. (2) Die Väter sind besitzergreifend und versuchen, die Töchter ihren Müttern zu entfremden.
- Beier (1995) beschreibt Konstellationstäter, die ihre Taten in »endogamischen«, d. h. nach außen abgeschlossenen Familienstrukturen begehen.

2.2. Beispiele für Klassifikationen

Auf der Grundlage von 177 überführten Tätern haben Knight und Prentky (1990) eine zweiachsige – hier in Tabellenform wiedergegebene – Klassifikation entwickelt: Auf der senkrechten Achse unterscheiden sie hinsichtlich zweier Charakteristika: (1) nach dem Grad der sexuellen Fixierung auf Kinder und (2) der Stärke der sozialen Kompetenz. Der Grad der Fixierung zeigt das Ausmaß an, in dem sich die Wahrnehmung und die (sexuellen) Phantasien eines Individuums auf Kinder fokussieren. Die soziale Kompetenz gibt an, wie weit der Person eine arbeitsmäßige und persönliche Einbindung gelingt und wie weit sie soziale Verantwortung tragen kann.

Tab. 2: Tätertypologie nach Knight (1989; wegen sexuellen Missbrauchs von Kindern Verurteilte).

		langer Kontakt		kurzer Kontakt zum Opfer			
		inter-personell	narziss-tisch	geringe körper-liche Verletzung		erhebliche körper-liche Verletzung	
				gerin-ger Sa-dismus	hoher Sadis-mus	gerin-ger Sa-dismus	hoher Sadis-mus
hohe pädophile Fixierung	geringe soziale Kompe-tenz	11 6,2 %	37 20,9 %	27 15,3 %	15 8,5 %	14 7,9 %	8 4,5 %
	hohe soziale Kompe-tenz	8 4,5 %	15 8,5 %	11 6,2 %		2 1,1 %	
geringe pädophile Fixierung	geringe soziale Kompe-tenz		3 1,7 %	3 1,7 %	1 0,6 %	10 5,6 %	5 2,8 %
	hohe soziale Kompe-tenz		1 0,6 %	5 2,8 %		1 0,6 %	

Auf der waagerechten Achse wird nach der Intensität und der Bedeutung des Kontakts differenziert: Zunächst wird nach der Dauer unterschieden, die die Täter in großer Nähe zu Kindern verbringen. Bei langem zeitlichen Kontakt stellt sich die Frage, ob der Täter eine persönliche Beziehung aufbauen wollte, oder ob er ausschließlich sexuelle Ziele hatte, also Momente der eigenen Befriedigung im Vordergrund standen. Die Täter mit nur kurzem Kontakt zu den Opfern wurden weiter unterteilt in solche, die ihre Opfer wenig oder stark verletzten. In einem weiteren Schritt wurden die Täter nach Phantasien und Handlungen unterteilt in nichtsadistische und sadistische: Nichtsadistische Täter verletzten die Opfer kaum. Allerdings können Täter, die die Opfer nur geringfügig verletzten, sehr wohl sadistische Fantasien haben, die die Tat auslösen können. Daneben gibt es Täter, die ihr Opfer zwar verletzen, dies aber nicht aus sadistischen Motiven tun: Instrumentelle Gewaltanwendung oder Ausagieren von Wut stehen stärker im Vordergrund. Der letzte Tätertyp verletzt die Opfer aus erkennbar sadistischen Motiven und die Tatabläufe sind rituell und bizarr, Sexualität und Aggression sind hier zu einer Empfindung verschmolzen. Aus der Kombination der beiden Achsen ergeben sich theoretisch 24 Typen, die sich allerdings bisher noch nicht alle nachweisen ließen.

Rehder (1996 b) fand vier Untergruppen inhaftierter, wegen sexuellen Missbrauchs verurteilter Täter:

1. *Randständige, unterkontrollierte Täter*, die ihre Taten vornehmlich außerhalb der Familie begehen. Bei diesen Tätern handelt es sich um beziehungsmäßig wenig eingebundene sowie intellektuell und materiell eher anspruchslose Männer. Im direkten Umgang sind sie genauso wenig aggressiv wie in ihren Straftaten. Aufgrund ihrer Anspruchslosigkeit, ihres geringen Alkoholkonsums und einer bestehenden Arbeitsbereitschaft gelingt ihnen meist ein Leben am Rande der Legalität mit häufigen, aber strafrechtlich weniger relevanten Delikten. Wegen ihrer geringen Bildung, ihrer Anspruchslosigkeit und ihrer Konfliktvermeidung fällt es schwer, für sie und mit ihnen eine Zukunftsperspektive zu entwickeln. Es hat den Anschein, dass ihre devianten sexuellen Präferenzen ihre Randständigkeit bewirken und verstärken. In einigen Fällen kann aber auch die soziale Randständigkeit Schwierigkeiten hervorrufen, sozial akzeptierte sexuelle Beziehungen aufzubauen, sodass sie auf kindliche Sexual-»Partner« ausweichen. Auf jeden Fall erscheinen diese Täter in ihrem Sexualverhalten auf Kinder »fixiert«; bei ihnen handelt es sich um Pädophile im engeren Sinne, auch wenn ihnen in Einzelfällen eine – vorübergehende – familiäre Einbindung gelingt.

Täter dieses Clusters entsprechen weitgehend der Beschreibung der »fixierten« Täter von Groth (1982) und den in der Typologie von Knight (1989) in 15,3 % der Fälle vorkommenden Tätern, die geringen Kontakt zum Opfer haben, die ihre Opfer nur wenig verletzen (wobei sadistische Phantasien wohl nicht vorliegen) und die pädophil fixiert sowie sozial wenig kompetent sind. Deutliche Parallelen liegen auch zu den von Bräutigam und Clement (1989, 147) beschriebenen – jugendlichen – Pädophilen vor, »die minderbegabt, kontaktgestört und retardiert sind, und deshalb mit erwachsenen Partnern Schwierigkeiten haben. Sie greifen auf die vertrauten, leichter zugänglichen kindlichen und jugendlichen Opfer zurück, die sie oft mit kleinen Geschenken an sich binden.« Die von den Autoren geschilderte, »nicht selten« vorkommende Gewaltanwendung ist im Cluster von Rehder allerdings kaum festzustellen.

2. *Sozial unauffällige Täter mit starken Autonomiebestrebungen* sind vornehmlich Inzesttäter. Sie fallen hauptsächlich durch »Unauffälligkeit« hinsichtlich ihrer Sozialisation sowie ihres Sozial- und Legalverhaltens auf. Aus dem Rahmen fällt in dieser Untersuchung lediglich ein starkes Autonomiestreben, das ein Hinweis darauf ist, dass die Unabhängigkeitswünsche der Täter auf Kosten des Erlebens emotionaler Nähe – auch innerhalb der Familie – gehen können. Die Taten erfolgen meist im Zusammenhang mit äußerem Stress oder in Anschluss an eine Lebenskrise. Dadurch erleben die Täter eine Gefährdung ihrer Autonomie. Unter solchen – subjektiv stark empfundenen – Belastungsbedingungen kann es zum Zusammenbruch der psychischen Kontrollinstanzen kommen, der die Sexualdelikte möglich werden lässt. Zu fragen ist allerdings, welche weiteren Vorbedingungen erforderlich sind, dass aus den Stressbedingungen ein sexueller Missbrauch resultiert (vgl. hierzu Finkelhor 1984; Vorbedingungen des sexuellen Missbrauchs, beschrieben auch von Deegener 1992). Von den zwanghaften Tätern des Clusters 4 unterscheiden sie sich vor allem durch ihre geringere kriminelle Aktivität, ihr geringeres Misstrauen und ihre geringere Tatverleugnung.

Ähnlichkeiten dieser Täter bestehen zu den »psychisch eher stabilen, sozial integrierten Patienten« von Schorsch et al. (1985). In der Typologie von Groth (1982) entsprechen diese Täter eher den »regressiven« Typen, deren »pädophile« Interessen sich erst spät und unter Stressbedingungen entwickeln. Rehder und Meilinger (1996) fanden eine ähnliche Gruppe, die sie als »sozial kompetente, aus der Lebensbahn geworfene, tatverleugnende Inzesttäter« beschreiben.

3. Bei *depressiven Tätern* finden sich kaum Auffälligkeiten in der Sozialisation. Ihr herausragendes Merkmal ist die depressive Persönlichkeitsstruktur. Wie bei depressiven Vergewaltigern ist daher die Grundstimmung der Täter geprägt durch Gefühle von Hilflosigkeit, Passivität und Abhängigkeit. Sie suchen Unterstützung in ihrer Umgebung und geraten dadurch verstärkt in Abhängigkeiten. Die Sexualdelikte stellen den Versuch dar, diese Abhängigkeit und Empfindungen von Hilflosigkeit zu bekämpfen und Überlegenheit, Macht und Eigenständigkeit zu erleben – aber auch in sexuellen Aktivitäten Ablenkung von grüblerischer Selbstbeschäftigung zu erhalten.

Bei diesen Inzesttätern bestehen Ähnlichkeiten zu den von Groth genannten passiv-abhängigen Typen, die die Zuwendung ihrer Partnerin verlieren und schließlich emotionale und sexuelle Nähe bei ihren Kindern suchen. Weiterhin werden nach Conte (1991) bei Inzesttätern häufig depressive Tendenzen gefunden. Die Pädophilen des Clusters zeigen Parallelen zu den sozial inkompetenten Tätergruppen in der Typologie von Knight (1989). Das gesamte Cluster besitzt weiterhin Ähnlichkeiten mit den »depressiven Patienten« von Schorsch et al. (1985). Rehder und Meilinger (1996) fanden zwei vergleichbare Cluster, das sie als »depressive (anpassungsbereite) Täter mit pädophilen Tendenzen« und als »angepasste, alkoholisch enthemmt (Inzest-)Täter« bezeichneten.

4. Die Erziehung der *sozial angepassten, »zwanghaften« Täter* war fordernd und strafend. Sie haben für ihre Erziehungspersonen schon früh häusliche und berufliche Pflichten übernehmen müssen und wenig Zeit für sich selbst oder zum Spielen gehabt. Den Zwang zur Anpassung haben sie verinnerlicht und ein starkes Pflichtbewusstsein mit großer Lern- und hoher Eingliederungsbereitschaft entwickelt; dafür fehlt ihnen meist die Fähigkeit zu entspannter Heiterkeit und Empathie. Sie wirken zwar oft vordergründig aufgeschlossen, sind aber ernst und emo-

tional distanziert. Ihrer Sozialisation entsprechend, in der wenig Rücksicht auf sie genommen wurde, haben sie wenig Bereitschaft und Fähigkeit entwickelt, die psychische Befindlichkeit anderer und auch ihrer Opfer zu berücksichtigen. Sie besitzen weiterhin eine starke Neigung, in der Familie Verantwortung an sich zu ziehen und Entscheidungsgewalt zu beanspruchen sowie das Selbstständigwerden der anderen Familienmitglieder zu be- oder verhindern, die Strukturen der Familie also zu bestimmen und die Familienmitglieder zu kontrollieren. Diese innerfamiliäre Machtausübung wird letztlich auch auf den sexuellen Bereich ausgeweitet.

Diese (Inzest-)Täter ähneln sowohl dem aggressiv-dominanten Typ nach Groth (1982), der seine Familie nach außen abschottet und in Abhängigkeit von sich hält als auch den Tätern aus »endogamischen Familien« nach Hirsch (1987). Bei den Pädophilen des Cluster bestehen einige Übereinstimmungen mit den fixierten Tätern von Knight (1989), die länger dauernden Kontakt zum Opfer suchen. Weitgehende Übereinstimmung besteht auch zu den von Rehder und Meilinger (1996) gefundenen »sozial angepassten, zwanghaft strukturierten (Inzest-)Tätern«.

Zur Verdeutlichung der Selbstregulation für die Begehung (weiterer) Sexualdelikte haben Ward und Hudson (2000) – in Differenzierung der kognitiv-behavioralen Verhaltenskette nach Marlatt und Gordon (1985) sowie Pithers (1990) – vier komplexe Abläufe vor und bei der Begehung von Sexualdelikten unterschieden, die sie jeweils einem unterschiedlichen »Tätertypen« zuordnen:

Avoidance Passive

Täter mit *passiven Tatvermeidungsversuchen* sind bemüht, Sexualdelikte zu vermeiden. Ihnen mangelt es allerdings an angemessener Verhaltenssteuerung oder emotionaler Kontrolle. Sie gelangen daher sehr leicht in Risikosituationen, in denen sie sich nur schwer beherrschen können: der Rückfall ist vorprogrammiert.

Bei diesem Tätertypen kann eine Behandlung, die die Selbstkontrollmechanismen verbessert und dem Täter verdeutlicht, welche Situationen für ihn Risikosituationen darstellen, zu einer erheblichen Verringerung der Rückfallgefahr beitragen.

Avoidance Active

Täter mit *aktiven Tatvermeidungsversuchen* besitzen ebenfalls den Vorsatz, Sexualdelikte zu vermeiden. Die Strategie die sie wählen, um dieses Ziel zu erreichen, ist aber nicht nur ineffektiv sondern sie kann sogar zu einer Erhöhung des Rückfallrisikos führen. Als Beispiel führen Ward und Hudson Täter an, die sich in sexuelle Fantasien oder Pornografiekonsum stürzen, um negative Gefühlszustände zu überwinden. Der vorübergehend als positiv – weil entlastend – erlebte Effekt, kann aber letztlich den Wunsch nach sexuell abweichenden Handlungen verstärken und somit die Wahrscheinlichkeit weiterer Sexualdelikte erhöhen.

Ziel einer Therapie wäre es, bei diesen Tätern ein Problembewusstsein dafür zu schaffen, dass er die falschen Strategien bei Belastungen wählt und ihm bessere Vermeidungsstrategien an die Hand zu geben.

Approach Automatic

Bei Tätern mit *automatischer Tatannäherung* sind sexuell deviante Verhaltensmuster so stark eingeschliffen, dass bereits eine zufällige Annäherung an auslösende Situationen oder die zufällige Nähe eines potenziellen Opfers zu Kontrollverlust und zu weiteren Sexualdelikten führen kann.

Das Ziel einer kognitiven Verhaltenstherapie bestünde darin, Risikosituationen für den Täter zu definieren und den Umgang mit diesen Situationen zu verbessern, wobei allerdings zu beachten bleibt, dass die Prognose um so schlechter erscheint, je größer die Zahl unterschiedlicher eingeschliffener Verhaltensmuster ist.

Approach Explicit

Bei Tätern mit *ausdrücklicher Tatannäherung* ist die Selbststeuerung im Sinne der kognitiven Verhaltenstherapie intakt. Es werden lediglich bewusst illegale und andere schädigende Ziele gewählt. Ward und Hudson (2000) nennen als Beispiel fixierte Pädophile, bei denen Zielsetzung, Planung und Umsetzung nach Prinzipien der Selbstregulierung einwandfrei funktionieren. Sie entscheiden sich für Sexualdelikte, sie planen und sie führen die Planungen aus; sie sind dabei auch noch in der Lage, ihr Vorgehen mehr und mehr zu perfektionieren (d. h. das angestrebte Ziel mit weniger Aufwand und immer weniger Gewaltanwendung bzw. -androhung zu erreichen; es kann sich die Überzeugung entwickeln, es bestünde Einvernehmen mit dem Opfer). Das Problem liegt im gewählten Ziel und den damit verbundenen Werten und Überzeugungen und ist nicht in Dysfunktionen der Selbststeuerung zu sehen.

Therapeutisch sind Täter dieses Typs nur schwer zu erreichen. Der Weg führt über die Zieldiskussion, wobei ersatzweise das Ziel zukünftiger Sanktionsvermeidung eine wesentliche Rolle spielen kann.

3. Zusammenfassung und Schlussfolgerungen

Unterschiedliche Klassifizierungen von Sexualstraftätern weisen erkennbare Parallelen auf. Vor diesem Hintergrund hat Berner (1998) eine zusammenfassende Typologie vorgelegt, die auch die Gemeinsamkeiten zwischen Vergewaltigern und Kindermissbrauchenden berücksichtigt.

Unabhängig davon, ob Bestimmung von »Typen« für die therapeutische Praxis als bedeutsam angesehen wird, kann gesagt werden, dass sich aus den einzelnen Klassifizierungen wesentliche Hinweise auf die Diagnose der Tätergruppe ergeben und dabei helfen, wichtige Kriterien zu berücksichtigen.

Literatur

Abel, G. G.; Blanchard, E. B.; Becker, J. V. (1976), Psychological treatment of rapists. In: Walker, M. J. und Brodsky, S. L. (eds.), *Sexual assault*. Lexington: Lexington Books, 99–115.

Abel, G. G.; Blanchard, E. B.; Becker, J. V. (1978), An integrated treatment program for rapists. In: Rada, R. T. (ed.), *Clinical aspects of the rapist*. New York: Grune und Stratton, 161–214.

Allen, C. (1962), *A textbook of psycho-sexual disorders*. London: Oxford University Press.

Amir, M. (1971), *Patterns in forcible rape*. Chicago: The University of Chicago Press.

Beier, K. M. (1995), *Dissexualität im Lebenslängsschnitt*. Berlin: Springer.

Berner, W. (1998), Sexualstraftäterbehandlung – Strategien – Ergebnisse. In: Müller-Isberner, R. und Gonzales Cabeza, S. (Hrsg.), *Forensische Psychiatrie*. Godesberg: Forum, 65–79.

Bräutigam, W. und Clement, U. (1989), *Sexualmedizin im Grundriss*. Stuttgart: Thieme.

Cabanis, D. und Phillip, E. (1977), Sexologie und Recht. In: Eisen, G. (Hrsg.), *Handwörterbuch der Rechtsmedizin*, Bd. II. Stuttgart: Enke, 246–277.

Cohen, M. L.; Garafalo, R. F.; Boucher, R. und Seghorn, T. (1971), The psychology of rapists. *Seminars in Psychiatry 3*: 307–327.

Conte, J. R. (1991), The nature of sexual offenses against children. In: Hollin, C. R. und Howells, K. (eds.) *Clinical approaches to sex offenders and their victims*. Chichester: John Wiley und Sons, 11–34.

Deegener, G. (1995), *Sexueller Missbrauch: Die Täter*. Weinheim: Beltz.

Finkelhor, D. (1984), *Child Sexual Abuse. New theory and research*. New York: Free Press.

Fitch, J. H. (1962), Men convicted of sexual offenses against children: A descriptive follow-up study. *British Journal of Criminology 3*, 18–37.

Gebhard, P. H.; Gagnon, J. H.; Pomeroy, W. B. und Christensen, C. V. (1965), *Sex offenders: An analysis of types*. New York: Harper and Row.

Gordon, L. und O'Keefe, P. (1985), The »normality« of Incest: Father-daughter incest as a form of family violence. Evidence from historical case records. In: Burgess, A. W. (ed.), *Rape and sexual assault. A research handbook*. New York: Garland, 70–82.

Groth, A. N. (1978), Patterns of sexual assault against children and adolescents. In: Burgess, A. W.; Groth, A. N.; Holmstrom, L. L. und Sgroi, S. M. (eds.), *Sexual assault of children and adolescents*. Toronto: Lexington, 145–168.

Groth, A. N. (1979), *Men who rape*. New York: Plenum Press.

Groth, A. N. (1982), The incest offender. In: Sgroi, S. M. (ed.) *Handbook of clinical intervention in child sexual abuse*. Toronto: Lexington, 215–239.

Gutmacher, M. S. und Weihofen, H. (1952), *Psychiatry and the law*. New York: Norton.

Hare, R. D. (1991), *Manual for the Hare Psychopathy Checklist B revised*. Toronto: Multi-Health Systems.

Herman, J. (1985), Father-daughter incest. In: Burgess, A. W. (ed.) *Rape and sexual assault. A research handbook*. New York: Garland, 83–96.

Hirsch, M. (1987), *Realer Inzest*. Berlin: Springer.

Knight, R. A. (1989), An assessment of the concurrent validity of a child molester typology. *Journal of Interpersonal Violence 4*: 131–150.

Knight, R. A. und Prentky, R. A. (1990), Classifying sexual offenders. In: Marshall, W. L.; Laws, D. R. und Barbaree, H. E. (eds.), *Handbook of sexual assault. Issues theories and treatment of the offender*. New York: Plenum, 23–52.

Knight, R. A.; Rosenberg, R. und Schneider, B. A. (1985), Classification of sexual offenders. In: Burgess, A. W. (ed.), *Rape and sexual assault*. New York: Garland, 222–293.

Maisch, H. (1968), *Inzest*. Reinbek: Rowohlt.

Marlatt, G. A. und Gordon, J. R. (1985), *Relapse prevention: Maintenance strategies in the treatment of addictive behaviors*. New York: Guilford.

McCaghy, C. H. (1967), Child molesters: A study of their careers as deviants. In: Clinnard, M. B. und Quinney, R. (eds.), *Criminal behavior systems: A typology*. New York: Holt, Rinehart und Winston, 143–161.

Pithers, W. D. (1990), Relapse prevention with sexual aggressors: A method for maintaining therapeutic gain and enhancing external supervision. In: Marshall, W. L.; Laws, D. R. und Barbaree, H. E. (eds.) *Handbook of sexual assault: Issues, theories and treatment of the offender*. New York: Plenum, 343–361.

Rada, R. T. (1978), Classification of the rapist. In: Rada, R. T. (ed.), *Clinical aspects of the rapist*. New York: Grune and Stratton, 117–132.

Rehder, U. (1996 a), Klassifizierung inhaftierter Sexualdelinquenten – Wegen Vergewaltigung und sexueller Nötigung Erwachsener Verurteilte. *Monatsschrift für Kriminologie und Strafrechtsreform 79, 5*: 291–304.

Rehder, U. (1996 b), Klassifizierung inhaftierter Sexualdelinquenten – Wegen sexuellen Missbrauchs von Kindern Verurteilte. *Monatsschrift für Kriminologie und Strafrechtsreform 79,6*: 373–385.

Rehder, U. und Meilinger, H.-G. (1996), Sexueller Missbrauch – Straftat und inhaftierte Täter. *Kriminalpädagogische Praxis 25*, Heft 37: 31–43.

Schorsch, E. (1971), *Sexualstraftäter*. Stuttgart: Enke.

Schorsch, E.; Galedary, G.; Haag, A.; Hauch, M. und Lohse, H. (1985), *Perversion als Straftat*. Berlin: Springer.

Steck, P. und Pauer, U. (1992), Verhaltensmuster bei Vergewaltigung in Abhängigkeit von Täter- und Situationsmerkmalen. *Monatsschrift für Kriminologie und Strafrechtsreform 75, 4*: 187–197.

Swanson, D. W. (1971), Who violates children sexually? *Medical Aspects of Human Sexuality 5*: 184–197.

Travin, S. und Protter, B. (1993), *Sexual perversion*. New York: Plenum Press.

Ward, T. und Hudson, S. M. (2000), A self-regulation model of relapse prevention. In: Laws, D. R. und Hudson, S. M. (eds.), *Remaking relapse prevention with sex offenders*. Thousand Oaks: Sage, 79–101.

West, D. J.; Roy, C. und Nichols, F. L. (1978), *Understanding sexual attacks*. London: Heinemann.

Sicherheit

von Rüdiger Wohlgemuth

1. Sicherheit ist kein Ziel, aber ein unverzichtbares Mittel

Der Justizvollzug ist ein staatliches Sicherheitsunternehmen. Dennoch ist Sicherheit nicht das Unternehmensziel, sondern lediglich ein wichtiges Mittel im Hinblick auf die von § 2 StVollzG geforderte Wiedereingliederung. Alisch (2001, 106) definiert Sicherheit als »die Erfüllung von Vollzugsaufgaben, ohne dass die Allgemeinheit, die Gefangenen oder die Bediensteten Schaden nehmen«. Die Betonung, dass Sicherheit kein Selbstzweck ist, sondern immer ideelleren Zielen dienen soll, zieht sich durch alle sicherheitsbedeutsamen Regelungen des Gesetzes.

Erst nach 10 Kapiteln, die die Leistungen der Gefängnisverwaltung für die Gefangenen beschreiben, werden im Kapitel 11 des Strafvollzugsgesetzes Sicherheitsbelange geregelt. Ausdrücklich wird dem Sicherheitskapitel in § 81 StVollzG vorangestellt, dass Sicherheit und Ordnung »das Verantwortungsbewusstsein des Gefangenen für ein geordnetes Zusammenleben in der Anstalt wecken und fördern« soll. Sicherheitsmaßnahmen müssen verhältnismäßig sein und sollen »den Gefangenen nicht länger als notwendig beeinträchtigen«.

Die schärfste Sicherheitsmaßnahme, der unmittelbare Zwang, ist in einem gesonderten Kapitel sorgfältig mit der Intention geregelt, jede Willkür auszuschließen. Ebenso sind die Regelungen zu den Disziplinarmaßnahmen darauf angelegt, staatliche Gewalt zurückhaltend und besonnen einzusetzen. 26 Paragraphen werden im Gesetz aufgewendet, um eine rationale Gefahrenabwehr mit maßvollen Mitteln zu ermöglichen.

2. Die vier Elemente der Sicherheit

Da ein Gefängnis gleichwohl eine Sicherheitsorganisation ist und ohne Sicherheit und Ordnung das Vollzugsziel nicht angegangen werden kann, durchdringen Sicherheitsgedanken und -maßnahmen alle Aufbau- und Ablaufstrukturen. Die umfassenden Sicherheitsaufgaben können in vier Arbeitsbereiche unterteilt werden.

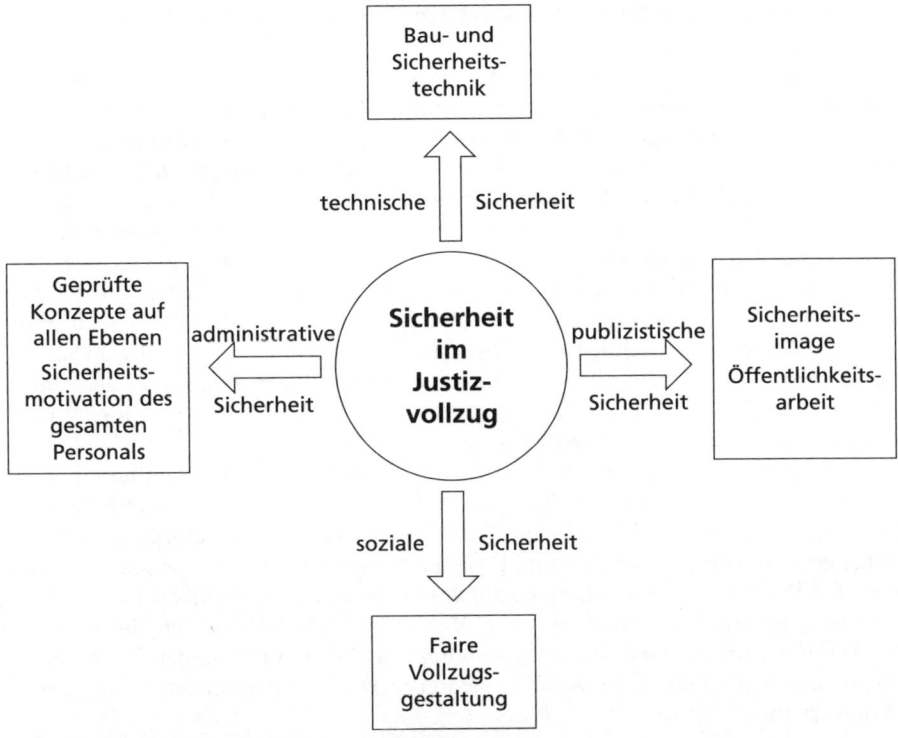

Abb. 1: Arbeitsbereiche Sicherheitsmanagement

2.1. Technische Sicherheit: Vormarsch der EDV-unterstützten Prozesskontrollen

Mechanische Ausbruchssicherungen, Wege-Leitsysteme, typische Vollzugstechnik wie zum Beispiel Schließsysteme, technisch raffinierte Haftraumtüren und Detektionstechnik wird es weiterhin in verfeinerten Formen geben. Bei ihrer Einführung und ihrem Betrieb ist es wegen der Wirkungen auf die Vollzugsgestaltung und hinsichtlich der Folgekosten unerlässlich, Entscheidungen gemeinsam mit Vertretern aller Mitarbeitergruppen zu treffen. Das Positive an der rasanten Entwicklung der Technik ist, dass Sicherheitstechnik heute jede vollzugliche Gestaltung positiv unterstützen kann. Das Angebot ist reichhaltig und es fällt schwer, die Übersicht zu behalten.

Triviale Sicherheitstechnik wird durch intelligentere Sicherheitssoftware ergänzt. In der JVA Celle z. B. wird durch ein Programm jede Gefangenenbewegung kontrolliert und dokumentiert. Damit kann der Subkultur mit intelligenter Technik entgegengewirkt werden.

Für die Sicherheitsverantwortlichen ist der Markt kaum noch überschaubar. Nur durch laufende Fortbildung und neutrale Fachberatung können Fehlentscheidungen und unnötige Folgekosten vermieden werden.

2.2. Soziale Sicherheit: Das wichtigste Sicherheitselement

Die weitaus meisten Gefangenen haben selbst Interesse an einer sicheren Anstalt, weil sie Verschärfungen nach anstaltsinternen Vorfällen fürchten und von Mitgefangenen nicht belästigt, ausgebeutet oder instrumentalisiert werden möchten. Sie wissen, ob es in einer Anstalt trotz der Härten des Vollzugs und unterschiedlicher Interessen eine Kultur der Anständigkeit gibt und wer für diese Kultur steht. Dieser Personenkreis erhält Hinweise, ohne die es zu weitaus mehr anstaltsinternen Vorfällen käme. Die meisten Sicherheitserkenntnisse stammen somit von Gefangenen – aus persönlichem oder sozialem Interesse. Mit den Gefangenen fair umzugehen (das heißt: In der Freizeit etwas bieten, den Ausländern Raum für ihre Kultur geben, sozial und mitmenschlich zu bleiben), ist nicht sentimental, sondern ein Sicherheitskapital. Das schließt allerdings Konsequenz und Härte gegenüber den Unbelehrbaren nicht aus. Wohlwollende, glasklare, einfache Regeln und ihre konsequente Befolgung schaffen die meiste soziale Sicherheit.

Koop (2001, 184 ff.), Anstaltsleiter der Justizvollzugsanstalt Oldenburg, hat ein sog. Servicesystem entwickelt. Bei Einhaltung bestimmter Pflichten (friedfertiger Umgang, Sauberkeit, Arbeitspflichten) erhalten die Gefangenen umfangreiche Vergünstigungen. Dieses scheinbar simple Belohnungssystem funktioniert auch deshalb, weil das Prinzip immer wieder freundlich und konsequent zwischen Bediensteten und Gefangenen kommuniziert wird. Wahrscheinlich stabilisieren die laufende Kommunikation über das Servicesystem und die dabei entstehenden Beziehungen die soziale Sicherheit mehr als der nüchterne Deal von Vergünstigungen gegen Wohlverhalten.

2.3. Administrative Sicherheit: Ohne präzise Konzepte läuft nichts Gescheites

Fehlendes Controlling, Schlampigkeiten und individuelles Versagen sind zu 80 % Ursachen von Sicherheitsproblemen. Preußische Ordnung, eine kooperative Betriebskultur, gute technische und zwischenmenschliche Kommunikation fördern die Administration. Fehlen diese Elemente, nützen auch keine gut gemeinten Steuerungsbemühungen »von oben«. Da administrative Elemente fast alle Bereiche umfassen, muss Einigkeit herrschen, wer für die verschiedenen Elemente verantwortlich ist.

Die Anstaltsleiterin/Der Anstaltsleiter prägt ohnehin das Anstaltsklima. Es ist daher sinnvoll, wenn diese Rolle aktiv ausgefüllt wird. Die nachgeordneten Bereichsleiter sind für ein schriftliches, qualitativ sauberes Controllingkonzept ihres Bereiches zuständig. Nach welchem Managementverfahren dieses Controlling aufgebaut wird ist zweitrangig. Die Mindestanforderung des klassischen Regelkreises müssen aber schriftlich präzisiert sein: Ziele, Aufbaustruktur, Abläufe, Zuständigkeiten, Maßnahmen, Erfolgsmerkmale und Ergebniskontrollen. Mindeststandard ist auch eine innere Differenzierung der Anstalt nach Behandlungsfähigkeit und Gefährlichkeit der Gefangenen. Ohne ein qualitativ hochwertiges schriftliches Controllingkonzept fehlt den Mitarbeitern die Orientierung.

Korndörfer (2001) fordert ergänzend, im Anstaltskonzept genügend Freiräume für situationsgerechte Entscheidungen der Kolleginnen und Kollegen zu lassen. Im

Bereichs- oder Anstaltskonzept muss jede Mitarbeiterin und jeder Mitarbeiter des Vollzugs ihre/seine konkrete Sicherheitsaufgabe schriftlich wiederfinden und in regelmäßigen Besprechungen müssen die Sicherheitsbelange gemeinsam erörtert und entschieden werden. Es ist unprofessionell und gefährlich, wenn Sicherheitsaufgaben nur wenigen Mitarbeitern übertragen sind und nur in diesem Kreis beraten und entschieden werden.

2.4. Publizistische Sicherheit: Verkaufen sichert die Zukunft

Der Justizvollzug ist eine aktive und professionell arbeitende Einrichtung der Kriminalitätsbekämpfung. Therapie und/oder Sicherung werden fallgerecht eingesetzt. Dieses Image besitzt der Vollzug nicht durchgehend. Für ein Unternehmen ist sein Image ein zentraler Absatzfaktor, für den behandlungsorientierten Justizvollzug ist es ein Überlebensfaktor. Marketing und Öffentlichkeitsarbeit (Höflich 2001) durch regionale und überregionale Medienarbeit, Beteiligung an Messen und Events sowie die regelmäßige Öffnung der Anstalten für Menschen, ist genauso wichtig wie die internen Bemühungen um effiziente Technik, eine faire Vollzugsgestaltung und eine genaue Administration.

Sicherheit entsteht im organisierten Zusammenwirken aller Teilelemente und ist daher »keine formaltechnisch herstellbare Größe, sondern ein umfassendes, fachübergreifendes Qualitätsmerkmal der Gesamtinstitution Strafvollzug« (Korndörfer 2001, 195)

Literatur

Alisch, J. (2001), Sicherheit als Steuerungsproblem. In: Flügge, C.; Maelicke, B. und Preusker, H. (Hrsg.), *Das Gefängnis als lernende Organisation*. Baden-Baden: Nomos, 105–116.

Höflich, P. (2001), Marketing und Öffentlichkeitsarbeit des Vollzuges. In: Flügge, C.; Maelicke, B. und Preusker, H. (Hrsg.), *Das Gefängnis als lernende Organisation*. Baden-Baden: Nomos, 218–231.

Koop, G. (2001), Führung und Zusammenarbeit im Wandel mit Beispielen aus der Vollzugspraxis. In: Flügge, C.; Maelicke, B. und Preusker, H. (Hrsg.), *Das Gefängnis als lernende Organisation*. Baden-Baden: Nomos, 154–173.

Korndörfer, H. (2001), Aspekte der Sicherheit im Justizvollzug. In: Herrfahrdt, R. (Hrsg.), *Sicherheit und Behandlung – Strafvollzug im Wandel*. Schriftenreihe der Bundesvereinigung der Anstaltsleiter im Strafvollzug e.V., Band 5. Berlin: Eigenverlag, 188–196.

Soziales Kompetenztraining[1]

von Alberta Oschwald

Einleitung

Heute bei den Organen der sozialen Strafrechtspflege längst etabliert, machte das
Soziale Kompetenztraining, oder kurz Sozialtraining genannt, Anfang der 1970 er-
Jahre als Novum in zahlreichen Publikationen auf sich aufmerksam. Es schien in
die kriminalpolitische Landschaft der Zeit zu passen, die verstärkt auf die resozialisierende Wirkung psychosozialer Interventionsformen setzte. Es schloss eine Lücke
zwischen beruflich-schulischer Ausbildung und therapeutischen Maßnahmen (vgl.
Otto 1988, 1). Die Praktiker vor Ort befreite es zum Teil von dem Dilemma, den
schwammigen, im Strafvollzugsgesetz wenig konkreten Begriff »Behandlung« in
seiner theoretischen Differenzierung und praktischen Umsetzung immer wieder
neu »erfinden« zu müssen, wenngleich der offenen Formulierung auch innovatives
Potenzial innewohnt. Das Soziale Kompetenztraining gab den durchführenden Berufsgruppen ein fachlich begründetes, praktisch erprobtes, vollzugstaugliches Trai-
ningsmanual an die Hand, das sich bei Bedarf Modifizierungen nicht verschloss
und zur kreativen Weiterentwicklung einlud. Es eröffnete die Möglichkeit, soziales
Lernen durch einen zielgerichteten, methodisch gesteuerten Prozess zu initiieren.
Die konstruktive Seite des Ausspruchs einer Freiheitsstrafe sei es, dem bestraften
Individuum alternatives, nicht-delinquentes Verhalten zu vermitteln (vgl. Rössner
1984, 136). Es herrschte die Sichtweise vor, dass Straffälligkeit und Defizite sich
kausal bedingen und somit eine Erweiterung der sozialen Fähigkeiten und Fertigkeiten einen wichtigen Beitrag zum Gelingen eines straffreien Lebens leisten könne.
Auch zum Abbau haftreaktiver Prozesse schien das Sozialtraining geeignetes Instrumentarium bereit zu stellen. Möglicherweise wurde und wird ihm aber auch zu
viel an Wirkungserwartungen aufgebürdet, etwa wenn im Leitfaden des Baden-
Württembergischen Justizministeriums (1982) als Zielsetzung postuliert wurde,
dass die durch das Training erreichte Veränderung die ganze Person erfassen solle,
»mit all ihren kriminellen, arbeitsscheuen und bindungsgleichgültigen Einstellungen« (JM Baden-Württemberg 1982, 14 in: Prim 1988, 77). Inzwischen ist Relativierung eingetreten zugunsten der Erkenntnis, dass ein tief greifender Persönlich-
keitswandel durch eine kurzzeitpädagogische Maßnahme im Sinne des Sozialen
Kompetenztrainings wohl außerhalb seiner methodischen Reichweite liegt. Die

---

1 Der besseren Lesbarkeit willen wurde eine einheitliche grammatische Form gewählt. Mit
der maskulinen Schreibweise sind daher auch weibliche Gefangene, Trainingsteilnehme-
rinnen und Trainerinnen gleichrangig gemeint.

Wirksamkeit beschränkt sich vielmehr auf einfach strukturierte, konkret nachvollziehbare und umsetzbare Aspekte der Alltagsbewältigung. Und sollte damit die
Maßnahme einen tragfähigen Baustein zum Prozess des sozialen Lernens beitragen,
ist ihr Wert so niedrig nicht einzuschätzen (vgl. Prim 1988, 77).

1. Rechtliche Grundlagen volllzuglicher Trainingsmaßnahmen

Zwei Grundgedanken, die den Vollzug einer Freiheitsstrafe rechtfertigen, sind in
§ 2 des Strafvollzugsgesetzes (StVollzG) verankert: der Resozialisierungsgedanke
und der Schutz der Allgemeinheit vor weiteren Straftaten. Dem gesetzlichen Auftrag gemäß soll der Gefangene im Strafvollzug fähig werden, künftig ein Leben in
sozialer Verantwortung ohne Begehung von Straftaten zu führen.

In § 91 des Jugendgerichtsgesetzes (JGG) wurde die Aufgabe des Jugendstrafvollzugs noch weiter spezifiziert: »Durch den Vollzug der Freiheitsstrafe soll der
Verurteilte dazu erzogen werden, künftig einen rechtschaffenen und verantwortungsbewussten Lebenswandel zu führen.« Wie dieser Prozess der »Befähigung«
oder »Erziehung« initiiert werden soll, bleibt methodisch offen. Die erzieherischen
Grundlagen, die § 91 Abs. 2 JGG auflistet, nämlich Ordnung, Arbeit, Unterricht,
Leibesübungen und sinnvolle Freizeitbeschäftigung, bedürfen längst der Ergänzung um therapeutische und sozialpädagogische Behandlungsangebote.

§ 3 Abs. 3 StVollzG gibt vor, dass der Vollzug darauf auszurichten ist, dass er
dem Gefangenen hilft, sich in das Leben in Freiheit einzugliedern.

Der Gesetzgeber hat in § 71 StVollzG dem Inhaftierten einen Anspruch auf »Soziale Hilfe« zugesichert, der in Nr. 62 Abs. 1 der Verwaltungsvorschriften für den
Jugendstrafvollzug (VVJug) seine Entsprechung hat.

§ 71 Abs. 2 fordert Hilfe zur Selbsthilfe: Die Hilfe soll darauf ausgerichtet sein,
seine Angelegenheiten selbst zu ordnen und zu regeln – d. h. auch hier geht es um
die Befähigung zu einem mündigen, kompetenten Handeln in allen Alltagssituatio-
nen.

Alle institutionellen Bemühungen können jedoch nur fruchten, wenn der Inhaftierte bereit ist, aktiv an der Erreichung des Vollzugszieles mitzuwirken, wozu ihn
§ 4 Abs. 1 StVollzG entsprechend verpflichtet. Satz 2 fordert auch Aktivität und Innovation von Seiten des Personals ein, die Bereitschaft zur Mitwirkung beim Gefangenen zu wecken und zu fördern.

Nicht zuletzt ist die als notwendig erachtete Behandlung des Gefangenen gem.
§ 7 StVollzG im Vollzugsplan festzuschreiben, wozu auch die in Abs. 2 aufgeführten »besonderen Hilfs- und Behandlungsmaßnahmen« zählen, unter die auch das
Soziale Kompetenztraining subsumiert werden kann.

2. Fachwissenschaftliche Aspekte

2.1. Annäherung an den Terminus »soziale Kompetenz«

Die Beschäftigung mit dem Begriff lässt schnell erkennen, dass »soziale Kompetenz« kein einheitliches Konzept umschreibt, sondern vielmehr den Überbegriff für ein komplexes, differenzierungsbedürftiges Bündel an sozialen Fähigkeiten und Fertigkeiten bildet, die einer sozial positiven Bewertung unterliegen (Jugert et al. 2001 a, 9).

Die folgende, allgemein gehaltene Definition macht den Begriff für den Praktiker handhabbar: »Soziale Kompetenz beinhaltet eine größere Anzahl von Fähigkeiten und Fertigkeiten, die es einem Individuum gestatten, sich in einer sozialen Situation angemessen und erfolgreich zu verhalten« (Jugert et al. 2001 b, 211). Ob ein Verhalten als angemessen und erfolgreich bewertet wird, hängt von den Normen und Rollenerwartungen eines sozialen Kontexts ab, die je nach Alter, Geschlecht, Beruf und Status sehr verschieden sein können (vgl. Jugert et al. 2001 a, 11). Prinzipiell gelten für die Bewertung eines gezeigten Verhaltens als »kompetent« folgende Komponenten als richtungsweisend:

- die verfügbaren Fähigkeiten und Fertigkeiten;
- die soziale Situation und die mit ihr verbundenen Aufgaben;
- die sozialen Einstellungen und Werte;
- die Art der sozial-kognitiven Informationsverarbeitung (vgl. Jugert et al. 2001 b, 211).

Eine für die vollzugliche Arbeit spezifizierte Begriffsbestimmung bezeichnet das Sozialtraining als problemorientierte, alltagsbezogene Übungskurse, die sich bestimmten Problemfeldern des täglichen Lebens zuwenden, welche für delinquente Personen insbesondere für das Leben nach der Haft relevant sind, mit dem Ziel, die Alltagsbewältigung zu verbessern (vgl. Goderbauer 1984, 13). Dabei kann es nicht allein darum gehen, ein vorgegebenes soziales Verhaltensrepertoire einzuüben. Dem Teilnehmer sollten sich vor allem neue Spielräume eröffnen, sich auch auf ungewohnte Situationen einzulassen. Sein Radius, in dem er gelernt hat sich sicher zu bewegen, kann sich dadurch im Laufe der Zeit erweitern. Letztlich geht es um das »Umgehen können mit wählbaren Alternativen« (Busch 1987, 89).

Als Definitionsrahmen könnte also gelten: Das Soziale Kompetenztraining als problemorientierte, alltagsbezogene Trainingsmaßnahme hat zum Ziel, mit den Teilnehmern auf der Basis gesellschaftlich akzeptierter Normen und Werte, soziale Fähigkeiten und Fertigkeiten zur Bewältigung alltäglicher Situationen konkret einzuüben, damit sie in unterschiedlichen sozialen Zusammenhängen flexibel, aufgabenorientiert und situationsangemessen verfügbar sind.

2.2. Die sozialpädagogische Begründung des Sozialen Kompetenztrainings

Verankerung in konsensualen Leitvorstellungen

Angesichts der Normenvielfalt und Werteunsicherheit wirft auch die griffigste Definition die Frage auf, für welchen Ausschnitt gesellschaftlicher Wirklichkeit welche Spielregeln trainiert werden sollen und wer diese Auswahl trifft. Über alle Pluralität hinweg gibt es auch in unserer demokratischen Gesellschaft konsensuale Leitvorstellungen, die in den Menschenrechten und im Grundgesetz verankert sind. Die Akzeptanz der freiheitlich-demokratischen Grundordnung sowie Mündigkeit und Emanzipation nicht nur im juristischen, sondern auch im pädagogischen Sinne, sind solche generellen Zielvorstellungen, die der Differenzierung und Aufschlüsselung in Teilziele bedürfen, um in konkreten Verhaltensschritten trainierbar zu werden.

Die Bandbreite gesellschaftlicher Konventionen mit ihren Spielräumen, die sie dem Individuum einräumt, sind der Maßstab dessen, was als sozial- und situationsangemessenes Verhalten eingestuft wird, an dem sich auch das Soziale Kompetenztraining orientiert.

Verankerung in sozialarbeitswissenschaftlichen Ansätzen

Ziel sozialpädagogischer Arbeit ist nach Thierschs »lebensweltbezogenem Ansatz« nicht der gelungene, sondern der »gelingendere Alltag« (Thiersch in Engelke 1998, 333). Menschen sollen sich als Subjekte in ihren Erfahrungen und Aufgaben wahrnehmen, deren Bewältigung nur möglich ist durch Entlastungen in Regeln und Routinen (Thiersch in: Engelke 1998, 332). Sozialpädagogisches Handeln soll zu einem gelingenderen Alltag des Klienten beitragen, d. h. vorhandene Kompetenzen des Hilfebedürftigen sind im Kontext gegebener Alltagserfahrungen aufzugreifen und einzubeziehen. Auf dieser Basis sollen dem Betroffenen darüber hinaus Angebote eröffnet und Hilfen vermittelt werden, die zur Erweiterung seines bisherigen Erfahrungshorizontes beitragen.

Das Soziale Kompetenztraining ist hier als mögliche Antwort auf die Frage zu verstehen, in welcher Form Aspekte von Alltagsbewältigung didaktisch vermittelt werden können.

Thierschs Ansatz will auch eine gewisse Radikalität nicht verleugnet wissen, indem er die konkreten Erfahrungen der Menschen in ihrer gesellschaftlichen Situation ebenso ernst nimmt wie ihre praktischen Bewältigungsversuche. Damit gibt er wichtige Impulse, nicht an den Teilnehmern vorbei ein Training zu etablieren, das aufbauend auf einem mittelstandsorientierten Alltagsverständnis weder in der Haft noch nach der Entlassung Relevanz besitzt.

Es gibt weitere, sozialarbeitswissenschaftliche Begründungszusammenhänge, die als theoretische Fundierung für eine Trainingsmaßnahme zur besseren Alltagsbewältigung herangezogen werden können, etwa Wendts (1990) »ökosozialen Ansatz«, der auf systemtheoretischen Überlegungen basiert. Es können nur einige grundlegende, für den Theoriehintergrund des Sozialen Kompetenztrainings relevante Gedanken herausgegriffen werden: Haushalt und Lebensordnung bezeichnen das System komplexer Lebenszusammenhänge, innerhalb derer der Einzelne mit den ihm verfügbaren Ressourcen wirtschaftet. Der Ressourcenbegriff umfasst vier Kategorien: körperliche, psychische, materielle und psychosoziale Ressourcen (vgl. Miller 2000, 29). Innerhalb der eigenen Lebensordnung folgt jeder Mensch seinen ganz persönlichen Prioritäten in Abwägung von Kosten und Nutzen materieller und immaterieller Art. Der rasche Wandel von Lebensbedingungen, die Vielfalt konkurrierender Möglichkeiten und eine ungleiche Ressourcenverteilung haben zur Folge, dass immer mehr Menschen der Unterstützung bedürfen, um einigermaßen effizient mit ihren Mitteln und Möglichkeiten umzugehen (vgl. Wendt 1990, 26). Bedenkt man die Lebenslagen vieler Gefangener vor der Inhaftierung, so sind sie häufig geprägt von sich überlagernden Problemen in den unterschiedlichsten Lebensbereichen: Mangelnde Integration in das Erwerbsleben, niederer Lebensstandard, Vernachlässigung der körperlichen Gesundheit, Suchtprobleme, Wohnungslosigkeit, problembelastete soziale Bindungen – um nur einige Schlaglichter auf die vielfältigen Lebensprobleme der Betroffenen zu werfen. Vielfach wurde eine Fülle einseitiger, wenig vernetzter Unterstützungsangebote an diesen Leuten erprobt, ohne dauerhafte Verbesserungen nach sich zu ziehen. Wendt sieht die Lebenslage eines Menschen als Ergebnis eines komplexen zirkulären Prozesses mit den Dimensionen »Lebensgeschichte, Perspektiven, Innenwelt und Umwelt« des Klienten (vgl. Engelke 1998, 357). Sozialarbeiter und Klient nehmen in einem gleichberechtigten Prozess eine gemeinsame Einschätzung dieser vier Bereiche vor. Es geht darum, den Klienten an ein aktives Bewältigungsverhalten unter Nutzung all seiner Ressourcen heranzuführen. Wie gut es einem Menschen gelingt, seinen biologischen und psychosozialen Bedürfnissen Rechnung zu tragen und einen authentischen, sinnerfüllten Lebensentwurf zu leben, hängt sowohl von den inneren Möglichkeiten ab als auch von den Möglichkeiten, die die Umwelt bietet. Soziale Arbeit hat zu unterscheiden, was im Rahmen der persönlichen Lebensführung des Klienten geleistet werden kann und was systemisch angegangen werden muss. So verbindet Wendt eine lebensweltliche und eine systemische Orientierung in seiner Vorstellung von »Lebensmanagement«, das beide Bereiche gleichermaßen umfasst (Engelke 1998, 359). Innerhalb des Case-Management, das als sozialarbeiterische Methode insbesondere den Einzelfall in den Blick nimmt, ist auch die Kompetenzvermittlung als Teil des Hilfeprozesses zu verorten. »Kompetenzorientierung zielt darauf ab, Adressatinnen darin zu unterstützen, diejenigen Fähigkeiten zu entwickeln, die sie brauchen, um bestimmte Aufgaben und Rollen zu bewältigen (Miller 2000, 31). Darin darf sich jedoch eine ressourcenorientierte Soziale Arbeit nicht erschöpfen, denn Bewältigungsprobleme lassen sich nicht auf das Fehlen bestimmter Fähigkeiten reduzieren. Erst das Zusammenspiel innerer und äußerer Möglichkeiten entscheidet über eine gelingende stabile Lebensführung.

Ressourcenorientierte Soziale Arbeit verlangt nach einer Grundhaltung, die den Focus nicht in erster Linie auf die Defizite des Klienten richtet. Dabei ist gerade für alle im Strafvollzug tätigen Bediensteten diese Sichtweise eine so nahe liegende. Allerdings verstellt sie den Blick auf die pädagogische Chance, die vielfältig vorhandenen Fähigkeiten und Stärken der Gefangenen konstruktiv für eine Neuorientierung nach der Haft zu nutzen. Nicht selten verweisen Delikte und subkulturelles Verhalten in der Haft auf vorhandenes Organisations- und Improvisationstalent, Überzeugungskraft im Umgang mit Menschen, handwerkliches Geschick usw. Hilfreiche Impulse, diese Stärken für das Gelingen eines straffreien Lebenswandels bewusst zu machen und gezielt einzusetzen, sowie die Fähigkeiten des

Einzelnen auf der Basis des vorhandenen Potenzials zu erweitern, greift der »Empowerment-Ansatz« auf. Er ist verwurzelt in der Philosophie der Menschenstärken und stellt die individuellen und gesellschaftlichen Gestaltungskräfte in den Mittelpunkt.

Noch scheint die Vollzugspädagogik eher dadurch charakterisiert, dass sie neben den Defiziten auch Stärken des Einzelnen wahrnimmt und nicht neben den vorhandenen Stärken auch die Defizite. So ist das Soziale Kompetenztraining von seinem Aufbau her zumeist kompensatorisch angelegt. Ein Querbürsten der Inhalte unter neuem Vorzeichen könnte womöglich überraschende Lernprozesse bei Teilnehmern und Durchführenden in Gang setzen. Vielleicht gewännen manche Inhalte des Trainings unter dem Aspekt der Stärkenförderung eine ganz neue Relevanz für die Adressaten. Auch der Blick des Trainers könnte sich verändern, wenn ihm im Gefangenen nicht mehr in erster Linie das »soziale Mängelwesen« gegenüberträte. Möglicherweise würden bequeme Stereotype der »kriminellen Persönlichkeit«, von der wir uns abzugrenzen wissen, ins Wanken geraten.

Der Transfer neuerer sozialarbeitswissenschaftlicher Ansätze in die Praxis der Sozialen Arbeit im Strafvollzug stößt auf arbeitsfeldspezifische Schwierigkeiten:

Unterstützungsnetzwerke sind insbesondere bei Langstrafigen nicht selten nur noch fragmentarisch vorhanden, wichtige Ressourcen wie Arbeit und Wohnung sind von der Haft aus oft schwer zu bewerkstelligen, Jugendhilfemaßnahmen scheitern zunehmend an den mangelnden finanziellen Mitteln der öffentlichen Hand, dem Gefangenen stehen nur sehr eingeschränkte Möglichkeiten offen, mit der Außenwelt in Kontakt zu treten, um selbstverantwortlich die Weichen für die Zukunft zu stellen. Auch die Einschätzung und Bewertung der Lebenslage wird in der Sozialen Arbeit des Strafvollzugs nicht in einem paritätischen Prozess wahrgenommen, insbesondere dann nicht, wenn kriminogene Verhaltensmuster damit in Verbindung gebracht werden. Der Vorstellung des Klienten von Lebensgestaltung wird oft ein justizieller Gegenentwurf gegenübergestellt, der sich zunächst durchsetzt, da er z. B. an die Frage der vorzeitigen Entlassung gekoppelt ist. Nicht zu vergessen, dass »das Verharren der Klienten in einer Position der Fügsamkeit und Abhängigkeit« (Schachl 2000, 54) der hierarchischen Struktur des Strafvollzugs entgegenkommt, die wenig auf partizipative Strukturen angelegt ist.

Es gibt viele gute Gründe, weshalb die praktische Umsetzung der dargestellten Ansätze im Arbeitsfeld Strafvollzug schwer denkbar ist. Dennoch lohnt es sich, sie zur theoretischen Fundierung des Sozialtrainings heranzuziehen, denn zunächst einmal erweitern sie die Perspektive: Sie legen eine akzeptierende, stärkenorientierte Arbeitshaltung nahe und setzen gewissermaßen einen Kontrapunkt zu dem gerade im Strafvollzug vorherrschenden defizitorientierten Klientenbild. Die Ansätze stellen das Soziale Kompetenztraining in einen umfassenderen Begründungszusammenhang, geben ihm seinen Platz und seinen klar eingegrenzten Auftrag, individuelle Fähigkeiten zur Lebensbewältigung zu stärken und zu verbessern. Sie machen ferner deutlich, dass die Trainingsmaßnahme im Rahmen eines Behandlungskontinuums weitreichendere Wirkung entfalten könnte. Darüber hinaus verweisen sie auf die Notwendigkeit, mit dem Klienten alle nur denkbaren Ressourcen zu erschließen, die für eine stabile Lebensbewältigung »vor der Mauer« unabdingbar sind. Die Ansätze aktualisieren ferner die gar nicht neue gesellschaftspolitische Dimension Sozialer Arbeit, sich für die Schaffung förderlicher Lebenswelten zu engagieren, auch wenn dieser Gedanke in Zeiten leerer Kassen wenig Popularität genießt. Nicht zuletzt regen sie zum Diskurs an, in wie weit der institutionelle Kontext weitere behandlungsunterstützende Veränderungen zulässt.

Das in vielen Anstalten etablierte Soziale Kompetenztraining bietet die Chance, innerhalb der vom Strafvollzug zweifellos mit einigem Engagement geleisteten sozialen Hilfe (§ 71 StVollzG) neue Akzente zu setzen und sie verstärkt aufzuschließen für das Bedürfnis unserer Klientel nach eigenständiger Lebensgestaltung. Dieses Ernstnehmen enthebt uns nicht der Auseinandersetzung mit den Inhaftierten, wo die Lebensentwürfe kriminogenes oder dissoziales Potenzial beinhalten und wo Stolpersteine vorprogrammiert sind. Sich in klaren Standpunkten zu positionieren, als Person erfahrbar zu werden, einschätzbar zu sein, ist und bleibt die Herausforderung an die Trainer.

3. Grundsätzliche Überlegungen zur Gestaltung Sozialer Kompetenztrainings

Es wäre einfach, gäbe es *das* Soziale Kompetenztraining, aber es existiert so wenig wie *der* Gefangene, *der* Bedienstete oder *das* Gefängnis. Die Überlegungen zur Trainingsgestaltung werden daher sehr allgemein gehalten und verstehen sich als kurzer Abriss dessen, was grundsätzlich zu bedenken ist.

3.1. Zielsetzung

Folgt man der dargestellten allgemeinen Definition Sozialer Kompetenztrainings, gibt die Intention, soziale Fähigkeiten und Fertigkeiten zur besseren Alltagsbewältigung aufzubauen, die Leitzielsetzung vor. Welche Rahmen- und Handlungsziele von den unterschiedlich konzeptionierten Trainingsmaßnahmen in den einzelnen Anstalten konkret in den Blick genommen werden, ist variantenreich. Ein Konsens ist bezüglich zweier Zielschwerpunkte festzustellen: Es geht um die

1. Vermittlung fundierter Informationen in den Bereichen Recht, Umgang mit Geld, Umgang mit Behörden;
2. Vermittlung sozialer Fertigkeiten in den Bereichen der Kommunikation, des sozialen Handelns in bestimmten Situationen und um die Gestaltung sozialer Beziehungen.

Innerhalb dieser Schwerpunkte leisten die einzelnen Trainings die notwendige Zieldifferenzierung, deren Erreichung evaluierbar sein sollte. Hilfreich ist dabei, die Rahmenziele auf sog. »smarte Ziele« herunterzubrechen:
Ziele sollen demnach

- spezifisch, d. h. eindeutig,
- messbar,
- akzeptiert, d. h. verbindlich,
- realisierbar, d. h. prinzipiell erreichbar und
- terminierbar, d. h. in planbarer Zeit erreichbar

formuliert sein (vgl. Rehlin, unveröffentlichtes Skript).

3.2. Trainingsinhalte

Wenngleich eine Fülle von erprobten Praxismodellen für das Sozialtraining vorliegen, bezüglich Trainingsinhalten und Lernzielen gibt es kein allgemein verbindliches Curriculum im Sinne eines Lehrprogramms. Häufig werden in der vollzuglichen Praxis die Bereiche »*Arbeit, Recht, Geld, Soziale Beziehungen, Freizeit und Sucht*« (vgl. Sutter 1988, 27) genannt. Otto (1988) bezieht zusätzlich die Themen *Familie, Institution* und *Lebensbewältigung* mit ein. Es kann jedoch davon ausgegangen werden, dass mittlerweile in einzelnen Anstalten noch andere Themenblöcke in die Trainings integriert wurden, etwa der Schriftverkehr mit Behörden, verbale und nonverbale Kommunikation, Umgang mit Konflikten, Hygiene / Gesundheit / Ernährung, Umgang mit Stress oder Zukunftsplanung, wie sie z. B. für das Soziale Kompetenztraining für Jugendliche unter dem Titel »fit for life« von Jugert et al. (2001 b) als Trainingsmodule bereit gestellt werden.

3.3. Zielgruppe

Zielgruppe des Sozialen Kompetenztrainings sind grundsätzlich motivierte, psychisch stabile Gefangene, welche die Trainingsinhalte für sich als relevant erachten, deren Strafzeit sich in zeitlicher Nähe zu vollzuglichen Lockerungen und/oder zur Entlassung befindet und deren Teilnahme nicht aus Gründen einer Ausweitung der kriminogenen Kompetenzen als kontraindiziert zu betrachten ist (z. B. bei Unterdrückern, Betrügern etc.). Etwaige weitere Zielgruppenmerkmale und Ausschlusskriterien sind – abgestimmt auf die spezifischen Trainingsziele, Inhalte und Rahmenbedingungen (z. B. Vollzugsform) – gegebenenfalls Teil der jeweiligen Konzeption.

3.4. Trainingsgestaltung

Prinzipiell ist auf eine lernfreundliche Gestaltung des Trainings zu achten, die geeignet ist, mit spezifischen Methoden soziales Lernen – und das bedeutet »entschultes Lernen« – in Gang zu setzen. Für den Großteil der inhaftierten Jugendlichen und Erwachsenen verbindet sich mit Lernen eine Kette von Misserfolgserlebnissen und belastenden Erfahrungen. Ihre Bereitschaft, sich auf Lernprozesse und Leistungsanforderungen einzulassen, ist daher unter Umständen zunächst eher gering.

a) Es kommt daher maßgeblich darauf an, eine möglichst angenehme angst- und druckfreie Atmosphäre zu schaffen, die auch in der Ausstattung des Trainingsraums und in ansprechenden Arbeitsmaterialien ihren Ausdruck findet.

b) Leistungsanforderungen im Sinne eines aktiven Sich-Einbringens und einer ernsthaften Auseinandersetzung mit den gestellten Aufgaben werden selbstverständlich und berechtigterweise an die Teilnehmer gestellt. Soziales Kompetenztraining versteht sich keinesfalls als leistungsfreies, wohl aber als bewertungs- und druckfreies Förderangebot.

c) Wesentlich für den Trainingserfolg ist ferner die didaktische Aufbereitung von Wissensinhalten, die sich an der Zielgruppe orientiert. Der Anspruch erfordert,

263

Informationen und komplexe Zusammenhänge auf ein alltagssprachliches Niveau herunter zu brechen und so mit Beispielen zu illustrieren, dass sie für die Teilnehmer verständlich und handhabbar werden.

d) Lernfreundliche Trainingsgestaltung schließt neben einer für die Teilnehmer relevanten Themenauswahl einen abwechslungsreichen Trainingsaufbau, eine zeitlich wie inhaltlich gut strukturierte Lernsituation, methodische Vielfalt und einen Wechsel der Gruppensettings mit ein.

3.5. Die Trainer

In vielen Abhandlungen wird positiv hervorgehoben, dass sich die Durchführung Sozialer Kompetenztrainings nicht auf Fachdienste beschränkt, sondern maßgeblich von Angehörigen des allgemeinen Vollzugsdienstes geleistet werden kann. »Es genügen leicht zu vermittelnde Kenntnisse über Modelllernen und Grundzüge der Gruppenarbeit, sodass nach allen vorliegenden Erfahrungen es keine Rolle spielt, ob der Trainer Psychologe, Sozialarbeiter oder Vollzugsbediensteter ist« (Rössner 1984, 135). Kritische Stimmen verwiesen dagegen auf die hohen methodisch-didaktischen Anforderungen angesichts des schwierigen Klientels. Angemessen erscheint mir die Position, dass die Trainingsdurchführung eines geschulten Personals bedarf, um das notwendige Sachwissen, Grundlagen und praktische Erfahrung im Umgang mit Gruppen und ein breites methodisches Repertoire, das sich nicht im Umgang mit dem Tageslichtprojektor erschöpft, sicherzustellen. Die Kombination verschiedener Dienste kann sich äußerst bereichernd auswirken. Je stärker eine Kompetenzförderung im Kommunikations-, Konflikt- und Beziehungsbereich intendiert ist, desto mehr sehe ich allerdings die Einbindung von Fachdiensten (Psychologen, Sozialpädagogen) als unverzichtbar an. Allen Trainern gemeinsam, egal welcher Profession sie angehören, muss die grundsätzliche Akzeptanz und Wertschätzung der Teilnehmer und das Interesse an ihrer Person sein. Dazu gehört auch der Verzicht auf doktrinäre Ratschläge zugunsten der Bereitschaft, ein Setting zu schaffen, das Entwicklungen ermöglicht. Dem Einwand, Empathie und Solidarität seien überzogene Erwartungen an den Vollzug, hält Prim entgegen, dass es sich dabei um zentrale Bestimmungsmomente der sozialen Verantwortung handelt, auf die § 2 StVollzG abzielt, und dass diese schwerlich erlernt werden können, wenn sie im Vollzugsalltag ausgegrenzt bleiben (vgl. Prim 1988, 77).

3.6. Vollzugliche Bedingungen

Wichtig erscheint es mir, dass der Strafvollzug ein Bewusstsein dafür entwickelt, dass qualifizierte Behandlungsangebote nicht zum Nulltarif zu haben sind. Sie bedürfen neben geeigneter Räumlichkeiten eines angemessenen Zeitkontingents für die durchführenden Bediensteten, einer lernfreundlichen Materialausstattung sowie einer entsprechenden Qualifizierung des Personals und supervisorischer Möglichkeiten. Nicht zuletzt bemisst sich daran der Stellenwert, der solchen Maßnahmen im Strafvollzug beigemessen wird. Denn eines sollte nicht übersehen werden: Die mehr oder minder sporadische Durchführung Sozialer Kompetenztrainings rechtfertigt für sich genommen nicht das Etikett »Behandlungsvollzug«. Das »Ja«

zu Behandlung muss sich in den strukturellen Gegebenheiten einer JVA, ihrer Personalausstattung und ihren materiellen Investitionen wiederfinden lassen.

4. Möglichkeiten und Grenzen des Sozialen Kompetenztrainings im Strafvollzug

Das Soziale Kompetenztraining vermag wichtige Informationen und soziale Fertigkeiten zu trainieren, die zu einer verbesserten Alltagsbewältigung nach der Haft beitragen – dafür sprechen bereits erfolgte Evaluationen. Es kann darüber hinaus das Bewusstsein dafür schärfen, dass der Einzelne seine Lebensgestaltung bewusst und aktiv in die Hand nehmen muss, wenn er im Sinne eines straffreien und sozial verantwortlichen Lebenswandels in Freiheit bestehen will. Im Rahmen der Trainingsgruppe kann der inhaftierte Mensch pro-soziale Erfahrungen sammeln, die ihm im Haftalltag mit seinen eigenen Gesetzmäßigkeiten selten begegnen. Hemmschwellen, Vorbehalte und Feindbilder zwischen Bediensteten und Gefangenen können sich durch die intensivere Begegnung im Setting des Trainings reduzieren, akzeptierende, respektvolle Beziehungen können an ihre Stelle treten. Damit tragen Behandlungsmaßnahmen generell auch ein Stück zur Sicherheit einer JVA bei.

Dem Sozialen Kompetenztraining sind jedoch in seiner Wirksamkeit naturgemäß Grenzen gesetzt. Die Erwartung, dass sich im Anschluss daran tief greifende Persönlichkeitsveränderungen abzeichnen, kann nur in Enttäuschung münden. Die Förderung von Alltagskompetenzen kann nicht mehr als eine Facette der Resozialisierungsbemühungen sein, die insbesondere in der Vernetzung mit anderen Angeboten im Rahmen einer individuellen, prozessorientierten Vollzugsplanung ihre Effizienz entfalten kann. Eine gewisse Problematik liegt im Transfer der Trainingsinhalte auf das Leben vor der Mauer begründet: Solange ein Teilnehmer von Lockerungsmöglichkeiten ausgeschlossen ist und erworbene Kompetenzen nicht in absehbarer Zeit real erproben kann, bleibt das Training in der Laborsituation stecken. Gelernte Inhalte und Verhaltensweisen verlieren sich relativ schnell in der subkulturell geprägten Alltagsroutine des Vollzugs.

Zudem bleibt die JVA – bei allen Bemühungen – ein zweischneidiges Lernfeld für soziale Kompetenzen. Für einen Gefangenen, der es gelernt hat, in konstruktiver Form seine Kritik vorzubringen und Beschwerden in wohlgesetzten Worten zu formulieren, gilt dennoch oft: »Im Zweifel für den Opportunismus« – beliebter bei den Bediensteten macht er sich dadurch nicht.

Schlussgedanke

Von Maßnahmen zur Verbesserung der Alltagsbewältigung, worunter das Soziale Kompetenztraining einzuordnen ist, hin zu einer lebensweltorientierten Pädagogik im Strafvollzug, die eine breite Ressourcenerschließung anstrebt, bedürfte es eines großen Schritts, der strukturelle, materielle und personelle Konsequenzen zur Voraussetzung hätte. Für den Abschied von einem in erster Linie defizitorientierten Bild des Strafgefangenen, hin zu einer Stärkeorientierung im Sinne der Empowermenthaltung eines noch viel größeren. Er würde die vollzugliche Wirklichkeit verändern. Aber: »don't push the river« – sicher hat es auch sein Gutes, dass diese Entwicklungen ihre Zeit und ihre Bedingungen brauchen, bis sie vielleicht einmal tragfähig genug sind, gewachsene Strukturen zu verändern. Auf jeden Fall liefert das vielfach erprobte Soziale Kompetenztraining eine gute Grundlage für Modifikationen und hat das Potenzial, auch unter veränderten pädagogischen Vorzeichen ein attraktives und wirksames Förderangebot zu bleiben.

Literatur

Busch, M. (1987), Soziales Training im Strafvollzug als pädagogische Aufgabe. *Zeitschrift für Strafvollzug und Straffälligenhilfe 36, 2*: 87–95.

Engelke, E. (1998), *Theorien der Sozialen Arbeit. Eine Einführung.* Freiburg: Lambertus.

Goderbauer, R. (1984), Soziales Training im Strafvollzug. *Zeitschrift für Strafvollzug und Straffälligenhilfe 33, 1*: 13–18.

Jugert, G.; Rehder, A.; Notz, P. und Petermann, F. (2001 a), *Soziale Kompetenz für Jugendliche. Grundlagen, Training und Fortbildung.* Weinheim, München: Juventa.

Jugert, G.; Rehder, A.; Notz, P. und Petermann, F. (2001 b), *Fit for life. Module und Arbeitsblätter zum Training sozialer Kompetenz für Jugendliche.* Weinheim, München: Juventa.

Miller, T. (2000), Kompetenzen, Fähigkeiten, Ressourcen: Eine Begiffsbestimmung. In: Miller, T. und Pankofer, S. (Hrsg.), *Empowerment konkret. Handlungsentwürfe und Reflexionen aus der psychosozialen Praxis.* Stuttgart: Lucius und Lucius, 23–32.

Otto, M. (1988), *Gemeinsam lernen durch Soziales Training. Planung, Durchführung und Evaluation eines Lernprogramms für die Anwendung im Strafvollzug.* Kriminalpädagogische Praxis Band 7. Westenesch: Kriminalpädagogischer Verlag.

Prim, R. (1988), Das Bild vom Kriminellen – Ein Menschenbild für das soziale Training im Justizvollzug. *Zeitschrift für Strafvollzug und Straffällligenhilfe 37, 3*: 75–80.

Rehlin, B., *Smarte Ziele.* Unveröffentlichtes Ausbildungsskript des Instituts für Sozialarbeit und Sozialpädagogik. Frankfurt a. M.

Rössner, D. (1984), Soziale Kompetenz und Kriminalität. Die Grundlagen des Sozialen Trainings im Strafvollzug. *Zeitschrift für Strafvollzug und Straffällligenhilfe 33, 3*: 131–136.

Schachl, T. (2000), Sehen was da ist. Empowerment und die Profession Sozialarbeit. In: Miller, T. und Pankofer, S. (Hrsg.), *Empowerment konkret. Handlungsentwürfe und Reflexionen aus der psychosozialen Praxis.* Stuttgart: Lucius und Lucius, 45–61.

Sutter, H. (1988), Zur Situation des Sozialen Trainings im Strafvollzug. Ergebnis einer Erhebung. *Kriminalpädagogische Praxis 16, Heft 27*: 18–21.

Wendt, W. R. (1990), *Ökosozial denken und handeln: Grundlagen und Anwendungen in der Sozialarbeit.* Freiburg: Lambertus.

Sozialtherapeutische Anstalten und Abteilungen

von Friedrich Specht

Einleitung

Am 31.03.2003 gab es im Justizvollzug von 13 deutschen Bundesländern 13 selbstständige Sozialtherapeutische Anstalten und 23 Sozialtherapeutische Abteilungen an anderen Anstalten (einschließlich des Jugendvollzugs; Kröniger 2003, 65). Die Entwicklung dieser Einrichtungen geht zurück auf die Strafrechtsreform von 1969. Ihre gesetzlichen Grundlagen sowie die Regelungen für die Aufnahme von Verurteilten haben sich seitdem mehrfach geändert. Unverändert ist aber ihr Auftrag, durch »therapeutische Mittel und soziale Hilfen« (§ 65 StGB 1975, § 9 StVollzG von 1977) bei Gefangenen mit anhaltenden Beeinträchtigungen ihrer Persönlichkeitsentwicklung die Wiederholung schwerwiegender Straftaten abzuwenden.

1. Begriffsbestimmung

»Sozialtherapie« ist ein Begriff, der ähnlich wie »Soziotherapie« auf unterschiedliche Vorgehensweisen angewandt wird, bei denen soziale Umstände berücksichtigt, einbezogen sowie beeinflusst oder verändert werden. Er ist insoweit unbestimmt und bekommt erst in Verbindung mit Begriffen, die Rahmen und Art der Vorgehensweisen bezeichnen, eine bestimmte, unmissverständliche Bedeutung. Bei der Strafrechtsreform von 1969 schien er geeignet, die als neue Maßregel der Sicherung und Besserung vorgesehenen Einrichtungen, in denen therapeutische Mittel und soziale Hilfen miteinander verbunden werden sollten, als Sozialtherapeutische Anstalten zu kennzeichnen. In dieser feststehenden mehrteiligen Bezeichnung ist das bestimmende Adjektiv im Übrigen – anders als noch im Gesetzestext – groß zu schreiben: *Sozialtherapeutische Anstalt*.

In anderem Kontext wird »Sozialtherapie« sowohl für Einzelmaßnahmen als auch für komplexe Maßnahmen verwandt, die sich nicht nur hinsichtlich der Adressaten sondern auch mit den Vorgehensweisen von den für Straftäter vorgesehenen Einrichtungen deutlich unterscheiden. Die verkürzte Bezeichnung der Sozialtherapeutischen Einrichtungen des Justizvollzugs als »Sozialtherapie« führt deswegen regelmäßig zu Missverständnissen.

Der Verknüpfung von therapeutischen Mitteln und sozialen Hilfen entspricht der hier im Weiteren noch näher erläuterte Begriff integrative Sozialtherapie (Eger und Specht 1980; Wischka und Specht 2001).

267

2. Rechtliche Grundlagen der Sozialtherapeutischen Anstalten und Abteilungen im Justizvollzug

2.1. Entwicklung der rechtlichen Grundlagen

Ausgehend vom Strafrechtsreformgesetz von 1969 sah § 65 StGB die Unterbringung in einer Sozialtherapeutischen Anstalt als Maßregel vor, die das Tatgericht bei näher gekennzeichneten gefährlichen, schuldfähigen Tätern neben der Strafe anordnen konnte. Diese Bestimmung sollte 1975 in Kraft treten. Nach zweimaligem Aufschub wurde sie schließlich 1984 aufgehoben.

Begründet wurde dies mit Zweifeln an der Wirksamkeit eines angeordneten sozialtherapeutischen Vorgehens. Von ausschlaggebender Bedeutung dürfte allerdings gewesen sein, dass die »Maßregellösung« die Bundesländer genötigt hätte, so viel Plätze in Sozialtherapeutischen Anstalten vorzuhalten, wie bei richterlicher Anordnung der Maßregel notwendig gewesen wären (nach damaligen Schätzungen 10 bis 15 % der Platzzahl in den Justizvollzugsanstalten).

Inzwischen war mit dem Strafvollzugsgesetz von 1977 eine andere gesetzliche Grundlage hergestellt worden. Der § 9 StVollzG sah vor, dass ein Gefangener in eine Sozialtherapeutische Anstalt verlegt werden kann, »wenn die besonderen therapeutischen Mittel und sozialen Hilfen dieser Anstalt zu seiner Resozialisierung angezeigt sind.« Im Einzelnen setzten die Regelungen die Zustimmung des Gefangenen zu seiner Verlegung voraus und sahen Urlaub zur Vorbereitung der Entlassung sowie nachgehende Betreuung (§§ 123 bis 128 StVollzG) vor. Mit der Zustimmung des Gefangenen war eine therapiegünstige Voraussetzung hergestellt, mit der nach § 9 StVollzG ebenfalls erforderlichen Zustimmung des Leiters der Sozialtherapeutischen Anstalt allerdings auch die Möglichkeit einer ergebnisorientierten Auslese. Vor allem aber ist bei der »Vollzugslösung« der Aufenthalt in einer Sozialtherapeutischen Anstalt auf die Dauer der Freiheitsstrafe begrenzt. Er kann unter entsprechenden Voraussetzungen durch Aussetzen des Strafrestes zur Bewährung (§ 57 StGB) verkürzt werden.

Seit 1985 sieht die Neufassung des § 123 StVollzG neben selbstständigen Sozialtherapeutischen Anstalten bei »besonderen Gründen« auch Sozialtherapeutische Abteilungen in anderen Vollzugsanstalten vor.

Eine wesentliche Änderung brachte 1998 das Gesetz zur Bekämpfung von Sexualdelikten und anderen gefährlichen Straftaten. Es ist unter dem Eindruck einzelner Sexualdelikte, insbesondere an Kindern und durch rückfällig gewordene Täter zustande gekommen. Eine tatsächliche Zunahme solcher und anderer Sexualdelikte ist nicht nachzuweisen. Vielmehr haben sich der Umfang entsprechender Medienberichte und die Häufigkeit derartiger Straftaten in einem umgekehrten Verhältnis zueinander entwickelt.

Mit dem Gesetz wurde neben den bisherigen Regelungen an die erste Stelle des § 9 StVollzG (Abs. 1) die Bestimmung eingefügt, dass ein Gefangener, der wegen eines Sexualdeliktes zu einer Freiheitsstrafe von mehr als zwei Jahren verurteilt wurde, unabhängig von seiner Zustimmung in eine Sozialtherapeutische Anstalt zu verlegen ist, wenn die Behandlung dort angezeigt ist. Diese Bestimmung ist zunächst mit Einschränkungen, mit dem 01.01.2003 jedoch ohne Einschränkungen in Kraft getreten.

Auszug aus dem Strafvollzugsgesetz:

»§ 6 Behandlungsuntersuchung. Beteiligung des Gefangenen:
(2) Die Untersuchung erstreckt sich auf die Umstände, deren Kenntnis für eine planvolle Behandlung des Gefangenen im Vollzug und für die Eingliederung nach seiner Entlassung notwendig ist. Bei Gefangenen, die wegen einer Straftat nach den §§ 174 bis 180 oder 182 des Strafgesetzbuches verurteilt worden sind, ist besonders gründlich zu prüfen, ob die Verlegung in eine sozialtherapeutische Anstalt angezeigt ist.

§ 7 Vollzugsplan.
(4) Bei Gefangenen, die wegen einer Straftat nach den §§ 174 bis 180 oder 182 des Strafgesetzbuches zu einer Freiheitsstrafe von mehr als zwei Jahren verurteilt worden sind, ist über eine Verlegung in eine sozialtherapeutische Anstalt jeweils nach Ablauf von sechs Monaten neu zu entscheiden.

§ 9 Verlegung in eine sozialtherapeutische Anstalt.
(1) Ein Gefangener ist in eine sozialtherapeutische Anstalt zu verlegen, wenn er wegen einer Straftat nach den §§ 174 bis 180 oder 182 des Strafgesetzbuches zu einer zeitigen Freiheitsstrafe von mehr als zwei Jahren verurteilt worden ist und die Behandlung in einer sozialtherapeutischen Anstalt nach § 6 Abs. 2 Satz 2 oder § 7 Abs. 4 angezeigt ist.
Der Gefangene ist zurückzuverlegen, wenn der Zweck der Behandlung aus Gründen, die in der Person des Gefangenen liegen, nicht erreicht werden kann.
(2) Andere Gefangene können mit ihrer Zustimmung in eine sozialtherapeutische Anstalt verlegt werden, wenn die besonderen therapeutischen Mittel und sozialen Hilfen der Anstalt zu ihrer Resozialisierung angezeigt sind. In diesen Fällen bedarf die Verlegung der Zustimmung des Leiters der sozialtherapeutischen Anstalt.
(3) Die §§ 8 und 85 bleiben unberührt.

Sechzehnter Titel. Sozialtherapeutische Anstalten
§ 123 Sozialtherapeutische Anstalten und Abteilungen
(1) Für den Vollzug nach § 9 sind von den übrigen Vollzugsanstalten getrennte sozialtherapeutische Anstalten vorzusehen.
(2) Aus besonderen Gründen können auch sozialtherapeutische Abteilungen in anderen Vollzugsanstalten eingerichtet werden. Für diese Abteilungen gelten die Vorschriften über die sozialtherapeutische Anstalt entsprechend.

§ 124 Urlaub zur Vorbereitung der Entlassung.
(1) Der Anstaltsleiter kann dem Gefangenen zur Vorbereitung der Entlassung Sonderurlaub bis zu sechs Monaten gewähren. § 11 Abs. 2 und § 13 Abs. 5 gelten entsprechend.
(2) Dem Beurlaubten sollen für den Urlaub Weisungen erteilt werden. Er kann insbesondere angewiesen werden, sich einer von der Anstalt bestimmten Betreuungsperson zu unterstellen und jeweils für kurze Zeit in die Anstalt zurückzukehren.
(3) § 14 Abs. 2 gilt entsprechend. Der Urlaub ist zu widerrufen, wenn dies für die Behandlung des Gefangenen notwendig ist.

§ 125 Aufnahme auf freiwilliger Grundlage.
(1) Ein früherer Gefangener kann auf seinen Antrag vorübergehend wieder in die sozialtherapeutische Anstalt aufgenommen werden, wenn das Ziel seiner Behandlung gefährdet und ein Aufenthalt in der Anstalt aus diesem Grunde gerechtfertigt ist. Die Aufnahme ist jederzeit widerruflich.
(2) Gegen den Aufgenommenen dürfen Maßnahmen des Vollzuges nicht mit unmittelbarem Zwang durchgesetzt werden.
(3) Auf seinen Antrag ist der Aufgenommene unverzüglich zu entlassen.

§ 126 Nachgehende Betreuung.
Die Zahl der Fachkräfte für die sozialtherapeutische Anstalt ist so zu bemessen, dass auch eine nachgehende Betreuung der Gefangenen gewährleistet ist, soweit dies anderweitig nicht sichergestellt werden kann.«

Die derzeitige gesetzliche Grundlage, mit einer zwingenden Vorschrift für Verurteilte nach Sexualdelikten und einer unverbindlichen Regelung für andere Gefangene, stellt selbstverständlich nicht die einzig mögliche und voraussichtlich weder die beste noch die endgültige Lösung dar.

Sowohl vor der Aufhebung des § 65 StGB als auch vor der letzten Änderung des § 9 StVollzG hat es Vorschläge gegeben, die Vor- und Nachteile von »Maßregellösung« und »Vollzugslösung« gegeneinander auszugleichen (u. a. Rasch 1985; Specht 1986).

2.2. Auswirkungen der gesetzlichen Grundlagen auf die Entwicklung der Sozialtherapeutischen Anstalten und Abteilungen

Solange erwartet wurde, dass § 65 StGB in Kraft treten könnte, haben eine Reihe von Bundesländern sich mit Modellversuchen Sozialtherapeutischer Anstalten – allerdings nach den Bedingungen der »Vollzugslösung« – darauf vorbereitet. Beginnend in Hamburg-Bergedorf und Asperg sind so zwischen 1969 und 1984 – zuletzt in Altengamme – 12 Sozialtherapeutische Anstalten unterschiedlicher Größe entstanden. Nach Aufhebung des § 65 StGB kamen lediglich zwei kleinere Sozialtherapeutische Abteilungen für Frauen hinzu (Berlin 1988; Alfeld 1993). Erst 10 Jahre später wurden in Niedersachsen zwei Sozialtherapeutische Abteilungen (Hannover und Lingen 1994) und eine in Sachsen (Waldheim 1995) eröffnet. Eine der anfangs entstandenen Anstalten wurde unterdessen aufgehoben und eine auf zwei Abteilungen in einer anderen Vollzugsanstalt verteilt.

Mit den Bestimmungen des § 9 Abs. 1 StVollzG wurden die Bundesländer, wie einst durch den aufgehobenen § 65 StGB, vor die Notwendigkeit gestellt, die voraussichtlich erforderliche Zahl an Plätzen in Sozialtherapeutischen Einrichtungen bereit zu stellen. Sie haben dies mit unterschiedlichen Formen der Bedarfsermittlung und mit unterschiedlichen Neueinrichtungen versucht, ohne bereits der ermittelten Kapazität zu entsprechen. Allerdings lässt sich die Auswirkung der strikten Verlegungsvorschrift des § 9 Abs. 1 StVollzG auf den speziellen Haftplatzbedarf durch Auslegungen der Bedingung, dass »die Behandlung in einer sozialtherapeutischen Anstalt ... angezeigt ist«, und durch die Möglichkeit der Rückverlegung, »wenn der Zweck der Behandlung nicht erreicht werden kann« modifizieren.

Bis zum Jahresbeginn 2003 wurden neu eingerichtet: Drei Sozialtherapeutische Anstalten und 12 Sozialtherapeutische Abteilungen (ohne Jugendvollzug). In einem Bundesland sind die vier neu eingerichteten Abteilungen ausschließlich für Verurteilte nach Sexualdelikten vorgesehen. Das macht besonders deutlich, dass die durch Hinzufügung des § 9 Abs. 1 StVollzG angestoßene Entwicklung für diejenigen Gefangenen, die wegen »anderer gefährlicher Straftaten« verurteilt worden sind, den Zugang zu Sozialtherapeutischen Einrichtungen vermutlich erheblich einschränken wird. Deswegen wird unbedingt untersucht werden müssen, ob über das schematische Kriterium der Strafzeitdauer in § 9 Abs. 1 StVollzG nicht wertvolle Ressourcen der Sozialtherapeutischen Einrichtungen für Gefangene eingesetzt werden, bei denen dazu keine Notwendigkeit besteht, während andere – behandlungsbereite – Gefangene nicht in eine Sozialtherapeutische Einrichtung aufgenommen werden können.

Tab. 1: Haftplätze und Belegung der Sozialtherapeutischen Einrichtungen (nach Kröniger 2003, Stichtag jeweils 31. März).

Jahr	Haftplätze		Belegung		Deliktschwerpunkt		
	M	F	M	F	Sexual- delikt	Tötungs- delikt	Eigentums- delikt
1997	853	35	971	34	23,2 %	21,9 %	44,5 %
2003	1475	34	1302	33	55,1 %	18,7 %	18,4 %

Immerhin hat in der Vergangenheit die Anzahl derjenigen Gefangenen, die sich auf der Grundlage von – jetzt – § 9 Abs. 2 StVollzG um die Aufnahme in eine Sozialtherapeutische Anstalt oder Abteilung beworben haben, deren Aufnahmemöglichkeiten bereits um ein Vielfaches überstiegen.

Tabelle 1 gibt Platzzahl und Belegung der Sozialtherapeutischen Einrichtungen am 31.03.1997 sowie am 31.03.2003 nach der Erhebung der Kriminologischen Zentralstelle wieder (Kröniger 2003, 33). Sie lässt die Veränderungen der Deliktstruktur deutlich erkennen.

3. Mindestanforderungen an Sozialtherapeutische Einrichtungen im Justizvollzug

3.1. Allgemeine Mindestanforderungen

Die »Maßregellösung« des aufgehobenen § 65 StGB hat als einzige Vorgabe für die Sozialtherapeutische Anstalt deren ärztliche Leitung vorgesehen (§ 65 Abs. 1 StGB).

Der § 9 StVollzG gibt an Rahmenbedingungen lediglich vor, dass die betreffende Anstalt bzw. Abteilung über therapeutische Mittel und soziale Hilfen verfügen muss, und dass die Zahl der Fachkräfte so zu bemessen ist, dass eine nachgehende Betreuung gewährleistet ist. Sonstige Maßstäbe für die Qualität lassen sich daraus nicht ableiten (Hanack 1978).

Als 1985 die Neufassung des § 123 StVollzG neben Sozialtherapeutischen Anstalten die Einrichtung von Sozialtherapeutischen Abteilungen ermöglichte, sollte dies eine Ausweitung der Kapazität anregen. Es war jedoch zu befürchten, dass Einrichtungen von geringerer Qualität entstehen könnten. Deswegen hat der 1983 gegründete Arbeitskreis Sozialtherapeutischen Anstalten im Justizvollzug (seit 1993 e.V.) im Jahr 1986 Mindestanforderungen an Sozialtherapeutische Einrichtungen formuliert und veröffentlicht (Eger et al. 1988). Sie werden hier vollständig, aber verkürzt auf die jeweiligen Kernaussagen wiedergegeben (s. a. Wischka und Specht 2001, 256).

Mindestanforderungen an Sozialtherapeutische Einrichtungen (1988):

»1. Sozialtherapeutische Einrichtungen sollen es Menschen, die wegen erheblicher oder wiederholter Straftaten verurteilt worden sind und bei denen weitere Wiederholungen zu befürchten sind, durch therapeutische Mittel und soziale Hilfe ermöglichen, neue Einsichten zu gewinnen und sich neue Formen der Lebensbewältigung anzueignen.

2. Sozialtherapeutische Einrichtungen nehmen insbesondere solche Gefangenen auf, die wegen nachteiliger Einflüsse auf ihre Persönlichkeitsentwicklung nicht in der Lage sind, ihre Lebensverhältnisse mit den von der Gesellschaft gebilligten Mitteln zu gestalten. Vorausgesetzt ist dabei, dass nicht ein Zustand zu Grunde liegt, der anderweitiger Behandlung bedarf.

3. Die Aufnahme in eine Sozialtherapeutische Einrichtung setzt voraus, dass der Gefangene über deren Behandlungsmöglichkeiten und Regelungen unterrichtet ist und sich selber dafür entschieden hat.

4. Sozialtherapeutische Einrichtungen müssen einerseits über methodische Möglichkeiten verfügen, mit deren Hilfe sich individuelle Einsichten erarbeiten lassen. Andererseits müssen sie vielseitige, strukturierte und unstrukturierte Angebote zum Erlernen und Erproben neuer Verhaltensformen, Beziehungsgestaltungen, sozialer Fähigkeiten und zur Aneignung neuer Kenntnisse und Fertigkeiten entwickeln können.

5. Sozialtherapeutische Einrichtungen müssen dazu über Mitarbeiter des allgemeinen Vollzugsdienstes mit besonderen Befähigungen und Erfahrungen sowie über besondere Fachdienste mehrerer Fachrichtungen verfügen.

6. Für Mitarbeiter von Sozialtherapeutischen Einrichtungen müssen besondere Fortbildung und externe Supervision gewährleistet sein.

7. Eine Sozialtherapeutische Einrichtung muss mit ihren alltäglichen Lebensbedingungen eine weitgehende Annäherung an Lebensbedingungen außerhalb des Vollzuges herstellen und schrittweise Übergänge dorthin entwickeln können. Sie muss eine überschaubare Größe haben und entsprechend gegliedert sein.

8. Eine Sozialtherapeutische Einrichtung muss von anderen Vollzugseinrichtungen so abgegrenzt sein, dass ihr die eigene Gestaltung der für soziales Lernen notwendigen Bereiche möglich ist.«

Diese Mindestanforderungen sind als eine Voraussetzung für die Wirksamkeit Sozialtherapeutischer Einrichtungen akzeptiert worden und werden als Qualitätsmaßstab weitgehend beachtet. Das schließt nicht aus, dass einzelne Kriterien Anlass zu Diskussionen geben können oder im Widerspruch zu problematischen Entwicklungen stehen (z. B. (2) eigene Entscheidung vs. Verlegungsvorschrift nach § 9 Abs. 1 StVollz, (8) Abgrenzung von Abteilungen innerhalb einer größeren Vollzugsanstalt).

3.2. Konkrete Mindestanforderungen

Die mit der Einfügung von § 9 Abs. 1 StVollzG notwendig gewordene Kapazitätserweiterung der Sozialtherapeutischen Anstalten gab dem Arbeitskreis Sozialtherapeutische Anstalten im Justizvollzug Anlass, Konkretisierungen zu den seit 1988 vorliegenden Mindestanforderungen zu formulieren (2000) und als *Mindestanforderungen an Organisationsform, räumliche Voraussetzungen und Personalausstattung Sozialtherapeutischer Einrichtungen* zu veröffentlichen (Specht 2001 a). Sie beziehen sich auf den Ablauf des Behandlungsvorgehens, Größe und Struktur sowie organisatorische Unabhängigkeit der Einrichtungen, räumliche und personelle Ausstattung sowie Dokumentation und Evaluation. Den Mindestanforderungen an die personelle Ausstattung liegen die Erfahrungen vor allem derjenigen Sozialtherapeutischen Einrichtungen zugrunde, die ihre Wirksamkeit nachweisen konnten. Danach ist an Fachdiensten für je 10 Gefangene eine Stelle des höheren Dienstes (zumeist Diplom-Psychologen) sowie eine Stelle des gehobenen Dienstes (zumeist Diplom-Sozialpädagogen) erforderlich. Die Anzahl der Stellen des allgemeinen Vollzugsdienstes ist grundsätzlich mit einer Stelle auf zwei Gefangene zu bemessen, wobei ein höherer Bedarf bei kleineren selbständigen Einrichtungen und ein geringerer Bedarf bei Abteilungen ohne eigene Sicherheits- und Verwaltungsaufgaben gegeben sein kann.

3.3. Indikationen und Gegenindikationen für die Aufnahme in eine Sozialtherapeutische Einrichtung

Hinsichtlich der Indikationen und Gegenindikationen für die Aufnahme haben sich so weitgehende Übereinstimmungen ergeben, dass der Arbeitskreis Sozialtherapeutische Anstalten im Justizvollzug e.V. Empfehlungen *Indikationen zur Verlegung in eine Sozialtherapeutische Anstalt* formulieren und veröffentlichen konnte (Specht 2001 b):

»Die Verlegung in eine Sozialtherapeutische Anstalt ist angezeigt:
1. bei Verurteilten, bei denen die Wiederholung gefährlicher Straftaten wegen einer Störung ihrer sozialen und persönlichen Entwicklung zu befürchten ist,
2. die erkennen lassen, dass sie sich um eine Änderung ihrer Einstellungen und Verhaltensweisen bemühen wollen und
3. die über die intellektuellen und sprachlichen Möglichkeiten für eine Beteiligung am Behandlungsvorgehen verfügen.

Die Verlegung in eine Sozialtherapeutische Anstalt ist zum Zeitpunkt der Feststellung nicht angezeigt:
1. bei Gefangenen, bei denen andere Behandlungsmaßnahmen eine hinreichende Wirksamkeit erwarten lassen,
2. bei Gefangenen, bei denen wegen des Ausmaßes der Abhängigkeit von Drogen oder Alkohol, einer Erkrankung bzw. Schwäche des Zentralnervensystems oder schwerwiegender, psychiatrisch zu behandelnder psychischer Störungen andere Hilfen angezeigt sind,
3. bei Gefangenen, bei denen der Strafrest für eine Integrative Sozialtherapie zu kurz ist oder den dafür notwendigen Zeitraum noch erheblich überschreitet,
4. bei Gefangenen, die den Missbrauch von Suchtmitteln nicht aufgeben wollen,
5. bei Gefangenen, die sich unbeeinflussbar behandlungsablehnend verhalten.

Darüber hinaus können sich Gegenanzeigen gegenüber der Verlegung oder gegenüber dem Verbleiben in einer Sozialtherapeutischen Anstalt ergeben,
- bei Gefangenen, bei denen die derzeitigen Sicherheitsvorkehrungen der Sozialtherapeutischen Anstalt nicht ausreichen,
- bei Gefangenen, bei denen sich herausstellt, dass sich der Zweck Integrativer Sozialtherapie aus Gründen, die in ihrer Person liegen, nicht erreichen lässt.«

4. Gestaltung und Behandlungsvorgehen der Sozialtherapeutischen Anstalten und Abteilungen

4.1. Entwicklung

Zur Einführung der Sozialtherapeutischen Anstalten mit der Strafrechtsreform von 1969 haben Vorbilder aus anderen europäischen Ländern, insbesondere aus Skandinavien (Herstedvester) und den Niederlanden (Van der Hoeven-Klinik Utrecht) beigetragen. Es gab auch bereits Erfahrungen aus der psychiatrisch geleiteten psychotherapeutischen Abteilung des Vollzugskrankenhauses Hohenasperg (Mauch und Mauch 1971). Die Entwicklung in der Bundesrepublik Deutschland ist indessen weitgehend eigene Wege gegangen. In den Modelleinrichtungen einzelner Bundesländer (s. S. 270) ist es bei unterschiedlicher Problembelastung der dort aufgenommenen Gefangenen, aufgrund unterschiedlicher methodischer Schwerpunkte bei den Fachdiensten, wie auch wegen unterschiedlicher organisatorischer Rahmenbedingungen zunächst zu verschiedenartigen Gestaltungen gekommen. Wäre es bei der »Maßregellösung« geblieben, hätte der damalige § 65 StGB nach den Erfahrungen in den Modelleinrichtungen wesentlich verändert werden müssen.

Der Zusammenführung, dem Vergleich und der Aufarbeitung dieser Erfahrungen haben mehrere länderübergreifende Veranstaltungen gedient. Dazu gehörten vor allem sieben mehrtägige Arbeitsgemeinschaften am Zentrum für interdisziplinäre Forschung der Universität Bielefeld, bei denen zwischen 1976 und 1981 jeweils 60 Mitarbeiter aus den Sozialtherapeutischen Anstalten mit Fachleuten aus wissenschaftlichen Instituten und Vollzugsbehörden zusammentrafen und wo sich von 1980 bis 1983 eine ständige Forschungsgruppe mit den Erfahrungen und Entwürfen für die weitere Gestaltung befasst hat (Driebold 1983; Driebold et al. 1984).

Trotz unterschiedlicher Größenordnung, Ausgangssituation, Rahmenbedingungen und Belegung der damaligen Sozialtherapeutischen Anstalten haben sich Gestaltung und Grundsätze mit vielen wesentlichen Übereinstimmungen weiterentwickelt. Gewährleistet wurde und wird dies nicht zuletzt durch überregionale Fachtagungen der Sozialtherapeutischen Einrichtungen im Justizvollzug und durch jährliche Fachtagungen der Leiterinnen und Leiter der Sozialtherapeutischen Einrichtungen, veranstaltet vom Arbeitskreis Sozialtherapeutische Anstalten im Justizvollzug e. V.

Die Übereinstimmungen haben u. a. in den schon genannten Mindestanforderungen an Sozialtherapeutische Einrichtungen (Eger et al. 1988), den Mindestanforderungen an Organisationsform, räumliche Voraussetzungen und Personalausstattung Sozialtherapeutischer Einrichtungen (Specht 2001 a), sowie in der Empfehlung »Indikation zur Verlegung in eine Sozialtherapeutische Anstalt« (Specht 2001 b) Ausdruck gefunden (s. S. 273).

Die Merkmale der tatsächlichen Gestaltung der Sozialtherapeutischen Anstalten und Abteilungen sind mehrfach in synoptischen Darstellungen verglichen worden, so 1977 vom Fachausschuss V des Bundeszusammenschluss für Straffälligenhilfe (Schmitt 1977) und zuletzt von Egg und Schmitt (1993), auf deren Synopse im Folgenden noch Bezug genommen wird.

4.2. Integrative Sozialtherapie

Es hat anfänglich sehr unterschiedliche Vorstellungen vom Stellenwert und der Verbindung »therapeutischer Mittel und sozialer Hilfen« in den Sozialtherapeutischen Anstalten gegeben. Sie lassen sich folgenden drei Typen zuordnen:

1. Allgemeinvollzug und organisierte Psychotherapie
   Einrichtungen, die sich lediglich durch ein organisiertes Angebot von Psychotherapie vom Allgemeinvollzug unterscheiden

2. Sozialpädagogisch veränderter Allgemeinvollzug
   Einrichtungen mit einer deutlich sozialpädagogisch veränderten Vollzugsgestaltung aber
   wenig individueller, methodisch strukturierter Problembearbeitung
3. Verbindung unterschiedlicher Interventionen
   Einrichtungen, in denen Kooperation der Beteiligten und Verknüpfung von Methoden als
   wesentliche Bedingung des Vorgehens und der Wirksamkeit angesehen wird.

Das an letzter Stelle genannte Muster entspricht dem Begriff und der Zielsetzung einer integrativen Sozialtherapie, der zuerst für den Bericht über den Modellversuch einer Sozialtherapeutischen Anstalt in Bad Gandersheim gewählt wurde (Eger und Specht 1980). Er stimmt überein mit den Vorstellungen, die in der Forschungsgruppe am Zentrum für interdisziplinäre Forschung der Universität Bielefeld (Driebold et al. 1984) erarbeitet wurden: situations- und handlungsbezogenes Vorgehen, Nutzen der positiven Potenziale der Klienten, vielfältige Vorbereitung der Entlassung, modifizierte individuelle therapeutische Maßnahmen als ein Element, aber nicht als Kern des Vorgehens.

Wesentliche Merkmale integrativer Sozialtherapie sind dementsprechend:

1. Berücksichtigung und Einbeziehung des gesamten Lebensfeldes in und außerhalb der Sozialtherapeutischen Einrichtung bis zur Entlassung.
2. Gestaltung der Handlungsmöglichkeiten und Beziehungsformen innerhalb der Sozialtherapeutischen Einrichtung im Sinne einer therapeutischen Gemeinschaft.
3. Modifizierung und Verknüpfung psychotherapeutischer, pädagogischer und arbeitstherapeutischer Vorgehensweisen.

4.3. Soziotherapeutische und sozialpädagogische Elemente integrativer Sozialtherapie

Soziotherapeutische Elemente entsprechen der Mindestanforderung 4 (s. S. 272): »vielseitige, strukturierte und unstrukturierte Angebote zum Erlernen und Erproben neuer Verhaltensformen, Beziehungsgestaltungen, sozialer Fähigkeiten und zur Aneignung neuer Kenntnisse und Fertigkeiten.«

Voraussetzung dafür sind Gestaltungsspielräume, wie sie durch die Mindestanforderungen 7 (Angleichung der alltäglichen Lebensbedingungen) und 8 (Abgrenzung von anderen Vollzugseinrichtungen) gewährleistet werden sollen. Nur innerhalb eines derartigen Rahmens erscheint es möglich, den Gefangenen Verantwortung für ihre eigenen alltäglichen Angelegenheiten soweit zu belassen, wie Sicherheitserfordernisse das zulassen, und ihnen damit Selbstverantwortlichkeit für ihr Tun und Lassen bewusst zu machen oder zu erhalten.

Im gemeinsam erlebten und wahrgenommenen Alltag zeigen sich Einengungen von Handlungs- und Beziehungsmöglichkeiten sowie Festlegungen auf irrationale Erwartungen und ungeeignete Problemlösungen, die aufgegriffen und zum Gegenstand von Verdeutlichung, Überlegungen und Handlungen werden können. Vor allem aber ergeben sich Möglichkeiten, die positiven sozialen Potenziale des Einzelnen und die bei ihm selber liegenden Schutzfaktoren zu erkennen und zu unterstreichen. In einer Situation, wo zumeist Versagen und Schwächen im Vordergrund stehen, hat es für den Behandlungsverlauf und die weitere Prognose große Bedeutung, vorhandene Stärken zu erkennen und zu bestätigen.

Das Prinzip der Selbstverantwortlichkeit bedeutet auch, dass die institutionelle Hierarchie des Vollzugs relativiert wird und alle Beteiligten, soweit wie möglich, in

Entscheidungsfindungen einbezogen werden. Das gilt vor allem für die Bediensteten des allgemeinen Vollzugsdienstes, den ständigen Sozialpartnern der Gefangenen. Sie verwirklichen nicht nur einen wesentlichen Anteil des Behandlungsvorgehens, sondern sind ständig den damit verbundenen Belastungen ausgesetzt. Sie müssen deswegen entsprechend unterstützt und fortgebildet werden (Mindestanforderung 5).

Die Entwicklung eines sozialtherapeutisch wirksamen Milieus (Wischka 2001) ist nur bei ständiger Reflexion des Verhältnisses von sicherheitsnotwendiger Achtsamkeit und einschränkenden Kontrollen einerseits sowie akzeptierender, achtungsvoller Beziehungsgestaltung andererseits möglich. Dies ist einer der Gründe für eine regelmäßige externe Teamberatung (Supervision; Mindestanforderung 6).

Abgesehen von der alltäglichen Verwirklichung solcher Prinzipien einer therapeutischen Gemeinschaft, gehören zu den soziotherapeutischen und sozialpädagogischen Elementen vor allem allgemeine Gemeinschaftsveranstaltungen, spezielle Gruppenveranstaltungen, Einbeziehung von externen Bezugspersonen, Entlassungsvorbereitung und Nachbetreuung.

Zu den allgemeinen Gemeinschaftsveranstaltungen zählen zumeist regelmäßige Wohngruppensitzungen und Gesamtversammlungen der Einrichtung, allgemeine Sportveranstaltungen, Veranstaltungen außerhalb der Anstalt (soweit keine Sicherheitserfordernisse entgegenstehen).

Spezielle Gruppenveranstaltungen: Soziales Training, Training zur Förderung sozialer und kognitiver Kompetenzen (u. a. Pfaff 2001), Bildungsmaßnahmen, therapeutischer Sport, Trainingsprogramme, die Erwachsenenbildung und Therapieziele miteinander verbinden.

Eine weiter gehende Vielfalt der hier beispielhaft aufgeführten Einzelelemente zeigt die Synopse von 1992 (Egg und Schmitt 1993).

4.4. Psychotherapeutische Elemente integrativer Sozialtherapie

Psychotherapeutische Verfahren

Die »Maßregellösung« des aufgehobenen § 65 StGB sah vor, dass die Sozialtherapeutische Anstalt von einem Arzt geleitet wird. Dessen Qualifikation war nicht näher bezeichnet. Die Vorbilder aus den Niederlanden sowie die bereits bestehende Abteilung des Vollzugskrankenhauses Hohenasperg (Mauch und Mauch 1971) legen nahe, dass dabei an einen Psychiater und an psychoanalytisch orientiertes Behandlungsvorgehen gedacht worden ist.

Tatsächlich sind einige der bis 1985 entstandenen Modelleinrichtungen zumindest zeitweise entsprechend geleitet worden. Bei den meisten lag die Behandlungsleitung (größtenteils neben einem juristischen Leiter) bei Diplompsychologen mit unterschiedlicher psychotherapeutische Ausbildung. 1992 waren es zwei Ärzte, 10 Psychologinnen/en, ein Soziologe (Egg und Schmitt 1993).

Die psychotherapeutischen Konzepte, die von der jeweiligen Behandlungsleitung und den übrigen Fachdiensten in die neu eingerichteten Sozialtherapeutischen Anstalten importiert wurden, waren zumeist nicht planvoll ausgewählt. Sie haben sich vor allem aus dem jeweiligen Stand psychotherapeutischer Ausbildungsmöglichkeiten in Studium und Weiterbildung und aus der allgemeinen Entwicklung und

Tab. 2: Psychotherapeutische Orientierungen und Verfahren in Sozialtherapeutischen Anstalten und Abteilungen nach der Synopse von 1992 (Egg und Schmitt 1993).

Einrichtung	A	B	C	D	E	F	G	H	I	J	K	L	M	N	Σ
Psychotherapie-richtung															
psychoanalytisch	+		+	+	+	+			+	+				+	8
gesprächspsycho-therapeutisch	+		+	+	+	+	+	+	+	+	+	+			11
verhaltens-therapeutisch		+		+	+		+				+	+	+		7

Akzeptanz psychotherapeutischer Verfahren ergeben. So lag der Schwerpunkt anfänglich bei einer psychoanalytischen bzw. tiefenpsychologischen Orientierung. Jüngere psychologische Mitarbeiter brachten dann vor allem gesprächspsychotherapeutische Kenntnisse und Haltungen mit. Verhaltenstherapie fand – ihrer Entwicklung entsprechend – zunächst nur in ihrer klassischen Form Eingang (Lohse 1980), während kognitiv-behaviorale Konzepte erst während des letzten Jahrzehnts aufgegriffen werden konnten.

Die jeweilige psychotherapeutische Grundausbildung und Orientierung der Fachdienste hat sich nicht nur auf das Spektrum der individuellen Therapieangebote ausgewirkt. Sie ist häufig auch für die in der Einrichtung maßgeblichen Erklärungsmuster und Interventionsmodalitäten bestimmend gewesen. Der psychotherapeutische »Import« hat so manchmal zu einer »Erklärungsdominanz« geführt, die die Entwicklung einer therapeutischen Gemeinschaft gehemmt hat.

Die Bedeutung der verschiedenen psychotherapeutischen Richtungen und Verfahren als Element integrativer Sozialpsychiatrie hat sich sowohl durch deren Weiterentwicklung als auch durch die Entwicklung der Einrichtungen geändert.

Die Synopse von 1992 (Egg und Schmitt 1993) lässt bereits überwiegend eine Koexistenz verschiedener Ansätze erkennen (s. Tab. 2). Damals gaben 8 Einrichtungen eine psychoanalytische Orientierung der Einzeltherapie an, 11 nannten die Gesprächspsychotherapie und 7 die Verhaltenstherapie. Jeweils eine Einrichtung gab immer an, ausschließlich die genannte Therapie einzusetzen. Die häufigste Verbindung war damals psychoanalytische Orientierung und Gesprächspsychotherapie. Alle drei Richtungen und Verfahren nebeneinander wurden von zwei Einrichtungen genannt.

Die von Psychologen und anderen Fachdiensten eingebrachten psychotherapeutischen Verfahren waren weitgehend für und mit einer Klientel entwickelt worden, bei der zumeist nicht nur Therapiemotivation sondern auch ein allgemeines Therapieverständnis, als Grundlage einer Einigung über das Vorgehen, vorausgesetzt werden konnte und bei der langfristige Zielsetzungen möglich waren. Für die Klientel der Sozialtherapeutischen Einrichtungen wurden Modifikationen notwendig. Sie mussten berücksichtigen:

1. Notwendigkeit, ein Therapieverständnis zu erarbeiten;
2. Begrenzung der therapeutischen Beziehung in der Regel auf die Dauer der Haftstrafe;

3. Zentrierung der psychotherapeutischen Intervention auf Einsichtungen und Veränderungen, die für das delinquente Verhalten von besonderer Bedeutung sind;
4. Personalstellenabhängige Kapazitätsgrenzen.

Die begrenzenden Vorgaben haben zu unterschiedlichen Lösungen hinsichtlich Zielsetzungen, Frequenz, Fraktionierung und Gesamtdauer von psychotherapeutischen Einzelmaßnahmen in den Sozialtherapeutischen Anstalten und Abteilungen geführt. In der Synopse von 1992 (Egg und Schmitt 1993) wurde für die Zeitabschnitte mit Einzeltherapie eine durchschnittliche Frequenz mit einer Stunde/Woche (ausnahmsweise bis zu fünf Stunden/Woche) angegeben.

Die inhaltlichen Modifikationen haben sich zumeist in eine Richtung bewegt, in der sich die Entwicklung und die essenziellen Gemeinsamkeiten der Verfahren abbilden. Modifizierte tiefenpsychologisch etikettierte und kognitiv-behaviorale individuelle Therapie sind sich in den Ansätzen und Interventionsformen ähnlich geworden (Pfäfflin 1999).

Mit der individuellen Psychotherapie in den Sozialtherapeutischen Einrichtungen sind Probleme verbunden. Sie betreffen:

1. Therapieeinwilligung: Eine Wirksamkeit versprechende Psychotherapie setzt voraus, dass es zwischen dem Psychotherapeuten und dem Klienten zu einer Einigung über das Vorgehen, seine Zielsetzungen und seine Bedingungen kommt, nicht dass sie von Anfang an vorhanden sein muss. Mehr als nur die grundsätzliche Therapiebereitschaft setzt dies eine Information über die Modalität des Vorgehens, seine zeitlich Strukturierung, Begrenzung und unmittelbaren Auswirkungen voraus – ein Prozess der für sich allein schon therapeutische Wirkung haben kann.
2. Verletzung von Privatgeheimnissen: Den Gefangenen muss glaubhaft versichert werden können, dass Mitteilungen, die sie innerhalb einer Einzeltherapie machen, Dritten, die nicht unmittelbar an ihrer Behandlung in der Sozialtherapeutischen Einrichtung beteiligt sind, nur dann mitgeteilt werden, wenn sie darin einwilligen oder wenn eine Gefahr für die Sicherheit ihrer eigenen Person, Dritter oder der Justizvollzugsanstalt nicht anders abgewendet werden kann. Die Neufassung des § 182 Abs. 2 StVollzG (Offenbarungspflicht) schränkt diese Form der Zusicherung nicht ein.

Gruppentherapeutische Verfahren

Gruppentherapeutische wie auch gruppendynamische Verfahren sind in Sozialtherapeutischen Einrichtungen in unterschiedlicher Weise eingesetzt und entwickelt worden. In der Synopse von 1992 (Egg und Schmitt 1993) haben alle Einrichtungen gruppendynamische Verfahren im weitesten Sinn als ein Element ihres Behandlungsvorgehens angegeben. Spezifischer sind dabei in einzelnen Einrichtungen Behandlungsgruppen für bestimmte Täterkategorien, z. B. Verurteilte nach Sexualdelikten (Rehder 1990).

Zu den Gruppenverfahren zu rechnen ist insbesondere das Behandlungsprogramm für Sexualstraftäter (BPS) (Wischka et al. 2001). Ihm liegen Entwicklungen und Ergebnisse u. a. von Marshall et al. (1998) und das im englischen Strafvollzug eingesetzte »Sex Offender Treatment Programme (SOTP)« (Grubin und Thornton

1994; Rooke 2002) zugrunde. Das BPS wurde in Niedersachsen entwickelt und eingeführt, zunächst um für Verurteilte nach Sexualdelikten Behandlungsangebote auch außerhalb der Sozialtherapeutischen Einrichtungen zu schaffen, wurde dann aber ebenso innerhalb der Sozialtherapeutischen Anstalten und Abteilungen als ein Element integrativer Sozialtherapie eingeführt. Ihm liegen kognitiv-behaviorale Erklärungen und Ansätze zugrunde. Das Programm, das aus einem deliktunspezifischen (U) und einem deliktspezifischen (S) Teil besteht, setzt am konkreten Verhalten, der Wahrnehmung von Auslösebedingungen, Bewältigungsstrategien in konkreten Situationen und der Symptomkontrolle an, erstreckt sich in seinem erste Teil aber zunächst auf allgemeines kommunikatives Verhalten, Stressmanagement, Wahrnehmung von Empfindungen, Geschlechtsrollen und Sexualverhalten.

4.5. Arbeit als Element integrativer Sozialtherapie

In den Sozialtherapeutischen Anstalten und Abteilungen ist für die Gefangenen Arbeit wie in anderen Einrichtungen des Justizvollzugs vorgesehen (§ 41 StVollzG). Sie wird im Allgemeinen innerhalb der Einrichtung, teilweise – soweit Sicherheitserfordernisse nicht entgegenstehen – auch außerhalb der Einrichtung (z. B. in bestimmten Betrieben oder bei Außenarbeiten) organisiert. Sie beläuft sich auf durchschnittlich sieben Stunden täglich bzw. 38,5 Stunden in der Woche. Die Teilnahme an bestimmten therapeutischen Einzelmaßnahmen (z. B. Therapiesitzungen) kann auf die Arbeitszeit angerechnet werden. Mit der Arbeitsleistung wird ein wesentlicher Teil der Lebenswirklichkeit in die Erfahrungen, Auseinandersetzungen und Erprobungen einbezogen. Bei der Vorbereitung der Entlassung können Arbeit, gegebenenfalls berufsfördernde Maßnahmen im Freigang stattfinden.

Besondere Probleme ergeben sich, wenn die eigenen Arbeitsbereiche der Sozialtherapeutischen Anstalten und Abteilungen klein und auf bestimmte Arbeiten beschränkt sind. Abteilungen in größeren Vollzugsanstalten haben zwar grundsätzlich die Möglichkeit, deren Arbeitsbetriebe zu nutzen. Daraus können sich jedoch Nachteile für die therapeutische Gemeinschaft der Einrichtung und für die Stellung der Arbeit als Element des sozialtherapeutischen Vorgehens ergeben.

5. Verlauf und Zeitstruktur des Aufenthaltes in einer Sozialtherapeutischen Anstalt oder Abteilung

5.1. Vorgesehene Dauer der Behandlung in einer Sozialtherapeutischen Einrichtung

Für die integrative Sozialtherapie wird die Mindestdauer bis zur Entlassung aus der Sozialtherapeutischen Anstalt überwiegend mit zwei Jahren angesetzt. Aufgenommen werden in der Regel nur Gefangene, bei denen mindestens noch diese Zeit bis zur Verbüßung von zwei Dritteln der Freiheitsstrafe zur Verfügung steht (Ausnahme: Frauen). Offenbar hat der Konsens über die Mindestdauer auch bei der Strafzeitvoraussetzung in § 9 Abs. 1 StVollzG (Verurteilung zu mehr als 2 Jahren Freiheitsstrafe) zugrunde gelegen.

5.2. Aufnahmeverfahren und Zuständigkeiten

Bei Gefangenen, auf die die Voraussetzungen des § 9 Abs. 1 zutreffen, erfolgt die Verlegung in eine Sozialtherapeutische Einrichtung nach dieser Vorschrift, abhängig natürlich von der aktuellen Aufnahmekapazität der Sozialtherapeutischen Einrichtungen des jeweiligen Bundeslandes.

Bei Gefangenen, die nach § 9 Abs. 2 StVollzG aufgenommen werden können, richten diese eine Bewerbung bzw. einen entsprechenden Antrag an die Sozialtherapeutische Einrichtung. Für eine Aufnahme ist nach dem Gesetzeswortlaut die Zustimmung des Leiters der Sozialtherapeutischen Anstalt erforderlich. Zum Teil entscheidet er allein, zum Teil liegen Beratung und Beschlüsse von Aufnahmegremien mit einer geregelten Zusammensetzung zugrunde. Eine Beteiligung von Bediensteten des allgemeinen Vollzugsdienstes wie von Fachdiensten bei Vorbereitung der Aufnahmeentscheidung bedeutet, dass diese von vornherein an der Verantwortung für den verlegten Gefangenen beteiligt sind.

Diese gemeinsame Verantwortung wird in den meisten Sozialtherapeutischen Einrichtungen im weiteren Verlauf beibehalten. Auch wenn sich die Zuständigkeitsregelungen im Einzelnen unterscheiden, gewähren sie im Allgemeinen Kontinuität von Beziehungen und Verantwortlichkeit. In der Sozialtherapeutischen Anstalt Bad Gandersheim ist z. B. während des gesamten Aufenthalts für jeden Gefangenen ein gleich bleibendes Team mit einem Psychologen, einem Soziapädagogen und einem Bediensteten des allgemeinen Vollzugsdienstes zuständig.

5.3. Zeitstrukturierung des Verlaufs

Im Allgemeinen sehen die Sozialtherapeutischen Einrichtungen mehrere Abschnitte für den Behandlungsverlauf vor, die dem Gefangenen bekannt sind und zumeist – bei günstiger Entwicklung – auch mit Schritten der Vollzugslockerung verbunden werden können. Ein entsprechendes Beispiel zeigt Abbildung 1 (nach Fistéra 1985).

Für den Erfolg ist die gemeinschaftliche Planung und Vorbereitung des Lebens in Freiheit von wesentlicher Bedeutung. Das Bestreben nach Wiedererlangung von Freiheit ist bei vielen Klienten mit ambivalenten Empfindungen verbunden. Angst vor Überforderung, Befürchtungen um Verlust der Beziehungen und des Schutzes können von unterschiedlicher, im Einzelfall auch großer Bedeutung sein.

5.4. Nachbetreuung gem. §§ 125, 126 StVollzG

Die Anzahl der Gefangenen, bei denen nach ihrer Entlassung eine geregelte Nachbetreuung durch Mitarbeiter der Sozialtherapeutischen Einrichtung stattfand, belief sich im Jahr 2002 auf 127 Personen (Kröniger 2003, 49). Dies zeigt, dass die Kapazität der Fachdienste für diese Form der Nachbetreuung begrenzt ist, und dass sie zurzeit wohl nur in Kooperation mit anderen Diensten gewährleistet werden kann.

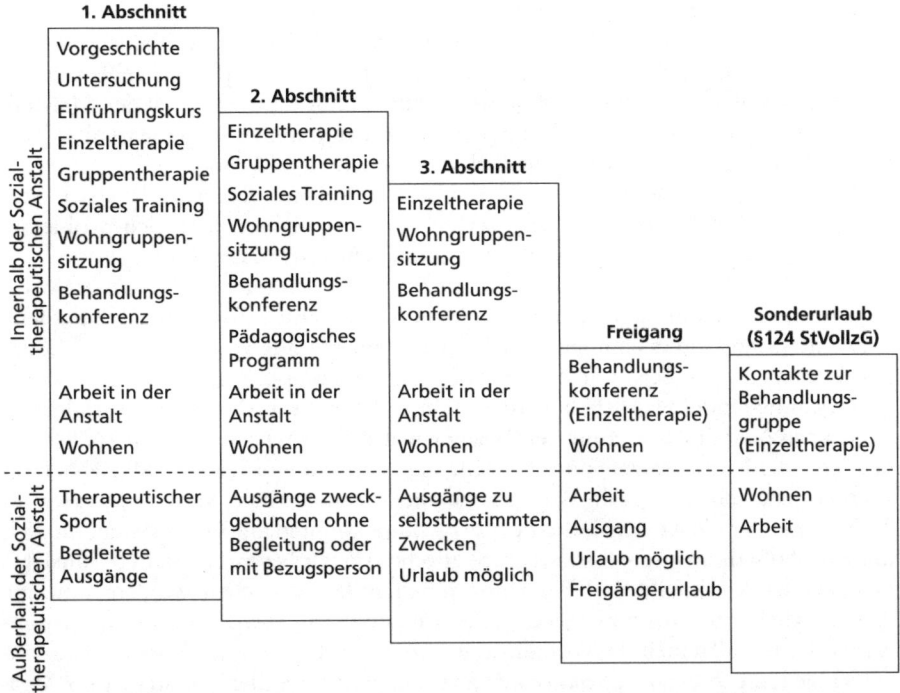

1. Abschnitt

Innerhalb der Sozial-
therapeutischen Anstalt

Vorgeschichte
Untersuchung
Einführungskurs
Einzeltherapie
Gruppentherapie
Soziales Training
Wohngruppen-
sitzung
Behandlungs-
konferenz

Arbeit in der
Anstalt
Wohnen

2. Abschnitt

Einzeltherapie
Gruppentherapie
Soziales Training
Wohngruppen-
sitzung
Behandlungs-
konferenz
Pädagogisches
Programm

Arbeit in der
Anstalt
Wohnen

3. Abschnitt

Einzeltherapie
Wohngruppen-
sitzung
Behandlungs-
konferenz

Arbeit in der
Anstalt
Wohnen

Freigang

Behandlungs-
konferenz
(Einzeltherapie)
Wohnen

Sonderurlaub
(§124 StVollzG)

Kontakte zur
Behandlungs-
gruppe
(Einzeltherapie)

Außerhalb der Sozial-
therapeutischen Anstalt

Therapeutischer
Sport
Begleitete
Ausgänge

Ausgänge zweck-
gebunden ohne
Begleitung oder
mit Bezugsperson

Ausgänge zu
selbstbestimmten
Zwecken
Urlaub möglich

Arbeit
Ausgang
Urlaub möglich
Freigängerurlaub

Wohnen
Arbeit

Abb. 1: Behandlungsabschnitte in der Sozialtherapeutischen Anstalt Bad Gandersheim (1985).

5.5. Rückverlegungen in den Allgemeinvollzug

Im Jahr 2003 haben 241 Gefangene die Sozialtherapeutische Einrichtung nicht planmäßig verlassen. Sie wurden vielmehr in den Allgemeinvollzug zurückverlegt und zwar 30 (4,8 % der Abgänge) auf eigenen Wunsch und 201 (32,2 % der Abgänge) aufgrund einer Entscheidung der Sozialtherapeutischen Einrichtung (Kröniger 2003, 48). Gründe für derartige Entscheidungen sind Tätlichkeiten, Entweichungen, Straftaten sowie anhaltende Behandlungsunwilligkeit.

6. Wirksamkeit der Sozialtherapeutischen Anstalten

6.1. Probleme bei der Feststellung der Wirksamkeit

Die Entwicklung der Sozialtherapeutischen Einrichtungen in Deutschland ist von Anfang an wissenschaftlich begleitet worden. Soweit Verlaufs- und Rückfalluntersuchungen stattgefunden haben, zeigte sich, dass es nach der Entlassung aus einer Sozialtherapeutischen Anstalt deutlich seltener zu Rückfällen kam, als bei vergleichbaren Entlassungen aus dem Allgemeinvollzug (Egg 1979; Rasch und Kühl 1978; Dünkel 1980; Waxweiler 1980; Dolde 1982 und 1985; Rehn und Jürgensen 1983).

Das ist deswegen bemerkenswert, weil sie sich auf den Zeitraum der Modellversuche, der Entwicklung und Erprobung, mit unterschiedlichen Auswahl- und Aufnahmeverfahren sowie Veränderungen der Gestaltung und des Vorgehens beziehen. Vergleichbar sind diese Wirksamkeitsstudien nur teilweise, weil der Maßstab für das Ergebnis unterschiedlich festgelegt wurde und in den Allgemeinvollzug zurückverlegte Gefangene unterschiedlich berücksichtigt wurden.

Eine experimentelle Evaluationsorganisation, bei der eine parallelisierte Vergleichsgruppe im Allgemeinvollzug verbleibt, erscheint bereits an sich problematisch, beseitigt aber die Schwierigkeiten auch nicht (Ortmann 2000).

Den Vergleichsmaßstab für den Erfolg kann eigentlich nur die kriterienerhärtete Prognose zum Zeitpunkt der Aufnahme in die Sozialtherapeutische Einrichtung sein.

Die jüngsten Untersuchungen zur Legalbewährung aus Hamburg (Rehn 2001) und Niedersachsen (Seitz und Specht 2001) können hinsichtlich des 5-Jahres-Zeitraumes miteinander verglichen werden. Von 172 Männern, die aus der Sozialtherapeutischen Anstalt Altengamme entlassen wurden, waren nach 5 Jahren 16, 8 % erneut zu einer Freiheitsstrafe ohne Bewährung verurteilt worden, von 89 aus der Sozialtherapeutischen Anstalt Bad Gandersheim entlassenen Männern waren es 21,3 %. Bei der niedersächsischen Untersuchung konnten alle Gefangenen, die sich um eine Aufnahme in die Sozialtherapeutische Anstalt beworben hatten, hinsichtlich sozialer Merkmale und Belastung miteinander verglichen werden, um eine diesbezüglich erfolgsbegünstigende Selektion auszuschließen, d. h. die Aufgenommenen hatten allgemein eine ungünstige Prognose. Dafür spricht auch, dass von denjenigen, die in den Allgemeinvollzug zurückverlegt werden mussten, 48,6 % erneut zu einer Freiheitsstrafe ohne Bewährung verurteilt worden sind.

Lösel (1994 und 1995) hat 154 internationale Ergebnisse von Wirksamkeitsstudien zu unterschiedlichen Behandlungseinrichtungen im Strafvollzug zusammengefasst und dabei eine durchschnittliche Effektstärke von .10 ermittelt. Bei 54 dieser Einrichtungen, bei denen die Behandlung als »angemessen« bewertet werden konnte, lag die Effektstärke indessen bei .32. Eine angemessene, erfolgreiche Behandlung lässt sich dabei nicht mit einem einzelnen, bestimmten methodischen Ansatz erklären, sondern hängt von einer Reihe von Wirkfaktoren ab, von denen Lösel (1995) nennt:

1. Theoretisch und empirisch fundiertes Konzept
2. Dynamische Risikodiagnose
3. Gezielter Ansatz an kriminogenen Bedürfnissen
4. Förderung von Denkmustern, Fertigkeiten und Selbstkontrolle
5. Kontingente Bekräftigung
6. Individualisierung bezüglich Straftäter, Programm und Personal
7. Sorgfältige Auswahl, Schulung und Supervision der Mitarbeiter
8. Aufbau tragfähiger emotionaler Beziehungen
9. Neutralisierung kriminogener Netzwerke
10. Verbesserung des Institutionsklimas
11. Reduzierung negativer Haft- und Kontexteffekte
12. Realisierung hoher Programmintegrität und -intensität
13. Stärkung natürlicher Schutzfaktoren
14. Systematische Verlaufsdiagnose
15. Maßnahmen der Rückfallprävention

Rehn (2002, 52) hat seine Schlussfolgerungen aus den Wirksamkeitsstudien wie folgt zusammengefasst:

»Von hoher Bedeutung ist ein stringentes Konzept einer integrativen Sozialtherapie, das Gefangene umfassend anspricht und in Bewegung bringt und der Tatsache Rechnung trägt, dass sie über längere Zeit hinweg Tag und Nacht in einer Institution verbringen und davon – je nach Setting – positiv oder negativ geprägt werden. Methodisch sind behaviorale, sehr konkrete, Vernunft und Verantwortlichkeit, Ausprobieren und Lernen betonende Konzepte anderen vorzuziehen.

Unverzichtbarer Teil integrativer Sozialtherapie und behavioraler Methodik ist die lang gestreckte, zunehmend intensiver werdende und Schwierigkeiten nicht scheuende Überleitung der Gefangenen in Freiheit. Dazu gehören zwingend auch die Beurlaubung für eine Dauer bis zu sechs Monaten gem. § 124 StVollzG. Grundlage all dessen sind eingliederungsfördernde Grundeinstellungen der Mitarbeiter und eine lebensnahe Vollzugsgestaltung. Möglichst viel Verantwortung muss bei den Insassen bleiben und zunehmend auf sie übertragen werden. Die Betreuung und Behandlung sollte über alle Phasen des Vollzugs möglichst in einer Hand bleiben.«

6.2. Grundsätzliche Probleme der Wirksamkeit therapeutischer Maßnahmen in Unfreiheit

Sozialtherapeutische Einrichtungen müssen sich mit einem immanenten Widerspruch auseinander setzen. Sie haben es mit Menschen zu tun, denen ihre Freiheit, zumeist für sehr lange Zeit genommen wurde. Bei deren inneren Beweggründen wird deswegen natürlicherweise die Wiedererlangung von Selbstbestimmung an erster Stelle stehen. Das kann dazu veranlassen, durch äußere Anpassung möglichst rasch Voraussetzungen für eine »Rückvergütung von Freiheit« zu erfüllen. Es kann aber auch dazu führen, dass Selbstbestimmung im inneren Widerstand und im Unterlaufen der freiheitsentziehenden Vollzugsbedingungen und der Behandlung verwirklicht wird. Dieser Widerspruch lässt sich nicht grundsätzlich erledigen, er begleitet vielmehr das Vorgehen in den Sozialtherapeutischen Einrichtungen, bewirkt Spannungen, hat individuelle wie auch institutionelle Krisen zur Folge und zwingt zu individueller und institutioneller Auseinandersetzung.

Krisen entstehen aber auch dadurch, dass bisherige Verhaltensformen und Verhaltensbegründungen und damit die bisherige Identität infrage gestellt werden. In einer solchen Krise stellen Entweichungsversuche, aggressives Verhalten oder unsinnig erscheinende Handlungen nicht unbedingt Rückfall oder Versagen dar, sondern können Versuche der Selbstvergewisserung sein.

Wirksamkeit der Sozialtherapeutischen Einrichtungen ist letzten Endes das Ergebnis der Wechselwirkung zwischen der auf methodischen Grundlagen beruhenden Sicherheit, Beständigkeit, Eindeutigkeit, aber auch Beweglichkeit der Mitarbeiter auf der einen Seite und den Erwartungen, dem Veränderungswillen und der Investitionsbereitschaft der Klienten auf der anderen Seite.

Unabhängig aber von einer bestimmten Methode erleben Klienten einer Sozialtherapeutischen Anstalt, dass sie eines beständigen Interesses an ihrer Person und großer Bemühungen für wert gehalten werden, dass ihnen aber auch Anstrengungen um ihrer selbst willen abverlangt werden. Mit welchen Vorstellungen von sich selbst und ihrem eigenen Wert sie die Sozialtherapeutische Anstalt verlassen, ist vermutlich einer der ausschlaggebenden Schutzfaktoren gegenüber Rückfallversuchungen.

Literatur

Dolde, G. (1982), Effizienzkontrolle sozialtherapeutischer Behandlung im Vollzug. In: Göppinger, H. und Bresser, P. H. (Hrsg.), *Kriminologische Gegenwartsfragen, Band 15*. Stuttgart: Enke. 47–64.

Dolde, G. (1985), Neuere Forschungsvorhaben zur Sozialtherapie im Strafvollzug der Bundesrepublik Deutschland. Ein Überblick und Ergebnisse. In: Justizministerium Baden-Württemberg (Hrsg.), *Sozialtherapie im Strafvollzug*, Stuttgart, 129–154.

Driebold, R. (Hrsg.) (1983), *Strafvollzug – Erfahrungen, Modelle, Alternativen*. Göttingen: Vandenhoeck & Ruprecht.

Driebold, R.; Egg, R.; Nellessen, L.; Quensel, S. und Schmitt, G. (1984), *Die Sozialtherapeutische Anstalt – Modell und Empfehlungen für den Justizvollzug*. Göttingen: Vandenhoeck & Ruprecht.

Dünkel, F. (1980), *Legalbewährung nach sozialtherapeutischer Behandlung*. Berlin: Duncker und Humbolt.

Eger, H. und Specht, F. (1980), *Integrative Sozialtherapie – Innovation im Justizvollzug. Ein Bericht über den Modellversuch einer Sozialtherapeutischen Anstalt in der Justizvollzugsanstalt Bad Gandersheim*. Bad Gandersheim: Eigenverlag.

Eger, H.; Erdmann, J.; Fistéra, P.; Henze, H.; Rehn, G. und Specht, F. (1988), Mindestanforderungen an Sozialtherapeutische Einrichtungen. *Monatsschrift für Kriminologie und Strafrechtsreform* 71: 334–335.

Egg, R. (1979), *Sozialtherapie im Strafvollzug. Eine empirische Vergleichsstudie zur Evaluation sozialtherapeutischer Maßnahmen*. Frankfurt a. M.: Haag & Herchen.

Egg, R. und Schmitt, G. (1993), Sozialtherapie im Justizvollzug – Synopse der Sozialtherapeutischen Einrichtungen. In: Egg, R. (Hrsg.), *Sozialtherapie in den 90 er Jahren*. Wiesbaden: Eigenverlag der Kriminologischen Zentralstelle, 113–189.

Fistéra, P. (1985), Sachstandsbericht Niedersachsen. In: Justizministerium Baden-Württemberg (Hrsg.), *Sozialtherapie im Strafvollzug*. Stuttgart, 92–103.

Grubin, D. und Thornton, D. (1994), A national program for the assessment and treatment of sex offenders in the English prison system. *Criminal Justice and Behaviour*, 21: 55–71.

Hanack, E. W. (1978), Maßregeln der Besserung und Sicherung. In: *Strafgesetzbuch Leipziger Kommentar, 10. Aufl. Lfg. 6.*

Kröniger, S. (2003), *Sozialtherapie im Strafvollzug 2002*. Wiesbaden: Eigenverlag der Kriminologischen Zentralstelle.

Lösel, F. (1994), Meta-analytische Beiträge zur wiederbelebten Diskussion des Behandlungsgedankens. In: Steller, M.; Dahle, K. P. und Basqué, M. (Hrsg.), *Straftäterbehandlung: Argumente für eine Revitalisierung in Forschung und Praxis*. Pfaffenweiler: Centaurus, 13–34.

Lösel, F. (1995), Ist der Behandlungsvollzug gescheitert? Eine empirische Bestandsaufnahme. In: Justizministerium Baden-Württemberg (Hrsg.), *Sozialtherapie im Strafvollzug Dokumentation der 5. überregionalen Tagung*, 132–156.

Lösel, F. (1998), Evaluation der Straftäterbehandlung. Was wir wissen und noch erforschen müssen. In: Müller-Isberner, R. und Gonzalez Cabeza, S. (1998), *Forensische Psychiatrie*. Bonn: Forum, 29–50.

Lösel, P.; Köferl, P. und Weber, F. (1987), *Meta-Evaluation der Sozialtherapie*. Stuttgart: Enke.

Lohse, H. (1980), Die Verhaltenstherapie. In: Eger, H. und Specht, F. (1980), *Integrative Sozialtherapie – Innovation im Justizvollzug. Ein Bericht über den Modellversuch einer Sozialtherapeutischen Anstalt in der Justizvollzugsanstalt Bad Gandersheim*. Bad Gandersheim: Eigenverlag, 296–301.

Marshall, W. L.; Fernandez Y. M.; Hudson, S. M. und Ward, T. (eds.) (1998), *Sourcebook of Treatment Programs for Sexual Offenders*. New York, London: Plenum Press.

Mauch, G. und Mauch, R. (1971), *Sozialtherapie und die sozialtherapeutische Anstalt*. Stuttgart: Enke.

Ortmann, R. (2000), *Längsschnittstudie zur Evaluation der Wirkung der Sozialtherapie sowie Ansätze zur Effizienzsteigerung*. Freiburg i. Br.: Eigenverlag Max-Planck-Institut für ausländisches und internationales Strafrecht.

Pfaff, C. (2001), »Mit Köpfchen durchs Leben«. Ein kognitiv-behaviorales Trainingsangebot zur Förderung sozialer Kompetenzen. In: Rehn, G.; Wischka, B.; Lösel, F. und Walter, M. (Hrsg.), *Behandlung »gefährlicher Straftäter«*. Herbolzheim: Centaurus, 170–192.

Pfäfflin, F (1999), Ambulante Behandlung von Sexualstraftätern. In: Egg, R. (Hrsg.), *Sexueller Missbrauch von Kindern*. Wiesbaden: Eigenverlag der Kriminologischen Zentralstelle, 137–156.

Rasch, W. (1985), Nachruf auf die Sozialtherapeutische Anstalt. *Bewährungshilfe 32*: 319–329.

Rasch, W. und Kühl, K. P. (1978), Psychologische Befunde und Rückfälligkeit nach Aufenthalt in der sozialtherapeutischen Anstalt Düren. *Bewährungshilfe 25*: 44–57.

Rehder, U. (1990), *Aggressive Sexualdelinquenten*. Kriminalpädagogischer Verlag, Lingen .

Rehn, G. (2001), Vorstrafenbelastung und Rückfälligkeit bei Gefangenen aus der Sozialtherapeutischen Anstalt Hamburg-Altengamme. In: Rehn, G.; Wischka, B.; Lösel, F. und Walter, M. (Hrsg.), *Behandlung »gefährlicher Straftäter«*. Herbolzheim: Centaurus, 364–379.

Rehn, G. (2002), Ergebnisse und Probleme der Evaluation von Behandlung in Sozialtherapeutischen Einrichtungen. *Kriminalpädagogische Praxis 30, Heft 42*: 47–53.

Rehn, G. und Jürgensen, P. (1983), Rückfall nach Sozialtherapie. Wiederholung einer im Jahre 1979 vorgelegten Untersuchung. In: Kerner, H. J.; Kury, H. und Sessar, K. (Hrsg.), *Deutsche Forschungen zur Kriminalitätsentstehung und Kriminalitätskontrolle. Band 6/3*. Köln: Heymanns, 1910–1948.

Rooke, A. (2002), Das Sex Offender Treatment Programme (SOTP) in England und Walses. In: Wischka, B.; Jesse, J.; Klettke, W. und Schaffer, R. (Hrsg*.), Justizvollzug in neuen Grenzen. Modelle in Deutschland und Europa. 11. Bundeskongress der Psychologinnen und Psychologen im Justizvollzug 2000 in Barsinghausen*. Lingen: Kriminalpädagogischer Verlag, 272–287.

Schmitt, G. (1977), Synopse der Sozialtherapeutischen Anstalten und Abteilungen in der Bundesrepublik Deutschland und in Westberlin, 2. Aufl. In: Bundeszusammenschluss für Straffälligenhilfe (Hrsg.), *Sozialtherapeutische Anstalten – Konzepte und Erfahrungen*. Bonn: Eigenverlag, 182–219.

Seitz, C. und Specht, F. (2001), Legalbewährung nach Entlassung aus den Sozialtherapeutischen Einrichtungen des Niedersächsischen Justizvollzuges. In: Rehn, G.; Wischka, B.; Lösel, F. und Walter, M. (Hrsg.), *Behandlung »gefährlicher Straftäter«*. Herbolzheim: Centaurus, 348–361.

Specht, F. (1986), Die Zukunft der sozialtherapeutischen Anstalten. In: Pohlmeier, H.; Deutsch, E. und Schreiber, H.-L. (Hrsg.), *Forensische Psychiatrie heute*. Springer, Berlin-Heidelberg, 108–118.

Specht, F. (2001 a), Mindestanforderungen an Organisationsform, räumliche Voraussetzungen und Personalausstattung Sozialtherapeutischer Einrichtungen. Empfehlungen des Arbeitskreis Sozialtherapeutische Anstalten im Justizvollzug. *Zeitschrift für Strafvollzug und Straffälligenhilfe 50*: 75–76.

Specht, F. (2001 b), Indikation zur Verlegung in eine Sozialtherapeutische Anstalt. Empfehlungen des Arbeitskreis Sozialtherapeutische Anstalten im Justizvollzug. *Zeitschrift für Strafvollzug und Straffälligenhilfe 50*: 40–41.

Waxweiler, R. (1980), *Psychotherapie im Strafvollzug. Eine empirische Erfolgsuntersuchung am Beispiel einer sozialtherapeutischen Anstalt*. Frankfurt am Main: Haag & Herchen.

Wischka, B. (2001), Die Faktoren Milieu, Beziehung und Konsequenzen in der stationären Therapie von Gewalttätern. In: Rehn, G.; Wischka, B.; Lösel, F. und Walter, M. (Hrsg.), *Behandlung »gefährlicher Straftäter«*. Herbolzheim: Centaurus, 125–149.

Wischka, B. und Specht F. (2001), Integrative Sozialtherapie – Mindestanforderungen, Indikation und Wirkfaktoren. In: Rehn, G.; Wischka, B.; Lösel, F. und Walter, M. (Hrsg.), *Behandlung »gefährlicher Straftäter«*. Herbolzheim: Centaurus, 249–263.

Wischka, B.; Foppe, E.; Griepenburg, P.; Nuhn-Naber, C. und Rehder, U. (2001), Das Behandlungsprogramm für Sexualstraftäter (BPS) im Niedersächsischen Justizvollzug. In: Rehn, G.; Wischka, B.; Lösel, F. und Walter, M. (Hrsg.), *Behandlung »gefährlicher Straftäter«*. Herbolzheim: Centaurus, 193–205.

Subkultur im Strafvollzug

von Stephan Müller-Marsell

1. Zum Begriff »Subkultur«

1.1. Erkenntnistheoretische Reflexionen

> *»Kühner, als das Unbekannte zu erforschen*
> *kann es sein, das Bekannte zu bezweifeln.«*
> *Kaspar*

»Das Bekannte zu bezweifeln« bedeutet zunächst, einen reflexiven Abstand zu diesem Begriff zu gewinnen, indem man fragt, von welcher Art der ihm zugrunde liegende Prozess der Erkenntnis und Bedeutungsgebung ist: Gewöhnlich betrachten wir doch die Resultate unserer Erkenntnis als ein Wissen von der wirklichen Welt, die unabhängig von uns und selbstständig ist, ein Wissen, das ein Abbild der ontologischen Wirklichkeit darzustellen scheint (Watzlawick 2002). Der Konstruktivismus vertritt jedoch den Standpunkt, dass das, was uns als die Wirklichkeit erscheint, von uns erst in einem kommunikativen Prozess der Bedeutungsgebung konstruiert worden ist, in einem Prozess, in dem sich unsere Werte und Normen, unsere eingeschliffenen Denkgewohnheiten und natürlich auch unsere beruflichen Erwartungen, Wünsche und Ängste artikuliert haben. Dies gilt natürlich auch für die Wirklichkeit sozialer Systeme: »Jeder von uns bastelt an der Wirklichkeit sozialer Systeme mit« (Simon 1999, 8).

Mit dem Verweis auf die Relativität menschlicher Wirklichkeitsinterpretationen gleich am Anfang möchte der Autor sich und den Leser mit einer gewissen Skepsis infizieren gegenüber dem, was uns so sicher und selbstverständlich erscheint, wenn wir über Subkultur sprechen. Das könnte uns nachdenklicher, vorsichtig im Urteil und konzilianter machen, vor allem dann, wenn es um Hypothesen geht, die das praktische Handeln im Vollzugsalltag bestimmen.

1.2. Definitionen: Kultur – Subkultur – Gefängnissubkultur – Gefangenensubkultur

Der Begriff Subkultur, der von der angelsächsischen Soziologie der 20er-, 30er- und 40er-Jahre des letzten Jahrhunderts im Zusammenhang mit der Erforschung delinquenten Verhaltens entwickelt wurde, geht zunächst davon aus, dass es so etwas wie eine umfassende, allgemein gültige und anerkannte Kultursphäre gibt, die verbindlich und offiziell für die in diesem Bereich Lebenden ist: »Kultur ist der Inbegriff alles nicht Biologischen in der menschlichen Gesellschaft. Oder, anders gesagt: Kultur ist die Summe aller Institutionen, Bräuche, Werkzeuge, Normen, Wertordnungssysteme, Präferenzen, Bedürfnisse usw. in einer konkreten Gesellschaft« (Schwendter 1993, 10).

Die anthropologische Bedeutung von Kultur sieht Arnold Gehlen darin, dem »Mängelwesen« Mensch das Überleben in einer Umwelt zu ermöglichen, an die er aufgrund seiner Unspezialisiertheit gar nicht angepasst ist. Kultur als die vom Menschen handelnd veränderte Natur, der Mensch als »Mängelwesen und Prometheus« (Gehlen 1965, 46).

Gibt es nun in einer konkreten Gesellschaft Gruppen, deren Normen, Wertordnungssysteme, Einstellungen, Sitten usw. in einem erheblichen Ausmaß von der herrschenden Kultur abweichen oder ihr entgegenstehen, spricht man von Subkultur.

Wenn Arnold Gehlen die Funktion von Kultur darin sieht, menschliches Überleben erst zu ermöglichen, dann lässt sich doch fragen, ob nicht auch Subkultur eine ähnliche Funktion hat: Im Zusammenhang mit Subkultur werden Angehörige von Minderheiten genannt und Randgruppen der Gesellschaft, alles wohl Menschen, die sich in besonderem Maße als »mängelhaft« erleben und verständlicherweise auch darauf reagieren, indem sie in einer ihnen fremd oder feindselig erscheinenden Umwelt Orientierung suchen und für sich Sinn stiften wollen. Sie tun es dadurch, dass sie sich eine eigene »Kultur« schaffen, in der sie Anerkennung erleben und den Status finden können, der ihnen von der Gesellschaft vorenthalten wird. So können sie Solidarität erleben, die ihnen ein Gefühl von Vertrautheit, Sicherheit und Geborgenheit vermittelt. Man denke hier an Aussiedler aus der GUS.

Der Begriff »Subkultur« und seine Anwendung auf Phänomene des Strafvollzugs ist nicht unumstritten, trotzdem: Einstellungen, Normen, Werte und daraus entstehende Verhaltensweisen der Gefangenen, vor allem dann, wenn sie als vermutete Gegenkräfte der Mitarbeitsbereitschaft der Gefangenen am Vollzugsziel entgegenstehen oder Gefangenenhierarchien entstehen lassen, deren Hackordnungen zu Gewalttaten gegen Mitgefangene führen, sollen als Gefangenensubkultur bezeichnet werden.

Die Gefahr, dass diese Begriffsfassung dazu missbraucht werden könnte, die Wirklichkeit des Strafvollzugs als ein »Schwarz-Weiß-Bild« darzustellen, sollte im Bewusstsein bleiben. Um es noch deutlicher zu sagen: Es ist zu befürchten, dass mithilfe dieser Begriffsfassung und den mit ihr verbundenen Konnotationen die Reaktionen von Menschen auf Überwachung, Kontrolle und Bestrafung negativ bewertet und so mit gutem Gewissen bekämpft werden können, ohne dabei *auch* die Auslöser dieser Reaktionen kritisch hinterfragen zu müssen.

2. Subkulturelle Phänomene: Erklärungsmodelle für das Entstehen und Versuche der Gegensteuerung

2.1. Erklärungsmodelle

Die Frage, wie subkulturelle Erscheinungen entstehen, ist für den Vollzugspraktiker von besonderem Interesse: Er verbindet damit die Hoffnung, durch deren Beantwortung zu erkennen, mit welchen Maßnahmen er der Subkultur entgegentreten kann, wozu er ja nach dem Gegensteuerungsgrundsatz des § 3 (2) StVollzG, verpflichtet ist, nämlich *den schädlichen Folgen des Freiheitsentzugs entgegenzuwirken.*

Bisher wurden zwei gegensätzliche Erklärungsmodelle entwickelt, für deren Gültigkeit in zahlreichen Studien empirische Belege gefunden werden konnten, nämlich die »*Deprivationstheorie*«, die Gefangenensubkultur als unvermeidliches Phänomen der totalen Institution Strafvollzug sieht und sie als Reaktion der Gefangenen auf die einschneidenden Einschränkungen und Entbehrungen durch die Haftsituation zu erklären versucht, und die »*Kulturelle Übertragungstheorie*«, die davon ausgeht, dass die Häftlinge ihren kriminellen und sozialen Hintergrund, ihre kriminellen Kodes in die Haft mitbringen und gewissermaßen den Strafvollzug damit infizieren.

Deprivationstheorie

Diese Theorie wurde in »The society of captives« von Sykes entwickelt (Hürlimann 1993) und umfasst im Wesentlichen drei Bestandteile: Sie beschreibt

- fünf Deprivationsquellen des Anstaltslebens,
- zwei Formen, in denen Gefangene Deprivationen erleben: Frustration und Beeinträchtigung des Selbstwertgefühls,
- und sie erklärt das Entstehen subkultureller Einstellungen, Normen und Werte als Versuch der Gefangenen, die »Schmerzen« der Deprivationen zu lindern, indem sie sich solidarisieren und zur Wehr zu setzen.

Als *Deprivationsquellen,* also Komponenten, die das Leben der Gefangenen schwer machen, nennt Sykes:

- den Verlust der Freiheit
- den Entzug materieller und immaterieller Güter
- den Entzug heterosexueller Beziehungen
- die Beschränkung der Autonomie
- den Mangel an Sicherheit vor kriminellen Mithäftlingen.

»Unumstrittener Verdienst der Deprivationstheorie ist es, auf die Inhaftierung als ein einschneidendes Lebensereignis aufmerksam gemacht zu haben« (Hürlimann 1993, 20).

Die Befunde der Deprivationstheorie legen nahe, dass die subkulturellen Reaktionen der von einer Freiheitsstrafe Betroffenen wohl unvermeidlich sind, dass sie sich zwangsläufig aus dem totalen System Strafvollzug ergeben, einem System, das eine fast jeden Lebensbereich erfassende Reduktion möglicher Vielfalt und Eigenbestimmung darstellt (Wagner 1985).

Im Zusammenhang mit der Deprivationstheorie sei noch einmal auf Arnold Gehlen verwiesen, der ja im Schaffen einer Kultursphäre eine Existenzbedingung für das »Mängelwesen« Mensch sieht. Ließen sich aus diesem Blickwinkel heraus nicht auch die subkulturellen Aktivitäten der Gefangenen, mit denen sie sich gegen Identitätsbedrohung, Degradierung und Verobjektivierung wehren, als ein Handeln verstehen, das ihrem »Überleben« dient, dem Überleben ihres Selbstwertes und ihrer Identität?

Kulturelle Übertragungstheorie

Während die sehr strafvollzugskritische Deprivationstheorie subkulturelle Erscheinungen als hausgemacht betrachtet, sieht die kulturelle Übertragungstheorie die Quelle hierfür im sozialen und kriminellen Hintergrund der Insassen. Kurt Weis bemerkt dazu, dass die kulturelle Übertragungstheorie, die Gefangenensubkultur nur als verlängerten Arm einer schon vor dem Freiheitsentzug bestehenden kriminellen Subkultur versteht, wesentliche Vorwürfe gegen die entsozialisierende Wirkung des Strafvollzugs entkräften würde (Weis 1976), meint aber dann, bei den diesbezüglichen Forschungen könne »über die Selbstverständlichkeit hinaus, dass der soziale Hintergrund der einzelnen Insassen sich auf Art und Grad ihrer Prisonierung und die im Gefängnis gespielte subkulturelle Rolle deutlich auswirke, nichts Bestimmtes ausgesagt werden« (Weis 1976, 255).

Otto macht dagegen darauf aufmerksam, dass bestimmte Erfahrungen, die im Zusammenhang mit der Öffnung des Vollzugs nach innen und außen und mit der Verbesserung von Haftbedingungen gemacht wurden, dafür sprechen, die Aspekte der kulturellen Übertragungstheorie stärker zu beachten (Otto 2001).

Das Entstehen von Subkultur und ihre Stabilisierung in zirkulären Prozessen

Eine Untersuchung von Thomas (Hürlimann 1993) überprüft beide Modelle auf ihre Erklärungskraft hin und kommt zu dem Ergebnis, »dass beide Theorien zusammen eine verbesserte Vorhersage der subkulturellen Einstellungen leisten« (Hürlimann 1993, 23) und deshalb setzt sich Thomas für eine Integration beider Modelle ein.

Da nun aber die Kausalität zwischenmenschlicher Interaktion in einem sozialen System nicht linear, sondern zirkulär verläuft und soziale Strukturen, die statisch erscheinen, immer das Ergebnis eines dynamischen Prozesses sind, lässt sich ein integratives Modell des Entstehens von Subkultur im Strafvollzug wohl am besten in einem Kreismodell darstellen und *Subkultur* so *als Ergebnis eines zirkulären, dynamischen Prozesses* verstehen, in dem sowohl die Phänomene wirksam werden, die von der Deprivationstheorie beobachtet wurden, als auch jene, auf die die kulturellen Übertragungstheorie hinweist: Vom Moment der Inhaftierung an wirken die zuvor beschriebenen Deprivationen auf die Gefangenen ein, die sich dem aber nicht einfach passiv ergeben, sondern auf sie aktiv reagieren, indem sie ihre Wirkung zu mildern suchen, sich ihnen entziehen wollen und Gegenkräfte mobilisieren. Diese Reaktionen der Gefangenen werden natürlich geprägt von ihren außervollzuglichen sozialen Erfahrungen, vom Normen-, Werte- und Einstellungsgefüge, das sie mitbringen, aber auch von den subkulturellen Strukturen, die sie schon in der Anstalt vorfinden und die sie sich in einem Prozess sozialen Lernens aneignen (Prisonierung). Die subkulturellen Reaktionen der Gefangenen werden auf Seiten der Vollzugsbediensteten als Störung, als Widerstand gegen ihre Arbeit, als Angriff auf ihr Bedürfnis nach Sicherheit und Ordnung erlebt, als Angriff auf das, was sie an Werten und Normen von außen mitbringen, und sie reagieren nun ihrerseits auf die subkulturellen Reaktionen der Gefangenen, indem sie noch umfassender überwachen und kontrollieren, noch härter strafen oder Vergünstigungen streichen. Auf diesen sich verschärfenden Deprivationsdruck reagieren nun wiederum die Inhaftierten mit entsprechend massiverem Gegendruck, mit noch größerem Misstrauen, mit noch subtilerem Widerstand, mit einer noch brutaleren Hackordnung, über die sie ihren eigenen Frust an den schwächeren Mitgefangenen abreagieren und zugleich ihren sozialen Status aufbessern können.

In Anlehnung an den »ehelichen Teufelskreis« von Thoman und Schulz von Thun soll nun der zirkuläre Prozess des Entstehens und Erhaltens von Subkultur in

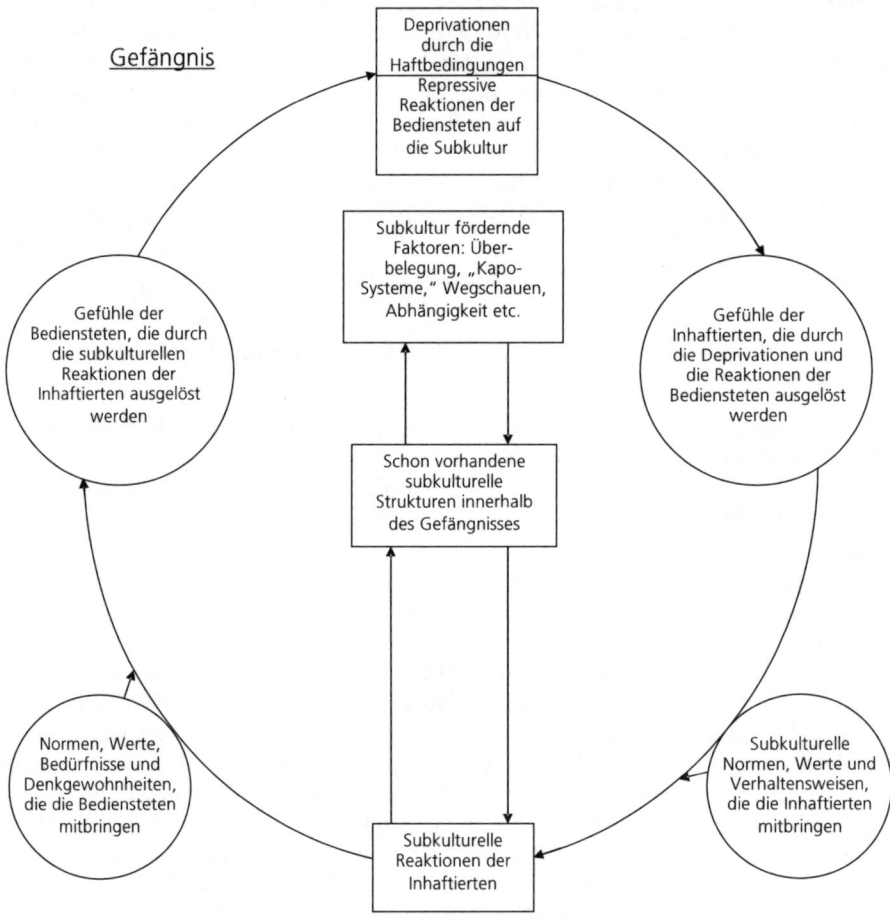

Abb. 1: »Subkultureller Teufelskreis«.

Gefängnissen in einem ähnlichen Modell veranschaulicht werden (Thoman und Schulz von Thun 1993).

Jede in diesem Modell erscheinende Handlung ist Reaktion auf vorhergehende Handlungen und zugleich Anlass für neue Handlungsreaktionen, und die Langlebigkeit solcher »Teufelskreise« erklärt sich auch daraus, dass sich alle Beteiligten vorwiegend als Opfer erleben, als Opfer, das ja nur »unschuldig« auf das »böse« Handeln der anderen reagiert und deshalb von dem Gefühl getragen wird, im Recht zu sein.

Die an diesem »subkulturellen Teufelskreis« Beteiligten bestätigen sich gegenseitig ihre Weltbilder: Jeder, der in diesem »Teufelskreis« agiert, »nimmt nur bestimmte Verhaltensweisen der anderen wahr, ... hat seine festgelegten Bewertungskriterien, urteilt dementsprechend und wendet die bereits früher erprobten Erklärungsschemata an. So erlebt jeder den anderen in einer festgelegten Form, es entsteht ein System sich wechselseitig stabilisierender selbsterfüllender Prophezeiungen« (Simon 2001, 219).

Dieses Modell veranschaulicht die Entstehung von Subkultur, weist aber auch auf die *Subkultur fördernde Faktoren des Strafvollzugs* hin (Otto 2001). Es sollen hier nur einige Beispiele dafür genannt werden, wie zum Teil wohl unbeabsichtigt und aus Ahnungslosigkeit, zum Teil aber durchaus auch im Sinne eines reibungsloseren und möglichst »preiswerten« Funktionierens des Strafvollzugs, die Subkultur fördernde Bedingungen in Kauf genommen werden:

- die Überbelegung von Haftanstalten,
- Informationsmängel bei neu angekommenen Gefangenen, die hafterfahrenen Gefangenen Informationsmacht geben,
- Gefangene, deren hoher Status z. B. dazu benutzt wird, Konflikte zu entschärfen und für Ruhe zu sorgen,
- bestimmte privilegierte Posten, wie Hausarbeiter, Gangsprecher.

2.2. Gegensteuerungsmaßnahmen

Auf die Bedeutung dieses Themas verweist schon der Gegensteuerungsgrundsatz des § 3 StVollzG (2), nämlich der Auftrag, *den schädlichen Folgen der Haft entgegenzuwirken.* Die Literatur über Subkultur im Strafvollzug enthält zahlreiche Hinweise auf mögliche Gegensteuerungsmaßnahmen, dazu einige Beispiele: (Otto 2001):

- Für neu angekommene Gefangene ist es wichtig, dass sie Gelegenheit zu umfassender Information aus »erster Hand« haben. So sollen sie immun gegen die subkulturelle »Gegenpropaganda« gemacht werden.
- Subkulturellen Führern die Bühne zu entziehen, auf der sie sich präsentieren können, bedeutet für sie Einflussverlust.
- Es sollte alles vermieden werden, was Vollzugsbedienstete in ein Abhängigkeitsverhältnis zu Gefangenen führen könnte.
- Bei der Vergabe von Haftaräumen ist zu bedenken, dass z. B. die privilegierte Lage einer Zelle Einfluss auf den subkulturellen Status haben kann.
- Im Prozess ihrer Statusdefinition setzen Gefangene psychische und physische Gewalt ein. Um dem entgegenwirken zu können, ist es neben der Wachsamkeit auf Hinweise für Gewalthandlungen wichtig, eine »Umzugskultur« zu entwickeln, die verhindern soll, dass Gefangene zu lange am gleichen sozialen Ort sind.

- Eine andere Quelle nennt bei den Gegensteuerungsmaßnahmen an erster Stelle »eine bei aller Konsequenz offene, zwischenmenschliche Atmosphäre zwischen Inhaftierten und Stab« (Meier 2002, 145).

Es sieht so aus, als hätte man im Strafvollzug recht klare Vorstellungen, mit welchen Strategien man der Subkultur entgegentreten könnte. Es fällt auf, dass sich die Reaktionen vieler Bediensteter zwischen zwei Polen bewegen: Erschrecken und Entrüsten über subkulturelle Gewalt, gepaart mit Ratlosigkeit und Resignation, auf der einen Seite und auf der anderen Seite ein forsches Reagieren mit den »bewährten« Mitteln des Strafvollzugs, wie z. B. Arrest, die zwar momentan den Handlungsdruck nehmen und vielleicht die Illusion vermitteln, Herr der Lage zu sein, aber letztendlich subkulturelle Strukturen eben doch nicht aufbrechen, sondern durch den hervorgerufenen Widerstand eher noch verstärken. Menschen lassen sich nun mal nicht steuern wie Maschinen, denn sie sind autonome, von inneren Strukturen bestimmte Systeme. Das *eindimensionale Ursache-Wirkungs-Denken ist für das Verstehen und Beeinflussen menschlichen Handelns ungeeignet* und wird der Wechselseitigkeit der Beziehungen nicht gerecht, es »... verhindert Veränderung und führt häufig zur Chronifizierung der Interaktions- und Kommunikationsmuster« (Simon 2001, 62).

3. Wesentliche Kennzeichen der Gefangenensubkultur im Überblick

In der Literatur über Gefangenensubkultur findet man zahlreiche Kennzeichen aufgelistet, an denen man subkulturelle Erscheinungen ausmachen kann, so werden u. a. genannt (Hürlimann 1993):

- ein Einstellungs-, Normen- und Wertgefüge, das von der übrigen Gesellschaft stark abweicht,
- die Vermutung, dass subkulturelle Einstellungen der Resozialisierung entgegenstehen,
- ein ausdifferenziertes Sozialsystem mit bestimmten Rollen: der Außenseiter, der subkulturelle Führer etc.,
- und schließlich die erschreckende Tatsache der Gewalt, die Gefangene an Gefangenen ausüben.

Ein wesentliches Kennzeichen der Gefangensubkultur ist, dass sie im Verborgenen wirkt, dass sie verniedlicht, versteckt und getarnt wird.

3.1. Einstellungen, Normen, Werte und ihre Wirkung auf die Resozialisierung

Es kommt äußerst selten vor, dass Gefangene im Gespräch ein gutes Haar am Strafvollzug und seinen Zielen lassen, wobei es allerdings nie ganz klar ist, ob die »Schimpf- und Jammertiraden« zum Teil nur taktische Lippenbekenntnisse sind, die zu einer Flucht in die Opferposition benutzt werden, um sich so der eigenen Verantwortung entziehen zu können, indem man das eigene Leiden (am Leben im Gefängnis) gegen das Leiden der eigenen Opfer aufrechnet. Trotzdem kann man davon ausgehen, dass darüber hinaus bei Gefangenen *überdauernde negative Einstellungen* gegenüber dem Strafvollzug, seinen Zielen und der Arbeit seiner Bediensteten vorherrschen.

Subkulturelle Normen und Werte regeln das Verhalten der Gefangenen untereinander und geben Orientierung: Als wichtige Normen werden das Zusammenhalten untereinander und die Solidarität der Gefangenen gegen die Vollzugsbediensteten genannt. Als hoch angesehen gelten auch: Verlässlichkeit, Hilfsbereitschaft, männliches Auftreten, zur Schau getragene Gelassenheit, Cleverness und Risikobereitschaft sowie Souveränität und Unabhängigkeit, während jede Form von Schwäche abgelehnt wird, also »Weiblichkeit«, Vertrauensbereitschaft und das Bemühen um gewaltfreie Konfliktlösungen.

Für den Alltag des Strafvollzugs gilt als selbstverständlich, dass die subkulturellen Einstellungen der Gefangenen dem Erfolg der Behandlung und im Jugendvollzug der Erziehung grundsätzlich im Wege stehen. Diese Sicht hat, nebenbei gesagt, natürlich auch den Vorteil, dass sich mit ihr Misserfolge leichter erklären lassen, ohne gleich Maßnahmen des Strafvollzugs anzuzweifeln zu müssen.

Gefangene des Jugendstrafvollzugs bezeichnen diesen gern als »Kindergarten«. Dahinter verbirgt sich wahrscheinlich zweierlei: Einerseits ein Angriff auf das Bemühen, Unterdrückungen aufzudecken und Opfer zu schützen und andererseits der Protest gegen das gängige System von Belohnung und Strafe, das man als kindisch und unwürdig empfindet. Hingegen scheinen negative subkulturelle Einstellungen dann an Einfluss zu verlieren, wenn es für Gefangene erfahrbar wird, dass bestimmte Behandlungsmaßnahmen für sie eine existenzielle Bedeutung haben, dass ihnen dort mit Anteilnahme und Wertschätzung begegnet wird, dass wirklich sie gemeint sind und nicht vorwiegend ein vordergründiger Vollzugszweck, wie z. B. das reibungslose Funktionieren der Organisation oder die Imagepflege der Anstalt (Weis 1976).

3.2. Subkulturelle Sozialstruktur

Häufig unerkannt und unbearbeitet, wenn nicht partiell sogar geduldet, läuft in den Gefängnissen ein teilweise brutaler Prozess der Rollendifferenzierung ab, durch den festgelegt wird, welche Rollen es gibt, wer welche Rolle spielen darf, bzw. spielen muss und wie hoch sein Status in der Gefangenenhierarchie ist, welche subkulturellen Regeln unbedingt eingehalten werden müssen und durch welche Repressalien sie notfalls erzwungen werden (Otto 2001).

Der Versuch, subkulturelle Sozialstruktur zu erfassen, führte zur Entwicklung verschiedener *Gefangenentypologien*. So beschreibt Hürlimann z. B. die Typologie von Schrag, der die Hypothese aufgestellt hat, dass vier Typen von Gefangenen im Strafvollzug anzutreffen sind:

1. *Der antisoziale Insasse* »zeigt eine ausgeprägte kriminelle Karriere und eine hohe Rückfallquote, stammt aus der Unterschicht und lehnt konventionelle Normen ab.«
2. *Der prosoziale Insasse* »ist meist ein situationaler Ersttäter, weist ein starkes Schuldgefühl auf und orientiert sich an konventionellen Normen.«
3. *Der pseudosoziale Insasse* »stammt aus der Mittelschicht, einem zerrütteten Elternhaus und besitzt kein Normsystem.«

4. *Der asoziale Insasse* »ist häufig im Heim aufgewachsen, zeichnet sich durch un-
geplante Delikte und einer hohen Rückfallquote aus, lehnt sich gegen alles und
jeden auf und besitzt kein Normsystem« (Hürlimann 1993, 11).

Als weitere relevante Teilaspekte der Sozialstruktur der Gefangenen werden *gruppendynamische Rollen* beschrieben, so z. B. die des Außenseiters und die des informellen Führers. Die von Hürlimann dargestellten Befunde über die Außenseiter-
rolle entsprechen aber wohl eher der Rolle des *Sündenbocks*, den man als das Gegenstück zum inoffiziellen Führer verstehen kann. Der Sündenbock muss »– anders
als der Außenseiter – fortlaufend aufgespürt, gestellt, bekämpft und ausgegrenzt
werden« (Stahl 2002, 321), aber nicht etwa um ihn loszuwerden – Sündenböcke
braucht man, weil man an ihnen bekämpfen kann, was man aus dem eigenen
Selbstbild verdrängen will. Menschen zu Sündenböcken zu machen, bietet verfüh-
rerische Vorteile: So wird z. B. das Zusammengehörigkeitsgefühl gefördert und eigene Aggressionen werden legitimiert (Nolting 1983).

In der Rolle des Sündenbocks findet man u. a. Gefangene, die wegen eines Sexualdelikts eine Haft verbüßen, insbesondere dann, wenn es sich um sexuellen Missbrauch von Kindern handelt und solche, die sich zu Spitzeldiensten hergeben.

Während auf Gefangene in der Rolle des Sündenbocks besonders deshalb geach-
tet werden sollte, weil diese häufig das Opfer von Gewalt und Unterdrückung werden, gilt es, die Rolle des subkulturellen Führers im Auge zu behalten, weil ihre In-
haber »maßgeblich das soziale Klima in den Wohngruppen und in der gesamten
Anstalt mitbestimmen« (Hürlimann 1993, 59).

Worin unterscheiden sich nun subkulturelle Führer von den üblichen Gefangenen, was macht ihren Einfluss aus? Hürlimann nennt u. a. folgende *Eigenschaften*:

»Führer der Subkultur

- verfügen über kriminellere Einstellungen,
- besitzen mehr kriminelle Erfahrung,
- sind zu längeren Haftstrafen verurteilt,
- sind aggressiver, körperlich stärker und viktimisieren häufiger andere Gefangene,
- sind intelligenter,
- haben mehr Interaktion mit Gefangenen und Bediensteten und sind bei diesen beliebter,
- sind prosozialer und nehmen bei Konflikten häufiger eine Vermittlerposition ein,
- sind häufiger Mitglieder der Interessenvertretung der Gefangenen,
- beteiligen sich häufiger an Aktivitäten der Anstalt (z. B. Sport),
- besetzen häufiger wichtige Arbeitspositionen im Strafvollzug« (Hürlimann 1993, 83–84).

Dass subkulturelle Führungspersönlichkeiten dem Resozialisationsgedanken ablehnend bis feindselig gegenüberstehen, leuchtet ein, da ja gelingende Behandlungsmaßnahmen ihre Macht relativieren würden.

3.3. Zur Viktimisierung Strafgefangener

Szenen im Unterkunftsbereich einer Jugendstrafvollzugsanstalt:
Ein Gefangener muss nackt in der Zelle umherlaufen, dann onanieren und sich das Sperma
in die Haare schmieren. Er soll sich Rasierseife in den Hintern stecken. Als er das verweigert,
bekommt er Prügel und muss nun als Ersatz die Rasierseife in den Mund nehmen, bis er sich
übergibt. Sein Unterdrücker, ein Russlanddeutscher, verlangt, dass sein Opfer ihn mit »Boss«
anredet und zu ihm sagt: »Danke, Herr, dass du immer so freundlich zu mit bist!«

Ein anderer Gefangener wird in einem Gemeinschaftshaftraum gezwungen, an diversen »Spielen« teilzunehmen, z. B. »Wahrheit oder Pflicht«: Bei »Pflicht« wird er gezwungen, vier Stück Butter auf einmal zu essen, 20 Süßstofftabletten auf einmal zu schlucken und den Inhalt einer Shampootube in Wasser aufgelöst zu trinken. Dem gleichen Gefangenen bindet man die Hände auf den Rücken und legt ihn auf den Rücken. Die Brust schmieren seine Zellengenossen mit scharfer Rheumasalbe ein, den Bauch mit Salbe gegen Schuppenflechte, dazu kommt noch Salz, Honig, Öl und Ketschup. So garniert, lässt man ihn eine halbe Stunde liegen, dann muss er die Zelle putzen. Ein andermal zwingen ihn seine Peiniger, sich Löcher in die Vorhaut stechen zu lassen.

Diese Aufzählung von Scheußlichkeiten aus dem Alltag des Strafvollzugs ließe sich beliebig fortsetzen. Rieger fasst Gewaltausbrüche und Unterdrückungsformen folgendermaßen zusammen:

- »Unterwerfungs- und Integrationszeremonien gegenüber Neulingen,
- extreme Unterwerfungsverhältnisse einzelnen Gefangenen oder herrschenden Cliquen gegenüber,
- Zwang und Verführung zum Schuldenmachen und Eintreibung der Schulden durch Gewalt,
- Ausplündern unter einfacher Gewaltandrohung« (Hürlimann 1993, 14).

Interessant ist nun, dass die Gewalttaten und Unterdrückungen, die Inhaftierte in den Gefängnissen erleiden müssen, weder in der Öffentlichkeit, noch in den Medien oder der Forschung besondere Beachtung finden (Kury und Smartt 2002). Woran liegt die Vernachlässigung dieses Themas, dieses Wegschauen? Sicher ist es ein ungewohnter Blickwinkel, Straftäter in der Opferrolle zu sehen. Außerdem scheint es eine eingeschliffene Denkstruktur zu geben, die in den Männern eher die Täter und in den Frauen eher die Opfer sieht.

»Wenn es schwierig ist, Männer als Opfer zu sehen, ist es noch schwieriger, gar Straftäter als Opfer zu sehen. Nur so ließ sich ja auch die Dichotomisierung in ›Gute‹ und ›Böse‹ rechtfertigen, eine Einbeziehung von Straffälligen in die Opferforschung ließe die bisher vielfach betriebene ›Schwarz-Weiß-Malerei‹ nicht mehr aufrechterhalten« (Kury und Smartt 2002, 323).

Nimmt man das Vollzugsziel der *Resozialisierung* tatsächlich ernst, dann bekommt die Tatsache der alltäglichen Gewalt zwischen den Gefangenen eine erschreckende Dimension: Straftäter haben in der Regel eine lange »Opfergeschichte« hinter sich, wenn sie inhaftiert werden. »Setzt sich die Viktimisierungssituation im Strafvollzug mehr oder weniger fort, ist hier ein völlig kontraproduktives Lernfeld geboten, das den Zielen einer Resozialisation zuwiderläuft« (Kury und Smartt 2002, 334). In diesem Lernfeld werden die sozial Schwachen noch schwächer und die Rücksichtslosen und Antisozialen werden in ihrer Gewaltkarriere noch verstärkt und ihre Opfer können ihre Opfererfahrung als Rechtfertigung benutzen, wenn sie selbst zu Tätern werden, vom Resozialisationspotenzial des Strafvollzugs bleibt dann nicht mehr viel übrig.

Kury und Smartt führen zahlreiche Forschungsergebnisse an, die zeigen, dass *Viktimisierungserleben die Gefahr von Straffälligkeit erhöht*, bzw. Straffällige noch straffälliger macht. Einige Beispiele seien hier genannt.

Der Versuch, das Erleben von Gewalt zu verarbeiten, kann bewirken:
- »Verlangen nach Rache und eigenem Strafbedürfnis,
- Vertrauensverluste in andere Menschen bzw. staatliche und sonstige Einrichtungen,
- Bedürfnis nach Selbstjustiz,
- Ausgleich des erlittenen Schadens durch Weitergabe desselben an Dritte,

- Techniken der Neutralisation,
- Ablehnung der Eigenverantwortung und
- Pflege der Überzeugung, die entsprechenden Handlungen seien weit verbreitet und stillschweigend akzeptiert« (Kury und Smartt 2002, 327).

Hier stellt sich die Frage, ob es spezielle Eigenschaften oder Merkmale gibt, die Gefangene besonders anfällig dafür machen, in *die Opferrolle* zu geraten. Kury und Smartt (2002) erwähnen Untersuchungen, die diesbezüglich auf Folgendes hinweisen:

- Grundsätzlich gefährdet sind junge, schwache und unerfahrene Insassen und solche, die ängstlich sind und als verwundbar und leicht verletzlich erlebt werden.
- Gefährdet sind auch jene, die von Bediensteten oder Mitgefangenen zurückgewiesen und an den Rand gedrängt werden.
- Die Gefahr Opfer einer Sexualstraftat zu werden, besteht vor allem für die Insassen, deren Homosexualität bekannt ist, die wegen einer Sexualstraftat verurteilt sind und schließlich für jene, die in der Haft bereits sexuell viktimisiert wurden.

Aggressivität und Gewalt in der Gefangenensubkultur erzeugen *Angst*. Angst unter den Insassen wirkt sich nicht nur negativ auf die Behandlungsmotivation der Insassen aus, sondern auch auf deren Resozialisationsmotivation: Angst fördert Einstellungen und Verhaltensweisen, die das Risiko eines Rückfalls erhöhen. So verweist eine Untersuchung von Ortman (in Kury und Smartt 2002) darauf, dass ängstliche Insassen eine bedeutsam höhere Rückfallquote als nicht ängstliche zeigen.

Es wäre nun sicherlich bequem, die alleinige *Ursache subkultureller Gewalt* und *Unterdrückung* bei den Gefangenen zu suchen: Unterdrückung und Gewalt als Ausfluss ihrer schwierigen, gestörten Persönlichkeiten und/oder als von ihnen mitgebrachte subkulturelle Gewohnheit. Gewalt unter Gefangenen ist aber auch Bestandteil des zuvor dargestellten subkulturellen »Teufelskreises«:

- So ist Gewalt eben auch eine Reaktion auf die Inhaftierung – auf das Überwachen und Disziplinieren (Foucault 1994): »Der gewaltige Machtanspruch, den Gefängnisse verkörpern, setzt große Energien und Anstrengungen der Machtunterworfenen frei, zumindest Teile ihrer persönlichen Autonomie zu verteidigen« (Gratz 1999, 9).
- Gewalt und Unterdrückung gibt es auch außerhalb der Gitter, aber Gefängnisse wirken wie Druckkessel, in denen vieles intensiver abläuft (Gratz 1999), eben auch Herrschaftsprozesse.
- Wenn ein Häftling immer wieder erleben muss, dass er beim Kontakt mit dem Aufsichtspersonal oder der Anstaltsführung nicht als menschlich und sozial gleichwertig gesehen wird, dann erniedrigt ihn das und fördert so seine Bereitschaft zur Gewalt (Kury und Smartt 2002).

Ausblick

Jede Gewalttat zwischen den Inhaftierten, jede subkulturelle Unterdrückung ist eine Niederlage für eine Anstalt: »Die Herrschaft von Gefangenen über Gefangene bedeutet Hilf- und Machtlosigkeit der Anstalt« (Gratz 1999, 9). Die Anstalten verfügen zwar über viel Macht, ihre Insassen zu sanktionieren, »haben aber eher wenig Macht, sie zu dem ... gewünschten Verhalten zu veranlassen. Es gibt wohl nur wenig andere soziale Orte, an denen Macht und Ohnmacht derart massiv nebeneinander anzutreffen sind« (ebd.).

Gratz fordert in diesem Zusammenhang für den Strafvollzug eine Kultur der Anerkennung und Akzeptanz und fährt dann fort: »Je eher persönliches Bemühen und Engagement, persönliche Anerkennung sowie Wahrnehmung reifer Autorität den Beziehungsdschungel Gefängnis kultivieren, desto eher kann die lähmende Gleichzeitigkeit von Macht und Ohnmacht auf beiden Seiten überwunden werden« (Gratz 1999, 10 f.).

Das Strafvollzugsgesetz § 2 stellt dem Strafvollzug ja ganz unmissverständlich folgende Aufgabe: »Im Vollzug der Freiheitsstrafe soll der Gefangene fähig werden, künftig in sozialer Verantwortung ein Leben ohne Straftaten zu führen (Vollzugsziel).« Wenn der Strafvollzug dieses Ziel nicht nur als eine utopische Floskel versteht, dann wird sich noch viel an den Vollzugspraktiken und Haftbedingungen ändern müssen, denn noch besteht eine große Kluft zwischen Gesetzesanspruch und Vollzugswirklichkeit – nach wie vor sind Herabwürdigung und Abwertung der Inhaftierten tief verwurzelt im Alltag des Strafvollzugs und werden dadurch zu einem Antrieb des subkulturellen »Teufelskreises«. Da aber die Öffentlichkeit am Strafvollzug nur wenig interessiert und noch weniger über ihn informiert ist, wird ein Änderungsprozess wohl aus dem Strafvollzug heraus entstehen müssen, was allerdings bedeuten würde, dass sich ein totales System selber in Frage stellt. Dazu müsste jedoch auch der im Strafvollzug Tätige mit dem Bemühen aufhören, »sich selbst wie ein guter Gefangener zu verhalten, der vor allem unauffällig ist, macht was man ihm anschafft, keine Bitten und Beschwerden äußert und sich insgesamt seiner Unterlegenheit vollauf bewusst ist« (Gratz 1999, 11).

Literatur

Foucault, M. (1994), *Überwachen und Strafen*. Frankfurt a. M.: Suhrkamp Taschenbuch Verlag.

Gehlen, A. (1965), *Anthropologische Forschungen*. Reinbek bei Hamburg: Rowohlt Taschenbuch Verlag.

Gratz, W. (1999), Voraussetzungen und Möglichkeiten wirksamer Autorität im Strafvollzug. *Zeitschrift für Strafvollzug und Straffälligenhilfe 48, 1*: 7–10.

Hürlimann, M. (1993), *Führer und Einflussfaktoren in der Subkultur des Strafvollzugs*. Pfaffenweiler: Centaurus–Verlagsgesellschaft.

Kury, H. und Smartt, U. (2002), Gewalt an Strafgefangenen: Ergebnisse aus dem anglo-amerikanischen und deutschen Strafvollzug. *Zeitschrift für Strafvollzug und Straffälligenhilfe 51, 6*: 323–339.

Meier, A. (2002), Subkultur im Jugendstrafvollzug im Kontext von Jugendlichenbiografien. *Zeitschrift für Strafvollzug und Straffälligenhilfe 51, 3*: 139–146.

Nolting, H.-P. (1983), *Lernfall Aggression*. Reinbek bei Hamburg: Rowohlt Taschenbuch Verlag.

Otto, M. (2001), Gefährliche Gefangene – Mitarbeitsbereitschaft und subkulturelle Haltekräfte im Strafvollzug. In: Rehn, G. et al. (Hrsg.), *Behandlung »gefährlicher Straftäter« – Grundlagen, Konzepte, Ergebnisse*. Herbolzheim: Centaurus Verlag, 218–228.

Schwendter, R. (1993), *Theorie der Subkultur*. Hamburg: Europäische Verlagsanstalt.

Simon, F. B. (1999), *Die Kunst nicht zu lernen*. Heidelberg: Carl-Auer-Systeme.

Simon, F. B. (2001), *Zirkuläres Fragen*. Heidelberg: Carl-Auer-Systeme.

Stahl, E. (2002), *Dynamik in Gruppen*. Weinheim, Basel, Berlin: Verlagsgruppe Beltz.

Thoman, Ch. und Schulz von Thun, F. (1993), *Klärungshilfe*. Reinbek bei Hamburg: Rowohlt Taschenbuch Verlag.

Wagner, G. (1985), *Das absurde System*. Heidelberg: C.F. Müller Juristischer Verlag.

Watzlawick, P. (2002), *Die erfundene Wirklichkeit*. München: Piper Verlag GmbH.

Weis, K. (1976), Zur Subkultur der Strafanstalt. In: Schwind, H.-D. und Blau, G. (Hrsg.), *Strafvollzug in der Praxis*. Berlin, New York: Walter de Gruyter, 243–258.

Supervision

von Gerhard Federl

Einleitung

Unsere Arbeitswelt wurde in den letzten Jahren großen Veränderungen unterworfen. Sie wird zunehmend komplexer, weniger überschaubar und weniger transparent. Durch die Professionalisierung von immer kleineren Tätigkeitsausschnitten erhöhen sich die Anforderungen an die Kooperation und Kommunikation aller Beteiligten. Sich verändernde Organisationen und Strukturen der Arbeitswelt führen zu wachsenden Ansprüchen in fachlicher und sozialer Kompetenz. Die Anforderungen an den Einzelnen steigen immer mehr, die Leistungs- und Arbeitsfähigkeit von Teams muss gewährleistet sein.

All diese allgemeinen Veränderungen der Arbeitswelt, sowie die steigenden Anforderungen an die Arbeitnehmer, gelten in hohem Maße auch für die Tätigkeit im Strafvollzug. Vielen dieser Herausforderungen kann durch Supervision die Spitze genommen und an zufrieden stellenden Lösungen gearbeitet werden.

Supervision ist eine spezielle Form der Einzel-, Team- und Organisationsberatung, die eine verstärkte Professionalisierung der Arbeit mit KlientInnen, Teammitgliedern und Vorgesetzten auf verschiedenen Führungsebenen zum Ziel hat. Sie dient ganz allgemein der Verbesserung und der Qualitätssicherung der beruflichen Tätigkeit. Supervision verschafft Möglichkeiten zum Innehalten, Nachdenken, Neuordnen, Strukturieren und zur Reflexion des beruflichen Handelns. Bestimmte berufliche Situationen können mithilfe der Supervision aus einem anderen Blickwinkel betrachtet werden und so zu neuen, angemesseneren Handlungsmöglichkeiten führen. Probleme, die sich häufig an Schnittstellen ergeben, an denen Angehörige verschiedener Berufe zusammenarbeiten müssen, können in der Supervision behandelt oder gelöst werden.

Durch Supervision können folgende Kompetenzen erweitert werden:

- Fähigkeit zur Zusammenarbeit
- Klärung und Professionalisierung der beruflichen Rolle
- Gestaltung von Arbeitsbeziehungen
- Hinterfragen und Veränderung von betrieblichen und institutionellen Arbeitsstrukturen
- Aufklärung von Kooperationsstrukturen
- Emanzipation und Mitgestaltung von Arbeitsbeziehungen
- Partnerschaftliche Dialoge über Ziele und über die Art und Weise der gemeinsamen Arbeit
- Bewusstmachung und sorgsamer Umgang mit Abhängigkeiten (Macht).

1. Supervision im Strafvollzug

Wie die gesamte Arbeitswelt befindet sich auch die Organisation Gefängnis in allen Bereichen im Wandel. Die gesellschaftlichen Aufgabenstellungen für den Strafvollzug haben sich grundlegend verändert:

- Die hierarchische Struktur der Gefängnisse beginnt sich zu wandeln.
- Machtzentren werden aufgelöst oder verschoben.
- Neue Zielkonflikte im Strafvollzug sind absehbar.
- Durch den Gesetzgeber geforderte neue Sozialtherapeutische Abteilungen entstehen.
- Personal und Insassen haben sich verändert.
- Das traditionelle Bild vom Gefangenen ist im Umbruch.
- Durch die Überbelegung und den Personalmangel werden tradierte Abläufe in Frage gestellt.

Auf diese veränderten Bedingen wird mit Managementkonzepten von Profitorganisationen (z. B. Budgetierung, Kennzahlen, Leitbild, Organisationskultur, Personal- und Projektmanagement, Controlling) reagiert. Dementsprechend zeigen sich nachvollziehbare Auswirkungen und Veränderungen, welche meist mit neuen Aufgabenstellungen und auch Problemen für alle Beteiligten einhergehen. In all diesen schwierigen Prozessen, die sich durch diese Entwicklungen und Veränderungen ergeben, ist Supervision eine geeignete Methode zur Unterstützung aller Mitarbeiter. Doch nicht nur die im allgemeinen Wandel der Arbeitswelt begründeten Veränderungen im Strafvollzug verlangen nach Supervision. Die speziellen Bedingungen des Strafvollzugs sowie die gesetzlichen Vorgaben prädestinieren die Organisation Gefängnis zu einem Feld der Supervision (vgl. Gratz 1997).

Supervision für Führungskräfte

Führung – ob in Profit- oder Non-Profit-Organisationen – kann man im Wesentlichen mit zwei Vorstellungen verknüpfen. Einerseits »Führung« als zwischenmenschliche Beziehung zwischen Führungskräften und Mitarbeitern, andererseits als Gesamtheit aller Leitungs- und Lenkungsaufgaben, die in Richtung Zweckerfüllung und Erfolg erforderlich sind. Im Strafvollzug, einer Non-Profit-Organisation, kommt für Führungskräfte ein zusätzliches Dilemma hinzu: Sozialer Auftrag und effizientes Wirtschaften mit immer knapper werdenden Ressourcen, d. h. Mission/Menschlichkeit versus Ökonomie. Um dieses Dilemma bewältigen zu können, brauchen Führungskräfte Sachorientierung, aber auch zur Menschenführung befähigende Kommunikationskompetenz. Supervision kann als Coaching bei der Entwicklung dieses multidimensionalen Konstrukts »Führung« eine große Hilfe sein.

Supervision und Professionalisierung

Supervision kann die fehlende Professionalisierung im Umgang mit Menschen entwickeln helfen. Für Führungskräfte, Fachdienste und den allgemeinen Vollzugsdienst gibt es zwar Regeln, die die Sicherheit und den reibungslosen Teamablauf gewährleisten. Für Berufsanfänger lautet jedoch die Botschaft: Tu, was dir von oben aufgetragen ist, tanze nicht aus der Reihe und: Es darf nichts passieren!

Supervision und Zusammenarbeit

Supervision kann die Zusammenarbeit von Vollzugsbediensteten zwischen verschiedenen hierarchischen Ebenen und verschiedenen Berufsgruppen fördern. Die vom Gesetzgeber in § 154 StVollzG geforderte Zusammenarbeit aller Vollzugsbediensteten zur Erreichung des Vollzugszieles, weist den einzelnen Fachdiensten unterschiedliche Aufgaben zu, die eine besondere Ausbildungsqualifikation erfordern. Gerade in dieser vom Gesetz vorgeschriebenen Zusammenarbeit der verschiedenen Fachdienste ergeben sich sehr häufig klassische Konflikte. Diese können in der Supervision erfolgreich und zufrieden stellend reflektiert und bearbeitet werden. Durch einen Supervisionsprozess, der allgemeine Werte bewusst macht und in den Arbeitsprozess integriert ist, können viele solcher Konflikte bereits im Vorfeld abgeschwächt oder sogar ganz vermieden werden.

Supervision und Differenzierung

Supervision kann Unterstützung für spezialisierte Teilbereiche in Justizvollzugsanstalten geben (z. B. Sozialtherapeutische Einrichtungen, Wohngruppenvollzug). Dabei kann Supervision eine Hilfe sein, die Identität der Sonderabteilung weiterzuentwickeln, Verständnis für ihre Arbeit bei den Bediensteten der anderen Abteilungen der Anstalt zu fördern und Konflikte, die durch unterschiedliche Aufgabenstellungen der einzelnen Abteilungen entstehen, abzumildern und für einen Weiterentwicklungsprozess förderlich zu machen.

Supervision und Entlastung

Supervision kann die individuellen Belastungen, die durch den Umgang mit besonders schwierigen Menschen entstehen, mildern helfen und dadurch einen Beitrag zur Motivation der Bediensteten und zur Vorbeugung von Burn-Out-Symptomen leisten.

Supervision und Organisationsentwicklung

Supervision kann einen wichtigen Beitrag im Leitbild-Prozess einer Anstalt leisten und allen Bediensteten-Gruppen helfen, – über das Ziel des reibungslosen Funktionierens hinaus – sich flexibel auf neue Herausforderungen einzustellen. Supervision kann mitwirken, die Organisation Gefängnis behandlungsfreundlicher und mitarbeiterorientierter zu gestalten. Dabei kann die Begegnung unterschiedlicher Kulturen (Subkultur der Bediensteten, Ziele und Werte der Supervision) hilfreich sein.

Supervision beim allgemeinen Vollzugsdienst

Supervision als Coaching bei Führungskräften und Supervision von Fachdiensten unterscheidet sich nur wenig von der Supervision in anderen Non-Profit-Organisationen. Supervision beim allgemeinen Vollzugsdienst ist immer noch die Ausnahme und erfordert differenzierte Zielsetzungen und Settings, je nach Vollzugskontext, in dem die Supervision stattfindet. Meine Erfahrungen zeigen: Uniformierte Bedienstete, die eine Zusatzqualifikation in sozialer Kompetenz haben (z. B. Ausbildung zum Gruppenleiter), haben weniger Schwierigkeiten, sich auf den Supervisor und den Supervisionsprozess einzulassen. Um den Einstieg des allgemeinen Vollzugsdienstes in die Supervision leichter und erfolgreicher zu gestalten, erweisen sich vorgeschaltete Selbsterfahrungsseminare oder ein Kommunikationstraining als sehr hilfreich. In der bayerischen Justizvollzugsschule haben wir gute Erfahrungen damit gemacht, in der Ausbildung des allgemeinen Vollzugsdienstes Supervision anzubieten. Die Teilnehmer können hier Erfahrungen sammeln und die unterstützende Wirkung von Supervision kennen lernen. Bei Problemen im beruflichen Alltag wird dann vermehrt auf Vertrautes zurückgegriffen.

Justizvollzugsbedienstete mit speziellen Funktionen (z. B. Ausbildungsleiter, Bedienstete, die Gruppen leiten, Mitarbeiter in arbeitstherapeutischen Abteilungen) nehmen das Supervisionsangebot gerne an und es besteht eine große Nachfrage. Erfolgreiche Supervisionsprozesse mit gemischten Teams erhöhen auch im Umfeld die Nachfrage und Akzeptanz der Supervision.

Da die Werte, die die Supervision vermittelt, teilweise gegen die kulturellen Werte des allgemeinen Vollzugsdienstes stehen, muss erst Akzeptanz für die Supervision geschaffen werden. Auf diesem Hintergrund ist es wichtig, die Bediensteten des allgemeinen Vollzugsdienstes erleben zu lassen, dass ihre Probleme und Nöte im Vordergrund stehen und nicht die der Insassen. Erleichtert wird dieser Lernprozess dadurch, dass in Supervisionsveranstaltungen in Informationseinheiten ihre erlebten Erfahrungen in einfache theoretische Zusammenhänge gebracht werden.

2. Organisationskulturen und Supervision

Um Strukturen und Abläufe von Organisationen beschreiben und einordnen zu können, wird in der Organisationstheorie der Begriff *Organisationskultur* verwendet (vgl. Schein 1995). Hierbei werden Organisationen als »Miniaturgesellschaften« betrachtet, die im Verlauf ihres Bestehens ein eigenes Set an Deutungs- und Handlungsmustern, Ritualen, Standards, ja sogar eine eigenes »Weltbild« entfalten. Ihr spezifisches Gepräge erhält eine Organisationskultur durch das Organisationsziel, das organisatorische Umfeld, die jeweiligen Organisationsmitglieder usw.

Im Allgemeinen erfolgt die Beschreibung von Organisationskulturen durch *Typisierung*. Von bestimmten äußeren Merkmalen eines organisatorischen Systems wird auf seine Normen und Standards und schließlich auf sein Weltbild geschlossen. Eine immer wieder angeführte Typologie stammt von Brody (1993), der vier *Kulturtypen* unterscheidet, um Organisationen zu beschreiben, die mit Menschen zu tun haben (Human Service Organisations). In diesen werden die Managementfunktionen, Managementrollen und Schlüsselkompetenzen von Führungskräften unterschiedlich realisiert und interpretiert. Brody unterschiedet in bürokratische, unternehmerische, leistungsorientierte und sozialorientierte Kulturen (vgl. hierzu auch Schreyögg 1996).

Bürokratische Kulturen

Diese sind konservativ und hierarchisch strukturiert. Die Mitarbeiter folgen vorgegebenen Regeln, sie vermeiden Risiken und halten Vorgaben für wichtiger als neue Ideen. Die Leiter legen Wert auf Anpassung und die Mitarbeiter suchen Stabilität. Im Extremfall orientieren sich die Organisationsmitglieder ausschließlich an Regeln und Vorschriften, was Starrheit erzeugen kann, die jede Innovation verhindert und die Organisation dadurch nur niedrige Effizienz erbringen lässt. Für diesen Organisationskulturtyp werden als Beispiele psychiatrische Krankenhäuser und auch Justizvollzugsanstalten genannt (vgl. Schreyögg 1995).

Unternehmerische Kulturen

Hier stehen Kreativität und Risikofreude im Vordergrund. Die Organisationsmitglieder lassen sich vom Experimentieren und von vielfältiger Innovationsbereitschaft leiten. Effektivität ist die handlungsleitende Maxime. Eine Gefahr besteht darin, dass eine einseitige Experimentierfreude zu Konfusion und chaotischer Struktur führt. Ferner können Prinzipienlosigkeit, Inhumanität gegen Mitarbeiter und modischer Opportunismus auftreten (vgl. Möller 2001). Dieser Organisationstyp findet sich prototypisch in manchen Werbeagenturen oder Unternehmensberatungsgesellschaften.

Leistungsorientierte Kulturen

Im Mittelpunkt steht die Suche nach herausfordernden Aktivitäten. Die Mitglieder der Organisation entwickeln vielfältige Ziele, die sie mit Begeisterung und großer Anstrengung zu realisieren suchen. Besonders gesucht sind Mitarbeiter, die noch unter den ungünstigsten Umständen hohe Leistungen erbringen. Wenn diese Suche nach Leistungserfüllung zu extrem wird, besteht die Gefahr, dass die Leitung unrealistische und unerreichbare Ziele verfolgt. Dies kann zu Frustration, Desillusionierung und anderen dysfunktionalen Erscheinungen führen. Dieser Organisationskulturtyp findet sich beispielsweise in Universitätskliniken.

Sozial organisierte Kulturen

Im Vordergrund stehen hier gefühlsbezogene Ziele und Inhalte. Die Organisationsmitglieder sind in erster Linie mit »Sorgen« und »Unterstützen« für die Klienten, aber auch untereinander beschäftigt (vgl. Schreyögg 1996). Emotionale Offenheit steht in hohem Ansehen. Die Gefahr besteht darin, dass die Gefühlsarbeit zu dominant wird und rational relevante Phänomene, wie zügige und notwendige Entscheidungen, wenig bedeutsam sind. Effizienzkontrollen finden nicht statt und es kann sich eine Orientierungslosigkeit in der Realisierung organisatorischer Ziele entwickeln. Als Beispiele für derartige Organisationskulturen finden sich psychosoziale Beratungsstellen oder Heime. »Die weitgehend von zeitlichem und ökonomischen Druck befreiten Mitarbeiter ›erlauben‹ sich oft, ihre therapeutischen oder beraterischen Intentionen ›rundum‹ zu realisieren« (Schreyögg 1996, 102).

In der Realität von sozialen Dienstleistungsorganisationen finden sich in der Regel *Mischformen* dieser Reinkulturen. Der Justizvollzug wird häufig als exemplarisches Beispiel für eine bürokratische Organisationskultur angeführt. Wie das staatliche Bürokratiemodell ist das System Justizvollzug gekennzeichnet durch einen hohen Stellenwert von Ordnung, Sicherheit und möglichst gleichförmigen Abläufen. Durch Geschäftsverteilungspläne mit einer genauen Einteilung und Abgrenzung der Verantwortungsbereiche, der Regelung von Pflichten und Rechten der Mitarbeiter und die hohe Bedeutung des Beamtenrechtes wird versucht, die Organisationsabläufe im System Justizvollzug möglichst genau zu beschreiben und einzugrenzen. Andererseits gab und gibt es im Justizvollzug immer auch Personen und Dienstgruppen (insbesondere Fachdienste), die in ihrem grundlegenden Berufsverständnis eine sozialorientierte Organisationskultur repräsentieren. Insbesondere in Wohngruppen, Behandlungsabteilungen und Sozialtherapeutischen Abteilungen oder Anstalten wird versucht, einen systematischen Behandlungsvollzug zu realisieren. Sich »sorgen« und »kümmern« oder sozialpädagogisch, erzieherisch oder psychotherapeutisch behandeln gehört zum wesentlichen Selbstbild dieses Personals und zwar nicht nur der Fachdienste, sondern auch der Bediensteten des allgemeinen Vollzugsdienstes. Bausteine einer unternehmerischen Organisationskultur gibt es ebenso im Justizvollzug. Insbesondere die Arbeits- und Wirtschaftsverwaltung einer Anstalt dürften sich dem Grundsatz unternehmerischen und wirtschaftlich effizienten Handelns verpflichtet sehen. Letztlich gibt es auch Teile einer leitungsorientierten Organisationskultur im Justizvollzug. Die Suche nach neuen Herausforderungen und Aktivitäten sowie hohe persönliche Einsatzbereitschaft sind Aspekte, die in mehr oder minder großen Teilen des Personals, unabhängig von Dienstgruppe und Laufbahn, vorhanden sind. Sie entsprechen auch dem Selbstbild der Bediensteten des Justizvollzugs und den – auch durch die Beurteilungskriterien – postulierten Aussagen von Berufsverbänden und Ministerialabteilungen.

Grundsätzlich aufgehoben fühlen können sich daher im Justizvollzug ganz unterschiedliche Menschen mit vielfältigen Persönlichkeitseigenschaften. Inwieweit es aber gelingt, das eigene, innerpsychische Organisationsverständnis und die in der Anstalt jeweils als dominant oder prägend erlebte Organisationskultur zur Passung zu bringen, ist die eigentliche Schwierigkeit für die Entwicklung dauerhafter Berufszufriedenheit oder gar beruflicher Erfüllung. In diesem Sinne beschäftigt sich Supervision – zumindest von Zeit zu Zeit – auch mit der *Institutionsanalyse*.

3. Interventionen in der Supervision

Für alles was ein Supervisor tut, lässt sich im Supervisoren-Sprachjargon der Begriff »Intervention«, also »Dazwischengehen« verwenden (vgl. Looss 1991). Wichtig ist, dass im Vordergrund immer die Supervisanden stehen, deren Gedanken und Gefühle, ihre Äußerungen, Meinungen und Empfindungen. Die Art und Weise wie der Supervisor mit dem angebotenen Material umgeht, ergibt sich aus seinem Interventionsstil. Dieser ist einerseits verknüpft mit der methodischen Richtung, der er sich zugehörig sieht. Demgemäß wird dann von einer psychoanalytischen (z. B. Möller 2001), psychodramatischen (z. B. Buer 1999), gestalttherapeutisch orientierten (z. B. Schreyögg 1991), systemischen (z. B. Brandau 1991) oder verhaltenstherapeutischen (z. B. Schmelzer 1997) Supervision gesprochen. Andererseits ergibt sich der Interventionsstil aus dem Ausgangsberuf (z. B. Psychologe, Lehrer, Sozialpädagoge, Theologe, Betriebswirt oder auch Jurist), den beruflichen Feldern, die er selbst in seinem Ausgangsberuf kennen gelernt hat, und der Gesamtheit der beruflichen und persönlichen Entwicklung des Supervisors.

Zuhören und Zusehen

Zuhören gibt dem Einzelnen und der Gruppe der Supervisanden die Möglichkeit, sich auszusprechen und damit alle Gedanken, Empfindungen und Erlebnisse »loszuwerden«, die im Moment bedeutsam sind. Der Supervisor versucht beim Zuhören auch auf das zu achten, was nicht explizit gesagt wird, und auch Nuancen und Untertöne mitzuhören. Eine bedeutsame Unterscheidung für das Zuhören bietet das Kommunikationsmodell von Schulz von Thun (1981) und seine vier Kommunikationsebenen. Beim Zuhören geht es nicht nur um den *Inhalt* des Gesagten, sondern auch um die *Beziehung* sowie die mit dem Reden einhergehende *Selbstoffenbarung* und den Aufforderungsanteil oder *Appell*, also was der Sprecher erreichen will. Ein Supervisor wird entsprechend auf »vier Ohren« zuhören.

Beim Zusehen orientiert sich der Supervisor an den nonverbalen Signalen und der Körpersprache: Im Raum sind lebendige Personen, die evtl. langsam und leise sprechen, die geschmackvoll und modisch gekleidet sind, die vergnügt lächeln bei ihrer Mitteilung oder evtl. nur mit großer Mühe ihren Ärger unter Kontrolle halten und Missmut ausstrahlen.

Nachfragen

Eine wichtige Eigenschaft des Supervisors ist Neugierde, im Sinn eines aktiven und positiven Interesses für das, was die Supervisanden mitteilen und einbringen. Das Nachfragen hat unterschiedliche Funktionen: Zum Ersten muss der Supervisor weitere faktische Informationen erfragen, um ein möglichst vollständiges Bild zu bekommen. Bereits durch dieses Nachfragen kann auch dem Gegenüber deutlich werden, was ihm selbst noch unklar ist. Zum Zweiten zielt der Supervisor mit Fragen darauf ab, die Sichtweisen und Bewertungen der Supervisanden in den Vordergrund zu stellen. Es geht darum, die eigenen Einschätzungen im Hinblick auf bestimmte Situationen oder eigene Erklärungs- und Lösungsversuche für schwierige berufliche Anforderungen herauszufinden. Entwicklungsfördernd wirken insbesondere offene Fragen, die nicht nur mit »ja« oder »nein« zu beantworten sind. Vielfach liegt allein bereits in der »richtigen« Frage zumindest die halbe Lösung für eine schwierige berufliche Situation.

Unterstützung geben

Supervisanden werden immer wieder von Situationen berichten, die für sie neu und deshalb mit Unsicherheiten verbunden sind. Insbesondere Führungskräften wird zwar Kraft, Stärke und Lösungskompetenz zugeschrieben. Dennoch bleibt offen, ob dies realistischer für jede Situation und zu jedem Zeitpunkt zutrifft, oder ob es sich um unrealistische Erwartungen handelt. Es ist normal, Zweifel oder Befürchtungen zu haben, wie sich eine berufliche Aufgabe entwickelt. In diesen Situationen soll der Supervisor ermuntern, bestätigen und darin unterstützen, dass eine gelassene und abwartende Haltung entstehen kann.

Den Selbstausdruck fördern

Mitarbeiter und Führungskräfte sind im Alltag gewohnt, bestimmte Rollen zu spielen und entsprechende Erwartungen zu erfüllen. Der berufliche Alltag enthält kaum Möglichkeiten eines intensiven und vielfältigen Selbstausdruckes, allenfalls in sehr zugespitzten Situationen oder wenn mehr ein als privat empfundener Rahmen vorhanden ist. Hier bietet sich in der Supervision für den Einzelnen die Gelegenheit, das auszudrücken, was er denkt, fühlt und will. Dies hat einerseits eine psychohygienische Funktion: Insbesondere unter die Haut gehende und anstrengende berufliche Erfahrungen können in der Supervision, als einem geschützten und sicheren Rahmen, angesprochen werden und zwar unter nicht so starker Rücksicht auf die Meinung der sonst vorhandenen Umgebung. Andererseits ist es möglich auszuprobieren, wie bisher weniger entwickelte Bestandteile der eigenen beruflichen Identität auf Andere wirken. Hierbei wird deutlich, dass diese Interventionsmöglichkeit in der Supervision vom Vertrauen der Einzelnen in den Supervisor und die Teilnehmer der Supervisionsgruppe abhängt.

Konfrontationen

Konfrontationen können als etwas Unangenehmes, Störendes oder Destruktives betrachtet werden, das möglichst zu vermeiden ist. Sie sind aber in der Regel unerlässlich, um Entwicklung und Veränderung zu erreichen. Konfrontation ist eine starke Interventionsform und setzt eine vertrauensvolle Arbeitsbeziehung voraus. Eine idealtypische Gegenüberstellung von konstruktiven und destruktiven Konfrontationen findet sich bei Hürter und Hürter (1997).

Konstruktive Konfrontationen:	*Destruktive Konfrontationen:*
Entwicklung der Beziehung	Beschädigung oder Zerstörung der Beziehung
Ausdruck einer grundlegenden Wertschätzung	Entwertung oder Beschämung
Bündelung der konfrontativen Energie auf einen zentralen Punkt	Diffuses Räsonnieren
Beachtung der Belastbarkeit und Änderungsfähigkeit des Gegenübers	Über- oder Unterforderung des Gegenübers
Ablassen können von der Konfrontation	Sich verbeißen oder rechthaberisch sein
Feed-back von konkretem Verhalten	Allgemeine Aussagen und Vermutungen
Klären und Respektieren von Grenzen und Andersartigkeit	Übergriffiges und respektloses Vorgehen

Vorschläge, Erklärungen und Informationen geben

Ein aktiver Teil der Rolle des Supervisors bezieht sich auf das Einbringen von Vorschlägen unterschiedlichster Art. Diese Vorschläge können u. a. darin bestehen,

- eine bestimmte methodische Übung vorzuschlagen (z. B. ein Rollenspiel);
- nach einer Phase des Zuhörens über die Schilderung allgemeiner beruflicher Sorgen vorzuschlagen, als nächsten Schritt in der Supervision sich auf ein konkretes Beispiel zu konzentrieren;
- ein spezielles Thema vorzuschlagen wie beispielsweise: »Wie werde ich von meinen engsten Mitarbeitern als Führungskraft wahrgenommen?«

Daneben kann der Supervisor auch mehr eine erklärende Rolle ausfüllen oder konkrete Informationen geben. Hierbei muss er nicht der bessere Fachmann auf der inhaltlichen Ebene des beruflichen Feldes sein. Rivalitäten oder Machtkämpfe über »Wer hat jetzt Recht?« zwischen Supervisor und einem oder mehreren Teilnehmern sind unproduktiv.

Fördern von Gruppenprozessen (Gruppendynamik)

Wenn sich Personen treffen, die einen gemeinsamen oder ähnlichen beruflichen Alltag haben, so liegt eine förderliche Komponente bereits im gemeinsamen Erfahrungsaustausch. Hier hat die Gruppe die Wirkung einer »Selbsthilfegruppe«. Im Falle eines positiven Gruppenklimas und einer kooperativen Grundstimmung untereinander hat das gemeinsame Gespräch zu konkreten beruflichen Erfahrungen gute Wirkungen und führt zu produktiven Ergebnissen (vgl. Fengler 1996). Die Aufgabe des Leiters besteht im Fördern dieser positiven Potenziale der Gruppe. Ferner ist es bedeutsam, destruktive Prozesse möglichst frühzeitig zu erkennen und dann gegen zu steuern.

4. Implementierung und Fortentwicklung von Supervision im Strafvollzug

Die Arbeit im Strafvollzug stellt an den Supervisor eine besondere Herausforderung dar, er muss ganz speziellen Anforderungen gerecht werden. Um beim allgemeinen Vollzugsdienst Supervision durchführen zu können, ist Feldkompetenz eine unverzichtbare Voraussetzung. Wichtig ist, die Werte und Belastungen des allgemeinen Vollzugsdienstes zu kennen. Für diese Aufgaben sind deshalb feldinterne Supervisoren, die im dienstlichen Ablauf keine Berührungspunkte mit ihren Supervisanden haben, eine gute Wahl. Der Supervisor wird vom allgemeinen Vollzugsdienst oft als Vorgesetzter erlebt und mit entsprechenden Erwartungen konfrontiert. Da er häufig zu Stellungnahmen gedrängt wird, ist es für ihn schwer, abstinent zu bleiben. Bei der Auswahl von Supervisoren stoßen wir hier auf ein Dilemma: Einerseits ist Feldkompetenz eine wichtige Voraussetzung für Supervision im Strafvollzug, andererseits wissen wir, dass das System Gefängnis uns in hohem Maße gefangen nimmt, auch den Supervisor. Unsere Wahrnehmung und unser Erleben werden stark von der totalen Institution geprägt und es fällt deshalb mitunter schwer, als Supervisor die Metaebene nicht aus dem Blick zu verlieren. Abhängigkeit ist deshalb im Strafvollzug ein zentrales Thema der Gefangenen, der Bediensteten, aber auch des Supervisors.

Für den Supervisor im Strafvollzug sind von zentraler Bedeutung:

- Supervisionspraxis in anderen Berufsfeldern;
- Kontrollsupervision;
- Reflexion der Abhängigkeiten und überzogenen Kontrollansprüche, die zum Verlust der Handlungsfähigkeit führen können;
- genaue Abklärung der Ziele und Abmachungen mit dem Auftraggeber und den Supervisanden.

Supervision wird im bayerischen Strafvollzug seit 1976 durch die Bayerische Justizvollzugsschule angeboten. Im Rahmen einer Gruppenleiterausbildung für den allgemeinen Vollzugsdienst, zu der auch Beratung in der Praxisphase gehört, wurden alle Berater einmal im Jahr eingeladen, um Schwierigkeiten ihrer Beratertätigkeit zu besprechen. Nach und nach etablierte sich die Supervision für klinisch arbeitende Psychologen und Sozialpädagogen, für Anstaltsleiter, für Teams der Sozialtherapeutischen Abteilungen und der Jugendabteilungen und verschiedene Gruppen des allgemeinen Vollzugsdienstes. Aber erst nach einer feldinternen Supervisionsausbildung, die als Projekt der DGSV anerkannt und im Jahr 2000 beendet wurde, konnte die Supervision im bayerischen Strafvollzug unter Beachtung von Standards richtig etabliert werden.

Generell muss die Informationslage über Supervision im Strafvollzug verbessert werden. Aufsichtsbehörde, Anstaltsleiter, Dienst- und Referatsleiter sollten in ihren Fortbildungsveranstaltungen über Möglichkeiten und Arbeitsweise von Supervision mehr aufgeklärt werden. Auch in der Ausbildung der Justizvollzugsbediensteten muss die Supervision einen hohen Stellenwert einnehmen. Große und angegliederte Justizvollzugsanstalten mit massiven Abschirmmechanismen nach oben entwickeln eine starke Subkultur im Personal, die der Einführung von Supervision entgegensteht. Mit Supervision sollte in kleinen abgegrenzten Einheiten begonnen werden.

Fragen nach dem Sinn unserer Arbeit, nach Werten und Visionen, werden in der vorherrschenden Kultur von Gefängnisbediensteten unter der Kategorie »Traumtänzer« abgehakt. Dieser Aspekt sollte bei der Auswahl der Zielgruppe aber auch des Supervisors berücksichtigt werden.

»Verdrängen statt aufdecken« ist ein Kennzeichen unserer Gefängnisse. Der gegenläufige Prozess »Aufdecken statt Verdrängen« im Supervisionsgeschehen führt zu Widerständen und Spannungen. Da Supervision mit Aufarbeiten und Defiziten assoziiert wird, kann die Wortwahl bei der Einführung von Supervision von Bedeutung sein. Supervision bei den bayerischen Anstaltsleitern heißt deshalb z. B. »Austausch von Führungsstrategien«.

Literatur

Brandau, H. (Hrsg.) (1991), *Supervision aus systemischer Sicht.* Salzburg: Müller.

Brody, R. (1993), *Effectively managing human service organisations.* Newbury Park: Sage.

Buer, F. (1999), *Lehrbuch der Supervision. Der pragmatisch-psychodramatische Weg zur Qualitätsverbesserung professionellen Handelns.* Münster: Votum.

Fengler, J. (1996), *Konkurrenz und Kooperation in Gruppe, Team und Partnerschaft.* München: Pfeiffer.

Gratz, W. (1997), Wie viel Supervision vertragen Gefängnisse? In: Österreichische Vereinigung für Supervision (Hrsg.), *Supervision eine kritische Dienstleitung.* Innsbruck: Studien Verlag, 58–71.

Hürter, E. und Hürter, O. (1997), Die Kunst der Konfrontation in der Supervision. *Supervision 31*: 104–112.

Looss, W. (1991), *Coaching für Manager: Problembewältigung unter vier Augen*. Landsberg: Verlag Moderne Industrie.

Möller, H. (2001), *Was ist gute Supervision? Grundlagen – Merkmale – Methoden*. Stuttgart: Klett-Cotta.

Schein, E. (1995), *Organisationskultur*. Frankfurt: Campus.

Schmelzer, D. (1997), *Verhaltenstherapeutische Supervision*. Göttingen: Hogrefe.

Schreyögg, A. (1991), *Supervision – ein integratives Modell. Lehrbuch zu Theorie und Praxis*. Paderborn: Junfermann.

Schreyögg, A. (1995), *Coaching. Eine Einführung für Praxis und Ausbildung*. Frankfurt: Campus.

Schreyögg, A. (1996), Organisationskultur und Supervision. In: Pühl, H. (Hrsg.), *Supervision in Institutionen*. Frankfurt: Fischer, 84–113.

Schulz von Thun, F. (1981), *Miteinander reden, Bd.1. Störungen und Klärungen*. Reinbek: Rowohlt.

Totale Institution

von Willi Pecher

1. Begriff

Oft werden die Begriffe »Organisation« und »Institution« synonym gebraucht. Beide bezeichnen soziale Systeme, legen jedoch unterschiedliche Schwerpunkte: Eine Organisation ist ein arbeitsteiliges, rational aufgebautes soziales Gebilde mit explizit definierten Zielen und Zwecken. In der Vorstellung ihrer Mitglieder wird eine Organisation quasi als große Maschine erlebt und entsprechend wird Kommunikation und das menschliche Handeln als Funktion verstanden (Blau 1968). Institutionen sind demgegenüber Vermittlungsinstanzen von Normen, Werten und Identitäten und sind vor allem sinnhaft aufgebaut (Bauer und Gröning 1995, 33). Sie sind auf Dauer angelegte gesellschaftliche Mechanismen, die für wechselnde Individuen in vergleichbaren Situationen erwartbare Formen der Kooperation strukturieren. Durch Habitualisierung stiften sie soziale und kulturelle Identität und verschaffen dem Individuum Entscheidungsentlastung und Rollensicherheit. Gehlen (1964, 23) beschreibt Institutionen als »Systeme verteilter Gewohnheiten«, die beim Menschen an die Stelle der Instiktgebundenheit des Tieres treten.

Ein Gefängnis lässt sich unter beiden Blickwinkeln betrachten: Gemäß § 2 StVollzG ist sein Zweck, Freiheitsstrafen mit dem Ziel der Resozialisierung der Insassen und dem Schutz der Allgemeinheit vor weiteren Straftaten zu vollziehen (bzw. andere gesetzlich geregelte Zwecke bei anderen Haftformen). Das Personal erledigt diese Aufgabe arbeitsteilig: allgemeiner Vollzugsdienst, Werkdienst, Verwaltung, Fachbedienstete u. s. w. Beim Bau und der Ablauforganisation werden Erfahrungen industrieller Produktionsstätten und Großversorgungsanlagen übernommen (Wagner 1985, 87). Als Teil der Justiz, deren Gegenstand die Regelung des menschlichen Zusammenlebens ist, geht es gleichzeitig auch zentral um kulturelle Werte und Verhaltensnormen, Entscheidungsentlastung und Rollensicherheit.

Der Begriff »totale Institution« wurde von Goffman (1973) geprägt. Seine grundlegende Analyse hat bis heute hohen heuristischen Wert.

2. Erving Goffmans Analyse der totalen Institution

2.1. Grundlagen

Erving Goffman (1973) sieht Institutionen oder Anstalten als soziale Einrichtungen, in denen regelmäßig eine bestimmte Tätigkeit ausgeübt wird. Sie nehmen Zeit und Interessen ihrer Mitglieder in Anspruch und bilden so ein System mit eigenen Regeln, Normen, Umgangsformen u. s. w. Alle Institutionen weisen eine gewisse Geschlossenheit auf und sind so der Tendenz nach allumfassend. Allerdings finden sich Institutionen, deren totaler Charakter durch Beschränkungen des Kontakts ihrer Mitglieder mit der Außenwelt besonders ins Auge sticht. Goffman nennt sie totale Institutionen und definiert sie »als Wohn- und Arbeitsstätte einer Vielzahl ähnlich gestellter Individuen ..., die für längere Zeit von der übrigen Gesellschaft abgeschnitten sind und miteinander ein abgeschlossenes, formal reglementiertes Leben führen« (a. a. O., 11).

Goffman teilt die totalen Institutionen in fünf Gruppen ein:

1. Einrichtungen zur Fürsorge für hilfsbedürftige und unselbstständigen Menschen, die als harmlos gelten (z. B. Altenheime, Waisenhäuser).
2. Einrichtungen zur Fürsorge für hilfsbedürftige Menschen, von denen eine Gefahr für die Gesellschaft ausgeht, die aber von diesen nicht beabsichtigt ist (z. B. Psychiatrien, Tuberkulose-Sanatorien).
3. Einrichtungen zum Schutz der Gesellschaft vor Menschen, die als gefährlich eingestuft werden und von denen man annimmt, sie würden diese Gefahr gewollt herbeiführen (z. B. Gefängnisse, Kriegsgefangenenlager).
4. Einrichtungen, die (angeblich) die Ausführung einer bestimmten Aufgabe ermöglichen bzw. erleichtern (z. B. Kasernen, Internate).
5. Einrichtungen, in denen sich Menschen aus religiösen Gründen von der Welt zurückziehen (z. B. Klöster, Sekten).

In totalen Institutionen ist die in modernen Gesellschaften gewöhnlich bestehende Trennung der Bereiche Familie, Arbeit und Freizeit aufgehoben:

1. Alle Lebensäußerungen finden am selben Ort unter derselben Autorität statt.
2. Alle Mitglieder führen ihre Tätigkeit in Anwesenheit einer großen Gruppe von Schicksalsgenossen aus und allen wird dieselbe Behandlung zuteil.
3. Die Phasen des Tages sind exakt geplant. Der Ablauf wird durch ein System formaler Regeln von einem Stab von Funktionären vorgeschrieben.
4. Die verschiedenen erzwungenen Tätigkeiten sind in einem einzigen rationalen Plan vereinigt, der angeblich der Verwirklichung der offiziellen Ziele der Institution dient.

Zwischen der großen Gruppe der Insassen und dem Personal besteht in einer totalen Institution eine fundamentale Trennung. Die jeweils andere Gruppe wird unter dem Blickwinkel feindseliger Stereotypien gesehen: »Das Personal hält die Insassen häufig für verbittert, verschlossen und wenig vertrauenswürdig, während die Insassen den Stab oft als herablassend, hochmütig und niederträchtig ansehen. Das Personal hält sich für überlegen und glaubt das Recht auf seiner Seite, während die Insassen sich – zumindest in gewissem Sinn – unterlegen, schwach, tadelswert und

311

schuldig fühlen« (a. a. O., 19). Zwischen den beiden Gruppen herrscht eine große und formal vorgeschriebene soziale Distanz, die Kommunikation ist stark eingeschränkt. Der Insasse erhält von Entscheidungen, die ihn betreffen, oft keine Kenntnis.

2.2. Insassen

Die Insassen treten mit bestimmten, durch ihre bisherige soziale Umgebung geprägten Einstellungen, Interessen, Normen und Befindlichkeiten in die Institution ein. Die totale Institution (mit Ausnahme der Klöster) bietet für diese bisherige Kultur keine Alternative an, sondern nur ein System von Beschränkungen. Dies setzt einen von Goffman als Diskulturation bezeichneten Verlernprozess in Gang, der den neuen Insassen teilweise unfähig macht, mit bestimmten Gegebenheiten der Außenwelt fertig zu werden.

Während das Individuum im bürgerlichen Leben einzelne Rollen relativ unabhängig voneinander lebt (Arbeit, Familie, Freizeit), geht diese Trennung in der Allumfassendheit der totalen Institution verloren. Einige Rollen können beim Verlassen der Institution reetabliert werden, andere sind an einen bestimmten Lebenszyklus gebunden (z. B. Ausbildung, Gründung einer Familie) und nur schwer nachholbar. Den permanenten Verlust bestimmter Rollen durch den Aufenthalt in der Institution bezeichnet Goffman mit dem Begriff des bürgerlichen Todes.

Der Rollenverlust kommt im Zugangsritual symbolisch zum Ausdruck, das deutliche Züge einer Degradierung und Entwürdigung aufweist. Typische Elemente sind: Umkleidung, Wegnahme des persönlichen Besitzes, Aushändigung von uniformierten Ersatzgegenständen, Ersatz des Namens durch eine Nummer, Durchsuchungen. »Bei der Aufnahme werden die Fakten – besonders die diskreditierenden – über den sozialen Status und die Vergangenheit des Insassen gesammelt und in einem dem Personal zur Verfügung stehenden Dossier zusammengestellt« (a. a. O., 33). Goffman beschreibt eine Reihe weiterer möglicher demütigender Umgangsformen, die beim Insassen Depersonalisationsprozesse bewirken können: Körperliche Durchsuchungen bis hin zur Rektal- und Scheidenuntersuchung; Schlafen in überfüllten Räumen mit Personen, zu denen man keinen engeren Kontakt haben möchte; Vermischung verschiedener ethnischer, religiöser und Altersgruppen; einsehbare Toiletten; Unterbringung in Sicht- und Hörweite des Stabs; Überwachung von Gesprächen und Briefverkehr; Zuweisung nicht passender Kleidungsstücke. Diese Umgangsformen führen beim Insassen zu einer »Zerstörung des formellen Verhältnisses zwischen dem handelnden Individuum und seinen Handlungen« (a. a. O., 43). Als Looping (Rückkoppelung im Regelkreis) bezeichnet Goffman das Vorgehen, beim Insassen eine Abwehrreaktion hervorzurufen, gegen die dann vorgegangen wird (z. B. Provokation des Insassen, der daraufhin aggressiv reagiert und dann für diese Aggression bestraft wird). Die Autonomie des Handelns wird beim Insassen dadurch ständig verletzt, dass seine persönliche Handlungsökonomie (z. B. den Zeitpunkt einer Mahlzeit nach persönlichen Bedürfnissen oder Erfordernissen zu bestimmen) durch die ständige Regulierung und Beurteilung durch das Personal verletzt wird. Selbst bei geringfügigen Handlungen (z. B. Telefonieren, Rasieren, Briefe aufgeben) muss er um Erlaubnis und um Material bitten. Dies versetzt ihn einerseits in eine für einen erwachsenen Menschen unnatürliche und unterwürfige Rolle und gibt andererseits dem Personal Gelegenheit, die Handlungskette ständig zu unterbrechen.

Die Anpassung an ein Privilegiensystem bietet dem Insassen einen Rahmen für die Reorganisation seiner Persönlichkeit. Eine kleine Anzahl klar definierter Belohnungen oder Privilegien fungieren als Gegenleistung für Gehorsam gegenüber dem Stab. Diese potenziellen Vergünstigungen sind dabei größtenteils Rechte, die der Insasse früher für selbstverständlich und gesichert hielt (z. B. Telefonieren, Teilnahme an Veranstaltungen, Ausgang). Die in Aussicht gestellten Vergünstigungen stellen für den Insassen scheinbar die Verbindung mit der verlorenen Außenwelt wieder her. Besonders anfangs nehmen sie die ganze Aufmerksamkeit des Insassen gefangen. Die um diese kleinen Privilegien herum aufgebaute Welt bestimmt in hohem Maß die Insassenkultur (→ Subkultur). Strafen sind als Konsequenz von Regelübertretungen vorgesehen und bestehen oft im zeitweiligen oder dauernden Entzug von Privilegien. Die Frage der Entlassung aus der totalen Institution ist eng mit dem Privilegiensystem verbunden. Mit der Zeit lernt der Insasse, welches Verhalten den Aufenthalt in der Institution verkürzen bzw. verlängern kann. Ein solches einfaches Konditionierungssystem mit Privilegien und Strafen wird ansonsten nur gegenüber Tieren und kleinen Kindern angewandt.

Unter sekundären Anpassungsmechanismen versteht Goffman Handlungen, die nicht unmittelbar gegen das Personal gerichtet sind, es dem Insassen aber erlauben, sich verbotene Genüsse bzw. erlaubte mit verbotenen Mitteln zu beschaffen (z. B. Schmuggeln, Geschäfte machen, Alkohol ansetzen). Aufgrund der unterschiedlichen Verfügung über Schwarzhandelsgüter entwickelt sich innerhalb der Insassen eine Hierarchie. Ein spezifischer »Anstaltsjargon« dreht sich hauptsächlich um die Privilegien, deren Entzug oder den unerlaubten Zugang hierzu. Die sekundäre Anpassung hat als wichtigste Funktion, dem Insassen zu beweisen, dass er eine gewisse Kontrolle über seinen Lebensbereich ausübt und kann so geradezu zu einem Bollwerk des Selbst werden.

Goffman beschreibt fünf prototypische Verhaltensmuster der Insassen im Umgang mit den Anforderungen der Institution. Die Mechanismen können im Laufe der Internierung wechseln oder auch gleichzeitig verfolgt werden.

1. Der Rückzug aus der Situation ist gekennzeichnet durch Apathie und Desinteresse gegenüber Interaktionsprozessen, die über das unmittelbare Umfeld hinausgehen.
2. Beim kompromisslosen Standpunkt verweigert der Insasse die Zusammenarbeit mit dem Personal und erzwingt dadurch deren Aufmerksamkeit.
3. Mit Kolonisierung wird ein Verhalten des Insassen bezeichnet, der sich in der begrenzten Welt der Institution »einrichtet«, dadurch im Rahmen des Möglichen maximale Bedürfnisbefriedigung erreicht, und sich so eine stabile, relativ zufriedene Existenz aufbaut.
4. Bei der Konversion macht sich der Insasse das amtliche Urteil über seine Person zu Eigen, verinnerlicht die Normen der Institution und verteidigt sie sogar anderen gegenüber. Er fühlt sich auf Seiten des Personals stehend und übernimmt die Rolle des perfekten Insassen.
5. Die Technik des »ruhig Blut Bewahrens« wird besonders von Insassen praktiziert, denen durch vielerlei Anstaltsaufenthalte diese Lebensform bereits zu einer Art zweiter Natur geworden ist. Durch eine mehr oder weniger opportunis-

tische Kombination von Konversion, Kolonisierung und Loyalität gegenüber der Gruppe der Insassen geht es vor allem darum, möglichst jede Schwierigkeit zu vermeiden.

2.3. Personal

Die Arbeit des Personals innerhalb einer totalen Institution ist gekennzeichnet durch einen »ständigen Konflikt zwischen den Normen der Humanität einerseits und der Leistungsfähigkeit der Anstalt andererseits« (a. a. O., 82). Werden die Insassen mitunter auch zu Objekten von Mitleid und Fürsorge des Personals, kommt es manchmal zu einem Verhaltensablauf, den Goffman als Engagement-Zyklus bezeichnet.

1. Affektive Annäherung und Engagement für einzelne Insassen;
2. größere Nähe gegenüber Insassen allgemein;
3. Enttäuschung oder Verletzung durch Insassen und gleichzeitig Entfernung von den Normen der anderen Personalmitglieder;
4. sozialer Abstand zum Insassen.

Der soziale Abstand kann erreicht werden durch Verlagerung der Tätigkeit ohne unmittelbare Kontakte zum Insassen (z. B. Bürotätigkeit, Ausschussarbeit). »Nachdem er sich aus dem Gefahrenbereich des unmittelbaren Kontakts mit dem Insassen entfernt hat, wird sein Gefühl, vorsichtig sein zu müssen, abnehmen, und damit kann der Zyklus von Kontakt und Rückzug sich wiederholen« (a. a. O., 85).

Das Aufsichtspersonal, das unmittelbar mit dem Insassen Kontakt hat, kontrolliert die Kommunikation zwischen Insassen und den höheren Ebenen des Stabs. Innerhalb des Personals ist nach Goffman eine »moralische Arbeitsteilung« zu beobachten: Die unteren Personalränge haben »die Forderungen der Institution gegenüber den Insassen zu vertreten. Daher lenken sie mitunter den Hass der Insassen von den höheren Chargen ab und ermöglichen es diesen, eine onkelhafte Freundlichkeit an den Tag zu legen ...« (a. a. O., 114). Sowohl der Stab als auch die Insassen sehen das Gebäude und den Namen der Institution als etwas dem Stab gehörendes an. Sprechen beide Gruppen von den Belangen der Institution, beziehen sie sich implizit immer auf die Interessen des Stabes.

Bezüglich der Ideologie totaler Institutionen stellt Goffman einen fundamentalen Widerspruch fest: Während als offizielles Ziel die Besserung der Insassen, hin auf eine bestimmte ideale Norm vorgegeben wird, geht es doch meist nur um ihre bloße Aufbewahrung. Diese ideologische Diskrepanz äußert sich beispielsweise in der vom Stab gebrauchten Sprache, die mitunter gewöhnliche Vorgänge wie Hilfsarbeitertätigkeiten zur »Arbeitstherapie« hochstilisiert oder Strafen als »konstruktive Besinnung« beschönigt. Unangenehme, manchmal auch gefährliche Aufgaben müssen vom Personal mit den offiziell anerkannten Zielen der Institution gerechtfertigt werden. So bildet sich ein rationaler Bezugsrahmen, der als Legitimation für die unterschiedlichsten Eingriffe dient und auf jeden Insassen Anwendung findet. Diese rationale Perspektive erleichtert dem Personal nach außen, aber auch sich selbst gegenüber, die Begründung für die gegenüber den Insassen zu treffenden Maßnahmen.

Fast jede totale Institution entwickelt institutionalisierte Formen der Grenzüberschreitung zwischen Personal und Insassen. Es findet eine begrenzte Befreiung von der jeweiligen Rolle statt, die es ermöglicht, der jeweils anderen Seite ein vorteilhaftes Bild von sich zu geben. Diese von Goffman als Anstaltszeremonien bezeichneten Veranstaltungen können sein: Hauszeitschriften, Jahresfeiern, Anstaltslaientheater u. Ä.

3. Das Stanford-Prison-Experiment

Im Stanford-Prison-Experiment von 1971 (Zimbardo et al. 2002; Bierbrauer und Steiner 1984) lieferte Zimbardo eine experimentelle Bestätigung vieler von Goffmans Thesen über die Dynamik totaler Institutionen in Bezug auf das Gefängnis. Im Keller des Stanford Psychology Department wurde die Architektur eines Gefängnisses simuliert. Um den Einfluss von Persönlichkeitsvariablen auf den Ausgang des Experiments zu minimieren, wurden psychisch gesunde Studenten, die sich auf ein Inserat gemeldet hatten, durch Zufallsentscheid in die gleich großen Gruppen der Gefängnisinsassen und der Vollzugsbeamten aufgeteilt. Die Gefangenen durchliefen ein Zugangsritual mit Entkleidung, Desinfektion, Neueinkleidung mit einer Einheitsuniform einschließlich aufgenähter Nummer und Belehrung über ihren neuen Status durch das Wachpersonal. Die simulierten Gefängnis-Rahmenbedingungen sind als extrem einzustufen, für deutsche Verhältnisse auch sicher überzeichnet, lagen aber noch im Bereich des Gefängnis-Typischen (Walter 2002). Für die Vollzugsbeamten gab es kein spezielles Training. Sie sollten innerhalb bestimmter Grenzen selbst entscheiden, was sie für notwendig hielten, um die Ordnung in der Anstalt aufrecht zu erhalten und sich Respekt zu verschaffen. Als Insignien ihrer Macht erhielten sie Uniformen, Gummiknüppel und Sonnenbrillen. Sie führten Zählappelle durch, häufig auch nachts. Anfangs wurde dies von den Gefangenen nicht sehr ernst genommen. Die Vollzugsbeamten versuchten sich ihnen gegenüber Autorität zu verschaffen, indem sie Strafen verhängten (z. B. Liegestützen). Bereits am zweiten Tag des Experiments rebellierten die Gefangenen, indem sie sich verbarrikadierten. Die Vollzugsbeamten reagierten darauf äußerst verärgert, brachen die Zellen auf, nahmen den Gefangenen ihre Betten weg und sperrten die Anführer in Einzelhaft. Die drei Gefangenen, deren Beteiligung am Aufstand als gering eingestuft wurde, wurden in einer »Vorzugszelle« zusammengefasst. Sie bekamen ihre Betten zurück und erhielten ein besonderes Essen. Als die Vollzugsbeamten die bevorzugten Gefangenen wieder in ihre alten Zellen zurück verlegten, wurden diese von den anderen Gefangenen als Spitzel angesehen. Es herrschte großes Misstrauen unter den Gefangenen. Bereits nach 36 Stunden musste ein Gefangener wegen massiver psychischer Probleme entlassen werden.

Bei den Gefangenen konnten verschiedene Bewältigungsstile beobachtet werden:
- Ein Teil der Gefangenen passte sich der Situation an, indem sie alles willig ausführten, was die Vollzugsbeamten von ihnen verlangten.
- Andere Gefangene rebellierten offen gegen das Bewachungspersonal (z. B. durch Verbarrikadierung, Hungerstreik).
- Vier Gefangene brachen emotional zusammen (und wurden vorzeitig aus dem Experiment entlassen).
- Ein Gefangener entwickelte psychosomatische Beschwerden (Hautausschlag).

Unter den Vollzugsbeamten kristallisierten sich drei Typen heraus:
- die strengen, aber fairen Beamten, die sich korrekt an alle Regeln hielten;
- die »guten Kerle«, die den Gefangenen kleine Vergünstigungen zukommen ließen und sie nie bestraften;
- Personen, die sich den Gefangenen gegenüber feindselig und willkürlich verhielten und sehr einfallsreich darin waren, sich Demütigungen auszudenken.

Der ursprünglich für zwei Wochen geplante Versuch wurde nach sechs Tagen abgebrochen. Die Grenzen zwischen Experiment und Realität verschwammen zunehmend und die Situation drohte zu eskalieren. Bei einer Befragung nach Beendigung des Experiments bestätigten die Gefangenen, dass in ihrer Wahrnehmung der Experimentalcharakter für sie im Laufe der Zeit verloren gegangen war, und sich ihre Identität als Versuchsteilnehmer in die eines Gefangenen gewandelt hatte.

Zimbardo wollte und konnte darlegen, dass situative Bedingungen und Rollenvorgaben in einem strikten institutionellen Gefüge wirkmächtige Determinanten für das Verhalten darstellen. »Festgestellt wurde ein regelrechter Aufschaukelungsprozess in Gestalt einer ›perversen symbiotischen Beziehung‹, bei dem sich zunehmende Selbstherrlichkeit bei den einen und hilflose Passivität bei den anderen bedingen« (Walter 2002, 98). Der Einfluss individueller Persönlichkeitsvariablen wird von Zimbardo sehr stark in den Hintergrund gestellt. Kritisch anzumerken bleibt, ob nicht neben allen situativen Einflüssen die festgestellten Unterschiede im Verhalten der Gefangenen als auch des Aufsichtspersonals, gerade auch durch individuelle Unterschiede (in Wechselwirkung mit der Situation) bedingt sind. Nicht jeder Teilnehmer hat sich im selben Ausmaß und in derselben Art von der Situation infizieren lassen.

4. Übertragbarkeit von Goffmans Analyse auf die Institution Gefängnis

Die Anwendung von Goffmans phänomenologischer Analyse der totalen Institution auf das Gefängnis, drängt sich in vielen Punkten geradezu auf und hat eine hohe unmittelbare Plausibilität. Exemplarisch seien nur einige Beispiele genannt:

- Der Eintritt in das Gefängnis stellt für viele Inhaftierte eine extreme Belastungssituation dar.
- Die Anpassung an das Privilegiensystem, das eng mit der Frage der Entlassung aus der Institution verbunden ist, hat erheblichen Einfluss auf die Durchführung von Behandlungsmaßnahmen. Der Umgang mit sekundärer Motivation der Insassen ist oft entscheidend für deren Gelingen. (Pecher 1999)
- Der Engagement-Zyklus im Personal bietet einen Interpretationshintergrund für berufliche Verschleißerscheinungen beim Vollzugspersonal. Posten ohne direkten Gefangenenkontakt genießen interessanterweise ein höheres Prestige als die Basisarbeit mit Inhaftierten.
- Als einheitlicher rationaler Bezugsrahmen kann das im Justizvollzug geläufige Begriffspaar »Sicherheit und Ordnung« dienen. Mit ihm lässt sich fast jede Maßnahme und noch mehr die Versagung von Vergünstigungen legitimieren.

Greve (2002) weist darauf hin, dass die empirische Überprüfung der von Goffman geschilderten Phänomene weitgehend noch ausstünde. Die Forschungstätigkeit zu Fragen des Strafvollzugs habe in den letzten Jahren merklich nachgelassen und deshalb fehlten aktuelle wissenschaftliche Belege, die der veränderten Vollzugswirklichkeit (u. a. zunehmende kulturelle und ethnische Vielfalt, veränderte Kriminalitätsstrukturen, Überbelegung) Rechnung trage. Manche Schlussfolgerungen seien aber schon zum common sense geworden, obwohl es keine aktuelle wissenschaftliche Überprüfung gebe. Etwa die pauschale Annahme von der Schädlichkeit des Strafvollzugs für den Insassen habe Eingang in die Grundsätze des Strafvollzugsgesetzes von 1977 gefunden, das in § 3 vorschreibt, den schädlichen Folgen des Freiheitsentzuges entgegen zu wirken. Das Fazit eines »nothing works«, das in den 1970er-Jahren die Diskussion über den Strafvollzug beherrschte, habe sich zwischenzeitlich aber aufgrund der vorliegenden Forschungsliteratur zu einem differenzierten »something works« gewandelt: Was bewirkt bei wem unter welchen Bedingungen welchen Effekt?

Goffmans Analyse kann also nicht »jede empirisch erfahrbare Wirklichkeit im Strafvollzug treffen…, erst recht nicht zu jeder Zeit und in jeder Anstalt. Geliefert wird ›lediglich‹ eine mögliche Sichtweise oder ein Interpretationsrahmen, in den dann einzelne Vorgänge eingeordnet und auf diese Weise besser verstanden werden können« (Walter 1991, 181). Dabei ist in Goffmans Beschreibung vieles typisiert und wird in unterschiedlichen Vollzugsformen in unterschiedlicher Deutlichkeit zutage treten. Bei der sozialpsychologischen Analyse einer Haftanstalt herkömmlicher Prägung fand Kette (1991) eine Fülle von Merkmalen, die sich mit Goffmans Beschreibung decken. In Anstalten oder Abteilungen, in denen durch die Schaffung eines therapeutischen Milieus Behandlung ermöglicht werden soll (→ Sozialtherapeutische Anstalten und Abteilungen, → Wohngruppenvollzug) sind diese Mechanismen abgeschwächt. Doch ist nicht auszuschließen, dass sich auch in dieser offensichtlich andersartigen Vollzugsform auf subtile Art das alte Grundmuster reproduziert. So weist Bohling (1996) auf eine mögliche Entwicklung Sozialtherapeutischer Einrichtungen hin, die letztlich ihrer Intention widerspricht. Im Gefängnis traditioneller Prägung würden dem Psychologen Freiräume zugestanden, um Spannungen abzumildern. »Im ›Sprechzimmer‹ der Psychologen lassen sich unnachgiebige Handlungsketten gesprächsweise anhalten und die Fahrten in den Einbahnstraßen eines autoritären Regelwerks verlangsamen« (Bohling 1996, 50). Durch diese »Ventilfunktion« werde auf einer höheren Ebene das vorhandene System jedoch stabilisiert. »Im Experten-Gefängnis der Zukunft dürfte die Existenz ›freier Mitarbeiter‹, denen gestattet ist, zum Ganzen des Vollzugs teilweise auf Distanz gehen zu können, keine Überlebenschancen haben… So entsteht möglicherweise am Ende an den Orten, die einen radikalen Ausstieg aus den Schematismen des Verwahrvollzugs vornehmen wollten, wieder das Schreckensbild eines neuen Einheitsgebildes mit totalitären Zügen« (a. a. O., 51).

5. Auswirkungen auf die Tätigkeit des Psychologen im Justizvollzug

Die berufliche Rolle des Psychologen im Justizvollzug ist im Vergleich zu der anderer Berufsgruppen wenig klar (z. B. Walter 1991, 160). Das Berufsbild ist so weit aufgefächert, dass man vom typischen Gefängnispsychologen nicht sprechen kann. Diagnostische und prognostische Aufgaben, Personal- und Organisationsentwicklung, Leitungsaufgaben (nach Bundesländern sehr verschieden) stellen den Psychologen relativ klar in den Dienst der Institution. Der klinisch orientierte Psychologe ist dagegen an der von Goffman beschriebenen Trennlinie zwischen Personal und Insassen tätig und daher einem großen Spannungsfeld ausgesetzt. Wegen seiner (vermeintlichen) Nähe zu den Insassen ist er im Personal in Linienfunktion mitunter nur schwach integriert. Andererseits sehen Gefangene in ihm häufig in erster Linie den Vertreter der Institution.

Psychotherapie in totalen Institutionen beinhaltet immer ein Element des Zwangs. Lange Zeit gab es eine starke Meinungsströmung, die aus diesem Grund Psychotherapie im Gefängnis für nicht möglich hielt (z. B. Lamott 1984). Zwischenzeitlich wird der Gegenstandsbereich differenzierter gesehen. (z. B. Wagner und Werdenich 1998)

Auf jeden Fall unterscheidet sich Behandlung im Kontext einer totalen Institution wesentlich von einem ambulanten Setting. »Therapeutische Beziehungen in Zwangskontexten sind ... in aller Regel triadischer Natur. Die eigentlichen Auftraggeber, die den Zwang verhängen, sind mit im Gespräch, ohne anwesend zu sein« (Pleyer 1996, 192). Da die Institution als »unsichtbarer Dritter« nicht als Interaktionspartner anwesend ist, werden die Übertragungsanteile, die ihr gelten, am Therapeuten fest gemacht. Er kann dabei als Helfer gegen die Institution oder als Vertreter der Institution gesehen werden. In Entsprechung dazu entstehen beim Therapeuten in seiner Gegenübertragung Impulse der Identifikation mit dem Patienten in Abgrenzung zur Institution oder der Identifikation mit der Institution und ihren strafenden und machtvollen Aspekten. (Pecher 1999 und 2002)

Im Vorfeld zu Psychotherapie wird der Psychologe häufig mit den unmittelbaren Folgen der Inhaftierung und Prisonisierung beim Insassen konfrontiert. Kette beobachtete in seiner Analyse einer Haftanstalt herkömmlicher Prägung bei den Insassen »einen permanenten Belastungszustand, der so massiv ist, dass der Großteil der Sozialarbeiter, Sozialpädagogen und Psychologen damit beschäftigt ist, dem Insassen dabei zu helfen, diesen Stress zu bewältigen« (Kette 1991, 181). Der von Goffman beschriebene Verlust der sozialen Rollen und der Identität führt häufig zu Beginn der Inhaftierung zu psychischer Labilität, die sich als narzisstische Krise äußert (sog. »Inhaftierungsschock«). Suizide häufen sich deshalb eklatant in der Anfangszeit des Gefängnisaufenthalts (→ Vollzugspsychiatrie) und stellen so insbesondere im Untersuchungshaftvollzug ein großes Problem dar (Pecher und Postpischil 2000).

Die Stellung des klinisch tätigen Psychologen an der Schnittstelle zwischen Insasse und Institution wird besonders deutlich am Umgang mit der Schweigepflicht. Für den im Vollzug tätigen Psychologen ist sie in § 182 StVollzG geregelt:

§ 182 Schutz besonderer Daten

»(2) Personenbezogene Daten, die den in § 203 Abs. 1 Nr. 1, 2 und 5 des Strafgesetzbuchs genannten Personen (Nr. 2 nennt Berufspsychologen mit staatlich anerkannter wissenschaftlicher Abschlussprüfung, Anm. des Verfassers) von einem Gefangenen als Geheimnis anvertraut oder über einen Gefangenen sonst bekannt geworden sind, unterliegen auch gegenüber der Vollzugsbehörde der Schweigepflicht. Die in § 203 Abs. 1 Nr. 1, 2 und 5 des Strafgesetzbuchs genannten Personen haben sich gegenüber dem Anstaltsleiter zu offenbaren, soweit dies für die Aufgabenerfüllung der Vollzugsbehörde oder zur Abwehr von erheblichen Gefahren für Leib oder Leben des Gefangenen oder Dritter erforderlich ist ...

Sonstige Offenbarungsbefugnisse bleiben unberührt. Der Gefangene ist vor der Erhebung über die nach den Sätzen 2 und 3 bestehenden Offenbarungsbefugnisse zu unterrichten.

(4) Sofern Ärzte oder Psychologen außerhalb des Vollzuges mit der Untersuchung oder Behandlung eines Gefangenen beauftragt werden, gilt Absatz 2 mit der Maßgabe entsprechend, dass der beauftragte Arzt oder Psychologe auch zur Unterrichtung des Anstaltsarztes oder des in der Anstalt mit der Behandlung des Gefangenen betrauten Psychologen befugt sind.«

Die an zweiter Stelle genannte Alternative der Offenbarungspflicht (Abwehr von erheblichen Gefahren für Leib und Leben des Gefangenen oder Dritter) stößt weitgehend auf Akzeptanz. Die erste Alternative (soweit dies für die Aufgabenerfüllung der Vollzugsbehörde erforderlich ist) ist sehr unbestimmt und deshalb offen für verschiedene Interpretationen. Relevant werden die Offenbarungspflichten insbesondere bei Lockerungsentscheidungen. Durch die Beteiligung des therapeutisch arbeitenden Psychologen an diesem Entscheidungsprozess sehen Preusker und Rosemeier (1998, 325) den »Zielkonflikt zwischen dem Informationsanspruch des Anstaltsleiters und dem Interesse des Therapeuten an der Verschwiegenheit als Grundbedingung einer effektiven Therapie eingeebnet.« Kritik kommt aus den Reihen der Praktiker von verschiedenen Seiten: Von psychoanalytisch orientierten Psychotherapeuten, die eine absolute Verschwiegenheit als zentrale Voraussetzung eines therapeutischen Prozesses sehen, werden die gesetzlichen Bestimmungen zum Teil heftig kritisiert (z. B. Adt 1998). Aber auch etwa kognitiv-behavioral ausgerichtete Therapeuten sehen den therapeutischen Prozess gefährdet: »Der Patient, der sich nicht der Verschwiegenheit seiner Äußerungen sicher sein kann, wird keinen Einblick in seine tatsächlichen Gedanken, Gefühle, Motive, Neigungen und Impulse geben, er wird vielmehr bemüht sein, ›einen guten Eindruck zu machen‹, immer in der Hoffnung, der Therapeut möge ›für ihn gut sagen‹. In einer solchen Pseudo-Therapie würden gerade nicht die problemhaften Anteile der Persönlichkeit thematisiert, sondern der Bildung von Fassadenpersönlichkeiten Vorschub geleistet« (Bosinski, Ponseti und Sakewitz 2002, 41). Als gangbaren Weg schlagen die Autoren eine periodische pauschale Einschätzung des Therapiestandes durch den Therapeuten vor. Rotthaus (2000, 284) empfiehlt ein pragmatisches Vorgehen und appelliert »an die schweigeberechtigten Fachdienste und an die Anstaltsleitung, im Interesse einer vertrauensvollen Zusammenarbeit einen ständigen Gedanken- und Meinungsaustausch zu pflegen. Auf der Grundlage des so geschaffenen Konsenses werde sich dann ... eine praktikable Abgrenzung der Offenbarungspflicht ergeben.«

Literatur

Adt, M. (1998), Schweigepflicht und die Entbindung von der Schweigepflicht. *Zeitschrift für Strafvollzug und Straffälligenhilfe 47*: 328–335.

Bauer, A. und Gröning, K. (1995), Institutionskonzepte in der Supervision. In: Bauer, A. und Gröning, K. (Hrsg.), *Institutionsgeschichten, Institutionsanalysen*. Tübingen: edition diskord, 17–69.

Bierbrauer, G. und Steiner, J. M. (Hrsg.) (1984), *Das Stanford-Gefängnisexperiment. Simulationsstudie über die Sozialpsychologie der Haft von P. G. Zimbardo*. Goch: Bratt-Institut für Neues Lernen.

Blau, P. (1968), Die Dynamik bürokratischer Strukturen. In: Mayntz, R. (Hrsg.), *Bürokratische Organisationen*. Köln: Kiepenheuer und Witsch, 310–323.

Bohling, H. (1996), Drinnen wie draußen. Unwirkliche Betrachtungen zur Sicherheitslage. *Psychosozial 19*: 41–57.

Bosinski, H.; Ponseti, J. und Sakewitz, F. (2002), Therapie von Sexualstraftätern im Regelvollzug – Rahmenbedingungen, Möglichkeiten und Grenzen. *Sexuologie 9*: 39–47.

Gehlen, A. (1964), *Urmensch und Spätkultur*, 2. Aufl. Frankfurt a.M.: Athenaion.

Goffman, E. (1973), *Asyle. Über die soziale Situation psychiatrischer Patienten und anderer Insassen*. Frankfurt a. M.: Suhrkamp.

Greve, W. (2002), Forschungsthema Strafvollzug. Aussichten für wissenschaftliche Zugänge zu einer verschlossenen Institution. *Kriminalpädagogische Praxis 30*: 25–31.

Kette, G (1991), *Haft. Eine sozialpsychologische Analyse*. Göttingen: Hogrefe.

Lamott, F. (1984), *Die erzwungene Beichte. Zur Kritik des therapeutischen Strafvollzugs*. München: Profil.

Pecher, W. (1999), *Tiefenpsychologisch orientierte Psychotherapie im Justizvollzug*. Pfaffenweiler: Centaurus.

Pecher, W. (2002), Analyse der Institution Justizvollzug. *Recht & Psychiatrie 20*: 63–68.

Pecher, W. und Postpischil, S. (2000), Tiefenpsychologisch orientierte Psychotherapie in der Untersuchungshaft. *Recht & Psychiatrie 18*: 177–182.

Pleyer, K. H. (1996), Schöne Dialoge in hässlichen Spielen. Überlegungen zum Zwang als Rahmen für Therapie. *Zeitschrift für systemische Therapie 3*: 186–196.

Preusker, H. und Rosemeier, D. (1998), Umfang und Grenzen der Schweigepflicht von Psychotherapeuten nach dem 4. Gesetz zur Änderung des Strafvollzugsgesetzes. *Zeitschrift für Strafvollzug und Straffälligenhilfe 47*: 323–328.

Rotthaus, K. P. (2000), Zum praktischen Umgang mit dem therapeutischen Geheimnis im Strafvollzug. *Zeitschrift für Strafvollzug und Straffälligenhilfe 49*: 259–262.

Wagner, E. und Werdenich, W. (Hrsg.) (1998), *Forensische Psychotherapie. Psychotherapie im Zwangskontext von Justiz, Medizin und sozialer Kontrolle*. Wien: Facultas.

Wagner, G. (1985), *Das absurde System*. Heidelberg: C.F. Müller.

Walter, M. (1991), *Strafvollzug. Lehrbuch*. Stuttgart: Boorberg.

Walter, M. (2002), Über Machtstrukturen, aus denen Kriminalität entsteht – Folgerungen aus dem »Stanford-Prison-Experiment« für Kriminologie und Kriminalpolitik. In: Neubacher, F. und Walter, M. (Hrsg.), *Sozialpsychologische Experimente in der Kriminologie*. Münster: LIT Verlag, 93–101.

Zimbardo, P. G.; Haney. C.; Banks, W.C. und Jaffe, D. (2002), Psychologie der Gefangenschaft – Deprivation, Macht und Pathologie. In: Neubacher, F. und Walter, M. (Hrsg.), *Sozialpsychologische Experimente in der Kriminologie*. Münster: LIT Verlag, 69–91.

Vollzugspsychiatrie

von Norbert Konrad

1. Rechtliche Rahmenbedingungen

In den Justizvollzugsanstalten der Bundesrepublik Deutschland wurden am 31.3.2000 60 798 Strafgefangene gezählt. Wie in anderen europäischen Ländern hat auch hier die Zahl der Strafgefangenen in den letzten Jahren zugenommen.

Psychisch gestörte Straftäter unterliegen in Deutschland spezialgesetzlichen Regelungen, die auf dem Konstrukt der strafrechtlichen Verantwortlichkeit aufbauen: Schuldunfähige, aber nicht für gefährlich erachtete Rechtsbrecher werden, falls überhaupt, in Einrichtungen der allgemeinen klinischen Psychiatrie hospitalisiert. Sind von zumindest als erheblich vermindert schuldfähig erachteten Tätern weitere erhebliche Taten zu erwarten, werden sie, unabhängig von der Behandlungsaussicht, gemäß § 63 StGB in spezielle psychiatrische (Maßregelvollzugs-)Krankenhäuser eingewiesen. Straftäter mit einem Abhängigkeitssyndrom im Hinblick auf psychotrope Substanzen werden bei hinreichend konkreten Behandlungsaussichten gemäß § 64 StGB in spezielle Entziehungsanstalten des Maßregelvollzugs eingewiesen.

Tab. 1: Untergebrachte Strafgefangene und Patienten der allgemeinen Psychiatrie (Alte Bundesländer einschl. West-Berlin 1970–1990, ab 1995 Deutschland).

Maßregelvollzug nach §§ 63, 64 StGB			zum Vergleich	
Jahr	Psychiatrisches Krankenhaus (§ 63 StGB)	Entziehungs- anstalt (§ 64 StGB)	Strafvollzugs- anstalt	Psychiatrie (auf- gestellte Betten)
1970	4222	179	35 209	117 596
1975	3494	183	34 271	115 922
1980	2593	632	42 027	108 904
1985	2472	990	48 212	94 624
1990	2489	1160	39 178	70 570
1995	2902	1373	46 516	63 807
1998	3556	1540	56 661	56 392
2000	4051	1780	60 798	54 802

(Quelle: Statistisches Bundesamt, Wiesbaden)

Alle anderen psychisch gestörten Straftäter, also beispielsweise Schizophrene, die trotz ihrer Erkrankung nicht als schuldunfähig angesehen werden, können Inhaftiertenstatus erhalten, sofern keine mildere Sanktion, wie z. B. Geldstrafe, vom Gericht angeordnet wird.

Gerichtliche Entscheidungen können im Strafbefehlsverfahren, sofern keine Einstellung erfolgt, auch ohne persönlichen Eindruck eines Betroffenen rechtskräftig werden, zumal hauptsächlich in Verfahren mit gravierenderem Tatvorwurf psychiatrische Sachverständige herangezogen werden. Diese wiederum können, nachdem die früher nicht unübliche konventionsgeleitete Beurteilung »Schizophrenie = schuldunfähig« seltener geworden ist, zu Einschätzungen gelangen, die bei gerichtlichen Sanktionen auch zu Freiheitsentzug im Justizvollzug führen. Im Einzelfall kann es von Zufallskonstellationen abhängen, ob ein psychisch Kranker im Maßregel- oder Justizvollzug untergebracht wird.

Im Falle eines schwerwiegenderen Deliktes ist in Deutschland eine vorläufige strafgerichtliche Unterbringung in einem psychiatrischen Krankenhaus gemäß § 126 a StPO möglich. Stellt sich im Verlauf der Untersuchungshaft heraus, dass die Voraussetzungen für eine endgültige Unterbringung in einem psychiatrischen Krankenhaus gemäß § 63 StGB vorliegen, ist unter Anwendung von § 126 a StPO bereits eine Überführung aus dem Untersuchungshaftvollzug möglich. Sowohl die vorläufige Unterbringung gemäß § 126 a StPO als auch die Unterbringung gemäß § 63 StGB wird in der Regel in Einrichtungen des Maßregelvollzugs durchgeführt, welche nach richterlicher Anordnung zur Aufnahme verpflichtet sind.

Befindet sich ein psychisch Kranker in Untersuchungshaft, kommt frühen Diversionsprozessen besondere Bedeutung, vor allem wegen des vergleichsweise höheren Suizidrisikos, zu. Dabei besteht die Möglichkeit, dass neben dem Übersehen einer bislang nicht bekannten psychischen Störung (z. B. Schizophrenie mit im Vordergrund stehender Negativsymptomatik) eine zum Tatzeitpunkt bestehende psychische Störung bei Inhaftierung remittiert ist und erst zu einem späteren Zeitpunkt wieder in Erscheinung tritt.

Wichtige Faktoren, die international in Zusammenhang mit einer hohen Prävalenz psychisch Gestörter im Justizvollzug genannt werden (zusammenfassend Konrad 2002), beschreiben

- Kriminalisierung psychisch Kranker, etwa indem sozial abweichendes Verhalten nicht toleriert, sondern zur Anzeige gebracht wird;
- Ökonomisierung der Behandlung psychisch Kranker mit Abbau stationärer Langzeiteinrichtungen (Stichwort Enthospitalisierung), zunehmender Verkürzung der Liegedauer (Dauer vollstationärer Behandlung) und unzureichender Entlassungsvorbereitung bei gleichzeitig
- unzureichenden komplementären Versorgungsstrukturen in der Gemeinde, insbesondere hinsichtlich Eignung, vor allem als personenzentrierter Ansatz für »young adult chronic psychiatric patients« und Verfügbarkeit;
- (Änderung der) Rechtslage mit eng gefassten Kriterien zivilrechtlicher oder öffentlich-rechtlicher Unterbringung, die den Eindruck einer Sicherungslücke hinterlassen, für deren Schließung bei auffälligem und nicht gesetzeskonformem Verhalten bei eigentlich bestehender Behandlungsnotwendigkeit ohne Behandlungsbereitschaft mangels sonstiger sozialer Kontrolle am ehesten der Justizvollzug geeignet erscheint;

- Zurückhaltung bei der Übernahme psychisch kranker Gefangener in allgemein-psychiatrische Institutionen, etwa wegen Annahme einer die Behandlungsinstitution überfordernden Gefährlichkeit (z. B. unzureichende räumliche Sicherheitsbedingungen, fehlende forensisch-psychiatrische Praxiserfahrung des Personals) oder Bettenmangels;
- Zurückweisung »schwieriger« chronisch psychotischer Patienten wegen Zweifel an der Behandlungseignung;
- »death of liberalism« (Gunn 2000) in Verbindung mit einem politischen Klima, das die Ressourcen für psychisch gestörte Rechtsbrecher auf einem niedrigen Niveau hält.

Die genannten Problembereiche sind komplex und in ihrer Relevanz für die Situation psychisch Kranker im Justizvollzug primär länderspezifisch zu diskutieren.

Deutschland verfügt mit § 455 StPO über eine gesetzliche Regelung, die es erlaubt, einen Inhaftierten bei Vorliegen einer schweren psychischen Erkrankung als haftunfähig zu definieren und ihn vom (weiteren) Vollzug der Strafhaft zu verschonen. Einige Länder machen von der Möglichkeit Gebrauch, psychisch Kranke in Haft zur (vorübergehenden) Behandlung der Erkrankung in ein öffentliches Krankenhaus zu überführen, wenn der Justizvollzug mit eigenen Mitteln (z. B. in einem justizeigenen Krankenhaus) dazu nicht in der Lage ist.

Die ärztliche Berufsrolle eines im Justizvollzug tätigen Psychiaters und/oder Psychotherapeuten impliziert den Konflikt, dass der Arzt einerseits im Auftrag und Interesse seines inhaftierten Patienten handelt und die Erhaltung und Wiederherstellung der Gesundheit nach hippokratischen Gesichtspunkten im Vordergrund steht, andererseits Bediensteter eben jener Behörden ist, welche an seinem Patienten – etwa im Rahmen des Strafanspruchs des Staates – Maßnahmen vollziehen, die möglicherweise gesundheitsschädlich sind (Binswanger 1979). Anders als der im Justizvollzug tätige Chirurg oder Internist, der aus der Freiheit »mitgebrachte« oder während der Inhaftierung auftretende Krankheiten zu behandeln hat, erlebt der Psychiater im Justizvollzug täglich eine große Anzahl von »Haftreaktionen«, die überhaupt erst durch die Inhaftierung hervorgerufen sind. Durch psychiatrisch-psychotherapeutische Behandlung erhält er den Inhaftierten gewissermaßen haftfähig und übt eine Beschwichtigungs- und Befriedungsfunktion (Mechler 1981) aus. In ethisch fragwürdige Bereiche gerät der Justizvollzugspsychiater, wenn er psychopharmakologische oder andere ärztliche Maßnahmen ohne primäre ärztliche Indikation durchführt, um einen reibungslosen Ablauf von Strafverfahren und -vollzug zu gewährleisten (Binswanger 1979).

2. Prävalenz psychischer Störungen

Eine hohe Prävalenz psychischer Störungen unter den Gefangenen ist in neueren Übersichtsarbeiten eindrucksvoll demonstriert worden. In einer systematischen Übersicht (Fazel und Danesh 2002) über 62 Studien aus 12 unterschiedlichen westlichen Ländern bei 22.790 Gefangenen (Durchschnittsalter 29 Jahre, 81 % Männer), hatten 3 bis 7 % der Männer eine psychotische Erkrankung, 10 % eine »major depression« und 65 % eine Persönlichkeitsstörung. 4 % der Frauen hatten eine psychotische Erkrankung, 12 % eine »major depression« und 42 % eine Persönlichkeitsstörung. Das Risiko, an einer psychischen Störung zu leiden, ist länder- und diagnoseübergreifend bei Gefangenen im Vergleich zur Allgemeinbevölkerung erhöht (Konrad 2000). Betrachtet man einzelne Störungen, gilt dies insbesondere für die Abhängigkeitserkrankungen.

Diese hohe Prävalenz allein mit einer Zunahme psychisch Kranker unter den Inhaftierten erklären zu wollen, ist problematisch: Es fehlen nicht nur geeignete Längsschnittstudien, die ein größeres, repräsentatives Sample einer Gefangenenpopulation bei konstant gebliebenen rechtlichen Zuweisungsbedingungen mit standardisierten und validierten Instrumenten in einem größeren Abstand untersuchen, vielmehr ist es durch verbesserte diagnostische Möglichkeiten in den letzten Jahren überhaupt erst möglich geworden, psychische Störungen verlässlicher zu erkennen. In einer systematischen Übersicht zeigte sich keine signifikante Erhöhung der Prävalenzraten bei den Studien nach 1990 im Vergleich zu davor (Fazel und Danesh 2002). Hinzu kommt möglicherweise eine höhere Sensibilisierung der im Justizvollzug Tätigen, auffälliges Verhalten (auch) als Symptom einer psychischen Störung zu sehen. Die Prävalenz psychisch Kranker in Haft wird durch weitere Faktoren beeinflusst, insbesondere geringere Chancen, zu Lockerungsmaßnahmen zugelassen oder auf Bewährung vorzeitig entlassen zu werden.

Methodisch fundierte Studien zur Prävalenz psychischer Störungen im Justizvollzug, die ein größeres, repräsentatives Sample einer Gefangenenpopulation mit standardisierten diagnostischen Instrumenten untersuchten und eine an internationalen Klassifikationssystemen orientierte Diagnose liefern, sind in Deutschland eine Rarität. Aufgrund dieses Forschungsdefizits existieren keine aktuellen Daten, die eine angemessene Versorgungsplanung im Hinblick auf die Bedürfnisse psychisch gestörter Inhaftierter ermöglichen würden. Es fehlt damit auch eine empirische Grundlage zur Beantwortung der Frage, ob es in Deutschland – ähnlich wie offenbar in Österreich (Frottier 2002) – zu einer Zunahme psychischer Störungen bei Inhaftierten gekommen ist, die etwa mit Folgeerscheinungen von inadäquaten Enthospitalisierungsprogrammen begründet werden kann.

Weibliche weisen gegenüber männlichen Gefangenen höhere Morbiditätsraten auf (Anderson et al. 1996; Maden et al. 1994). Dies macht einen höheren Behandlungsbedarf im Frauenvollzug angesichts höherer Prävalenz psychischer Störungen nachvollziehbar (Maden et al. 1994). In der Praxis besteht eine größere Bereitschaft weiblicher Gefangener, ein Behandlungsangebot anzunehmen. Dies ist in der Regel auch auf eine bessere therapeutische Atmosphäre in Frauenhaftanstalten zurückzuführen. Zudem erleben Frauen eine geringere Stigmatisierung, wenn sie sich in (psycho-)therapeutische Behandlung begeben. Die Hypothese häufigerer früherer traumatischer Lebenserfahrungen (Jordan et al. 1996) bei inhaftierten Frauen im Vergleich zu nichtinhaftierten ist bislang nicht empirisch abgesichert.

3. Spezielle Störungsbilder im Justizvollzug

3.1. Abhängigkeitserkrankungen

In der Gegenwart nehmen die Abhängigkeitserkrankungen unter den psychischen Störungen in Haft in den meisten europäischen Ländern und Amerika den ersten Rang ein (z. B. Teplin et al. 1996). In den ersten Tagen nach Inhaftierung sind bei Abhängigkeitskranken psychische und körperliche Entziehungserscheinungen von hoher inter- und intraindividueller Variabilität zu beobachten. Die Schwere von Drogenentzugssyndromen unter Zwangsabstinenz wird oft überschätzt. Ausgeprägte Entzugssyndrome werden in deutschen Justizvollzugsanstalten vielerorts medikamentös (»gestützter Entzug«, z. B. mit Methadon und/oder Diazepam in ausschleichender Dosierung) behandelt. Protrahierte Entzugssyndrome und insbesondere persistierende depressive Syndrome nach Abklingen körperlicher Entzugserscheinungen können eine längerfristige antidepressive Behandlung (z. B. mit Doxepin) erforderlich machen.

Mitunter versuchen Drogenabhängige nach der Inhaftierung ihre Sucht zu verheimlichen. Neben einem reduzierten Allgemein- und Ernährungszustand müssen insbesondere frische Einstichstellen und ältere, verhärtete und dunkel gefärbte Venenbezirke (nicht nur im Ellbogenbereich) als »Fixervenen« Aufmerksamkeit erwecken.

Akute Entziehungserscheinungen können Suizidtendenzen in der Haft verstärken (Bogue und Power 1995). Kontraindiziert erscheint die iatrogene Unterhaltung von Suchttendenzen durch überlange Behandlung mit – zunächst aufgrund der psychopathologischen Symptomatik indizierten – psychotropen Substanzen wie Clomethiazol, durch breite Indikationsstellung bei Tranquilizern oder die Suchtverlagerung fördernde unkritische Ausgabe von Analgetika, gegebenenfalls sogar ohne ärztliche Indikationsstellung durch das Pflegepersonal oder gar das Justizvollzugspersonal.

Inhaftierte mit Abhängigkeitserkrankungen stellen unter dem Gesichtspunkt der therapeutischen Ansprechbarkeit eine besonders schwierige Klientel dar. Dort, wo als Alternative zur Inhaftierung Therapieangebote gemäß §§ 35 ff. BtmG bestehen, finden sich im Justizvollzug dann vor allem Patienten, die in einer derartigen Maßnahme gescheitert sind, wobei viele Misserfolge bereits zu Therapiebeginn (z. B. Nicht-Antreten oder Verlassen der Therapieeinrichtung in den ersten Tagen) auftreten. Gefangene mit einer längeren Freiheitsstrafe, die trotz Therapiewunsch aufgrund der Haftsituation (noch) nicht in eine externe Therapieeinrichtung verlegt werden können, unterliegen darüber hinaus dem therapiefeindlichen Klima des Normalvollzugs, werden in die Subkultur eingebunden und können Suchtmittel mitunter ohne besondere Anstrengung erhalten.

Bei unregelmäßiger Mittelzufuhr ist unter Zwangsabstinenz, etwa durch Verlegung in einen besonders abgeschirmten Bereich, nicht mit dem Auftreten von Entzugserscheinungen zu rechnen. Flash-backs sind im Haftalltag eine Rarität. Bei der Untersuchung von Gefangenen, die vom Justizpersonal als psychisch auffällig definiert werden, ist besondere differenzialdiagnostische Vorsicht geboten, da diese nicht selten in das Spektrum der Drogenabhängigkeit eingeordnet werden. Psychotische Störungen, insbesondere das Vorliegen einer Schizophrenie mit »sekundärer« Drogenabhängigkeit, können bei oberflächlicher Untersuchung übersehen werden. Entscheidend sind hier verlässliche, d. h. unter Sicht gewonnene Urinkontrollen, um etwa die Anwendung vorbereiteter, von anderen Gefangenen überlassener Urinproben zu verhindern, die z. B. an der Heizung warmgehalten wurden.

3.2. Anpassungsstörungen

Die in die Kategorie der Anpassungsstörungen einzuordnenden Störungsbilder wären ohne die Inhaftierung als psychosoziale Belastung bzw. als ein einschneidendes Lebensereignis nicht entstanden. Im Zusammenhang mit einer Reduktion des Spektrums äußerer Reize und Eindrücke, kann einerseits ein Versinken in der Gedanken- und Gefühlsleere bis hin zur Apathie entstehen, oder auf der anderen Seite eine Intensivierung der mit Wahrnehmungen verbundenen Gefühle und Zunahme der Fantasietätigkeit bis hin zu Tagträumereien (Sieverts 1969). Fantasien können bei Vorliegen einer narzisstischen Persönlichkeit(sstörung) das Ungeschehenmachen des vorausgegangenen Misserfolgs und die Vorwegnahme künftiger Erfolge bei Straftaten umfassen.

Auch Gefühle tiefer Verlassenheit und innerer Hilfsbedürftigkeit werden interindividuell unterschiedlich bewältigt. Furcht vor Misshandlungen spielt bei Inhaftierten, die Kinder missbraucht oder misshandelt haben, als Informanten des Justizpersonals gelten oder Schulden nicht bezahlen können (nach Drogenerwerb oder Spielschulden), in der Praxis keine geringe Rolle. Regressionstendenzen können sich in progredienter Verwahrlosung und Gewichtszunahme äußern.

In der Vielfalt der durch die Haftsituation ausgelösten Erlebnisformen bestehen fließende Übergänge zu der gemäß ICD-10 als Anpassungsstörung zu klassifizierenden Symptomatik, die sich in inter- und intraindividuell stark streuenden Symptomen wie Niedergeschlagenheit, Zellengrübeln, Angst, Ohnmacht, Unruhe und Hass äußert. Modulationen durch die Haftart (Einzel- versus Gemeinschaftshaft) werden postuliert, ohne dass generalisierende Aussagen angesichts der Vielzahl möglicher Variablenausprägungen (wechselnder Isolationsgrad bei Einzelunterbringung, Ausmaß der Rückzugsmöglichkeiten durch Raumgröße, Tagesablauf, Auswahl an Mitgefangenen etc.) wissenschaftlich begründbar sind.

Ansätze zur Erklärung dieser »Haftreaktionen« betonen die Auslösung nach besonderen Belastungen wie: Verkündung des Haftbefehls, polizeiliche Vernehmungen, Konfrontation mit Aussagen von Mittätern oder Zeugen, Absage von Besuchen, Isolierungen, Haftprüfungstermin, Zustellung der Anklageschrift, Terminierung der Hauptverhandlung, Urteilsverkündung. Zu berücksichtigen sind darüber hinaus allgemeine, mit der Inhaftierung verknüpfte Faktoren: Soziale Degradierung, Einengung der Bewegungsfreiheit, des Lebensraums, des Aktionsradius, Vereinsamung durch Herausnahme aus den gewohnten Sozialbeziehungen, Veränderung der Kommunikationsmuster, tief greifende Umstellung bisheriger Lebensgewohnheiten, deren Auswirkungen individuell nicht sicher abschätzbar sind und damit einhergehend Reduktion des Coping-Reservoirs. Belastungen können auch aus der Ungewissheit hinsichtlich des Ausmaßes der zu erwartenden Sanktion, der Auseinandersetzung mit dem Tatverhalten sowie der Erfahrung von Unverständnis oder missachtendem Umgang von Seiten des Justizpersonals resultieren.

Reaktionsweisen in Form von Anpassungsstörungen gelten weitgehend als persönlichkeitsspezifisch im Sinne einer persönlichkeitsgebundenen Bewertung der Inhaftierung, von Stress-Vulnerabilität und Konstellierung stressproduzierender Situationen, z. B. Streit mit Mitgefangenen. Der »Inhaftierungsschock« – ein vorübergehender stuporähnlicher Zustand völliger Resignation – betrifft vor allem jüngere und sehr aktive Menschen. Das dritte Jahrzehnt gilt als Lebensphase gesteigerter Haftintoleranz (Birnbaum 1931).

Anpassungsstörungen werden bei Strafgefangenen (1,9 %) seltener beobachtet als bei Untersuchungsgefangenen (7,6 % bis 18,5 %) (Gunn et al. 1991; Hurley und Dunne 1991; Brooke et al. 1996). Im Verlauf längerer Inhaftierung kommt es mit zunehmender Anpassung an das Gefängnisleben, möglicherweise auch durch Übernahme selbstwertstabilisierender Rollen in der Subkultur (Backett 1987), zu einem gewissen Maß an Symptomreduktion. So fiel der Anteil der als schwer gestört beurteilten Untersuchungsgefangenen in einem Schweizer Gefängnis von 57 % am 10. Tag nach Aufnahme auf 43 % nach 60 Tagen Haft (Harding und Zimmermann 1989).

Die Klassifikation der »Haftreaktionen« ist uneinheitlich. Langelüddeke und Bresser (1976) unterscheiden panische, paranoide, aggressive, querulatorische, depressive, suizidale und simulatorische Haftreaktionen. Zur Erhöhung der Verlässlichkeit psychiatrischer Diagnosestellungen und der Aufrechterhaltung des klinischen Bezugs besteht kein Grund, in der Terminologie von den internationalen Klassifikationssystemen abzuweichen.

So ist auch der sog. Haftkoller (explosionsartiger Erregungszustand mit Zertrümmerung der Zelleneinrichtung und mitunter Tätlichkeiten gegenüber Bediensteten oder Mitgefangenen, früher auch »Zuchthausknall« genannt) als Anpassungsstörung mit vorwiegender Störung des Sozialverhaltens (ICD-10 F 43.24) zu klassifizieren. Er wird vor allem nach längerer Einzelhaft in Situationen eines Versagungserlebnisses (z. B. Bewährungswiderruf, Partnertrennung) beobachtet (Mechler 1981).

Wahnhafte Reaktionen, z. B. ausländischer Gefangener in sprachfremder Umgebung, können als vorübergehende akute psychotische Störungen (ICD-10 F 23) eingeordnet werden. Differenzialdiagnostisch sind hier Störungen durch psychotrope Substanzen (vor allem Delir oder psychotische Störung) sowie Schizophrenien oder wahnhafte Störungen vordringlich zu berücksichtigen.

3.3. »Haftpsychosen«

Während Anpassungsstörungen in der ambulanten psychiatrischen Versorgung innerhalb des Justizvollzugs dominieren (Konrad 1997), bilden Psychosen im stationären Bereich den größten Anteil. Bei psychischen Erkrankungen mit psychotischer Symptomatik wird von nicht wenigen deutschen Psychiatern die bis ins letzte Jahrhundert zurückgehende Aufteilung in »echte Psychosen«, die überwiegend als Schizophrenien zu fassen sind und deren Symptomatik unter Haftbedingungen – etwa in der Ausgestaltung der Wahnthematik – pathoplastisch gefärbt werden kann, und in »Haftpsychosen« als Reaktion auf die spezifischen Lebensbedingungen aufrechterhalten (Langelüddeke und Bresser 1976; Mechler 1981). Dabei werden eine spezifische haftpsychotische Disposition (z. B. als angeborene Begleiterscheinung

»psychopathischer Veranlagung« (Birnbaum 1931) oder besondere Haftempfindlichkeit bei Affekt- und Gelegenheitsdelinquenten (Nitsche und Wilmanns 1911), zeitbedingte Faktoren im Sinne einer Abhängigkeit von Zeitströmungen (Wilmanns 1924) oder den Bedingungen im Strafvollzug angenommen und fließende Übergänge zu dissoziativen Phänomenen und Simulation beschrieben (Wilmanns 1924; Mechler 1981).

In diesem Kontinuum wird das als Rarität zu beobachtende Ganser-Sydrom angesiedelt, das in der typischen Symptomatik mit Vorbeireden mitunter eine qualitativ veränderte Bewusstseinslage vermittelt, jedoch häufiger in Begutachtungssituationen als im Haftalltag auftritt. Dabei soll die Symptomatik während der insgesamt recht kurzen Dauer des auffälligen Zustandes relativ stabil sein. Das Syndrom wird eher bei unterdurchschnittlich intelligenten Personen mit histrionischen Persönlichkeitszügen beobachtet.

Manche Autoren begreifen Haftpsychosen als Zuspitzungen und Auswucherungen von »Haftreaktionen«, von denen sie sich durch Hartnäckigkeit des Fortbestehens und die fortschreitende Ausgestaltung unterschiedlicher Symptome unterscheiden sollen. Typologisch unterscheiden Langelüddeke und Bresser (1976) zwischen paranoid(-halluzinatorisch)en Bildern auf der Basis eines »Unschuldswahns« oder einer primären Simulation sowie mit Abstumpfung und Initiativverlust einhergehend als extreme Zuspitzung eines konturarmen Persönlichkeitsprofils. Praktisch bedeutsam sind nicht selten plötzliche Angriffe auf Bedienstete aus scheinbar nichtigem Anlass, die zur Unterbringung in einem besonders gesicherten Haftraum oder zu Disziplinarmaßnahmen führen.

Haftpsychosen sind als (klinische) Störungsentität nicht in internationale Klassifikationssysteme (ICD-10, DSM-IV) eingegangen. Differenzialdiagnostische Abgrenzungen zu Erstmanifestationen »echter« Psychosen, insbesondere schizophrener Störungen, für deren Auslösung der Haftsituation unterschiedliche Bedeutung zugeschrieben wird, verweisen auf die für Haftpsychosen typische Enge des paranoischen Feldes, seine Beschränkung auf die unmittelbare Umgebung und das Fehlen einer Wahnprojektion auf Mitgefangene (Nitsche und Wilmanns 1911). Als entscheidend gilt die Abkürzung bzw. das Sistieren von haftpsychotischen Phänomenen mit Haftunterbrechung oder -beendigung unbeschadet möglicher »Überbleibsel« in Form »affektfrei gewordener Wahnreste« oder querulatorischer oder hypochondrischer Charakterzüge (Birnbaum 1931).

Schizophren erkrankte Inhaftierte können im Vergleich zu anderen Inhaftierten leichter Schwierigkeiten bekommen, Gefängnisregeln zu beachten und eine Arbeit in der Anstalt zu erhalten. Wegen häufigerem aggressiven, auch gewalttätigem Verhalten werden sie öfter unter Verschluss genommen (Morgan et al. 1993). Selten bilden Vergiftungsideen den Hintergrund einer Nahrungsverweigerung, welche als Hungerstreik fehlinterpretiert wird. Das Vorliegen schizophrener Erkrankungen wird nicht selten übersehen, vor allem wenn eine Negativsymptomatik im Vordergrund steht (Anderson et al. 1996).

Depressive Störungen werden in der anstaltsärztlichen Praxis mitunter verkannt (Herrman et al. 1991). Wenn von unangepassten Patienten körperliche Beschwerden ohne organisches Korrelat vorgebracht werden, wird in der Justizvollzugspraxis zu häufig die Diagnose einer Simulation oder somatoformen Störung gestellt, ohne dem differenzialdiagnostisch in Betracht kommenden Vorliegen einer affektiven Störung die gebotene Aufmerksamkeit zu schenken. Auch hinter scheinbar vollzugsstörendem Verhalten (z. B. Demolierung des Haftraums) kann eine depressive Störung verborgen sein (Maden et al. 1994).

Simulation von psychischer Erkrankung, z. B. durch Vortäuschung psychotischer Symptome, tritt selten auf und kann eine Bewältigungsstrategie darstellen, etwa um bessere Haftbedingungen oder die Verschreibung von Medikamenten zum Eigenverbrauch oder Handel zu erreichen.

3.4. Querulatorische Entwicklungen

Querulatorische Entwicklungen beginnen auch bei Inhaftierten meist als »Vielschreiber«-Aktivitäten, die die zuständigen Mitarbeiter der Justizvollzugsanstalt umfangreich beschäftigen. Diese Aktivitäten können an ungerecht empfundenen Urteilen oder Gerichtsbeschlüssen, an tatsächlichen oder vermeintlich empfundenen Zurücksetzungen oder Benachteiligungen während der Haft anknüpfen.

Die Hälfte der zu bearbeitenden Beschwerden in einer Justizvollzugsinstitution geht meist auf einige wenige Gefangene zurück. Für sie stellt dieses Verhalten nicht nur eine Bewältigung der Einsamkeit und Leere im Sinne einer »Selbstbeschäftigungstherapie« dar, sondern resultiert nicht selten aus einer subjektiv erlebten »Sackgasse« im Vollzugsverlauf. Gelingt es, mit den betreffenden Gefangenen rechtzeitig vor einer Verselbständigung eine akzeptable Perspektive und Vollzugsplanung zu entwickeln, kommt die querulatorische Entwicklung häufig zum Stillstand.

4. Suizid und Suizidversuch im Justizvollzug

Unter den Todesursachen im Justizvollzug steht der Suizid vielerorts an erster Stelle. Die Suizidrate im Justizvollzug, bezogen auf die Durchschnittsbelegung, ist gegenüber der Suizidrate der Allgemeinbevölkerung in der Regel um ein Mehrfaches erhöht. In einer europäischen Studie (Konrad 2001) zeigten sich für alle Länder, die Auskunft erteilten, deutlich gegenüber der Allgemeinbevölkerung erhöhte Suizidraten, mit Ausnahme von Rumänien und Ungarn.

Als Erklärung hierfür wird angeboten, dass die praktizierte Methode – bei ca. 85 % der Suizidenten Erhängen (z. B. Thole 1976) – eine geringere Rettungschance bietet als außerhalb des Justizvollzugs häufig praktizierte Suizidversuchsmethoden. Hierbei ist zu bedenken, dass die Justizvollzugspopulation keinen repräsentativen Ausschnitt der Allgemeinbevölkerung darstellt, sondern vielmehr eine Selektion besonders suizidgefährdeter Risikogruppen, vor allem Suchtmittelabhängige (Cooke und Michie 1996). Differenzierte Vergleichsuntersuchungen, welche diese Selektionsbedingungen berücksichtigen, liegen noch nicht vor.

Es besteht eine größere Suizidgefährdung in der Untersuchungshaft im Vergleich zur Strafhaft, vor allem zu Beginn der Inhaftierung. Der Anteil der im ersten Monat nach Inhaftierung registrierten Suizide an der Gesamtzahl im Justizvollzug wird beispielsweise mit 42 % (Thole 1976), 46 % (Bogue und Power 1995) oder 73 % (DuRand et al. 1995) angegeben. Als Erklärung dient der so genannte »Inhaftierungsschock«, d. h. die Inhaftierung als Stressfaktor (Harding und Zimmermann

1989) bei hoher interindividueller Variabilität. Bei Abhängigkeitskranken werden Entzugssymptome als bedeutsame Stressoren eingestuft (Bogue und Power 1995). Des Weiteren besteht in dieser Zeit das größte Ausmaß an Zukunftsunsicherheit (Backett 1987). Die Untersuchungsgefangenenpopulation ist durch einen höheren »Durchsatz« bzw. eine höhere Aufnahmerate als die Strafgefangenenpopulation geprägt, außerdem ist bei Untersuchungsgefangenen eine höhere Prävalenz psychischer Störungen anzunehmen (Bogue und Power 1995).

Eine höhere Suizidgefährdung wird bei Tötungs- und Sexualdelinquenten beschrieben (z. B. Thole 1976, Dooley 1990). Als Erklärung hierfür wird die hohe Straferwartung bei dieser Klientel, das psychodynamische Modell der »Aggressionsumkehr« (z. B. Bogue und Power 1995) und die im Verlauf der Verbüßung langer Freiheitsstrafen postulierte Hilf- und Hoffnungslosigkeit angeboten. Inwieweit der in Längsschnittuntersuchungen (z. B. Konrad 1994) bei Langzeitinhaftierten beobachtete Stabilisierungsprozess dagegen nicht auch ein Zeichen von Haftschädigung sein könnte – durch eine damit einhergehende sinkende Vitalität und hierdurch nachlassende Kompetenzen zur Lebensbewältigung außerhalb der Haftmauern – bleibt bislang offen.

Als Risikofaktoren suizidalen Verhaltens, deren Erfassung durch halbstandardisierte Untersuchungsinstrumente gesteigert werden könnte, gelten:

● Vorliegen psychischer Störungen (vor allem Schizophrenie, affektive Störung, Abhängigkeitssyndrom), welche mitunter bereits zu stationär-psychiatrischer Behandlung geführt haben;
● direkte oder indirekte Suizidankündigungen;
● explorierbare konkrete Suizidvorstellungen (Vorbereitung und Durchführung);
● vorbereitende Handlungen (z. B. offenes Hinlegen einer Rasierklinge, »Probierschnitte« am Arm, Sammeln von Tabletten);
● frühere Suizidversuche;
● Verlusterlebnis, z. B. Scheidung;
● beeinträchtigte Fähigkeit im Umgang mit Trauer, Frustrationen, Aggressionen;
● Tatvorwurf Aggressions- oder Sexualdelikt.

Die prädiktive Validität anamnestischer, wie z. B. broken home-Situation (Rieger 1971), Suizide in der Familie oder Umgebung (Thole 1976) oder haftspezifischer Risikofaktoren, wie z. B. Unterbringung in einem besonders gesicherten Haftraum, Überbelegung, geringe Personalausstattung (Felthous 1994), ist beim aktuellen Forschungsstand noch nicht ausreichend geprüft. Dabei ist zu berücksichtigen, dass das Profil des Suizidenten in Abhängigkeit von der freiheitsentziehenden Institution stark variiert: So sollen in US-amerikanischen Haftanstalten eher junge, nüchterne Inhaftierte mit schwererwiegenden Tatvorwürfen, in Polizeigefängnissen eher ältere, intoxikierte, mit weniger gravierenden Vergehen betroffen sein (DuRand et al. 1995).

Gleichwohl bleibt die Vorhersage eines insgesamt seltenen Verhaltens, wie das des Gefängnissuizids, vor allem mangels Spezifität der bekannten Risikofaktoren schwierig. Die Konstruktion eines Suizidentenprofils, ist auch unter Berücksichtigung regionaler Unterschiede der Gefangenenpopulation für Screening-Prozesse nur bedingt hilfreich (Lester und Danto 1992). Bis zur Überführung in fachpsychiatrische Behandlung wird bei vermuteter Suizidgefährdung vielerorts zunächst die Unterbringung in einer Gemeinschaftszelle veranlasst, welche gleichwohl keine sichere Gewähr vor erfolgreichen Suizidhandlungen bietet (DuRand et al. 1995). Die Suizidprophylaxe hat darüber hinaus das unkontrollierte Ausgeben von Medikamenten an Suizidgefährdete zu berücksichtigen, das die Gefahr der Sammlung und Einnahme einer letalen Dosis birgt.

Nicht nur die Suizidrate, sondern auch die Rate an Suizidversuchen, bei denen Pulsaderschnitte am häufigsten beobachtet werden (Liebling 1992), ist in Gefängnissen höher als in der Allgemeinbevölkerung. In einer Stichprobe kanadischer Gefangener konnten bei 22,8 % gegenüber 7,1 % einer vergleichbaren Stichprobe der Allgemeinbevölkerung frühere Suizidversuche eruiert werden (Bland et al. 1990). Inhaftierte mit Suizidversuch unterscheiden sich von Vergleichsgruppenprobanden anamnestisch graduell vor allem durch häufigere Erfahrung familiärer Gewalt und sexuellen Missbrauchs. Als gewichtiger gilt die aktuelle Haftsituation, z. B. Schwierigkeiten mit Mitgefangenen, Fehlen einer Arbeit oder anhaltende Schlafstörungen (Liebling 1995). Eine klare und verlässliche Unterscheidung zwischen »ernsthaftem« und »nicht ernsthaftem« Suizidversuch lässt sich weder aus der Beobachtung manipulativen Verhaltens oder sorgfältiger Planung und Vorbereitung, noch aus der Letalität der praktizierten Methode ableiten (Haycock 1989).

5. Selbstbeschädigung

Selbstbeschädigung lässt sich als eine selbst zugefügte, direkte, körperliche Verletzung definieren, welche nicht gezielt lebensbedrohlich ist (Herpertz und Saß 1994). Bei den selbstschädigenden Handlungen in Haft sind vor allem Schnittverletzungen, Intoxikationen sowie Verätzungen zu registrieren. Die Prävalenz von Patienten mit derartigem Verhalten wird mit 6,5 % bei männlichen Inhaftierten (Toch 1975), mit 24 % bei Inhaftierten mit antisozialer Persönlichkeitsstörung (Virkkunen 1976) angegeben. Bei 32 % der weiblichen gegenüber 17 % der männlichen Strafgefangenen Englands und Wales sind selbstschädigende Handlungen anamnestisch zu erheben (Maden et al. 1994). Der Unterschied geht jedoch im Wesentlichen auf die unterschiedliche Häufigkeit von Tablettenintoxikationen zurück. Bei weiblichen Strafgefangenen sind selbstschädigende Handlungen selten ausschließlich im Rahmen der Inhaftierung zu registrieren. Hier weist zumeist die Vorgeschichte selbstschädigendes Verhalten außerhalb des Justizvollzugs aus, was die Bedeutung individueller Vulnerabilität in der Erklärung dieses Phänomens unterstreicht. Während der Inhaftierungszeit liegt bei beiden Geschlechtern eine Prävalenzrate von ca. 5 % vor. In einer australischen Stichprobe weiblicher Gefangener (Hurley und Dunne 1991) fand sich bei 22 % der Untersuchten anamnestisch zumindest ein Ereignis der Selbstbeschädigung, bei 11 % ausschließlich vor der Inhaftierung.

Selbstbeschädigendes Verhalten ist selten Ausdruck einer Psychose. In einer Studie bei US-amerikanischen Gefangenen wurde von der Hälfte der Selbstbeschädiger eine zweckgerichtete Motivation angegeben (Franklin 1988). Belastende Erlebnisse im Vorfeld der Selbstverletzung beziehen sich häufig auf reale oder angenommene Zurückweisungen, seltener auf Verlusterlebnisse oder Erfahrungen von Versagen und Misserfolg (Herpertz und Saß 1994). Bei den häufig mit Selbstbeschädigungen einhergehenden Borderline-Persönlichkeitsstörungen dienen sie einerseits dazu, im

Sinne der Selbststimulation, bei möglicherweise verändertem Schmerzerleben, Zustände von Leere und Langeweile zu überwinden und unangenehme Stimmungen zu durchbrechen, andererseits als Waffe, um Wut gegenüber bedeutsamen Anderen auszudrücken (Frühwald 1996). Biologische Erklärungsmodelle betonen den Stellenwert des Opioidsystems, des dopaminergen und/oder des serotonergen Systems als nicht unwesentliche Faktoren innerhalb des komplexen Kausalitätsgefüges zwischen Lebensgeschichte, situativen Belastungen und Persönlichkeitsmerkmalen (Herpertz und Saß 1994).

Lerntheoretische Hypothesen verweisen auf eine dysfunktionale Form von Problemlöseverhalten (z. B. Erregung von Aufmerksamkeit oder Erhalt von Zuwendung), das sich durch positive und/oder negative Verstärkung einschleifen kann. Selbstbeschädiger, die zweckgerichte Motive schildern, weisen anamnestisch häufiger derartiges Verhalten auf als solche mit suizidaler Absicht (Franklin 1988). Psychodynamische Ansätze der Ich-Psychologie arbeiten die autoaggressive, selbstbestrafende Tendenz bei gleichzeitiger entlastender, schützender und Ich-stabilisierender Funktion heraus (zusammenfassend Lester und Danto 1992).

Das motivationale Spektrum von Selbstbeschädigern zeigt eine breite Überlappung mit den Intentionen, die bei Personen herausgearbeitet wurden, die durch das Schlucken von Fremdkörpern wie Rasierklingen, Batterien oder Essbestecken aufgefallen sind: Das Spektrum reicht von imperativen Phonemen bei Schizophrenen bis zu suizidalen Tendenzen oder zweckgerichtetem Agieren zur Erzwingung einer Ausführung in ein außerhalb der Justizvollzugsanstalt gelegenes Krankenhaus. Multiple Episoden des Fremdkörperschluckens treten nicht selten auf (Karp et al. 1991). Unter haftpraktischen Aspekten ist der sekundäre Krankheitsgewinn durch nachfolgende diagnostische und therapeutische Maßnahmen bis hin zur zweckgerichteten Veränderung der Haftsituation (ggf. durch Verlegung Entkommen aus den restriktiven Bedingungen des Justizvollzugs bis zur Schaffung einer Fluchtmöglichkeit) zu berücksichtigen.

Literatur

Anderson, H.; Sestoft, D.; Lillebaek, T.; Gabrielsen, G. und Kramp, P. (1996), Prevalence of ICD-10 Psychiatric Morbidity in Random Samples of Prisoners on Remand. *International Journal of Law and Psychiatry 19*: 61–74.

Backett, S. (1987), Suicide in Scottish Prisons. *British Journal of Psychiatry 151*: 218–221.

Binswanger, R. (1979), Probleme der Gefängnispsychiatrie. *Nervenarzt 50*: 360–365.

Birnbaum, K. (1931), *Kriminalpsychopathologie und Psychobiologische Verbrecherkunde.* Berlin: Springer.

Bland, R.; Newman, S.; Dyck, R. und Orn, H. (1990), Prevalence of Psychiatric Disorders and Suicide Attempts in a Prison Population. *Canadian Journal of Psychiatry 35*: 407–413.

Bogue, J. und Power, K. (1995), Suicide in Scottish prisons, 1976–93. *Journal of Forenic Psychiatry 6*: 527–540.

Brooke, D.; Taylor, C.; Gunn, J. und Maden, A. (1996), Point prevalence of mental disorder in unconvicted male prisoners in England and Wales. *British Medical Journal 313*: 1524–1527.

Cooke, D. und Mitchie, C. (1996), Suicide in Scottish prisons: A methodological note. *Legal and Criminological Psychology 1*: 287–293.

Dooley, E. (1990), Prison Suicide in England and Wales, 1972–87. *British Journal of Psychiatry 156*: 40–45.

DuRand, C.; Burtka, G.; Federman, E.; Haycox, J. und Smith, J. (1995), A Quarter Century of Suicide in a Major Urban Jail: Implications for Community Psychiatry. *American Journal of Psychiatry 152*: 1077–1080.

Edwards, A.; Morgan, D. und Faulkner, L. (1994), Prison Inmates With a History of Inpatient Psychiatric Treatment. *Hospital and Community Psychiatry 45*: 172–174.

Fazel, S. und Danesh, J. (2002), Serious mental disorder in 23000 prisoners: a systematic review of 62 surveys. *Lancet 349*: 545–550.

Felthous, A. (1994), Preventing Jailhouse Suicides. *Bulletin of the American Academy of Psychiatry and the Law 22*: 477–488.

Frottier, P. (2002), Die letzte psychiatrische Anstalt. *Recht & Psychiatrie 20*: 162–167.

Franklin, R. K. (1988), Deliberate self-harm. *Criminal Justice and Behavior 15*: 210–218.

Frühwald, S. (1996), Kriminalität und Suizidalität. *Zeitschrift für Strafvollzug und Straffälligenhilfe 45*: 218–224.

Gunn, J. (2000), Future directions for treatment in forensic psychiatry. *British Journal of Psychiatry 176: 332–338.*

Gunn, J.; Maden, A. und Swinton, M. (1991), Treatment needs of prisoners with psychiatric disorders. *British Medical Journal 303*: 338–341.

Haycock, J. (1989), Manipulation and Suicide Attempts in Jails and Prisons. *Psychiatric Quaterly 60*: 85–98.

Harding, T. und Zimmermann, E. (1989), Psychiatric Symptoms, Cognitive Stress and Vulnerability Factors. A Study in a Remand Prison. *British Journal of Psychiatry 155*: 36–43.

Herpertz, S. und Saß, H. (1994), Offene Selbstbeschädigung. *Nervenarzt 65*: 296–306.

Herrmann, H.; McGorry, P.; Mills, J. und Singh, B. (1991), Hidden Severe Psychiatric Morbidity in Sentenced Prisoners: An Australian Study. *American Journal of Psychiatry 148*: 236–239.

Hurley, W. und Dunne, M. (1991), Psychological Distress and Psychiatric Morbidity in Women Prisoners. *Australian and New Zealand Journal of Psychiatry 25*: 461–470.

Jordan, B.; Schlenger, W.; Fairbank, J. und Caddell, J. (1996), Prevalence of Psychiatric Disorders Among Incarcerated Women. II. Convicted Felons Entering Prison. *Archives of General Psychiatry 53*: 513–519.

Karp, J.; Whitman, L. und Convit, A. (1991), Intentional Ingestion of foreign Objects by Male Prison Inmates. *Hospital and Community Psychiatry 42*: 533–535.

Konrad, N. (1994), Psychische Störung und lange Freiheitsstrafe. In: Jung, H. und Müller-Dietz, H. (Hrsg.), *Langer Freiheitsentzug – wie lange noch? Plädoyer für eine antizyklische Kriminalpolitik.* Bonn: Forum.

Konrad, N. (1997), Psychiatrie im Justizvollzug. *Recht & Psychiatrie 15*: 51–59.

Konrad, N. (2000), Psychiatrie in Haft, Gefangenschaft und Gefängnis. In: Helmchen, H.; Henn, F.; Lauter, H. und Sartorius, N. (Hrsg), *Psychiatrie der Gegenwart. 4. Auflage.* Berlin: Springer.

Konrad, N. (2001), Suizid in Haft – Europäische Entwicklungen. *Zeitschrift für Strafvollzug und Straffälligenhilfe 50*: 103–109.

Konrad, N. (2002), Prisons as new Asylums. *Current Opinion in Psychiatry 15*: 583–587.

Langelüddeke, A. und Bresser, P. (1976), *Gerichtliche Psychiatrie.* Berlin: De Gruyter.

Lester, D. und Danto, B. (1992), *Suicide behind Bars.* Philadelphia: The Charles Press.

Liebling, A. (1992), *Suicides in Prisons.* London: Routledge.

Liebling, A. (1995), Vulnerability and Prison Suicide. *British Journal of Criminology 35*: 173–187.

Maden, A.; Swinton, M. und Gunn, J. (1994), Psychiatric Disorder in Women serving a Prison sentence. *British Journal of Psychiatry 164*: 44–54.

Mechler, A. (1981), *Psychiatrie des Strafvollzugs.* Stuttgart, New York: Fischer.

Morgan, D.; Edwards, A. und Faulkner, L. (1993), The Adaptation to Prison by Individuals with Schizophrenia. *Bulletin of the American Academy of Psychiatry and the Law 21*: 427–433.

Nitsche, P. und Wilmanns, K. (1911), Die Geschichte der Haftpsychosen. *Zeitschrift für die gesamte Neurologie und Psychiatrie 3*: 353–382 und 497–524.

Rieger, W. (1971), Suicide Attempts in a Federal Prison. *Archives of General Psychiatry 24*: 532–535.

Sieverts, R. (1979), Haftpsychologie. In: Sieverts, R., und Schneider, H. (Hrsg.), *Handwörterbuch der Kriminologie*. Erg.-Bd. Berlin, New York: De Gruyter.

Teplin, L.; Abram, K. und McClelland, G. (1996), Prevalence of Psychiatric Disorders Among Incarcerated Women. I. Pretrial Jail Detainees. *Archives of General Psychiatry 53*: 505–512.

Thole, E. (1976), Suicid im Gefängnis. *Zeitschrift für Strafvollzug und Straffälligenhilfe 25*: 110–114.

Toch, H. (1975), *Men in crisis*. Chicago: Aldine.

Virkkunen, M. (1976), Self-mutilation in antisocial personality (disorder). *Acta Psychiatrica Scandinavia 54*: 347–352.

Wilmanns, K. (1924), Die Abhängigkeit der Haftpsychosen vom Zeitgeist. *Monatsschrift für Kriminologie und Strafrechtsreform 15*: 308–333.

Wohngruppenvollzug

von Bernd Wischka

1. Stellenwert von Wohngruppen im Justizvollzug

§ 7 StvollzG schreibt vor, dass aufgrund der Behandlungsuntersuchung (§ 6 StVollzG) ein Vollzugsplan erstellt wird, der Mindestangaben enthält. Dazu gehört auch die Zuweisung zu Wohngruppen und Behandlungsgruppen. Ein Rechtsanspruch auf diese Behandlungsmaßnahme besteht nicht. Der Vollzugsplan hat jedoch eine Begründung zu enthalten, wenn eine Teilnahme am Wohngruppenvollzug aus individuellen oder organisatorisch-strukturellen Gründen nicht in Betracht kommt (Calliess und Müller-Dietz 2002, Rdnr. 4 zu § 7 StVollzG).

Im Sinne des Strafvollzugsgesetzes ist eine *Wohngruppe* eine soziale Einheit, die das Gesamtsystem überschaubar gliedert und das Zentrum der zwischenmenschlichen Beziehungen bildet, in dem sich ein großer Teil des Freizeitlebens abspielt. Sie soll Möglichkeiten bieten, alltägliche Angelegenheiten mithilfe zugeordneter Gruppenbeamten weitgehend selbstständig zu regeln, und sie soll in Richtung einer problemlösenden therapeutischen Gemeinschaft entwickelt werden. Eine *Behandlungsgruppe* ist mit einer Wohngruppe in der Regel nicht identisch. Sie sollte »quer« zu der Population der Wohngruppe liegen, um eine Konflikt- und Problembearbeitung in Distanz zu der alltäglichen Bezugsgruppe zu ermöglichen.

Die Ermöglichung sozialer Kontakte und Lernerfahrungen und die sich bietenden Forderungen zur Verantwortungsübernahme in Wohngruppen operationalisiert bedeutsame Aspekte der Gestaltungsgrundsätze des § 3 StVollzG. Danach ist der Vollzug den allgemeinen Lebensverhältnissen soweit als möglich anzugleichen, den schädlichen Folgen des Freiheitsentzuges ist entgegenzuwirken und der Vollzug ist darauf auszurichten, dass er dem Gefangenen hilft, sich in Freiheit einzugliedern.

Mit § 143 StVollzG erhalten die Länder den Auftrag, Justizvollzugsanstalten so zu gestalten, dass eine auf die Bedürfnisse des Einzelnen eingehende Behandlung gewährleistet ist. Sie sind so zu gliedern, dass die Gefangenen in überschaubaren Betreuungs- und Behandlungsgruppen zusammengefasst werden können. Daraus ergibt sich die Verpflichtung, den Wohngruppenvollzug in allen Anstalten zur Regel zu machen (Schwind und Böhm 1999, Rdnr. 10 zu § 7 StVollzG). Da diese Vorgabe in älteren Justizvollzugsanstalten oft schwer zu realisieren ist, ist sie dort als Sollvorschrift zu interpretieren, bei Neubauten dagegen als zwingende Anweisung (Calliess und Müller-Dietz 2002, Rdnr. 2 zu § 143 StVollzG). Unter Behandlungs- und Betreuungsgesichtspunkten ist eine Vollzugsanstalt in Abteilungen zu gliedern. Eine Abteilung besteht aus mehreren Wohngruppen von jeweils 10 bis 12 Gefangenen. Bei älteren Einrichtungen ist nicht nur an bauliche, sondern auch an organisatorische Maßnahmen zu denken. Für Sozialtherapeutische Einrichtungen mit einem höheren Behandlungsanspruch sind Wohngruppen für 8 bis 12 Gefangene eine Mindestvoraussetzung. Sie werden als vollzugsinternes Lebens- und Erfahrungsfeld, mit Möglichkeiten zur Verantwortungsübernahme gestaltet und sind – sofern es sich um Sozialtherapeutische Abteilungen in einer Vollzugsanstalt handelt – von anderen Vollzugsbereichen so abgegrenzt, dass sie eine organisatorisch, räumlich und personell unabhängige Einheit bilden (Arbeitskreis Sozialtherapeutische Anstalten im Justizvollzug 1998). Sinnvollerweise liegen die Büros der fest zugeordneten Mitarbeiter innerhalb der Wohngruppe. Entscheidungsbefugnisse sind weitgehend auf diese Mitarbeiter delegiert, und sie sind federführend bei der Fortschreibung der Vollzugs- und Behandlungspläne (Rehn 1996).

Einer aus Behandlungsgründen geschaffenen Wohngruppe kommt keine Rechtspersönlichkeit zu. Sie kann somit auch nicht Träger von Rechten noch Pflichten sein noch von einem Gefangenen vertreten werden. Antragsberechtigt im Sinne des § 109 StVollzG können nur natürliche Personen oder vom Gesetz ausdrücklich dazu befähigte Personenmehrheiten (z. B. Gefangenenbeirat nach § 163 StVollzG oder Gefangenenmitverantwortung nach § 160 StVollzG) sein, soweit ihre ureigensten Interessen betroffen sind (OLG Hamm, Beschluss v. 04.05.1993 – 1 Vollz (Ws) 1/93, NStZ 1993 Heft 10, 512). Gegen Entscheidungen der Anstaltsleitung hat eine Wohngruppe somit kein Widerspruchsrecht.

Der Grad der Verwirklichung des Wohngruppenvollzugs, im Sinne einer therapeutischen Gemeinschaft als Regelform der Unterbringung, bleibt weit hinter den gesetzlichen Vorgaben zurück (Schulte-Altedorneburg und Stäwen 1989). Im »Normalvollzug« finden wir Wohngruppen, die tatsächlich mit einem Behandlungsanspruch organisiert sind, allenfalls in Teilbereichen einer Anstalt. Die Teilnehmer werden dazu gewöhnlich nach bestimmten Eignungskriterien ausgewählt (z. B. Voßenkaul 1998). Im Jugendvollzug, der insgesamt erzieherisch auszugestalten ist, gibt es mehr positive Ansätze, die dennoch teilweise sehr kritisch bewertet werden (Bruns 1989). Am ehesten noch ist die Idee des Wohngruppenvollzugs in Sozialtherapeutischen Einrichtungen verwirklicht. Wohngruppen gehören zum festen Bestandteil einer integrativen Sozialtherapie (Wischka und Specht 2001). Die das therapeutische Milieu konstituierenden Einstellungen und Kommunikationen sind im existenziellen, humanitären Sinne das Fundament der stationären Therapie von Straftätern (Rehn 1998; Wegner 2001). Sie müssen mit Bedacht in dem Bewusstsein etabliert werden, dass es in der Persönlichkeit der Insassen und auch innerhalb des Personals Kräfte gibt, die das Veränderungspotenzial einer Wohngruppe neutralisieren (Wischka 1987 und 2001).

Im Folgenden sollen die Chancen von Wohngruppen als Behandlungsmaßnahme beschrieben werden. Vor dem Hintergrund vorliegender Untersuchungsergebnisse und praktischer Erfahrungen wird deutlich, dass es aber auch Tätergruppen gibt, bei denen die Freiräume einer Wohngruppe kontraindiziert sind.

2. Therapeutisches Milieu: Geschichte

Der Begriff »therapeutisches Milieu« ist eng mit dem Begriff der »therapeutischen Gemeinschaft« (TG) und den Namen Tom F. Main und Maxwell Jones verbunden. Die übliche Konzeption psychotherapeutisch arbeitender Krankenhäuser wurde von ihnen als unzureichend beschrieben. Das neue Ziel hieß: »Die gesamte Institution muss therapeutisch werden!« Rotthaus (1990, 162) fasst zusammen, dass dieses Ziel dann erreicht ist, »... wenn es gelingt, ein integriertes multipersonales Beziehungsangebot zu verwirklichen, das die Möglichkeit zu therapeutischen Entwicklungserfahrungen auf den verschiedensten Ebenen bietet, mit anderen Worten: Wenn ein Kontext – und zwar nicht nur für den Patienten, sondern auch für seine Bezugspersonen! – geschaffen wird, der zu erneuter Koevolution herausfordert.«

Für Maxwell Jones waren es vor allem vier Prinzipien, die eine therapeutische Gemeinschaft konstituieren. Sie lassen sich wie folgt zusammenfassen (nach Rotthaus 1990):

- *Demokratisierung:* Die Aufgabe einer hierarchischen Entscheidungsstruktur und die Beteiligung aller Mitglieder an wichtigen Entscheidungen mit dem Ziel, dass sich die Insassen nicht mehr als einflusslos und ohnmächtig, sondern als verantwortlich erleben und Protest nicht durch destruktives Agieren ausdrücken müssen.
- *Permissivität:* Toleranz gegenüber einem gewissen Maß an gestörtem Verhalten, um die Bedeutung dieses Verhaltens verstehen zu können und um den Kreislauf zwischen abweichendem Verhalten und Sanktionen mit der Folge der Verstärkung gestörten Verhaltens durchbrechen zu können.
- *Realitätskonfrontation:* Dabei kommt der Gemeinschaft eine besondere Rolle zu. Die Rückmeldungen und Zurechtweisungen ihrer Mitglieder können oft besser aufgenommen werden als die der Mitarbeiter.
- *Gemeinschaftsleben:* Hier ist die Grundlage der Behandlung zu sehen und der Ort, wo neue Erfahrungen durch soziales Lernen gemacht werden können. Jeder erlebt sich in der Beziehung zu anderen und erfährt, wie er von den anderen erlebt wird, was von ihm erwartet wird und welche Reaktionen sein Verhalten in der Gruppe auslösen.

Kaum vom Konzept der therapeutischen Gemeinschaft lösbar ist der Begriff *Milieutherapie.* Er hat sich vor allem in den USA durchgesetzt und spielte bei den in den 1960er- und 1970er-Jahren viel beachteten Konzepten zur stationären Behandlung von gefährlichen Straftätern in den Niederlanden und auch in Dänemark eine wichtige Rolle. Milieutherapie war gewöhnlich in ein psychoanalytisch orientiertes Behandlungskonzept eingebunden (Hoeck-Gradenwitz 1962; Goudsmit 1964; Reicher, 1976; Hustinx 1976; Warmerdam 1976). Die so gemachten Erfahrungen gaben gerade in der Phase der Reform des Strafrechts- und Strafvollzugssystems in der BRD wichtige Anregungen für die Gestaltung der ersten Sozialtherapeutischen Modellanstalten (Eisenberg 1969; Mauch und Mauch 1971; Rasch, 1976; Egg 1975; de Boor 1976; Rehn 1976; Steller 1977; Eger und Specht 1980; Schmitt 1980; Specht 1986; zusammenfassend s. auch Pecher 1999).

Es sind nicht zuletzt diese hohen Anforderungen an ein therapeutisches Milieu, die Kritiker daran zweifeln lassen, ein traditionell streng hierarchisch organisiertes System mit oftmals schlecht auf therapeutische Aufgaben vorbereitetem Personal in dem geforderten Maße zu reformieren.

Dem »Basispersonal«, also den Mitarbeitern des allgemeinen Vollzugsdienstes bzw. – in psychiatrischen Anstalten – dem Pflegepersonal, ist bei der Beteiligung an diesem Milieu besondere Beachtung zu schenken, denn sie verbringen die meiste Zeit mit den Insassen und bestimmen durch ihr Rollenverständnis, ihr Handeln und ihr Beziehungsangebot maßgeblich die Qualität des therapeutischen Milieus. Sie werden darum nicht zu Unrecht bisweilen als »heimliche Herren« (Rotthaus 1990, 163) bezeichnet. Oder, wie Reicher formulierte: »Ohne ›Frontarbeiter‹ sind die Psychotherapeuten impotent« (Reicher 1976, 610).

Der Stellenwert des therapeutischen Milieus als *Rahmen*bedingung – also als etwas, das im Vergleich mit dem »eigentlichen«, der Psychotherapie nämlich, randständig bleibt – hat sich im Laufe der Jahre verändert (Dolde 1984). Die Bedeutung ist zugunsten eines Verständnisses gestiegen, in dem der »Therapieraum« und der »Realitätsraum« in integrativen Modellen eher gleichgewichtig verschränkt sind. Auch das »Basispersonal« ist in Behandlungsaufgaben einbezogen, was sich förderlich auf die Teamarbeit auswirkt. Ein Beispiel für diese veränderte Sichtweise ist das »Vier-Faktoren-Modell« der (traditionell psychoanalytisch orientierten) Van-Mesdag-Klinik in Groningen. Zum Verständnis der Deliktgefährlichkeit, zur Persönlichkeitsdiagnostik und zur Behandlungsplanung wird ein Modell verwendet, das auf integrierte Art und Weise verschiedenen Fachbereichen ermöglicht, einen spezifischen Beitrag zur Verminderung der Gefährlichkeit zu leisten. Dabei steht die Rangordnung der Faktoren (Persönlichkeit, situative Faktoren, gesellschaftliche Einbindung, Fähigkeiten) nicht von vornherein fest (de Haas 1998).

Betrachten wir die Gefangenen, die das Strafvollzugsgesetz bei der Formulierung des Behandlungsauftrags vornehmlich im Blick hat, nämlich die Straftäter mit Sozialisationsdefiziten, begegnen wir folgenden Persönlichkeitsmerkmalen (Wischka 2001):

Störungen der *Ich-Funktionen*:
- mangelnde Realitätsprüfung
- mangelnde Toleranz für Spannung, Angst und Unlust
- fehlende Geduld, »Erlebnishunger‹
- geringe Fähigkeit zu Triebverzicht
- Störung des Übergangs vom Lust- zum Realitätsprinzip
- gestörter Planungshorizont
- gestörtes Erfahrungslernen/automatisiertes Verhalten
- wenig Kreativität und Humor
- hochgradige Verletzbarkeit.

Störungen der *Überich- und Ichideal-Bildung*:
- »Doppeltes Gewissen«: Einerseits ein strenges, erbarmungsloses Überich und andererseits ein Überich, das Handlungen fordert, die in engem Zusammenhang mit narzisstischen Größenfantasien stehen.
- Große Diskrepanz zwischen Idealen als Ausdruck von Macht und tatsächlich erreichten Zielen (Ohnmacht).

Dadurch besteht *primär* ein instabiles Selbstwertgefühl,
- besonders Minderwertigkeitsgefühle nach Frustrationen;
- Versagensängste, die in tief verwurzelter Unsicherheit begründet sind;
- Angst, Unlust, Selbstkritik.

Sekundär erfolgt eine Kompensation bzw. Abwehr der Realitätserfahrungen und Schuldgefühle durch

- Projektion und Rationalisierung.
- Entwicklung einer subjektgebundenen Realität, die durch narzisstische Größen- und Allmachtsfantasien gespeist wird.
- Agieren und narzisstische Wutreaktionen. Dadurch soll Frustrationen und der Infragestellung von Größenfantasien zuvorgekommen werden.
- Materielle Genüsse, die ein gestörtes Gleichgewicht durch Reparationshandlungen wieder herzustellen versuchen (Rauchen, Essen, Trinken, Alkohol und Drogen).
- Allgemeine Konzentrierung auf den Körper (Stärke, Gesundheit, Sexualität).

Störungen der *Kontakt- und Beziehungsfähigkeit*:
- Es bestehen schwere Kontaktstörungen, d. h. vor allem die Unfähigkeit, längere und tiefere Beziehungen zu anderen Menschen herzustellen.
- Es dominiert Misstrauen.
- Es besteht ein Bedürfnis nach Verwöhnung. Es fehlt das Gefühl von Dankbarkeit. Zuwendungen werden bald als Selbstverständlichkeiten erlebt und erst wieder registriert, wenn sie fehlen, was Wut erzeugt.
- Es gibt selten Freundschaften und tragfähige Familienbeziehungen.
- Die Aufmerksamkeit ist ständig auf die Reaktionen anderer gerichtet; es besteht hochgradige Verletzbarkeit.
- Ersatzbefriedigung von Bedürfnissen nach Wärme, Vertrauen und Zärtlichkeit wird in Scheinkontakten gesucht.
- Die Umgebung soll sich dem Individuum anpassen; Menschen werden wie Gegenstände behandelt, Gegenstände einfach vernichtet, wenn sie einem Bedürfnis entgegenstehen.
- Eingeschränktes »soziales Gewissen«.
- Geringes Einfühlungsvermögen (Empathie).
- Anpassungsschwierigkeiten im Umgang mit Autoritäten.

Probleme im Bereich schulischer und beruflicher *Lern- und Leistungsfähigkeit*:
- Weit unter dem Durchschnitt liegende Belastungstoleranz;
- Stark reduziertes Durchhaltevermögen.

Es liegt auf der Hand, dass eine gut eingestellte Wohngruppe wesentlich dazu beitragen kann, diese Defizite auszugleichen und prosoziale Einstellungen und Werte zu entwickeln.

3. Die Praxis der Wohngruppenarbeit

Übliche und bewährte Methoden zur Herstellung, Diagnose und Aufrechterhaltung des therapeutischen Milieus in Wohngruppen sind gemeinschaftliche Aktivitäten, Vollversammlungen und Arbeitsgruppen. Das Behandlungskonzept muss dabei genau beschreiben, welche Ziele mit welchen Aktivitäten und Gruppenzusammenkünften verfolgt werden und welche nicht. Es sollte vermieden werden, dass die gleichen Themen immer wieder in mehreren Gruppen besprochen werden.

Das wäre nicht nur unökonomisch, sondern führt auch zu überladenen Tagesord-nungen für diese Zusammenkünfte, und es kann verwirrend sein, wenn ein Thema durch unterschiedliche Akzentuierungen zu viele Aspekte erhält.

An *Vollversammlungen* nehmen möglichst alle verfügbaren Bediensteten und alle Gefangenen der Wohngruppe teil. Die Tagesordnung ist gewöhnlich offen. Ziel ist die Diagnose und Förderung des Gruppenprozesses, die Lösung von Gemein-schaftsproblemen, Verteilung von Aufgaben bzw. Verantwortlichkeiten, die gegen-seitige Information und die Planung von Gemeinschaftsaktivitäten. Jeder kann und soll sich einbringen.

Behandlungsgruppen bewegen sich im Dreieck »Delikt – Lebensgeschichte – ak-tuelles Verhalten und Beziehungen«. Dabei spielt der Einzelne in seinen aktuellen und lebensgeschichtlichen Beziehungen eine bedeutende Rolle. Gruppenprozesse und Übertragungsphänomene werden nutzbar gemacht.

In Vollversammlungen und aufgabenorientierten Gruppen geht es dagegen viel stärker um die Nutzung von Ressourcen und gesunden Anteilen der Persönlichkeit. Regressionen und die Konzentration auf Probleme des Einzelnen sind hier eher zu vermeiden. Bei regredierenden größeren Gruppen ist Chaos nur schwer zu verhin-dern. Gemeinschaftsprobleme, gemeinsame Projekte, Informationsvermittlung werden hier themenzentriert und lösungs- bzw. entscheidungsorientiert aufgegrif-fen. Dazu ist eine strukturierte und straffe Gruppenleitung erforderlich, die auch verhindert, dass manipulative und zu Gewalt neigende Insassen, die in der Groß-gruppe Grenzen austesten wollen und Machtkämpfe inszenieren, zu viel Aufmerk-samkeit erhalten und bestätigt werden. Auf der anderen Seite ist eine zu starre, for-malisierte Gruppenleitung ungünstig, weil sie Kreativität blockiert, Unlust erzeugt und eine Diagnose des Zustands der Gesamtgruppe erschwert, wenn sich Einzelne kaum beteiligen und selten ihre Meinung äußern.

4. Anforderungen an das Personal

Bei der Frage, welches Personal sich dafür eignet, ein therapeutisches Milieu herzu-stellen, ist neben der beruflichen Qualifikation vor allem Teamfähigkeit von Bedeu-tung. Wichtige Persönlichkeitsmerkmale sind Offenheit, Bereitschaft und Interesse 2an der Erforschung eigener emotionaler Reaktionen auf andere und Freiheit von schwerer Psychopathologie. Für Kernberg (1996) sind besonders Persönlichkeiten mit exzessiv paranoiden, hysteroid-infantilen oder narzisstisch distanzierten Zügen schlecht geeignete Kandidaten für diese Arbeit.

Teamarbeit in einem therapeutischen Milieu schafft eine emotionale Dichte, aber auch beschützende Atmosphäre, die regressionsfördernd ist und Grenzen verwi-schen kann. Dadurch können Probleme entstehen, derer sich die Leitung bewusst sein sollte, um geeignete Gegensteuerungsmaßnahmen ergreifen zu können.

Die erste zu schützende Grenze ist die zwischen professioneller Funktion und Pri-vatsphäre. Offen, wertschätzend und »echt« zu sein, bedeutet nicht, dass Informa-tionen über das Privatleben gegeben werden müssen, und schon gar nicht, dass Ver-mischungen zwischen Privat- und Berufsleben zugelassen werden. Das beinhaltet auch, dass emotionale Reaktionen und Verhaltensweisen eines Mitarbeiters im Kontext des »Hier und Jetzt« besprochen werden sollten und nicht im Zusammenhang mit privaten Ereignissen und Problemen oder lebensgeschichtlichen Fakten. Insbesondere müssen emotionale »Entblößungen« des Personals vor den Insassen vermieden werden (Kernberg 1996).

Regressive Tendenzen in einem Behandlungsteam zeigen sich z. B. darin, dass die Beschäftigung mit sich selber zunimmt und entsprechend die mit den Insassen verbrachte Zeit abnimmt oder darin, dass teamexterne Mitarbeiter oder Auszubildende nur widerwillig geduldet und nicht wirklich in das Team hineingelassen werden. Der Export von Leistungen in den extratherapeutischen Bereich nimmt ebenfalls ab.

Eine andere, zu beachtende Grenze ist die Leistungsgrenze. Engagierte Mitarbeiter, die unter den Bedingungen der Teamarbeit und des therapeutischen Milieus »aufblühen«, können sich gefährlich überlasten. Wenn »Abschottungen« nach außen und interne Erschöpfung sichtbar sind, sollte dies dringend reflektiert werden. Gerade fordernde, distanzlose, gewalttätige und manipulative Gefangene strapazieren die Kräfte extrem und können zum Burn-Out der Behandler führen (s. auch Born und Gonzalez Cabeza 1998). Ohne Gegensteuerung, z. B. durch Unterstützung bei der Formulierung und Respektierung eigener Grenzen oder durch Neuverteilung von Aufgaben, Bereitstellung von Hilfsmitteln zur Arbeitserleichterung und zum ökonomischeren Arbeiten, ist vorhersehbar, dass gerade die engagierten und wirkungsvoll arbeitenden Mitarbeiter, die für das therapeutische Milieu eine entscheidende Bedeutung haben, aussteigen. Solche Bedingungen verhelfen auch Kräften mit narzisstischen Zügen zum Aufstieg in Führungsrollen, weil sie sich weniger den Zielen des therapeutischen Milieus verpflichtet fühlen, deshalb weniger Stress erleben, und somit »cooler« eigene Interessen verfolgen können.

Bei der Konstruktion eines therapeutischen Milieus in Wohngruppen mit Personal, das diesen Wohngruppen zugeordnet ist, und Gefangenen, die nach festgelegten Kriterien in diese Abteilung gelangen, ist gleichermaßen Wert darauf zu legen, dass die Abteilung funktional in die Gesamtstruktur der Institution eingebunden ist. Die Führungsstruktur des Gesamtsystems soll das therapeutische Milieu unterstützen.

Aufgaben der Leitung eines Behandlungsbereichs innerhalb des Gesamtsystems ist es in diesem Zusammenhang, sich um folgende Kompetenzen, Regelungen und Klärungen zu bemühen (Wischka 2001):

- Sie muss über solide Kenntnisse des Funktionierens und des Managements von Klein- und Großgruppen verfügen und sie dazu nutzen, den Behandlungsbereich immer wieder durch Neudefinitionen und Verhandlungen in das Gesamtsystem zu integrieren. Dazu gehört auch, Ziele und Methoden der Arbeit sowie den Nutzen für das Gesamtsystem zu verdeutlichen.
- Sie braucht klare administrative Regelungen, die diesen Bereich mit ihrer Umgebung verbindet.
- Sie muss die Rollen und Kompetenzen jedes Mitarbeiters und formeller Gruppen (Konferenzen, Kommissionen etc.) mit dem Ziel einer möglichst großen Eigenverantwortlichkeit klar definieren.
- Sie muss dafür sorgen, dass die Fachkompetenzen aller Mitarbeiter optimal eingesetzt, menschliche Ressourcen nicht vergeudet und engagierte Mitarbeiter nicht überlastet werden.

Die Idee der therapeutischen Gemeinschaft und die dazu notwendigen Demokratisierungen kann die Illusion der Gleichheit aller Mitarbeiter hervorbringen. Gleichheit kann und soll sich auf der Ebene der Persönlichkeiten, nicht aber bezogen auf Aufgaben und Verantwortungsbereiche manifestieren (Rotthaus 1990). Die Illusion »Wir sind alle gleich« birgt mehrere Gefahren für die therapeutische Gemeinschaft. Abgesehen davon, dass die undifferenzierte Idee der Gleichheit die Frage nach der ungleichen Entlohnung aufwirft, kann sie zu Verantwortungszuschreibungen führen, denen einzelne Mitarbeiter nicht gewachsen sind. Andererseits werden evtl. Fähigkeiten, die in Ausbildung und beruflicher Erfahrung erworben wurden, nicht optimal genutzt, wenn Spezialisierungen vermieden werden. Die Nivellierung von Unterschieden im Personal kann auch mit der Leugnung von Unterschieden unter den Insassen korrespondieren und sich mit deren Tendenzen verbünden, unter dem Deckmantel einer »idealen Gemeinschaft« intrapsychische und interpersonelle Konflikte oder Anpassungsschwierigkeiten an die Umwelt außerhalb der Institution zu leugnen. Verhaltensdaten, die von unterschiedlichen Persönlichkeiten mit ihren eigenen emotionalen Reaktionen in unterschiedlichen Kontexten gewonnen wurden, erhöhen die Möglichkeiten zum Verständnis eines Klienten und die Sicherheit der notwendigen Entscheidungen, wenn sie zusammengeführt werden.

5. Erfahrungen und Forschungsergebnisse

Ein Beispiel für die Organisation einer Vollzugsabteilung im Sinne einer demokratischen Gemeinschaft des »Just-Community-Modells« von Kohlberg berichtet Walter (1998). Ein Haus des intern gelockerten Vollzugs der Jugendanstalt Adelsheim mit 15 Haftplätzen hat sich selbst eine Satzung gegeben, die jedem Insassen und Mitarbeiter gleiche Stimmrechte einräumt. Wöchentliche Vollversammlungen, eine aus zwei Insassen und einem hauptamtlichen Mitarbeiter bestehende Leitungsgruppe und das »Fairnesskommitee« organisieren die Gemeinschaftssitzungen und regeln persönliche Konflikte. Der Anstaltsleiter genehmigt die Satzung und hat Vetorechte. Der Autor berichtet, dass das Gewähren von Mitbestimmungsrechten eine überraschende Eigendynamik entfaltet hat, und dass traditionell eingespielte Rollenverhältnisse aufgebrochen werden. In einem prä-post-Vergleich zeigte sich ein Anstieg der moralischen Urteilsfähigkeit.

Eine der wenigen empirischen Untersuchungen im deutschen Strafvollzug stammt von Clemens, Gräuel und Scholz (1994). Bei jugendlichen Straftätern in der Sozialtherapeutischen Abteilung der JVA Siegburg, die in zwei Wohngruppen gegliedert ist, fanden sie mehr sozial kompetente Verhaltensweisen und mehr Gruppenkohäsion bei den Mitgliedern einer länger bestehenden Wohngruppe. Dabei konnte ausgeschlossen werden, dass allein die Dauer der Inhaftierung zu den beobachteten positiven Effekten geführt hat.

Nach Erfahrungen, die aus der Jugendanstalt Hameln berichtet werden, sind Wohngruppen nicht für jugendliche Straftäter angezeigt, die nicht mitarbeitsbereit und die subkulturell verhaftet sind (Otto, 1998 und 2001). Bewährt hat sich hier ein Vorgehen, das den Insassen »... *nicht* als Mitglied einer Wohngruppe, sondern allenfalls als ›Mieter‹ in einem Mietshaus« ansieht (Otto 1998, 38). Kern der Maßnahmen sind individuelle Zielvereinbarungen mit transparenten Regeln und Sank tionen wie z. B. statuserhöhende bzw. -vermindernde Reaktionen. Dies schließt auch sich ständig verändernde Gruppenzusammensetzungen ein.

Ogloff, Wong und Greenwood (1990) untersuchten 80 Patienten eines forensisch psychiatrischen Krankenhauses in Kanada, die mit einem TG-Programm behandelt wurden. Das Behandlungspersonal der 24-Betten-Station bestand aus Pflegern, einem Sozialarbeiter, einem Psychologen und einem Psychiater. Hauptbehandlungsmethode der TG im Verständnis von Jones war eine ca. zweistündige Gruppensitzung an jedem Werktag, die unstrukturiert verlief und hauptsächlich die von den Patienten eingebrachten Themen behandelte. Die Patienten hatten auf der Station relativ viele Freiräume.

Die 80 Patienten wurden mit der »Psychopathy Checklist« (PCL-R) von Hare (1991) untersucht. Zwei Rater, die die PCL-Werte nicht kannten, schätzten die Variablen Motivation/Anstrengung und Behandlungsfortschritt ein. Erhoben wurde auch die Aufenthaltsdauer auf der Station. Entsprechend dem PCL-Score wurden die Patienten in drei Gruppen eingeteilt: NP (non-psychopathic; PCL ≤ 17; N = 12), M (mixed; N = 47) und P (psychopathic; PCL ≥ 27; N = 21). Als Ergebnis zeigte sich, dass bei den »psychopaths« deutlich weniger klinische Fortschritte und eine geringere Motivation/Anstrengung festzustellen war als bei den »non-psychopaths« oder der gemischten Gruppe. Je größer der PCL-Wert war, desto geringer war die in der Behandlungsgruppe verbrachte Zeit. Im Durchschnitt war die Aufenthaltsdauer der »psychopaths« nur etwa halb so lang. Als hauptsächliche Behandlungsmotivation war bei den »psychopaths« die Aussicht auf eine Entlassung zur Bewährung auszumachen. Die Autoren sehen die Validität des PCL zur Vorhersage eines Behandlungserfolgs in einem TG-Programm bestätigt.

Seto und Barbaree (1999) untersuchten Beziehungen zwischen Therapieverhalten und »psychopathy« bei Sexualstraftätern. Zu den Items, die das Merkmal »Therapieverhalten« quantifizierten, gehörte neben Veränderungen in der Therapie (Veränderungen in der Opfer-Empathie, Deliktverständnis, Qualität des Rückfallpräventions-Plans) auch das Gruppenverhalten (Stören der Leitung, angemessene Interaktionsformen, Beteiligung, Hilfsbereitschaft, Anteilnahme). Dabei zeigte sich zwar, dass bei Sexualstraftätern mit hohem PCL-Wert tendenziell ein ungünstigeres Therapieverhalten eingeschätzt wurde. Jedoch gab es auch Täter mit einem hohen PCL-Wert und gleichzeitig gutem Therapieverhalten. Bei ihnen war eine besonders hohe Rückfälligkeit festzustellen. Die Ergebnisse geben Grund zu der Annahme, dass in der Gruppe soziale Kompetenzen entwickelt werden können, die dazu beitragen, andere »besser« zu manipulieren und Straftaten raffinierter zu planen und deshalb rückfallbegünstigend wirken. Ein (anscheinend) einsichtiges und kooperatives Therapieverhalten und Anpassungen an sozial erwünschtes Gruppenverhalten ist also längst kein ausreichender Indikator für die Beurteilung der Rückfallgefahr.

Dolan (1998) kommt in einer kritischen Betrachtung zahlreicher Studien zu der Schlussfolgerung, dass therapeutische Gemeinschaften auch bei Personen mit schweren Persönlichkeitsstörungen, selbst bei jenen, die als unbehandelbar galten, Anlass zu Erfolgsaussichten für eine Behandlung gebe. Ungeeignet sei der Ansatz allerdings bei Personen, die unfähig sind, die mit einem Gemeinschaftsleben verbundenen Verantwortungen zu übernehmen und die ihren Gefühlen und daraus folgenden Handlungen ausgeliefert sind. Wenn der reine demokratische TG-Ansatz nicht möglich ist, sollten zumindest Aspekte davon in das Behandlungssetting integriert werden.

Eine Untersuchung von Wexler (1997) unterstreicht die Bedeutung der Nachsorge. Die Unterbringung in einer strukturierten therapeutischen Gemeinschaft innerhalb des Strafvollzugs, in Kombination mit einem ähnlichen Angebot nach der Entlassung, zeigte deutlich bessere Effekte als die institutionelle Maßnahme allein. Lösel und Bender (1997) belegen durch Analyse verschiedener Studien, dass therapeutische Gemeinschaften u. a. eine Stärkung des Selbstwertgefühls, der einstellungsmäßigen Konformität, der moralischen Urteilsfähigkeit, der internalen Kontrollüberzeugungen und der Verantwortlichkeit hinsichtlich eigener Probleme bewirken. Klima und Ausmaß der Gewalt in der Anstalt werden positiv beeinflusst. Es zeigten sich aber auch differenzielle Effekte, die darauf hinweisen, dass stark antisoziale (psychopathische) Persönlichkeiten von therapeutischen Gemeinschaften nicht profitieren, insbesondere wenn diese wenig strukturiert und permissiv sind (Freese 1998; Lösel 1998 und 2001). Der Bestimmung des Ausmaßes von Struktur und der Kontrolle dissozialer, subkultureller Aktivitäten und der Möglichkeit zur egoistischen Ausnutzung gewährter Freiräume, ist in Abhängigkeit von anzutreffenden Persönlichkeitsstörungen deshalb besondere Beachtung zu widmen.

Schwach strukturierte und permissive therapeutische Gemeinschaften haben anscheinend keinen positiven Effekt auf die Rückfälligkeit. Bessere Ergebnisse ergeben sich für hierarchischere TG und Sozialtherapeutische Anstalten mit klarer Strukturierung von Zeit, Arbeit und Rollen, einer gezielten Verstärkung positiven Verhaltens durch mehr Selbstverantwortlichkeit, einer vom Behandlungsfortschritt abhängigen Öffnung zur Außenwelt, gezielter Entlassungsvorbereitung u. a. Psychopathische Straftäter profitieren am wenigsten von traditionellen TG. Dies gilt aber primär für die schwach strukturierten Ansätze. Unter solchen Umständen können sich bei sog. »psychopaths« sogar schlechtere Resultate zeigen als bei unbehandelten Tätern (Lösel 2001).

Schlussbemerkung

Zur Binnendifferenzierung der Vollzugsanstalten in Wohngruppen als Feld zum sozialen Lernen besteht ein gesetzlicher Auftrag, und dies hat gute Gründe. Wohngruppen sind geeignet, die Gestaltungsgrundsätze des § 3 StVollzG zu realisieren, und sie sind in der Lage, individuelle Entwicklungsprozesse und soziale Verantwortung zu stimulieren. Aus der internationalen Forschung lassen sich Ergebnisse vorweisen, die dies auch belegen.

Voraussetzungen für positive Behandlungseffekte im Wohngruppenvollzug sind einerseits demokratische Elemente, Raum für Dialoge und permanente Verhaltensrückkoppelungen, andererseits klare Strukturen, transparente Regeln und ein gut auf die Arbeit eingestelltes, der Wohngruppe fest zugeordnetes Personal in ausreichender Zahl. Es macht keinen Sinn, baulich optimale Wohneinheiten zu schaffen und sie dann personell und konzeptionell so minimal auszustatten, dass die Insassen vornehmlich sich selbst überlassen bleiben und repressive subkulturelle Strukturen aufbauen können.

Erfahrungen und Forschungsergebnisse zeigen auch, dass es Insassengruppen gibt, für die der Wohngruppenvollzug nicht bzw. zunächst nicht angezeigt ist. Hier ist vor allem an zwei Gruppen zu denken:

1. Persönlichkeitsgestörte Straftäter, die den gebotenen Freiraum für Selbstinszenierungen und zur Manipulation anderer benutzen und die ihre zusätzlich erworbenen sozialen Kompetenzen und Kenntnisse von anderen Insassen im
Sinne krimineller Ziele einsetzen (»psychopath«).
2. Nicht mitarbeitsbereite, subkulturell verhaftete Insassen (evtl. noch mit massiver Außenunterstützung), die in der Lage sind, andere Wohngruppenmitglieder
an ihre Ziele zu binden.

Bauliche Konzepte und Behandlungspläne müssen sich auch auf diese Gruppen einstellen, Freiräume begrenzen, aber auch Chancen für Veränderungen eröffnen.

Literatur

Arbeitskreis Sozialtherapeutische Anstalten im Justizvollzug (1998), Mindestanforderungen
an Sozialtherapeutische Einrichtungen. *Monatsschrift für Kriminologie und Strafrechtsreform 71*: 334–335.
Born, P. und Gonzalez Cabeza, S. (1998), »Psychopathy« – Entwurf eines Behandlungskonzeptes. In: Müller-Isberner, R. und Gonzalez Cabeza, S. (Hrsg.), *Forensische Psychiatrie.
Schuldfähigkeit, Kriminaltherapie, Kriminalprognose*. Bonn: Forum, 99–108.
Bruns, W. (1989), *Theorie und Praxis des Wohngruppenvollzuges: Eine empirische Studie
zur Situation der Unterbringung junger Gefangener in der Jugendanstalt Hameln*. Paffenweiler: Centaurus.
Calliess, R.-P. und Müller-Dietz, H. (2002), *Strafvollzugsgesetz. 9. Auflage*. München: Beck.
Clemens, K.; Gräuel, L. und Scholz, O.B. (1994), Effekte der Sozialtherapeutischen Wohngruppe einer JVA auf ausgewählte Aspekte Sozialer Kompetenz. In: Steller, M.; Dahle, K.-
P. und Basqué, M. (Hrsg.), *Straftäterbehandlung*. Paffenweiler: Centaurus, 60–65.
de Boor, C. (1976), Vorschläge für die Entwicklung einer Soziotherapie im Strafvollzug. *Psyche 30*: 615–617.
de Haas, O. (1998), Das 4-Faktorenmodell als Basis der Betreuung und Behandlung in der
Dr. S. van Mesdagkliniek. (Groningen-Niederlande). In: Müller-Isberner, R. und Gonzalez
Cabeza, S. (Hrsg.), *Forensische Psychiatrie. Schuldfähigkeit, Kriminaltherapie, Kriminalprognose*. Bonn: Forum, 137–148.
Dolan, B. (1998), Therapeutic community treatment for severe personality disorders. In:
Millon, T.; Simonsen, E.; Birket-Smith, M. und Davis, R. D. (eds.), *Antisocial, criminal,
and violent behavior*. New York, London: Guilford, 407–430.
Dolde, G. (1984), Neuere Forschungsvorhaben zur Sozialtherapie im Strafvollzug der Bundesrepublik Deutschland. In: Justizministerium Baden Württemberg (Hrsg), *Sozialtherapie im Strafvollzug: Tagungsbericht*. Stuttgart: Eigenverlag.
Eger, H. und Specht, F. (1980), *Integrative Sozialtherapie: Innovation im Justizvollzug. Ein
Bericht über den Modellversuch einer sozialtherapeutischen Anstalt in der Justizvollzugsanstalt Bad Gandersheim 1972–1977*. Bad Gandersheim: Selbstverlag.
Egg, R. (1975), Sozialtherapie in Erlangen: Methoden und erste Auswirkungen einer Versuchs- und Erprobungsanstalt. *Bewährungshilfe 22*: 87–102.
Eisenberg, U. (1969), Zum Behandlungskonzept der Sozialtherapeutischen Anstalten (2.
StrRG § 65). *Neue Juristische Wochenschrift 22*: 1553–1558.
Freese, R. (1998), Die »Psychopathy Checklist« (PCL-R und PCL-SV) von Hare, R.D. und
Mitarbeitern in der Praxis. In: Müller-Isberner, R. und Gonzalez Cabeza, S. (Hrsg.), *Forensische Psychiatrie. Schuldfähigkeit, Kriminaltherapie, Kriminalprognose*. Bonn: Forum,
81–91.
Goudsmit, W. (1964), Psychotherapie bei Delinquenten. *Psyche 18*: 664–684.
Hare, R. D. (1991), *The Hare Psychopathy Checklist-Revised*. Toronto, Ontario: Multi-
Health Systems.

Hoeck-Gradenwitz, E. (1962), Die Behandlung der Psychopathen in den Strafanstalten. *Psychologische Rundschau* 14: 93–114.

Hustinx, A. (1976), Soziotherapie für Delinquenten: Möglichkeiten und Grenzen. *Psyche 30*: 571–578.

Kernberg, O. F. (1996), *Schwere Persönlichkeitsstörungen: Theorie, Diagnose und Behandlungsstrategien. 5. Auflage.* Stuttgart: Klett-Cotta.

Lösel, F. (1998), Evaluation der Straftäterbehandlung: Was wir wissen und noch erforschen müssen. In: Müller-Isberner, R. und Gonzalez Cabeza, S. (Hrsg.), *Forensische Psychiatrie: Schuldfähigkeit, Kriminaltherapie, Kriminalprognose.* Bonn: Forum., 29–50.

Lösel, F. (2001), Behandlung oder Verwahrung? Ergebnisse und Perspektiven der Interventionen bei »psychopathischen« Straftätern. In: Rehn, G.; Wischka, B.; Lösel, F. und Walter, M. (Hrsg.), *Behandlung »gefährlicher Straftäter«: Grundlagen, Konzepte, Ergebnisse. 2. Aufl.* Herbolzheim: Centaurus, 36–53.

Lösel, F. und Bender, D. (1997), Straftäterbehandlung: Konzepte, Ergebnisse, Probleme. In: Steller, M. und Volbert, R. (Hrsg.), *Psychologie im Strafverfahren: Ein Handbuch.* Göttingen u. a.: Huber, 171–204.

Mauch, G. und Mauch, R. (1971), *Sozialtherapie und die Sozialtherapeutische Anstalt – Erfahrungen in der Behandlung Chronisch-Krimineller: Voraussetzungen, Durchführung und Möglichkeiten.* Stuttgart: Enke.

Ogloff, J. R. P.; Wong, S. und Greenwood, A. (1990), Treating criminal psychopaths in a therapeutic community program. *Behavioral Sciences and Law 8*: 181–190.

Otto, M. (1998), Nichtmitarbeitsbereite Gefangene und subkulturelle Haltekräfte. *Kriminalpädagogische Praxis 26*, Heft 38: 34–42.

Otto, M. (2001), Gefährliche Gefangene – Mitarbeitsbereitschaft und subkulturelle Haltekräfte. In: Rehn, G.; Wischka, B.; Lösel, F. und Walter, M. (Hrsg.), *Behandlung »gefährlicher Straftäter«: Grundlagen, Konzepte, Ergebnisse. 2. Aufl.* Herbolzheim: Centaurus, 218–228.

Pecher, W. (1999), *Tiefenpsychologisch orientierte Psychotherapie im Justizvollzug.* Pfaffenweiler: Centaurus.

Rasch, W. (1976), Zu den Bedingungen der Personal-Kooperation in sozialtherapeutischen Anstalten. *Gruppendynamik 7*: 352–359.

Rehn, G. (1976), Strukturen der sozialtherapeutischen Anstalt und deren Auswirkungen auf das Selbstverständnis und das Handeln der Therapeuten. *Gruppendynamik 7*: 342–352.

Rehn, G. (1996), Konzeption und Praxis der Wohngruppenarbeit in sozialtherapeutischen Einrichtungen. *Zeitschrift für Strafvollzug und Straffälligenhilfe 45*: 281–290.

Rehn, G. (1998), Zur Zukunft der Sozialtherapie – Grundlagen, Perspektiven, neue Probleme. *Zeitschrift für Strafvollzug und Straffälligenhilfe 47*: 203–211.

Reicher, J.W. (1976), Die Entwicklungspsychopathie und die analytische Psychotherapie von Delinquenten. *Psyche 30*: 604–612.

Rotthaus, W. (1990), *Stationäre systemische Kinder- und Jugendpsychiatrie.* Dortmund: Modernes Lernen.

Schmitt, G. (1980), *Sozialtherapie – eine Gratwanderung im Strafvollzug: Konzepte, Alltag und Organisationsstruktur einer Sozialtherapeutischen Anstalt.* Frankfurt a.M.: Haag und Herchen.

Schulte-Altedorneburg, M. und Stäwen, G. (Hrsg.) (1989), *... und noch mehr Kontrolle? Strafhaft und Behandlung in Wohngruppen.* Hagen: Padiglur.

Schwind, H.-D. und Böhm, A. (Hrsg.) (1999), *Strafvollzugsgesetz. Großkommentar. 3. Aufl.* Berlin, New York: de Gruyter.

Seto, M. C. und Barbaree, H. E. (1999) Psychopathy, treatment behavior, and sex offender recidivism. *Journal of Interpersonal Violence 14*, 1235–1248.

Specht, F. (1986), Die Zukunft der sozialtherapeutischen Anstalten. In: Pohlmeier, H.; Deutsch, E. und Schreiber, H.-L. (Hrsg.), *Forensische Psychiatrie heute.* Berlin: Springer, 108–118.

Steller, M. (1977), *Sozialtherapie statt Strafvollzug: Psychologische Probleme der Behandlung von Delinquenten.* Köln: Kiepenheuer und Witsch.

Voßenkaul, H. J. (1998), Intensivierter Wohngruppenvollzug. *Zeitschrift für Strafvollzug und Straffälligenhilfe* 47: 136–143.

Walter, J. (1998), Moralische Entwicklung im Jugendstrafvollzug oder: Demokratie lernen. *Kriminalpädagogische Praxis 26*, Heft 38: 13–19.

Warmerdam, A. A. (1976), Soziotherapeutische Basistherapie mit Delinquenten. *Psyche 30*: 589–598.

Wegner, T. (2001), Altengamme – something works. In: Rehn, G.; Wischka, B.; Lösel, F. und Walter, M. (Hrsg.), *Behandlung »gefährlicher Straftäter«: Grundlagen, Konzepte, Ergebnisse.* 2. Aufl. Herbolzheim: Centaurus, 150–169.

Wexler, H. (1997), Therapeutic communities in American prisons. In: Cullen, E.; Jones, L. und Woodward, R. (eds.). *Therapeutic communities for offenders.* Chicester: Wiley, 161–179.

Wischka, B. (1987), Zur Organisation von Bedingungen für soziale Entwicklungsprozesse im Strafvollzug: Überlegungen aus kognitiv-struktureller und systemischer Perspektive. *Kriminalpädagogische Praxis 15*, Heft 25/26: 7–15.

Wischka, B. (2001), Die Faktoren Milieu, Beziehung und Konsequenz in der stationären Therapie von Gewalttätern. In: Rehn, G.; Wischka, B.; Lösel, F. und Walter, M. (Hrsg.), *Behandlung »gefährlicher Straftäter«: Grundlagen, Konzepte, Ergebnisse.* 2. Aufl. Herbolzheim: Centaurus, 125–149.

Wischka, B. und Specht, F. (2001), Integrative Sozialtherapie: Mindestanforderungen, Indikation und Wirkfaktoren. In: Rehn, G.; Wischka, B.; Lösel, F. und Walter, M. (Hrsg.), *Behandlung »gefährlicher Straftäter«: Grundlagen, Konzepte, Ergebnisse.* 2. Aufl. Herbolzheim: Centaurus, 249–263.

Sachverzeichnis

Personenverzeichnis

Johanna Zier

Recht für Diplom-Psychologen

Eine Einführung

2002. 231 Seiten. Kart.
€ 19,80
ISBN 3-17-017535-1
Urban-Taschenbücher, Band 479

In verständlichen Worten gibt das Buch einen Überblick über die wichtigsten Rechtsfragen, mit denen Diplom-Psychologen und -Psychologinnen in ihrem Berufsalltag konfrontiert werden. Die Vermittlung grundlegender Rechtskenntnisse soll helfen, die psychologische Arbeit zu präzisieren, die Vertragsbeziehungen exakter auszugestalten, Rechtsverletzungen und Konflikte zu vermeiden. Der erste Teil beinhaltet das Psychologenrecht und enthält u. a. Ausführungen zum Psychotherapeutengesetz, Vertragsrecht, zur Aufklärungs- und Schweigepflicht, zur Haftung, zu Suizid und sexuellem Missbrauch sowie zu Rechtsfragen in der Psychodiagnostik. Der zweite Teil gibt einen Einblick in das Jugend- und Sozialrecht.

▶ **www.kohlhammer.de**

W. Kohlhammer GmbH · 70549 Stuttgart
Tel. 0711/7863 - 7280 · Fax 0711/7863 - 8430